〖明文 中國正史大系〗

原文 註釋 國譯

# 漢書(十三)

郊祀志 · 天文志 · 五行志

後漢 班 固 著
淸 王先謙 補注
陳起煥 譯註

明文堂

# 차례

## 郊祀志

●《漢書》卷二十五 郊祀志 第五 上

一. 序(서) • 10

二. 古代(고대)의 郊祀(교사) • 13

三. 秦始皇(진시황)의 封禪(봉선)과 求仙(구선) • 36

四. 漢初(한초)의 郊祀(교사) • 54

五. 武帝(무제)의 求仙(구선) • 68

六. 武帝(무제)의 封禪(봉선) • 107

●《漢書》卷二十五 郊祀志 第五 下

七. 武帝(무제)의 巡行(순행)과 祭神(제신) • 119

八. 宣帝(선제) 이후의 祭神(제신) • 136

九. 王莽의 祭神(제신) • 178

十. 結語(결어) • 193

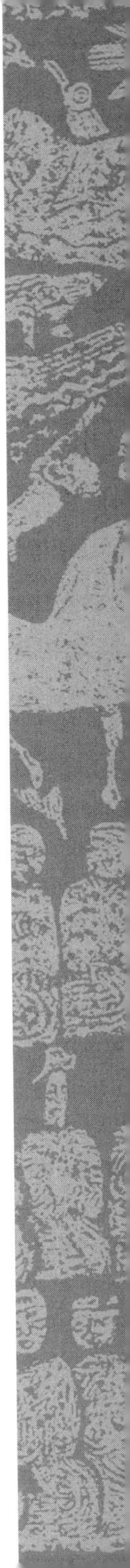

# 天文志

●《漢書》卷二十六 天文志 第六

一. 序(서) • 198

二. 上天(상천) 星宿(성수) • 203

1. 天極星(천극성) • 203
2. 二十八宿(이십팔수) • 209
3. 五行星(오행성) • 226

三. 天文(천문)과 地上(지상) • 252

1. 星宿(성수)의 分野(분야) • 252
2. 星宿(성수)와 吉凶(길흉) • 260
3. 日月 運行(일월 운행)의 吉凶(길흉) • 274
4. 歲時(세시)의 吉凶(길흉) • 291

四. 天運(천운)의 變化(변화) • 296

1. 古代(고대)의 天運 • 296
2. 漢初(한초)의 天文과 吉凶 • 301
3. 盛世(성세)의 天文과 吉凶 • 314
4. 漢末(한말)의 天文과 吉凶 • 329

# 五行志

●《漢書》卷二十七 五行志 第七

## 【五行志 第七 上】

一. 序(서) • 346

二. 五行(오행) • 356

1. 木(목) • 357

2. 火(화) • 361

가. 火災〔春秋〕 • 363

나. 火災〔漢代〕 • 385

3. 土(토) • 414

4. 金(금) • 417

5. 水(수) • 423

## 【五行志 第七 中之上】

三. 五事(오사) • 436

1. 貌不恭(모불공) • 438

가. 服妖(복요) • 445

나. 妖邪(요사) • 468

다. 鷄禍(계화) • 474

라. 牛禍(우화) • 481
마. 金沴木(금려목) • 488

2. 言不從(언부종) • 493

가. 不順(불순) • 497
나. 大旱(대한)〔春秋〕 • 512
다. 大旱(대한)〔漢代〕 • 523
라. 詩妖(시요) • 528
마. 犬妖(견요) • 535
바. 木沴金(목려금) • 542

**【五行志 第七 中之下】**

3. 視不明(시불명) • 550

가. 恒奧(항오)와 無冰(무빙) • 555
나. 草妖(초요) • 560
다. 蟲妖(충요) 外 • 573
라. 羊禍(양화) 外 • 585

4. 聽不聰(청불총) • 590

가. 恒寒(항한), 大雪(대설) • 595
나. 早霜(조상), 下雹(하박) • 602
다. 鼓妖(고요) • 609
라. 魚孽(어얼) • 614
마. 介蟲之孽(개충지얼) • 617

바. 豕禍(시화) • 625
사. 火沴水(화려수) • 627

# 교사지
## 郊祀志

# 卷二十五 郊祀志 第五 上
## 〔25권 교사지 제5 상[1]〕

## 一. 序

原文

〈洪範〉八政, 三曰祀. 祀者, 所以昭孝事祖, 通神明也. 旁及四夷, 莫不修之, 下至禽獸, 豺獺有祭. 是以聖王爲之典

1 〈郊祀志〉는 《史記 封禪書》 이후 帝王의 祭天하는 禮俗의 기록이며, 天地의 여러 神明에 대한 행사를 수록하였다. 郊祀(교사)는 郊外에서 행하는 天地에 대한 제사의식으로 '郊祭' 라고도 한다. 秦始皇(재위, 王, 前 247 – 皇帝, 221 – 210년)은 秦 文公(재위 前 766 – 716年) 이후의 郊祭를 이어받아 雍縣(옹현, 今 陝西省 서남부 寶雞市 관할 鳳翔縣 남쪽)에서 사계절에 맞춰 교사를 지냈다. 前漢의 황제 또한 秦代의 제도를 답습했다. 漢 文帝는 '雍縣 교외 五畤(오치)에 나가 제사하면서 적색 의복을 착용했다.' 고 하였다. 武帝도 즉위 이후 교제에 매우 열심이었다. 〈郊祀志〉에 실린 武帝의 封禪과 郊祭, 求仙과 不死의 추구는 秦始皇보다 더하면 더했지 덜하지 않았다. 이에 대한 상세한 기록은 결국 武帝의 無知와 愚昧(우매), 그리고 失政에 대한 비판이며 분노의 표출일 것이다. 인간, 특히 통치자의 어리석음은 어디에서 오고 또 그 끝은 어디겠는가? 본 郊祀志의 소제목은 譯者가 구분하였다.

禮. 民之精爽不貳, 齊肅聰明者, 神或降之, 在男曰覡, 在女曰巫, 使制神之處位, 爲之牲器. 使先聖之後, 能知山川, 敬於禮儀, 明神之事者, 以爲祝. 能知四時犧牲, 壇場上下, 氏姓所出者, 以爲宗. 故有神民之官, 各司其序, 不相亂也. 民神異業, 敬而不黷, 故神降之嘉生, 民以物序, 災禍不至, 所求不匱.

【국역】

《書經 周書 洪範》의 八政의 세 번째는 제사(祀)이다.[2] 제사는 효심으로 조상을 받들고 神明과 소통하는 일이다. (中原의) 주변 四夷(사이)라도[3] 제사를 지내지 않는 종족이 없으며, 아래로는 禽獸(금수) 중에서도 승냥이와 수달조차 제사를 지낸다.[4] 이에 제사에 관한 典

2 八政을 언급한 〈洪範〉의 九疇(구주)는 初一曰 五行, 二曰 敬用五事, 三曰 農用八政, 四曰 協用五紀, 五曰 建用皇極, 六曰 乂用三德, 七曰 明用稽疑(계의, 점치는 일), 八曰 念用庶徵(서징, 자연과 인간의 기본관계), 九曰 向用五福과 威用六極(6가지 불행)을 말한다.
다시 八政은 一曰食, 二曰貨, 三曰祀(사, 제사), 四曰司空(百姓 안정), 五曰司徒(사도, 백성 교화), 六曰司寇(사구, 司法), 七曰賓(빈, 손님 접대, 외교), 八曰師(軍事)를 말한다.

3 四夷는 고대 中原의 華夏(화하) 거주지(九州) 외곽 四方의 거주민(夷人)에 대한 호칭이나, 이는 언제나 蔑稱(멸칭)으로 사용되었다. 보통 東夷(동이), 南蠻(남만), 西戎(서융), 北狄(북적)의 合稱(합칭)이다.

4 원문 豺獺有祭 – 豺는 승냥이 시. 獺은 수달 달. 《禮記 月令》에 승냥이는 늦가을(9월)에 사냥한 짐승으로, 수달은 孟春(正月)에 잡은 물고기로 제사를 지낸다는 기록이 있다.

禮(전례)가 만들어지게 된다. 인간의 정신이 專一하며,[5] 공경하고 엄숙 총명한 사람에게[6] 혹 신령이 강림할 경우에 남자는 박수,[7] 여자는 무당(巫)이라 불렀는데, 이들로 하여금 神靈이 있는 곳에 나아가 犧牲(희생)을 바치게 하였다. 그러한 先聖의 後代로, 山川의 신령을 잘 알고 신령을 섬기는 일에 밝은 사람을 특별히 祝(축, 男巫)이라 하였다.[8] 그리고 四時의 犧牲(희생)과 제단의 여러 상황과 신령의 근원을 잘 아는 사람을 宗人이라 하였다.[9] 그래서 神民에 관한 담당관을 두었고 자기 직무를 수행하게 하여 혼란이 일어나지 않았다. 일반 백성과 신령은 본업이 달라 (백성이) 공경하되 함부로 섬기지 아니하며,[10] 神이 강림할 때는 좋은 기운이 나타나고(嘉生), 백성은 자연의 순리에 따르기에, (백성에게) 재앙이 닥치지 않고, 希求하는 바를 얻게 된다.[11]

---

5 원문 民之精爽不貳 – 精爽(정상)은 精明. 爽은 시원할 상. 높고 밝다. 不貳는 둘이 아니다. 한 가지 일에 전념하다.

6 원문 齊肅聰明者 – 齊肅(재숙)은 莊敬(장경). 행실이 엄숙하고 바르다. 聰明(총명)은 잘 듣고 잘 볼 수 있다.

7 원문 在男曰覡 – 覡은 박수 격. 남자 무당. 巫는 무당 무. 보통 巫女라 하여 명확히 구분한다.

8 원문 明神之事者, 以爲祝 – 祝(빌 축)은 남자 무당(男巫). 제사에서 진행과 祝願(축원)을 담당하는 자.

9 원문 能知四時犧牲, 壇場上下, 氏姓所出者, 以爲宗. – 犧牲(희생)은 바쳐지는 제물. 壇은 積土하여 제사하는 곳, 場은 平地. 上下는 제단 上下의 여러 정황. 宗은 宗人, 宗伯(종백). 제사 의례를 주관하는 자.

10 원문 敬而不黷 – 黷은 더럽힐 독.

11 원문 所求不匱 – 匱는 함 궤. 물건을 보관하는 시설. 匱는 乏(가난할 핍)과 通.

# 二. 古代의 郊祀

原文

及少昊之衰, 九黎亂德, 民神雜擾, 不可放物. 家爲巫史, 享祀無度, 黷齊明而神弗蠲. 嘉生不降, 禍災荐臻, 莫盡其氣. 顓頊受之, 乃命南正重司天以屬神, 命火正黎司地以屬民, 使復舊常, 亡相侵黷.

自共工氏霸九州, 其子曰句龍, 能平水土, 死爲社祠. 有烈山氏王天下, 其子曰柱, 能殖百穀, 死爲稷祠. 故郊祀社稷, 所從來尙矣.

〖국역〗

少昊氏(소호씨)가[12] 쇠약해진 뒤로, 9명의 黎氏(여씨, 九黎)의[13] 반란이 있어, 인간과 神明이 함께 문란하여 事理에 따라 돌아가지 않았다.[14] 家中에 巫史(巫祝)이 있어, 제사를 받드는데(享祀) 절도가 없었고(無度), 神明은 더럽혀졌기에 神靈은 청결하지 않았다.[15] 祥

12 少昊氏(소호씨) – 少皞氏. 黃帝 아들 중 한 사람. 字는 青陽. 東夷 부락 연맹의 수령으로 알려졌다. 黃帝로부터 帝位를 물려받았으며, 太昊氏와 구분하여 少昊氏, 金德으로 王이 되었기에 金天氏라고도 부른다.

13 九黎(구려) – 黎는 검을 려. 백성. 남방의 古 種族名, 9개 부락.

14 원문 不可放物 – 放은 依. 따라가다. 의지하다. 物은 事. 順理.

15 원문 黷齊明而神弗蠲 – 黷은 더럽힐 독. 齊는 齋(재계할 재). 弗은 아닐 불, 옳지 못할 불, 거짓 불. 蠲은 밝을 견. 맑다.

瑞(상서)도 없었고 禍亂(화란)과 災害(재해)가 연이어 닥쳤기에[16] 온전히 性命을 마치는 사람이 없었다.

顓頊(전욱)은[17] 제위를 이어 받은 뒤, 곧 南正인 重(중)을 시켜 天文을 관장하게 하여 天神께 부탁하였고, 火正인 黎(려)에게 地理를 관장케 하며 백성들에게 당부하여[18] 천하에 이전의 常道를 회복케 하고 서로 침범하거나 신령을 더럽히지 않게 하였다.

共工氏(공공씨)가[19] 九州의 패권을 장악한 뒤에 그 아들 句龍(구룡)은 地上의 水土를 잘 다스렸기에 죽은 뒤에 토지의 神(社祠)이 되었다. 烈山氏(열산씨)가[20] 천하의 왕이 된 뒤, 그 아들 柱(주)는 온갖 곡식을 잘 번식케 하였는데 죽은 뒤에 곡식의 신이[21] 되었다. 그러니

---

16 원문 禍災荐臻 – 禍은 인간의 잘못으로 초래하는 患難(환난). 災는 재앙, 인간의 잘못으로 초래하는 자연재해. 荐은 거듭할 천. 臻은 이를 진.

17 顓頊(전욱) – 顓은 마음대로 할 전. 頊은 삼갈 욱. 전설적 인물로 五帝의 한 사람. 黃帝의 손자. 高陽氏로 호칭. 黃帝 死後 聖德이 있다 하여 20세에 제위에 올랐다. 古 六曆의 하나인 顓頊曆(전욱력)을 만들었고, 전욱력은 秦에서 사용되었다.

18 南正重司天, 火正黎司地 – 南正과 火正은 관직명. 重과 黎는 氏名.

19 共工氏(공공씨) – 共工은 氏族名. 中國 古代 신화 속의 水神. 전욱씨와 제위를 놓고 다투었다. 共工은 驩兜(환두), 三苗(삼묘), 鯀(곤)과 함께 四罪(四凶)에 들어간다.

20 烈山氏(열산씨) – 炎帝. 炎帝 神農氏는 모든 초목을 맛보아(神農嘗百草) 인간에게 질병 치료와 농사를 가르쳤다. 곧 의약의 발명자로 인간을 지켜주는 수호신이기에 '藥王', '五穀王', '五穀先帝'. '神農大帝' 로 불린다. 三皇 중 地皇. 帝位이 정통을 이어온 순서는 太昊 – (共工) – 炎帝(神農氏) – 黃帝 – 少昊 – 堯 – 舜 – 夏禹 – 商湯 – 周 – (秦) – 漢이다.

21 稷祠(직사) – 五穀의 神에 대한 제사.

社(사)와 稷(직)에 대한 郊祀(교사)는[22] 그 유래가 오래 되었다고 할 수 있다.[23]

## 原文

《虞書》曰, 舜在璇璣玉衡, 以齊七政. 遂類于上帝, 禋於六宗, 望秩於山川, 徧於群神. 揖五瑞, 擇吉月日, 見四嶽諸牧, 班瑞. 歲二月, 東巡狩, 至於岱宗. 岱宗, 泰山也. 柴, 望秩於山川. 遂見東后. 東后者, 諸侯也. 合時月正日, 同律,度量衡, 修五禮,五樂, 三帛二牲一死爲贄. 五月, 巡狩至南嶽. 南嶽者, 衡山也. 八月, 巡狩至西嶽. 西嶽者, 華山也. 十一月, 巡狩至北嶽. 北嶽者, 恒山也. 皆如岱宗之禮. 中岳, 嵩高也. 五載一巡狩.

## 〖국역〗

《尙書 虞書 舜典》에서는 舜(순)은 璇璣(선기)와 玉衡(옥형)을 관찰하여, 七政의 운행에 맞춰 다스렸다.[24] 上帝에 대한 특별한 제사를

---

22 郊祀 – 고대 제왕이 도성의 교외에서 祭天 또는 祭地하는 의식의 총칭. 郊는 祭天는 의미로도 쓰인다. 祀는 제사 사. 제사 지내다. 祠는 祠堂, 廟堂, 신을 모신 건물. 그런 건물의 祭祀 의식.

23 원문 所從來尙矣 – 尙은 上也. 上古에서 시작되다. 久遠.

24 원문 舜在璇璣玉衡, 以齊七政. – 舜은 五帝의 한 사람. 號는 有虞氏. 성은 姚(요). 名은 重華. 史書에서는 虞舜(우순)으로 통칭. 在는 관찰하다. 璇璣(선기)는 天球儀(천구의) 중 회전하는 부분. 璇은 아름다운 옥 선. 璣는 구슬

지내고,[25] 연기를 피워 六宗(육종)을 제사하였으며,[26] 山川의 등급에 따라 望祭(망제)를 올리고,[27] 여러 신을 두루 제사하였다.[28] 五瑞(오서)를 한데 모으고,[29] 大吉한 날을 택하여 사방의 제후를 회견하고, 瑞玉을 나눠주었다.[30]

해마다 2월이면, 동쪽 지방을 巡狩(순수)하여 岱宗(대종)까지 행차했다.[31] 岱宗은 泰山이다. 柴(시)는 산천의 등급에 따른 望祭이다.[32]

---

기. 玉衡은 玉으로 장식한 衡平(형평), 璣衡(기형)은 天象을 관측하는 儀器. 渾天儀(혼천의). 齊는 나란히 같게 하다. 天意를 따르다. 七政은 日月과 五星(金, 木, 水, 火, 土星)의 운행.

25 遂類于上帝 - 遂는 이를 수. 마치다. 類는 제사 이름 유(류). 祭天. 上帝는 上天.

26 禋於六宗 - 禋은 제사 지낼 인. 煙氣(연기)를 피워 하늘에 제사하다. 六宗은 여러 가지 說이 있지만 乾坤(건곤)의 六子, 곧 水, 火, 雷, 風, 山, 澤.

27 望秩於山川 - 望은 望祭. 멀리 떨어진 곳에서 바라보며 올리는 제사. 秩은 등급.

28 원문 徧於群神 - 徧은 遍. 두루 편.

29 揖五瑞 - 揖은 揖을 하다. 손을 올려 공경의 뜻을 표하는 예의. 여기서는 緝(길쌈하다, 모을 집), 輯(모을 집)의 뜻. 五瑞(오서)는 公, 侯, 伯, 子, 男爵의 瑞玉(서옥).

30 원문 見四嶽諸牧, 班瑞. - 見은 會見하다. 四嶽(사악)은 四方. 諸牧은 諸侯와 牧守(목수, 지방관). 班은 나눌 반. 분할하다. 나눠주다.

31 원문 東巡狩, 至於岱宗 - 東은 東으로 가다. 동사로 쓰였다. 巡狩(순수, 巡守)는 천자가 제후의 땅을 둘러보다. 제후는 천자를 위하여 守土하기에 守(지킬 수)라 칭한다. 岱宗은 泰山의 別稱. 泰山은 五岳의 으뜸(五嶽之長, 五嶽獨尊)으로, 옛 이름은 岱山(대산) 또는 岱宗(대종)으로 불리었고, 山東省의 중앙부 泰安市에 자리하고 있으며, 태산의 주봉은 玉皇頂(1,533m)이다. 泰山은 秦의 시황제 이후 漢 武帝, 또 역대 왕조의 황제들이 이곳에 친림하여 하늘에 제사하는 封禪(봉선) 의식을 행했다. 漢 武帝

이어 東后를 만나보는데, 東后는 諸侯이다. (曆法에 의거) 四時의 月分을 調和하고 日期를 糾正(규정)하며,[33] 音律(六律)과 度量衡(도량형)을 통일하고, 五禮와 五樂을 베풀었으며,[34] 三帛(삼백)과 二牲(이생), 一死를 예물로 바쳤다.[35]

5월에는 南嶽(남악)까지 순수했다. 南嶽은 衡山(형산)이다. 8월에는 西嶽(서악)까지 순수하는데, 西嶽은 華山(화산)이다.

11월에는 北嶽(북악)까지 순수했다. 北嶽은 恒山(항산)이다.[36] 모든 禮는 岱宗(대종, 태산)의 예와 같았다. 中岳은 嵩高(嵩山, 숭산)이다. 五載(오재, 5年)에 한 번씩 순수했다.[37]

---

는 태산의 절경에 놀라면서 "高矣! 極矣! 大矣! 特矣! 壯矣! 赫矣(혁의)! 駭矣(해의)! 惑矣(혹의)!" 라고 말했다는 전설이 전해진다.

32 원문 柴, 望秩於山川. - 柴는 땔나무 시. 장작을 쌓아 불을 피워 올리는 제사.

33 원문 合時月正日 - 曆法을 통일하다. 和는 和合. 時月은 四時의 月分. 正은 糾正(규정)을 바로잡다. 日은 期日.

34 원문 修五禮,五樂 - 修는 整治하다. 바르게 시행하다. 시범을 보이다. 五禮는 吉禮(祭祀), 凶禮(喪葬禮), 賓禮(朝會), 軍禮(軍旅), 嘉禮(冠婚禮). 五樂은 春에 琴瑟(금슬)을 연주하고, 夏에 笙竽(생우), 季夏(계하)에 鼓(고), 秋에 鐘, 冬에는 磬(경)을 연주했다.

35 원문 三帛二牲一死爲贄 - 三帛(삼백)은 玄(검정색 비단), 纁(훈, 분홍색 비단), 黃色 비단. 二牲(이생)은 羔(새끼 양 고)와 鴈(기러기 안). 一死는 稚(꿩 치). 贄(폐백 지)는 예물.

36 중국인들은 五行 사상과 깊이 연관 지어 五嶽을 꼽고 있는데, 오악이란 東岳으로 山東의 泰山(최고봉 1,533m), 西岳인 陝西省의 華山(2,194m), 中岳인 河南省의 嵩山(숭산, 1,491m), 北岳으로 山西省의 恒山(항산, 2,016m), 그리고 南岳으로 湖南省의 衡山(형산, 1,300m)을 말한다.

37 이는《尙書 虞書 舜傳》의 기록이다.

原文

禹遵之. 後十三世, 至帝孔甲, 淫德好神, 神黷, 二龍去之. 其後十三世, 湯伐桀, 欲遷夏社, 不可, 作〈夏社〉. 乃遷烈山子柱, 而以周棄代爲稷祠. 後八世, 帝太戊有桑穀生於廷, 一暮大拱, 懼. 伊陟曰, "祅不勝德." 太戊修德, 桑穀死. 伊陟贊巫咸.

後十三世, 帝武丁得傅說爲相, 殷復興焉, 稱高宗. 有雉登鼎耳而雊, 武丁懼. 祖己曰, "修德." 武丁從之, 位以永寧. 後五世, 帝乙嫚神而震死. 後三世, 帝紂淫亂, 武王伐之. 由是觀之, 始未嘗不肅祗, 後稍怠嫚也.

〖국역〗

大禹(대우, 夏國 開祖)는 (舜이 巡狩한) 전례를 따라 시행했다. 그 뒤 13世에 제위가 孔甲(공갑)에[38] 이르렀는데, 덕행이 바르지도 않고 神祀(신사)를 좋아하여 함부로 여러 神을 섬기자[39] 二龍이 떠나갔다.[40]

그 후 13世에,[41] (殷) 湯王(탕왕)이 桀王(걸왕)을 정벌했고, 夏의 土

38 孔甲 – 姒(사)는 姓, 名은 孔甲. 夏朝 14대 君主, 재위 연도 미상. 昏君(혼군)으로 鬼神으로 분장하기를 즐겼고, 國事가 淫亂하였다.

39 神黷 – 神을 가벼이 여기다. 黷은 더럽힐 독.

40 원문 二龍去之 – 전설에 의하면, 하늘이 孔甲에게 龍 2마리를 보내 타고 다니게 하였는데, 공갑이 神을 태만하게 섬기자 二龍이 떠나갔다고 한다.

41 원문 後十三世 – '後三世' 이어야 한다. 孔甲 이후 皐(고), 發, 桀(걸) 三王

地神의 社를 옮기려 했으나 不可하다 하여 〈夏社〉를 지었다.[42] 이어 烈山(炎帝 神農氏)의 아들 柱(주)를 폄직하고, 周의 棄(기)에게 곡물의 神에 대한 제사를 담당케 했다.[43] 그 후 8世에 帝 太戊(태무) 재위 중에 뽕나무(桑)와 닥나무(穀, 곡)가 王廷에서 자랐는데 하룻밤 사이에 아름드리나무로 커지자 모두가 두려워하였다.[44] 이에 伊陟(이척)이[45] 말했다. "요괴(祆)는 德을 이길 수 없습니다."[46]

太戊(태무)가 修德하자 뽕나무는 저절로 죽었다. 伊陟(이척)은 이런 일을 巫咸(무함)에게[47] 설명해 주었다.

그 후 13世에, 帝 武丁(무정)은 傅說(부열)을 재상으로 등용했고 殷은 다시 홍기하였기에 高宗이라 칭했다.[48] 꿩 한 마리가 종묘 세발

---

뿐이다.

42 〈夏社〉 -《尙書 商書》의 편명. 이름만 전할 뿐 내용은 失傳되었다.

43 원문 而以周棄代爲稷祠 - 周는 씨족 이름. 棄(기)는 周의 시조. 有邰氏(유태씨)의 여인인 姜原(강원, 姜嫄)이 들판에서 거인의 발자국을 밟았다가 임신이 되어 棄〔기, 后稷(후직)〕을 낳았다. 棄(버릴 기, 생몰 연대 미상), 姬는 姓, 名은 棄, 后稷, 生於稷山(직산, 今 山西 運城市 稷山縣). 각종의 작물을 심고 가꾸기를 잘해서 堯 舜 時代에 農官이 되어 백성에게 농사를 가르쳤다고 한다. 周 部落, 姬姓의 시조. 그 후손이 곡물의 신을 모시는 稷祠(직사)의 제사를 담당했다.

44 원문 有桑穀生於廷, 一暮大拱, 懼 - 桑(뽕나무 상)과 穀(닥나무)이 뜰에 자라난 것은 不祥의 징조였다. 拱은 껴안을 공. 懼는 두려울 구. 穀(곡식 곡)이 아님.

45 伊陟(이척) - 太戊(태무)의 신하, 伊尹(이윤)의 아들.

46 원문 祆不勝德 - 祆는 재앙 요. 요사한 것. 祆(하늘 천)이 아님.

47 贊巫咸 - 贊은 설명하다. 巫咸(무함)은 殷의 賢臣.

48 武丁中興(무정중흥 / 武丁盛世) - 殷王 武丁(재위 前 1250 - 1192 / 高宗)이

솥의 귀에서 울어[49] 武丁은 두려워했다. 그러자 祖己(조기)가 말했다. "修德하십시오."

武丁은 그 말에 따랐고 제위는 오랫동안 안정되었다. 그 뒤로 5世에 帝乙(제을, 武乙)이 神을 모독했는데 벼락에 놀라 죽었다.[50] 그 후 三世에 帝紂(제주, 紂王)가 음란하여 (周) 武王(무왕, 發)이 정벌하였다. 이를 본다면, 엄숙히 神을 공경하지 않은 시작이 없었지만, 나중에는 점차 태만해졌다.

---

이룩한 나라의 융성. 이 기간에 國勢는 强盛하고 政治는 淸明했으며, 백성은 부유하고 인구도 크게 늘었다. 商王 武丁은 인재를 널리 등용했고, 그의 衣食은 소박했다. 무정은 傅說(부열) 甘盤(감반), 禽匕(금비), 그리고 女兒 小臣인 妥(온당할 타) 등 남녀 현신의 도움을 받았다. 土方, 西羌(서강), 工方, 鬼方(귀방) 등 81개 소국을 병합하고 많은 제후를 分封했으며 殷 문화를 長江 유역까지 전파되었다. 甲骨文과 金文을 널리 사용했고 玉器의 銘文도 出現했다. 전설상으로 神農, 黃帝, 堯, 舜, 禹, 湯王 等의 공헌은 기록일 뿐 실증할 유물이 없는데, 武丁의 치적은 확실한 기록과 유물이 있다. 傅說(부열)은 傅岩(부암)이란 곳에서 勞役하던 奴隸였다가 武丁에게 등용되었다. 무정이 꿈에 보았던 인물이라 하여 등용되었다. 《尙書 商書 說命(上,中,下》에 무정과 부열의 대화가 기록되었다.

49 원문 鼎耳而 – 鼎은 발이 셋인 솥 정. 耳는 손잡이. 雊는 장끼가 울 구. 우연의 일치라 생각할 수 있지만, 이를 不吉의 징조로 여겼다.

50 원문 嫚神而震死 – 武乙은 허수아비를(偶人) 만들고, 이를 神이라 부르면서 장난질 쳤다. 사람은 神으로 분장한 뒤 자신과 씨름을 해서 神을 이기지 못하면 죽였다. 동물의 피를 가죽 주머니에 담아 높이 매달아 놓고 사람을 시켜 올려보고 화살을 쏘게 하면서, 이를 射天이라 했다. 뒷날 벼락과 천둥소리에(雷震) 놀라 죽었다. 또는 雷擊(뇌격, 벼락 맞음)으로 죽었다. 이 무을이 재위 중에 서방 周族의 수령인 古公亶父(고공단보)는 부족을 이끌고 邠(빈)을 떠나(去邠) 岐山(기산)으로 옮겨갔고 이후 점차 강성해졌다.

## 原文

周公相成王, 王道大洽, 制禮作樂, 天子曰明堂辟雍, 諸侯曰泮宮. 郊祀后稷以配天, 宗祀文王於明堂以配上帝. 四海之內各以其職來助祭. 天子祭天下名山大川, 懷柔百神, 咸秩無文. 五嶽視三公, 四瀆視諸侯. 而諸侯祭其疆內名山, 大川, 大夫祭門戶井竈,中霤五祀, 士庶人祖考而已. 各有典禮, 而淫祀有禁.

後十三世, 世益衰, 禮樂廢. 幽王無道, 爲犬戎所敗, 平王東徙雒邑. 秦襄公攻戎救周, 列爲諸侯, 而居西, 自以爲主少昊之神, 作西畤, 祠白帝, 其牲用騮駒黃牛羝羊各一云.

## 〖국역〗

周公이 成王(성왕)을 보필하자, 王道가 크게 융성하였고[51] 制禮하고 作樂하였는데, (그 건물을) 天子는 明堂(명당)과 辟雍(벽옹), 제후는 泮宮(반궁)이라 하였다.[52] 郊祀에서 하늘을 제사하며 后稷(후직)을

---

51 원문 周公相成王, 王道大洽 – 周公(姬旦)은 武王의 아우. 成王의 작은아버지. 相은 보좌하다. 成王(名은 誦. 재위 前 1042 – 1021. 在位 22년). 洽은 윤택할 흡. 융합하다. 넉넉하다.

52 원문 天子曰明堂辟雍, 諸侯曰泮宮 – 明堂은 고대 天子가 政敎를 행하고 朝會, 祭祀, 慶賞, 選士, 養老, 敎學 등의 大典을 거행하는 건물. 辟雍(벽옹, 辟廱)은 周代의 중앙교육기관. 太學이 소재한 곳. 전체적으로 둥근 모양(하늘을 상징)을 물(敎化가 물처럼 흘러 널리 퍼지라는 뜻)이 두르고 있는 형상. 廱은 화락할 옹. 보통 辟雍(벽옹)으로 표기. 泮宮의 泮은 학교 반. 제후의 學宮.

配享(배향)하였고, 明堂에서 宗祀(종사)하며 文王을 上帝와 함께 제사하였다.

그리고 四海의 모든 제후가 자기 직분에 따라 제사를 도왔다. 天子는 천하의 名山과 大川에 제사하며 百神을 불러 안정시키면서 등급에 따랐고 禮文은 없었다(咸秩無文). 五嶽(오악)은 三公의 禮에 따랐고(視, 祭物), 四瀆(사독)은 諸侯에 대한 제사와 예물이 같았다.[53] 그리고 제후는 그 疆域(강역) 내의 名山과 大川을 제사했으며, 大夫는 門과 戶, 井과 부엌, 방의 아랫목의 5神을 제사하였고,[54] 士와 庶人(서인)은 조부모와 부모를 제사하였다. 각각 지위에 따라 典禮(전례)가 있었고, 그와 잡귀에 대한 제사는 금지되었다.

그 뒤 13世에,[55] 각 代의 정사는 날로 쇠퇴하였고 禮樂도 폐지하였다. 幽王(유왕)은 無道했고,[56] 犬戎(견융)의 침입에 패망하였고, 平王(평왕)은 동쪽 雒邑(낙읍, 洛陽)으로 옮겨갔다.[57]

秦 襄公(양공, 재위 前 777－766)은 견융을 공격하여 周室을 구원하

53 원문 四瀆視諸侯 － 四瀆(사독, 瀆은 물도랑 독)은 江(長江), 河(黃河), 淮(淮水, 회수), 濟(제, 지금의 黃河의 물길이 옛 濟水). 곧 濟는 사라진 강물이다.

54 원문 大夫祭門戶井竈, 中霤五祀 － 門은 집에 출입문. 大門. 戶는 쪽문이나 창문. 井은 우물. 竈는 부엌 조. 아궁이. 灶는 속자. 中霤(중류)는 穴居할 때 방의 중앙. 霤는 낙숫물 류. 처마.

55 周 成王부터 宣王까지는 11세이고, 13세는 잘못된 기록이다.

56 幽王(유왕, 재위 前 782－771년) － 西周의 마지막 王. 유왕이 총애한 미녀가 유명한 褒姒(포사, ?－前 771年?)이다.

57 원문 爲犬戎所敗, 平王東徙雒邑 － 犬戎(견융)은 西戎의 한 갈래. 平王(재위 前 770－720년). 東徙雒邑(동사낙읍, 徙는 옮길 사) － 平王東遷, 이후 東周로 통칭.

였기에 제후의 반열에 올랐고, 中原의 서쪽에 거주하면서 스스로 少昊(소호)의 신령을 받드는 대표로 자처하였는데, 西畤(서치)를 쌓고 白帝(백제)를 제사하였으며, 그 제물로는 월따말(騮, 류), 망아지(駒, 구), 黃牛(황우)와 숫양(羝羊, 저양) 각 1마리였다.

**原文**

其後十四年, 秦文公東獵汧,渭之間, 卜居之而吉. 文公夢黃蛇自天下屬地, 其口止於鄜衍. 文公問史敦, 敦曰, "此上帝之徵, 君其祠之." 於是作鄜畤, 用三牲郊祭白帝焉.

自未作鄜, 而雍旁故有吳陽武畤, 雍東有好畤, 皆廢無祀. 或曰, "自古以雍州積高, 神明之隩, 故立畤郊上帝, 諸神祠皆聚云. 蓋黃帝時嘗用事, 雖晚周亦郊焉."

其語不經見, 縉紳者弗道.

〖국역〗

그 뒤 14년에, 秦 文公(재위 前 764-716년)은 동쪽으로 나아가 汧水(汧은 강 이름 견)와 渭水(위수) 유역에서 사냥을 하다가 머무는 곳에서 점을 치니 吉하다고 하였다. 文公은 누런 뱀(黃蛇, 황사)이 하늘에서 내려와 땅에 누웠는데, 그 입이 鄜縣(부현)의 산비탈(衍, 연)에 있는 꿈을 꾸었다.[58] 문공이 이를 (太史인) 史敦(사돈)에게 묻

58 원문 其口止於鄜衍 - 鄜는 땅이름 부. 衍(넘칠 연, 가다)은 산비탈 長安城. 三輔(삼보) 중 左馮翊(좌풍익) 鄜縣(부현).

자, 사돈이 말했다.

"이는 上帝의 상징이니, 主君께서는 제사를 올리십시오."

이에 문공은 鄜(부)에 재터(畤, 재터 치)를 마련하고, 3가지 희생물(牛, 羊, 豕)로 (西方) 白帝에게 郊祭(교제)를 지냈다.

鄜(부)에 재터를 만들기 전에, 雍縣(옹현)[59] 근처에 吳陽(오양)에는 武畤(무치)가 있었고, 옹현의 동쪽에는 好畤(호치)라는 제사터가 있었지만, 모두 폐허가 되었고 제사도 지내지 않았다. 이에 혹자가 말했다.

"예로부터 (九州의 하나인) 雍州(옹주)는 지대가 높아 神明이 머물만한 곳이라서[60] 제단을 마련하고 上帝에게 교제를 올렸기에, 여러 神祠를 많이 지었다고 하였다. 아마 黃帝 시절부터 제사를 지내왔으니 비록 周의 말기지만 그래도 교제를 올렸을 것이다."

이는 經典에 보이지 않기에 縉紳(진신, 관리)들은[61] 이를 언급하지 않았다.

---

59 雍(옹) – 지명. 陝西省 서부 寶雞市 관할 鳳翔縣(봉상현). 古稱 雍州.

60 원문 神明之隩 – 隩는 굽이 오. 사람이 살만한 땅.

61 縉紳(진신) – 縉은 꽂을 진. 紳은 큰 띠 신. 古代 官員의 관복 위에 매는 넓은 허리 띠(腰間의 大帶子). 허리띠에 손에 쥐는 笏(홀)을 꽂은 사람. 곧 관리, 搢紳(진신)으로도 표기. 현대의 紳士(신사, Gentry). 본래는 향촌에 거주하는 지식인으로 외지에서 부임해온 지방관에 협조하며 통치를 돕는 사람. 官紳이라는 말도 있다. 상인으로서 지식을 갖추고 관리와 깊은 유대관계를 유지하는 사람을 紳商이라 통칭한다.

## 原文

作鄜畤後九年, 文公獲若石云, 於陳倉北阪城祠之. 其神或歲不至, 或歲數. 來也常以夜, 光輝若流星, 從東方來, 集於祠城, 若雄雉, 其聲殷殷云, 野雞夜鳴. 以一牢祠之, 名曰陳寶.

作陳寶祠後七十一年, 秦德公立, 卜居雍. 子孫飮馬於河, 遂都雍. 雍之諸祠自此興. 用三百牢於鄜畤. 作伏祠. 磔狗邑四門, 以御蠱災.

### 〖국역〗

鄜畤(부치)를 건립한 9년 뒤에, 文公은 돌(石)과 비슷한 물건을 얻었기에,[62] 陳倉(진창)의[63] 북쪽 산비탈의 城에 사당을 짓고, 이를 제사하였다. 그 신령은 어느 해에는 한 번도 강림하지 않다가도 어떤 해에는 1년에 몇 번씩 강림했다. 강림할 때는 늘 밤이었고, 동쪽에서 다가와 사당이 있는 성에, 마치 꿩이 모이듯 모였는데 그 소리가 은은하여 꿩이 밤에 우는 것 같았다.[64] 한 마리 희생으로 제사하였는데 그 사당을 陳寶(진보)라[65] 하였다.

陳寶祠 건립 후 71년에, 秦 德公(덕공, 재위 前 678－676년)이 즉위

---

62 원문 文公獲若石云－獲은 얻을 획. 若石은 그 바탕이(質) 石과 유사하다. 云은 어조사.

63 陳倉(진창)－右扶風의 縣名. 今 陝西省 남서부의 寶鷄市 동쪽, 渭水 북안.

64 野雞는 꿩. 高后(呂后)의 이름 雉(꿩 치)를 諱(휘)하여 野鷄로 기록.

65 陳寶(진보)－陳倉의 寶夫人의 祠堂이라 풀이한 주석도 있다.

하여, 雍(옹)에 거주하려고 점을 쳤다. 子孫이 河水에서 말에게 물을 먹일 수 있다 하여 마침내 雍에 도읍했다.[66] 雍의 여러 사당은 이로부터 홍성하였다. 鄜畤(부치)에서는 (각) 사당에 (총) 3백 마리 희생을 바쳤다.[67] 伏祠(복사)를[68] 지었다. 개를 찢어 죽여(磔狗) 邑의 四門에 걸어두어 蠱災(고재)를 예방하였다.[69]

### 原文

後四年, 秦宣公作密畤於渭南, 祭青帝.

後十三年, 秦穆公立, 病臥五日不寤, 寤, 乃言夢見上帝, 上帝命穆公平晉亂. 史書而藏之府. 而後世皆曰上天.

### 〖국역〗

그 4년 뒤에, 秦 宣公(선공, 前 676－664년)은 渭水 남쪽에 密畤(밀치)를 축조하고 青帝를 제사하였다.

그 13년 뒤, 秦 穆公(목공)이 즉위한 뒤,[70] 5일간 와병하며 의식불

---

66 古城이, 今 陜西省 서남 寶鷄市 관할 鳳翔縣에 있다.

67 원문 用三百牢於鄜畤－사당이 홍하였다 했으니, 사당이 3백 개소로 풀이한 주석이 있다. 또 三百은 三白의 착오라는 주석도 있다.

68 伏祠(복사)－伏日(복일)에 제사하는 사당. 伏日은 夏至 이후 庚日에 初伏, 中伏, 末伏이 들었는데 7월 중순에서 8월 하순에 해당한다.

69 원문 磔狗邑四門, 以御蠱災－磔은 찢을 책. 책형. 狗는 개 구. 御는 막을 어. 蠱災(고재)는 사람을 상해하는 熱毒이나 惡氣.

70 穆公(목공, 재위 前 659－621년)－春秋 5패의 한 사람에 들어가는 경우도 있다.

명이었다가 깨어나면서 꿈에 上帝를 만났는데, 穆公은 晉(진)의 내란을 정벌하라는 上帝의 말을 들었다고 하였다. 사관은 이를 기록하여 府中에 보관했는데, 후세 사람들은 모두 목공이 (죽어서) 승천했다고 말했다.

**原文**

穆公立九年, 齊桓公旣霸, 會諸侯於蔡丘, 而欲封禪.

管仲曰, "古者封泰山禪梁父者七十二家, 而夷吾所記者十有二焉. 昔無懷氏封泰山, 禪云云, 炎羲封泰山, 禪云云, 神農氏封泰山, 禪云云, 炎帝封泰山, 禪云云. 黃帝封泰山, 禪亭亭, 顓頊封泰山, 禪云云, 帝嚳封泰山, 禪云云, 堯封泰山, 禪云云, 舜封泰山, 禪云云. 禹封泰山, 禪會稽, 湯封泰山, 禪云云, 周成王封泰山, 禪於社首, 皆受命然後得封禪."

桓公曰, "寡人北伐山戎, 過孤竹, 西伐, 束馬縣車, 上卑耳之山, 南伐至召陵, 登熊耳山, 以望江,漢. 兵車之會三, 乘車之會六, 九合諸侯, 一匡天下, 諸侯莫違我. 昔三代受命, 亦何以異乎?"

於是管仲睹桓公不可窮以辭, 因設之以事, 曰,

"古之封禪, 鄗上黍, 北里禾, 所以爲盛. 江,淮間一茅三脊, 所以爲藉也. 東海致比目之魚, 西海致北翼之鳥. 然後物有不召而自至者十有五焉. 今鳳凰麒麟不至, 嘉禾不生, 而蓬蒿,藜莠茂, 鴟梟群翔, 而欲封禪, 無乃不可乎?"

於是桓公乃止.

〖국역〗

穆公(목공) 즉위 9년에, 齊 桓公(환공)은[71] 패업을 성취하여 여러 제후와 蔡丘(채구)에서 會盟한 뒤,[72] 封禪(봉선)하려[73] 했다.

이에 管仲(관중)이 말했다.

---

71 齊 桓公(재위 前 685-643) - 齊國 15代 國君, 姜姓. 齊氏(呂氏), 名은 小白. 春秋 五霸 중 첫째. 管仲(관중)을 재상으로 등용, 改革 추진, 兵民合一 제도 운영, 강성. '尊王攘夷(존왕양이)의 구호로 제후의 會盟을 주관.

72 원문 會諸侯於蔡丘 - 會는 會盟. 霸者가 제후를 모아 '尊王攘夷(존왕양이)' 를 맹서하다. 蔡丘(채구)는 邑名, 今 河南省 開封市 관할 蘭考縣 동북. 蔡丘(채구)의 회맹은 前 651년이었다.

73 封禪(봉선) - 고대 제왕이 天地에 제사를 올리는 중대한 의식. 封墠(봉선), 封禮(봉선)으로도 표기. 封은 천자가 단을 쌓고 祭天하는 의식. 封, 또는 登封으로도 표기. 泰山의 동쪽에 조성한 壇(단)은 길이 1丈2尺(1丈은 231cm, 1尺 = 23.1cm) 높이 9尺이라는 기록이 있다. 後漢 光武帝는 建武中元 元年(서기 56년) 封泰山하고 梁父山에서 禪祭를 올렸다. 광무제는 輦(연)을 타고 升山하여 壇南에 北面하여 자리하고 尙書가 바친 玉牒에 광무제가 직접 국새를 찍어 봉한 뒤, 땅에 묻고 돌로 덮고서 광무제가 再拜했다고 하였다. 玉牒의 문장은 비밀이었고, 그 刻石의 文辭가 많아서 수록하지 않았다고 하였다. 곧 封에는 印封과 埋葬(매장)의 의식이 포함된다.

禪於梁父 - 梁父(양보)는 縣名. 今 山東省 泰安市 관할 新泰市. 태산 아래의 小山 이름, 梁甫로도 표기. 封은 흙을 쌓아(聚土) 壇을 만드는 것, 禪(墠, 제터 선)은 땅을 깨끗하게 쓸고(除地) 올리는 제사. 이는 山川의 제신에 대한 제사를 의미. 秦始皇은 始皇 28年(前 219)에 泰山에 봉하고 梁父山에서 禪했다. 漢 武帝는 元封 원년(前 110) 封泰山하고 肅然山(숙연산)에서 禪했다.

"古者에 泰山에서 封禮를, 梁父山(양보산)에서 禪禮를 행한 제왕이 72家라고 하였지만[74] 夷吾(이오, 管仲의 이름)가 기억하는 자는 12명입니다. 옛날에 無懷氏(무회씨, 伏羲氏 이전의 왕)가 泰山에서 封禮하고, 云云山(운운산)에서[75] 禪禮를 올렸으며, 虙羲氏(복희씨, 伏羲氏, 三皇 중 한 사람)도 泰山에서 封하고 云云山에서 禪禮를 올렸으며, 神農氏(신농씨)도 泰山에서 封하고 云云山에서 禪禮를 올렸고, 炎帝(염제)도[76] 泰山에서 封하고 云云山에서 禪禮를 올렸습니다. 黃帝는 泰山에서 封禮를, 亭亭山(정정산)에서[77] 禪禮를 올렸으며, 顓頊(전욱)은 封泰山하고 禪云云했으며, 帝嚳(제곡)도[78] 封泰山하고, 禪云云했고, 堯(요)도 封泰山하고 禪云云했으며, 舜(순)도 封泰山하고, 禪云云했었습니다. 禹王(우왕)은 封山에서 封하고 會稽山(회계산)에서[79] 선례를, 湯王(탕왕)도 泰山에서 봉하고 云云山에서 禪禮를 행했으며, 周成王은 泰山에서 封하고 社首山(사수산)에서[80] 禪을 행했는데, 모두가 天命을 받은 뒤에 封禪禮를 거행했습니다."

---

**74** 원문 古者封泰山禪梁父者七十二家 - 《莊子》에 易姓而王하고 봉선한 자가 72代라고 하였다.

**75** 云云山(운운산) - 태산 옆의 작은 산 이름. 보통 잘 알려진 梁父山(양보산)의 동쪽에 있는 산.

**76** 炎帝 - 여기 염제는 神農氏의 후대. 黃帝와 함께 연합한 신농씨의 후손 중 한 사람이라고 해석할 수 있다. 炎帝 神農氏는 17대를 전해 왔는데, 모두 炎帝라 칭했다는 주석이 있다.

**77** 亭亭山(정정산) - 泰山의 줄기, 今 山東省 泰安市 서쪽.

**78** 帝嚳(제곡) - 五帝의 한 사람. 高辛氏.

**79** 會稽山(회계산) - 본명 茅山(모산), 今 浙江省 紹興市 동남에 위치.

**80** 社首山(사수산) - 今 山東省 泰安市 서남.

이에 桓公이 말했다.

"寡人(과인)은 北으로 山戎(산융)을[81] 정벌하며, 孤竹國(고죽국)을[82] 통과했고, 西쪽을 정벌하며 말과 戰車를 묶어 매달면서 卑耳山(비이산)을[83] 넘었으며, 南方을 정벌하며 召陵(소릉)까지 가서 (今 湖南省) 熊耳山(웅이산)에 올라 長江과 漢水를 조망하였다. 兵車로 3번 회합했고, 乘車로 제후를 모은 것이 6번으로 제후들을 모두 9번이나 회합하며, 천하를 바로잡았기에 나의 뜻을 거스를 제후가 이제는 없다. 옛날에 (夏, 殷, 周) 三代가 천명을 받았다지만, 과인과 무엇이 다른가?"

이에 관중은 환공을 논리로 설득할 수 없다 생각하여 實例를 들어 설명키로 하였다.

"고대의 封禪(봉선)은 鄗上(호상, 地名)의 기장(黍)과, 北里(북리, 地名)의 벼(禾)를 담아 제물로 올리고, 長江, 淮水 일대의 一茅三脊(일모삼척)의 神靈한 茅草(모초)를 깔아 헌상해야 합니다. 東海에서는 比目魚(비목어)를 바쳐야 하며,[84] 西海에서는 比翼鳥(비익조)를 헌상

---

81 山戎(산융) – 춘추시대에, 今 河北省 일대에 거주하던 북방족.

82 孤竹國(고죽국) – 춘추시대 나라 이름. 今 河北省 동북단 秦皇島市 관할 盧龍縣 일대.

83 卑耳山(비이산) – 今 山西省 서남단 運城市 관할 平陸縣 서북.

84 원문 東海致比目之魚 – 지금 중국에서는 山東半島와 遼東半島 사이의 바다는 渤海, 山東省과 江蘇省의 앞바다를 黃海, 上海市와 福建省 앞바다는 東海, 廣東省과 廣西省 앞바다는 南海라고 통칭한다. 比目之魚 – 이 물고기는 눈이 하나라서 두 마리가 짝을 지어야만 헤엄쳐 다닐 수 있다는 전설 속의 물고기.

해야 합니다.[85] 그렇더라도 징소하지 않으나 스스로 바치는 물건이 10에 5이었습니다. 지금 鳳凰(봉황)과 麒麟(기린)도 나타나지 않고, 嘉禾(가화)도[86] 자라나지 않으며, 쑥(蓬蒿, 봉호)과 강아지풀(藜莠, 여유)만 무성하고, 솔개나 올빼미〔鴟梟(치효), 惡鳥〕만 떼 지어 날고 있으니, 봉선을 하려 한들 불가하지 않겠습니까?"

그러자 환공은 봉선하려는 뜻을 그만두었다.

原文

是歲, 秦穆公納晉君夷吾. 其後三置晉國之君, 平其亂. 穆公立三十九年而卒.

後五十年, 周靈王卽位. 時諸侯莫朝周, 萇弘乃明鬼神事, 設射不來, 不來者, 諸侯之不來朝者也. 依物怪, 欲以致諸侯. 諸侯弗從, 而周室愈微. 後二世, 至敬王時, 晉人殺萇弘.

〖국역〗

이 해에, 秦 穆公(목공)은 晉君 夷吾(이오, 惠公의 이름)를 왕으로 즉위시켰다.[87] 그 뒤에도 晉國의 君主를 3번이나 즉위시키며 내란을

85 원문 西海致北翼之鳥 - 青海省의 青海湖를 西海라 지칭하지만 일정치 않다. 北海는 바이칼호(貝加爾湖). 여기의 海는 큰 호수. 北翼鳥(비익조)도 상상의 새.

86 嘉禾(가화) - 大禾, 禾는 벼 또는 곡물을 지칭. 다른 곡물보다 이삭이 굵거나 알갱이가 많은 일종의 돌연변이 작물인데, 이를 태평성대의 祥瑞로 생각하였다. 一莖六穗(한 줄기에서 여섯 개의 이삭)도 嘉禾(가화)라 지칭한 기록도 있다.

종식시켰다. (秦) 穆公은 재위 39년에 죽었다.

그 50년 뒤에, 周 靈王(영왕, 재위 前 571-545년)이 즉위하였다.[88] 그때 周 왕실에 入朝하는 제후가 아무도 없었다. (周의 大夫) 萇弘(장홍)은 鬼神에 관한 일에 밝았는데, 삵(狸, 不來)을 과녁으로 만들어 활을 쏘았는데, 不來(불래)는, 곧 入朝하지 않는 제후를 뜻했다.[89] 이는 괴이한 사물에 의거하여 제후를 입조케 하려는 뜻이었다. 그러나 제후는 따라주지 않았고 周 왕실의 권위는 더욱 衰微(쇠미)하였다. 그 2世 뒤인 周 敬王(경왕, 재위 前 519-476) 재위 연간에, 晉人은 (周의 大夫) 萇弘(장홍)을 죽였다.

**原文**

是時, 季氏專魯, 旅於泰山, 仲尼譏之.

自秦宣公作密畤後二百五十年, 而秦靈公於吳陽作上畤, 祭黃帝, 作下畤, 祭炎帝.

後四十八年, 周太史儋見秦獻公曰, "周始與秦國合而別, 別五百載當復合, 合七十年而伯王出焉."

---

87 晉君 夷吾 - 晉 惠公 夷吾(이오, ?-前 637年, 재위 前 650-637년). 晉 獻公의 아들, 생모 驪姬, 晋 文公 重耳의 異母弟.

88 참고로, 孔子는 周 靈王 21年(前 551)에 魯에서 출생하였다.

89 원문 設射不來, 不來者, 諸侯之不來朝者也-《史記》에는 '設射狸首' 라 하였다. 狸(삵 이, 삵괭이, 산 짐승 이름)을 不來라고 부른다는 주석이 있다. 이는 제후지만 입조하지 않는 제후를 뜻한다. 곧 입조하지 않는 제후에 대한 저주 행위라고 해석할 수 있다.

僭見後七年, 櫟陽雨金, 獻公自以爲得金瑞, 故作畦畤櫟陽, 而祀白帝.

後百一十歲, 周赧王卒, 九鼎入於秦. 或曰, 周顯王之四十二年, 宋太丘社亡, 而鼎淪沒於泗水彭城下.

自赧王卒後七年, 秦莊襄王滅東周, 周祀絶. 後二十八年, 秦並天下, 稱皇帝.

〖국역〗

이때, 季氏(계씨)가[90] 魯의 국정을 전담하면서 泰山에서 旅祭(여제)를 올리자, 仲尼(중니, 孔子)가 이를 비난했다.[91]

秦 宣公(선공, 재위 前 676 - 664년)이 密畤(밀치)에 제단을 마련한 지

---

90 季氏(계씨) - 季孫氏(계손씨). 魯의 국가 권력은 周의 國姓인 姬姓의 孟氏, 叔氏, 季氏가 나눠 장악했고, 이를 三家라고 칭했다. 魯 桓公(환공, 前 712 - 694년 재위) 이후 이들을 三桓(삼환)이라고 불렀다. 魯 환공 이후 莊公(장공, 전 693 - 662년 재위)이 계위하였지만 국가 권력은 여전히 仲孫氏(뒷날 孟孫氏), 叔孫氏, 季孫氏에 이어졌는데, 이들은 魯國 卿(경)의 신분으로 司徒(사도), 司空(사공), 司馬(사마)의 관직을 거의 독점하였다. 이들 삼환 중 계손씨의 권한이 가장 컸었다.

91 원문 旅於泰山, 仲尼譏之 - 旅는 旅祭(여제), 旅는 예물을 陳設하여 제사하다. 陪臣(배신, 제후의 家臣)이 泰山에서 제사를 올리는 것은 제후의 儀禮를 僭越(참월)한 짓이라서 공자가 이를 비난하였다(譏는 나무랄 기. 비난하다). 이는 《論語 八佾(팔일)》에 수록되었다. 「季氏旅於泰山. 子謂冉有曰, "女弗能救與?" 對曰, "不能." 子曰, "嗚呼! 曾謂泰山不如林放乎?"」 魯나라 사람 林放(임방, 字는 子丘)이 공자의 제자인가 아닌 가는 논란이 있다. 임방이 공자에게 禮의 본질에 대하여 물었는데(《論語 八佾》), 이는 아마 당시에 禮가 형식에 치우쳤기 때문일 것이다. 이에 공자는 질문을

250년 뒤, 秦 靈公(영공, 재위 前 424 - 415년)이 吳陽(오양)의 上畤(상치)에서 黃帝를 제사하고, 下畤(하치)를 짓고서(築壇) 炎帝(염제, 神農氏)를 제사하였다.

그 48년 뒤, 周 太史인 儋(담)이[92] 秦 獻公(헌공, 재위 前 384 - 362년)에게 말했다.

"周室은 처음에 秦國과 연합하였지만, 갈라졌는데, 그 후 5백년이니 다시 연합해야 하며, 연합 후 70년이면 伯王(패왕, 霸王)이 나올 것입니다."[93]

儋(담)이 헌왕을 알현한 7년 뒤에, 櫟陽(역양)에 金이 비처럼 내렸는데,[94] 헌공은 황금의 상서로움을 받았다고 생각하여 櫟陽(역양)에 畦畤(휴치)를 쌓고 白帝를 제사했다.

그 110년 뒤, 周 赧王(난왕)이 죽자(前 256년), 九鼎(구정)은 秦으로 옮겨졌다.[95] 或者는 周 顯王(현왕) 42년(前 327)에, 宋나라 太丘

---

칭찬하면서 간단하게 본질을 짚어주었다. "禮가 사치하기보다는 차라리 검소해야 하고, 喪禮의 능숙한 처리보다는(與其易也, 易는 治也) 차라리 슬퍼해야 한다."

92 周太史儋 - 周室 太史 儋(담) - 老聃(老子)라는 주석도 있지만 시대적으로 맞지 않는다.

93 이는 太史 儋(담)의 예언이다. 《史記》에는 '七十'이 아니라 '十七'로 되었다.

94 원문 櫟陽雨金 - 櫟陽(역양)은 지명, 縣名. 今 陝西省 남부 西安市 臨潼區에 해당. 雨는 동사. (하늘에서) 내리다. 金이 내렸다는 것이 구체적으로 무엇인지 알 수 없다.

95 원문 周赧王卒, 九鼎入於秦 - 周 赧王(난왕, 재위 前 314 - 256년, 얼굴 붉힐 난)은 동주 마지막 왕) 富人에게 빌린 戰費를 갚을 수 없어 빚 독촉을 피

(태구)의 토지신 사당이 무너지면서 周 九鼎이 彭城(팽성, 今 江蘇省 북단 徐州市) 근처 泗水(사수)에 가라앉았다고 하였다.

赧王(난왕)이 죽은 뒤 7년에, 秦 莊襄王(장양왕)은 東周를 멸망시켰고,[96] 周室의 제사는 단절되었다. 그 28년 뒤 秦은 천하를 모두 병합하고(前 221년), 皇帝를 칭했다.

---

해 누각에 올라 숨기도 하였다.(債臺高築) 재위 59년에 난왕이 죽자(周王 중 가장 오래 재위), 秦 昭襄王은 王畿(洛陽)를 점거하고 천자 권위의 상징인 九鼎(9정)을 咸陽으로 옮겨갔고, 東周는 멸망했다.

**96** 秦 莊襄王(장양왕, 재위 전 249 - 247년) - 秦始皇의 生父. 周室 승계를 자처한 세력을 모두 소탕하였기에, 이에 東周는 완전히 멸망했다. 이어오던 周室의 제사도 단절시켰다.

# 三. 秦始皇의 封禪과 求仙

原文

秦始皇帝既卽位, 或曰, “黃帝得土德, 黃龍地螾見. 夏得木德, 青龍止於郊, 草木鬯茂. 殷得金德, 銀自山溢. 周得火德, 有赤烏之符. 今秦變周, 水德之時. 昔文公出獵, 獲黑龍, 此其水德之瑞.”

於是秦更名河曰 ‘德水’, 以冬十月爲年首, 色尙黑, 度以六爲名, 音上大呂, 事統上法.

〖국역〗

秦의 始皇帝가 즉위한 뒤에,[97] 或者가 말했다.

“黃帝는 土德을 받았기에 黃龍과 地螾(지인)이[98] 출현했습니다. 夏(하)는 木德을 받았기에 青龍이 郊外에 머물었고(止) 草木이 무성했습니다.[99] 殷(은)은 金德을 받았기에 銀이 산에서 넘쳐났습니다. 周는 火德을 받았기에 붉은 까마귀의 祥瑞(상서, 符)가 있었습니다. 지금 秦은 周에서 변혁하였으니 水德의 시대입니다(水克火). 옛날 文公께서 出獵(출렵)하여 黑龍을 포획하였으니, 이것이 바로 水德의

---

97 始皇帝 – 姓은 嬴(영), 名은 政. 재위 前 246년 즉위 – 221년 황제 – 210년 붕어.

98 地螾(지인) – 地螾(지인)은 土龍. 螾은 지렁이 인, 蚯蚓(구인, 지렁이). 螾은 둘레가 5, 6아름(圍), 길이가 10여 길이나 된다는 주석이 있다.

99 원문 草木鬯茂 – 鬯은 울창주 창. 자라다. 茂는 우거질 무.

祥瑞(상서)입니다."

이에 秦에서는 河水를 '德水'라 이름을 바꾸고, 겨울 10월을 歲首(세수)로 변경하였고, 色은 黑色을 숭상하고, 六을 단위로 이름을 붙였으며,[100] 音은 大呂(대여)를 근본으로 삼았고 政事에 법령에 의한 통치를 내세웠다.

原文

卽帝位三年, 東巡狩郡縣, 祠騶嶧山, 頌功業. 於是從齊, 魯之儒生博士七十人, 至於泰山下. 諸儒生或議曰, "古者封禪爲蒲車, 惡傷山之土石,草木, 掃地而祠, 席用苴稭, 言其易遵也."

始皇聞此議各乖異, 難施用, 由此黜儒生. 而遂除車道, 上自泰山陽. 至顚, 立石頌德, 明其得封也. 從陰道上, 禪於梁父. 其禮頗采泰祝之祀雍上帝所用, 而封臧皆秘之, 世不得而記也.

始皇之上泰山, 中阪遇暴風雨, 休於大樹下. 諸儒旣黜, 不得與封禪, 聞始皇遇風雨, 卽譏之.

---

100 원문 度以六爲名 - 북방의 數 六을 기준으로 정하여 전국을 36郡(6×6. 뒤에 48郡). 6頭의 말이 끄는 수레, 6尺을 1步. 6척 높이의 乘輿(승여). 등등.

〖국역〗

(秦 始皇帝가) 帝位에 오른 3년(前 219년)에, 동쪽의 군현을 巡狩(순수)하였는데, 騶縣(추현) 嶧山(역산)에서[101] 제사하고 刻石하여 자신의 功業을 칭송하였다. 이에 齊와 魯 일대의 儒生과 博士 70인이 수행하여 泰山 아래에 이르렀다. 여러 유생들이 논의하며 말했다.

"옛날 封禪할 때 蒲車(포거)를[102] 사용한 것은 태산의 土石이나 草木의 손상을 예방하려는 뜻이었고, 땅을 쓸고(掃地) 제사를 지냈으며 짚단을 엮어 제물을 올렸으니,[103] 이는 쉽게 遵用(준용)하라는 뜻입니다."

시황제는 이러한 논의가 서로 제각각이라 실행이 어렵다 생각하여 유생을 모두 방출해 버렸다. 그리고 시황제는 車道(거도)를 잘 보수하고서 직접 태산 기슭까지 올랐다. 태산 정상(顚, 이마 전, 山頂)에 이르러 각석하여 자신을 송덕하며, 封禪(봉선)의 뜻을 분명히 밝히었다. 그리고 태산 북쪽 기슭으로 내려와 梁父山(양보산)에서 禪禮를 행하였다.

봉선의 의례는 雍縣(옹현)에서 上帝에 제사하는 秦의 奉祀 의례를 많이 채택하였으며, 封禮 의식에서 매장한 내용은 모두 비밀이라서 세상에서는 기록할 수 없었다.

---

101 祀騶嶧山 – 騶縣(추현)은, 今 山東省 濟寧市 관할 鄒城市(추성시). 孟子의 출생지. 嶧山(역산)은 騶山. 鄒城市 동남.

102 蒲車(포거) – 수레바퀴를 부들(蒲)로 감싸 충격을 완화한 수레. 늙은 隱者를 초빙할 때 사용.

103 원문 席用苴稭 – 苴稭는 풀을 엮어 만든 자리. 苴는 깔창 저. 菹(마른 풀 저)와 通. 稭는 간추린 짚 묶음 개. 볏짚의 거친 잎을 제거한 묶음.

始皇이 泰山에 오를 적에 산의 중턱에서 폭풍우를 만나 큰 나무[104] 아래에서 휴식하였다. 모든 유생들은 이미 방축되어 봉선 의례에 참여하지 못했는데 시황제가 풍우를 만났다는 말을 듣고 즉각 그를 비난하였다.

**原文**

於是始皇遂東遊海上, 行禮祠名山川及八神, 求僊人羨門之屬. 八神,將自古而有之, 或曰太公以來作之. 齊所以爲'齊', 以天齊也. 其祀絶, 莫知起時. 八神, 一曰天主, 祠天齊. 天齊淵水, 居臨菑南郊山下下者. 二曰地主, 祠泰山梁父. 蓋天好陰, 祠之必於高山之下畤, 命曰'畤', 地貴陽, 祭之必於澤中圜丘云. 三曰兵主, 祠蚩尤. 蚩尤在東平陸監鄉, 齊之西竟也. 四曰陰主, 祠三山, 五曰陰主, 祠之罘山, 六曰月主, 祠萊山, 皆在齊北, 並勃海. 七曰日主, 祠盛山. 盛山斗入海, 最居齊東北陽, 以迎日出云. 八曰四時主, 祠琅邪. 琅邪在齊東北, 蓋歲之所始. 皆各用牢具祠, 而巫祝所損益, 圭幣雜異焉.

〖국역〗

이에 始皇帝는 동쪽으로 바닷가를 유람하며 예를 갖춰 이름난 산

104 시황제는 그 나무에 五大夫(秦 20작위 중 관리 신분인 9등급)의 작위를 하사했다.

천과 八神을 제사하고, 羨門(선문)과 같은 僊人(선인, 仙人)을 만나려 했다.[105] 八神은 예로부터 내려왔다거나 혹은 太公(呂尙)이 지어냈다고도 한다. (나라 이름으로) 齊國을 '齊'라 한 것은, 곧 하늘의 중앙에 있기(臍, 배꼽 제) 때문이다.[106] 天齊에 대한 제사가 중단되었기에 언제부터 시작되었는지 알 수가 없다.

八神은 첫째 天主인데, 天齊(천제)에 대한 제사이다. 天齊는 깊은 연못의 물인데(泉水), (齊의 도성) 臨菑(임치)[107] 남쪽 교외의 산 맨 아래에 있다.[108] 둘째는 地主이니, 泰山과 梁父山에서 제사한다. 대체로 하늘은 陰氣를 좋아하기에 꼭 高山의 아래인 제터에서 제사해야 하며, 이를 '畤(치)'라 한 것은 地가 陽을 귀히 여겨 제사 터는 연못 가운데 둥그런 언덕이어야 하기 때문이다.[109] 셋째는 兵主인데, 蚩尤(치우)에 대한 제사이다.[110] 치우의 묘는 東平陸의 監鄕(감향)에[111] 있었는데, 齊의 서쪽 변경이다. 넷째는 陰主이니, 三山(삼산)에[112] 대한

---

105 원문 求僊人羨門之屬 - 僊人(선인)은 仙人. 僊은 춤출 선, 신선 선. 羨門(선문)은 고대의 신선. 名 子高.

106 원문 以天齊也 - 天齊는 하늘의 배꼽, 하늘의 중앙. 齊는 臍(배꼽 제).

107 臨菑(임치) - 今 山東省 중부 淄博市(치박시).

108 원문 南郊山下下者 - 下下는 맨 아래. 下之下의 뜻으로 풀이했다.

109 원문 祭之必於澤中圜丘云 - 澤中은 수중. 圜丘(원구)는 둥그런 모양의 땅.

110 祠蚩尤 - 蚩尤(치우)는 黃帝 때의 제후 이름. 황제에게 패했다. 蚩는 벌레 이름 치, 어리석을 치. 尤는 더욱 우. 멀리.

111 東平陸 監鄕 - 東平陸은 縣名. 今 山東省 泰安市 관할 東平縣. 監鄕은 鄕名.

112 三山(삼산) - 參山. 漢代에 東萊郡 領內, 今 山東省 동부 煙臺市 관할 萊州市 소재.

제사이다. 다섯째는 陽主인데, 之罘山(지부산)에서[113] 제사한다. 여섯 째는 月主인데, 萊山(내산)에서[114] 제사하는데, 모두 齊의 북쪽에 있으며 勃海(발해, 渤海)에 연접했다. 일곱째는 日主인데 盛山(성산, 成山)에서[115] 제사했다. 盛山의 자루(斗)가 바다 쪽으로 들어갔는데, 齊의 동북 끝자락에서 남향으로 일출을 맞이하는 곳이라 했다. 여덟번째는 四時主인데, 琅邪(낭야)에서 제사했다. 琅邪는 齊의 동북인데, 한 해가 시작하는 곳이다.

이상 8개 제사 모두가 희생을 다 갖춰 제사하는 사당으로 巫祝(무축)에 따라 덜거나 더하는데(損益), 제사용 玉(圭)이나 비단(幣) 등 여러 가지를 제물로 올렸다.

原文

自齊威,宣時, 騶子之徒論著終始五德之運, 及秦帝而齊人奏之, 故始皇採用之. 而宋毋忌,正伯僑,元尙,羨門高最後, 皆燕人, 爲方僊道, 形解銷化, 依於鬼神之事. 騶衍以陰陽主運顯於諸侯, 而燕,齊海上之方士傳其術不能通, 然則怪迂阿諛苟合之徒自此興, 不可勝數也.

---

113 之罘山(지부산) - 今 山東省 煙臺市 관할 之罘區(지부구, 罘는 그물 부).

114 萊山(내산) - 今 山東省 煙臺市 萊山區.

115 盛山 - 成山, 成山頭. 山東省 榮成市 成山鎭. 山東반도 最東端. 成山頭는 삼면이 바다이다. 中國 4A級 旅遊 景區. 中國 最美 八大 海岸의 하나. 始皇廟와 秦代 立石 등 유적이 있다.

〖국역〗

齊의 威王(재위 前 356 - 320년)과 宣王(재위 前 319 - 301년) 재위 중에, 騶子(추자)의[116] 무리(제자)들이 終始五德의 運數를 논하였는데,[117] 齊人이 이를 진시황에게 언급하였고 始皇은 그런 주장을 採用하였다. 그래서 宋毋忌(송무기), 正伯僑(정백교), 元尙(원상), 羨門高(선문고) 이후로는 모두 燕人으로, 이들은 僊道(선도)를 표방하면서 인간의 형체를 사라지게 하고, 仙丹(선단)을 만들 수 있다는 등[118] 鬼神의 行事를 언급하였다. 騶衍(추연, 騶子)은 陰陽의 이론으로 여러 제후들 사이에 알려졌었는데, 燕과 齊 지역의 바닷가 方士들에게[119] 술법이 전해졌다지만 능통할 수가 없었기에, 괴이한 주장으로 아첨하거나 아부하려는 무리들이 이로부터 더욱 많아져 이루 다 헤아릴 수가 없었다.

**原文**

自威,宣,燕昭使人入海求蓬萊,方丈,瀛州. 此三神山者,

---

116 鄒子 - 鄒衍(추연, ?前 305 - 240년, 鄒는 나라 이름 추)은 戰國 시기 陰陽家 학파의 창사자이며 대표자. 戰國 말기 齊國人. '五德終始說' 을 주창. 稷下(직하) 學宮의 저명한 學者.

117 五德終始說 - 鄒衍은 五德(五行 木, 火, 土, 金, 水)의 상생과 상극의 순환 이론.

118 원문 形解銷化 - 형체를 없애고(육신을 감출 수 있다는 詐術, 尸解), 雜金을 녹여 仙丹을 만들 수 있다는 주장.

119 方士 - 方術之士. 仙道를 말하며, 신선이 되기 위하여 仙丹을 제조(煉丹術)하고 仙藥으로 不老長生을 추구하는 사람. 占卜, 占星, 觀相者도 방사라 불렀다.

其傳在勃海中，去人不遠. 蓋嘗有到者，諸仙人及不死之藥皆在焉. 其物,禽獸盡白，而黃金,銀爲宮闕. 未至，望之如雲，及到，三神山反居水下，水臨之. 患且至，則風輒引船而去，終莫能至云. 世主莫不甘心焉.

〖국역〗

(齊) 威王(위왕)과 宣王(선왕). 燕의 昭王(소왕, 재위 前 313－279년) 등은 사람을 바다에 보내 蓬萊(봉래), 方丈(방장), 瀛州(영주)의 섬을 찾게 하였다. 이 三神山이란 勃海(발해)에 있는데, 인간 세계에서 멀지 않다고 전해왔다.[120] 그전에 그 섬에 갔던 사람이 있었는데, (거기에는) 여러 仙人과 不死藥 등이 모두 있었다고 하였다. 그 섬의 물건이나 새 짐승 등은 모두 흰색이었고, 황금과 銀으로 궁궐을 지었다고 하였다. 그 섬에 도착하기 전에는(未至) 구름처럼 보이지만, 당도해보면 三神山이 바닷물 아래에 있거나 물가에 있다고 하였다. (다른 사람들이) 또 찾아올까 걱정하여 바람이 (섬을) 배처럼 끌고 다녀 끝내 거기에 간 사람이 없다고 하였다. 거기에 마음이 끌리지 않은 인간세계의 군주는 없었다.[121]

原文

及秦始皇至海上，則方士爭言之. 始皇如恐弗及，使人繼

120 원문 蓬萊,方丈,瀛州. 此三神山者～－神仙이 거주한다는 3개의 섬. 蓬은 쑥 봉. 萊는 명아주 풀 래. 瀛은 바다 영, 산 이름 영.

121 원문 世主莫不甘心焉－甘心(감심)은 탐욕을 그치질 못하다.

童男女入海求之. 船交海中, 皆以風爲解, 曰未能至, 望見之焉. 其明年, 始皇復游海上, 至琅邪, 過恆山, 從上黨歸. 後三年, 游碣石, 考入海方士, 從上郡歸. 後五年, 始皇南至湘山, 遂登會稽, 並海上, 幾遇海中三神山之奇藥. 不得, 還到沙丘崩.

〖국역〗

秦始皇이 바닷가에 오면, 方士들은 다투듯 삼신산을 언급하였다. 시황제는 혹 찾지 못할까 걱정하여 어린 남녀 아이를 데리고 바다에 나가 찾게 하였다. 배들이 연이어 바다에 나갔지만, 모두가 바람을 핑계 대며 도착하지는 못하고 바라보기만 했다고 말했다.

그 다음 해에도 始皇帝는 다시 동해를 유람하였는데, 琅邪郡(낭야군)에[122] 왔다가, 恆山(항산)을 지나 上黨郡을 거쳐[123] 귀경하였다.

그 3년 뒤,[124] 碣石山(갈석산)에 행차하여,[125] 入海하겠다는 方士를 살펴본 뒤에 上郡(상군)을[126] 거쳐 돌아왔다.

다시 5년 뒤(前 210년), 始皇은 남쪽을 유람하여 湘山(상산)에 갔다가 會稽山(회계산)에 올랐고,[127] 해안을 따라 올라오며, 바다에서

---

122 琅邪郡(낭야군) – 漢代 琅邪郡(낭야군)의 치소는 東武縣, 今 山東省 濰坊市(유방시) 관할의 諸城市. 山東省 동남부.

123 漢代 上黨郡의 치소는 長子縣, 今 山西省 동남부 長治市 관할의 長子縣.

124 이는 시황제 재위 32년, 前 215년이었다.

125 碣石山(갈석산) – 今 山東省 북부 濱州市(빈주시) 관할 無棣縣(무체현) 소재.

126 上郡 – 郡治는 膚施縣(부시현), 今 陝西省 북부 楡林市(유림시).

127 會稽山(회계산) – 今 浙江省(절강성, Zhèjiāng shěng) 紹興市 소재.

삼신산의 不死藥(奇藥)을 얻으려 했지만 얻지 못하고, 돌아오는 길에 沙丘(사구)에서 붕어했다.[128]

## 原文

二世元年, 東巡碣石, 並海, 南歷泰山, 至會稽, 皆禮祠之. 而胡亥刻勒始皇所立石書旁, 以章始皇之功德. 其秋, 諸侯叛秦. 三年而二世弒死.

始皇封禪之後十二年而秦亡. 諸儒生疾秦皇焚《詩》,《書》, 誅滅文學, 百姓怨其法, 天下叛之, 皆說曰, "始皇上泰山, 爲風雨所擊, 不得封禪云." 此豈所謂無其德而用其事者邪?

## 〖국역〗

二世 元年(前 209), 2世 황제는[129] 동쪽으로 碣石山(갈석산)까지 巡狩(순수)하고 해안을 따라 남쪽으로 내려왔다가 泰山을 거쳐 會稽

128 沙丘(사구) – 시황제는 平原津(今 山東省 북부 德州市 平原縣)을 거쳐 沙丘(今 河北省 남부 邢台市 廣宗縣)의 平臺에서 붕어했다. (前 210년 7월).

129 秦二世 – 名은 胡亥, 始皇의 18子. 前 210년, 始皇이 남방에 出遊했다가 沙丘宮에서 病死하자, 胡亥는 환관 趙高(조고)와 재상 李斯(이사)의 도움을 받아 發喪하지 않고 沙丘之變을 획책하여 長兄인 扶蘇(부소)를 죽게 한 뒤에 二世 황제로 즉위했다. 그리고 형제와 자매 20여 명을 죽였고, 조고는 권력을 장악하고 잔혹 폭압으로 통치했다. 2세는 前 207年 趙高의 女婿인 閻樂(염락)의 핍박을 받아 望夷宮(망이궁)에서 자결하였는데, 그때 24세였다라고 알려졌다.

(회계)에 이르는 동안 여러 사당에 제물을 갖춰 제사하였다. (2世인) 胡亥는 시황제가 세운 刻石(각석)의 비문 여백(書旁)에 시황제의 공덕을 새겨 表彰(표창)하였다. 그해 가을 諸侯들은 秦에 반기를 들었다.[130]

재위 3년(前 207)에 二世는 弑害(시해)되었다. 시황제의 封禪(봉선) 이후 12년에 秦은 멸망했다. 여러 儒生들은 시황제가 《詩》와 《書》 같은 경전을 불사르고(焚書 분서), 文學之士를 죽인 짓을(坑儒, 갱유) 증오했고, 백성은 잔혹한 법을 원망했는데, 천하가 秦에 반기를 들자, 모두가 말했다.

"始皇帝가 泰山에 오를 때 비바람을 맞아 봉선을 못했기 때문이다."

이는 그럴만한 德도 없으면서 봉선을 할 수 있겠느냐는 뜻이 아니겠는가?

## 原文

昔三代之居, 皆河,洛之間, 故嵩高爲中嶽, 而四嶽各如其方, 四瀆咸在山東. 至秦稱帝, 都咸陽, 則五嶽,四瀆皆並在東方. 自五帝以至秦, 迭興迭衰, 名山,大川或在諸侯, 或在天子, 其禮損益世殊, 不可勝記. 及秦並天下, 令祠官所常奉天地,名山,大川,鬼神可得而序也.

---

130 원문 諸侯叛秦 - 秦은 전국을 郡縣으로 나눠 통치하고 제후를 분봉하지 않았다. 여기서 제후란 秦에 반기를 든 지방 세력자란 뜻이다. 209년 陳勝과 吳廣(오광)의 봉기가 그 시작이었다.

〖국역〗

옛날 (夏, 殷, 周) 三代의 근거지는[131] 모두 黃河와 洛水 일대였으며, (낙양에 가까운) 높은 嵩山(숭산)은 中嶽(중악)이라 하였고, 다른 四嶽은 각자 그 방향에 있었으며, 四瀆(사독)은[132] 모두 崤山(효산)[133] 동쪽(山東)에 있었다.

秦에 이르러 稱帝(칭제)하면서 咸陽(함양)에 도읍했는데, 五嶽(오악)과 四瀆(사독)이 모두 다 (도읍의) 東方에 있었다.[134] 五帝로부터 秦에 이르기까지, 교대로 흥성하고 쇠퇴하는 동안, 名山과 大川에 어떤 때는 제후나 때로는 天子의 근거지였으며, 그 의례의 加減損益(가감손익)은 시대에 따라 달랐기에 그런 것을 다 기록할 수도 없을 정도로 많았다.

나중에 秦이 천하를 모두 병합하면서, 나라의 제사를 담당하는 관원을 시켜 평소에 받드는 天地와 名山大川과 鬼神을 종합하여 등급에 따라 次序를 정했다.

---

131 昔三代之居 - 夏의 도읍은 安邑(안읍), 殷의 도읍은 朝歌(조가), (東)周의 도읍은 洛陽이었다.

132 四瀆(사독) - 瀆은 물도랑 독. 강물. 4독은 江(長江), 河(黃河), 淮(淮水, 회수), 濟(제, 지금의 黃河의 물길이 옛 濟水). 곧 濟는 사라진 강물이다.

133 崤山(효산, 殽) - 이 효산에 關中 땅의 東門인 함곡관이 있다. 그래서 보통 崤函(효함)이라 칭한다. 易守難攻(이수난공)의 전략 요충지로 알려졌다. 中國 고대에서 山東이라면 효산의 동쪽이란 뜻이다. 우리나라와 가까운 山東省은 泰山의 동쪽이란 뜻이다.

134 秦 咸陽과 前漢의 도읍 長安은 연접했기에 前漢도 마찬가지였다.

原文

於是自崤以東, 名山五, 大川祠二. 曰太室, 太室, 嵩高也. 恆山,泰山,會稽,湘山. 水曰泲, 曰淮. 春以脯酒爲歲禱, 因泮凍, 秋涸凍. 冬塞禱祠. 其牲用牛犢各一, 牢具圭幣各異.

自華以西, 名山七, 名川四. 曰華山,薄山. 薄山者, 襄山也. 岳山,岐山,吳山,鴻冢,瀆山. 瀆山, 蜀之岷山也. 水曰河, 祠臨晉, 沔, 祠漢中, 湫淵, 祠朝那, 江水, 祠蜀. 亦春秋泮涸禱塞如東方山川. 而牲亦牛犢牢具, 圭幣各異. 而四大冢鴻, 岐,吳,嶽, 皆有嘗禾. 陳寶節來祠, 其河加有嘗醪. 此皆雍州之域, 近天子都, 故加車一乘, 騮駒四.

霸,產,豐,澇,涇,渭,長水, 皆不在大山川數, 以近咸陽, 盡得比山川祠, 而無諸加. 汧,洛二淵, 鳴澤, 蒲山,岳婿山之屬, 爲小山川, 亦皆禱塞泮涸祠, 禮不必同.

〖국역〗

이에 崤山(효산)의 동쪽으로 名山이 다섯이고, 大川의 祠堂이 둘이다(二). (5 名山은) 이른바 太室(태실)이니 太室은 嵩高, 곧 嵩山(숭산)이다. 그리고 恆山(항산, 北嶽), 泰山(東嶽), 會稽山(회계산), 湘山(상산)이다.[135] 大水로는 泲水(제수, 濟의 古字)와 淮水(회수)가 있다. 春에는 肉脯(육포)와 酒로 일 년의 풍년을 기원하는데,[136] 봄에는 解凍(해

135 湘山 - 湘은 洞庭湖(동정호)로 흘러드는 長江의 지류 이름이다. 동시에 湖南省을 지칭하는 말이다.

136 원문 春以脯酒爲歲禱 - 脯는 포 포. 肉脯, 乾肉. 歲는 일 년의 풍흉. 풍

동)할 무렵에, 가을에는 얼음이 얼 무렵에[137] 제사를 올렸다. 겨울에는 신이 내려준 복에 대한 제사이었다.[138] 희생으로는 소와 송아지(犢, 독)를 한 마리씩은 헌상하고, 옥돌(圭)이나 비단(幣)을 함께 올리기도 한다.[139]

華山(화산, 西嶽)의 서쪽으로, 名山이 七, 名川이 四이다. 華山과 薄山(박산)이 있다. 薄山은 襄山(양산)이다. 그리고 岳山(악산), 岐山(기산), 吳山(오산), 鴻冢(홍총),[140] 瀆山(독산, 도랑 독)이 있다. 瀆山(독산)은 蜀의 岷山(민산)이다. 大水로는 河水인데, 臨晉縣(임진현)에 사당이 있고, 沔水(면수)는 漢中郡에 사당이 있으며, 湫淵(추연)은 朝那縣(조나현)에서,[141] 江水(長江)는 蜀郡(촉군, 成都)에서 제사한다. 이 또한 동방의 山川에 대한 제사처럼 봄과 가을로 얼음이 녹거나 얼을 무렵(泮涸, 반학)에 풍년을 빌거나(禱), 보답(塞)으로 제사를 올린다. 그 희생 역시 소(牛)와 송아지(犢), 기타 헌상품으로(牢具), 圭(규)와 幣(폐)가 각각 다를 수 있다. 그 밖의 四大 高山(冢)인 鴻山, 岐山, 吳山, 嶽山에서는 모두 穀物(곡물)을 헌상했다(嘗禾). 陳寶神(진보신)이 절기에 맞춰 강림할 때 제사하는데,[142] 그중 河水에 제사할

---

년. 禱는 빌 도.

137 원문 因泮凍, 秋涸凍 – 泮은 얼음이 녹다. 학교 반. 凍은 얼 동. 涸은 물 마를 학. 얼음이 얼다.

138 원문 冬塞禱祠 – 塞는 변방 새. 기원한 복에 대하여 보답하다.

139 원문 牢具圭幣各異 – 牢는 우리. 속에 넣다. 圭는 홀. 玉. 幣는 비단 폐.

140 鴻冢(홍총) – 鴻은 큰 기러기 홍. 冢(무덤 총)은 山의 頂上. 高山.

141 朝那縣(조나현) – 今 寧夏回族自治區 남부 固原市 관할 彭陽縣(팽양현) 古城鎭에 해당.

142 원문 陳寶節來祠 – 陳寶는 神名. 節來는 절기에 맞춰 오다. 祠는 사당

때는 막걸리(醪, 막걸리 료)를 올렸다(嘗, 맛볼 상). 이 모두가 雍州(옹주)의[143] 域內인데, 天子의 都邑에 가깝기에 수레 한 대(車一乘)와 검은 망아지(騮駒, 유구) 4마리를 제물로 올렸다.

霸水(패수), 産水(산수), 豐水(풍수), 澇水(노수), 涇水(경수), 渭水(위수), 長水(장수) 등은 모두 大山川의 數에는 포함되지 않으나, 咸陽(함양)에 가까워 모두 명산천의 제사와 비슷하게 지내며, 별도의 제물 헌상은 없었다.

汧(견)과 洛(낙) 두 개의 연못(二淵)과 鳴澤(명택), 蒲山(포산), 岳婿山(악서산) 등은 小山川으로 解凍(해동)하거나 얼음이 얼 때, 풍년을 빌고 보답하는 제사를 올리나 그 의례가 꼭 같지는 않았다.

**原文**

而雍有日,月,參,辰,南北斗,熒惑,太白,歲星,塡星,二十八宿, 風伯,雨師,四海,九臣,十四臣, 諸布,諸嚴,諸逐之屬, 百有餘廟. 西亦有數十祠. 於湖有周天子祠. 於下邽有天神.

豐,鎬有昭明,天子辟池. 於杜亳有五杜主之祠,壽星祠, 而雍,菅廟祠亦有杜主. 杜主, 故周之右將軍, 其在秦中最小鬼之神者也. 各以歲時奉祠.

---

사. 제사 지내다.

143 여기서는 〈禹貢〉 九州의 雍州(옹주)로 漢代의 朔方郡, 京兆尹, 左馮翊, 右扶風 및 涼州자사부 관할 지역으로, 今 甘肅省, 陝西省, 寧夏回族自治區 일대를 지칭한다.

〖국역〗

그리고 雍州 일대에는 日月과 參(삼, shēn, 28宿의 하나), 辰星(진성, 水星), 南斗와 北斗, 熒惑(형혹, 火星), 太白(金星), 歲星(木星), 塡星(전성, 土星), 二十八宿(수)와 風伯(풍백, 風神), 雨師(우사, 雨神), 四海(海神), 九臣(九皇之神, 古帝王)과 六十四民之神, 그리고 諸布(여러 星宿, 諸星曰 布), 諸嚴(諸莊)과 諸逐(諸遂, 제수)[144] 등을 제사하는 1백 개소가 넘는 祠廟(사묘)가 있었다. (隴西郡) 西縣(秦의 舊都)에도 마찬가지로 수십 개 祠廟가 있었다. 湖縣(호현)에는 周 天子의 祠廟가 있었다. 下邽縣(하규현)에는[145] 天神을 제사하는 묘당도 있었다.

豐縣(풍현)과 鎬縣(호현)에는[146] 昭明(소명, 炎神, 赤帝)과 천자의 辟池(벽지, 辟雍의 舊池)가 있었다. 杜縣(두현)의 亳(박)이란 곳에는 杜主(두주, 杜伯)를 모시는 廟祠 5개소와 壽星(수성)을 모시는 사당이 있었고,[147] 雍縣(옹현)의 菅廟祠(관묘사)에도 마찬가지로 杜主(두주)를 모셨다. 杜主는 周의 右將軍이었는데, 秦中(關中)의 그 祠廟는 가장 (숫자가) 적으나 神靈한 효험이 있었다. 이상 각 처에서는 계절에 따라 제사를 올렸다.

---

144 원문 諸嚴諸逐 – 諸嚴은 諸莊. 후한 明帝의 이름자를 諱(휘)하여 改書. 諸逐은 諸遂(제수)의 착오. 모두 道路의 神(路神).

145 湖縣(호현)은, 今 河南省 靈寶市. 下邽縣(하규현)은, 今 陝西省 渭南市.

146 豐縣(풍현)과 鎬縣(호현) – 今 陝西省 咸陽市 동남.

147 杜亳有五杜主之祠,壽星祠 – 杜縣(두현)은, 今 陝西省 西安市 동남. 亳(가는 털 호)는 薄亭이라는 주석이 있다. 杜主(두주, 杜伯)는 周 宣王의 大夫. 죄도 없이 억울한 죽음을 당했다. 壽星은 인간의 수명을 주관한다는 별.

原文

唯雍四時上帝爲尊, 其光景動人民, 唯陳寶. 故雍四時, 春以爲歲祠禱, 因泮凍, 秋涸凍, 冬賽祠, 五月嘗駒, 及四中之月月祠, 陳寶節來一祠. 春,夏用騂, 秋冬用駵. 時駒四匹, 木寓龍一駟, 木寓車馬一駟, 各如其帝色. 黃犢羔各四, 圭, 幣各有數, 皆生瘞埋, 無俎豆之具. 三年一郊. 秦以十月爲歲首, 故常以十月上宿郊見, 通權火, 拜於咸陽之旁, 而衣上白, 其用如經祠云. 西時,畦時, 祠如其故, 上不親往.

諸此祠皆太祝常主, 以歲時奉祠之. 至如它名山川諸神及八神之屬, 上過則祠, 去則已. 郡縣遠方祠者, 民各自奉祠, 不領於天子之祝官. 祝官有秘祝, 卽有災祥, 輒祝祠移過於下.

〖국역〗

雍州(옹주)의 四時(사치)에서는 上帝를 받들어 모시는데, 그 降神(강신) 모습 중 백성에게 감동을 주는 것은 오직 陳寶(진보, 神名) 뿐이다. 그래서 雍縣의 四時에서는, 春에는 농사 풍년을 비는데 얼음이 녹을 무렵에 지내고, 가을에는 얼음이 얼 무렵에, 겨울에도 神께 제사를 올리는데, 五月에는 망아지(駒, 망아지 구)를 헌상하고, 사계절의 가운데 달(仲月)에 月祠를 올리는데, 陳寶神이 계절마다 강림하여 한 번씩 제사를 歆饗(흠향)한다. 봄과 여름에는 붉은 말(騂, 성, 赤色)을, 가을과 겨울에는 월따말〔駵(류), 검은 털 말〕을 제물로 바친다. 사치의 제사에 쓰는 망아지는 4마리이고, 나무로 만든(木寓, 木

偶) 龍 4마리에(一駟), 나무로 깎아 만든 수레 4대를 올리는데, 그 수레 색은 方位의 색과 같다. 누런 털 송아지(黃犢)와 새끼 양(羔, 새끼양 고)도 각각 4마리이며, 圭(규)와 비단(幣, 폐)도 각각 數에 맞추되, 모두 산채로 파묻고,[148] 다른 제물은 쓰지 않는다.[149] 3년마다 교제를 올린다. 秦은 10월을 歲首로 삼았기에 늘 10월 상순에 재계하고 교제를 지내는데,[150] 봉화를 올리며[151] 咸陽의 부근에서도 拜禮(배례, 절)하는데, 흰옷을 입고, (그 절차는) 보통 제사와 같다고 하였다. 西畤와 畦畤(휴치)의 제사 또한 예전과 같으나 황제가 왕림하지는 않았다.

이러한 모든 제사에는 太祝(大祝, 大祝官)이 항상 주관하여 歲時에 맞춰 제사를 받들었다. 다른 名山大川의 여러 神 및 八神에 대한 제사에서는 황제가 행차하는 날에 맞춰 제사하고 떠나면 제사를 마쳤다. 먼 지방 각 郡縣의 제사에는 백성들이 스스로 제사를 받드는데 天子의 祝官을 초빙하지는 않았다. 각 祝官은 비밀스러운 祝願(축원)이 있어 재앙이나 祥瑞(상서)의 유무에 따라 그 허물을 아래 백성들에게 떠넘겼다.

---

**148** 원문 皆生瘗埋 – 瘗는 묻을 예. 埋는 묻을 매.

**149** 원문 無俎豆之具 – 俎는 도마 조. 豆는 제기 두. 제물.

**150** 원문 上宿郊見 – 上은 상순. 宿(숙)은 齋戒(재계)하다. 郊見은 교제를 올리다.

**151** 원문 通權火 – 權火는 烽火(봉화). 횃불.

# 四. 漢初의 郊祀

原文

漢興, 高祖初起, 殺大蛇, 有物曰, '蛇, 白帝子, 而殺者赤帝子.' 及高祖禱豐枌榆社, 徇沛, 爲沛公, 則祀蚩尤, 釁鼓旗. 遂以十月至霸上, 立爲漢王. 因以十月爲年首, 色上赤.

二年冬, 東擊項籍而還入關, 問, "故秦時上帝祠何帝也?" 對曰, "四帝, 有白,青,黃,赤帝之祠." 高祖曰, "吾聞天有五帝, 而四, 何也?" 莫知其說. 於是高祖曰, "吾知之矣, 乃待我而具五也." 乃立黑帝祠, 名曰北畤. 有司進祠, 上不親往. 悉召故秦祀官, 復置太祝,太宰, 如其故儀禮. 因令縣爲公社. 下詔曰,「吾甚重祠而敬祭. 今上帝之祭及山川諸神當祠者, 各以其時禮祠之如故.」

〖국역〗

漢室이 興起할 때, 高祖는[152] 처음 起兵하며 大蛇를 죽였는데, 귀신이 말했다.[153] '(죽은) 뱀은 白帝의 아들인데, 죽인 사람은 赤帝의 아들이다.'

---

152 高祖 – 劉邦(유방, 前 256 – 195년, 壽 62세. / 前 247 – 195년, 壽 53세) – 字는 季, 前 206년 漢王, 漢 건국. 前 202년 칭제 후 재위 7년.

153 원문 有物曰, ~ – 物은 귀신.

高祖가 豐邑(풍읍)[154] 枌楡鄕(분유향)의[155] (土地神) 社에서 기도를 드린 뒤, 沛縣(패현)을 공격, 차지하고[156] 沛公(패공)을[157] 자처한 뒤, 바로 蚩尤(치우)에 제사를 드렸으며, 북과 깃발에 피를 바르는 血祭(혈제, 釁은 피바를 흔)를 지냈다. 그리고 이어 10월에, 霸上(패상)에[158] 이르러 漢王으로 즉위하였다(前 206년). 그리하여 10월을 年首(歲首)로 정하고 赤色을 숭상하였다.

(漢王) 2년 겨울(前 205), 동쪽으로 진군하여 項籍(항적)을[159] 격파

---

154 豐邑 – 沛縣(패현)은, 今 江蘇省 徐州市 沛縣. 豐邑은, 今 江蘇省 徐州市 豐縣.

155 枌楡鄕 – 마을 이름. 枌은 느릅나무 분. 楡는 느릅나무 유.

156 徇沛 – 徇은 빠를 순(疾也), 따를 순. 徇(호령할 순)과 通.

157 沛公 – 전국시대 楚의 현령을 公이라 호칭했다.

158 霸上(패상) – 今 陝西省 西安市 동남방 10km. 霸河(패하)의 白鹿原. 군주둔지로 유명.

159 項籍(항적, 前 232 – 202) – 字는 羽, 項羽(항우)라 통칭. 처음 기병할 때 나이는 24살이었다. 그의 季父는 項梁(항량)이고, 항량의 부친은, 곧 楚의 명장인 項燕(항연)이다. 그 집안은 대대로 楚의 장군으로 項땅에 봉해졌기에 성을 項氏라 했다. 항적이 젊었을 적에 글을 배웠으나 대성하기 전에 그만두었고, 검술을 배웠으나 또 성취하지 못하고 그만두었다. 항량이 이를 꾸짖자, 항적이 말했다. "글은 이름만 쓸 줄 알면 되고 검술은 한 사람을 상대하는 것이라 배울게 못되니 만인을 상대하는 것을 배우겠습니다." 이에 항량은 그 뜻을 기특하다 생각하고 兵法을 가르쳤다. 항적은 크게 좋아했으나 그 뜻의 대략을 알고서는 또 끝까지 배우려 하지 않았다.
前 207년 秦朝 멸망의 결정적 전투인 鉅鹿(거록)의 싸움에서 秦軍을 격파하고 스스로 西楚霸王이 되었다. 楚漢戰爭 중 垓下(해하)의 전투에서 漢王 劉邦에게 패하자 長江의 북쪽 지류인 烏江(오강)에서 자결하였다.

하고 關中 땅으로 들어와 "옛 秦 시절에 제사한 上帝란 어떤 帝君인가?"라고 물었다. 그러자 측근이 대답하였다. "四帝이니 白帝, 靑, 黃, 赤帝에 대한 제사입니다."

高祖가 물었다.

"내가 알기로, 하늘에 五帝가 있다는데 4帝라 한 것은 왜 그런가?"

아무도 대답을 하지 못했다. 이에 高祖가 말했다.

"내가 알고 있다. 바로 나를 기다린 것이니, 이제 五帝가 갖춰진 것이다."

이에 黑帝祠를 건립하고 北畤(북치)라 하였다. 有司가 사묘에 들어가자 漢王은 친히 왕림하지 않았다. 그리고 秦의 祭祀官을 모두 소집하고 다시 太祝(태축)과 太宰(태재)를 임명하고 옛 의례대로 시행케 하였다. 아울러 縣마다 나라에서 제사하는 土地神社(公社)를 세우게 하였다. 그리고 조서를 내렸다.

「나는 廟祠와 경건한 제사를 중히 여긴다. 지금 上帝에 대한 제사와 山川의 모든 神明에 대한 제사를 담당하는 자는 각자 이전과 같이 時節에 맞춰 제사를 거행하라.」

**原文**

後四歲, 天下已定, 詔御史令豐治枌楡社, 常以時, 春以羊,彘祠之. 令祝立蚩尤之祠於長安. 長安置祠祀官,女巫.

---

그의 용기와 무예 힘은 천고에 최고였으며('羽之神勇, 千古無二') 霸王(패왕)은, 곧 항우를 지칭하는 고유명사로 통한다. 《史記 項羽本紀》 참고. 《漢書 陳勝項籍傳》에 입전.

其梁巫祠天,地,天社,天水,房中,堂上之屬. 晉巫祠五帝,東君,雲中君,巫社,巫祠,族人炊之屬. 秦巫祠杜主,巫保,族累之屬, 荊巫祠堂下,巫先,司命,施糜之屬, 九天巫祠九天, 皆以歲時祠宮中. 其河巫祠河於臨晉, 而南山巫祠南山,秦中. 秦中者, 二世皇帝也. 各有時日.

其後二歲, 或言曰周興而邑立后稷之祠, 至今血食天下. 於是高祖制詔御史, "其令天下立靈星祠, 常以歲時祠以牛."

高祖十年春, 有司請令縣常以春二月及臘祠稷以羊,彘, 民里社各自裁以祠. 制曰, '可.'

〖국역〗

그 4년 뒤, 天下가 안정되자, 御史에게 조서를 내려 豐邑 枌楡鄕(분유향)의 土地神社를 重修하고 언제나(常) 제사하되, 봄에는 羊과 돼지(彘, 돼지 체)로 제사를 올리게 하였다. 祝官에게 명하여 長安에도 蚩尤(치우)의 廟祠(묘사)를 세우게 하였다. 또 長安에 祠祀官(사사관)과 女巫(여무)를 설치케 하였다.

그중 梁(양)의[160] 巫女는 天神과 地神, 天社, 天水, 房中, 堂上의 神에[161] 대한 제사를 지내게 하였다. 晉地(今 山西省 일대)의 女巫는

160 梁(양) – 戰國時代 梁國이 존재했던 곳. 今 河南省 중앙부 開封市 일대. 漢代에 제후의 封國이거나 郡이었다.

161 天社, 天水, 房中, 堂上 – 모두 神名.

五帝, 東君, 雲中君, 巫社, 巫祠와 族人炊(족인취) 등을[162] 제사케 하였다. 秦地(今 陝西省 남부 일대)의 女巫는 杜主(두주, 5두주), 巫保神(무보신), 族累神(족루신) 등을, 荊州(형주, 今 湖北省, 湖南省 일대)의 女巫는 堂下神, 巫先(무선), 司命(사명), 施糜神(시미신) 등을, 九天巫는 九天神을[163] 제사하게 하였는데, 모두 歲時에 따라 宮中에서 제사를 올리게 하였다. 또 河巫(하무)는 臨晉(임진)에서 河神을 제사하고,[164] 南山巫(남산무)는 南山(長安 終南山)과 秦中(진중)의 神을 제사토록 하였는데, 秦中의 神은 秦 二世 皇帝이다. 각각 제사하는 계절과 날짜가 정해져 있었다.

그 2년 뒤, 어떤 자가 周가 홍기한 뒤에 각 邑에 后稷(후직)의 祠廟(사묘)를 건립했고 지금까지 천하 백성의 제사를 받고 있다고 말했다.[165] 이에 고조가 御史(어사)에게 명령했다.

"온 나라에 靈星祠(영성사)를 건립하고,[166] 항상 歲時(세시)에 따라 소(牛)를 제물로 바치도록 하라."

漢 高祖 10년 봄(前 197), 담당 관원이 각 현에서는 늘 봄 2월 및

---

162 東君, 雲中君, 巫社, 巫祠와 族人炊(족인취) - 東君은 東皇太一, 곧 日神. 雲中君은 雲神. 巫社와 巫祠(무사)는 옛 무녀들의 神. 族人炊(족인취)는 옛 炊母의 신.

163 九天 은 중앙 및 八方의 하늘. 다른 異論도 있다.

164 원문 其河巫祠河於臨晉 - 河巫(하무)는 黃河의 河神에 대한 제사를 전담하는 무녀. 臨晉(임진)은 縣名. 今 陝西省 渭南市관할 大荔縣(대려현).

165 원문 至今血食天下 - 血食(혈식)은 제사.

166 원문 其令天下立靈星祠 - 其는 ~하기 바란다. 靈星은 星名. 天田星. 농사를 주관하는 별.

12월에 양과 돼지로 后稷(후직)에게 제사를 지내고,[167] 마을 백성의 뜻에 따라 사당을 세울 수 있게 하라고 주청하였다. 황제는 '可하다.' 고 하였다.

原文

文帝卽位十三年, 下詔曰,「秘祝之官移過於下, 朕甚弗取, 其除之.」

始, 名山大川在諸侯, 諸侯祝各自奉祠, 天子官不領. 及齊,淮南國廢, 令太祝盡以歲時致禮如故.

明年, 以歲比登, 詔有司增雍五畤路車各一乘, 駕被具. 西畤,畦畤寓車各一乘, 寓馬四匹, 駕被具. 河,湫,漢水, 玉加各二, 及諸祀皆廣壇場, 圭幣,俎豆以差加之.

〖국역〗

漢 文帝 즉위 13년(前 167), 조서를 내렸다.

「秘祝을 담당하는 관원(祭祀官)이 허물을 아래에 떠넘기는데, 짐은 이를 받아들일 수 없나니 그런 일이 없도록 하라.」

그전에, 名山과 大川이 諸侯의 封地에 있으면 제후의 祝官이 각자 제사를 받들었고 천자의 축관은 관여하지 않았다. 齊國과 淮南國

167 원문 有司請令縣常以春二月及臘祠稷以羊,彘 - 有司는 직분이나 성명을 명시하지 않은 官吏. 設官하고 담당 職務를 구분하기에 事有專司의 뜻. 담당자. 담당 관청이나 담당 부서. 臘은 臘月(납월). 12월. 稷은 后稷(후직). 彘는 돼지 체.

이 폐지되면서[168] (천자의) 太祝官이 전처럼 歲時에 맞춰 致禮(치례)하게 하였다.

그 明年에 풍년이 들자, 조서로 有司가 雍縣(옹현)의 五畤(오치)에 路車 각 1乘을 늘려주고 거마의 필요한 장식을 모두 갖춰주게 하였다. 西畤와 畦畤(휴치)에 木偶(목우)의 수레 각 1乘과[169] 木偶의 말 4필과 馬具를 갖추게 하였다. 河, 湫水(추수), 漢水의[170] 묘당에도 각각 玉 2개씩을 늘려주었고 모든 제사에 제단과 마당을 넓히고, 圭(규)와 幣(폐, 비단), 제물 차림(俎豆, 조두)을 등급에 따라 늘려주었다.

**原文**

魯人公孫臣上書曰, "始秦得水德, 及漢受之, 推終始傳, 則漢當土德, 土德之應黃龍見. 宜改正朔, 服色上黃."

時丞相張蒼好律曆, 以爲漢乃水德之時, 河決金堤, 其符也. 年始冬十月, 色外黑內赤, 與德相應. 公孫臣言非是, 罷之. 明年, 黃龍見成紀. 文帝召公孫臣, 拜爲博士, 與諸生申明土德, 草改歷,服色事.

其夏, 下詔曰,「有異物之神見於成紀, 毋害於民, 歲以有年. 朕幾郊祀上帝諸神, 禮官議, 毋諱以朕勞.」

---

168 齊에는 泰山에, 淮南國에는 天柱山에 제사를 지냈었다.

169 원문 寓車各一乘 – 寓車(우거)는 나무로 만든(木偶) 제사용의 모형의 수레.

170 湫,漢水 – 湫水(추수)는 山西省의 黃河 지류. 漢水는 長江의 최대 지류.

有司皆曰, "古者天子夏親郊祀上帝於郊, 故曰郊." 於是, 夏四月文帝始幸雍郊見五時, 祠衣皆上赤.

〖국역〗

魯人 公孫臣(공손신)이 上書하였다.[171]

"이전에 秦은 水德을 받았고, 漢은 秦을 따라 하였는데(因襲), (五德의) 終始에 관한 傳聞을 推論(추론)한다면, 漢은 土德에 해당하고, 土德에 대한 호응으로 黃龍의 출현이 있었습니다. 그러니 응당 正朔을 개정하고 服色은 黃色을 높여야 합니다."

그때 丞相 張蒼(장창)은 律曆에 관한 학문을 좋아하였는데, 漢이 水德을 받을 때 河水가 金堤(금제)에서 터진 것이 그 符應(부응)이라고 생각하였다. 그래서 일 년은 冬 十月에서 시작하고, 色은 外黑이나 內赤이라야 水德에 상응한다고 하였다. 그러면서 公孫臣의 주장은 옳지 않으니 배척해야 한다고 주장하였다.

그러나 그 다음 해에 黃龍이 成紀縣에 출현하였다.[172] 文帝는 公孫臣을 불러 博士를 제수하였고, 諸生과 함께 土德을 밝히고 역법과

---

171 公孫臣(공손신) – 전한의 方士. 魯人. 魯人 公孫臣이란 사람이 상서하여 五德이 끝나고 시작하는 차례를 설명하면서 '漢은 土德의 시대이며 징표로 황룡이 출현할 것이니, 당연히 正朔을 개정하고 관리의 복색을 바꾸어야 한다.' 고 주장하였다. 이 일이 승상 張蒼(장창)에게 넘겨졌고 장창은 시비를 논하다가 그만두었다. 그 뒤에 黃龍이 成紀縣에 출현하였는데, 이에 文帝는 公孫臣을 불러 博士로 임명하고 土德에 맞는 曆法의 제도와 원년을 바꾸는 일 등의 초안을 마련하게 하였다. 42권, 〈張周趙任申屠傳〉의 〈張蒼傳〉 참고.

172 成紀 – 縣名. 今 甘肅省 남부 定西市 通渭縣 동북.

복색을 바꾸는 일을 논의케 하였다.[173] 그해 여름에, 조서를 내렸다.

「특별한 신령의 異物이 成紀縣에 출현하였으나 백성에 해를 끼치지 않았고, 올해는 풍년이 들었다.[174] 朕(짐)은 上帝와 諸神에 대한 郊祀를 지내며, 禮官들은 교사를 논의하여 아무 꺼림 없이 짐에게 말해주기 바란다.」[175]

有司들이 모두 말했다.

"古者에 天子께서는 여름에 親히 교외에서의 상제에 대한 郊祀에 참여하셨기에 郊(성 밖 교)라 하였습니다."

이에 여름인 4월, 文帝는 처음으로 雍縣(옹현)에 행차하여 五時에 제사를 지냈는데, 복색은 적색이었다.

**原文**

趙人新垣平以望氣見上, 言 "長安東北有神氣, 成五采, 若人冠冕焉. 或曰東北, 神明之舍, 西方, 神明之墓也. 天瑞下, 宜立祠上帝, 以合符應."

於是作渭陽五帝廟, 同宇, 帝一殿, 面五門, 各如其帝色.

---

173 원문 與諸生申明土德 – 諸生(제생)은 학문을 하는 士人을 지칭하는 말. 前漢에서는 박사의 제자를 諸生이라 호칭했다. 後漢에서도 諸生 또는 太學生이라 호칭.

174 원문 歲以有年 – 有年은 풍년.

175 원문 朕幾郊祀上帝諸神 – 朕은 나 짐. 본래 신분의 귀천을 불문한 自稱이었다. 幾는 몇 기. 冀(바랄 기)와 通. 郊祀는 天地에 대한 제사. 제왕이 冬至에 南郊에서 祭天하고, 夏至에는 北郊에서 祭地하였다.

祠所用及儀亦如雍五時.

〖국역〗

趙人 新垣平(신원평)이 望氣(망기)하고서[176] 황제를 알현하며 말했다.

"長安의 동북에 神氣가 있어 五采(오채, 五色)를 이루었는데, 마치 사람이 冠冕(관면)을 쓴 것 같습니다. 혹자는 東北은 神明의 집이고(舍), 西方은 神明의 墓(묘)라고 하였습니다. 하늘의 祥瑞(상서, 天瑞)가 나타났으니, 응당 祠廟를 세워 上帝에 제사하여 그 상서에 부응해야 합니다."

이에 渭陽(위양)에 五帝廟를 건립하였는데,[177] 묘당은 한 건물이나 五帝 각각 하나의 殿(전)에 5門을 만들었는데, 각각 그 五帝의 색과 같았다. 廟祠에 필요한 용구와 의례는 雍縣의 五時와 같았다.

原文

明年夏四月, 文帝親拜霸渭之會, 以郊見渭陽五帝. 五帝廟臨渭, 其北穿薄池溝水. 權火擧而祠, 若光輝然屬天焉.

---

176 新垣平, 望氣 - 新垣平(신원평)은 인명. 新垣은 複姓. 趙人. 점술가. 文帝 後元 元年(前 163)에 詐欺(사기)와 모반죄로 멸족되었다. 望氣(망기)는 方術의 한 종류, 구름 모양, 색깔, 변화하는 모양 등을 보아 운수나 길흉을 예언하는 행위.

177 五帝는 동방 青帝, 남방 赤帝, 서방 白帝, 북방 黑帝, 중앙 黃帝. 오제를 하나의 건물에 방향을 달리하여 모셨다.

於是貴平至上大夫, 賜累千金. 而使博士諸生刺《六經》中作〈王制〉, 謀議巡狩封禪事.

文帝出長門, 若見五人於道北, 遂因其直立五帝壇, 祠以五牢.

〚국역〛

다음 해 여름 4월, 文帝는 친히 霸水(패수)와 渭水(위수)가 만나는 곳에 행차하였고, 渭陽(위양)에 있는 五帝廟에 郊祭를 지냈다. 五帝廟는 渭水에 임했는데, 그 북쪽으로 물길을 뚫어 (渭水의 물을) 薄池(박지)로 끌어들였다. 횃불을 들어 교사를 지낼 때, 불길이 하늘에 닿을 듯했다.

이에 신원평은 높이 등용되어 上大夫가 되었고, 천금을 하사받았다. 그리고 博士와 諸生으로 하여금 《六經》에서 골라 〈王制〉를 편찬하면서 (文帝의) 巡狩(순수)와 封禪(봉선)의 대사를 계획하였다.

文帝가 長門(장문)을[178] 나섰을 때, 도로의 북쪽에 5인이 보이는 것 같았기에, 그 자리에 五帝壇을 마련하고 五牢(오뢰)로 제사를 올리게 하였다.

原文

其明年, 平使人持玉杯, 上書闕下獻之. 平言上曰, "闕下

178 長門 – 亭의 이름. 長安門, 또는 霸陵(패릉)을 지칭한다는 등 여러 주장이 있다.

有寶玉氣來者." 已視之, 果有獻玉杯者, 刻曰 '人主延壽.' 平又言 "臣候日再中." 居頃之, 日卻復中. 於是始更以十七年爲元年, 令天下大酺. 平言曰, "周鼎亡在泗水中, 今河決通於泗, 臣望東北汾陰直有金寶氣, 意周鼎其出乎? 兆見不迎則不至."

於是上使使治廟汾陰南, 臨河, 欲祠出周鼎. 人有上書告平所言皆詐也. 下吏治, 誅夷平. 是後, 文帝怠於改正服,鬼神之事, 而渭陽,長門五帝使祠官領, 以時致禮, 不往焉.

明年, 匈奴數入邊, 興兵守御. 後, 歲少不登.

數歲而孝景卽位. 十六年, 祠官各以歲時祠如故, 無有所興.

〖국역〗

그 다음 해, 新垣平(신원평)은 사람을 시켜 玉杯(옥배)를 가지고 대궐에 나아가 상서하고서 옥배를 헌상케 하였다. 신원평이 문제에게 말했다.

"궐문 밖에 寶玉의 瑞氣(서기)가 나타났습니다."

문제가 보니 옥배를 바치려는 자가 있었고, 옥배에는 '人主延壽(人主께서 장수하시다)' 라고 새겨져 있었다.[179] 신원평은 또 "臣은 태양이 다시 하늘의 중앙에 돌아오기를 기다리고 있습니다."라고 말했다. 얼마 있으니 태양이 다시 하늘의 중앙에 와 있었다. 이에 문

---

179 이는 新垣平(신원평)이 위조하여 사람을 시켜 올렸다.

제는 즉위 17년을 다시 원년으로 개정하고,[180] 天下에 모여서 술을 마셔도 좋다고 명령하였다.[181] 이어 신원평이 말했다.

"周代의 鼎(정)이 泗水(사수)에서 망실되었는데, 이번에 河水를 泗水로 개통하였는데 臣이 동북쪽 汾陰(분음)을 보니 확실히 金寶의 氣가 나타나니 아마 周鼎이 출현하지 않겠습니까? 징조가 나타날 때, 아니 맞이하면 오지 않을 것입니다."

이에 文帝는 사자를 보내 汾陰(분음)의[182] 남쪽에 묘당을 짓게 하고, 황하에서 周鼎의 출현을 비는 제사를 지내게 하였다. 그런데 어떤 사람이 신원평의 말은 모두 詐欺(사기)라고 上書하였다. 신원평을 옥리에 넘겨 치죄하여 신원평의 일족을 주살하였다. 이후로 역법이나 복색의 개정이나 귀신에 관한 일에 관심이 보이지 않았고, 渭陽(위양)과 長門(장문)의 五帝祠의 교사에 축관을 보내 관할하며 계절에 맞춰 예를 드리게 할 뿐 왕림하지 않았다.

明年에, 匈奴(흉노)가 변경을 자주 노략질하자 군사를 동원하여 방어했다. 이후로 점점 흉년이 들었다.[183]

---

180 玉杯를 얻었기에 改元키로 했다. 개원 전은 前元, 개원 이후는 後元(원년은 前 163년)이라 하였다. 景帝 때는 前元(前 156 - 150년), 中元(前 149 - 144년), 後元(前 143 - 141)으로 구분했다. 정식 사용된 첫 연호는 武帝 建元이다(원년 前 140).

181 大酺 - 酺는 연회 포. 함께 모여 술을 마시다. 평소에 3인 이상이 모여 무단 음주하면 벌금 4냥을 부과했었다.

182 汾陰(분음) - 현명. 今 山西省 서남부 運城市 북쪽 萬榮縣.

183 원문 歲少不登 - 歲는 豊凶. 少는 점점. 적다의 뜻이 아님. 不登은 흉년. 〈文帝紀〉에는 後元年에 내린 조서에서 '間者數年比不登'이라 하였다. 比不登은 연이어 흉년이 들다.

몇 년 뒤 孝景帝가 즉위하였다.[184] (景帝 재위) 16년간에 제사관들은 예전처럼 歲時에 맞춰 제사할 뿐, 새로 지은 묘당은 없었다.

**184** 孝景皇帝 - 名은 啓, 재위 前 156 - 141. 諸侯 封地의 봉지를 삭감하여 제후세력을 약화시키면서 七國之亂을 평정하고, 중앙집권을 공고히 하였다. 근검으로 治國하고 생산을 늘려 민생을 안정시켰다. 일반적으로 周에서는 成王과 康王의 治世(成康之治)를, 漢에서는 文帝와 景帝 시대(文景之治)를 백성들이 살기 좋았던 盛世(성세)로 꼽는다.

## 五. 武帝의 求仙

原文

武帝初卽位, 尤敬鬼神之祀. 漢興已六十餘歲矣, 天下艾安, 縉紳之屬皆望天子封禪改正度也, 而上鄕儒術, 招賢良. 趙綰,王臧等以文學爲公卿, 欲議古立明堂城南, 以朝諸侯, 草巡狩封禪,改歷,服色事, 未就. 竇太后不好儒術, 使人微伺趙綰等姦利事, 按綰,臧, 綰,臧自殺, 諸所興爲皆廢. 六年, 竇太后崩. 其明年, 徵文學之士.

〖국역〗

武帝가[185] 처음 즉위하고서는 鬼神에 대한 제사를 더욱 공경히 시행하였다. 漢이 건국된 지 60여 년에 천하는 태평 무사했고,[186] 縉紳(진신)의 무리는 천자가 封禪하고 여러 법도를 바꿔 실행하기를 기대하였으며, 皇上도 유학에 마음이 기울어 賢良한 인재를 초빙하였다. 趙綰(조관)과 王臧(왕장) 등은 文學으로 공경의 지위에 올랐는

185 孝武皇帝 - 名은 徹. 재위 前 140 - 87년. 16세 즉위, 54년 재위. 漢代 최장 재위(淸朝 康熙帝 이전에 最長 재위). 사치, 대규모 토목공사, 순행, 제천, 대규모 원정 등으로 국력 소진, 인명 경시, 잔인포악한 군주로 '秦皇漢武' 로 병칭. 동시에 제도 개혁과 새로운 정책으로 황제권 강화 등 후세에 큰 영향을 남겼다.

186 원문 天下艾安 - 艾安(예안)은 태평무사하다. 거둘 예, 다스릴 예. 편안하다. 艾는 쑥 애, 늙은이 애. 부양하다.

데,[187] (장안의) 城南에 明堂을 세우고 제후를 입조케 하며, (황제의) 巡狩(순수)와 봉선, 역법과 복색의 개정에 관한 草案을 마련했지만 실행하지는 못했다.

竇太后(두태후)는 유학을 좋아하지 않았고,[188] 사람을 시켜 趙綰(조관) 등의 불법과 利慾(이욕)을 감찰케 하여 조관과 왕장 등을 옥리에 넘겨 조사케 하자, 조관과 왕장은 자살하였으며 그들이 시도했던 일은 모두 폐지되었다. 무제 즉위 6년(前 135), 두태후가 붕어하였다. 그 다음 해, 무제는 文學之士를 徵召(징소) 등용하였다.

**原文**

明年, 上初至雍, 郊見五畤. 後常三歲一郊. 是時上求神君, 舍之上林中磃氏館. 神君者, 長陵女子, 以乳死, 見神於先後宛若. 宛若祠之其室, 民多往祠. 平原君亦往祠, 其後子孫以尊顯. 及上卽位, 則厚禮置祠之內中. 聞其言, 不見其人云.

---

187 원문 趙綰,王臧等以文學爲公卿 – 趙綰(조관)은 건원 2년(전 139), 겨울 10월, 御史大夫인 趙綰이 太皇太后에게 정사를 상주하지 말라고 무제에게 건의하여 郎中令 王臧(왕장)과 함께 하옥하였는데 자살하였다.
《論語 先進》에는 孔子의 우수한 弟子를 德行, 言語, 政事, 文學(孔門四科)으로 구분하고 顔淵, 閔子騫, 冉伯牛, 仲弓, 宰我, 子貢, 冉有, 季路, 子游, 子夏를 孔門十哲이라고 칭했다. 여기서 언급한 文學은 고대 문헌에 관한 학문, 곧《詩》,《書》,《易》의 大義나 관련 지식과 해석 등을 지칭한다.

188 竇太后는 文帝의 竇황후, 武帝의 조모. 평소에 黃老사상을 존숭했고 儒家 五經을 홀대하였다.

〖국역〗

다음 해, 皇上은 처음으로 雍縣(옹현)에 행차하여 처음으로 五畤(오치)에서 교제를 지냈다. 이후로는 3년마다 1회 교사를 지냈다. 이 무렵 皇上은 神君(神靈)을 만나려 하면서, (神君을) 上林苑의 磃氏館(사씨관)에 안치시키려 했다.[189] 神君이란, 長陵縣(장릉현)의[190] 女子로 難産(난산)으로 죽었는데,[191] 동서인 宛若(완야)의 집에 모습을 드러냈었다.[192] 宛若(완야)는 자기 방에 신령을 모셨고 많은 사람들이 치성을 드렸다. 平原君(평원군)[193] 또한 그 집에 가서 제사를 올렸고, 그 뒤로 자손들이 존귀한 자리에 올랐다. 皇上(武帝)이 즉위한 뒤로 궐내에 묘당을 설치하고 후한 제물로 제사했는데, 그 신령의 말은 들었지만 모습은 보지 못했다고 한다.

原文

是時, 李少君亦以祠竈,穀道,卻老方見上, 上尊之. 少君者, 故深澤侯人, 主方. 匿其年及所生長. 常自謂七十, 能使物, 卻老. 其游以方徧諸侯. 無妻子. 人聞其能使物及不死,

189 원문 舍之上林中磃氏館 – 舍는 집 사. 안치시키다. 모시다. 磃는 집 이름 사(館名). 館은 觀과 通. 큰 건물.

190 長陵 – 高祖의 능묘. 縣名, 今 陝西省 咸陽市 동북. 陵縣(능현)이다.

191 원문 以乳死 – 難産으로 죽다. 乳는 아이를 낳다. 출산하다.

192 원문 見神於先後宛若 – 見神은 現神. 先後는 동서, 형제의 아내끼리 부르는 호칭. 妯娌(축리, 동서 축, 동서 리). 宛若(완야, 완약)은 人名.

193 平原君亦往祠 – 平原君은 景帝 황후인 王太后의 모친, 名은 臧兒(장아). 곧 武帝의 外祖母. 君은 칭호.

更饋遺之, 常餘金錢,衣食. 人皆以爲不治産業而饒給, 又不知其何所人, 愈信, 爭事之.

少君資好方, 善爲巧發奇中. 常從武安侯宴, 坐中有年九十餘老人, 少君乃言與其大父游躲處, 老人爲兒從其大父, 識其處, 一坐盡驚. 少君見上, 上有故銅器, 問少君. 少君曰, "此器齊桓公十年陳於柏寢." 已而按其刻, 果齊桓公器. 一宮盡駭, 以爲少君神, 數百歲人也. 少君言上, "祠竈皆可致物, 致物而丹沙可化爲黃金, 黃金成以爲飮食器則益壽, 益壽而海中蓬萊仙者乃可見之, 以封禪則不死, 黃帝是也. 臣嘗游海上, 見安期生, 安期生食臣棗, 大如瓜. 安期生仙者, 通蓬萊中, 合則見人, 不合則隱."

於是天子始親祠竈, 遣方十入海求蓬萊安期生之屬, 而事化丹沙諸藥齊爲黃金矣. 久之, 少君病死. 天子以爲化去不死也, 使黃,錘史寬舒受其方, 而海上燕,齊怪迂之方士多更來言神事矣.

〖국역〗

이 무렵, 李少君(이소군) 역시 竈神(조신)을 섬기고, 辟穀(벽곡, 生食)하며, 늙지 않는다는 秘方(비방)으로 皇上을 알현하였고,[194] 황제

194 원문 亦以祠竈,穀道,穀老方見上 – 祠竈(사조)는 부엌의 신을 섬겨 복을 받다(致福). 竈는 부엌 조(灶는 俗字). 穀道(곡도)는 辟穀(벽곡), 火食이 아닌 生食을 하다. 卻老(각노)는 노화를 물리치다. 늙지 않다.

는 이소군을 존중했다. 李少君이란 사람은 옛날 深澤侯(심택후)이 舍人(사인)으로 方術과 醫藥을 담당하였다. 이소군은 나이와 낳고 자란 곳을 숨겼다.[195] 이소군은 평상시 자신은 70세이고, 귀신을 부릴 줄 알며, 노화를 막을 수 있다고 하였다.[196] 그 사람은 方術을 내세워 여러 제후를 편력했으며 처자식도 없었다. 사람들은 그가 귀신을 부리고 죽지 않는다는 말을 듣고 수시로 음식과 물자를 공급하여 늘 금전과 衣食에 여유가 있었다. 사람들은 그가 생업에 종사하지 않아도 넉넉하게 생활하며 또 어디서 온 사람인지도 모르면서 더욱 신뢰하며 경쟁하듯 이소군을 섬겼다.

이소군은 기이한 方術이라면서 교묘 기이하게 알아맞혔다. 한번은 武安侯(무안후, 田蚡, 전분)를[197] 따라 잔치에 참석했는데, 좌중에 나이 90세가 넘은 노인이 있어서, 이소군은 그 노인의 祖父(大父)와 함께 활쏘기 한 곳에 대한 이야기를 했고,[198] 그 노인은 어렸을 적에 할아버지를 따라 갔기에 그 장소를 안다고 하여 座中의 모두가 놀랐다. 이소군이 황상을 알현했을 때, 황제는 갖고 있는 옛 銅器(동기)에 관하여 이소군에게 물었다. 이소군은 "이 銅器는 齊 桓公(환공, 재위 前 685-643년) 10년에 柏寢臺(백침대)에 있던 것입니다."라고 말했

---

195 원문 匿其年及所生長 - 匿은 숨길 익. 年은 나이. 所生長은 낳고 자란 곳.

196 원문 能使物, 卻老 - 使는 驅使(구사). 物은 鬼物, 귀신. 卻은 물리칠 각.

197 田蚡(전분, ? - 前 131)은 武帝의 외삼촌. 왕미인의 생모인 臧兒(장아, 무제의 외조모)가 王仲과 결혼하여 王美人을 낳고, 다시 田氏에게 개가하여 전분을 낳았다. 아주 못생겼으나 文辭가 뛰어났다. 전분은 太尉와 승상을 역임하였고, 儒學을 존중하며 五經博士 제도를 마련. 蚡은 두더지 분. 52권, 〈竇田灌韓傳〉에 立傳.

198 원문 少君乃言與其大父游躲(射)處 - 大父는 祖父. 躲는 쏠 사. 射와 同.

다. 이어 그 刻字(각자)를 살펴보니 제나라 환공 때의 容器였다. 조정의 모두가 크게 놀라면서 이소군을 神이며 나이가 수백 세라고 생각하였다. 李少君이 무제에게 말했다.

"부엌에 치성을 드리면 언제나 귀신을 부를 수 있고,[199] 귀신이 찾아오면(致物) 丹沙(단사, 丹砂)를[200] 황금으로 변화할 수 있으며, 황금을 음식에 섞어 먹으면 수명을 연장할 수 있고(益壽, 익수), 익수할 수 있다면 海中 蓬萊山(봉래산)의 신선을 만나볼 수 있으며, 封禪하여 不死한 분이 바로 黃帝입니다. 臣은 일찍이 바닷가를 유람했고 신선 安期生(안기생)을[201] 만났는데, 安期生은 저에게 참외만큼 큰 대추를 먹으라고 주었습니다. 신선 安期生은 봉래산을 왕래하는데, 뜻이 맞으면 사람 눈에 보이지만 맞지 않으면 숨어서 보이지 않습니다."

이에 天子는 처음으로 부엌의 신에게 친히 제사했고 방사 10여 인을 바닷가로 보내 봉래산의 안기생 같은 무리를 찾게 하였으며, 약제를 써서 丹沙를 황금으로 바꾸는 일을 하게 시켰다. 얼마 뒤 李少君은 病死했다. 天子는 이소군이 신선이 되어 떠나갔을 뿐 죽지 않았으며, (東萊郡의) 黃縣과 錘縣(추현)의 史寬舒(사관서)가 안기생으로부터 처방을 받았다고 생각하였는데,[202] 이후로 燕과 齊 바닷가

---

199 원문 祠竈皆可致物 – 祠는 제사하다. 竈는 부엌 조. 致物은 귀신을 불러오다. 物은 鬼物.

200 丹沙 – 丹砂(단사), 朱砂, 辰砂, 赤丹, 황화수은(硫化汞). 天然 礦石.

201 安期生(안기생, 생졸년 미상) – 琅琊人. 方仙道術士, 秦漢시대 傳說中의 仙人, 賣藥於東海邊. 진시황이 東海를 순행하면서 안기생을 만나 삼일 동안 대화를 나누었으며 '봉래산으로 나를 찾아오라' 는 말을 했기에 진시황이 서불(徐市 : 徐福) 등을 보냈다는 이야기가 전한다.

202 黃,錘史寬舒受其方 – 黃縣, 錘縣(추현)은 모두 東萊郡의 현명. 今 山東

에는[203] 신선에 관한 말을 하는 괴이한 方士들이 더욱 많아졌다.

原文

亳人謬忌奏祠泰一方, 曰, "天神貴者泰一, 泰一佐曰五帝. 古者天子以春秋祭泰一東南郊, 日一太牢, 七日, 爲壇開八通之鬼道." 於是, 天子令太祝立其祠長安城東南郊, 常奉祠如忌方.

其後, 人上書言, '古者天子三年一用太牢祠三一, 天一, 地一,泰一.' 天子許之, 令太祝領祠之於忌泰一壇上, 如其方. 後人復有言, '古天子常以春解祠, 祠黃帝用一梟,破鏡, 冥羊用羊祠, 馬行用一靑牡馬. 泰一,皐山山君用牛, 武夷君用乾魚, 陰陽使者以一牛.' 令祠官領之如其方, 而祠泰一於忌泰一壇旁.

〖국역〗

(濟陰郡) 亳縣(박현) 사람 謬忌(유기)가[204] 泰一神(太一神)의 제사 方術을 상주하며 말했다.

---

省의 지명. 史寬舒는 史가 성씨. 方은 처방.

203 燕은 지금의 河北省 북부 및 遼寧省 서부 지역. 齊는 今 山東省 동북지역.

204 원문 亳縣人謬忌~ - 亳縣(박현)은 濟陰郡의 縣名. 安徽省 서북부 亳州市(박주시). 河南省 商丘市, 周口市와 연접. 曹操(조조)의 고향. 毫(가는 털 호)와 혼동하기 쉬운 글자. 謬忌(유기)는 인명. 方士.

"天神 중 존귀한 신령은 泰一神(太一神)이고 태일신의 보좌를 五帝라 합니다. 古者에 天子는 春秋로 泰一神을 동남방에서 교외에서 제사하며 매일 太牢(태뢰)를 7일간 올리는데, 제단에는 八通의 鬼道(귀도)를 설치했습니다."

이에 천자는 太祝令에 명하여 장안성 동남 교외에 太一神의 祠廟를 짓고, 謬忌(유기)의 방식대로 제사를 받들게 하였다.

그 뒤에 또 다른 사람이 '古者에 天子는 三年에 한 번씩 太牢(태뢰)로 三一神을 제사하였으니 天一, 地一, 泰一神입니다.' 라고 상주하였다. 天子는 허락하며 太祝令이 謬忌(유기)의 泰一神壇에서 종전의 방식대로 제사를 주관케 하였다.

그 뒤 또 어떤 자가 건의하였다.

'古者에 天子는 늘 봄에 災禍(재화)를 면하게 하는(祓除) 제사를 올렸는데,[205] 黃帝에 대한 제사에는 (惡鳥인) 올빼미 한 마리와(一梟 올빼미 효), (惡獸, 악수) 破鏡(파경)을 제물로 올리고,[206] 冥羊神(명양신)에는 羊으로 제사하고, 馬行神(마행신)에게는 검은 수컷 말로(一靑牡馬) 제사합니다. 泰一神과 皐山山君(고산산군)에 대한 제사는 牛를 쓰고, 武夷君(무이군, 무이산 山神)은[207] 말린 생선(乾魚, 건어)을, 陰陽使者(陰陽之神)에게는 소 한 마리를 제물로 올렸습니다.'

이에 祭祠官에게 그 방법대로 주관하데, 謬忌(유기)가 말한 태일

205 원문 常以春解祠 - 解祠는 災禍(재화)를 풀어 보내는(解) 제사(祓, 푸닥거리할 불).

206 올빼미는 어미를 잡아먹는 惡鳥이고, 破鏡(파경)은 아비를 잡아먹는다는 惡獸(악수)이다.

207 武夷山 - 福建省 서북부 武夷山市에 소재. 名茶 산지로 유명.

신 제단 곁에서 제사를 지내도록 하였다.

原文

後二年, 郊雍, 獲一角獸, 若麃然. 有司曰, "陛下肅祗郊祀, 上帝報享, 錫一角獸, 蓋麟云." 於是以薦五畤, 畤加一牛以燎. 賜諸侯白金, 以風符應合於天也. 於是濟北王以爲天子且封禪, 上書獻泰山及其旁邑, 天子以它縣償之. 常山王有罪, 遷, 天子封其弟眞定, 以續先王祀, 而以常山爲郡. 然後五嶽皆在天子之郡.

〖국역〗

그 2년 뒤(元狩 원년, 前 122) (武帝는) 雍縣(옹현)에서 교제를 지냈고 뿔이 하나인 짐승을 노획했는데 큰 사슴(麃, 큰 사슴 포)과 같았다.[208] 이에 담당 관원이 말했다.

"陛下(폐하)께서 교사를 엄숙하게 올리셨기에 上帝께서 제물에 대한 보답으로 一角獸(일각수)를 내리셨으며,[209] 이는 응당 기린(麟)일 것입니다."

이에 이를 五畤(오치)에 헌상하였으며, 거기에 소 한 마리를 더하고 횃불을 피워 제사했다. 여러 제후에게 白金(銀)을 하사하여, 上天의 符瑞(부서)에 호응하였다. 이때 濟北王(劉胡, 高祖의 曾孫)은 天

208 원문 若麃然 - 若은 같을 약. 麃는 큰 사슴 포, 一角에 牛尾. 굳셀 표.

209 원문 錫一角獸 - 錫은 주석 석. 줄 사. 하사하다. 賜와 通.

子가, 곧 封禪(봉선)할 것이라 생각하고 상서하여 泰山과 그 주변 읍락을 황제에 헌상하자, 황제는 다른 현을 하사하여 보상해 주었다.

常山王이 죄를 짓자 옮겨 거처케 하고, 天子는 그 동생을 眞定王으로 봉하여 先王의 제사를 잇게 하고, 상산국을 常山郡으로 만들었다.[210] 이로써 五嶽의 땅은 모두 천자의 郡이 되었다.[211]

**原文**

明年, 齊人少翁以方見上. 上有所幸李夫人, 夫人卒, 少翁以方蓋夜致夫人及灶鬼之貌云, 天子自帷中望見焉. 乃拜少翁爲文成將軍, 賞賜甚多, 以客禮禮之.

文成言, "上卽欲與神通, 宮室被服非象神, 神物不至." 乃作畫雲氣車, 及各以勝日駕車辟惡鬼. 又作甘泉宮, 中爲臺室, 畫天地泰一諸鬼神, 而置祭具以致天神. 居歲餘, 其方益衰, 神不至. 乃帛書以飯牛, 陽不知, 言此牛腹中有奇. 殺視得書, 書言甚怪. 天子識其手, 問之, 果爲書. 於是誅文成將軍, 隱之.

---

210 常山 – 본명 恒山. 五嶽 중 北嶽. 文帝의 이름 劉恒(유항)을 피휘하여 常山이라 개칭. 河北省과 山西省의 경계. 郡國名. 치소는 元氏縣, 今 河北省 남부 石家庄市 관할의 元氏縣. 元鼎 3년(前 114), 常山王 舜(순)이 죽고, 아들 勃(발)이 후사로 즉위했으나 죄를 지어 (喪中에 간음) 폐위하여 房陵縣으로 이주시켰다.

211 서악 華山과 중악 嵩山, 남악 衡山은 본래 황제 직할 郡에 소재했고, 이번에 동악 泰山과 북악 常山(恒山) 소재지가 天子之邦이 되었다는 뜻.

其後又作柏梁,銅柱,承露僊人掌之屬矣.

〖국역〗

그 明年에, 齊人 少翁(소옹)이 方術로 황상을 알현했다. 무제는 李夫人을 총애했었는데,[212] 李夫人이 죽자 소옹은 방술로 밤에 이부인과 竈王神(조왕신)의 모습을 불러올 수 있다고 하였고, 天子는 휘장을 치고 모습을 바라보았다. 그리고서는 소옹을 文成將軍에 임명했고, 賞賜(상사)가 아주 많았으며 客禮로 소옹을 접대하였다. 文成將軍 소옹이 말했다.

"皇上께서 神靈과 相通하시려면, 궁궐이나 복색에 신령의 형상이 없다면 귀신은 도래하지 않을 것입니다."

이에 수레에 구름의 기운을 그렸고, 각 吉祥(길상)의 날에만 수레를 운행케 하여 악귀를 물리치게 하였다. 또 甘泉宮(감천궁)을 증축하면서[213] 그 중간에 臺室(대실)을 만들고, 천지의 신령, 태일신 등

---

212 李廣利 여동생인 李夫人이 무제의 총애를 받다가 일찍 죽었다. 이부인이 죽자, 무제는 황후의 예로 장례하게 하였다. 그 후에 이부인의 오빠인 李廣利(이광리)는 貳師將軍(이사장군)이 되어 海西侯(해서후)에 봉해졌고, 이연년은 協律都尉(협률도위)가 되었다. 그리고 이부인 소생의 창읍왕도 태자가 되지 못했다. 나중에 이광리와 그의 형 李延年도 자연 세력을 잃었다. 李夫人은 행적은 97권, 〈外戚傳〉(上)에 수록했다. 이부인을 그리워한 무제는 자신이 직접 〈悼懷李夫人賦〉를 지었다. 이러한 무제의 故事는 '漢皇重色思傾國, 御宇多年求不得' 으로 시작하는 唐 白居易의 〈長恨歌〉의 소재가 되었다. 방사 소옹이 혼령을 불러온 사람은 李夫人이 아니고 王夫人이 죽은 뒤였다는 주석도 있다.

213 본래 秦의 離宮이었는데, 武帝 建元 3년(前 138年), 元封 2년(전 109) 및 수차례 증축했고 그 면적이 6㎢ 나 되었다. 陝西省 咸陽市 淳化縣 소재.

여러 신의 형상을 그렸으며, 각종 祭具를 비치하여 天神을 불러들이게 하였다.

몇 년 뒤, 소옹의 방술은 더욱 쇠퇴했고 신령도 오지 않았다. 이에 소옹은 글씨를 쓴 비단을 소에게 먹였고, 겉으로 모른 척하면서[214] 소의 뱃속에 기이한 것이 있다고 말했다. 소를 죽여 비단의 글씨를 보니 매우 괴이하였다. 무제가 그 수법을 알아채고 힐문하자 과연 글을 지었다고 하였다. 바로 문성장군을 주살하였고, 그 거짓은 숨겨 (남이) 모르게 하였다.

그 뒤 다시 柏梁臺(백량대)와 구리 기둥(銅柱), 이슬을 받을 수 있는 선인(僊人, 神仙)의 손바닥(承露盤, 승로반) 등을 축조하였다.

原文

文成死明年, 天子病鼎湖甚, 巫醫無所不致. 游水髮根言上郡有巫, 病而鬼下之. 上召置祠之甘泉. 及病, 使人問神君, 神君言曰, "天子無憂病. 病少愈, 强與我會甘泉." 於是上病瘉, 遂起, 幸甘泉, 病良已. 大赦, 置壽宮神君.

神君最貴者曰太一, 其佐曰太禁,司命之屬, 皆從之, 非可得見, 聞其言, 言與人音等. 時去時來, 來則風肅然. 居室帷中, 時晝言, 然常以夜. 天子祓然後入. 因巫爲主人, 關飮食, 所欲言, 行下.

214 원문 陽不知 - 陽은 거짓 양(佯).

又置壽宮,北宮, 張羽旗, 設共具, 以禮神君. 神君所言, 上使受書, 其名曰 '畫法'. 其所言, 世俗之所知也, 無絶殊者, 而天子心獨喜. 其事秘, 世莫知也.

〖국역〗

文成 少翁(소옹)이 죽은 다음 해에(元狩 5년, 前 118), 天子는 鼎湖(정호)에 행차하여 큰 병에 걸렸고, 많은 무당이나 의원을 불러들였다. 游水髮根(유수발근, 游水가 姓)이란 사람이 '上郡(상군)에 무당이 있는데 병이 나면 귀신을 불러 고친다.' 고 말했다. 무제가 무당을 불러 감천궁에 머물며 제사하게 했다. 무제가 병이 나자, 사람을 시켜 神君에게 묻게 하였는데, 신군이 말했다.

"天子께서는 병을 염려하지 마십시오.[215] 병은 곧 나으실 것이고, 나중에 감천궁에서 뵙겠습니다."

그러자 무제의 병이 나았고, 일어나 감천궁에 행차하자, 병은 다 나았다. 무제는 천하의 죄수를 사면했고 神君을 壽宮(수궁)에 모시게 했다.

神君이 가장 존귀하게 받드는 신령은 太一神이고, 太禁(태금)과 司命(사명) 등을 그 보좌로 거느렸는데 모두가 (신군을) 수행하지만 모습을 볼 수는 없고 그 말소리나 사람과 나누는 이야기를 들을 수는 있었다. (神君은) 수시로 왕래하는데, 신군이 올 때는 바람도 잠잠하였다. 신군은 방의 휘장 안에 머물며 낮에도 가끔 말하지만, 늘 밤에 말을 했다. 천자도 부정을 깨끗이 한 다음에 들어갈 수 있었

215 원문 無憂病 – 無는 毋(말 무). 금지사.

다.[216] 무당은 주인으로 행세하였고, (神君에 헌상할) 음식이나 하고픈 말은 무당을 통해 말했다.

또 神君을 壽宮과 北宮에 모시게 하였는데, 깃털 장식 깃발을 세우고(張羽旗), 여러 물품을 갖춰 신군을 받들었다. 皇上은 사람을 시켜 神君이 하는 말을 적어 올리게 하였는데, 이를 '畫法(화법)' 이라 하였다. 그 신군의 말은 세속 사람이 다 아는 것이고 특별한 내용은 없었는데도, 천자는 홀로 마음속으로 기뻐하였다. 그러나 그런 일은 비밀이라서 세상에 아는 사람이 없었다.

原文

後三年, 有司言元宜以天瑞, 不宜以一二數. 一元曰 '建', 二元以長星曰 '光', 今郊得一角獸曰 '狩' 云.

其明年, 天子郊雍, 曰, "今上帝朕親郊, 而后土無祀, 則禮不答也."

有司與太史令談,祠官寬舒議, "天地牲,角繭栗. 今陛下親祠后土, 后土宜於澤中圜丘爲五壇, 壇一黃犢牢具, 已祠盡瘞. 而從祠衣上黃."

於是天子東幸汾陰. 汾陰男子公孫滂洋等見汾旁有光如絳, 上遂立后土祠於汾陰脽上, 如寬舒等議. 上親望拜, 如上帝禮. 禮畢, 天子遂至滎陽. 還過雒陽, 下詔封周後, 令奉

216 원문 天子祓然後入 - 祓은 푸닥거리할 불. 재앙을 쫓고 福을 얻는 의식.

其祀. 語在〈武紀〉. 上始巡幸郡縣, 寖尋於泰山矣.

〖국역〗

그 3년 뒤(元鼎 3년, 前 114), 有司가 '연호(元)는 응당 하늘의 상서(天瑞)에 의한 것이지 一, 二 같은 숫자는 適宜(적의)하지 않다.' 라고 건의하였다. 첫 번째 연호는 '建' 이고, 두 번째 연호는 長星이 출현했기에 '光' 이어야 하며, 이번에 郊祭(교제)에서 一角獸를 획득했기에 '狩(사냥 수)' 를 써야 한다고 말했다.[217]

그 다음 해(前 113년), 天子는 雍縣(옹현)에서 교제를 올린 뒤에 말했다.

"지금 上帝에게는 朕(짐)이 친히 교제를 올리지만, 后土神(후토신, 地神)에게는 제사를 올리지 않아 교제에 응답이 없는 것이다."

有司와 太史令인 司馬談(사마담, 司馬遷의 부친), 祠官인 寬舒(관서) 등이 논의하였다.

"天地에 제사하는 희생의 뿔(角)이 고치(繭, 누에고치 견)나 좁쌀만 하다.(粟은 조 속). 이제 폐하께서 친히 后土神에 제사를 올리시

---

217 前 140년. 무제 즉위 후, 6년을 주기로 하여 一元, 二元 … 五元이라 하였다. 五元 3년에 담당자의 건의를 받아들여 一元을 建元(前 140－135), 二元을 元光(前 134－129), 三元을 元朔(前 128－123), 四元을 元狩(원수, 前 122－117)라 하고 五元의 연호는 미정이었다. 五元 4년에(前 113) 寶鼎을 얻자 五元을 元鼎(원정, 前 116－111)이라 하였다. 곧 연호를 처음 사용한 것은 元鼎 3년(前 114년)이었다. 이어 元封(前 110－105년)까지는 6년 주기였으나 太初(前 104－101년) 이후는 일정 주기가 없어졌다. 唐 高祖와 太宗은 재위 기간에 하나의 연호를 사용했지만, 一世一元의 제도가 제대로 확립된 것은 明代이었다.

려는데, 후토는 응당 연못(澤) 가운데 둥그런 땅에 5壇(단)을 쌓아야 하고, 매 단마다 누런 송아지 희생을 갖춰야 하며, 제사를 마친 뒤에는 응당 땅에 묻어야 한다.[218] 제사 종사자의 의복은 황색이어야 한다."

이에 天子는 동쪽으로 汾陰(분음)에[219] 행차하였다. 汾陰縣의 男子(戶主, 家長)인 公孫滂洋(공손방양) 등이 汾水 강가에서 붉게 빛나는 것을 보았다고 하자, 皇上은 汾陰(분음)의 土丘(脽, 땅이름 수)에 寬舒(관서) 등의 논의대로 후토사를 짓게 하였다.[220] 황상이 친히 나아가 배례하였는데 上帝에 대한 祭禮와 같았다. 祭禮를 마친 뒤, 天子는 滎陽縣(형양현)에[221] 행차하였다. 돌아오면서 雒陽(낙양, 洛陽)에 들렸고, 조서를 내려 周室의 후손을 찾아 봉하여[222] 그 조상을 제사케 하였다. 이는 〈武帝紀〉에 수록했다. 무제는 처음으로 군현을 巡幸(순행, 巡狩)하면서 泰山에 가까이 나아갔다.[223]

---

218 원문 已祠盡瘞 - 盡은 다할 진. 瘞는 묻을 예, 埋葬(매장)하다. 제사터.

219 汾陰(분음) - 현명. 汾水의 북쪽, 今 山西省 運城市 북쪽 萬榮縣. 汾水(汾河)는 黃河의 제 2지류, 山西省의 북에서 남으로 흐르는 전장 700여 km의 큰 강. 山西省 省都인 太原市를 비롯하여 臨汾市, 運成市 등을 지나 황하에 합류한다.

220 后土는 토지신이며, 女神에 속한다. 무제가 세운 사당을 나중에 成帝가 장안으로 옮겼다. 脽는 땅이름 수, 꽁무니 수. 土丘. 황하의 東岸. 황토 지대로 길이가 45리, 넓이가 2리, 높이가 10여 丈인 臺地.

221 滎陽(형양) - 縣名. 今 河南省 중부 鄭州市 관할의 滎陽市.

222 列侯는 아니더라도 식읍을 받은 자를 君이라 칭했다.

223 원문 寖尋於泰山矣 - 寖은 잠길 침. 점점, 차차. 尋은 찾을 심. 접근하다.

原文

其春, 樂成侯登上書言欒大. 欒大, 膠東宮人, 故嘗與文成將軍同師, 已而爲膠東王尙方. 而樂成侯姊爲康王后, 無子. 王死, 它姬子立爲王, 而康后有淫行, 與王不相中, 相危以法. 康后聞文成死, 而欲自媚於上, 乃遣欒大入, 因樂成侯求見言方. 天子旣誅文成, 後悔其方不盡, 及見欒大, 大說. 大爲人長美, 言多方略, 而敢爲大言, 處之不疑. 大言曰, "臣常往來海中, 見安期,羨門之屬, 顧以臣爲賤, 不信臣. 又以爲康王諸侯耳, 不足與方. 臣數以言康王, 康王又不用臣. 臣之師曰, '黃金可成, 而河決可塞, 不死之藥可得, 仙人可致也.' 然臣恐效文成, 則方士皆掩口, 惡敢言方哉!"

上曰, "文成食馬肝死耳. 子誠能修其方, 我何愛乎!"

大曰, "臣師非有求人, 人者求之. 陛下必欲致之, 則貴其使者, 令爲親屬, 以客禮待之, 勿卑. 使各佩其信印, 乃可使通言於神人. 神人尙肯邪不邪, 尊其使然後可致也."

於是上使驗小方, 鬪棋, 棋自相觸擊.

〖국역〗

그 해 봄에, 樂成侯(낙성후) 登(등)이[224] 欒大(난대)를 천거하는 상서를 올렸다.[225] 欒大(난대)는 膠東(교동)의 宮人으로,[226] 예전에 文成

224 원문 樂成侯登 – 樂成侯(낙성후)는 丁義(정의). 高祖의 공신 丁禮(정례)의 曾孫. 《史記 封禪書》에는 '登' 字가 없다는 주석이 있다.

將軍(少翁, 소옹)과 同師를 모셨었는데, 그 뒤에(已而) 膠東王(교동왕)의 尙方이 되었다.[227] 樂成侯의 누나는 康王의 后妃가 되었는데 無子했다. 강왕이 죽자 다른 후궁의 아들이 왕이 되었고, 康后는 淫行(음행)도 있는데다가 교동왕과 사이가 안 좋아 서로 法으로 몰아세우려 했다.(相危以法). 康后는 文成 장군이 처형된 사실을 알고, 스스로 황상에게 잘 보이려고 欒大(난대)를 황궁에 들여보냈고, (난대는) 樂成侯를 통하여 方術로 황상을 알현하려 했다.[228]

天子는 文成將軍을 죽인 뒤, 그의 신선술을 다 얻지 못한 것을 후회하고 있었는데, 난대를 알현한 뒤에 크게 기뻐하였다. 난대는 키도 크고 미남자이며, 언사에 책략이 많은데다가 큰소리(大言, 허풍)도 잘하여, 그 처신이 의심받지 않았다. 난대가 황상에게 말했다.

"臣이 자주 海中을 오가며, 安期生(안기생)이나 신선들을[229] 만났지만, 제가 미천한 지위라서 저를 신뢰하지 않았습니다. 또 康王은 겨우 諸侯이기에 강왕에게 仙藥의 처방을 내주기에 부족하다고 생

---

**225** 欒大(난대, 나무 이름 난) - 方士의 이름. 樂通侯가 되어 황금 1만근, 식읍을 2천호나 받았고, 衛長공주와 결혼도 했다가 사기술이 들통 나서 허리를 잘려 죽었다(元鼎 5년, 前112).

**226** 膠東宮人 - 膠東(교동)은 郡國名. 治所는, 今 山東省 靑島市 관할 平度市. 宮人은 관직명. 君王의 일상생활 관련 업무 담당.

**227** 膠東王 - 여기서는 康王 劉寄(유기, 景帝의 子). 경제와 王夫人의 소생인 劉徹(유철)은 한때 교동왕이었다가 황태자로 책봉되어, 뒷날 무제로 즉위했다. 尙方은 의약을 담당.

**228** 원문 因樂成侯求見言方 - 因은 통하다. 求見은 알현하려 하다. 方은 神仙之方.

**229** 원문 羨門之屬 - 羨門(선문)은 神仙. 古는 仙人. 羨은 부러울 선.

각했습니다. 제가 이를 여러 번 강왕에게 말했지만, 강왕 역시 저를 등용하지 않았습니다. 저의 사부는 '黃金을 만들 수 있고 河水의 터진 제방을 막을 수 있으며, 不死藥을 얻을 수 있고, 仙人을 불러 올 수도 있다.' 고 하였지만, 저는 문성장군처럼 될까 두렵고, 방사들은 모두 입을 막고 있으니 어찌 감히 仙方을 말하겠습니까!"[230]

皇上이 말했다. "文成은 말의 간(馬肝)을 잘못 먹어 죽었다. 그대가 정말 仙方을 다룰 줄 안다면 내가 무엇을 아끼겠는가!"

그러자 난대가 말했다.

"臣의 師傅(사부)가 인간에게 얻은 仙方이 아니었고, 사람들은 저의 사부에게 얻으려 했습니다. 폐하께서 꼭 선인을 불러오고 싶으시다면, 신선에게 보낼 사자를 貴히 대우하고, 친족처럼 생각하며 客禮로 대접하시되 결코 천대하지 마십시오(勿卑). 使者에게 각기 印信을 차게 하시고, 사자를 통해 神人(神仙)과 通言하실 수 있습니다. 神人이 邪(사)와 不邪를 구분하여, 사자를 존귀하게 인정한 뒤에야 (仙人을) 데려올 수 있습니다."

이에 황상이 작은 방술로 징험을 보려 하자 (난대는) 바둑돌로 싸우게 했는데, 바둑돌은 서로 싸우고 때렸다.

**原文**

是時, 上方憂河決而黃金不就, 乃拜大爲五利將軍. 居月餘, 得四印, 得天士將軍,地士將軍,大通將軍印.

---

230 원문 則方士皆掩口, 惡敢言方哉 – 掩口(엄구)는 입을 막다. 掩은 가릴 엄. 보이지 않게 하다. 惡는 어찌 오. 方은 선약 처방. 哉는 감탄어기사.

制詔御史,「昔禹疏九河, 決四瀆. 間者, 河溢皐陸, 堤傜不息. 朕臨天下二十有八年, 天若遺朕士而大通焉. 〈乾〉稱'飛龍', '鴻漸於般', 朕意庶幾與焉. 其以二千戶封地士將軍大爲樂通侯.」

賜列侯甲第, 童千人. 乘輿斥車馬,帷帳,器物以充其家. 又以衛長公主妻之, 繼金十萬斤, 更名其邑曰當利公主. 天子親如五利之弟, 使者存問共給, 相屬於道. 自大主將,相以下, 皆置酒其家, 獻遺之. 天子又刻玉印曰'天道將軍', 使使衣羽衣, 夜立白茅上, 五利將軍亦衣羽衣, 立白茅上受印, 以視不臣也. 而佩'天道'者, 且爲天子道天神也. 於是五利常夜祠其家, 欲以下神. 後裝治行, 東入海求其師云. 大見數月, 佩六印, 貴震天下, 而海上燕,齊之間, 莫不搤掔而自言有禁方能神僊矣.

〖국역〗

이때에, 皇上은 황하 제방 붕괴와 鍊金術(연금술)의 不成을 걱정하면서, 곧 欒大(난대)에게 五利將軍을 제수하였다. (난대는) 1달 여 사이에 天士將軍, 地士將軍, 大通將軍印 등 4개의 인수를 받았다.

(武帝가) 御史에게 조서를 내려 명령했다.

「옛날 禹(우)가 九河를 소통케 하고, 四瀆(사독)의[231] 물길을 텄었

231 四瀆(사독) – 河, 濟, 淮, 江. 이 4개의 강은 각각 고유명사이다. 그중 江은 長江이라 써서 보통명사 江과 구분한다.

다. 요즈음 河水가 육지로 범람하여[232] 제방을 쌓는 徭役(요역)을 그칠 수 없다. 朕(짐)이 천하 통치 28년에 天帝가 짐에게 士를 보냈으니 난대가 그중의 한 사람일 것이다. (《易》의) 〈乾卦(건괘)〉에 '飛龍'이 있고,[233]과 〈漸卦〉에 '鴻漸于般(홍점우반)'이라 하였으니[234] 이는 짐의 뜻과 거의 같도다. 2천 호 식읍으로 地士將軍 난대를 樂通侯에 봉한다.」

그리고 列侯의 甲第(갑제, 대저택)와 하인 1천 명을 하사하였다. 또 乘輿(승여)와 (황제가) 사용하지 않는(斥) 車馬와 帷帳(유장, 휘장, 커튼), 器物을 보내 저택을 채워주었다.[235] 또 衛長公主(위장공주)를 아내로 삼게 하였고,[236] 황금 10만근을 하사하였으며 그 봉읍에 맞춰 當利公主라 명칭을 변경하였다.[237] 그리고 天子가 五利將軍(欒大)의 저택에 친히 행차하였으며,[238] 필요한 물건을 공급하는 사자들이

232 원문 河溢皐陸 – 河는 河水. 溢은 넘칠 일. 皐는 언덕 고. 제방. 陸은 넓고 평평한 땅.

233 乾爲天(☰ ☰) 卦. '飛龍在天 利見大人' 군주가 현인을 만난다는 뜻.

234 風山漸(☴ ☶) 卦. 漸者는 進也. '漸進'의 뜻. '鴻漸于磐, 飮食衎衎' 신하가 聖君을 만나 함께 잔치하며 화락한다는 뜻.

235 원문 乘輿斥車馬,帷帳,器物以充其家 – 斥(물리칠 척)은 不用의 뜻. 황제 소요 비품이나 여분의 물건.

236 원문 以衛長公主 – 衛長公主(위장공주)는 武帝와 衛황후의 딸. 衛태자의 누나. 妻之는 之(위장공주)를 妻로 삼다. 여기 妻는 동사로 쓰였다.

237 원문 更名其邑曰當利公主 – 當利는 현명. 당리현을 봉읍으로 받았기에 위장공주의 이름을 당리공주라 바꿨다는 뜻.

238 원문 天子親如五利之弟 – 親如는 친히 행차하다. 如는 가다(行也). 弟는 甲第.

길에 이어졌다. 大長公主로부터 장군이나 승상 이하[239] 모두가 그들 집에 술자리를 마련하였고, 난대에게 재물을 헌상했다. 天子도 '天道將軍' 이라는 玉印을 하사하였으며, 使者에게 깃털 옷(羽衣)을 입혀 밤에 하얀 띠풀(白茅, 백모) 위에 서 있게 하였으며, 五利將軍도 마찬가지로 羽衣를 입고, 白茅(백모) 위에서 인수를 받았는데, (무제는 난대를) 신하로 생각하지 않았다.[240] '天道' 라는 印信을 패용한 것은 천자를 천신에게 인도한다는 뜻이었다.[241] 이에 五利 장군으로 하여금 밤마다 제사를 올려 천신이 강림하기를 기원하였다. 나중에는 행장을 수습하여 동해에 가서 사부를 만난다고 하였다. 난대가 천자를 알현한 이후 몇 달 만에 6개의 인수를 받았으니, 그 존귀한 지위가 천하에 진동하였으며 燕과 齊 일대 바닷가에서는 팔을 휘두르며 비밀의 처방이 있다거나 신선을 불러올 수 있다며 큰소리치지 않는 사람이 없었다.[242]

---

239 원문 自大主將,相以下 – 大主는 大長公主. 館陶長公主(? – 전 116)의 館陶(관도)는 현명. 今 河北省 館陶縣, 長公主는 맏이란 뜻. 文帝 때는 공주라 했다가 나중에 景帝 때부터 長公主, 武帝 때는 大長公主라 칭했다. 景帝의 친누나. 堂邑侯 陳午에게 출가했기에 堂邑長公主라고도 부른다. 武帝의 고모. 장공주 소생의 딸이 무제의 첫 번째 황후인 陳皇后이다.

240 원문 以視不臣也 – 視는 示. 난대를 보통 신하로 대우하지 않다. 신하 이상으로 특별 우대했다.

241 원문 且爲天子道天神也 – 여기 道는 導也. 引導하다.

242 원문 莫不搤擥而自言有禁方能神仙矣 – 원문 莫不~은 ~하지 않는 자가 없다. 모두 ~하다. 搤擥(액견)은 잡아당기다. 한손으로 다른 쪽 팔을 잡다. 당당하게 큰소리치는 모양.

## 原文

其夏六月, 汾陰巫錦爲民祠魏脽后土營旁, 見地如鉤狀, 掊視得鼎. 鼎大異於衆鼎, 文鏤無款識, 怪之, 言吏. 吏告河東太守勝, 勝以聞. 天子使驗問巫得鼎無姦詐, 乃以禮祠, 迎鼎至甘泉, 從上行, 薦之. 至中山, 晏溫, 有黃雲焉. 有鹿過, 上自射之, 因之以祭云.

至長安, 公卿大夫皆議尊寶鼎. 天子曰, "間者河溢, 歲數不登, 故巡祭后土, 祈爲百姓育穀. 今年豐茂未報, 鼎曷爲出哉?"

有司皆言, "聞昔泰帝興神鼎一, 一者一統, 天地萬物所繫象也. 黃帝作寶鼎三, 像天,地,人. 禹收九牧之金, 鑄九鼎, 像九州. 皆嘗鬺享上帝鬼神. 其空足曰鬲, 以像三德, 饗承天祜. 夏德衰, 鼎遷於殷, 殷德衰, 鼎遷於周. 周德衰, 鼎遷於秦, 秦德衰, 宋之社亡, 鼎乃淪伏而不見. 〈周頌〉曰, 「自堂徂基, 自羊徂牛, 鼐鼎及鼒, 不吳不敖, 胡考之休.」 今鼎至甘泉, 以光潤龍變, 承休無疆. 合鼎中山, 有黃白雲降, 蓋若獸之爲符, 路弓乘矢, 集獲壇下, 報祠大亨. 唯受命而帝者心知其意而合德焉. 鼎宜視宗禰廟, 臧於帝庭, 以合明應."

制曰, 「可.」

## 〖국역〗

그해 여름인 六月, 汾陰縣(분음현)의 巫女(무녀) 錦(금)이 魏脽(위수)

의 后土祠 근처에서 백성을 위해 제사를 지내다가 땅이 갈고리 모양처럼 보이는 곳을 파헤쳐서[243] 세발솥(鼎)을 찾아내었다. 그 솥은 크기가 보통 솥과 달랐고, 무늬는 있지만 새겨진 글자는 없었는데,[244] 이상히 여겨 관리에게 말했다. 관리는 이를 河東太守 勝(승)에 알렸고, 勝(승)은 조정에 보고하였다. 天子는 사자를 보내 무녀가 솥(鼎)을 파낸 것에 거짓이 없음을 확인케 한 뒤, 예를 갖춰 제사하고서, 솥을 甘泉宮으로 옮겨와 황상의 行事에 맞춰 천제께 헌상하려 했다. (솥이 雲陽縣의) 中山(중산)에[245] 도착했을 때 날은 개이고 온화했으며 黃雲이 떠 있었다. 사슴이 그 곁을 달려갔는데 황상이 직접 활로 쏘아 제물로 제사했다.

長安에 이르자, 公卿大夫 모두 寶鼎(보정)을 받들 방안을 논의하였다. 이에 天子가 말했다.

"요즈음(間者) 河水가 범람하고 자주 흉년이 들었기에 后土祠를 찾아가서 제사하며 백성의 농사 풍년을 빌었도다. 금년 풍년 유무를 아직은 알 수 없는데 寶鼎의 출토는 무슨 뜻이겠나?"[246]

有司가 모두 말했다.

"옛날 泰帝(태제)가[247] 神鼎(신정)을 하나 주조하였는데, 하나는 곧

---

243 원문 掊視得鼎 – 掊는 긁어모을 부. 손으로 파내다. 헤쳐서 드러내다.

244 원문 文鏤無款識 – 文은 무늬, 무늬로 꾸미다. 鏤는 새길 루. 쇠붙이 장식. 款識(관지)는 鐘이나 鼎 등에 새겨진 글자. 款(기록할 관, 새길 관)은 陰刻. 識(표할 지, 기록할 지)는 陽刻.

245 中山 – 山名. 今 陝西省 咸陽市 관할 淳化縣 동남 소재.

246 원문 鼎曷爲出哉? – 曷은 어찌 갈, 어찌 아니 하리오 갈(何不爲也).

247 泰帝(태제) – 泰昊 伏羲氏(복희씨)라는 주석과 黃帝라는 주석이 있다.

一統이니, 天地萬物이 하나에서 나온다는 상징이라고 들었습니다. 黃帝가 3개의 寶鼎을 제작하였는데, 이는 天, 地, 人을 상징합니다. (夏의) 禹王은 九牧(九州)의 金을 모아 九鼎을 제조하였으니, 이는 九州를 뜻합니다. 그리고 이 모두는 上帝와 귀신에게 제물을 삶아 바치는 것입니다.[248] 다리가(足) 빈(空) 것은 鬲(력)인데,[249] 三足은 三德을[250] 상징하며, 하늘의 복을 누린다는 뜻입니다.[251] 夏德이 衰(쇠)하자, 鼎은 殷으로 옮겨갔고, 殷德이 쇠락하자 鼎은 周로 옮겨졌습니다. 周德이 쇠퇴하자, 鼎은 秦으로 옮겨졌는데, 秦德이 쇠망하고, 宋의 社稷壇(사직단)도 허물어진 뒤에 鼎은 물에 잠겨 보이지 않았습니다.[252] 《詩經》〈周頌 絲衣〉에서는 「大殿에서 門前까지, 羊에서 牛까지, 크고 작은 여러 솥의 祭物로 (제사하며) 떠들지도 태만하지도 않나니 先祖의 복을 받았도다.」라 하였습니다.[253] 지금 鼎이

248 원문 嘗鬺享上帝鬼神 – 嘗은 일찍 상(曾也). 이전에. 副詞로 쓰였다. 맛볼 상. 鬺享(상향)은 鬺亨(상형). 鬺은 삶을 상. 享은 亨이어야 함. 亨은 제사할 형. 烹(삶을 팽)과 通.

249 其空足曰鬲 – 鬲은 솥 력. 발은 셋이나 그 내부가 비었다(空足). 손잡이 격. 사이가 뜨다(隔과 通). 鼎도 다리가 셋이나 鼎은 손잡이(耳)가 2개 있다.

250 三德 – 正直, 剛克(강극), 柔克(유극).

251 원문 饗承天祜 – 饗은 잔치할 향. 饗承(향승)은 享受(향수). 祜는 하늘이 주는 복 호.

252 원문 鼎乃淪伏而不見 – 淪伏(윤복)은 잠겨버리다. 淪은 잠길 윤. 빠지다. 伏은 엎드릴 복.

253 堂은 殿堂. 徂는 갈 조. 基는 門前의 터. 自羊徂牛는 제물 羊에서 소까지 훑어보다. 鼐鼎及鼒(내정급자)의 鼐는 가마솥 내. 鼎은 세발솥. 鼒는 작은 솥. 여러 가지 솥에 준비된 제물. 不吳不敖(불오불오)는 큰소리치

감천궁에 도착하였다니, 용의 변화처럼 빛이 나고 그 복은 끝없을 것입니다. 中山에 이르러서는 黃白의 구름이 강림했고, 祭物로 사슴이 출현하여 부응하였으며,[254] 큰 활과 4개의 화살로[255] 제단 아래 바쳐졌으니, 이는 大亨(대형, 큰 제사)에 대한 하늘의 보답일 것입니다. 오직 천명을 받아 제위에 오른 분은 마음으로 그 뜻을 알아 天人이 함께 감응할 것입니다(合德). 이 寶鼎은 종묘에 헌상하고 帝王의 궁정에 보관하여 神明의 감응에 합일해야 합니다."

황제는 「可하다.」고 하였다.

原文

入海求蓬萊者, 言蓬萊不遠, 而不能至者, 殆不見其氣. 上乃遣望氣佐候其氣云. 其秋, 上雍, 且郊. 或曰 "五帝, 泰一之佐也. 宜立泰一而上親郊之." 上疑未定.

〖국역〗

바닷가에서 蓬萊山(봉래산)에 가려던 자가, 봉래산은 멀지 않으나 갈 수 없는 것은 봉래산의 氣가 거의 보이지 않기 때문이라고 말했

---

지도 않고 거만하지도 않고. 吳는 큰소리할 오. 떠들다. 敖는 傲慢(오만). 胡考(호고)는 先考. 先祖. 休는 아름다울 휴.

254 원문 蓋若獸之爲符 – 蓋(덮을 개)는 부사로 쓰이면 대개, 어쩌면, 아마도. 여기서는 語氣助詞. 발어사로 쓰였다. 獸는 사슴. 그 제물 사슴의 출현이 바로 상서의 符應(부응)이라는 뜻.

255 원문 路弓乘矢 – 路弓은 大弓. 乘矢(승시)는 4개의 화살. 숫자를 말할 때 乘은 4의 뜻이라는 주석이 있다.

다.[256] 皇上은 望氣者를 보내 그를 도와 雲氣를 살펴보게 하였다.[257]

그해 가을 황제는 雍縣(옹현)에 가서 교제를 지내려 하였다. 어떤 자가 말했다.

"五帝는 泰一神의 補佐(보좌)입니다. 응당 태일신의 묘당을 세워 황제께서 친히 제사를 올려야 합니다."

황상은 확신이 없어 결정하지 못했다.

**原文**

齊人公孫卿曰, "今年得寶鼎, 其冬辛巳朔旦冬至, 與黃帝時等."

卿有札書曰, "黃帝得寶鼎冕候, 問於鬼臾區, 鬼臾區對曰, '黃帝得寶鼎神策, 是歲己酉朔旦冬至, 得天之紀, 終而復始.' 於是黃帝迎日推策, 後率二十歲復朔旦冬至, 凡二十推, 三百八十年, 黃帝仙登於天."

**〖국역〗**

齊人 公孫卿(공손경)이 말했다.

"今年에 寶鼎을 얻었으니, 이 겨울 辛巳日(신사일)은 초하루이면서 冬至로, 黃帝 때의 時曆과 같습니다."

---

256 원문 殆不見其氣 – 殆는 위험할 태, 가까이할 태. 비로소, 장차, 거의(幾也). 誠의 반대.

257 원문 上乃遣望氣佐候其氣 – 望氣는 雲氣를 살펴 길흉을 예언하다. 佐候(좌후)는 살펴보기를 돕다. 候는 물을 후. 살펴보다. 시중들다.

공손경이 札書(찰서, 小木簡의 書)를 통해 말했다.

"黃帝는 冕候(면후, 宛朐)에서 보정을 얻고서,[258] 신하인 鬼臾區(귀유구)에게[259] 묻자, 귀유구가 대답했습니다. '黃帝께서 寶鼎과 神策을 얻은 그 해는 己酉年(기유년) 초하루 동지로, 天紀를 얻었기에 끝이며 다시 시작입니다.' 이에 黃帝가 日月을 미뤄 따져보니[260] 이후 대략(率) 20년마다 초하루와 동지가 겹치는데, 모두(凡) 20차례에 380년이 지나 황제는 신선이 되어 승천하셨습니다."

原文

卿因所忠欲奏之. 所忠視其書不經, 疑其妄言, 謝曰, "寶鼎事已決矣. 尙何以爲?" 卿因嬖人奏之. 上大說, 乃召問卿. 對曰, "受此書申公, 申公已死." 上曰, "申公何人也?"

卿曰, "齊人, 與安期生通, 受黃帝言, 無書, 獨有此鼎書. 曰 '漢興復當黃帝之時.' 曰 '漢之聖者, 在高祖之孫且曾孫也. 寶鼎出而與神通, 封禪. 封禪七十二王, 唯黃帝得上泰

258 원문 黃帝得寶鼎冕候 – 冕候(면후)는 宛朐(완구)라는 地名이 轉寫(전사) 과정에서, 宛은 글자의 형체가 비슷해서, 朐는 발음이 비슷해서 바뀐 것이라는 주석이 있다. 宛朐(완구)는 濟陰郡(治所는 定陶縣, 今 山東省 菏澤市 定陶區)의 현명으로, 冤句, 宛句로도 표기. 今 山東省 서남단 菏澤市 莊寨鎭(장채진).

259 鬼臾區(귀유구) – 鬼容區로도 표기.

260 원문 迎日推策 – 日月을 따져 미래의 절기와 曆數를 알다. 迎은 셈하다(數之).

山封.' 申公曰, '漢帝亦當上封, 上封則能仙登天矣. 黃帝萬諸侯, 而神靈之封君七千. 天下名山八, 而三在蠻夷, 五在中國. 中國華山,首山,太室山,泰山,東萊山, 此五山黃帝之所常游, 與神會. 黃帝且戰且學僊, 患百姓非其道, 乃斷斬非鬼神者. 百餘歲然後得與神通. 黃帝郊雍上帝, 宿三月. 鬼臾區號大鴻, 死葬雍, 故鴻冢是也. 其後黃帝接萬靈明庭. 明庭者, 甘泉也. 所謂寒門者, 谷口也. 黃帝采首山銅, 鑄鼎於荊山下. 鼎既成, 有龍垂胡髯下迎黃帝. 黃帝上騎, 群臣後宮從上龍七十餘人, 龍乃上去. 餘小臣不得上, 乃悉持龍髯, 龍髯拔, 墮, 墮黃帝之弓. 百姓卬望黃帝既上天, 乃抱其弓與龍髯號, 故後世因名其處曰鼎湖, 其弓曰烏號'."

於是天子曰, "嗟乎! 誠得如黃帝, 吾視去妻子如脫屣耳." 拜卿爲郎, 使東候神於太室.

〖국역〗

공손경은 所忠(소충)을[261] 거쳐 찰서를 상주하려 했다. 그러나 所忠은 그 서찰 내용이 經書에 없기에 妄言(망언)이라 의심하여 거절하며 말했다.

"寶鼎에 관한 일은 이미 끝났는데 아직도 무엇을 하려는가?"

그러나 공손경은 嬖人(폐인)을[262] 통해 상주하였다. 무제는 크게

261 所忠(소충) – 武帝의 近臣. 所가 성씨. 〈食貨志〉에 나온다.

262 嬖人奏之 – 嬖人(폐인)은 貴人의 총애를 받는 미천한 사람. 嬖는 사랑받을 폐, 사랑할 폐. 奏는 아뢸 주.

기뻐하며 공손경을 불러 물었다. 공손경은 "이 찰서를 받은 사람은 申公인데, 申公은 이미 죽었습니다." 무제는 "申公은 何人인가?"라고 물었다. 공손경이 말했다.

"(申公은) 齊人인데, 신선 安期生(안기생)과 왕래하며 黃帝의 말을 들었는데, 다른 책은 없고 오직 이 鼎에 쓰인 글(鼎書) 뿐입니다. 거기에는 '漢이 흥기하여 다시 黃帝의 시기를 만난다.' 고 하였습니다. 또 '漢의 聖者는 高祖의 손자이거나 曾孫이다. 寶鼎이 출현하여 天神과 通하고, 封禪한다. 봉선한 왕이 72명이나 오직 黃帝만이 泰山에 올라 봉선하였다.' 라고 했습니다. 그리고 또 申公이 저에게 말했습니다.

'漢帝 역시 태산에 올라 봉선(上封)할 것이고, 上封하면 능히 신선에 되어 登天할 것이다. 黃帝는 1만 제후와 神靈으로 封君이 7천이었다.[263] 천하 名山이 8개소에, 三山은 蠻夷(만이)의 땅에 있고, 다섯은 中國에 있다. 中國에는 華山, 首山, 太室山, 泰山, 東萊山(동래산)이니,[264] 이 五山은 黃帝가 늘 노닐던 곳으로 신과 만날 수 있다. 黃帝는 한편으로는 (蚩尤 치우와) 싸우고 또 學仙하였는데, 백성이 자신의 道를 비난할까 걱정하여 귀신을 비난하는 자를 모두 죽였다. 1백여 년 뒤에야 黃帝는 神通하였다. 黃帝는 雍縣(옹현)에서 上帝께

263 원문 神靈之封君七千 – 산천의 神靈에 제사할 책무를 받은 사람이 7천 명이란 뜻으로 해석했다. 君은 居이어야 하며, 1만 제후 중 7천 명.

264 華山은 西嶽인 華山, 首山은, 今 河南省 중부 許昌市 관할 襄城縣 소재. 太室山은 중악인 嵩山. 泰山, 東萊山(동래산)은, 今 山東省 煙臺市 관할 龍口市 소재. 山東 반도의 북쪽 바다, 渤海灣(발해만) 남안에 연한 항구 도시.

郊祭를 올리며 3개월을 머물렀다. 鬼臾區(귀유구)가 큰 기러기(大鴻)를 불렀고, 大鴻이 죽자 옹현에 묻었으니 鴻塚(홍총)이 바로 그것이다. 그 뒤에 黃帝는 모든 신령을 그의 明庭(명정)에서 불러 만났다. 明庭은 甘泉宮 자리이다. 所謂 寒門(한문)이란 곳은 谷口(곡구)입니다.[265] 黃帝는 首山(수산)의 구리(銅)를 채취하여, 荊山(형산)[266] 아래에서 鼎을 주조하였다. 鼎이 완성되자, 어떤 龍이 胡髥(호염, 鬚髥 수염)을 늘어트리고 黃帝를 맞이하려 내려왔다. 黃帝가 용에 올라탔고, 여러 신하와 후궁 등 70여 명이 용의 등에 올라타자 용은 위로 떠올랐다. 나머지 小臣들이 승천할 수 없자, 바로 모두 용의 수염을 잡고 늘어지자 용의 수염이 뽑히며 황제의 활 위로 떨어졌다. 백성들은 황제가 상천하는 모습을 보고서는 용의 수염과 활을 끌어안고 소리쳐 불렀는데, 뒷날 그곳을 鼎湖(정호)라 하였고, 그 활을 烏號(오호)라고 불렀다."

그러자 天子가 말했다.

"아!(嗟乎!) 정말 黃帝처럼 될 수 있다면 내가 妻子 버리기를 신발을 벗어버리듯 하리라."[267]

무제는 공손경에게 郎官(낭관)을 제수하였고, 동쪽으로 太室山에 가서 신선을 기다리게 하였다.

---

265 谷口(곡구) – 中山의 谷口. 漢代의 縣名. 今 陝西省 咸陽市 관할 禮泉縣.

266 荊山(형산, 산맥) – 漢代 左馮翊(좌풍익)의 懷德縣 소재. 今 湖北省 서부, 長 약 150km, 해발 1200~1800m. 荊山 주봉은 聚龍山, 해발 1,852m.

267 원문 吾視去妻子如脫屣耳 – 視는 생각하다. 去妻子는 처자를 떠나가다. 脫은 벗을 탈. 屣는 신 사, 짚신 사. 신발을 벗는 일은 아주 쉬운 일. 되돌아보지 않을 것이다.

原文

上遂郊雍, 至隴西, 登空桐, 幸甘泉. 令祠官寬舒等具泰一祠壇, 祠壇放亳忌泰一壇, 三陔. 五帝壇環居其下, 各如其方. 黃帝西南, 除八通鬼道. 泰一所用, 如雍一畤物, 而加醴棗脯之屬, 殺一犛牛以爲俎豆牢具. 而五帝獨有俎豆醴進. 其下四方地, 爲腏, 食群神從者及北斗云. 已祠, 胙餘皆燎之. 其牛色白, 白鹿居其中, 彘在鹿中, 鹿中水而酒之. 祭日以牛, 祭月以羊彘特. 泰一祝宰則衣紫及繡, 五帝各如其色, 日赤, 月白.

〖국역〗

황제는 마침내 雍縣(옹현)에서 교제를 지내고 隴西(농서)에[268] 행차하였고, 空桐山(공동산)에[269] 올랐으며, 甘泉宮에 행차하였다.[270] 祠官인 寬舒(관서) 등에 명령하여 亳縣(박현) 사람 謬忌(유기)의 泰一壇을 모방하여 太一神 사당을 짓게 하였는데 사당은 3단 층계였

268 隴西(隴右) - 隴山(농산, 今 陝西省 서부와 甘肅省 경계를 이루는 산맥)의 서쪽 지역이란 뜻. 고대에는 西를 右라고 하였다. 今 甘肅省, 今 陝西省 寶雞市 관할 隴縣 서북 서남부 일대 곧 六盤山 서쪽에서 黃河의 동쪽을 지칭. 전한의 행정구역으로서 隴西郡의 치소는 狄道(적도), 今 甘肅省 남부 定西市 관할 臨洮縣(임조현).

269 空桐山 - 崆峒山, 甘肅省 平涼市 소재, 六盤山의 支脈, 주봉인 翠屛峰(취병봉)은 해발 2123m, 수직고도 683m. '西來第一山', '中國道教第一山' 으로 불린다.

270 이는 武帝 元鼎 5년, 前 112년이었다.

다.[271] 그리고 五帝의 제단이 그 아래 각 방향으로 둘러쌌다. 黃帝의 서남쪽으로 8通할 수 있는 鬼道를 설치하였다. 泰一神 묘당에 소용되는 물건은 雍城 一時(일치)의 器物과 같았고 거기에 醴(단술 례), 棗(대추 조), 脯(육포 포) 종류를 추가하였고, 검은 소를 죽여 희생으로 俎豆(조두)에 올렸다. 五方 天帝에게도 각각 조두에 제물을 올렸다. 그 아래 사방의 땅에는 연이어 제사를 올렸고,[272] 여러 신의 從者와 北斗 신에게도 음식을 올렸다. 제사를 마치면 남은 고기는 모두 불태웠다.[273] 흰 소나 하얀 사슴의 고기를 가운데 진설했고 돼지고기(彘, 돼지 체)는 사슴 고기 중간에(鹿中) 올렸으며, 사슴 고기 중간에(鹿中) 玄酒(水)나 술을(眞酒) 올렸다. 日神에 제사할 때는(祭日) 소를 제물로 올렸고, 월신 제사에는 羊이나 돼지, 아니면 송아지를(特) 올렸다. 泰一神의 祝官이나 宰官(재관, 祭物 담당)은 자색에 수놓은 옷을 입었고, 五帝의 제관은 각 방위의 색을, 日神의 제관은 붉은 옷, 月神의 제관은 백색 옷을 입었다.

原文

十一月辛巳朔旦冬至, 昒爽, 天子始郊拜泰一. 朝朝日, 夕夕月, 則揖. 而見泰一如雍郊禮. 其贊饗曰, "天始以寶鼎神策授皇帝, 朔而又朔, 終而復始, 皇帝敬拜見焉." 而衣上

271 三陔 - 3단의 토대. 陔는 층층대 해.

272 爲醱 - 醱은 살 바를 철, 降神할 잔 철. 餟(여러 신을 제사할 체)와 通.

273 원문 胙餘皆燎之 - 胙는 제사 지낸 고기 조, 복 조. 燎는 화톳불 료. 불태우다.

黃. 其祠列火滿壇, 壇旁亨炊具. 有司云 '祠上有光.' 公卿言 '皇帝始郊見泰一雲陽, 有司奉瑄玉嘉牲薦饗, 是夜有美光, 及晝, 黃氣上屬天.' 太史令談,祠官寬舒等曰, "神靈之休, 祐福兆祥, 宜因此地光域立泰畤壇以明應. 令太祝領, 秋及臘間祠. 二歲天子壹郊見."

〖국역〗

11월 辛巳日 초하루 冬至에, 날이 밝기 전에,[274] 天子는 교외에서 泰一神(태일신)에 제사를 지냈다. 아침에 태양에게 朝拜하고,[275] 저녁에는 저녁달을 제사했는데, 두 손을 올려 揖(읍)했다. 그리고 泰一神壇에 나아가 雍城(옹성)에서 제사한 것처럼 교제를 올렸다. 그 祝辭(축사)는[276] "天帝께서 寶鼎과 神策을 皇帝에게 수여하시었고, 초하루에 또 초하루, 끝이면 다시 시작하니 황제가 경배를 올립니다."라 하였다. 의상은 황색을 귀히 여겼다.

그 교제에 온 제단에 횃불이 줄지었고, 제단 옆에서 제물을 삶는 취사도구가 놓여 있었다. 有司가 '제단에 빛이 밝습니다.' 라고 말하자, 公卿들은 '皇帝께서 지금 雲陽(운양)의 泰一神을 제사하시고, 有司는 큰 도리옥(瑄玉, 선옥)과 좋은 희생물(嘉牲, 가생)을 바치었

274 昒爽 - 昒은 어두운 새벽 홀, 먼동이 틀 홀. 爽은 밝을 상, 시원할 상. 새벽.

275 朝朝日 - 朝는 아침 조(zhāo). 朝日은 해를 향하다. 朝(cháo)는 참배하다. 조정, ~을 향하다. 알현하다.

276 원문 其贊饗曰 - 贊饗(찬향)은 축관이 읽는 글, 祝辭(축사). 贊은 도울 찬. 饗은 잔치할 향.

으니, 이 밤의 아름다운 빛은 날이 밝으면 黃氣로 上天할 것입니다.' 라고 말했다.

太史令인 司馬談, 祠官인 寬舒(관서) 등이 말했다.

"聖明하신 神靈께서 강림하시어 인간에게 복과 吉祥(길상)을 베푸셨으니, 마땅히 밝은 빛이 비친 이곳에 泰畤壇(태치단)을 세워 祥瑞(상서)를 분명하게 드러내야 합니다. 太祝官에게 관리케 하여 가을에서 12월 사이에 제사를 올리게 명해야 합니다. 2년 뒤에는 天子께서 교제를 올리셔야 합니다."

原文

其秋, 爲伐南越, 告禱泰一, 以牡荊畫幡日月,北斗,登龍, 以象太一三星, 爲泰一鋒旗, 命曰'靈旗.' 爲兵禱, 則太史奉以指所伐國. 而五利將軍使不敢入海, 之泰山祠. 上使人隨驗, 實無所見. 五利妄言見其師, 其方盡, 多不讎. 上乃誅五利.

〖국역〗

그해 가을에, 南越을 정벌하면서 泰一神에게 告하고 빌었으며(禱, 빌 도), 牡荊(모형)나무 깃대에 日月과 北斗와 登龍을 그린 깃발을 세웠는데,[277] 이는 太一의 三星을 상징하고,[278] 泰一의 鋒旗(봉기)

---

277 以牡荊畫幡日月,北斗,登龍 - 牡荊(모형)은 식물 이름. 長江 이남에 널리 자생하는 낙엽 교목. 畫幡(화번)은 그림을 그려 넣은 깃발. 北斗登龍은 북두칠성으로 승천하는 龍을 형상화하다.

라 여기면서 '靈旗' 라 하였다. 장병을 위한 기도에서는 太史가 '靈旗' 를 들어 정벌한 나라를(南越) 지목케 하였다.

五利將軍(欒大, 난대)은 사자를 보내 바다에 가지 않고 泰山에 가서 제사를 올리겠다고 하였다. 이에 무제는 사람을 보내 따라가 검증하라 하였는데, 아무것도 보질 못했다. 五利(난대)는 그 사부를 만났다고 허튼 소리를 했고, 그 방술도 다하여 아무런 應驗(응험)도 없었다. 무제는 五利將軍(난대)을 誅殺(주살)하였다.

原文

其冬, 公孫卿候神河南, 言見僊人跡緱氏城上, 有物如雉, 往來城上.

天子親幸緱氏視跡, 問卿, "得毋效文成,五利乎?"

卿曰, "仙者非有求人主, 人主者求之. 其道非少寬暇, 神不來. 言神事, 如迂誕, 積以歲, 乃可致."

於是郡國各除道, 繕治宮館名山神祠所, 以望幸矣.

〖국역〗

그해 겨울, 公孫卿(공손경)은 河南郡(治所, 今 河南省 洛陽市)에서 神靈을 기다리다가, 僊人(선인)의 足跡(족적)을 緱氏(구씨) 城에서[279]

278 以象太一三星 – 日月, 北斗, 登龍으로 太一神의 三星을 상징하다.

279 言見僊人跡緱氏城上 – 僊人(선인)은 仙人. 緱氏(구씨)는 縣名. 今 河南省 洛陽市 동쪽 偃師市(언사시). 緱는 칼자루 감을 구.

보았다고 하였는데, 성 위를 왔다 갔다 한 꿩 발자국 같은 것이었다.

天子는 친히 緱氏縣에 행차하여[280] 그 족적을 보고 나서 공손경에게 물었다.

"文成將軍과 五利將軍을 모방하지는 않았는가?"

공손경이 말했다. "仙者는 人主(皇帝)를 만나려는 사람이 아니고, 人主가 그를 만나고 싶어 합니다. 이런 일에 조금이라도 여유롭고 조용하지 않다면 신선은 오지 않습니다. 신령의 관한 일이 황당한 일 같지만[281] 오랜 세월이 지나야만 신령을 모실 수 있습니다."

이에 지방의 郡國에서는 각자 길을 치우고, 궁궐이나 관아, 名山의 神을 제사하는 곳을 수리하면서 신선의 행차를 기다렸다.

原文

其春, 旣滅南越, 嬖臣李延年以好音見. 上善之, 下公卿議, 曰, "民間祠有鼓舞樂, 今郊祀而無樂, 豈稱乎?"

公卿曰, "古者祠天地皆有樂, 而神祇可得而禮."

或曰, "泰帝使素女鼓五十弦瑟, 悲, 帝禁不止, 故破其瑟爲二十五弦."

於是塞南越, 禱祠泰一,后土, 始用樂舞. 益召歌兒, 作二十五弦及空侯瑟自此起.

---

280 이는 元鼎 6年, 前 111년이었다.

281 如迂誕 - 迂는 멀 우. 迂闊(우활)하다. 터무니없다. 誕은 허망하다. 속이다. 태어난 탄.

〖국역〗

그 봄에 南越을 없앤 뒤,[282] 嬖臣(폐신) 李延年(이연년)은[283] 好音으로 뽑혀 황제를 알현했다. 무제는 이연년을 우대하며 공경에게 의논케 하였다.

"민간의 제사에는 음악과 춤이 있지만, 지금 郊祀에는 음악이 없으니 어찌 합당하겠는가?"[284]

公卿이 말했다. "古者에 천지에 대한 제사에는 모두 음악이 있었

---

282 원문 旣滅南越 – 원정 6년, 越人 呂嘉(여가)의 반란 지역이 평정되자 그곳에 南海, 蒼梧, 鬱林(울림), 合浦, 交阯(교지), 九眞, 日南, 珠崖(주애), 儋耳(담이) 등 9郡을 설치하였다. 이어 서남이를 평정한 지역에는 武都, 牂柯(장가), 越嶲(준수), 沈黎(침려), 文山郡 등을 설치하였다.

283 원문 嬖臣李延年以好音見 – 嬖臣(폐신)은 총애를 받는 미천한 출신의 신하. 사랑할 폐. 李延年(이연년, ? – 前 90년)은 中山國 사람으로 본인과 부모 형제가 그전에 모두 樂人이었다. 이연년은 법에 걸려 腐刑(부형)을 받았고, 狗監(구감)에서 일했다. 여동생이 무제의 총애를 받으며 李夫人(이부인)이라 불렸는데, 〈外戚傳〉에 실렸다. 이연년은 노래를 잘했고 새 악곡도 만들었다. 이때 무제는 천지에 대한 제사를 올리며 새 악곡을 만들려고 司馬相如(사마상여) 등을 시켜 시가를 짓게 하였다. 이연년은 그 때마다 무제의 뜻을 알아 새로 지은 시를 연주하고 신 악곡을 지었다. 이부인이 昌邑王(창읍왕)을 낳자, 이연년은 이로 인해 더욱 높이 올라 協律都尉가 되어 2천석 고관의 인수를 차고 무제와 기거를 같이 하였으니 그 총애가 韓嫣(한언)과 대등하였다. 그러다가 이부인이 죽은 뒤 총애도 식으면서 무제는 이연년 형제와 일족을 주살하였다. 《漢書》 93권, 〈佞幸傳〉에 입전. 이연년의 長兄인 名將 李廣利(이광리)는 貳師將軍으로 大宛(대완)을 원정하여 죽음을 면하고 海西侯가 되었지만 나중에 李廣利가 흉노에 투항하자 다시 멸족되었다.

284 원문 豈稱乎? – 豈～乎?는 어찌 ～하겠는가? 反問. 稱은 相稱하다. 일컬을 칭.

습니다. 신령들도 예악을 享受(향수)할 것입니다."

어떤 사람이 "泰帝는 素女(소녀)로[285] 하여금 50弦(현)의 瑟(슬)을 연주케 하였는데, 매우 처량한 가락이었지만 금지시키지 못했고 그 슬을 25현으로 바꾸게 하였습니다."라고 말했다.

이에 남월을 멸망한 사실을 제사로 올리며(塞, 賽) 泰一神과 后土神에 대한 교제에서 처음으로 舞樂을 試演(시연)하였다. 歌手(歌童)를널리 불러들였고, 25弦琴과 空侯瑟(공후슬)[286] 등이 이때부터 많이 연주되었다.

---

285 원문 泰帝使素女鼓五十弦瑟 - 泰帝는 黃帝. 素女(소녀, 九天素女)의 素는 白色. 古代 傳說 속의 神女. 黃帝와 同時代, 음악에 뛰어났고, 天道와 陰陽之事에 밝았으며, 房中術에 정통했다. 玄女와 함께 이를 黃帝에게 전수하였다 하여 房中術을 '玄素之道'라고도 칭한다. 중국 性學의 고전으로《素女經》이 유명하다.

286 空侯瑟(공후슬) - 空侯는 箜篌(공후). 瑟(슬)과 비슷하나 크기가 작다.

# 六. 武帝의 封禪

原文

其來年冬, 上議曰, "古者先振兵釋旅, 然後封禪." 乃遂北巡朔方, 勒兵十餘萬騎, 還祭黃帝冢橋山, 釋兵涼如. 上曰, "吾聞黃帝不死. 有冢, 何也?" 或對曰, "黃帝以仙上天, 群臣葬其衣冠." 旣至甘泉, 爲且用事泰山, 先類祠泰一.

〖국역〗

그 다음 해 겨울, 皇上이 대신과 상의하며 말했다.

"옛날에 먼저 武威(무위)를 떨치고 군사를 해산한 뒤에 봉선한다고 하였다."

그리고서는 북쪽으로 朔方郡(삭방군)을[287] 순수하며 10여만 기병을 동원한 뒤에 돌아오면서 橋山(교산)에서 黃帝의 무덤(冢)에 제사한 뒤에,[288] 涼如(양여, 위치 미상)란 곳에서 군사를 해산하였다.

무제가 물었다.

"나는 황제가 죽지 않았다고 알고 있다. 왜 무덤이 있는가?"

어떤 신하가 말했다. "黃帝는 신선으로 上天했기에 여러 신하들

---

287 朔方 – 郡名. 朔은 초하루 삭. 북방. 朔方郡은, 今 내몽고 지역을 흐르는 황하의 남쪽 일대. 치소는 朔方縣(今 內蒙古 鄂爾多斯市 杭錦旗).

288 원문 還祭黃帝冢橋山 – 冢은 큰 무덤 총. 橋山(교산)은 漢代 陽周縣, 今 陝西省 북부 延安市 관할 黃陵縣 서북,《史記 五帝本紀》,「黃帝崩, 葬橋山.」

은 그분의 의관을 묻었습니다."

황제는 甘泉宮이 이르러 태산에서 봉선하려고 먼저 태일신에게 類祠(유사)를[289] 올렸다.

原文

自得寶鼎, 上與公卿諸生議封禪. 封禪用希曠絶, 莫知其儀體, 而群儒采封禪《尙書》,《周官》,〈王制〉之望祀射牛事. 齊人丁公年九十餘, 曰, "封禪者, 古不死之名也. 秦皇帝不得上封. 陛下必欲上, 稍上卽無風雨, 遂上封矣."

上於是乃令諸儒習射牛, 草封禪儀. 數年, 至且行. 天子旣聞公孫卿及方士之言, 黃帝以上封禪皆致怪物與神通, 欲放黃帝以接神人蓬萊, 高世比德於九皇, 而頗采儒術以文之. 群儒旣已不能辯明封禪事, 又拘於《詩》,《書》古文而不敢騁. 上爲封祠器視群儒, 群儒或曰"不與古同", 徐偃又曰"太常諸生行禮不如魯善." 周霸屬圖封事, 於是上黜偃,霸, 而盡罷諸儒弗用.

〖국역〗

寶鼎을 얻은 이후, 황제와 公卿, 諸生들은 封禪을 논의하였다. 봉선은 드문 행사이고, 오래 전에 단절되어[290] 그 儀禮를 아는 이가 없

289 類祠(유사) - 제사 이름. 큰일을 앞두고 하늘에 올리는 제사.

290 원문 封禪用希曠絶 - 用希의 希는 稀(드물 희). 曠絶(광절)은 오랫동안

었다.[291] 많은 유생들은《尙書》와《周官 / 周禮》, 그리고《禮記 王制》같은 책에서 望祀(망사)와 射牛(사우)의[292] 행사를 채택하였다.

90여 세인 齊人 丁公(정공)이 말했다.

"封禪이란 옛날에 '不死'의 뜻이었습니다. 秦 皇帝는 태산에 올랐지만 封하지 못했습니다.[293] 陛下(폐하)께서 기어코 태산에 오르려 한다면, 천천히 올라 만약 비바람을 만나지 않으면 꼭대기에서 封할 수 있을 것입니다."

황상은 이에 여러 유생에게 射牛의 예를 숙지하고 封禪의 의례 초안을 마련케 하였다. 몇 년이 지나 날짜가 되어 출행하였다. 天子는 이미 公孫卿(공손경)과 方士로부터 黃帝가 태산에서 封禪하며 여러 괴물과 신령과 상통하였다는 말을 들었기에, 黃帝처럼 蓬萊(봉래)의 神人과 접촉하고 世人과 달리 높이 뛰어나며 九皇과 같은 덕을 갖추고자 儒學의 文化를 널리 채택하였다. 群儒들은 봉선에 관한 대사를 확실하게 처리할 수 없어《詩》나《書經》의 고문에 의존할 뿐 감히 다른 주장을 낼 수 없었다.

황상이 봉선의 祭器를 여러 유생에게 보게 하였는데, 유생 중 혹자가 "옛날과 같지 않다."고 말했으며, 博士인 徐偃(서언)도 "太常

---

비고 단절되다. 曠은 밝을 광, 빌 광. 단절되다.

291 원문 莫如其儀體 - 莫如其儀體는 禮儀. 예절과 의식.

292 望祀(망사)는 멀리서 바라보며 올리는 제사. 射牛(사우)는 제왕이 처지와 종묘에 제사하기 전에 친히 희생물 소(牛)를 활로 쏘는(射) 의식.

293 秦 始皇帝가 帝位에 오른 3년(前 219년)에, 봉선했지만 泰山에 오를 적에 산의 중턱에서 폭풍우를 만나 큰 나무 아래에서 휴식하였다. 모든 유생들은 이미 방축되어 봉선 의례에 참여하지 못했는데, 시황제가 풍우를 만났다는 말을 듣고 즉각 비난하였다.

소속의 諸生의 行禮는 魯의 우수한 祭官만 못합니다."라 말했고,[294] 周霸(주패)는[295] 다른 유생들과 함께(屬) 封事를 시도하자, 이에 황상은 서언과 주패를 축출하였으며 나중에 모든 유생을 罷黜(파출)하고 등용치 않았다.

**原文**

三月, 乃東幸緱氏, 禮登中岳太室. 從官在山上聞若有言'萬歲'云. 問上, 上不言, 問下, 下不言. 乃令祠官加增太室祠, 禁毋伐其山木, 以山下戶幾三百封崇高, 爲之奉邑, 獨給祠, 復, 無有所與. 上因東上泰山, 泰山草木未生, 乃令人上石立之泰山顚.

〖국역〗

三月에,[296] 황상은 동쪽으로 緱氏縣(구씨현)에 출행하였고 中岳인 太室山(嵩山)에 올라 제례를 행했다. 從官이 山上에서 '萬歲' 하는 소리를 들은 것 같다고 하였다. 이를 산 위에 있던 사람에게 물었지만 대답하지 않았고, 산 아래 사람들에게 물었지만 그들도 말이 없었다.

---

**294** 太常諸生行禮不如魯善 – 太常은 종묘 제사와 국가 교육을 담당하는 九卿의 한 사람. 博士의 선발과 운영도 담당했다. 諸生은 太學 내 박사의 제자. 魯善은 魯의 善儒.

**295** 周霸(주패) – 人名. 《易》과 《書》에 밝았다.

**296** 武帝 元封(前 110 – 106년) 원년. 〈武帝紀〉에는 正月로 기록했다.

이에 황제는 제사관에 명하여 太室祠를 증축케 하고, 태실산의 나무를 베지 못하게 하였으며, 산 아래 몇백 호의 民戶를 崇高山(嵩山, 太室山)의 奉邑으로 정하여 오직 사당의 비용만 담당할 뿐, 다른 부세는 면제하여(復) (賦稅를) 바치지 않게 하였다. 그리고 황상은 동쪽으로 가서 泰山에 올랐는데, 그때 泰山의 초목의 잎은 아직 피어나지 않았으나 사람을 시켜 태산 산마루에 비석을 세우게 하였다.

原文

上遂東巡海上, 行禮祠八神. 齊人之上疏言神怪,奇方者以萬數, 乃益發船, 令言海中神山者數千人求蓬萊神人. 公孫卿持節常先行候名山, 至東萊, 言夜見大人, 長數丈, 就之則不見, 見其跡甚大, 類禽獸云. 群臣有言見一老父牽狗, 言'吾欲見鉅公.' 已忽不見. 上旣見大跡, 未信, 及群臣又言老父, 則大以爲仙人也. 宿留海上, 與方士傳車, 及間使求神僊人以千數.

〖국역〗

이어 황제는 동쪽으로 해안 지역을 순수하며 八神에 예를 갖춰 제사하였다.[297] 齊人으로 上疏하여 神怪와 奇方을 언급하는 자가 거의 萬으로 셀 정도였으며, 배를 타고 나가는 자들도 크게 늘며, 바다

297 원문 行禮祠八神 - 八神은 天主, 地主, 兵主, 陰主, 陽主, 日主, 月主, 四時主.

에서 봉래산 神人을 데려올 수 있다고 말하는 자가 수천 명이나 되었다. 公孫卿(공손경, 人名)은 부절을 받아가지고 名山에 미리 가서 기다리게 하였는데, 東萊郡(동래군)에[298] 이르러 밤에 대인을 보았는데 키가 여러 길(丈)이고, 가까이 가면 보이지 않았지만 그 발자국이 매우 커 짐승과 같다고 하였다. 또 많은 신하들이 말하길 개를 끌고 온 노인이 '나는 鉅公(거공)을 만나려 한다.' 고[299] 말하고선 갑자기 사라졌다고 하였다.

황제가 큰 발자국을 보고서는 믿지 않았으나, 群臣이 또 老父의 말을 이야기 하자, 황제는 仙人이라고 확실히 믿었다. 황제는 바닷가에 유숙하였고 방사에게 傳車를 내주기도 하였는데, 자주 사자를 보내 수천 번이나 선인을 찾아보게 하였다.

**原文**

四月, 還至奉高. 上念諸儒及方士言封禪人殊, 不經, 難施行. 天子至梁父, 禮祠地主. 至乙卯, 令侍中儒者皮弁縉紳, 射牛行事. 封泰山下東方, 如郊祠泰一之禮. 封廣丈二尺, 高九尺, 其下則有玉牒書, 書秘. 禮畢, 天子獨與侍中奉車子侯上泰山, 亦有封. 其事皆禁. 明日, 下陰道. 丙辰, 禪泰山下阯東北肅然山, 如祭后土禮. 天子皆親拜見, 衣上黃

298 東萊郡 – 漢 景帝 때, 膠東國을 나눠 설치. 지금의 山東省 烟臺市, 威海市 일대. 후한 때 治所는 黃縣(今 山東省 龍口市), 靑州刺史部 관할.

299 원문 吾欲見鉅公 – 鉅公(거공)은 황제. 鉅는 클 거.

而盡用樂焉. 江,淮間一茅三脊爲神藉. 五色土益雜封. 縱遠方奇獸飛禽及白雉諸物, 頗以加祠. 兕牛,象犀之屬不用. 皆至泰山, 然後去. 封禪祠, 其夜若有光, 晝有白雲出封中.

〖국역〗

4월, 무제는 돌아오며 奉高(奉山縣)에[300] 도착했다. 무제는 봉선에 대한 여러 유생이나 方士의 의견이 사람마다 다르고, 경전에도 不合하여 시행하기 어렵다고 생각하였다. 天子는 梁父(양보)에 도착하여 地主(地神)에게 예를 갖춰 제사하였다. 乙卯日, 사슴가죽 고깔모자를 쓰고(皮弁, 피변), 넓은 허리띠를 맨(縉紳) 유생 侍中에게 射牛하는 行事를 진행케 하였다. 泰山에서 東方으로 하산하여 泰一神에게 올리듯 교제를 지냈다. 태산에서 封할 때 넓이는 1丈 2尺에 높이는 9척이었으며, 아래에는 玉의 牒書(첩서)를 묻었는데, 글 내용은 비밀이었다.

禮를 마치고, 天子는 홀로 侍中인 奉車都尉[301] 子侯(자후, 霍去病의 아들)와[302] 함께 泰山에 올라 祭天하였다. 그 일도 역시 알려지지 않았

---

300 奉高 - 奉山縣, 今 山東省 중부 泰安市.

301 奉車都尉(봉거도위) - 황제의 乘輿(승여, 가마)와 수레 담당. 武帝初置, 질록 比2천석.

302 霍去病(곽거병, 前 140 - 117) - 대장군 衛青의 누나인 衛少兒의 아들이다. 곽거병의 아버지 霍仲孺(곽중유)는 그전에 衛少兒(위소아)와 사통하여 곽거병을 낳았다. 衛皇后가 존귀해지면서 곽거병은 皇后 언니의 아들로 나이 18세에 侍中이 되었다. 騎射에 능했으며 두 번이나 대장군 위청을 따라 출정도 했었다. 곽거병의 異腹 동생이 선제를 옹립한 霍光(곽광)이다. 55권, 〈衛青霍去病傳〉에 立傳.

다. 다음날 무제는 북쪽 길로 하산하였다. 丙辰日, 태산 아래 터의 동북쪽 肅然山(숙연산)에서[303] 后土에 대한 禮로 地神에 제사를 올렸다.

天子는 모든 제례에 친히 拜禮하였으며 복색은 황색을 숭상하였고 음악을 연주하였다. 제사 음식을 올리는 깔 자리는 長江과 淮水 일대의 3개의 마디가 있는 띠풀을(一茅三脊) 썼다. 五色의 흙을 섞어 봉분을 만들었다. 먼 지방에서 보내온 기이한 짐승이나 날짐승(奇獸飛禽), 그리고 흰 꿩(白雉) 같은 여러 가지 제물도 모두 제사에 썼다. 외뿔의 들소(兕牛, 시우), 코끼리나 무소 같은 짐승은 제물로 쓰지 않았다. (그런 동물들) 모두가 태산에 도착한 뒤에 다시 되돌아갔다. 봉선례를 거행하는 밤에도 빛줄기가 나오는 듯했고, 낮에는 白雲이 봉토에서 피어나는 것 같았다.

原文

天子從禪還, 坐明堂, 群臣更上壽. 下詔改元封元年. 語在〈武紀〉.

又曰, "古者天子五載一巡狩, 用事泰山, 諸侯有朝宿地. 其令諸侯各治邸泰山下."

天子既已封泰山, 無風雨, 而方士更言蓬萊諸神若將可得, 於是上欣然庶幾遇之, 復東至海上望焉. 奉車子侯暴病, 一日死. 上乃遂去, 竝海上, 北至碣石, 巡自遼西, 歷北邊至九原. 五月, 乃至甘泉, 周萬八千里云.

303 肅然(숙연)은 梁父縣의 산 이름.

〖국역〗

天子가 봉선을 마치고 돌아오자, 明堂에서[304] 모든 신하가 다시 황제에게 축수하였다. 황제는 조서를 내려 元封 元年으로[305] 개원하였다. 이는 〈武帝紀〉에 실려 있다. 이어 무제가 말했다.

"古者에 天子는 5년에 한 번 순수하면서 泰山에서 제사를 지냈으며, 諸侯들은 (태산 근처에) 朝宿하는 곳이(朝宿地)[306] 있었다. 제후에게 명하여 태산 아래에 私邸(사저)를 마련하기 바란다."

天子가 泰山에 봉선하는 동안 風雨가 없었는데, 方士들은 蓬萊山의 여러 神人을 불러올 수 있다고 다시 말했다. 이에 황제도 기뻐하며(欣然, 흔연) 만나기를 기대하면서[307] 동해 바닷가에 행차하여 바다 멀리를 바라보았다. 그러나 봉거도위 子侯(자후)가 갑자기 하루 만에 병사하였다.

무제는 이에 출발하여 해안을 따라 올라가 북으로 碣石山(갈석산)에[308] 이르렀고, 遼西(요서)로부터[309] 北邊(북변)을 거쳐 九原縣에 이르렀다.[310] 5월에, 甘泉宮에 환궁하였으니 1만 8천 리를 周行하였다.

---

304 明堂 - 長安의 明堂이 아니다. 태산의 동북쪽에 周代의 明堂터가 있었다는 주석이 있다.

305 元封 - 前 110 - 106년.

306 朝宿地(조숙지) - 입조할 때 숙소. 湯沐邑(탕목읍).

307 원문 上欣然庶幾遇之 - 欣然(흔연)은 기뻐하다. 기꺼이. 欣은 기뻐할 흔. 庶幾(서기)는 희망하다. 바라다. 遇는 만날 우.

308 碣石(갈석) - 山名. 今 河北省 秦皇島市 昌黎縣 소재. 觀海할 수 있는 勝地로 알려졌다.

309 遼西(요서) - 郡名. 치소는 陽樂縣, 今 遼寧省 서남부 錦州市 義縣 서쪽.

310 九原 - 현명. 九原縣은, 今 內蒙古 黃河 북안의 包頭市 서북, 五原郡의

原文

其秋, 有星孛於東井. 後十餘日, 有星孛於三能.

望氣王朔言, "候獨見塡星出如瓜, 食頃, 復入."

有司皆曰, "陛下建漢家封禪, 天其報德星云."

其來年冬, 郊雍五帝. 還, 拜祝祠泰一. 贊饗曰, 「德星昭衍, 厥維休祥. 壽星仍出, 淵耀光明. 信星昭見, 皇帝敬拜泰祝之享.」

〖국역〗

그해 가을, 어떤 별이 東井(동정) 星宿(성수)를 가로질렀다.[311] 그 후 10여 일에 또 다른 별이 三能星(삼능성)을 가로질렀다.[312] 望氣인(方士) 王朔(왕삭)이 말했다.

"제가 홀로 天象을 관찰하니 塡星(전성)이[313] 瓜(참외 과, 瓠는 표주박 호)처럼 크게 보였다가 잠시 후에(食頃)[314] 다시 운행하였습니다."

有司가 모두 말했다.

"陛下께서 漢家의 封禪을 하셨으니 천제가 德星으로 응보하신 것입니다."

---

治所. 郡治가 있는 현명이 郡名으로도 혼용된다. 呂布의 고향.

311 원문 有星孛於東井 – 孛는 살별 패. 彗星(혜성, 빗자루 혜)이 다른 별의 자리를 지나가다. 東井은 星宿(성수, 성숙이 아님)의 이름.

312 원문 有星孛於三能 – 孛는 살별 패. 혜성이 다른 별 영역을 통과하다. 三能은 三台星(삼태성), 上台, 中台, 下台의 6星.

313 塡星(전성) – 土星. 塡은 메울 전.

314 食頃(식경) – 한 끼 식사를 할 시간. 비교적 짧은 시간.

그 다음 해 겨울(元封 2년, 前 111), 雍縣에서 五帝에 교제를 지냈다. 환궁하면서 泰一神에게 축원을 드렸다. 그 축문에 말했다.

「德星이 큰 빛을 발하니,[315] 아주 큰 吉祥입니다. 壽星도 자주 출현하니[316] 그 광명이 정말 밝습니다. 信星도 밝게 빛나니,[317] 皇帝는 泰一神께 제물을 올리며 경배 드립니다.」

原文

其春, 公孫卿言見神人東萊山, 若云'欲見天子.' 天子於是幸緱氏城, 拜卿爲中大夫. 遂至東萊, 宿留之數日, 毋所見, 見大人跡云. 復遣方士求神人,採藥以千數. 是歲旱. 天子旣出亡名, 乃禱萬里沙, 過祠泰山. 還至瓠子, 自臨塞決河, 留二日, 湛祠而去.

〖국역〗

그해 봄에, 公孫卿(공손경)은 神人이 東萊山에 출현하여 마치 '천자를 보려 한다.' 고 말한 것 같다고 보고하였다. 이에 천자는 緱氏城(구씨성)에 행차하여 공손경에게 中大夫[318] 職을 제수하였다. 무제는 東萊郡에 행차하여 며칠을 유숙하였지만 본 것도 없었으며, 大人

---

315 원문 德星昭衍 – 德星은 景星. 昭衍(소연)은 光明이 넓게 퍼지다.

316 원문 壽星仍出 – 인간의 수명을 주관하다는 南極老人星. 仍出은 빈번히 출현하다. 仍은 거듭 잉.

317 원문 信星昭見 – 信星은 土星. 昭見은 밝게 보이다. 見은 現.

318 大夫는 정사에 대한 의론을 담당하는데, 太中大父, 中大父, 諫大夫가 있

의 足跡(족적)만을 보았다. 무제는 다시 방사를 보내 神人을 찾게 하였고 채약하러 보낸 사람도 수천 명이나 되었다.

이 해에 날이 가물었다. 천자의 出巡(출순)은 아무런 명분도 없었고, 萬里沙(만리사)에서[319] 기도를 올렸으며, 태산에 들려 제사를 지냈다. 돌아오면서 (河水의) 瓠子(호자)에[320] 들려 터진 제방 막는 공사현장에서 이틀을 머물며, 祭物을 가라앉혀 지내는 제사를 지내고 떠나왔다.[321]

---

는데 정원이 없고 많을 때는 수십 명이나 되었다. 太中大夫는 질록 比1천석. 諫大夫는 武帝 元狩 5년에 처음 설치(질록 比8백석), 太初 원년에 郎中令을 光祿勳으로 개칭하면서 中大夫를 光祿大夫로 개명(질록 比2천석), 광록대부는 여러 대부 중 가장 존귀한 자리. 給事中, 侍中의 가관을 받아 영향력 극대했다. 後漢에서는 점차 閑職化했다.

319 萬里沙(만리사) - 지명. 今 山東省 煙台市 관할 掖縣(액현) 근처. 渤海 萊州灣의 동쪽에 위치.

320 瓠子(호자) - 황하의 제방 이름, 今 河南省 동쪽 끝 濮陽市(복양시)에 해당. 元光 3년(前 132)에 무너진 제방을 이때(元封 2年, 前 109) 다시 막았다. 여기서 무제는 〈瓠子之歌〉를 지었다. 그 가사는 〈漢書 溝洫志(구혁지)〉에 수록되었다.

321 원문 湛祠而去 - 湛은 빠질 잠, 맑을 잠. 잠길 침. 물속에 물건을 던질 침. 즐길 담.

# 卷二十五 郊祀志 第五 下
〔25권 교사지 제5 하〕

## 七. 武帝의 巡行과 祭神

原文

是時旣滅兩粵, 粵人勇之乃言, "粵人俗鬼, 而其祠皆見鬼, 數有效. 昔東甌王敬鬼, 壽百六十歲. 後世怠嫚, 故衰耗."

乃命粵巫立粵祝祠, 安臺無壇, 亦祠天神帝百鬼, 而以雞卜. 上信之, 粵祠雞卜自此始用.

〖국역〗

이때에 兩粵(양월)은[322] 이미 멸망했었는데, 粵人(월인) 勇之(용지)

322 兩粵 – 粵은 말 내킬 월, 땅이름 월, 부족 이름 월. 越과 通. 兩粵(越)은 東粵(閩粵)과 南粵. 南越은 부족 이름에서 국가 이름, 또 그들의 거주지를 지칭. 越人들의 분포는 五嶺 이남, 今 福建省, 廣東省, 廣西省, 북부 越南에 널리 분포. 廣東省과 廣西省을 보통 兩越(粵, 東越 + 南越)이라

란 사람이 (황제에게) 말했다.

"粵人은 귀신을 신봉하여 그들 사당에서는 어디든 귀신을 볼 수 있고 효험도 있습니다. 옛날 東甌王(동구왕)은[323] 귀신을 믿어 160세까지 장수를 누렸습니다. 후세는 태만하였기에 점차 쇠락하였습니다."

이에 粵巫(월무)를 불러 사당을 짓고 祈祝(기축)하게 하였는데, 사당에는 壇(단)을 쌓지 않았고, 天帝神과 百鬼를 제사하며 닭뼈(鷄骨)로 점을 쳤다. 무제가 그런 俗信을 신뢰했기에 粵祠(월사)와 雞卜(계복)이 이때부터 (漢朝에) 알려졌다.

**原文**

公孫卿曰, "僊人可見, 上往常遽, 以故不見. 今陛下可爲館如緱氏城, 置脯棗, 神人宜可致. 且僊人好樓居." 於是上令長安則作飛廉,桂館, 甘泉則作益壽,延壽館, 使卿持節設具而候神人. 乃作通天臺, 置祠具其下, 將招來神僊之屬.

於是甘泉更置前殿, 始廣諸宮室. 夏, 有芝生甘泉殿房內

---

통칭한다. 福建省 지역은 閩(민)이다. 粵語는 廣東語이다. 《漢書》 95권, 〈西南夷兩粵朝鮮傳〉 참고.

323 東甌(동구)는 越王 勾踐(구천)의 후예인 東甌王의 封地이었던 땅. 今 浙江省(절강성) 남부 溫州市에서 台州 일대의 小國. 甌는 사발 구. 東甌國은 前 138年까지 존속했는데, 東越 또는 東海國으로 불렸다. 漢에 복속하자 漢은 이 지역에 廬江郡(여강군, 今 安徽 서부 舒城 일대)을 설치했다. 甌는 浙江省 溫州市의 古稱으로 통한다. 溫州商人은 동남아 華僑(화교)의 모체로 알려졌다.

中. 天子爲塞河, 興通天, 若有光云, 乃下詔赦天下.

〖국역〗

公孫卿(공손경)이 말했다.

"仙人을 우리가 만날 수 있습니다만 황상께서는 늘 서두르시기에 보질 못합니다. 이제 폐하께서 緱氏城에 지은 것 같은 館(관)을 짓고 肉脯(육포)와 棗(대추 조)를 상비한다면 신인을 불러올 수 있으며, 또 신선은 누각에 거처하기를 좋아합니다."

이에 무제는 長安에 바로 飛廉館(비렴관)과[324] 桂館(계관)을, 甘泉(감천)에는 益壽館(익수관)과 延壽館(연수관)을 짓게 하였으며,[325] 부절을 받은 卿을 시켜 여러 가구를 비치하고 神人을 기다리게 하였다. 이어 通天臺를 짓고[326] 거기에 제사 도구를 비치케 하여 신선 등을 초치하게 하였다.

이에 甘泉宮更에는 前殿을 다시 지었으니, 이로부터 여러 궁궐을 크게 넓혔다. 여름에, 甘泉宮 大殿 房 가운데서 영지가 자라났다.[327]

天子는 河水 제방 축조를 마쳤고 通天臺를 지을 때 큰 빛줄기가 있었다면서 바로 조서를 내려 천하 죄수를 사면하였다.

---

324 飛廉館의 飛廉(비렴)은 전설상의 神禽(神鳥)로 머리는 공작새, 몸은 사슴, 뿔이 있으며 표범 무늬에 긴 꼬리가 있다. 바람을 불러일으키는 神鳥.

325 이는 元封 二年(前 109)이었다. 館은 사람이 상주하지 않는 건물이다. 觀과 通. 누각, 망루, 道觀을 의미.

326 通天臺 – 높이가 30丈이라서 장안성이 보였다고 한다.

327 內中은 內庭 室中. 芝는 芝草.

原文

其明年, 伐朝鮮. 夏, 旱. 公孫卿曰, "黃帝時, 封則天旱, 乾封三年."

上乃下詔,「天旱, 意乾封乎? 其令天下尊祠靈星焉.」

明年, 上郊雍五時, 通回中道, 遂北出蕭關, 歷獨鹿, 鳴澤, 自西河歸, 幸河東祠后土.

明年冬, 上巡南郡, 至江陵而東. 登禮灊之天柱山, 號曰南嶽. 浮江, 自潯陽出樅陽, 過彭蠡, 禮其名山川. 北至琅邪, 並海上. 四月, 至奉高修封焉.

〖국역〗

그 다음 해, 朝鮮을 정벌했다.[328] 여름에 날이 가물었다(旱). 공손경이 말했다.

"黃帝 때에 封을 하자 크게 가뭄이 들었는데, 이는 封土를 3년간 건조한 것이라 하였습니다."

이에 무제가 조서를 내렸다.

「날이 가물지만, 이는 封土를 건조시킨다는 하늘 뜻이 아니겠는

---

328 원문 伐朝鮮 – 朝鮮王이 遼東郡 都尉를 공격하여 살해하였는데, 무제는 바로 천하의 사형수를 모아 조선을 공격케 하였다. 元封 3년(前 108)에, 衛滿의 손자 右渠王(우거왕)이 피살되며 도성이 함락되었다. 衛滿朝鮮(위만조선)은 前 194 – 108년 존속. 漢은 四郡(樂浪, 臨屯, 玄菟, 眞番郡)을 설치. 樂浪郡은, 치소는 朝鮮縣(今 平壤). 後漢 및 魏를 거쳐 서기 313년에야 소멸. 臨屯(임둔)은 前 108 – 82년 존속. 眞番郡도 臨屯郡과 같은 때 소멸, 玄菟(현도)는 고구려의 저항으로 제일 먼저 소멸했다.

가? 천하 모두가 靈星(영성)을[329] 받들어 제사하기 바란다.」

明年에 황제는 雍縣 五畤(오치)에서 교사를 지내고, 回中의 길을 거쳐오다가[330] 북으로 올라가 蕭關(소관)을[331] 지나, 獨鹿(독록)과 鳴澤(명택)을 거쳐[332] 西河에서[333] 귀경하면서, 河東郡[334] 后土祠에 행차하였다

明年 겨울, 황제는 南郡을[335] 순수하였다. 江陵(강릉)에서[336] 동쪽으로 나갔다. 灊縣(잠현)의 天柱山에 올라 교제를 지내고 (천주산을) 南嶽이라 했다. 長江을 따라 내려가(浮江), 潯陽(심양)에서 樅陽(종양)으로 나아갔고 彭蠡湖(팽려호)를[337] 지나는 동안 名山大川에 제사를 지냈다. 북쪽으로 나아가 琅邪郡(낭야군)에 들렀다가 해안을 따라 올라갔다. 4월에, 泰山의 奉高縣(봉고현)에서 제천의식을 거행했다(修封).

---

329 靈星은 星名. 天田星. 농사를 주관하는 별.

330 回中道 - 今 陝西省 隴縣에서 甘肅省 華亭에 이른 길.

331 蕭關(소관) - 관중 땅의 北 關門, 今 寧夏回族自治區 남부의 固原市 남쪽.

332 歷獨鹿鳴澤 - 歷은 지나다. 獨鹿은 산 이름, 鳴澤은 호수 이름.

333 西河 - 군명. 치소는 平定縣, 今 內蒙古 準格爾旗 西南.

334 河東 - 군명. 治所는 安邑縣, 今 山西省 남부 運城市 夏縣의 서북.

335 南郡 - 치소는 江陵縣, 今 湖北省 남부 荊州市 荊州區.

336 江陵 - 현명. 今 湖北省 荊州市 江陵縣. '朝辭白帝彩雲間, 千里江陵一日還. 兩岸猿聲啼不住, 輕舟已過萬重山.' 李白의 詩, 〈早發白帝城〉으로 유명한 강릉이다.

337 彭蠡湖(팽려호) - 鄱陽湖(파양호). 江西省 북부, 長江 남안의 담수호. 洞庭湖는 이미 축소되어 파양호보다 작아졌다.

原文

初, 天子封泰山, 泰山東北阯古時有明堂處, 處險不敞. 上欲治明堂奉高旁, 未曉其制度. 濟南人公玉帶上黃帝時明堂圖. 明堂中有一殿, 四面無壁, 以茅蓋. 通水, 水圜宮垣. 爲復道, 上有樓, 從西南入, 名曰崑崙, 天子從之入, 以拜祀上帝焉. 於是上令奉高作明堂汶上, 如帶圖.

及是歲修封, 則祠泰一,五帝於明堂上如郊禮. 畢, 燎堂下. 而上又上泰山, 自有秘祠其顚. 而泰山下祠五帝, 各如其方, 黃帝並赤帝所, 有司侍祠焉. 山上擧火, 下悉應之. 還幸甘泉, 郊泰畤. 春幸汾陰, 祠后土.

〖국역〗

전에, 天子가 泰山에서 封할 때, 泰山의 동북 대지(阯, 터 지)에, 옛 명당 터가 있었는데 험하고도 좁았다(處險不敞, 敞은 높고 평평할 창). 그래서 무제는 奉高縣(奉上縣)에 明堂을 지었지만, 옛 제도가 있는 줄을 알지 못했다.

濟南人 公玉帶(공옥대)가[338] 黃帝 시기의 明堂圖를 헌상하였다. 明堂에는 전각이 한 채이나 사방에 벽은 없었고 띠풀로 지붕을 덮었다. 흐르는 물이 명당 담장을 에워쌌다. 復道(복도)를 만들었고 위에는 누각이 있으며, 입구는 서남쪽인데 이름은 崑崙(곤륜)이고, 天子

338 濟南 - 郡國名. 치소는 東平陵縣, 今 山東省 濟南市 관할의 章丘市. 公玉帶(공옥대)는 인명, 公玉은 복성.

가 들어와 上帝에게 제사를 받들게 되었다. 이에 무제는 奉上縣(奉高)의 汶水(문수) 곁에 공옥대의 도면과 같이 명당을 짓게 했었다.

이 해에(元封 5년) 무제가 修封하였는데, 곧 泰一神과 五帝를 明堂에서 郊祭와 같은 의례로 제사하였다. 제사를 마친 뒤 명당 아래에서 횃불을 올렸다. 이어 무제는 다시 泰山에 올라 산꼭대기에서 비밀 제사를 올렸다. 그리고 태산을 내려와 각 방위별로 五帝를 제사했다. 黃帝는 赤帝의 제단에서 함께 모셨는데 有司가 제사를 돕게 하였다. 그리고 泰山 山上에서 擧火(거화)하자, 산 아래 여러 곳에서 횃불로 호응하였다. 환궁하면서 甘泉에 행차하여 泰畤(태치)에서 교제를 올렸다. 무제는 봄에 汾陰(분음)에 행차하여 后土神을 제사하였다.

原文

明年, 幸泰山, 以十一月甲子朔旦冬至日祀上帝於明堂, 後每修封. 其贊饗曰, "天增授皇帝泰元神策, 週而復始. 皇帝敬拜泰一."

東至海上, 考入海及方士求神者, 莫驗, 然益遣, 幾遇之. 乙酉, 柏梁災. 十二月甲午朔, 上親禪高里, 祠后土. 臨勃海, 將以望祀蓬萊之屬, 幾至殊庭焉.

〖국역〗

明年(太初 원년, 前 104)에 泰山에 행차하여, 11월 甲子日 초하루 冬至日에 明堂에서 上帝를 제사하였는데, 이후 매년 修封하였다.[339]

그 贊饗(찬향, 祝官의 글)에 말했다.

"天帝께서 皇帝에게 泰元과 神策을 增援하시니, 1년을 돌아 다시 시작합니다. 皇帝는 泰一神께 敬拜드립니다."

東으로 海上에 이르러, 入海할 자와 方士로 求神할 者를 면접했는데, 아무런 효험이 없어도 더 많은 사람을 보내면서 (仙人을) 만나기를 기대하였다.[340] 乙酉日에 柏梁臺(백량대)가 불탔다. 12월, 갑오일 초하루에 황제는 친히 高里山(고리산)에서[341] 禪(선)하고 后土神께 제사를 올렸다. 勃海(발해, 渤海)까지 가서(臨) 蓬萊山(봉래산) 등을 바라보며 제사하며, 특별한 庭園(仙境)에 갈 수 있기를 기원하였다.[342]

**原文**

上還, 以柏梁災故, 受計甘泉. 公孫卿曰, "黃帝就青靈臺, 十二日燒, 黃帝乃治明庭. 明庭, 甘泉也." 方士多言古帝王有都甘泉者. 其後天子又朝諸侯甘泉, 甘泉作諸侯邸. 勇之乃曰, "粵俗有火災, 復起屋, 必以大, 用勝服之." 於是作建章宮, 度爲千門萬戶. 前殿度高未央. 其東則鳳闕, 高二十餘丈. 其西則商中, 數十里虎圈. 其北治大池, 漸臺高二十

339 원문 後每修封 - 〈封禪書〉에는 每가 아닌 毋라는 주석이 있다. 毋는 無와 通.

340 원문 幾遇之 - 幾(기미 기, 거의)는 冀(바랄 기)와 通.

341 高里 - 山名. 山東省 중부 泰安市 서남에 위치.

342 원문 幾至殊庭焉 - 殊庭(수정)은 蓬萊山의 仙人庭.

餘丈, 名曰泰液, 池中有蓬萊,方丈,瀛州,壺梁, 像海中神山, 龜,魚之屬. 其南有玉堂璧門大鳥之屬. 立神明臺,井幹樓, 高五十丈, 輦道相屬焉.

夏, 漢改曆, 以正月爲歲首, 而色上黃, 官更印章以五字, 因爲太初元年. 是歲, 西伐大宛. 蝗大起. 丁夫人,雒陽虞初等以方祠詛匈奴,大宛焉.

〖국역〗

황제가 환궁했지만 柏梁臺(백량대) 화재 때문에 (郡國의) 보고를 감천궁에서 보고받았다.[343] 이에 公孫卿이 말했다.

"黃帝가 靑靈臺를 준공한 지 12일 만에 전소하자, 황제는 바로 明庭(명정)을 지었는데, 明庭은 甘泉宮입니다."

方士 여러 사람은 甘泉에 도읍한 古代의 帝王이 있었다고 말했다. 그 뒤에 천자는 다시 감천궁에서 제후들의 입조를 받았고 감천궁 주변에 제후의 사저를 짓기도 하였다. 이에 粤人(월인) 勇之(용지)가 말했다.

"粤人(越人)의 습속에 화재가 나면 집을 다시 짓는데, 반드시 전보다 크게 지어 화마를 극복합니다."

이에 建章宮을 짓는데,[344] 千門萬戶로 크게 설계하였다.[345] (건장

---

343 원문 受計甘泉 – 각 군국에서는 해당 지역의 戶口, 量田, 錢糧出入 등 치적을 해마다 보고하는데, 이런 計簿(계부)를 감천궁에서 보고받았다.

344 建章宮 – 未央宮 서쪽의 별궁. 큰 궁궐을 지으면 화재를 이길 수 있다는 참언에 따랐다.

궁의) 前殿은 未央宮보다 더 높았다. 그 동쪽의 鳳闕(봉궐)은 높이가 20여 丈(장)이었다. 그 서쪽은 商中(상중)인데[346] 수십 리에 걸쳐 호랑이 울타리를[347] 만들었다. 그 북쪽에는 큰 연못을 만들었고, (물에 닿은) 漸臺(점대)는 높이가 20여 장이며, 이름은 泰液池(태액지, 太掖池)로, 못에는 蓬萊, 方丈, 瀛州(영주), 壺梁(호량)의 四神山과 海中 神山, 龜(귀, 거북), 물고기 등을 본떠 만들었다. 그 남쪽에는 玉堂, 璧門(벽문), 大鳥 등의 형상을 만들었다. 그리고 神明臺, 井幹樓(정간루) 등을 지었는데, 높이가 50장이었고 輦道(연도, 輦은 수레 연)는 서로 이어졌다.

여름에, 漢은 역법을 개정하여 正月을 歲首로 하고, 색은 黃色을 숭상하며, 官의 印章은 5字로 하며, 太初 元年(前 104) 으로 정했다. 이 해에 서쪽으로 大宛(대원)을 정벌했다.[348] 蝗害(황해)가[349] 크게 일어났다. 丁夫人(정부인)과 雒陽(낙양)의 虞初(우초) 등이[350] 方術로 흉

345 원문 度爲千門萬戶 – 度은 헤아릴 탁. 여기서는 설계한다는 뜻. 千門萬戶는 많은 건물.

346 商中 – 商庭이라는 주석도 있다. 商은 金.

347 원문 數十里虎圈 – 虎圈(호권)은 호랑이 우리. 虎欄(호란)은 호랑이 울타리. 난간.

348 원문 西伐大宛 – 貳師將軍인 李廣利를 보내 天下의 죄인을 거느리고 출정하여 서쪽으로 大宛(대원)을 정벌했다. 大宛(대원)은 西域의 국명. 宛은 나라 이름 원. 굽을 완. 영어로는 Ferghana. 國都는 貴山城. 汗血馬(한혈마)와 포도 산지로 유명. 무제 때 복속, 宣帝 이후 서역도호부에 속했다. 今 중앙아시아의 키르키즈스탄(吉爾吉斯斯坦)에 해당.

349 蝗蟲(황충, 메뚜기 떼)의 재해.

350 丁夫人雒陽虞初 – 丁夫人은 성이 丁, 夫人이 이름. 虞初(우초)는 方士.

노와 대원국을 저주하는 제사를 지냈다.

原文

明年, 有司言雍五時無牢孰具, 芬芳不備. 乃令祠官進時犢牢具, 色食所勝, 而以木寓馬代駒云. 及諸名山川用駒者, 悉以木寓馬代. 獨行過親祠, 乃用駒, 它禮如故.

明年, 東巡海上, 考神僊之屬, 未有驗者. 方士有言, 黃帝時爲五城十二樓, 以候神人於執期, 名曰迎年. 上許作之如方, 名曰明年. 上親禮祠, 上犢黃焉.

〖국역〗

다음 해(太初 2년, 前 103)에, 有司가 雍縣(옹현)의 五時(오치)에는 祭物을 익히고 삶는 솥이나 香味 등이 없다고 상주하였다.[351] 이에 제사관에게 명하여 오치에 제물을 조리하는 기구와 필요한 색소와 식재료를 공급케 하였다.[352] 그리고 모든 名山大川의 제사에 올리는 망아지는 나무로 만든 偶馬(우마, 말 모형)로 망아지(駒)를 대신하게 하였다.[353] 다만 황제가 들려 친히 거행하는 제사에는 망아지를 제

351 원문 無牢孰具, 芬芳不備 - 牢는 가축우리 뇌. 孰은 熟. 익히다. 삶다. 具는 제물, 芬芳(분방)은 香味, 조미료.

352 원문 色食所勝 - 五行相勝의 원칙에 따른 제물의 색깔. 예를 들어, 赤帝에 대한 제사에는 火克金에 의거 백색의 제물을 바친다.

353 원문 以木寓馬代駒云 - 木寓는 木偶(목우), 나무로 만든 모형. 駒는 망아지 구.

물로 올리고, 다른 제사에도 적용케 하였다.

다음 해(太初 3년, 前 102)에, 황제는 동쪽으로 가서 동해 지역을 순행하며, 신선을 초치하러 보냈던 사람을 考試했지만 경험자가 없었다. 方士가 黃帝 시대에는 5城 12樓를 짓고 執期(집기)란 곳에서 신선을 기다렸고,[354] 이를 迎年(영년)이라 불렀다고 말했다. 무제는 그대로 짓게 명령했고 明年(명년)이라[355] 불렀다. 황제가 친림하는 제사에는 누런 송아지를 제물로 헌상했다.

**原文**

公玉帶曰, "黃帝時雖封泰山, 然風后,封鉅,岐伯令黃帝封東泰山, 禪凡山, 合符, 然後不死." 天子旣令設祠具, 至東泰山, 東泰山卑小, 不稱其聲, 乃令祠官禮之而不封焉. 其後令帶奉祠候神物. 復還泰山, 修五年之禮如前, 而加禪祠石閭. 石閭者, 在泰山下阯南方, 方士言僊人閭也, 故上親禪焉.

**〖국역〗**

(黃帝에게 明堂圖를 헌상했던) 公玉帶(공옥대)가 말했다.

"黃帝 시대에 비록 泰山에서 封禪했지만, 風后(풍후), 封鉅(봉거),

---

**354** 원문 以候神人於執期 - 黃帝는 곤륜산에 5개소의 金臺와 12座의 玉樓를 짓고 선인을 기다렸다. 執期(집기)는 지명.

**355** 明年(명년) - 延年益壽(長壽)를 분명히 한다는 의미. 黃帝의 迎年(영년)은 祈年(기년)의 의미.

岐伯(기백) 등의 신하는 黃帝에게 東泰山에서 封하고 凡山(범산)에서 禪을 하게 했는데, 이로써 符命(부명)과 合一하였기에 不死했습니다."

天子는 제사 용구를 준비하라 명령한 뒤에 東泰山에 도착하였지만, 東泰山이 낮고 작으며 그 名實이 不合한다 생각하여 제사관을 시켜 제사를 올리게 하고 封하지는 않았다. 그런 뒤에 공옥대를 시켜 제사를 올리며 신선의 출현을 기다리게 하였다. 황제는 다시 태산으로 돌아와 5년 전과 같이 封禮를 올렸고, 추가로 石閭(석려)에서도 禪禮를 지냈다. 석려는 泰山의 동남방 아래 기슭에 있는데, 方士들은 거기가 僊人(仙人)의 마을(閭)이었다고 말했기에 무제가 친히 禪禮을 행했다.

原文

其後五年, 夏至泰山修封, 還過祭恒山. 自封泰山後, 十三歲而周遍於五嶽,四瀆矣.

後五年, 復至泰山修封. 東幸琅邪, 禮日成山, 登之罘, 浮大海, 用事八神延年. 又祠神人於交門宮, 若有鄉坐拜者云.

〖국역〗

그 5년 뒤,[356] 여름에 황제는 泰山에서 修封하고 돌아오면서 恒山(항산)에 들려 제사를 지냈다. 태산에서 封한 이후 13년에, 황제는 5

356 其後五年 - 무제 天漢 3년(前 98).

嶽과 4瀆(독)에 모두 제사를 지냈다.

5년 뒤,[357] 다시 泰山에서 修封했다. 동쪽으로 琅邪郡(낭야군)에 행차하여 成山(성산)에서[358] 祭日한 뒤, 之罘山(지부산)에[359] 올랐고, 大海(渤海, 발해)에서 배를 탔고, 八神에게 수명 연장을 기도했다. 또 交門宮(교문궁)에서[360] 神人에게 제사를 지냈는데, 마치 신인이 마주 앉아 있는 것처럼 제사를 올렸다고 하였다.[361]

**原文**

後五年, 上復修封於泰山. 東遊東萊, 臨大海. 是歲, 雍縣無雲如雷者三, 或如虹氣蒼黃, 若飛鳥集木或陽宮南, 聲聞四百里. 隕石二, 黑如鷖, 有司有以爲美祥, 以薦宗廟. 而方士之候神入海求蓬萊者終無驗, 公孫卿猶以大人之跡爲解. 天子猶羈縻不絶, 幾遇其眞.

---

**357** 後五年 - 무제 太始 3년(前 94).

**358** 成山 - 盛山. 山東省 榮成市 成山鎭. 山東반도 最東端. 成山頭는 삼면이 바다이다. 中國 4A級 旅遊 景區. 中國 最美 八大 海岸의 하나. 始皇廟와 秦代 立石 등 유적이 있다.

**359** 之罘山(지부산) - 今 山東省 煙台市 之罘區, 之罘島. 罘는 그물 부.

**360** 交門宮(교문궁) - 낭야군 不其縣(불기현)에 신축한 별궁.

**361** 원문 若有鄕坐拜者云 - 鄕은 鄕也. 坐는 神位. 交門宮에서 무제는 〈交門之歌〉를 지었다. 이는 太始 4년(前 93)의 일이었다.

〖국역〗

그 5년 뒤, 황제는 다시 泰山에 登封하였다. 이어 동쪽으로 東萊郡을 둘러보며 해변까지 행차하였다. 이 해에,[362] 雍縣(옹현)에서는 구름도 없는데 천둥 같은 소리가 3번이나 들렸고, 푸른색과 황색의 무지개가 섰으며, 간혹 날아가던 새들이 나무나 陽宮의 남쪽에 모여들었는데, 그 지저귀는 소리가 4백 리 밖에서도 들렸다고 하였다. 隕石(운석)이 3개가 떨어졌는데 마치 검은 사마귀처럼 검었는데,[363] 有司는 이를 美祥(미상, 吉祥)이라 하여 宗廟에 바쳤다.

方士로 신선의 출현을 기다리거나 봉래산을 찾으려 바다에 나아간 자들은 끝내 아무런 징험도 없었으며, 公孫卿은 그래도 大人의 족적으로 解明하였다(핑계대었다). 천자는 여전히 고삐에 매인 듯 중단하지 않고,[364] 眞仙과 遭遇(조우)하기를 기대하였다.

原文

諸所興, 如薄忌泰一及三一,冥羊,馬行,赤星, 五牀. 寬舒之祠官以歲時致禮. 凡六祠, 皆大祝領之. 至如八神, 諸明年,凡山它名祠, 行過則祠, 去則已. 方士所興祠, 各自主, 其

362 征和 4년(前 89) - 征和(정화)는 무제의 10번째 연호. 前 92-89. 延和(연화)의 誤記로 보는 주석이 있다.

363 원문 黑如黳 - 黳는 검은 사마귀 예.

364 원문 天子猶羈縻不絶 - 羈는 굴레 기. 縻는 고삐 미. 굴레를 씌었고 고삐에 매었다면 완전히 통제 당한다는 뜻이다. 신선에 집착하는 무제의 처지가 그러했다는 뜻이다.

人終則已, 祠官不主. 它祠皆如故. 甘泉泰一,汾陰后土, 三年親郊祠, 而泰山五年一修封. 武帝凡五修封.

昭帝卽位, 富於春秋, 未嘗親巡祭云.

〖국역〗

새로 지은 여러 곳의 제사 터는, 薄忌(박기)의[365] 泰一神과 三一神, 冥羊(명양), 馬行(마행), 赤星(적성) 등 5개소가 있었다.[366] 寬舒(관서)의 제사관은 歲時에 맞춰 제사를 지냈다. 6개소의 사당은 모두 大祝官이 관할하였다. 八神이나 여러 明年, 凡山(범산) 등 다른 이름의 사당은 (천자가) 들리면 제사를 올리지만 떠나면 중단했다. 방사들이 지은 사당은 각자가 주관했는데, 그 방사가 죽으면 없어졌으며 제사관이 주관하지도 않았다. 다른 사당도 모두 이와 같았다. 甘泉의 泰一神, 汾陰(분음)의 后土神은 3년에 한 번씩 황제가 친히 郊祀를 지냈고, 泰山에서는 5년에 한 번씩 修封하였다. 무제는 모두 5차례 修封하였다.[367]

365 薄忌(박기) – 謬忌(유기)로 표기. 濟陰郡 亳縣(박현) 사람. 前漢의 方士.

366 冥羊(명양), 馬行(마행), 赤星(적성)은 신령의 이름. 五牀의 牀은 필요 없는 글자라는 주석이 있다.

367 무제의 말년은 초라했다. 征和 2년(前 91년)에 발생한 '巫蠱(무고)의 禍(화)' 는 형식상으로는 衛太子(위태자)가 군사를 동원하여 江充(강충, ?–前 91)을 제거하려고 했지만, 사건은 위태자가 군사를 일으켜 승상의 군사와 싸운 것이 되었고, 그 때문에 위태자는 반역자로 쫓기고 결국 자살한다. 이 무고의 화는 武帝의 無知가 초래한 가족의 비극이다. 後元 2年(前 87년, 2월), 무제는 皇子 弗陵(불능)을 皇太子로 책립하고 곧 五柞宮(오작궁)에서 붕어했다. 무제가 묻힌 茂陵(무릉)은 漢 제왕의 능묘 중 최

昭帝가 즉위하였고,[368] 나이가 젊어 친히 순수하며 제사를 지낸 적이 없었다.

대 규모이다. 무제의 雄才大略을 칭송하는 사람이 있지만, 신선의 존재를 확신하고 불로장생할 수 있다는 그의 믿음은 이기심과 무지일 뿐, 〈郊祀志〉 어디에서도 武帝의 현명한 지혜를 찾아볼 수 없다.

368 後元 2년(前 87), 2월에 무제가 병이 들자 곧 昭帝를 太子로 정했는데, 그 때 나이 8세였다. 侍中이며 奉車都尉인 霍光(곽광)을 大司馬, 大將軍에 임명하여 유조를 받아 어린 주군을 보필케 하였다. 그 다음 날 武帝는 붕어하였다.

# 八. 宣帝 이후의 祭神

原文

宣帝卽位, 由武帝正統興, 故立三年, 尊孝武廟爲世宗, 行所巡狩郡國皆立廟. 告祠世宗廟日, 有白鶴集後庭. 以立世宗廟告祠孝昭寢, 有雁五色集殿前. 西河築世宗廟, 神光興於殿旁, 有鳥如白鶴, 前赤後青. 神光又興於房中, 如燭狀. 廣川國世宗廟殿上有鐘音, 門戶大開, 夜有光, 殿上盡明. 上乃下詔赦天下.

〖국역〗

宣帝가 즉위했으니, 武帝의 正統으로 興起하여,[369] 즉위 3년에 孝武帝(謚號, 시호)를 世宗(廟號, 묘호)으로 존위하고,[370] 무제가 순행한 모든 郡國에 廟堂을 건립케 하였다. 선제가 世宗廟에 제사를 올

369 孝宣皇帝는 武帝의 증손이며, 戾太子(衛太子, 劉據)의 손자이다. 태자는 史良娣(사량제)를 맞이하여 史皇孫(劉進)을 낳았다. 황손은 王夫人을 맞이하여 宣帝(劉病已, 유병이)를 낳았는데, 皇曾孫이라고 하였다. 태어난 지 수개월에 巫蠱(무고)의 禍(화)가 일어나 太子와 良娣, 皇孫과 모친 王夫人이 모두 목숨을 잃었다.

370 謚號(시호)는 古代君主, 諸侯, 大臣, 后妃 등의 사후에 평생 업적이나 인품 등을 평가하여 붙이는 칭호. 시호는 때로는 별명처럼 통용되기도 한다. 諸葛武侯(諸葛亮), 韓文公(韓愈), 岳武穆(岳飛) 등이 그런 예이다. 시호에는 일정한 평가 기준이 있다. 廟號(묘호)는 제왕이 죽은 뒤에 종묘에서 제사를 받들며 추존한 칭호가 묘호이다.

리는 날, 白鶴이 後庭에 모여들었다. 世宗廟 제사를 마치고 孝昭帝의 陵寢(능침)에 告祀(고사)할 때, 5색의 기러기(雁)가 전각 앞에 모여들었다. 西河郡에서 世宗廟를 지을 때, 神光이 寢殿 곁에서 솟아올랐고, 백학과 같으나 앞쪽은 붉고 뒤는 청색의 새가 출현하였다. 神光 또한 침방을 비췄는데 촛불과 같았다. 廣川國의[371] 世宗廟 殿上에서 종소리가 들려 門戶를 大開했는데 밤에는 불꽃이 있어 殿上이 밝았다. 이에 황제는 조서를 내려 천하의 죄수를 사면하였다.

原文

時, 大將軍霍光輔政 上共己正南面, 非宗廟之祀不出. 十二年, 乃下詔曰,「蓋聞天子尊事天地, 修祀山川, 古今通禮也. 間者, 上帝之祠闕而不親十有餘年, 朕甚懼焉. 朕親飭躬齊戒, 親泰祀, 爲百姓蒙嘉氣,獲豐年焉.」

〖국역〗

이때 대장군 霍光(곽광)이[372] 輔政(보정)했는데, 황제는 자신을 바로하고 공손히 南面할 뿐[373] 종묘의 제사가 아니면 궁궐을 나서지

371 廣川國 – 治所는 信都縣, 今 河北省 남부 衡水市 관할의 冀州市. 관할 지역은 河北省 남부와 山東省 일부. 보통 信都國이라 칭했다.

372 霍光(곽광, ? – 前 68) – 麒麟閣(기린각) 11功臣 중 첫째. 명장 霍去病의 異母弟. 昭帝 上官皇后의 外祖父. 宣帝 霍皇后의 친부. 大司馬, 大將軍 역임. 封 博陸侯. 謚號 宣成. 武帝, 昭帝, 宣帝를 섬김. 사후에 아들(霍禹)의 모반에 의해 멸족. 霍은 빠를 곽.

373 원문 上共己正南面 – 共은 恭. 己는 선제 자신. 南面은 臨朝하다. 여기

않았다. 즉위 12년에,[374] 조서를 내렸다.

「짐이 알기로, 天子가 天地의 신명과 山川에 대한 제사를 지내는 것은 古今의 通禮이다. 間者에 上帝에 대한 제사를 지내지 않거나 親臨하지 않은 지가 10여 년이라서 朕(짐)은 심히 두렵도다. 짐은 몸소 齋戒(재계)하고 친림하여 제사를 받들어 백성이 嘉氣(가기)를 받고 풍년을 맞이하기를 빌 것이다.」

## 原文

明年正月, 上始幸甘泉, 郊見泰畤, 數有美祥. 修武帝故事, 盛車服, 敬齊祠之禮, 頗作詩歌.

其三月, 幸河東, 祠后土, 有神爵集, 改元爲神爵. 制詔太常,

「夫江海, 百川之大者也, 今闕焉無祠. 其令祠官以禮爲歲事, 以四時祠江海雒水, 祈爲天下豐年焉.」

自是五嶽,四瀆皆有常禮. 東嶽泰山於博, 中嶽泰室於嵩高, 南嶽灊山於灊, 西嶽華山於華陰, 北嶽常山於上曲陽, 河於臨晉, 江於江都, 淮於平氏, 濟於臨邑界中, 皆使者持節侍祠. 唯泰山與河歲五祠, 江水四, 餘皆一禱而三祠云.

---

서는 선제가 곽광에게 정사를 일임하고 무위의 治를 추구했다는 뜻. 子曰, "無爲而治者其舜也與? 夫何爲哉? 恭己正南面而已矣."《論語 衛靈公》참고.

374 宣帝 元康 4년(前 62)이었다. 이 해에 풍년이 들어 곡식 1石이 5전이었다는 기록이 있다.

〚국역〛

그 明年 正月에,[375] 선제는 처음으로 甘泉宮에 행차하여 泰畤(태치)에서 교제를 올렸는데 여러 가지 吉祥이 있었다. 선제는 武帝의 故事를 따라 車服을 성대히 하고, 공경히 재계하고 제례를 행했고 시가를 많이 지었다.[376]

그 해 3월에, 河東에 행차하여 后土神에 제사했는데 神爵(神雀)이 모여들었기에 神爵(신작)으로 개원하였다. 太常에게[377] 조서를 내려 명령했다.

「江과 海는 百川의 大者이나 이제까지 제사를 올리지 않았다. 제사관에 명하여 절기에 따라 제사토록 하되, 四時에 江과 海, 雒水(낙수)에 제사를 올려, 천하의 풍년을 기원케 하라.」

이로부터 五嶽과 四瀆(사독)에 대한 제사가 일정한 의례를 갖춰 거행케 하였다. 東嶽 泰山에 대한 제사는 博縣(박현)에서, 中嶽 泰室祠의 제사는 嵩山(숭산)에서, 南嶽 灊山(잠산)의 제사는 灊縣(잠현)에서, 西嶽인 華山은 華陰縣에서, 北嶽인 常山(恒山, 항산)은 上曲陽縣

375 神爵(신작) – 선제의 4번째 연호. 前 61 – 58년.

376 원문 頗作詩歌 – 頗는 자못 파. 매우 많이. 그때 詩歌로 〈饒歌十八歌〉가 있다.

377 太常(태상) – 泰常(태상). 宗廟祭禮 관장. 景帝 中元 6년 奉常(봉상)을 태상으로 개칭. 銀印靑綬. 질록 中二千石. 직속 속관인 太常丞은 질록 1천석. 太樂, 太祝, 太宰, 太史, 太卜, 太醫 등 6令, 均官長, 都水長의 속관. 교육을 담당하는 博士의 선발과 管理도 주요업무. 皇陵이 있는 陵縣은 모두 太常에 속했다. '太常의 妻가 되지 말라.' 는 속언과 함께 '태상은 1년 360일 중 359일에 제사가 있고, 제사 없는 하루는 술에 취해 떡이 된다(一日不齋醉似泥).' 라는 말도 있다.

에서,[378] 河水에 대한 제사는 臨晉縣(임진현)에서,[379] 長江은 江都縣,[380] 淮水(회수)는 平氏縣,[381] 濟水는 臨邑의 界中에서[382] 담당하되, 모든 제사에 使者가 부절을 가지고 감독케 하였다. 泰山과 河水만은 1년에 5차례, 江水는 4차례 제사를 지내되, 나머지는 모두 축도 한 번(一禱)에 제사 3번을 지내게 하였다.

**原文**

時, 南郡獲白虎, 獻其皮牙爪, 上爲立祠. 又以方士言, 爲隨侯,劍寶,玉寶璧,周康寶鼎立四祠於未央宮中. 又祠太室山於卽墨, 三戶山於下密, 祠天封苑火井於鴻門. 又立歲星,辰星,太白,熒惑,南斗祠於長安城旁. 又祠參山八神於曲城,蓬山石杜,石鼓於臨朐, 之罘山於腄, 成山於不夜, 萊山於黃. 成山祠日, 萊山祠月. 又祠四時於琅邪, 蚩尤於壽良. 京師近縣, 鄠則有勞谷,五床山,日月,五帝,仙人,玉女祠. 雲陽有徑路神祠, 祭休屠王也. 又立五龍山僊人祠及黃帝,天神,帝原水凡四祠於膚施.

或言益州有金馬,碧雞之神, 可醮祭而致, 於是譴諫大夫

378 上曲陽 – 縣名. 今 河北省 서부, 太行山 동록, 保定市 관할 曲陽縣.

379 臨晉(임진) – 左馮翊의 臨晉縣, 今 山西省 서남부 運城市 관할 臨猗縣.

380 江都 – 郡國名. 廣陵郡, 치소는 江都縣, 今 江蘇省 중서부 淮安市.

381 平氏縣 – 今 河南省 서남부 南陽市 관할 唐河縣.

382 臨邑 – 今 山東省 북부 德州市 관할 臨邑縣.

王褒使持節而求之.

〖국역〗

그때 南郡에서[383] 白虎를 포획하고 그 가죽과 이빨, 발톱 등을 헌상하자, 선제는 사당을 세우게 했다. 또 方士의 進言에 따라 隨侯(수후), 劍寶(검보), 玉寶璧(옥보벽),[384] 周 康王 寶鼎(보정)을 위한 사당을 未央宮(미앙궁) 안에 세웠다. 그리고 卽墨(즉묵)에서 太室山을[385] 三戶山은 下密(하밀)에서[386] 제사하게 하였고, 天封苑 火井은 鴻門(홍문)에서[387] 제사하게 하였다. 또 歲星, 辰星, 太白, 熒惑(형혹), 南斗祠를 長安城 밖에 세우게 하였다. 그리고 參山과 八神의 사당을 曲城(곡성)에, 蓬山石杜와 石鼓(석고)의 사당을 臨朐縣(임구현, 山東省)에, 之罘山(지부산) 사당을 腄縣(錘縣, 추현)에 成山祠를 不夜縣(불야현)에,[388] 萊山祠를 黃縣(황현)에 세웠다. 成山祠에서는 日神을, 萊山祠(내산사)에

383 南郡 – 치소는 江陵縣, 今 湖北省 남부 荊州市 荊州區.

384 隨侯(수후)는 隨侯珠(수후주), 보석 이름. 劍寶(검보)는 고조의 斬蛇劍(참사검), 玉寶璧(옥보벽)은 和氏璧(화씨벽), 이상 삼보는 漢 天子가 대대로 전승한 보물이었다.

385 太室山은 天寶山이어야 한다는 주석이 있다. 卽墨(즉묵)은, 今 山東省 青島市 관할 平度市.

386 下密(하밀)은 – 今 山東省 濰坊市 관할 昌邑市.

387 鴻門(홍문) – 火井은 땅속에서 불이 나오는 곳이라 하였다. 여기 鴻門(홍문)은 項羽와 劉邦의 회담 장소(今 陝西省 西安市 臨潼區 新豐鎭 鴻門堡村)가 아니고 西河郡 鴻門縣으로 陝西省 북부 榆林市 일대.

388 不夜(불야)는 현명. 今 山東省 山東반도 동쪽 끝 榮成市. 우리나라와 가장 가까운 행정구역.

서는 月神을 제사했다. 또 四時神을 琅邪(낭야)에서, 蚩尤(치우)를 壽良(수량)에서 제사토록 하였다.

京師에서 가까운 縣인, 鄠縣(호현)에서는[389] 勞谷(노곡), 五床山, 日과 月, 五帝, 仙人, 玉女祠가 있었다. 雲陽縣(운양현)에는 徑路神祠(경로신사)가 있어, (흉노) 休屠王(휴저왕)을[390] 제사했다. 또 五龍山의 僊人祠 및 黃帝, 天神, 帝原水 등 4개의 사당이 膚施縣(부시현)에[391] 있었다.

어떤 자가 益州에 金馬와 碧雞(벽계)의 神이 있는데, 醮祭(초제)를 지내 불러올 수 있다고 하여, 나라에서는 諫大夫 王褒(왕포)에게[392] 부절을 주어 찾아보게 하였다.

---

389 鄠縣(호현) - 今 陝西省 西安市 서남부 鄠邑區.

390 徑路神(경로신)은 본래 흉노인의 神. 休屠王(휴저왕)은 흉노왕의 호칭. 선우 아래 부족장급의 왕이다. 屠는 죽일 도. 흉노왕 이름 저. 酒泉郡 치소는, 福祿縣(今 甘肅省 酒泉市 肅州區)이다. 주천군은 원래 匈奴 休屠王(휴저왕)과 渾邪王(혼야왕)의 통치지역에 속했으나 武帝 元狩 2년에 곽거병의 漢軍이 이곳을 차지하고 郡을 설치하였다. 河西 四郡 중 가장 일찍 설치한 郡이다.

391 膚施縣(부시현) - 上郡의 치소, 今 陝西省 최북단 榆林市 동남.

392 王褒(왕포, 생졸년 미상) - 宣帝 때 문장가로 유명. 字는 子淵, 蜀은 資中(今 四川 資陽). 漢代辭賦家로《漢書 藝文志》에 16편이 기록되었다. 왕포는 宣帝의 명을 받아 益州의 金馬와 碧雞(벽계)에 제사하러 가는 도중에 병사하였다. 64권, 〈嚴朱吾丘主父徐嚴終王賈傳〉(下) 입전. 大夫는 정사에 대한 의론을 담당하는데(太中大父, 中大父, 諫大夫 등), 정원이 없고 많을 때는 수십 명이나 되었다. 太中大夫는 질록 比1천석. 諫大夫는 武帝 元狩 5년에 처음 설치(질록 比8백석).

原文

大夫劉更生獻淮南枕中洪寶,苑秘之方, 令尙方鑄作. 事不驗, 更生坐論. 京兆尹張敞上疏諫曰,「願明主時忘車馬之好, 斥遠方士之虛語, 游心帝王之術, 太平庶幾可興也.」後尙方待詔皆罷.

〖국역〗

大夫인 劉更生(유경생, 劉向)이[393] 淮南에《枕中洪寶苑秘之方》을 헌상하여 尙方에서 시험케 하였다. 아무 효험이 없어 유경생은 유죄 판결을 받았다.[394] 이때 京兆尹인 張敞(장창)이[395] 上疏로 諫(간)하였다.

「바라옵건대, 明主께서는 좋은 車馬를 타고 싶다는 생각을 때로

393 劉向(유향, 前 77 – 前 6) – 原名은 更生(경생). 成帝 때 向으로 改名. 저서로는《別錄》,《新序》,《說苑》,《列女傳》이 있고《戰國策》,《楚辭》를 편찬. 유향의 아들이 經學家 劉歆(유흠). 36권,〈楚元王傳〉에 입전.

394 淮南에《枕中鴻寶苑秘書》란 책이 있었다. 그 책에서는 신선이 鬼物(귀물)을 사용하여 황금을 만드는 방법과 鄒衍(추연)의〈重道延命方〉과 같이 세상 사람들이 보지 못한 내용이 있었으며, 경생의 부친 劉德이 무제 때 淮南王의 獄案을 처리하면서 그 책을 얻었었다. 경생은 어려서 그 책을 읽고 외우며 기이하다 생각하였는데, 그 책을 조정에 바치며 황금을 만들 수 있다고 하였다. 선제는 尙方에서 주관하여 주조하라고 하였는데 비용만 많이 들고 그 처방의 효과가 없었다. 선제는 경생을 옥리에 넘겼고 옥리는 경생이 가짜 황금을 만들었고, 이는 사형에 해당한다고 보고하였다. 나중에 선제는 유경생을 사면하였다.

395 張敞(장창) – 아내를 위해 아내의 눈썹을 그려준 애처가. 76권,〈趙尹韓張兩王傳〉에 입전.

는 잊어야 하고, 方士들의 虛語(허어)를 멀리 배척하며, 帝王의 治道에만 마음을 쓰신다면 태평성대를 거의 이룰 수 있습니다.」

뒷날 尙方 待詔는[396] 모두 없애 버렸다.

### 原文

是時, 美陽得鼎, 獻之. 下有司議, 多以爲宜薦見宗廟, 如元鼎時故事. 張敞好古文字, 桉鼎銘勒而上議曰,

「臣聞周祖始乎后稷, 后稷封於斄, 公劉發跡於豳, 大王建國於岐,梁, 文,武興於酆,鎬. 由此言之, 則岐,梁,酆,鎬之間周舊居也, 固宜有宗廟,壇場祭祀之臧. 今鼎出於岐東, 中有刻書曰, 王命尸臣 '官此栒邑, 賜爾旂鸞,黼黻,琱戈.' 尸臣拜手稽首曰, '敢對揚天子丕顯休命.' 臣愚不足以跡古文, 竊以傳記言之, 此鼎殆周之所以褒賜大臣, 大臣子孫刻銘其先功, 臧之於宮廟也. 昔寶鼎之出於汾脽也, 河東太守以聞, 詔曰, '朕巡祭后土, 祈爲百姓蒙豐年, 今穀嗛未報, 鼎焉爲出哉?' 博問耆老, 意舊藏與? 誠欲考得事實也. 有司驗脽上

396 待詔 – 대조는 徵士(징사)의 한 종류이며 漢代의 특수 관직명. 詔는 황제의 명령을 기록한 문서. 명망이 있는 人才를 중용하기 전에 우선 待詔(조서는 기다린다는 뜻)라는 직명을 부여한다. 황제의 부름을 받아 대기하다가 조서를 받고 그에 따른 임무를 수행 또는 자문에 응하는 관직. 待詔의 종류로 待詔金馬, 待詔殿中, 待詔保宮, 待詔公車, 待詔黃門, 待詔丞相府 등이 있다. 특수한 분야의 전문가인 경우 예를 들어 太史, 治曆, 音律, 本草의 경우는 ○○待詔라고 불렀다.

非舊臧處, 鼎大八尺一寸, 高三尺六寸, 殊異於衆鼎. 今此鼎細小, 又有款識, 不宜薦見於宗廟.」

制曰,「京兆尹議是.」

〖국역〗

이 무렵, 美陽縣에서[397] 鼎(정)을 얻었다 하여 조정에 헌상했다. 이를 有司들이 논의케 했는데 많은 사람들이 武帝 元鼎(원정) 연간(前 116－111)의 전례대로 종묘에 바쳐야 한다고 생각하였다. 張敞(장창)은 古文字를 잘 알아 鼎에 새겨진 銘文을 조사하여[398] 의견을 상신하였다.

「臣이 알기로, 周의 조상은 后稷(후직)에서 시작되었고, 후직은 斄(땅이름 태)에 봉해졌으며, 公劉(공유, 후직의 曾孫) 때 豳(빈)에서[399] 세력을 얻었고, 大王(태왕)은 岐山(기산)과 梁山에서 나라를 이루었으며 文王과 武王은 酆(豐, 풍)과 鎬京(호경)에서 흥기하였습니다. 이를 종합하면 岐, 梁, 酆, 鎬의 지역은 周의 舊居也이니 마땅히 宗廟나 제단 등 제사 유적이 있어야 합니다. 이번에 鼎이 岐山(기산)의 동쪽에서 발견되었고, 鼎에 새겨진 글자가 '王이 尸臣(시신)에게[400] 명하나니, 이 栒邑(순읍)을 관할하면서, 너에게 旌旂(정기), 鸞車(난거), 黼

397 美陽－현명. 今 陝西省 咸陽市 관할의 武功縣.

398 원문 桉鼎銘勒－桉은 按(누를 안)은 조사하다. 銘勒(명륵)은 새기다. 여기서는 銘文.

399 豳(빈)－古邑名. 今 陝西省 咸陽市 관할 旬邑縣.

400 尸臣(시신)－尸는 주검. 神位. 관직(主事之臣)이라는 주장과 人名이라는 주장이 있다.

黼(보불), 琱戈(조과)를 하사한다.' 고 하였으며, 尸臣은 손을 들어 배례하고 고개를 숙이며 '저는 반드시 진력하여 天子 聖明하신 美命을 준수하겠습니다.' 라고 하였습니다. 臣은 우매하여 고문에 따라가기에 부족하나 삼가 들은 바에 의거 말씀드리자면, 이(此) 鼎은 아마도 周王이 大臣에게 포상하였으며, 大臣의 子孫은 그 선조의 공적을 새겨서 그 宮廟(家廟)에 보관한 것입니다. 옛날(武帝 때) 寶鼎(보정)이 汾陰(분음)의 구릉(脽는 땅 수, 비탈)에서 출토되었고, 河東太守가 이를 보고하자, (무제는) 조서를 내려 '朕이 순시하며 后土에 제사하고, 百姓을 위해 풍년 들기를 빌었지만 금년 농사가 풍년인지 흉년인지 알 수 없는데 솥이 어찌 출토되었는가?' 라 하시였고[401] 耆老(기로)들에게 收藏(수장) 여부를 묻게 하였으니, 이는 정말로 사실을 밝히려 했던 뜻입니다. 有司들이 출토된 곳을 조사하니 본래의 수장처가 아니었으며, 鼎의 크기가 8尺1寸, 높이 3尺6寸으로 다른 鼎과 달랐습니다. 지금 이 鼎이 작고 또 (신하에게 내렸다는) 표지가 있기에,[402] 이를 종묘에 바치기는 부족합니다.」

이에 황제는 「京兆尹의 논의가 옳다.」고 하였다.

原文

上自幸河東之明年正月, 鳳凰集祋祤, 於所集處得玉寶,

401 원문 今穀嗛未報, 鼎焉爲出哉? – 今은 금년. 穀은 곡식. 嗛은 겸손할 겸. 모자라다. 흉년. 未報는 아직 판단되지 않았다. 焉은 어찌 언. 종결어미. 哉는 어조사 재.

402 원문 又有款識 – 款은 정성 관, 새길 관(刻也). 識은 기록(記也).

起步壽宮, 乃下詔赦天下. 後間歲, 鳳凰,神爵,甘露降集京師, 赦天下. 其冬, 鳳凰集上林, 乃作鳳凰殿, 以答嘉瑞.

明年正月復幸甘泉, 郊泰畤, 改元曰五鳳. 明年, 幸雍祠五畤. 其明年春, 幸河東, 祠后土, 赦天下.

後間歲, 改元爲甘露. 正月, 上幸甘泉, 郊泰畤. 其夏, 黃龍見新豐. 建章,未央,長樂宮鐘虡銅人皆生毛, 長一寸所, 時以爲美祥.

後間歲正月, 上郊泰畤, 因朝單于於甘泉宮. 後間歲, 改元爲黃龍. 正月, 復幸甘泉, 郊泰畤, 又朝單于於甘泉宮.

至冬而崩. 鳳凰下郡國凡五十餘所.

〖국역〗

宣帝가 河東郡에 행차한 다음 해 正月, 鳳凰(봉황)이 祋祤縣(대우현)에 모여들었고, 그 모인 곳에서 寶玉을 얻었기에, 거기에 步壽宮을 짓고, 이어 조서로 천하 죄수를 사면하였다. 그 다음 다음 해,[403] 鳳凰, 神爵(신작), 甘露(감로) 등의 祥瑞(상서)가 京師 일대에 집중하자 천하 죄수를 사면하였다. 그해 겨울 봉황이 상림원에 모여들었기에, 곧 鳳凰殿을 지어 아름다운 상서에 화답하였다.

다음 해 正月, 다시 甘泉에 행차하여 泰畤(태치)에서 교제를 지냈고 改元하여 五鳳(오봉)이라 했다.[404] 그 다음 해, 雍縣에 행차하여

403 원문 後間歲 – 間歲는 隔一年. 다음 다음 해.

404 改元五鳳 – 五鳳은 前 57 – 54년.

五畤(오치)에서 교사를 지냈다. 그 다음 해 봄, 河東에 행차하여 后土에 제사하고 천하 죄수를 사면하였다.

그 다음 다음 해, 甘露로 改元하였다.[405] 正月에, 선제는 甘泉宮에 행차하여 泰畤(태치)에서 교제를 올렸다. 그 여름, 黃龍이 新豐에[406] 출현하였다. 建章宮, 未央宮, 長樂宮의[407] 종을 매다는 틀과 구리로 만든 사람에 길이가 1寸 정도의 털이 났는데, 그때에 모두가 이를 좋은 징조라고 생각하였다.[408]

그 다음 다음 해 正月, 선제는 泰畤에서 교제를 지내고, 甘泉宮에서 흉노 선우의 入朝를 받았다.[409] 그 2년 뒤 黃龍으로 개원하였다

---

405 改元甘露 – 甘露은 前 53 – 50년.

406 新豐 – 현명. 今 陝西省 西安市 臨潼區 동북.

407 未央宮 – 황제의 정궁. 蕭何(소하)가 건축한 궁궐. 未央(미앙)은 '끝나지(盡) 않는다.' 는 뜻. 장안성의 서남쪽에 위치 황제의 거처이며 정무 처리 공간. 최근 발굴 성과에 의하면, 미앙궁의 규모는 동서 2,300m, 남북 약 2,000m이었다. 미앙궁의 동쪽에 長樂宮이 있고, 그 중간에 武庫가 있었다. 장락궁은 惠帝 이후 황태후의 거처로 사용했다. 장락궁의 사방 둘레가 10km에 달했다. 武庫는 무기제조와 보관의 장소인데, 동서 약 900m, 남북 약 300m로 7개의 건물이 있었다. 그 밖에 장안성에는 武帝 때 지은 建長宮 등 많은 별궁이 있었다.

408 원문 鐘虡銅人皆生毛, 長一寸所 – 虡는 쇠 북(鐘)을 매다는 틀 거, 하늘에 있다는 상상의 짐승 거. 長一寸所의 所는 ~ 정도, ~ 쯤(許).

409 甘露 3년(前 51년) – 흉노 呼韓邪單于(호한야선우) 稽侯狦(계후산)이 입조했는데, 알현하는 명판에는 藩臣(번신)을 칭했으나 이름을 써서 올리지는 않았다. 선우에게 璽綬(새수), 冠帶, 衣裳, 安車, 駟馬(사마), 黃金, 錦繡(수놓은 비단), 繒絮(증서, 비단 솜)를 하사하였다. 흉노 左右 當戶의 무리가 모두 줄지어 선제의 행차를 참관하였고 蠻夷의 君長과 王侯로 영접 나온 자 수만 명이 길 양옆에 늘어섰다. 선제가 渭橋(위교)에 올라서자

(前 49년). 정월에 다시 감천궁에 행차하였고, 태치에서 교제를 지냈으며, 또 감천궁에서 흉노 선우의 入朝를 받았다.

그 겨울에, 선제가 붕어했다.[410] 봉황이 50여 郡國에 날아왔다.

原文

元帝卽位, 遵舊儀, 間歲正月, 一幸甘泉郊泰時, 又東至河東祠后土, 西至雍祠五時. 凡五奉泰時,后土之祠. 亦施恩澤, 時所過毋出田租, 賜百戶牛酒, 或賜爵, 赦罪人.

元帝好儒, 貢禹,韋玄成,匡衡等相繼爲公卿. 禹建言漢家宗廟祭祀多不應古禮, 上是其言. 後韋玄成爲丞相, 議罷郡國廟, 自太上皇,孝惠諸園寢廟皆罷. 後元帝寢疾, 夢神靈譴罷諸廟祠, 上遂復焉. 後或罷或復, 至哀,平不定. 語在〈韋玄成傳〉.

---

모두 만세를 불렀다. 선우는 (장안 성안) 관저에서도 묵었다. 선제는 建章宮에 술자리를 마련하여 선우를 접대하고 漢의 珍寶를 참관케 하였다.

410 班固의 論贊 : 孝宣帝의 治國은 信賞必罰(신상필벌)이며, 名分과 實質을 종합적으로 고찰하여 政事나 文學과 法理의 인재를 막론하고 모두가 그 직무에 정통하였으며 기술자(工匠)나 산업분야에서도 元帝나 成帝 때 사람이 따라갈 수 없을 정도였으니 모든 관리가 그 직무를 성실히 수행했고 백성은 생업에 안주했음을 알 수 있다. 匈奴의 분란을 만나 무도한 자를 없애고 大道를 따르는 자를 지켜주어서 漢의 신의와 위엄을 북방에 떨쳤으며, 선우는 仁義를 흠모하여 고개를 숙이며 藩臣(번신)을 자청하였다. 탁월한 공적으로 祖宗의 공덕을 더욱 빛나게 했으며 대업을 마련하여 후사에게 물려주었으니 가히 중흥을 이루었으며 그 은덕은 殷의 高宗, 西周의 宣王과 나란하다고 말할 수 있다.

【국역】

元帝가 卽位하고 옛 의례를 따랐는데, 다음 다음 해 정월에 감천궁에 행차하여 泰畤(태치)에서 교제를 지내고, 다시 동쪽 河東郡의 后土神에게 제사하였으며, 서쪽 雍縣의 五畤에서도[411] 교제를 올렸다. 元帝는 泰畤와 后土祠에 모두 5번 교제를 지냈다. 또 백성에게 恩澤(은택)을 베풀어 행차가 지나는 현의 田租를 면제하였고, 민호 1백 호 단위로 소고기와 술을 하였으며, 때로는 백성에게 작위를 하사하거나 죄인을 사면하였다.

元帝는 유학을 좋아하였고, 貢禹(공우), 韋玄成(위현성), 匡衡(광형) 등이 연이어 公卿이 되었다.[412] 공우는 漢家의 宗廟와 여러 제사가 古禮에 맞지 않는 것이 많다고 건의했는데, 이를 원제도 인정하였다. 그 뒤에 韋玄成(위현성)이 丞相이 되자, 郡國의 祠廟(사묘)의 혁파를 논의하였는데, 太上皇(高祖의 父親)과 孝惠帝 이하 여러 陵園(능원)의 寢廟(침묘)를 모두 혁파하였다. 뒷날 元帝가 병석에 눕자(寢疾,

411 雍縣의 五畤. 雍(옹)은 右扶風 소속의 縣名. 五畤(오치)는 五方의 五帝에게 제사를 올리는 제단.

412 貢禹,韋玄成,匡衡 - 貢禹(공우, 前 124 - 44)는 72권, 〈王貢兩龔鮑傳〉에 입전. 〈奏宜仿古自節〉을 상주하여 절약을 강조하였다. 韋玄成(위현성, ? - 前 36)은 재상 韋玄(위현)의 아들. 父子가 승상 역임. 明經으로 천거되어 승상에 이르렀다. 그래서 魯郡 鄒縣의 속언에 '遺子黃金滿籯, 不如一經(자식에게 많은 황금을 물려주는 것이 경전 한 권을 가르치는 것만 못하다.)' 라고 했다. 73권, 〈韋賢傳〉에 입전. 匡衡(광형)은 經學者, 元帝 때(前 36 - 30년) 승상으로 재임. 幼時에 家貧하여 이웃집 벽을 뚫고 그 빛으로 공부했다는 鑿壁偸光(착벽투광) 고사의 주인공. 81권, 〈匡張孔馬傳〉에 입전.

침질), 꿈에 神靈이 여러 廟祠(묘사)를 없앴다고 비난하자, 원제는 다시 복원케 하였다. 이후 혹 없애거나 복원하였는데, 哀帝와 平帝 때까지 확정되지 못했다. 이는 〈韋玄成傳〉에 기록했다.

**原文**

成帝初卽位, 丞相衡,御史大夫譚奏言,

「帝王之事莫大乎承天之序, 承天之序莫重於郊祀, 故聖王盡心極慮以建其制. 祭天於南郊, 就陽之義也. 瘞地於北郊, 卽陰之象也. 天之於天子也, 因其所都而各饗焉. 往者, 孝武皇帝居甘泉宮, 卽於雲陽立泰畤, 祭於宮南. 今行常幸長安, 郊見皇天, 反北之泰陰, 祠后土, 反東之少陽, 事與古制殊. 又至雲陽, 行谿谷中, 阸陜且百里, 汾陰則渡大川, 有風波舟楫之危, 皆非聖主所宜數乘, 郡縣治道共張, 吏民困苦, 百官煩費. 勞所保之民, 行危險之地, 難以奉神靈而祈福祐, 殆未合於承天子民之意. 昔者周文,武郊於豐,鎬, 成王郊於雒邑. 由此觀之, 天隨王者所居而饗之, 可見也. 甘泉泰畤,河東后土之祠宜可徙置長安, 合於古帝王. 願與群臣議定.」

奏可.

〖국역〗

成帝가[413] 막 즉위한 뒤, 丞相인 匡衡(광형)과 御史大夫인 張譚(장

담)이[414] 상주하였다.

「帝王의 事業으로 하늘이 정해준 位序의 계승보다 더 중요한 것이 없고, 天序의 계승은 하늘에 대한 郊祀가 가장 중대하기에 聖王은 盡心(진심) 極慮(극려)하여 그런 禮制를 확립하였습니다. 南郊에서 祭天하는 뜻은 陽道에 나아가려는 뜻입니다. 北郊에서 땅에 제사하는 의례는[415] 陰道에 응하려는 형상입니다. 天帝는 天子가 건립한 도성에서 올리는 여러 제사를 歆饗(흠향)하십니다. 과거에(往者) 孝武皇帝는 甘泉宮에 머물면서 雲陽에 건립한 泰畤(태치)에 나아가 남쪽으로 제사를 올렸습니다. 지금은 늘 장안성 남쪽에 행차하시어 皇天에 교제를 올리고, 북쪽 泰陰으로 돌아가 后土神을 하고 동쪽의 少陽으로 돌아가시니, 이는 古制와 다릅니다. 또 雲陽에 가려면 谿谷(계곡)의 좁은 길 1백 리를[416] 지나야 하고, 汾陰(분음)에 가려는 大川(河水)를 건너야 하는데, 風波와 배를 저어가는 위험이[417] 있어, (육로와 水路) 짬뽕 聖主께서 자주 탈 수 있는 것이 아니며, 郡縣에서도 도로를 정비하는데,[418] 관리와 백성이 고생하고 수행 관원의

413 孝成皇帝 - 名은 驁(오). 재위 前 32 - 前 7년. 諡法에 '安民立政曰 成.' 母親은 元帝의 王皇后, 名은 王政君. 98권, 〈元后傳〉에 단독 입전. 여기에서 王氏 일족의 융성을 詳述했다.

414 御史大夫譚 - 御史大夫인 張譚(장담, 字 仲叔). 漢代 어사대부는 승상 바로 아래 지위로 副相이라 할 수 있고, 거의 승상과 같은 대우를 받았다.

415 원문 瘞地於北郊 - 瘞는 묻을 예. 제사하다.

416 원문 阸陜且百里 - 阸은 막힐 액. 陜은 좁을 협. 狹(좁을 협)과 同. 且는 또 차. 發語辭.

417 원문 舟楫之危 - 舟는 배 주. 楫은 노 즙. 노를 젓다.

418 원문 治道共張 - 治道는 도로를 정비하다. 共張은 제공하다. 共은 供(이

비용도 매우 많습니다. 백성을 힘들게 하고 위험한 곳에 행차하기로는, 신령을 받들어 복을 비는 (祈福祐) 일을 어렵게 하고 하늘의 뜻을 받아 백성을 지키려는 뜻에도 거의 맞지 않습니다.[419] 옛날에 周文王과 武王은 豐邑과 鎬京(호경)에서 교제를 지냈고, 成王은 雒邑(낙읍)에서 교제를 올렸습니다. 이를 본다면, 하늘은 王者의 거주지에서 제사를 흠향했음을 알 수 있습니다. 甘泉의 泰畤와 河東의 后土祠는 응당 長安으로 옮기는 것이 古帝王의 법도에 맞습니다. 이를 여러 신하들과 함께 논의하여 결정하고자 합니다.」

上奏는 수락되었다.

原文

大司馬車騎將軍許嘉等八人以爲, 所以從來久遠, 宜如故. 右將軍王商,博士師丹,議郎翟方進等五十人以爲,《禮記》曰「燔柴於太壇, 祭天也, 瘞薶於大折, 祭地也.」兆於南郊, 所以定天位也. 祭地於大折, 在北郊, 就陰位也. 郊外各在聖王所都之南,北.《書》曰,「越三日丁巳, 用牲於郊, 牛二.」周公加牲, 告徙新邑, 定郊禮於雒. 明王聖主, 事天明, 事地察. 天地明察, 神明章矣. 天地以王者爲主, 故聖王制祭天地之禮必於國郊. 長安, 聖主之居, 皇天所觀視也. 甘

---

바지할 공). 張은 張設.

419 원문 殆未合於承天子民之意 - 殆는 위태로울 태. 거의. 承天子民의 子는 기를 자. 人君이 百姓을 愛養하다.

泉,河東之祠非神靈所饗, 宜徙就正陽,大陰之處. 違俗復古, 循聖制, 定天位, 如禮便.

〖국역〗

大司馬인 車騎將軍 許嘉(허가)[420] 등 8인은 그렇게 제사한 지가 오래되었으니 예전처럼 제사해야 한다고 말했다.

右將軍인 王商(왕상),[421] 博士인 師丹(사단),[422] 議郞인 翟方進(적방진) 등[423] 50인은 다른 주장을 하였다. 곧,

《禮記》에는 「太壇(태단)에서 장작을 태워[424] 하늘에 제사하고, 大

---

420 許嘉(허가) - 成帝 許皇后의 부친. 宣帝의 許皇后의 생부(곧 元帝의 외조부인 許廣漢)의 아우인 許延壽(宣帝의 妻 작은아버지)의 아들. 元帝는 모친 恭哀許皇后가 황후로 일천했고, 곽씨의 해악을 당한 것을 가슴 아파하면서 許嘉의 딸을 골라 황태자(成帝)의 짝으로 삼았다.

421 元帝의 황후이며 成帝의 모친인 王皇后(名은 政君)는 王禁(왕금)의 둘째 딸이고, 王皇后의 同腹, 異腹의 형제 중 (곧 成帝의 외숙) 王譚(왕담), 王商(왕상), 王立(왕립), 王根(왕근), 王逢時(왕봉시)가 成帝 즉위 후 모두 제후에 봉해졌다. 나중에 漢을 쟁탈한 王莽(왕망)은 일찍 죽은 王曼(왕만)의 아들로, 王皇后(王政君)의 친정 조카이다.

422 師丹(사단, ? - 서기 3년. 字는 仲公) - 낭야군 東武縣 사람이다. 《詩經》을 전공했고 匡衡(광형)에게서 배웠다. 애제 때 왕망의 권한 박탈을 강력히 주장했다. 애제 때 개혁 시도는 외척의 반대로 실패했다. 86권, 〈何武王嘉師丹傳〉에 입전.

423 翟方進(적방진, ? - 前 7년, 翟은 꿩 적) - 成帝 때 승상 역임. 나중에 사약을 받고 자살. 적방진이 죽은 한 달여 뒤에 성제도 갑자기 죽었다. 왕망이 칭제하자, 적방진의 아들 翟義가 기병하여 왕망에 대항하였다. 84권, 〈翟方進傳〉에 입전.

424 원문 燔柴於太壇 - 燔은 구울 번. 사르다. 柴는 섶 시. 땔나무. 太壇(태단)

折(대절)에 희생을 묻어 땅에 제사한다.」고 하였다.[425] 제단을 南郊에 둔 것은 天位를 정한 것이다. 大折에서 祭地하되 北郊에서 실행하는 것은 陰位를 취한 것이다. 각각의 郊外는 聖王 도읍지의 남북에 있다. 《書經》에, 「3일을 지내고 丁巳日에 희생 소 2마리로 교제를 지낸다.」고[426] 하였다. 周公은 희생을 늘려 제사하고 새로 이사를 告天하는 교제를 雒邑(낙읍)에서 지냈다. 明王과 聖主는 그 事天이 확실하고 事地를 살펴 실행한다. 이렇게 하여 天地를 明察하고 神明을 더욱 밝게 드러낸다. 天地는 王者의 主이기에 聖王은 天地에 대한 禮制를 정하되, 반드시 국도의 교외에서 실행한다. 長安은 聖主의 거처이며 皇天이 내려다보는 곳이다. 甘泉(祭天)과 河東(祭地)의 제사는 신령이 흠향하지 않을 것이니, 응당 장소를 正陽과 大陰의 장소로 옮겨야 한다. 지금의 習俗과 다르더라도 옛 제도를 회복하고 聖王의 법제를 따르며 天位를 확정하며 합리적인 예를 따라야 한다.

原文

於是衡,譚奏議曰, "陛下聖德悤明, 上通承天之大典, 覽群下, 使務悉心盡慮, 議郊祀之處, 天下幸甚. 臣聞廣謀從

---

은 祭天하는 곳.

425 원문 瘞薶於大折 – 瘞는 묻을 예. 薶는 메울 매. 瘞薶(예매)는 犧牲(희생)을 땅에 묻어 제사하다. 제사 이름. 大折(대절)은 北郊의 제사터.

426 《書》「越三日丁巳, 用牲於郊, 牛二.」–《書經 周書 召誥》의 구절. 越三日한 丁巳日. 牲은 犧牲(희생).

衆, 則合於天心, 故〈洪範〉曰「三人占, 則從二人言.」, 言少從多之義也. 論當往古, 宜於萬民, 則依而從之. 違道寡與, 則廢而不行. 今議者五十八人, 其五十人言當徙之義, 皆著於經傳, 同於上世, 便於吏民. 八人不案經藝考古制, 而以爲不宜, 無法之議, 難以定吉凶. 〈太誓〉曰,「正稽古立功立事, 可以永年, 丕天之大律.」《詩》曰「毋曰高高在上, 陟降厥士, 日監在茲.」, 言天之日監王者之處也. 又曰「乃眷西顧, 此維予宅.」, 言天以文王之都爲居也. 宜於長安定南,北郊, 爲萬世基."

天子從之.

〖국역〗

이에 匡衡(광형)과 張譚(장담)은 논의를 상주하며 아뢰었다.

"陛下(폐하)께서는 聖德에 悤明(총명)하시기에,[427] 위로 承天의 大典에 능통하시고 모든 아랫것을 굽어 살피시며 각자 제 일을 다 하도록 심려하시어 교사의 장소를 논의케 하셨으니, 이는 참으로 다행한 일입니다. 臣은 널리 함께 의논하며 多衆의 의견을 따르는 것이 곧 天心에 合一하는 것이라 생각하였으니, 그래서 〈洪範〉에서도「三人한테 占을 친다면 二人의 말을 따른다.」한 것은,[428] 소수는 다

427 원문 陛下聖德悤明 – 悤明은 聰明(총명). 悤은 바쁠 총. 聰(귀 밝을 총)과 通.

428 원문 三人占, 則從二人言 –《書經 周書 洪範》중 皇極(萬民을 다스리는 법칙)에 대한 설명에 나오는 말.

수의 의논을 따르라는 말입니다. 논의에서 옛 법도를 논하더라도 萬民에게 적절한 것을 따라야 합니다. 정도에서 벗어나거나 소수가 찬동한다면[429] 폐지하여 실행할 수 없습니다. 이번에 58인이 논의하였는데 50인이 장소를 옮겨야 한다고 말했고, 이는 모두 經傳에도 있으며 上世의 제도와 합치하고, 또 관리나 백성 모두에게 편리하다 하였습니다. 8인은 경전이나 옛 제도를 고려하지 않았으니 적의하지 않고 법도에도 없는 주장이라 길흉을 결정할 수 없다는 의견이었습니다. 〈太誓〉에서도 「옛 일을 바르게 살펴 立功하고 立事하면 영원할 수 있고, 이것이 위대한 하늘의 大律이다.」라고[430] 하였습니다. 《詩經》에서도 「(하늘이) 높이 있다고 말하지 말라, (신령이) 使者를(士) 오르고 내려보내 날마다 우리를 보고 계시다.」라고 하였으니,[431] 이는 하늘이 날마다 王者의 거처를 감시한다는 뜻입니다. 또 「이에 서쪽을 살펴보시고, 여기에 머무르시네.」 하였으니,[432] 하늘은 周 文王의 都城을 居處로 생각한 것입니다. 그러하기에 長安의 남교와 北郊에서 교제를 지내는 것이 萬世의 기반이 될 것입니다."

---

429 원문 違道寡與 – 寡는 적을 과. 小數. 與는 함께하다. 찬동하다.

430 원문 〈太誓〉曰, 「正稽古立功立事, ~, 丕天之大律.」 – 〈太誓〉는 《서경 주서》의 편명. 稽古는 古制를 詳考하다. 丕天은 大天. 丕는 클 비. 으뜸. 받들다.

431 원문 《詩經》 「毋曰高高在上, 陟降厥士, 日監在茲」 – 《詩經 周頌 敬之》의 구절. 毋曰은 말하지 말라. 陟降(척강)은 (하늘의 신령이) 오르거나 내려오다. 厥士(궐사)는 그(其) 일, 士를 上帝의 使者로 풀이하였다. 在茲는 여기에서 하는 일. 제사.

432 乃眷西顧, 此維予宅 – 《詩經 大雅 皇矣》의 구절. 眷은 돌아볼 권. 顧는 돌아볼 고. 此維予宅은 거처. 商의 紂王은 동쪽에 있어 周는 西라 하였다.

天子는 건의에 따랐다.

原文

旣定, 衡言, "甘泉泰畤紫壇, 八觚宣通象八方. 五帝壇周環其下, 又有群神之壇. 以《尙書》禋六宗,望山川,遍群神之義, 紫壇有文章采鏤黼黻之飾及玉,女樂, 石壇,僊人祠, 瘞鸞路,騂駒,寓龍馬, 不能得其象於古. 臣聞郊柴饗帝之義, 埽地而祭, 上質也. 歌大呂舞〈雲門〉以竢(俟)天神, 歌太蔟舞〈咸池〉以竢地祇. 其牲用犢, 其席槁稭, 其器陶匏, 皆因天地之性, 貴誠上質, 不敢修其文也. 以爲神祇功德至大, 雖修精微而備庶物, 猶不足以報功, 唯至誠爲可, 故上質不飾, 以章天德. 紫壇僞飾女樂,鸞路,騂駒,龍馬,石壇之屬, 宜皆勿修."

〖국역〗

(長安에서 교제를 거행키로) 결정이 되자 匡衡(광형)이 건의하였다.

"甘泉 泰畤(태치)의 붉은 흙을 깐 제단(紫壇, 자단)과 8각의 모서리(八觚)는[433] 八方의 형상과 두루(宣) 통합니다. 五帝의 제단은 그 아래에 둘러 배치되고, 또 여러 神의 제단이 마련되었습니다. 《尙書》에 六宗에 연기를 피워 제사하고, 山川에 올리는 望祭는[434] 모두

433 八觚 - 觚는 의식에 쓰이는 술잔 고. 稜角(능각). 모서리. 마름모꼴.

434 원문 禋六宗,望山川,遍群神之義 - 禋은 제사 지낼 인. 연기를 피워 하늘

신에 두루 통하려는(遍) 뜻이지만, 紫壇에 文章(꾸밈)과 采鏤(채루, 새겨 넣은 장식) 黼黻(보불)로 장식하거나 玉, 女樂(여악), 石壇(석단), 僊人祠(선인사), 난새 방울을 단 수레 모형, 붉은 망아지, 龍馬의 모형을 묻는 일은 古制에서 찾아볼 수 없습니다.[435] 臣이 알기로, 교외에서 불을 피워 天帝에게 제사하고 땅을 쓸고서 제사하는 것은 질박을 숭상한 것입니다.[436] 大呂를 노래하고 〈雲門〉의 춤을 추는 것은 天神을 기다리는 뜻이며, 太蔟(태족)을 노래하고 〈咸池〉의 춤을 추는 것은 땅의 神祇(신기)를 기다리는 뜻입니다. 송아지를 희생으로 바치고, 마른 짚을 깔 자리로 쓰고[437] 그릇은 질그릇이나 바가지를[438] 사용하는 것도 모두 천지의 본성을 따르는 것이고 정성을 귀히 여기고 질박을 숭상한(貴誠上質) 것이므로 감히 더 꾸밀 수 없습니다. 神祇(신기)의 功德이 至大한 바를 생각하면, 비록 작은 것을 고치거나 여러 물건을 갖춘다 하여도 천지의 공덕에 보답하기는 부족하며, 오직 至誠만이 통할 수 있기에 질박을 숭상하며 꾸미지 않는 것이 天德을 더 빛낼 수 있습니다. 紫壇에 女樂이나 鸞路(난로), 騂駒(성구, 붉은 망아지), 龍馬, 石壇 등의 겉치레는 응당 해서는 안될 것입니다."

---

에 제사하다. 六宗은 六神. 宗은 尊의 뜻. 그 六宗이 구체적으로 무엇인가는 제사마다, 제사 지내는 사람마다 다르다. 望山川은 산천을 멀리서 바라보며 제사하다. 遍은 두루 미치다.

435 원문 瘗鸞路,騂駒,寓龍馬 – 瘗는 묻을 예. 鸞路(난로)는 천자가 타는 수레, 騂은 붉은 말 성. 駒는 망아지 구. 寓는 모형, 偶(짝 우)와 通.

436 上質也 – 上은 숭상하다. 質은 質朴.

437 원문 其席槁稭 – 席은 제물을 바칠 때 쓰는 자리. 槁는 마를 고. 稭는 짚고갱이 개(갈). 짚단에서 잎 부분을 제거한 줄기 부분.

438 원문 其器陶匏 – 陶는 질그릇 도. 匏는 박 포. 바가지.

原文

衡又言, "王者各以其禮制事天地, 非因異世所立而繼之. 今雍鄜,密,上下時, 本秦侯各以其意所立, 非禮之所載術也. 漢興之初, 儀制未及定, 卽且因秦故祠, 復立北時. 今旣稽古, 建定天地之大禮, 郊見上帝, 青,赤,白,黃,黑五方之帝皆畢陳, 各有位饌, 祭祀備具. 諸侯所妄造, 王者不當長遵. 及北時, 未定時所立, 不宜復修."

天子皆從焉. 及陳寶祠, 由是皆罷.

〖국역〗

광형이 또 進言하였다.

"王者는 각각 다른 禮制로 天地를 받들었으니 다른 왕조에서 세워진 禮制를 답습하지는 않았습니다. 지금 雍縣(옹현) 鄜(부)와 密(밀)의 上時(상치)와 下時는 본래 秦侯(진후, 文公과 宣公)가 그들 마음대로 정한 것이지, 예법에 실려 있는 내용을 따른 것이 아니었습니다. 漢이 건국된 초기에 여러 儀制가 제정되지 않았기에 일단 秦代의 옛 제사대로 다시 北時를 세웠습니다. 이제 옛 제도를 살펴 天地에 대한 大禮를 확정하여 郊祭로 上帝를 제사하고, 青, 赤, 白, 黃, 黑 등 五方의 天帝에 대한 제사를 시행하며 각 방위에 맞춘 祭物과 제사가 구비되었습니다. 諸侯들이 함부로 정한 제도는 王者가 받들 수는 없습니다. 北時에서의 제사는 정해진 시기가 없는 제사이니 다시 정비할 수 없습니다."

天子는 모두 수락하였다. 이에 陳寶祠는[439] 전부 폐지되었다.

原文

明年, 上始祀南郊, 赦奉郊之縣及中都官耐罪囚徒. 是歲, 衡,譚復條奏,

「長安廚官,縣官給祠, 郡國候神方士使者所祠, 凡六百八十三所, 其二百八所應禮及疑無明文, 可奉祠如故. 其餘四百七十五所不應禮, 或復重, 請皆罷.」

奏可. 本雍舊祠二百三所, 唯山川諸星十五所爲應禮云. 若諸布,諸嚴,諸逐, 皆罷. 杜主有五祠, 置其一. 又罷高祖所立梁,晉,秦,荊巫,九天,南山,秦中之屬, 及孝文渭陽,孝武薄忌泰一,三一,黃帝,冥羊,馬行,泰一,皐山山君,武夷,夏后啓母石,萬里沙,八神,延年之屬, 及孝宣參山,蓬山,之罘,成山,萊山,四時,蚩尤,勞谷,五床,仙人,玉女,徑路,黃帝,天神,原水之屬, 皆罷. 候神方士使者副佐,本草待詔七十餘人皆歸家.

〖국역〗

明年에,[440] 성제는 처음으로 南郊에서 교제를 올렸다. 교사를 지내는데 관련한 縣 및 中都官에 속한 耐罪(내죄)의 죄수들을 사면하였다.[441] 이 해에 匡衡과 張譚衡이 다시 조목별로 상주하였다.

---

439 陳寶(진보) – 陳倉의 寶夫人의 祠堂이라 풀이한 주석도 있다.

440 成帝의 첫 번째 연호는 建始, 前 32 – 29년. 建始 2년이면 前 31년.

441 원문 中都官耐罪囚徒 – 中都官은 중앙(장안)에 소재한 官府. 耐罪(내죄, 견딜 내)는 2년간 수염을 깎고 노역에 종사하는 형벌. 囚徒는 죄수. 長安縣, 長陵縣 2개 현 죄수를 도로 보수 등 작업에 동원했다.

「長安 廚官(주관)이나 나라에서 지내는 제사와[442] 郡國에서 신령의 출현을 기다리는 方士나 使者가 올리는 제사가 모두 680개소인데, 그중 208개소는 祭禮를 행하는데 明文은 없지만 그래도 전처럼 제사를 올리게 하겠습니다. 나머지 475개는 禮法에 맞지 않거나 중복된 제사이기에 모두 혁파하겠습니다.」

상주한 내용은 可하다고 하였다. 雍縣에 원래부터 있던 203개소 중 山川과 여러 星宿(성수)에 제사하는 15개소는 禮에 부응한다고 하였다. 그리고 諸布(제포), 諸嚴(제엄), 諸逐(諸邃) 등의 묘당을 모두 폐지하였다.[443] 杜主는[444] 五祠였는데, 그 하나만 남겨두었다. 또 高祖가 세운 梁, 晉, 秦, 荊巫(형무) 등과 九天, 南山, 秦中의 여러 祠廟와 孝文帝가 세운 渭陽(위양)의 廟堂, 孝武帝 때 薄人(박현 사람) 謬忌(유기)가 세운 泰一祠와 三一祠, 그리고 黃帝, 冥羊(명양), 馬行, 泰一, 皐山山君(고산산군), 武夷, 夏后啓母石, 萬里沙, 八神, 延年(연년, 長壽를 기원하는 묘당) 같은 부류와 孝宣帝의 參山, 蓬山, 之罘(지부), 成山, 萊山, 四時, 蚩尤(치우), 勞谷, 五床, 仙人, 玉女, 徑路(경로, 흉노인들의 사당), 黃帝, 天神, 原水의 廟堂 같은 것을 모두 혁파하였다. 신령의 출현을 기다리는(候神, 후신) 方士使者의 副佐(부좌, 보조원)

---

442 원문 長安廚官,縣官給祠 – 長安廚官은 長安 廚官令. 京兆尹 소관으로 皇家의 여러 휘장을 공급한다. 縣官은 나라. 縣의 관리란 뜻이 아니다. 給祠는 제사 비용을 공급하다.

443 諸布는 여러 星宿을 제사하는 묘당, 祭星曰 布라 하였다. 諸嚴은 諸莊. 후한 明帝의 이름자를 諱(휘)하여 改書. 諸逐은 諸邃(제수)의 착오. 모두 道路의 神(路神). 옹현에만 1백 개소가 넘는 祠廟(사묘)가 있었다.

444 杜縣(두현)은, 今 陝西省 西安市 동남. 杜主(두주, 杜伯)는 周 宣王의 大夫. 죄도 없이 억울한 죽음을 당했다.

나 本草待詔(본초대조)[445] 등 70여 명도 모두 귀가 조치시켰다.

原文

明年, 匡衡坐事免官爵. 衆庶多言不當變動祭祀者. 又初罷甘泉泰畤作南郊日, 大風壞甘泉竹宮, 折拔畤中樹木十圍以上百餘. 天子異之, 以問劉向.

對曰, "家人尙不欲絶種祠, 況於國之神寶舊畤! 且甘泉, 汾陰及雍五畤始立, 皆有神祇感應, 然後營之, 非苟而已也. 武,宣之世, 奉此三神, 禮敬敕備, 神光尤著. 祖宗所立神祇舊位, 誠未易動. 及陳寶祠, 自秦文公至今七百餘歲矣, 漢興世世常來, 光赤黃, 長四五丈, 直祠而息, 音聲砰隱, 野雞皆雊. 每見雍太祝祠以太牢, 遣候者乘傳馳詣行在所, 以爲福祥. 高祖時五來, 文帝二十六來, 武帝七十五來, 宣帝二十五來, 初元元年以來亦二十來, 此陽氣舊祠也. 及漢宗廟之禮, 不得擅議, 皆祖宗之君與賢臣所共定. 古今異制, 經無明文, 至尊至重, 難以疑說正也. 前始納貢禹之議, 後人相因, 多所動搖. 《易 大傳》曰, 「誣神者殃及三世.」 恐其咎不獨止禹等."

上意恨之.

---

**445** 本草待詔 - 本草待詔. 方藥과 本草의 능력이 있다 하여 등용된 예비 관원.

〖국역〗

다음 해, 匡衡(광형)은 직무와 관련하여 면직되었다. 제사가 부당하게 바뀌었다고 말하는 백성들이 많았다. 또 甘泉 泰畤祠를 폐지하고 南郊에서 제사하는 날, 大風이 甘泉의 竹宮을[446] 무너트렸고, 열 아름이나 되는 태치의 수목 1백여 그루가 부러지거나 뽑혔다. 天子가 괴이하게 생각하며 劉向(유향)에게 물었다. 유향이 대답하였다.

"서민도 전해오는 제사를 그만두려 하지 않거늘,[447] 하물며 나라에 예부터 이어온 제사를 중단하겠습니까! 그리고 甘泉과 汾陰(분음) 및 雍縣의 五畤(오치)가 처음 시작할 때에 모두 神祇(신기)의 感應이 있은 연후에 묘당을 지은 것이지 그냥 시작하지는 않았습니다. 武帝, 宣帝 재위 중에, 이 三神을 받들며 禮敬이 갖추어졌고, 神光도 확실하게 나타났습니다. 祖宗이 건립한 옛 神祇(신기)의 사당은 정말로 쉽게 움직여서는 안 됩니다. 陳寶祠(진보사) 같은 경우, 秦 文公으로부터 지금까지 7백여 년이나 되었고, 漢이 건국된 이후로 대대로 이어졌으며, 赤黃의 광채가 4, 5丈이나 뻗쳤는데 제사를 마치자 그쳤으며,[448] 은은하게 돌 구르는 소리도 들렸고, 野雞들은 모두 울어댔습니다. 매번 雍縣 太祝官이 太牢로 제사를 지내면서, 신령의 강림을 알리는 사자가 傳車를 타고 行在所에 이르는 것을 福祥(복상)이라 생각하였습니다. 高祖 재위 중에 5번, 文帝는 26번, 武帝는

---

446 竹宮 - 대나무로 지은 임시 行宮.

447 원문 家人尙不欲絶種祠 - 家人은 庶人之家. 尙은 하물며, 오히려. 種祠(종사)는 전해 내려오는 제사.

448 원문 直祠而息 - 直은 當也. 다만. 息은 止也. 그치다.

75회, 宣帝께서도 25회 왕림하셨으며, (元帝께서도) 初元 元年 이래 20회나 교제에 임하셨으니, 이는 모두 陽氣를 따르려는 옛 제사였습니다. 漢 宗廟의 의례를 함부로 논의하지 못하는 것은 모두가 祖宗의 主君과 賢臣이 함께 제정한 예제이기 때문입니다. 고금의 예제가 다르고, 또 경전에도 明文이 없다지만 至尊하고 至重하며, 또 의문에 대하여 정론을 말하기가 어렵기 때문입니다. 앞서 처음에 貢禹(공우)의 논의를 채택한 뒤로[449] 後人이 계속 이어오며 많은 변동이 있었습니다. 《易 大傳》에서는[450] 「神을 헐뜯는 자는 그 재앙에 삼대에 미칠 것이라.」 하였으니, 아마 그 허물은 공우에서 그치지 않을 것입니다."

成帝는 마음속으로 후회하였다.

原文

後上以無繼嗣故, 令皇太后詔有司曰, 「蓋聞王者承事天地, 交接泰一, 尊莫著於祭祀. 孝武皇帝大聖通明, 始建上下之祀, 營泰畤於甘泉, 定后土於汾陰, 而神祇安之, 饗國長久, 子孫蕃滋, 累世遵業, 福流於今. 今皇帝寬仁孝順, 奉循聖緒, 靡有大愆, 而久無繼嗣. 思其咎職, 殆在徙南,北郊, 違先帝之制, 改神祇舊位, 失天地之心, 以妨繼嗣之福. 春秋

449 貢禹, 韋玄成, 匡衡 등이 처음에 제사 사묘의 정비를 주장했었다. 貢禹(공우, 前 124 - 44).

450 《易 大傳》 - 《大戴禮 本命篇》이라는 주석이 있다.

六十, 未見皇孫, 食不甘味, 寢不安席, 朕甚悼焉.《春秋》大復古, 善順祀. 其復甘泉泰畤,汾陰后土如故, 及雍五畤,陳寶祠在陳倉者.」

天子復親郊禮如前. 又復長安,雍及郡國祠著明者且半.

〖국역〗

뒷날, 성제는 후사가 없었기에 황태후는 담당 관리에게 조서를 내렸다.「생각해보면, 王者가 代를 이어 天地를 받들고, 泰一神과 交接함에 제사보다 더 존엄한 방법이 없을 것이다. 孝武皇帝께서는 大聖으로 通明하시어, 천지를 섬기는(上下) 여러 祠廟(사묘)를 건립하고 甘泉에 泰畤(태치)를 지으셨으며, 汾陰(분음)에 后土祠를 확정하시어 여러 神祇(신기)를 안정시켜 나라를 오래 다스리셨고 子孫도 많이 두시어 여러 대에 걸친 基業을 다지셨으며, 그 복이 지금도 이어오고 있다. 지금 皇帝께서는 寬仁하시고 孝順하시며, 聖君의 치적을 따르며 큰 허물이 없지만[451] 오랫동안 후사가 없다. 그 주된 허물을 생각해보면,[452] 아마도 남북의 교사 터를 옮겨 先帝의 法制를 어겼고 여러 神의 옛 지위를 바꾸었기에 천지신명의 마음을 잃어서 후사를 이를 복이 막힌 것이다. 짐의 나이가 60이나 아직 皇孫을 보지 못하였기에 음식 맛을 모르고 편히 잠자리에 들 수도 없어서 짐은 심히 슬프기만 하다.《春秋》에도 復古는 큰일이며 제사를 잘 받드는

451 원문 靡有大愆 – 靡는 쓰러질 미, 없을 미. 없다. 부정하는 말. 愆은 허물 건. 잘못.

452 원문 思其咎職 – 咎는 허물 구. 職은 主也.

것이 善이라 하였도다. 甘泉의 泰畤와 汾陰의 后土祠, 그리고 雍縣의 五畤와 陳倉의 陳寶祠를 전처럼 복고하기 바란다.」

天子는 다시 예전처럼 교제를 지냈다. 또 長安과 雍縣 및 각 군국의 저명한 사당 절반 정도를 복구하였다.

原文

成帝末年頗好鬼神, 亦以無繼嗣故, 多上書言祭祀方術者, 皆得待詔, 祠祭上林苑中長安城旁, 費用甚多, 然無大貴盛者. 谷永說上曰,

「臣聞, 明於天地之性, 不可或以神怪, 知萬物之情, 不可罔以非類. 諸背仁義之正道, 不遵《五經》之法言, 而盛稱奇怪鬼神, 廣崇祭祀之方, 求報無福之祠, 及言世有僊人, 服食不終之藥, 遙興輕擧, 登遐倒景, 覽觀縣圃, 浮游蓬萊, 耕耘五德, 朝種暮獲, 與山石無極, 黃冶變化, 堅冰淖溺, 化色五倉之術者, 皆姦人惑衆, 挾左道, 懷詐僞, 以欺罔世主. 聽其言, 洋洋滿耳, 若將可遇, 求之, 盪盪如係風捕景, 終不可得. 是以明王距而不聽, 聖人絶而不語. 昔周史萇弘欲以鬼神之術輔尊靈王會朝諸侯, 而周愈微, 諸侯愈叛. 楚懷王隆祭祀, 事鬼神, 欲以獲福助, 卻秦師, 而兵挫地削, 身辱國危. 秦始皇初並天下, 甘心於神僊之道, 遣徐福,韓終之屬多繼童男童女入海求神,采藥, 因逃不還, 天下怨恨. 漢興, 新垣平,齊人少翁,公孫卿,欒大等, 皆以僊人黃冶,祭祠,事鬼使物,入海

求神,採藥貴幸, 賞賜累千金. 大尤尊盛, 至妻公主, 爵位重累, 震動海內. 元鼎,元封之際, 燕,齊之間方士瞋目扼擘, 言有神僊祭祀致福之術者以萬數. 其後, 平等皆以術窮詐得, 誅夷伏辜. 至初元中, 有天淵玉女,鉅鹿神人,轑陽侯師張宗之姦, 紛紛復起. 夫周,秦之末, 三五之隆, 已嘗專意散財, 厚爵祿, 竦精神, 擧天下以求之矣. 曠日經年, 靡有毫氂之驗, 足以揆今.《經》曰,「享多儀, 儀不及物, 惟曰不享.」《論語》說曰,「子不語怪神.」唯陛下距絕此類, 毋令奸人有以窺朝者.」

上善其言.

〖국역〗

成帝는 말년에 鬼神을 많이 좋아하였는데, 이 또한 후사가 없기 때문이었고, 상서하여 祭祀와 方術을 말하는 자가 많았는데, 그런 자 모두가 待詔(대조)의 직함을 받거나, 上林苑 안 또는 長安城 부근에서 祠祭를 지냈는데, 그 비용이 많았지만 아주 고귀한 자리에 오른 자는 없었다. 谷永(곡영)이[453] 상서하였다.

「臣이 알기로는, 天地의 本性에 밝은 자는 神異나 怪變(괴변)에 현혹되지 않고, 萬物의 性情을 잘 아는 자는 거짓으로(非類) 속일 수

453 谷永(곡영, ? - 前 8) - 곡영은 젊어 長安縣의 小史가 되었다가 나중에 經書를 널리 공부했다. 어사대부인 繁延壽(파연수, 繁은 많을 번. 姓은 파)는 곡영을 천거하여 太常丞이 되게 하였는데, 곡영은 정치의 득실에 관하여 자주 상서하였다. 85권, 〈谷永杜鄴傳〉에 입전.

없다고 하였습니다. 仁義의 正道를 버리거나(背), 《五經》의 法言을 따르지 않는 모든 언행, 奇怪한 鬼神에 대한 성대한 칭송, 祭祀의 方術을 널리 믿게 하거나, 복을 받을 수 없는 제사에 보답을 바라는 일, 또는 인간 세상에 僊人(선인)이 있다는 말, 죽지 않는 약을 복용하여[454] 멀리 날아간다거나, 하늘 높이 올라가 그림자가 반대로 생겼다든지,[455] 곤륜산에 맨 꼭대기 縣圃(현포)를 두루 구경했다느니,[456] 봉래산에 들어가서 유람했다거나, 五德을 농사처럼 짓는데 아침에 씨앗을 뿌려 저녁에 거둘 수 있다거나[457] 山의 돌처럼 무진장인데 丹砂로 황금을 만들 수 있고, 두꺼운 얼음을 순식간에 녹일 수 있으며,[458] 五色五倉의[459] 방술이 있다고 말하는 자들은 모두 간

454 원문 服食不終之藥 - 不終은 不死.

455 원문 登遐倒景 - 景은 그림자 영(影). 볕 경. 태양보다 더 높이 올라가면 땅 위와 다른 반대편으로 그림자가 생길 것이다.

456 원문 覽觀縣圃 - 覽觀은 두루 둘러보다. 縣圃(현포)는 9층으로 구성된 곤륜산의 맨 꼭대기 부분. 현포 위에 하늘에 들어가는 정문 閶闔(창합)이 있다.

457 원문 耕耘五德, 朝種暮獲 - 耕耘(경운)은 밭을 갈고 김을 매다. 五德은 東方甲, 南方丙, 西方庚, 北方壬, 中央戊의 오색 벼(禾)를 아침에 심어 저녁 때 수확한다. 일 년의 농사를 하루에 지을 수 있으니 식량을 걱정하겠는가?

458 원문 堅冰淖溺 - 堅冰(견빙)은 두꺼운 얼음. 淖溺은 녹이다. 淖는 진흙 뇨. 젖다. 溺은 빠질 익. 方士가 藥石을 얼음에 던지면 순식간에 녹는데, 이는 신선 도술의 작용이라고 말한다.

459 원문 化色五倉之術者 - 몸에 五色을 지니고 있어 늙어죽지 않으며 뱃속에 五倉(5개의 창고, 곳간)이 있어 평생 동안 배고프지 않는 方術을 갖고 있다는 자.

사하고 민중을 현혹시키며, 左道에 의하여[460] 거짓으로 군주를 속이려는 사람입니다.

(그런 자들의) 말을 들으면, 출렁이는 바닷물처럼 귀에 가득하고,[461] 만약 만날 수만 있다면 따라가 얻고 싶지만, 바람에 멋대로 흔들리는 그림자와 같아 잡으려 해도[462] 끝내 잡을 수가 없습니다. 이에 明王은 그런 자들을 멀리하고 듣지 않으며, 聖人은 단절하며 언급하지도 않았습니다.[463] 옛날 周의 史官인 萇弘(장홍)은[464] 鬼神之術로 靈王(영왕)을 보좌 존숭하려고(輔尊) 諸侯들을 조회케 했지만 周는 더 쇠약해졌고 제후들은 더욱 배반하였습니다. 楚의 懷王(회왕)은 제사를 융숭히 지내며 귀신을 받들어 복을 받고 秦의 군사를 물리치려 했지만, 군사는 패배했고 땅을 빼앗겼으며 자신은 치욕을

---

**460** 원문 挾左道 – 挾은 낄 협. 의지하다. 左道는 邪辟(사벽)한 도술.

**461** 원문 洋洋滿耳 – 바닷물이 넓게 출렁이듯 귀에 가득하다.《論語 泰伯》子曰, "師摯之始, 關雎之亂, 洋洋乎, 盈耳哉!" 惠帝의 名은 盈(가득 찰 영)을 滿으로 바꿨다.

**462** 원문 盪盪如係風捕景 – 盪盪은 크게 흔들리는 모양. 盪은 씻을 탕. 텅 빈 모양. 蕩蕩(탕탕)과 同. 係風은 바람에 매이다. 바람처럼 흔들리다. 捕景(포영)은 그림자를 잡다.

**463** 원문 聖人絶而不語 – 聖人은 공자. 絶은 斷絶. 不語는《論語 述而》子不語怪力亂神.

**464** 萇弘(장홍, ? – 前 492年, 長紅, 萇宏) – 字는 叔, 東周時 蜀人. 通曉天文,曆數, 精通 音律樂理.《史記 封禪書》에는 '萇弘以方事周靈王' 이라 했다. 孔子도 장홍을 찾아 음악을 배웠다. 장홍은 나중에 晉國 范氏를 지지했다 하여, 晉國 趙氏의 핍박을 받아 살해되었다. 그의 피가 나중에 碧玉이 되었다는 전설이 있다. '萇弘化碧', '三年化碧' 精誠과 忠正을 표현하는 成語.

겪고 나라는 위기에 처했습니다. 秦 始皇帝는 천하를 완전 차지한 뒤에 神僊(神仙)의 道에 흠뻑 빠져서(甘心), 徐福(서복)이나[465] 韓終(한종) 같은[466] 무리에게 많은 童男童女를 거느리고 入海하여 求神하며 采藥(採藥)하게 하였지만 그대로 도주하여 돌아오지 않았고, 천하 백성은 원한을 품었습니다. 漢이 건국된 뒤에 新垣平(신원평), 齊人 少翁(소옹), 公孫卿(공손경), 欒大(난대) 등은 모두 仙人의 煉丹術(黃冶, 황야), 祭祠, 귀신을 부려 물건을 움직이며, 入海하여 求神(求僊)하거나 採藥할 수 있다 하여 귀한 대우와 총애를 받았는데, 그들에게 내리는 賞賜(상사)가 수천 金이었습니다. 欒大(난대)는 더욱 尊崇(존숭)을 받아 공주를 아내로 삼았고 여러 작위를 받아 그 명성이 海內에 진동하였습니다. (武帝) 元鼎(前 116－111년), 元封(前 110－105년) 연간에, 燕(연)과 齊 일대의 方士들은 눈을 부릅뜨고(瞋目 진목) 팔뚝을 잡아 흔들며〔扼掔(액견), 확신하는 몸짓〕 神僊(신선)이 있고 祭祀로 致福할 수 있다는 자를 萬 단위로 세어야만 했습니다. 그 뒤에 신원평 등의 방술은 바닥났고 거짓이 밝혀져 멸족되거나 형벌에 처해졌습니다. (元帝) 初元(前 48－44년)에, 天淵(천연)의 玉女나 鉅鹿(거록)의 神人, 轑陽侯(요양후)의 사부라는 張宗(장종) 등의 거짓 행위가 분분히 다시 일어났습니다. 대체로 周와 秦의 말기나, 三皇五帝의 융성기에도 이미 신선을 만나려는 마음만으로 재물을 뿌리고 후한 작록을 내리며 정신을 쏟아 온 천하에 신선을 구하려 했

---

**465** 徐福(서복) － 徐巿(서불). 徐市(서시)가 아님. 巿(무릎덮개 불)은 巾部 1획. 市(저자 시)는 巾部 2획이다.

**466** 韓終(한종) － 韓衆(한중). 菖蒲(창포)를 長服하여 몸에 털이 나서 겨울에도 춥지 않았다는 사람. 하루에 수만 자를 읽고 외웠다는 사람.

습니다. 그러나 날(日)을 허송하고 해(年)를 보냈지만 아주 조그만 털끝 같은 징험도 없었으니, 이것만으로도 오늘에 거울로 삼아야 합니다.[467] 그래서 《書經》에서는 「祭享에 의례가 있어야 하고, 그 의례가 제물에 따르지 못한다면 제사를 받아들이지 않을 것이다.」 하였습니다.[468] 또 《論語》에서는 「공자는 怪, 力, 亂, 神에 관하여 말하지 않았다.」고 하였습니다. 陛下께서는 이런 부류들을 물리치고 단절하시어 조정을 엿보려는 간악한 자를 없애야 합니다.」

成帝는 그 건의를 칭찬하였다.

原文

後成都侯王商爲大司馬衛將軍輔政, 杜鄴說商曰, "東鄰殺牛, 不如西鄰之瀹祭, 言奉天之道, 貴以誠質大得民心也. 行穢祀豐, 猶不蒙祐, 德修薦薄, 吉必大來. 古者壇場有常處, 燎禋有常用, 贊見有常禮. 犧牲玉帛雖備而財不匱, 車輿臣役雖動而用不勞. 是故每擧其禮, 助者歡說, 大路所歷, 黎元不知. 今甘泉,河東天地郊祀,咸失方位, 違陰陽之宜. 及雍五畤皆曠遠, 奉尊之役, 休而復起, 繕治共張, 無解已時, 皇天著象, 殆可略知. 前上甘泉, 先驅失道, 禮月之夕,

467 원문 足以揆今 – 揆는 헤아릴 규, 道. 法. 今은 今日, 今世.

468 원문 《經》曰, 「享多儀, 儀不及物, 惟曰不享.」 – 《書經 周書 洛誥》의 구절. 享은 祭享(제향) 多儀의 儀는 의례. 의례의 정성과 제물이 일치해야만 흠향할 것이다. 제사에 정성이 깃들어야 한다는 뜻으로 해석할 수 있다.

奉引復迷. 祠后土還, 臨河當渡, 疾風起波, 船不可御. 又雍大雨, 壞平陽宮垣. 乃三月甲子, 震電災林光宮門. 祥瑞未著, 咎徵仍臻. 迹三郡所奏, 皆有變故. 不答不饗, 何以甚比! 《詩》曰 '率由舊章'. 舊章, 先王法度, 文王以之, 交神於祀, 子孫千億. 宜如異時公卿之議, 復還長安南北郊."

〖국역〗

뒷날 成都侯 王商(왕상)은[469] 大司馬인 衛將軍으로 정사를 보필하였는데, 杜鄴(두업)이[470] 왕상에게 말했다.

"동쪽 집에서 소 잡는 것이 서쪽 집의 瀹祭(약제)만 못하다는 말은,[471] 하늘을 받드는 도리에 성실과 질박으로 민심을 크게 얻는 것이 더 중요하다는 뜻입니다. 더러운 짓을 하면서(行穢) 풍년을 빈다

469 王商 - 元帝 王皇后(成帝 母后)의 친정 동생으로, 속칭 五侯의 한 사람인 成都侯 王商(? - 前 12. 字 子夏). 宣帝 母親 王翁須(왕옹수)의 친정오빠인 王武의 아들로, 선제의 외사촌 형제인 王商(? - 前 25. 字는 子威)과 同名異人.

470 杜鄴(두업)의 字는 子夏로, 어려 부친을 여위었는데 모친은 張敞(장창)의 딸이었다. 두업이 장성하자 장창의 아들 張吉을 따라 학문을 했고, 그 家書를 공부하여 효렴으로 천거되어 낭관이 되었다. 성제 때에는 정사를 외척에 위임하였기에 여러 외숙들이 권력을 장악했고, 杜鄴(두업)은 王音과 王商에게 아부하였다. 85권, 〈谷永杜鄴傳〉에 입전.

471 원문 東鄰殺牛, 不如西鄰之瀹祭 - 《易》旣濟卦(기제괘, 水火旣濟 ䷾) 의 九五爻辭(九五, 東鄰殺牛, 不如西鄰之禴祭, 實受其福). 東鄰은 商王紂. 西鄰은 周 文王. 瀹祭(약제)는 새봄에 뜯은 나물을 데쳐서(삶다) 올리는 간단한 제사. 제사에는 정성과 修德이 중요하다는 뜻.

면 복을 받지 못하지만, 修德하면 담박한 제물일지라도 大吉한 복이 반드시 찾아올 것입니다. 옛날에 제사터는 일정한 곳이었고 불이나 연기를 피우는 제사도 늘 있었으며 제사를 돕는 것도 常禮이었습니다. 犧牲(희생)과 玉帛(옥백)이 갖춰졌고 재물도 풍부하며 제사를 담당하는 아랫사람도 그렇게 힘이 들지도 않습니다. 이 때문에 그런 祭禮에는 돕는 사람도 좋아하고, 백성은(黎元) 큰 행차가 지나간 줄도 모릅니다. 지금 甘泉이나 河東에서의 天地에 대한 郊祀는 모두가 그 바른 方位를 잃었고, 陰陽의 正度에도 어긋났습니다. 거기에 雍縣 五畤는 모두 드넓고도 멀어 윗사람을 모시는 勞役이 쉴 만하면 다시 생기고, 휘장을 치고 거두는 일도 그치지 않으며, 皇天의 天象도 이제 대략을 알 수 있습니다. 지난번에 감천궁에 행차할 때는 앞서 가는 자(先驅)가 길을 잃었고, 달(月)에 제사를 올리는 밤에도 길을 안내하는 자가 다시 길을 헤맸습니다. 后土祠에 제사를 올리고 돌아오며 河水를 건너야하는데 센 바람에 파도가 일어 배를 띄울 수가 없었습니다. 또 옹현에서는 큰 비에 平陽宮의 담(垣, 담 원)이 무너졌습니다. 그리고 3월, 甲子日 벼락에, 林光宮 정문이 불탔습니다. 좋은 일은 일어나지 않고, 허물의 징조만 계속 이어졌습니다.[472] 三郡의 상주를 추적해보면(迹) 모두가 변고입니다. (하늘의) 不答과 不饗(불향)이 어찌 이보다 더 심할 수 있겠습니까! 《詩》에서 '옛 典章을 따르라.' 하였습니다.[473] 舊章은 先王의 法度이며, 文王은 이에

472 원문 咎徵仍臻 – 咎는 허물 구. 徵은 부를 징. 徵兆(징조). 仍은 거듭할 잉. 臻은 이를 진(至也).

473 《詩》曰 '率由舊章' – 《詩經 大雅 假樂》의 구절. 率은 따르다(循也). 由는 用也. 舊章은 舊典의 典章制度.

의거 제사를 통해 神과 교류했고 그 자손은 크게 번성했습니다. 다른 날 공경들의 논의를 통해 다시 장안의 남북에서 교제를 지내도록 환원해야 할 것입니다."

原文

後數年, 成帝崩, 皇太后詔有司曰, 「皇帝卽位, 思順天心, 遵經義, 定郊禮, 天下說喜. 懼未有皇孫, 故復甘泉泰畤,汾陰后土, 庶幾獲福. 皇帝恨難之, 卒未得其祐. 其復南,北郊長安如故, 以順皇帝之意也.」

〖국역〗

그 몇 년 뒤, 成帝가 붕어하자,[474] 皇太后(元帝의 王皇后)가 有司에 조서를 내렸다.

「皇帝는 즉위하고 天心에 따르려 했고, 經義를 따랐으며, 郊禮를 확정하여 천하 백성을 기쁘게 했다. 황손이 없는 걱정에 옛 감천궁 태치와 분음의 후토사로 복구하며 복 받기를 빌었다. 皇帝는 매우 힘들었지만 끝내 하늘의 도움을 받지 못했다. 다시 장안성 남북에서 교제를 지내도록 하여 황제의 뜻에 따르기 바란다.」

474 성제 綏化(수화) 2年(前 7), 봄 정월, 감천궁에 행차하여 태치에서 제천하고, 3월, 河東郡에 행차하여 后土에 제사하였다. 丙戌(18일), 성제는 未央宮에서 붕어했다. 재위 26년, 終年 45세.

原文

哀帝卽位, 寢疾, 博徵方術士, 京師諸縣皆有侍祠使者, 盡復前世所常興諸神祠官, 凡七百餘所, 一歲三萬七千祠云.

明年, 夏令太皇太后詔有司曰,「皇帝孝順, 奉承聖業, 靡有解怠, 而久疾未瘳. 夙夜唯思, 殆繼體之君不宜改作. 其復甘泉泰畤,汾陰后土祠如故.」

上亦不能親至, 遣有司行事而禮祠焉. 後三年, 哀帝崩.

〖국역〗

哀帝가 卽位 이후[475] 병석에 눕자, 널리 方士와 術士를 구했고, 京師와 여러 현에 제사를 담당하는 사자를 두었으며, 前代에 있었던 여러 神祠의 제사 담당관을 복구하였는데, 사당이 모두 7백여 개소에 1년에 3만 7천여 제사를 지냈다.

그 다음 해[476] 여름 太皇太后(成帝의 母后)가 담당관에게 조서를 내렸다.

「皇帝는 孝順하고, 聖業을 이어 받아 게으르지도 않았지만 오랜 병환이 낫질 않고 있다.[477] 밤낮으로 생각해 보면, 후사를 이은 주군

475 孝哀皇帝 - 名은 欣(흔), 재위 前 6 - 前 1년. 諡法에 '恭仁短折曰 哀'. 定都國王으로 있다가 성제의 후사로 즉위했다. 孝哀帝는 文辭에 博學하고 총명하여 어려서부터 좋은 평판이 있었다. 애제는 평소 성격이 풍류나 여색을 좋아하지 않았지만 同性愛에 빠졌고, 즉위 후에 사지 마비가 왔고 말년에 더욱 심하여 재위가 길지 않았다!

476 哀帝 建坪 3년(前 4).

477 원문 靡有解怠 久疾未瘳 - 靡는 없을 미. 解怠는 懈怠(해태). 게으르다.

의 改作은 아마 좋지 않을 것이다. 甘泉의 泰畤와 汾陰(분음)의 后土祠를 전과 같이 복구하기 바란다.」

애제 역시 친히 제사에 임할 수 없어 담당 관리를 보내 행사하고 제례를 올리게 하였다. 그 3년 뒤, 애제는 붕어했다.

---

久는 오랠 구. 疾은 병 질. 瘳는 나을 추.

# 九. 王莽의 祭神

原文

平帝元始五年, 大司馬王莽奏言,

「王者父事天, 故爵稱天子. 孔子曰, '人之行莫大於孝, 孝莫大於嚴父, 嚴父莫大於配天.' 王者尊其考, 欲以配天, 緣考之意, 欲尊祖, 推而上之, 遂及始祖. 是以周公郊祀后稷以配天, 宗祀文王於明堂以配上帝. 《禮記》, 天子祭天地及山川, 歲遍. 《春秋穀梁傳》以十二月下辛卜. 正月上辛郊. 高皇帝受命, 因雍四畤起北畤, 而備五帝. 未共天地之祀. 孝文十六年用新垣平初起渭陽五帝廟, 祭泰一,地祇, 以太祖高皇帝配. 日冬至祠泰一, 夏至祠地祇, 皆並祠五帝, 而共一牲, 上親郊拜. 後平伏誅, 乃不復自親, 而使有司行事. 孝武皇帝祠雍, 曰, '今上帝朕親郊, 而后土無祠, 則禮不答也.' 於是元鼎四年十一月甲子始立后土祠於汾陰. 或曰, 五帝, 泰一之佐, 宜立泰一. 五年十一月癸未始立泰一祠於甘泉, 二歲一郊, 與雍更祠, 亦以高祖配, 不歲事天, 皆未應古制. 建始元年, 徙甘泉泰畤,河東后土於長安南北郊. 永始元年三月, 以未有皇孫, 復甘泉,河東祠. 綏和二年, 以卒不獲祐, 復長安南,北郊. 建平三年, 懼孝哀皇帝之疾未瘳, 復甘泉,汾陰祠, 竟復無福. 臣謹與太師孔光,長樂少府平晏,大司農左咸,中壘校尉劉歆,太中大夫朱陽,博士薛順,議郞國由等六十七人議, 皆曰宜如建始時丞相衡等議, 復長安南,北郊如故.」

〖국역〗

平帝 元始 五年,[478] 大司馬 王莽(왕망)이[479] 상주하였다.

「王者는 하늘을 어버이처럼 섬기기에 작위를 천자라 부릅니다. 孔子는 '사람에게 孝보다 더 중대한 일이 없고, 孝는 부친의 존중이 가장 중요하며, 부친 존중은 하늘의 제사에 配享(배향)하는 것보다 더 한 일이 없다.' 고 하였습니다.[480] 王者가 先考를 높여 配天하려면[481] 그런 뜻으로 그 선조를 존중해야 하며, 이를 위로 추존하여 始祖에 이르게 됩니다. 이 때문에 周公은 郊祀에 后稷(후직)을 配天하였고, 明堂의 宗祀에 文王을 上帝에 배향하여 제사하였습니다. 《禮記》에서도, 天子가 天地와 山川을 제사하되 해마다 제사한다고[482] 하였습

478 平帝 元始 五年 - 孝平皇帝(名은 衎. 즐길 간, 서기 1년 - 5년 재위). 諡法에 '布綱治紀曰 平'. 元帝와 馮昭儀(풍소의) 소생인 中山孝王의 아들로 애제의 후사로 9살에 즉위. 왕망이 실권을 장악했기에 이미 허수아비 황제였다.

479 大司馬 王莽(왕망, 前 45 - 서기 23년) - 漢朝를 찬탈하여 '新' 건국. 서기 8 - 23년 재위. 中國 傳統 歷史學의 忠君 이념에서 볼 때 일반적으로 '僞君子' 이며, '逆臣' 또는 '佞邪之材' 라는 평가를 받는다. 莽은 풀 우거질 망.

480 이는《孝經》의 구절이다.

481 원문 王者尊其考 - 考는 先考, 돌아가신 부친. 先親. 配天는 천제에 대한 제사에 조상을 함께 제사하다.

482 歲遍 - 1년에 1번 제사한다는 뜻. 遍은 두루 편. 돌아가다.

니다. 《春秋穀梁傳》에서는[483] 12월 마지막 辛日에 교제 일자를 미리 정한다고 하였습니다. 그리고 正月 첫 辛日에 교사를 지냈습니다. 高皇帝께서 천명을 받은 이후 雍縣(옹현)의 四畤(사치)에 北畤를 건립하여 五帝에 맞추었습니다. 그러나 天地에 대한 교제를 합치지는 않았습니다. 孝文帝 16년(前 164)에, 新垣平(신원평)의 건의를 받아들여 처음으로 渭陽(위양)에 五帝廟를 짓고, 泰一神과 地祇(지기, 地神)를 제사하며, 太祖 高皇帝를 配享(배향)하였습니다. 태양이 冬至에 오면 泰一神을 제사했고, 夏至에는 地神을 제사하면서 두 번 다 五帝를 함께 제사했는데, 희생물은 하나만을 같이 올렸고 황제가 친히 교외에 임하여 拜禮하였습니다. 뒷날 신원평이 죄를 지어 주살되자, 이후로 황제가 친림하지 않고 有司를 보내 제사를 진행케 하였습니다. 孝武皇帝는 雍縣에서 제사하면서, '지금 上帝에게는 짐이 친히 교제를 올리지만 后土에게는 제사가 없어 禮를 올려도 응답이 없다.' 고 말했습니다. 그래서 元鼎 4년(前 113) 11월 甲子日에, 처음으로 汾陰(분음)에 后土祠를 건립하였습니다. 혹자는 五帝는 泰一神의 보좌이니 泰一神 묘당만 건립해야 한다고 말했습니다. 元鼎 5년 11월 癸未日에 처음으로 泰一祠를 甘泉에 건립하고, 2년에 한 번 교사를 올려 옹현의 묘당과 제사를 교대하였는데, 그러면서 고조를

483 《春秋穀梁傳》 - 《春秋》의 註解書, 《左氏傳》, 《公羊傳》과 함께 《春秋》 三傳의 하나. 전하는 바에 의하면, 孔子 弟子 子夏가 이를 구두로 魯國人 穀梁子에게 전술했고, 곡량자를 이를 기록하여 후세에 전하였다고 한다. 그러나 이는 漢朝에서 학파로 형성되었다. 《穀梁傳》은 문답 형식으로 서술되었는데, 魯 隱公 元年(前 722)부터 魯 哀公 14년(前 481)의 기록으로 《公羊傳》과 비슷하다.

배향하였으나 해마다 천제에 제사한 것은 아니라서 古制에 맞춘 것은 아니었습니다. (成帝) 建始 원년(前 32), 甘泉의 泰畤와 河東의 后土祠를 長安의 南, 北郊로 옮겼습니다. (成帝) 永始 元年(前 16) 3월, 皇孫이 출생하지 않는다 하여 甘泉과 河東의 묘당을 복원하였습니다. (成帝) 綏和(수화) 2년(前 7년), 황제가 복을 받지 못하고 붕어하자 다시 장안의 남, 북 교외의 교제를 복원하였습니다. (哀帝) 建平 3年(前 4) 孝哀皇帝의 병환이 낫지 않는다 하여 다시 甘泉과 汾陰의 祠廟를 복원하였지만 끝내 복을 받지 못했습니다. 臣은 삼가 太師인 孔光(공광),[484] 長樂少府인 平晏(평안),[485] 大司農인 左咸(좌함),[486] 中壘校尉인 劉歆(유흠), 太中大夫 朱陽(주양), 博士인 薛順(설순), 議郎인 國由(국유) 등 67인이 의논하였는데, 모두가 (成帝) 建始 연간에 丞相 匡衡(광형)의 논의대로 長安 남, 북에서의 교제를 지내도록 이전처럼 복원키로 하였습니다.」

**原文**

莽又頗改其祭禮, 曰,

---

**484** 孔光(공광, 前 65 - 서기 5)은 孔子의 14세손으로, 孔霸(공패)의 아들이다. 성제, 애제, 평제 때까지 부침이 많았다. 哀帝가 처음 즉위하고서는 검약을 실천하고 정사를 직접 처리하고 대신을 포상하면서 공광에게 식읍을 늘려 주었다. 81권, 〈匡張孔馬傳〉에 입전.

**485** 平晏(평안, ? - 서기 20年) - 平當의 아들. 西漢, 新朝大臣. 平當은 나라에 災異가 있을 때마다 경전의 뜻에 附會하여 그 득실을 논하였다. 71권, 〈雋疏于薛平彭傳〉에 입전.

**486** 左咸(좌함) - 뒷날 왕망 정권에서 여러 요직 역임.

「《周官》天墬之祀, 樂有別有合. 其合樂曰 '以六律,六鐘,五聲,八音,六舞大合樂', 祀天神, 祭墬祇, 祀四望, 祭山川, 享先妣先祖. 凡六樂, 奏六歌, 而天墬神祇之物皆至. 四望, 蓋謂日,月,星,海也. 三光高而不可得親, 海廣大無限界, 故其樂同. 祀天則天文從, 祭墬則墬理從. 三光, 天文也, 山川, 地理也. 天地合祭, 先祖配天, 先妣配墬, 其誼一也. 天墬合精, 夫婦判合. 祭天南郊, 則以墬配, 一體之誼也. 天墬位皆南鄉, 同席, 墬在東, 共牢而食. 高帝,高后配於壇上, 西鄉, 后在北, 亦同席共牢. 牲用繭栗, 玄酒陶匏. 《禮記》曰天子籍田千畝以事天墬, 繇是言之, 宜有黍,稷. 天地用牲一, 燔燎, 瘞薶用牲一, 高帝,高后用牲一. 天用牲左, 及黍,稷燔燎南郊. 地用牲右, 及黍,稷瘞於北郊. 其旦, 東鄉再拜朝日, 其夕, 西鄉再拜夕月. 然後孝弟之道備, 而神祇嘉享, 萬福降輯. 此天地合祀, 以祖,妣配者也. 其別樂曰 '冬日至, 於地上之圜丘奏樂六變, 則天神皆降, 夏日至, 於澤中之方丘奏樂八變, 則墬祇皆出.' 天墬有常位, 不得常合, 此其各特祀者也. 陰陽之別於日冬,夏至, 其會也, 以孟春正月上辛若丁, 天子親合祀天墬於南郊, 以高帝,高后配. 陰陽有離合, 《易》曰 '分陰分陽, 迭用柔剛'. 以日冬至使有司奉祠南郊, 高帝配而望群陽, 日夏至使有司奉祭北郊, 高后配而望群陰. 皆以助致微氣, 通道幽弱. 當此之時, 后不省方, 故天子不親而遣有司, 所以正承天順地, 復聖王之制, 顯太祖之功也. 渭陽祠勿復修. 群望未悉定, 定復奏.」

奏可. 三十餘年間, 天地之祠五徙焉.

〖국역〗

왕망은 많은 제례를 바꾸고서 상주하였다.

「《周官》의 天地에 대한 제사에[487] 祭禮樂은 개별 음악과 合樂이 있다고 하였습니다. 그 合樂은 '六律, 六鐘, 五聲, 八音, 六舞의[488] 大合樂' 으로, 天神과 墬祇(지기, 地祇)에 대한 제사와 四望과 山川에 대한 제사인데 先妣(선비)나 先祖를[489] 배향합니다. 총 六樂과 六歌의 연주에 모든 天地의 神祇(신기)가 모두 모입니다. 四望은 日, 月, 星, 海를 지칭합니다. (日, 月, 星의) 三光은 높이 떠 있어 가까이 접할 수 없고, 海는 廣大하여 無限界이기에 그 음악은 한 가지로 같습니다. 祀天하면 天文이 따르고(從), 祭墬(祭地)하면 地理가 따라옵니다. 三光은 하늘의 무늬(天文)이고, 山川은 地理입니다. 天地의 合祭에 先祖는 配天하고, 先妣(선비)는 配地하니 그 뜻은 하나입니다.[490] 天地

---

487 원문 《周官》天墬(地)之祀 - 《周官》은 書名. 《周禮》라고도 한다. 墬는 地의 籒字(주자), 篆字(전자).

488 五聲은 宮, 商. 角. 徵(치), 羽의 음률. 八音은 金, 石, 絲. 竹, 匏(포, 박), 土, 革(혁, 가죽), 木의 8가지 재료로 만든 악기의 소리. 六舞(육무)는 6종 제사의 춤. 곧 帗舞(불무, 5색 깃발을 들고 추는 춤), 翌舞, 皇舞, 旄舞(모무), 干舞(간무), 人舞(인무)로, 社稷, 宗廟, 四方, 辟雍, 星辰(성신)에 제사할 때 추는 춤.

489 先妣先祖 - 여기 先妣(선비)는 周의 조상 棄(기)를 낳은 姜嫄(강원). 先祖는 先王이나 先公.

490 其誼一也 - 誼는 옳을 의, 다스릴 의.

가 合精하니 夫婦가 짝이 됩니다. 南郊에서의 祭天은, 곧 地와 배합이고 하나가 된다는 뜻입니다. 天地 자리가 모두 南向(南鄉)하고 同席하나, 地는 동편에 자리 잡고 같은 제물을 歆饗(흠향, 食)합니다. 高帝와 高后를 단상에 配位하는데, 西向하나 고후가 북쪽이고 역시 同席하여 제물을 같이 받습니다. 희생은 (어린 송아지) 뿔이 누에고치나 밤톨만한 것을 쓰고(繭栗, 견률), 玄酒는[491] 질그릇이나 바가지에 담아 올립니다. 《禮記》에서는 天子가 千畝(1000무)의 땅을 籍田(적전)하여 天地를 섬긴다 하였으니, 이는 기장(黍와 稷)을 말한 것입니다. 天地에 대한 제사에 희생을 한 마리만 쓰고(用牲一), 횃불을 피우는 제사(燔燎, 번료)와 희생을 파묻는 의식(瘞薶, 예매)에도 희생을 한 마리만 바치며, 高帝와 高后의 제사에도 희생은 한 마리입니다. 하늘에 바치는 희생은 좌측에 올리고, 기장과 횃불을 피우는 제사는 南郊에서 거행합니다. 地神에 올리는 희생은 우측이고, 기장이나 파묻는 희생은 北郊에서 거행합니다. 그날 아침에 동쪽을 향해 아침 해(日)에 再拜합니다. 그날 저녁에는 서향하여 저녁달을 향하여 再拜합니다. 그런 연후에야 孝弟(孝悌)의 道가 갖춰지고, 신령이 제물을 받아들이고 만복을 내려줍니다. 이는 天地의 合祀이고, 祖와 妣의 배합입니다. 제례악을 달리 하는 것은(別樂) '겨울이 되면 地上의 圜丘(원구)에서 奏樂(주악)이 6번 바뀌어야 天神이 모두 하강하고, 여름날이 되면 澤中의 네모진 땅에서 주악이 8번 바뀌어야 地神들이 모두 나오기' 때문입니다. 天地는 일정한 자리가 있어 늘 함께

491 玄酒(현주) - 물은 본래 무색이나 북방의 色이 흑색이라는 개념 때문에 黑水, 玄酒라 쓰지만 검은 물, 검은 술이라 번역할 수 없다.

할 수 없기에 각각 따로 제사를 올려야 합니다. 陰陽이 冬至나 夏至日에는 구별하지만, 한데 모일 수 있는 날은 孟春 正月의 첫 번째 辛日이나 丁日인데, 天子는 몸소 남교에 나아가 天地를 合祀하는데, 여기서 高帝와 高后를 배향합니다. 陰陽에도 離合이 있으니, 《易》에서는 '分陰하고 分陽하여 柔(유)와 剛(강)을 교대로 사용한다.' 고 하였습니다.[492] 冬至日에는 有司를 보내 南郊에서 제사를 받들게 하며 高帝를 배향하며 모든 陽氣의 강림을 기대합니다. 하짓날이 되면 有司를 보내 北郊에서 제사를 올리며, 高后를 배향하여 모든 陰氣의 강림을 기대합니다. 이 모두는 미약한 기운을 도와 불러내려는 뜻이며, 幽弱(유약)을 이끌어내는 일반적인 방법입니다.[493] 이 절기에 군주는 일상 업무를 돌보지 않기에[494] 천자는 親臨하지 않고 有司를 보내는데, 이는 承天順地의 正道이며, 聖王의 法制를 회복하며 太祖의 공적을 현양하는 길입니다. 渭陽(위양)에 있던 묘사는 다시 복원하지 않을 것입니다. 각각이 희망하는 제사가 아직은 확정된 것이 아니나, 확정되면 다시 상주할 것입니다.」

상주는 可하다고 하였다. 30여 년간에 천지에 대한 廟祠는 5번 옮겨졌다.

---

**492** 이는《易經 說卦傳》의 구절이다.

**493** 원문 通道幽弱 – 여기 道는 導. 引導. 이끌어내다.

**494** 원문 后不省方 – 后는 君主, 主君, 不省은 처리하지 않다. 살피지 않다. 方은 日常事.

**原文**

後莽又奏言,「《書》曰 '類於上帝, 禋於六宗.' 歐陽,大小夏侯三家說六宗, 皆曰上不及天, 下不及墬, 旁不及四方, 在六者之間, 助陰陽變化, 實一而名六, 名實不相應.《禮記》祀典, 功施於民則祀之. 天文日月,星辰, 所昭仰也, 地理, 山川,海澤, 所生殖也.《易》有八卦, 乾,坤六子, 水火不相逮, 雷風不相誖, 山澤通氣, 然後能變化, 旣成萬物也. 臣前奏徙甘泉泰畤,汾陰后土皆復於南,北郊. 謹案《周官》'兆五帝於四郊', 山川各因其方, 今五帝兆居在雍五畤, 不合於古. 又日月,雷風,山澤,《易》卦六子之尊氣, 所謂六宗也. 星辰, 水火,溝瀆, 皆六宗之屬也. 今或未特祀, 或無兆居. 謹與太師光,大司徒宮,羲和歆等八十九人議, 皆曰, 天子父事天, 母事地. 今稱天神曰皇天上帝, 泰一兆曰泰畤, 而稱地祇曰后土, 與中央黃靈同, 又兆北郊, 未有尊稱. 宜令地祇稱皇地后祇, 兆曰廣畤.《易》曰 '方以類聚, 物以群分.' 分群神以類相從爲五部, 兆天地之別神, 中央帝黃靈后土畤及日廟, 北辰,北斗,塡星,中宿中宮於長安城之未墬兆. 東方帝太昊青靈勾芒畤及雷公,風伯廟,歲星,東宿東宮於東郊兆. 南方炎帝赤靈祝融畤及熒惑星,南宿南宮於南郊兆. 西方帝少皥白靈蓐收畤及太白星,西宿西宮於西郊兆. 北方帝顓頊黑靈玄冥畤及月廟,雨師廟,辰星,北宿北宮於北郊兆.」

奏可, 於是長安旁諸廟兆畤甚盛矣.

〖국역〗

그 뒤 왕망이 다시 상주하였다.

「《書》에서는 '上帝에 대한 특별한 제사를 지내고,[495] 연기를 피워 六宗(육종)을 제사한다.' 고 하였습니다.[496] 歐陽生, 大夏侯, 小夏侯의 三家에서[497] 六宗을 언급하였는데, 모두가 위로는 하늘에 不及하고, 아래로는 墜(地)에 불급하며 곁으로는 四方에 不及하는데, 六者가 존재하면서 陰陽의 변화를 돕는데, 實은 하나이면서 이름은 여섯이기에 名과 實이 상응하지 않는다고 하였습니다. 《禮記》의 제사에 관한 기록에는 백성에게 공을 베풀면 백성이 제사를 올린다고 하였습니다. 天文의 日月과 星辰(성신)은 밝게 우러러보는 것이고, 地理의 山川이나 海澤(해택)은 만물이 생식하는 곳입니다. 《易》에 八卦에[498] 乾(父)과 坤(母) 그리고 六子인데, 水와 火는 서로 미치지 않고(不相逮는 不及), 雷와 風은 서로 어지럽히지 않고(不相誖, 불상패), 山과 澤(택)은 通氣하는데, 그런 연후에 능히 변화하고 만물이 형성되는 것입니다. 臣이 앞서 상주한 대로 甘泉의 泰畤와 汾陰의 后土祠를 옮겨 모두 南, 北郊에 복원하였습니다. 삼가 《周官》을 읽어보

---

495 類於上帝 - 《書經 虞書 舜傳》의 구절. 類는 제사 이름 유(류). 祭天. 上帝는 上天.

496 禋於六宗 - 禋은 제사 지낼 인. 煙氣(연기)를 피워 하늘에 제사하다. 六宗은 여러 가지 說이 있지만 乾坤(건곤)의 六子, 곧 水, 火, 雷, 風, 山, 澤.

497 歐陽,大小夏侯三家說六宗 - 歐陽은 歐陽生(구양생), 大夏侯는 夏侯始昌(하후시창). 小夏侯는 夏候勝(하후승). 모두 《書經》의 학파를 시작한 유학자.

498 乾(건, 天) ☰. 兌(태, 澤) ☱. 離(리, 火) ☲. 震(진, 雷) ☳. 巽(손, 風) ☴. 坎(감, 水) ☵. 艮(간, 山) ☶. 坤(곤, 地) ☷.

면, '四郊에 五帝에 제사터를 마련한다(兆).' 라고 하였는데, 山川은 각자 그 방위에 따르는 것이지만, 지금 五帝의 제사터(兆居)는 雍縣의 五畤(오치)에 있어 古制와 일치하지 않습니다. 또 日月과 雷風(뇌풍), 山澤(산택)은 《易》卦에서 六子에 해당하는 尊氣라서 이른바 六宗입니다. 星辰(성신)과 水火, 溝瀆(구독, 江이나 하천)은 모두 六宗에 소속됩니다. 지금 어떤 것은 특별한 제사를 올리지 않거나 혹은 제사터가 없습니다. 이에 太師인 孔光(공광), 大司徒인 馬宮(마궁), 羲和(희화, 天文 담당)인 劉歆(유흠) 등 89인이 의논을 하였는데, 모두 '천자는 아버지처럼 하늘을 섬기고 어머니처럼 땅을 섬겨야 한다.' 고 말했습니다. 이제부터는 天神을 皇天上帝, 泰一神의 제사터를 泰畤(태치)라 하고, 地祇(지기, 地神)를 后土(후토)라 하여, 中央의 黃靈(황령)과 동일시하며 北郊에서 제사하나 아직 존칭이 없었습니다. 그래서 地神을 皇地后祇(황지후기)라 칭하며 그 제사터를 廣畤(광치)라고 부르면 좋을 것 같습니다. 《易》에서도 '동류의 사물을 함께 모으고 다른 종류는 무리로 구분한다.' 고 하였습니다.[499] 그래서 여러 신들을 비슷한 종류끼리 나눠 五部로 분류하되 천지에 소속된 신은 별신으로 구분하였으니, 中央의 帝黃靈后土畤에는 日廟, 北辰, 北斗, 塡星(전성, 土星), 中宿中宮으로 長安城에 未地에 제터를 마련하겠습니다. 東方은 帝太昊青靈勾芒畤(제태호청령구망치)로 雷公, 風伯廟, 歲星(木星), 東宿東宮으로 東郊에서 제사할 것입니다. 南方의 炎帝赤靈祝融畤(염제적령축융치)로 熒惑星(형혹성, 火星), 南宿南宮을 南郊에서 제사할 것입니다. 西方의 帝少皞白靈蓐收畤(제소호백령욕수치)로

499 《易》曰 '方以類聚, 物以群分' -《易 繫辭 上》의 구절.

太白星(金星), 西宿西宮으로 西郊에 제사터가 있습니다. 北方은 帝顓頊黑靈玄冥畤(제전욱흑령현명치)로, 여기에는 月廟, 雨師廟, 辰星, 北宿北宮이 소속되며 北郊에서 제사하겠습니다.」

上奏는 수락되었고, 이에 長安 부근의 여러 묘사와 제사터가 매우 많아졌다.

原文

莽又言,

「帝王建立社稷, 百王不易. 社者, 土也. 宗廟, 王者所居. 稷者, 百穀之主, 所以奉宗廟, 共粢盛, 人所食以生活也. 王者莫不尊重親祭, 自爲之主, 禮如宗廟.《詩》曰 '乃立冢土.' 又曰 '以御田祖, 以祈甘雨.'《禮記》曰 '唯祭宗廟社稷, 爲越紼而行事.' 聖漢興, 禮儀稍定, 已有官社, 未立官稷.」

遂於官社後立官稷, 以夏禹配食官社, 后稷配食官稷. 稷種穀樹. 徐州牧歲貢五色土各一斗.

〖국역〗

왕망이 또 상주하였다.

「帝王이 건립한 社稷(사직)은 다른 왕들이 바꿀 수 없습니다. 社는 토지입니다. 宗廟(종묘)는 王者의 거처입니다. 稷(직)이란 百穀(백곡)의 으뜸이며, 이를 가지고 종묘 제사에 가득 담아 올리며 백성들은 이를 먹고 살아갈 수 있습니다. 王者로서 친히 (社稷에 대한) 제사를 중시하지 않는 자가 없으며 스스로 祭主가 되어 종묘에서의 禮와 같이 제사를 올립니다. 그래서《詩》에서는 '이에 흙을 크게 쌓고 제사한다.' 고 하였습니다.[500] 또 '田祖(稷神)에 제사를 드리며 甘雨를 기원한다.' 고[501] 하였으며,《禮記》에서는 '宗廟와 社稷(사직)에 대한 제사에는 장례를 치루면서도 참여한다.'[502]고 하였습니다. 聖스런 漢이 건국된 뒤에, 禮儀가 차차 안정되면서 나라 土地神 묘당은 있었지만 나라의 稷壇(직단)은 아직 없습니다.」

이에 나라의 社 뒤에 나라의 稷壇을 세웠고 夏의 禹王을 官社에 配食(配享)하였고, 后稷(후직)을 官稷에 配食케 하였다. 그리고 稷壇에 穀樹(곡수)를 심었다.[503] 徐州牧에서는 해마다 五色의 흙, 각 一斗씩을 나라에 헌상하였다.

原文

莽篡位二年, 興神仙事, 以方士蘇樂言, 起八風臺於宮中. 臺成萬金, 作樂其上, 順風作液湯. 又種五粱禾於殿中, 各順色置其方面, 先煮鶴髓,毒冒,犀玉二十餘物漬種, 計粟斛成一金, 言此黃帝穀僊之術也. 以樂爲黃門郞, 令主之.

---

500《詩》曰 '乃立冢土' -《詩經 大雅 緜(면)》의 구절. 冢(무덤 총)은 大.

501 원문 又曰 '以御田祖, 以祈甘雨' -《詩經 小雅 甫田》의 구절. 田祖는 稷神. '以祈甘雨' 는 농사를 지으며 甘雨를 기원한다.

502《禮記》曰 '唯祭宗廟社稷, 爲越紼而行事.' - 紼은 삼으로 만든 굵은 줄 불. 棺을 잡아 끌 때 쓰는 굵은 줄. 즉 상장례 기간이라도 사직 제사에 참여한다. 곧 사적인 일로 公事를 폐하지 않는 뜻이라는 주석이 있다.

503 稷種穀樹 - 稷은 稷壇, 種은 심다(植也). 穀樹(곡수)는 나무 이름. 그 열매가 곡식과 같다는 주석이 있다.

莽遂崇鬼神淫祀, 至其末年, 自天地六宗以下至諸小鬼神, 凡千七百所, 用三牲鳥獸三千餘種. 後不能備, 乃以雞當鶩雁, 犬當麋鹿. 數下詔自以當仙, 語在其〈傳〉.

〚국역〛

王莽(왕망)이 簒位(찬위)한 2년에, 왕망은 신선에 관한 사업을 시작했는데, 方士 蘇樂(소락)의 말에 따라 궁중에 八風臺를 건립하였다. 팔풍대의 건립에 1萬 金이 들어갔고, 그 위에서 풍악을 연주케 하였고, 바람의 방향에 맞춰가며 液湯(액탕)을 제조하였다.[504] 또 궁정에 五梁禾(오량화) 각 방향에 따라 색을 맞추어 심었으며, 먼저 鶴髓(학수, 학의 골수), 毒冒〔독모, 玳瑁(대모)〕, 犀玉(서옥) 등 20여 약재를 물에 넣고 끓여서 一金으로 1斛(곡)의 약재를 지을 수 있는데, 이것이 바로 黃帝의 穀仙術(곡선술)이라고 했다. 方士 蘇樂(소락)을 黃門郎에[505] 임명하여 이를 주관케 하였다.

왕망은 결국 귀신을 숭상하고 淫祀(음사)에 빠졌는데, 왕망 말년에 이르기까지 天地 六宗 이하 여러 잡다한 귀신을 섬기는 묘사가 1700여 所나 되었으며, 3가지 희생물 이외에도 3천여 종이나 되는 鳥獸(조수)를 희생으로 썼다. 나중에도 희생물을 감당할 수 없어 닭으로 오리나 기러기(鶩雁, 목안)를 대신하고, 사슴(麋鹿, 미록) 대용

504 順風作液湯 – 液湯(액탕)은 湯劑(탕제).

505 黃門郎 – 직명. 少府의 속관. 黃門은 궁궐문. 궁중의 거마 관리 및 기타 서무 담당. 왕망은 황문랑으로 관직생활을 시작했다. 黃門은 '환관'의 뜻으로도 쓰인다.

으로 개를 썼다. 왕망은 자주 조서를 내려가며 자신을 신선이라고 생각했는데, 이는 〈王莽傳〉에 수록했다.[506]

506 왕망은 황제 자리를 훔쳐 南面하고 통치했는데, 차지할 수 없는 자리에서 나라를 뒤엎을 위험은 桀王(걸왕)이나 紂王(주왕)보다 더 심했었다. 그러나 왕망은 태평하게도 자신을 다시 출현한 黃帝와 舜(순)이라고 생각했었다. 그리하여 방자한 뜻으로 노려보고 거짓 위세를 마음대로 부리면서 하늘에 닿을 큰 죄를 지었고 백성에게 잔학했으며, 극도로 흉악하여 그 폐해가 온 중국에 다 퍼졌을 뿐만 아니라 이웃 이민족에게도 미쳤으니 그러고서도 그 욕망을 다 채우기에 부족했었다.

# 十. 結語

原文

贊曰, 漢興之初, 庶事草創, 唯一叔孫生略定朝廷之儀. 若乃正朔,服色,郊望之事, 數世猶未章焉. 至於孝文, 始以夏郊, 而張倉據水德, 公孫臣,賈誼更以爲土德, 卒不能明. 孝武之世, 文章爲盛, 太初改制, 而兒寬,司馬遷等猶從臣,誼之言, 服色數度, 遂順黃德. 彼以五德之傳, 從所不勝, 秦在水德, 故謂漢據土而克之.

劉向父子以爲帝出於〈震〉, 故包羲氏始受木德, 其後以母傳子, 終而復始, 自神農,黃帝下歷唐,虞三代而漢得火焉. 故高祖始起, 神母夜號, 著赤帝之符, 旗章遂赤, 自得天統矣. 昔共工氏以水德間於木,火, 與秦同運, 非其次序, 故皆不永. 由是言之, 祖宗之制蓋有自然之應, 順時宜矣. 究觀方士祠官之變, 谷永之言, 不亦正乎! 不亦正乎!

〖국역〗

班固의 論贊 : 漢이 홍기한 초기에 모든 일이 草創이었는데, 오직 叔孫通(숙손통)만이[507] 조정의 의례를 대략 제정하였다. (나라, 역법

507 叔孫通 – 생졸년 미상, 秦始皇에서 漢 文帝까지 섬겼다. 叔孫은 복성. 叔孫何라고도 쓴다. 유생으로 여러 국가의례를 제정했다. 43권, 〈酈陸朱劉叔孫傳〉에 입전.

의) 正朔(정삭), 服色, 郊祀나 望祭 같은 일은 여러 대가 지나도 확정하질 못했다. 孝文帝(재위 前 179 - 157년)에 이르러 처음으로 여름 郊祭를 올렸으며 張倉(장창)은 (漢이) 水德이라고 주장했지만, 公孫臣(공손신)이나 賈誼(가의)는 오히려 土德을 주장하여 끝내 명확하게 정할 수 없었다. 孝武帝 시대에 이르러 文章이 성대하여 太初 연간에 改制했는데, 兒寬(예관)과[508] 司馬遷(사마천) 등은 여전히 公孫臣(공손신)이나 賈誼(가의)의 주장을 따랐기에 복색이나 曆數에 결국 黃德(土德)으로 확정되었다. 그 五德의 傳承(전승)은 (五行의) 싸워 이길 수 없는 원리를 따른 것으로 秦이 水德이기에 漢은 土德으로 水를 이길 수 있다 생각하였다.

劉向 父子(아들 劉歆)는 皇帝가 〈震〉의 방위에서(東方) 출현하였으며,[509] 옛 包羲氏(포희씨, 伏羲氏)가 처음으로 木德을 받았고 그 뒤로 以母傳子 하였고 끝나면 다시 시작하였으며, 神農氏와 黃帝로부터 아래로 唐堯와 虞舜(우순)과 三代를 거쳐 漢은 火德을 받았다고 주장하였다. 그래서 高祖가 처음 起兵했을 때, 神母가 밤에 號哭(호곡)한 것은 赤帝의 符信을 받은 것이라 하여 旗章이 결국 赤色이었으며, 이는 天統을 自得한 것이라 주장하였다.

옛날 共工氏(공공씨)는 水德이 木德과 火德의 중간으로 秦과 同運

---

**508** 兒寬(倪寬, 예관. ? - 前 103) - 兒는 성 예. 아이 아. 司馬遷과 함께 太初曆을 제정, 시행에 동참했다. 저서로《兒寬》9편이 있다. 58권, 〈公孫弘卜式兒寬傳〉 입전.

**509**《易經》〈說卦傳〉에 「帝出乎震, 齊乎巽, 相見乎離, 致役乎坤, 說言乎兌, 戰乎乾, 勞乎坎, 成言乎艮.」이라 했다. 또 「萬物出乎震하니 震은 東方也라.」

이었고 그 次序가 아니었기에 (共工氏나 秦은) 모두 명운이 길지 못했다. 이를 두고 말한다면, 祖宗의 제도란 것은 결국은 자연에 대한 순응이며 시대에 순응해야 마땅한 것이다. 方士나 祠官의 변천을 끝까지 추구해 본다면 谷永(곡영)의 말이 정말 옳지 않은가! 정말 맞는 말이다!

# 천문지
## 天文志

# 卷二十六 天文志 第六
## 〔26권 천문지 제6[1]〕

## 一. 序

**原文**

凡天文在圖籍昭昭可知者. 經星常宿中外官凡百一十八

1 天文은 우주 공간에서 日月星辰(일월성신)의 분포와 운행에 관한 현상이다. 이러한 天文에 관한 여러 현상의 기록이 〈天文志〉이다. 〈천문지〉는 고대 天象 관측의 총결이며, 과학기술사의 귀중한 자료이다. 《史記》에서는 〈天官書〉이다. 《宋書》, 《晉書》, 《隋書》에도 〈天文志〉가 있는데, 《隋書》의 〈天文志〉가 가장 우수하다고 알려졌다.
班固는 序傳에서 말했다. 「밝고도 밝은 上天에 日月星辰이 드리웠으니, 日月은 온 주위를 밝히고 星辰은 빛을 내고 있다. 百官(星官)과 立法(運行秩序)에 宮室(星宿)이 함께 뒤섞여(곧 天文) 그 조짐이 王政에 대응하니, 마치 촛불에 생기는 그림자와 같다. 三代의 말세에 天文에 관한 일이 없어지거나 흩어졌는데, 그 (옛) 징험을 모아 옛일을 돌아보고 새 일을 생각해 보았다. 이에 〈天文志〉 第六을 서술했다.」
《漢書》의 〈天文志〉는 班固가 완성치 못하고 죽었기에 馬續(마속)이 편찬하였다. 馬續(마속, 서기 70 - 141년)은 후한의 武臣인 馬援(마원)의 侄孫(질손)이며 훈고학자 馬融(마융)의 兄으로 護羌都尉(호강도위)를 역임했다. 後

名, 積數七百八十三星, 皆有州國官宮物類之象. 其伏見蚤晚, 邪正存亡, 虛實闊狹, 及五星所行, 合散犯守, 陵歷鬭食, 彗孛飛流, 日月薄食, 暈適背穴, 抱珥虹蜺, 迅雷風祅, 怪雲變氣, 此皆陰陽之精, 其本在地, 而上發于天者也. 政失於此, 則變見於彼, 猶景之象形, 鄕之應聲. 是以明君睹之而寤, 飭身正事, 思其咎謝, 則禍除而福至, 自然之符也.

〖국역〗

모든 天文 現象은 여러 圖書의 기록으로 명백하게 알 수 있다.[2] 經星과 常宿(상수), 中外官(중외관) 등[3] 모두 118 星이며[4] 총수는 783

漢 和帝 永元 5년(서기 93), 班固가 《漢書》를 완성하지 못하고 옥중에서 죽자, 和帝는 반고의 여동생 班昭(반소, 曹大家)에게 〈八表〉를 완성케 했고, 馬續에게 〈天文志〉를 집필케 하였다. 이로써 《漢書》가 완성되었다. 〈天文志〉는 原文이 17,800字 정도이다(띄워쓰기 문장부호 포함). 原書에는 문단 구분, 目次나 小 題目에 의한 구분이 없다. 本文과 역자의 주석과 國譯은 10만 字가 넘는다. 내용에 따라 역자가 제목을 붙여 구분하였다.

2 원문 凡天文在圖籍昭昭可知者 - 凡은 모두 범. 대개. 모든. 天文은 天象. 圖籍은 圖書, 여러 기록. 昭昭는 밝은 모양. 밝을 소.

3 원문 經星常宿中外官 - 經星은 恒星(항성), 자리의 이동 없이 星宿(성수)를 이루는 별. 태양은 지구에서 가장 가까운 經星(恒星)이고, 北極星 또한 항성이다. 常宿(상수)는 列宿(열수). 이때 宿는 별자리 수. 星座. 정상적으로 출현하는 별. 二十八宿(이십팔수). 中外官은 中官과 外官. 별에 관직명을 붙여 분류하는 방법. 星官이라고 간칭. 星官은 恒星(항성)의 분류 방법의 하나. 星群의 배열상 특징이나 聯想에 의거 그 뜻을 附會(부회)하였다. 〈步天歌〉라는 글에는 283개의 星官 이름이 나온다.

4 원문 凡百一十八名 - 漢代에 관찰한 결과에 따라 命名을 한 星官이 118개

개로[5] 모두 각 州나 제후국, 관직, 궁궐, 사물을 상징한다.[6] 별이 보이지 않거나 나타나 보이기, 일찍 또는 늦게 보이기,[7] 邪正(사정)과 存亡,[8] 虛實과 闊狹(활협)[9] 및 五星의 운행에서 합쳐지거나 분리, 다른 星宿(성수)에 머무르는 현상,[10] 가려진 상태에서 지나가거나 서로 觸犯(촉범) 또는 가리는 현상,[11] 살별의 출현과 운행,[12] 일식과 월

---

이다. 소설《水滸傳》에 108 두령은 36명의 天罡星(천강성)과 72명의 地煞星(지살성)으로 대별한다. 이 역시 인간과 星官을 연결시킨 하나의 例라고 볼 수 있다.

5 원문 積數七百八十三星 - 118개 星官 중에 밝게 빛나는 별이 783개라는 뜻.

6 원문 皆有州國官宮物類之象 - 州國은 12州의 여러 나라. 官은 三公이나 藩臣(번신). 宮은 紫宮이나 閣道. 物類의 예로는 槍, 矛, 盾, 龜, 魚 등 형상에 의한 星名.

7 원문 伏見蚤晩 - 伏(복)은 보이지 않음(隱). 見(현)은 보임. 蚤는 일찍 조. 早와 同. 晩(늦을 만)은 늦게 보이다. 새벽녘에 보이다. 이는 5大 行星에 관한 서술이다.

8 원문 邪正存亡 - 邪(사)는 일월과 오성이 正道 운행을 하지 않거나 가끔 보이는 현상. 正은 日月과 五星의 정상 궤도 운행. 存은 列宿(열수)가 일그러지지 않음. 亡는 恒星(항성)이 不見하는 현상.

9 虛實闊狹 - 虛實은 관찰하는 각도에서 星宿(성수)가 '모두 보이는가?' '다 안 보이는가?'를 의미. 闊狹(활협)은 星과 星사이의 각도, 거리의 원근을 의미.

10 五星所行 合散犯守 - 五星은 歲星(木星), 熒惑星(형혹성, 火星), 太白(金星) 辰星(水星), 塡星(전성, 土星), 合은 一宿에 모여 있는 현상. 散은 오성이 변화하여 그 精氣가 흩어지면 祆星(요성)이 된다고 생각하였다. 犯은 行星의 光芒(광망)이 恒星(항성)까지 뻗친 형상. 守는 행성이 어떤 星宿에서 멈춰 움직이지 않는 현상.

11 원문 陵歷鬪食 - 陵(능)은 掩覆(엄복, 가려진 상태)하여 운행, 歷은 경과하다. 鬪는 관찰자가 볼 때 星宿가 서로 觸犯(촉범)하는 현상. 食은 星月이 서로 가리는 현상, 가려서 안 보이는 것을 食이라 한다.

식,[13] 햇무리가 일어나는 현상,[14] 햇무리의 형체와 무지개의 모양,[15] 벼락과 천둥, 요상한 바람,[16] 괴이한 구름과 날씨의 변화 등 이 모두가 陰陽의 精(정, 精氣)에 의한 것이지만, 그 근본은 땅에 있으며, 하늘로 뻗쳐 올라가 하늘에 나타나는 것이다. 땅 위에서 失政하면 그 변화가 저쪽(하늘)에 나타나는데, 이는 그림자가 형체를 보여주고 소리가 메아리로 돌아오는 것과 같다.[17] 이에 明君은 天象을 보고 깨닫고,[18] 자신을 신칙하여 행동을 바르게 고치며,[19] 과오에 따라 자

---

12 원문 彗孛飛流 – 彗는 빗자루 혜, 살별 혜. 쓸다. 孛는 살별 패. 사방으로 빛을 뻗침. 彗星(혜성)은 살별. 彗頭와 彗尾로 구성. 살별의 출현은 옛것을 쓸어내는 혁신의 뜻으로 보았다. 飛流는 빛이 나는 꼬리를(光尾) 달고 날아가다.

13 원문 日月薄食 – 氣가 뻗쳐서 추격하는 형세를 薄(박)이라 했다. 食은 가려서 안 보이는 현상.

14 원문 暈適背穴 – 暈은 무리 훈. 해 주변(日傍)의 기운. 適(적)은 일식이 일어나려 할 때 태양이 어두워지는 현상. 背는 해 주변의 기운이 밖으로 뻗치는 현상. 背는 등지다. 穴(구멍 혈)은 햇무리. 鐍과 같음. 걸쇠 휼, 햇무리 휼. 둥그렇게 형성된 氣.

15 원문 抱珥虹蜺 – 햇무리의 기운이 태양쪽으로 형성된 것을 抱(안을 포). 해 양쪽에 대칭되는 현상을 珥(귀고리 이). 虹蜺(홍예)는 무지개. 虹은 숫무지개. 蜺(무지개 예)는 암 무지개.

16 원문 迅雷風祆 – 迅雷(신뢰)는 천둥. 迅은 빠를 신. 雷는 우레 뇌. 번개 치고 천둥이 울다. 요상한 바람. 祆(재앙 요)는 妖(괴이할 요)와 같음.

17 원문 猶景之象形, 鄕之應聲 – 猶는 같을 유. 景은 그림자 영(影과 同). 象은 닮다. 그려내다. 형상화하다. 鄕은 메아리 향. 回聲. 反響. 應聲.

18 원문 明君睹之而寤 – 睹는 볼 도. 분별하다. 之는 天象. 寤는 잠에서 깰 오. 깨닫다.

19 원문 飭身正事 – 飭은 신칙할 칙. 경계하다. 삼가다. 자신을 되돌아보다. 正事는 일을 바르게 처리하다. 事는 政事.

책하거나,[20] 禍를 제거하고 복을 불러 들이나니, (그래서 天象은) 自然이 인간에게 보내는 신호이다.[21]

20 원문 思其咎謝 - 咎는 허물 구. 잘못. 過誤. 謝는 사죄하다.

21 원문 自然之符也 - 符는 符信, 兵符, 증거. 길조. 예언.

# 二. 上天 星宿

## 1. 天極星

原文

中宮天極星, 其一明者, 泰一之常居也, 旁三星三公, 或曰子屬. 後句四星, 末大星正妃, 餘三星後宮之屬也. 環之匡衛十二星, 藩臣. 皆曰紫宮.

〖국역〗

中宮(中官) 天極星(北極星)에서,[22] 첫째로 밝은 별은 泰一神의 常居이고,[23] 곁의 三星은 三公, 또는 아들들이다.[24] 뒤쪽의 구부러진 4星 중 끝의 大星이 正妃이고 나머지 三星은 후궁의 무리이다. 天極星을 에워싸고 넓게 호위하는 12개의 별은 藩臣(번신)이다.[25] 이 모

22 원문 中宮天極星 – 中宮은 中官의 착오라는 주석이 있다. 天極星은 北極星. 北辰(북신). 참고《論語 爲政》子曰, "爲政以德은 譬如北辰이니, 居其所에 而衆星이 共之하다."

23 원문 泰一之常居也 – 泰一은 太一. 漢人이 가장 존엄 시 했던 天上과 人間 세계의 최고 主宰者(주재자). 그가 常居하기에 帝星이다.

24 旁三星 – 北極 1, 3, 4 星. 작은곰자리의 3星. 太子, 庶子, 후궁. 漢代 三公은 丞相, 太尉, 御史大夫.

25 원문 環之匡衛十二星, 藩臣 – 環은 고리 환. 돌다. 匡衛(광위)는 보좌하며

두를 紫宮(자궁)이라 한다.[26]

原文

前列直斗口三星, 隨北耑銳, 若見若不見, 曰陰德, 或曰天一. 紫宮左三星曰天槍, 右四星曰天棓. 後十七星絶漢抵營室, 曰閣道.

〖국역〗

前列의 斗口(두구)에 해당하는 3星은[27] 타원형인데 뒤끝은 뾰족하고[28] 보이다 안 보이다 하는데, 陰德(음덕) 또는 天一星이라 부른다.[29] 紫宮(자궁)의 왼쪽 3星이 天槍星(천창성), 오른쪽 4星이 天棓星(천방성)이다.[30] 뒤쪽 17개 별은 은하수를 가로질러 營室(영실)까지 닿는데, 이를 閣道星(각도성)이라 한다.[31]

---

지켜주다. 匡은 바로잡다. 正其內. 衛는 지킬 위. 외부에서 막다. 藩臣(번신)은 제후. 藩은 울타리 번.

26 皆曰紫宮 - 紫宮은 紫微垣(자미원). 天帝의 居住處, 皇帝의 內院, 皇帝之外 皇后, 太子, 宮女들이 머문다.

27 원문 前列直斗口三星 - 直은 ~에 상당하다. 해당하다. 音은 치. 値와 通.

28 원문 隨北耑銳 - 隨는 가늘고 길 타, 둥글고 길쭉할 타(橢, 楕와 同). 따를 수. 北耑은 북쪽 끝. 뒤쪽 끝. 耑은 시초 단. 銳는 날카로울 예.

29 원문 曰陰德, 或曰天一 - 별은 하나이나 두 가지로 부른다는 뜻이나, 실제는 天龍星의 쌍둥이 별이라는 주석이 있다.

30 天槍, 天棓 - 槍은 창 창. 무기. 棓은 도리깨 방(농기구 이름), 별이름 방. 칠 부. 때리다.

31 원문 十七星絶漢抵營室 - 十七은 六의 착오라는 주석도 있다. 絶漢은 은

原文

北斗七星, 所謂 '旋,璣,玉衡, 以齊七政.' 杓攜龍角, 衡殷南斗, 魁枕參首. 用昏建者杓, 杓, 自華以西南. 夜半建者衡, 衡, 殷中州河,濟之間. 平旦建者魁, 魁, 海岱以東北也. 斗爲帝車, 運於中央, 臨制四海. 分陰陽, 建四時, 均五行, 移節度, 定諸紀, 皆繫於斗.

〖국역〗

北斗의 7星은[32] 이른바 '旋(선), 璣(기), 玉衡(옥형)을 관찰하여 七政을 다스린다.' 는 北斗이다.[33] 斗杓는 青龍의 角宿(각수)와 연결되었고,[34] 衡은 남쪽의 斗宿(28수 중 북방 玄武에 속함)에 대응하며,[35]

---

하를 가로 지르다. 은하를 절단하다. 漢은 銀漢, 은하수. 抵는 닿다. 밀을 저, 거스를 저. 營室(영실)은 별 이름. 營은 별이름 영, 室은 별이름 실. 二十八宿(수)의 하나. 北方 玄武에 속함. 閣道(각도)는 지붕이 있는 통행로. 複道(복도).

32 北斗七星 – 1에서 7까지의 이름은 天樞(천추), 天璇(천선), 天璣(천기), 天權(천권), 玉衡(옥형), 開陽(개양), 搖光(요광)이다. 前 4星은 斗形(국자 모양)이라서 斗魁(두괴) 또는 璇璣(선기)라고 한다. 뒤의 3성은 자루 모양(斗柄, 두병)이라서 斗杓(두표) 또는 玉衡(옥형)이라고 부른다. 이 북두칠성은 북극성을 중심으로 회전한다.

33 이는《書經 虞書 堯傳》의 구절이다. 七政은 일월 및 五星을 또는 春, 夏, 秋, 冬과 天文, 地理, 人事를 의미한다. 북두칠성의 운행에 따라 7政의 관계를 조정한다는 뜻이다.

34 원문 杓攜龍角 – 杓는 斗杓. 攜는 끌 휴. 携의 本字. 龍角은 東方 蒼龍(항룡) 형상의 角宿.

35 원문 衡殷南斗 – 衡은 玉衡(옥형), 北斗의 중앙. 殷은 대응하다. 中也. 南

북두의 魁星(괴성)은 서방 參宿(삼수)의 머리에 닿았다(枕).[36] 황혼 이후에 방향을 가리키는 것은 斗杓이고, 두표는 중국(華夏)의 서남방이다.[37] 한밤에(夜半) 방향을 판정할 수 있는 것은 玉衡(옥형)이고, 玉衡은 中州의 河水와 濟水 사이를 주관한다.[38] 平旦(평단, 새벽)에 방향을 정해주는 것은 斗魁(두괴)인데, 斗魁는 동해와 泰山 등 중국의 동북방을 말한다.[39] 北斗는 帝車(제거)이니 中央을 운행하며 四海를 제어한다.[40] 陰陽을 구분하고 四時(四季)의 순환, 五行의 조절, 節氣의 변환과 紀世, 曆法의 제정 등[41] 모두가 북두와 관련되었다.

---

斗는 북방 玄武에 속하는 斗宿. 南球의 6星(人馬座)이 아니다.

**36** 원문 魁枕參首 – 魁는 우두머리 괴. 魁首. 별이름 괴. 魁星(괴성), 북두의 제 1星. 枕은 베개로 베다. 깔아 누르다. 參은 28宿 중 서방 白虎의 參宿(삼수). 參은 셋 삼, 별이름 삼. '낄 참' 으로 읽으면 안 된다.

**37** 用昏建者杓 – 황혼 이후에 斗柄이 指向하는 방향에 따라 계절이 달라진다. 華는 중국, 華夏.

**38** 원문 殷中州河,濟之間 – 殷(성할 은)은 대응하다. 지칭하다. 中州는 中國. 河는 河水. 濟는 濟水. 四瀆의 하나. 지금은 없어진 강. 지금 河水 下流의 물길이 옛 濟水의 물길과 같다고 한다.

**39** 魁, 海岱以東北也 – 魁는 北斗之首. 海岱는 동해와 泰山. 岱(대)는 岱山. 태산의 다른 이름.

**40** 臨制四海 – 중국은 四海의 중앙에 있는 땅, 곧 中州이고, 사해는 곧 蠻夷(만이)의 땅이라 생각했다. 사해 중 北海는 사막지대 또는 바이칼호(貝加爾湖)를 북해라 생각했다.

**41** 移節度, 定諸紀, 皆繫於斗 – 移는 移行. 節度는 24절기, 諸紀는 여기 紀綱. 曆法. 繫는 맬 계. 매어있다. 관련 있다.

原文

斗魁戴筐六星, 曰文昌宮, 一曰上將, 二曰次將, 三曰貴相, 四曰司命, 五曰司祿, 六曰司災. 在魁中, 貴人之牢. 魁下六星兩兩而比者, 曰三能. 三能色齊, 君臣和, 不齊, 爲乖戾. 柄輔星, 明近, 輔臣親彊, 斥小, 疏弱.

杓端有兩星, 一內爲矛, 招搖, 一外爲盾, 天蜂. 有句圜十五星, 屬杓, 曰賤人之牢, 牢中星實則囚多, 虛則開出.

天一,槍,棓,矛,盾動搖, 角大, 兵起.

〚국역〛

北斗의 魁星(괴성)에는 광주리에 담긴 것 같은 六星이 있어, 이를 文昌宮이라 하는데,[42] 첫째 별은 上將, 둘째는 次將, 셋째는 貴相, 넷째는 司命, 다섯째는 司祿(사록), 여섯째는 司災(사재)라 한다.[43] 魁中에는 貴人의 牢獄(뇌옥, 감옥)이 있다. 魁下의 六星은 2개씩 짝을 지어, 이를 三能(삼태)라 한다.[44] 三能(삼태)는 星色이 서로 같아 君臣의

42 원문 斗魁戴筐六星, 曰文昌宮 - 斗魁는 북두의 魁星. 魁는 으뜸 괴. 戴는 담다. 머리에 이다. 筐은 광주리 광. 六星은 큰곰자리(大雄)의 6星. 文昌宮은 文昌帝君의 星座. 별칭 梓潼帝君, 文昌君 - 文運과 考試을 주관하는 神祇. 中國에 '北孔子, 南文昌' 이란 말이 있을 정도로 文昌帝君에 대한 신앙이 널리 퍼졌다.

43 上將은 威武를 주관, 次將은 좌우 참모를 담당, 貴相은 文緖, 司命은 不意의 재앙이나 훼방을 담당, 司祿은 진사 급제, 司災는 자연재로부터 지켜준다고 믿었다.

44 魁下六星兩兩而比者, 曰三能 - 能는 별이름 태. 三台(삼태)와 同. 삼태는 모두 큰곰자리에 들어있다. 能에는 '곰 능' 이라는 뜻도 있다(熊).

화합을 상징하는, 같지 않으면 君臣이 서로 어긋난다고 한다.[45] 斗柄(두병)에 해당하는 輔星(보성)의 밝기가 비슷한데, 輔臣이 主君과 가깝고 강성함을 예시하고, 멀어지거나 빛이 희미하면 소원하고 미약하다는 뜻이다.[46]

斗杓 끝에서 밖에 있는 兩星의 가까운 쪽의 하나는 矛星(창 모) 또는 招搖星(초요성)이라 하고, 멀리 있는 하나는 盾星(방패 순)인데, 天蜂星(천봉성)이다.[47] 갈고리 모양으로 둥글게 이어진 15개의 별은 북두의 자루에 속하며 賤人의 牢獄(뇌옥)인데,[48] 우리 안에 별이 차면(實) 죄수가 많은 것이고, 비워지면(虛) 옥문을 열어 내보냈다는 뜻이다.

天一星, 槍星(창성), 天棓星(천방성), 矛星(모성), 盾星(순성)이 동요하거나 角星이 커지면 兵亂(병란)이 일어난다.[49]

---

45 원문 三能色齊, 君臣和, 不齊, 爲乖戾 – 色齊는 星色이 같다. 爲乖戾의 乖戾(괴려)는 어그러지다, 어긋나다.

46 원문 輔臣親彊, 斥小, 疏弱 – 輔臣親彊의 親은 和親. 彊은 굳셀 강. 强과 同. 斥은 배척할 척. 疏는 트일 소. 소원하다.

47 원문 一內爲矛, 招搖, 一外爲盾, 天蜂 – 矛는 창 모. 招搖(초요)는 흔들어 부르다. 盾은 방패 순. 蜂은 별 봉.

48 원문 賤人之牢 – 牢는 우리 뇌(뢰). 牢獄. 囚는 가둘 수. 죄수.

49 天一,槍,棓,矛,盾動搖, 角大, 兵起 – 그 당시에 다른 기구 없이 肉眼으로만 별을 관찰했을 터인데, 별이 커진다든지 색이 달라진다. 또는 흔들린다고 느꼈다면 어느 정도 주관에 의한 결과가 아니겠는가? 그것이 兵亂이 일어날 근거나 예언이 될 수 있겠는가? 矛는 창 모. 盾은 방패 순.

## 2. 二十八宿

原文

東宮蒼龍, 房,心. 心爲明堂, 大星天王, 前後星子屬. 不欲直, 直, 王失計. 房爲天府, 曰天駟. 其陰, 右驂. 旁有兩星曰衿. 衿北一星曰舝. 東北曲十二星曰旗. 旗中四星曰天市. 天市中星衆者實, 其中虛則秏. 房南衆星曰騎官.

〚국역〛

東宮의 蒼龍(창룡, 靑龍)에 房宿(방수)와 心宿(심수)가 있다.[50] 心宿는 明堂에 해당하고, 大星은 天王이며, 前, 後星은 아들에 속한다.[51]

---

50 東宮蒼龍, 房,心. - 東宮은 東官이어야 한다는 주석이 있다. 蒼龍은 靑龍, 중국 천문학상 四象(靑龍, 白虎, 朱雀, 玄武)의 하나. 四象에 각 7星씩 배속시켰다(二十八宿). 二十八宿(수, xiù) - 天球上의 黃道와 하늘의 赤道 부근에 둘러있는 28개 星座(或稱 星官). 이십팔수의 이름은,

東宮(東官) - 角, 亢(항), 氐(저), 房, 心, 尾(미), 箕(기).

北宮(北官) - 斗, 牛, 女, 虛(허), 危(위), 室, 壁(벽).

西宮(西官) - 奎(규), 婁(루), 胃(위), 昴(묘), 畢(필), 觜(자), 參(삼).

南宮(南官) - 井, 鬼(귀), 柳, 星, 張, 翼(익), 軫(진)이다.

이 28수는 각 1개의 항성을 기준으로 정한 천문 座標(좌표)이며, 태양과 달, 5대 행성, 彗星(혜성) 등의 운행 위치 및 항성을 관측하는 기초가 된다. 二十八舍, 二十八星, 二十八次 등으로도 표기. 房宿(방수)와 心宿(심수)는 東官의 正中이며 대표적 자리. 현대 천문학에서 天蝎(천갈)자리에 속하는 별이다.

51 心明堂, 大星天王, 前後星子屬 - 明堂은 고대 天子가 政敎를 행하고 朝

한 줄로 서려고 하지 않으나, 한 줄로 서게 된다면 天王이 失計하게 된다.[52] 房은 천자의 府庫(倉庫)이며 天駟星(천사성)이라고도 한다.[53] 그 북쪽에 오른쪽 곁말이(驂) 있다.[54] 그 옆에 있는 양쪽 별은 衿星(금성)이다.[55] 衿星(금성) 북쪽의 一星은 舝星(할성)이다.[56] 동북의 구부러진 모양의 12개 星을 旗星(기성)이라 한다.[57] 旗星의 4개 星을 天市星이라 한다.[58] 天市에 별이 많이 모이면 實이고, 그 가운데가 비었으면 耗(모, 消耗)라 하였다.[59] 房宿(방수) 남쪽의 여러 별을 騎官星(기관성)이라 한다.[60]

---

會, 祭祀, 慶賞, 選士, 養老, 教學 등의 大典을 거행하는 건물. 大星은 심수의 2번째 별이라는 주석이 있다. 天王은 周 天子. 일반적으로 帝王을 지칭.

52 원문 不欲直, 直, 王失計 – 直은 한 줄로 나란하다.

53 원문 房爲天府, 曰天駟 – 天府는 천자의 재물을 쌓아두는 창고, 또는 하늘이 내려준 비옥한 땅. 天駟는 천자의 수레를 끄는 네 마리의 말.

54 원문 其陰, 右驂 – 陰은 그늘, 북쪽. 驂은 곁마 참. 수레를 끄는 4마리 말 외에 예비용 말.

55 원문 旁有兩星曰衿 – 衿은 옷깃 금. 鈐(수레바퀴 비녀장 검)과 通.

56 원문 衿北一星曰舝 – 舝은 비녀장 할. 수레 축(車軸)과 바퀴가 분리되지 않게 가로지르는 막대나 쇠. 할성은 天蝎(천갈) 자리의 별이다.

57 東北曲十二星曰旗 – 旗星은 魏, 趙, 中山, 齊, 吳越 등 12개 郡國과 관련이 있는 별이라고 하였다.

58 원문 旗中四星曰天市 – 하늘의 별 4개를 보고, 하늘의 市場이라고 이름을 붙일 수 있는 사람은 얼마나 로맨틱한 사람인가!

59 원문 天市中星衆者實, 其中虛則耗 – 實은 歲實. 풍년든 해. 豊收. 耗는 歲虛, 歉收(겸수). 歉은 흉년들 겸.

60 원문 房南衆星曰騎官 – 衆星은 10개의 별이 있다는 주석이 있다.

原文

左角, 理, 右角, 將. 大角者, 天王帝坐廷. 其兩旁各有三星, 鼎足句之, 曰攝提. 攝提者, 直斗杓所指, 以建時節, 故曰 '攝提格.'

亢爲宗廟, 主疾. 其南北兩大星, 曰南門.

氐爲天根, 主疫. 尾爲九子, 曰君臣, 斥絶, 不和.

箕爲敖客, 后妃之府, 曰口舌. 火犯守角, 則有戰. 房,心, 王者惡之.

〖국역〗

角宿(각수) 좌측별은 理官(司法官)이고, 우측별은 將軍이다.[61] 大角星은 天王이 있는 帝廷이다.[62] 그 양쪽 옆으로 각각 3星이 있으며, 鼎足(정족, 솥의 다리)처럼 서로 연결되었는데 攝提(섭제)라고도 부른다.[63] 攝提星은 斗杓(두표)가 직선으로 가리키는데, 이로써 계절을 측정할 수 있기에 '攝提格(섭제격)' 이라 한다.

亢宿(항수, 목구멍 항)는[64] 나라의 宗廟이며 인간의 질병을 주관한

61 원문 左角, 理, 右角, 將 – 理는 理官, 곧 사법관. 右角은 角宿(각수) 오른쪽의 별. 將은 將帥.

62 원문 大角者, 天王帝坐廷 – 大角星은 牧夫(牧童) 자리에서 가장 밝은 별이라는 주석이 있다. 天王의 帝廷(朝廷).

63 원문 鼎足句之, 曰攝提 – 鼎足은 솥의 세 발. 句는 굽을 구. 攝提(섭제)는 星名. 木星. 左, 右攝提가 있는데, 二十八宿 중 東方七宿의 亢宿(항수)에 속한다. 현대 星座의 牧夫座에 속하며 3개의 恒星이 있다.

64 원문 亢爲宗廟, 主疾 – 亢宿은 4개의 별로 구성(室女座). 宗廟는 外朝라

다. 항수의 남북 양쪽의 大星을 南門이라 한다.[65]

氐宿(저수, 근본 저)는 天根이고, 疫病(역병)을 주관한다.[66]

尾宿(미수)는 9명의 신하로 君臣을 뜻하는데, 서로 斥絶(척절, 배척)한다면 곧 不和이다.[67]

箕宿(기수)는 天庭의 시비를 불러일으키는 빈객이고, 后妃의 府庫이며 인체의 口舌(구설, 혀)과 같다.[68] 火星이 角宿의 영역에 들어와 머문다면 전쟁이 일어난다.[69] 房宿와 心宿는 王者가 싫어하는 星宿(성수)이다.

**原文**

南宮朱鳥, 權, 衡. 衡,太微, 三光之廷. 筐衛十二星, 藩臣, 西, 將, 東, 相, 南四星, 執法, 中, 端門, 左右, 掖門. 掖門內

---

는 주석이 있다.

65 원문 其南北兩大星, 曰南門 - 半人馬座의 2星.

66 원문 氐爲天根, 主疫 - 氐宿은 4星, 天秤座(천칭좌, 秤은 저울 칭). 天根은 天朝庭의 根基. 疫은 염병 역. 돌림병, 전염병.

67 원문 尾爲九子, 曰君臣, 斥絶, 不和 - 尾는 꼬리 미. 斥絶(척절)은 서로 배척하여 단절되다. 거리가 멀다.

68 원문 箕爲敖客, 后妃之府, 曰口舌. - 箕(키 기)는 농기구의 이름. 여기에 곡식을 올려놓고 아래위로 날리면서 곡식에 들어있는 티끌 같은 것을 날려 보내며, 바람을 일으키는 생활도구이다. 敖客(오객)은 시끄럽고 말 많은 객인, 공연히 끼어들어 분란을 일으킨다는 뜻. 箕는 여인의 작업도구라서 后妃之府(후비의 창고)라 했을 것이다. 口舌(구설)은 입안의 혀. 구설수.

69 火犯守角, 則有戰. 房,心, 王者惡之. - 火星이 角宿 영역에 들어와(犯) 머물고 나가지 않다(守).

六星, 諸侯. 其內五星, 五帝坐. 後聚十五星, 曰哀烏郎位, 旁一大星, 將位也. 月,五星順入, 軌道, 司其出, 所守, 天子所誅也. 其逆入, 若不軌道, 以所犯名之. 中坐, 成形, 皆群下不從謀也. 金,火尤甚. 廷藩西有隨星四, 名曰少微, 士大夫. 權, 軒轅, 黃龍體. 前大星, 女主象, 旁小星, 御者後宮屬. 月,五星守犯者, 如衡占.

〖국역〗

南宮은 朱鳥인데, 權星과 衡星이 그 소속이다.[70] 衡(형)은 太微星(태미성)인데, 三光의 뜨락(廷)이라 할 수 있다.[71] 대나무 광주리처럼 지키는 12星은 藩臣(번신, 여기서는 지방관)인데 서쪽은 將(武臣), 東쪽은 相(文臣)이고, 南의 4星은 조정의 執法(집법)이며, 中은 端門(단문), 좌우는 掖門(액문)이다.[72] 액문 안의 6星은 諸侯(제후)이다. 그 안

70 원문 南宮朱鳥, 權, 衡. – 南宮은 南官. 여기에는 井, 鬼, 柳, 星, 張, 翼(익), 軫宿(진수)의 7宿가 있다. 朱鳥는 朱雀(주작). 井, 鬼, 柳는 새의 입, 星은 새의 목, 張은 새의 모이주머니, 翼은 새의 날개라 할 수 있는데, 대체로 긴 뱀의 형상으로 보인다. 十二次로는 鶉首(순수), 鶉火, 鶉尾(순미)에 해당한다. 十二次는 일명 分野. 中國 古代 天文學者의 星辰 구분의 한 방법이다. 權은 星官名인데, 17개 星을 포함하고 있다. 서양의 天猫(천묘)와 獅子座에 속한다.

71 원문 衡, 太微, 三光之廷 – 太微는 天帝의 南宮. 三光은 日, 月과 五星.

72 원문 筐衛十二星, 藩臣, 西, 將, 東, 相, 南四星, 執法, 中, 端門, 左右, 掖門. – 筐은 대나무 광주리 광. 藩臣(번신)은 제후. 조회할 때 서쪽에는 武臣 동쪽에는 文臣이 자리한다. 執法은 어사대부의 속관. 端門(단문)은 남쪽 정문. 掖門(액문)은 쪽문.

의 5星은 5帝가 앉아 있는 것이다. 그 뒤쪽에 모여 있는 15星은 많은 별들이 모여드는 모양이라서(哀烏) 郞位(낭위)라고 한다.[73] 곁의 一大星은 장수의 자리이다. 月과 五大行星은 서쪽에서 순차로 들어오고, 정해진 궤도를 따르고 태미성을 거쳐 동쪽으로 나가야 하는데, 머물러 있으면 천자에 의해 처형된다.[74] 만약 逆入(역입)하거나 軌道(궤도)를 따르지 않는다면, 다른 영역을 침범한다는 죄로 命을 받아야 한다.[75] 五帝의 자리를 범하면 禍福이 모습을 드러내고 모든 아랫사람이 함께 作亂을 모의하나 따르지 않는다.[76] 金星과 火星이 끼치는 危害가 더욱 심하다. 조정 울타리 밖 서쪽에 타원형의 4星을 少微星(소미성)이라 하는데, 인간세계의 士大夫이다.[77] 權星은 軒轅星(헌원성)이니 黃龍의 모습이다.[78] 앞쪽의 大星은 女主의 형상이고,

---

**73** 後聚十五星, 曰哀烏郞位 - 聚는 모일 취. 哀烏(애오)는 '여러 별이 모여드는 모양' 郞位 앞에 曰이 있어야 한다는 주석이 있다.

**74** 月,五星順入, 軌道, 司其出, 所守, 天子所誅也. - 五星은 5대 행성. 順入은 서쪽에서 진입하다. 軌道는 정해진 길을 가다. 司는 감찰하다. 出은 태미성을 지나 동쪽으로 운항하다. 守는 머물러 있다.

**75** 원문 其逆入, 若不軌道, 以所犯名之 - 逆入은 동쪽에서 태미성으로 진입해 오다. 以는 ~을 근거로. 所犯은 달이나 오성의 光芒(광망)이 다른 星辰까지 뻗치다. 名은 命. 인정하다.

**76** 원문 中坐, 成形, 皆群下不從謀也 - 中坐는 五帝 座를 범하다. 成形은 禍福의 형상이 드러나다. 皆群下不從謀也에서 不이 없어야 한다는 주석이 있다.

**77** 원문 廷藩西有隨星四, 名曰少微, 士大夫. - 隨는 楕(길쭉할 타). 士大夫는 아직 출세하지 않았기에 빛이 희미하다.

**78** 원문 權, 軒轅, 黃龍體 - 軒轅은 黃帝. 軒轅은 수레의 끌채. 수레를 처음 발명한 사람이 黃帝라고 한다.

곁의 小星은 侍御者(시어자)나 後宮의 무리이다. 月과 五星이 머물거나 침범하는 경우에 그 길흉 판단은 衡星(형성)의 占과 같다.[79]

原文

東井爲水事. 火入之, 一星居其左右, 天子且以火爲敗. 東井西曲星曰戉, 北, 北河, 南, 南河, 兩河,天闕間爲關梁.

輿鬼, 鬼祠事, 中白者爲質. 火守南北河, 兵起, 穀不登. 故德成衡, 觀成潢, 傷成戉, 禍成井, 誅成質.

〖국역〗

東井(동정, 井) 星宿(성수)는 물과 관련한 일을 주관한다.[80] 火星이 구역에 들어오면, 1星이 그 좌우에 따라 붙는데, 이는 天子의 일이 火星 때문에 실패한다는 뜻이다.[81] 東井의 서편 모서리 星을 戉(월)이라 하고,[82] 그 北쪽은 北河, 南쪽은 南河인데, 兩河와 天闕(天門)의 사이는 (日月과 五星의 운행의) 관문이나 교량(梁, 橋梁)이 된다.

---

79 원문 前大星, 女主象, 旁小星, 御者後宮屬. ~, 如衡占 - 象은 상징하다. 御者는 侍御者. 하녀. 如衡占의 占은 情況.

80 원문 東井爲水事 - 東井은 井宿. 天之 南門. 남방 7숙의 첫째. 8星으로 구성, 쌍둥이座(雙子). 형상이 우물 井 이라서 물과 관련한 일을 主管. 법령의 公平을 상징.

81 원문 火入之, 一星居其左右, 天子且以火爲敗. - 이는《史記 天官書》에 없는 구절이다.

82 東井西曲星曰戉 - 曲星은 變星. 숨어 잘 안 보인다. 戉은 도끼 월, 별이름 월. 鉞(도끼 월)의 古字. 淫奢(음사)로 斬首한다는 뜻.

鬼宿(귀수)는 귀신이나 제사의 일을 주관하는데, 그중 星光이 하얀 별은 質(鑕, 모루, 도끼 밑받침)이다.[83] 火星이 南, 北河에 들어가 머물면(守) 병란이 일어나거나 흉년이 든다.[84] 그래서 오행의 德은 衡星(형성, 五帝座)에서 받고, 그 징조는 潢星(황성)에서 관측할 수 있고, 損傷(손상)의 징조는 戉星(월성, 鉞星)에, 禍害(화해)의 징조는 井宿에, 誅殺(주살)의 징조는 質星(질성, 鑕星)에 나타난다.[85]

**原文**

柳爲鳥喙, 主木草. 七星, 頸, 爲員宮, 主急事. 張, 嗉, 爲廚, 主觴客. 翼爲羽翮, 主遠客.

軫爲車, 主風. 其旁有一小星, 曰長沙, 星星不欲明, 明與四星等, 若五星入軫中, 兵大起. 軫南衆星曰天庫, 庫有五車. 車星角, 若益衆, 及不具, 亡處車馬.

**〖국역〗**

(남방) 柳宿(유수)는 새(鳥, 朱雀, 주작)의 입이고, 초목을 주관한

---

83 원문 輿鬼, 鬼祠事, 中白者爲質. - 輿鬼는 남방 7宿 중 2번째 鬼宿(귀수). 中白者는 鬼宿 4성의 하나, 積屍星(적시성)이라고도 부른다. 質은 鑕, 모루 질. 도끼로 찍거나 자를 때 물건을 올려놓는 받침.

84 원문 火守南北河, 兵起, 穀不登 - 守는 다른 星域에 들어가서는 이동하지 않다. 穀不登은 곡식이 여물지 않다. 흉년이 들다.

85 원문 德成衡, 觀成潢, 傷成戉, 禍成井, 誅成質. - 새로운 왕조의 개창은 衡星의 五帝座에서 오행의 德을 받는다. 潢은 물 웅덩이 황, 潢星에 五帝의 덕을 관찰하다. 戉은 鉞(도끼 월), 質은 鑕(모루 질).

다.[86] 星宿(성수)의 七星은 (주작의) 목(頸)이고,[87] 員宮(官員)으로 (나라의) 急事를 주관한다. 張宿(장수)는 새의 모이주머니이고, 나라의 주방(廚, 부엌 주)이며 손님 접대를 주관한다.[88] 翼宿(익수)는 새의 날개이고 먼 곳에서 온 손님을 접대한다.[89]

軫宿(진수)는 수레이며 바람(風)을 주관한다.[90] 그 옆의 작은 별 하나를 長沙星(장사성)이라 하며, 星의 星光이 밝지 않아 그 밝기가 다른 4星과 같은데, 만약 五星이 軫宿(진수)에 머물면 큰 병란이 일어난다. 軫宿(진수) 남쪽의 여러 별을 天庫星이라 하는데, 天庫에는 五車가 있다. 車星의 芒角(망각)이 크게 많아지는 듯 하다가 보이지 않게 되면 나라에 車馬가 없다는 뜻이다.[91]

---

**86** 원문 柳爲鳥喙, 主木草. - 柳는 星宿의 이름. 8星으로 구성. 현대 큰 뱀자리(長蛇座)에 해당. 鳥는 남방의 朱雀(주작). 喙는 부리 훼. 嘴(부리 취)와 通. 啄(부리로 쪼을 탁)이어야 맞는다는 주석이 있다.

**87** 원문 七星, 頸, 爲員宮, 主急事. - 七星은 普通名詞로 별이란 뜻이 아니다. 여기 星은 28宿 중 남방 4번째 성수의 이름이 星이니 고유명사로서의 星이다. 7星으로 구성되었다. 새의 목(頸, 목 경)에는 무엇이든지 머물 수 없이 넘겨버려야 한다. 그래서 나라의 急事를 처리한다고 했다. 풍부한 상상력의 결과가 아니겠는가?

**88** 원문 張, 嗉, 爲廚, 主觴客. - 張은 남방 朱雀의 5번째 星宿, 6星으로 구성. 모두 큰 뱀자리에 속한다. 嗉는 모이주머니 소. 새의 멀떠구니. 廚는 부엌 주. 觴은 술잔 상. 觴客은 손님을 대접하다.

**89** 원문 翼爲羽翮, 主遠客 - 翼宿(익수)는 모두 22星으로 구성. 羽翮(우핵)은 날개. 翮은 날개의 굵은 뼈. 遠客은 소수민족으로 중국에 입조한 使者.

**90** 원문 軫爲車, 主風 - 軫은 수레의 뒤턱에 대는 나무 진. 수레.

**91** 원문 車星角, 若益衆, 及不具, 亡處車馬 - 車星角의 角은 芒角. 빛의 맨 끝 뾰족한 부분.

原文

西宮咸池, 曰天五潢. 五潢, 五帝車舍. 火入, 旱, 金, 兵, 水, 水. 中有三柱, 柱不具, 兵起.

奎曰封豨, 爲溝瀆. 婁爲聚衆. 胃爲天倉. 其南衆星曰廥積.

昴曰旄頭, 胡星也. 爲白衣會. 畢曰罕車, 爲邊兵, 主弋獵. 其大星旁小星爲附耳. 附耳搖動, 有讒亂臣在側. 昴,畢間爲天街. 其陰, 陰國, 陽, 陽國.

〖국역〗

西宮(西官)의 咸池(함지)는 天의 五潢(오황)이라고 한다.[92] 五潢은 五帝의 車舍(거사, 車庫)이다.[93] 火星이 침입하면 날이 가물고(旱, 旱害), 金星이 犯入하면 병란이 일어나며, 水星이 들어오면 수해가 발생한다. 함지 가운데 3개의 기둥이 있는데, 각 기둥에 별이 부족하면 병란이 발생한다.[94]

奎宿(규수)는 封豨星(봉희성, 큰 멧돼지)인데, 水路와 하천을 뜻한

92 西宮咸池, 曰天五潢. - 西宮(西官)에는 奎, 婁(루), 胃(위), 昴(묘), 畢(필), 觜(자), 參(삼)의 7개 星宿이 있다. 서방 白虎의 主星은 參宿이나 한 편에 치우쳐 있어 《史記 天文書》에서는 중앙에 있는 咸池宿(함지수)를 대표로 설명했고 《漢書 天文志》에서도 그대로 계승했다. 咸池는 해가 지는 곳이라고 알려졌다. 潢은 물 웅덩이 황.

93 원문 五潢, 五帝車舍. - 五車는 五星, 이 오성은 모두 馬夫자리에 속한다.

94 中有三柱, 柱不具, 兵起. - 五車 내외에 三柱가 있고 각 柱는 3개 星으로 이뤄졌는데, 3柱9星의 수가 부족하면 병란이 일어난다고 믿었다.

다.[95] 婁宿(누수)는 만물이 모인다는 뜻이다.[96] 胃宿(위수)는 하늘의 창고이다. 그 남쪽의 여러 星辰은 廥積星(괴적성)이라 한다.[97]

昴宿(묘수)는 깃대를 들고 길을 치우는 군사이니 胡人의 星辰(성신)이다. 白衣를 입고 모이는 喪事를 뜻한다.[98] 畢宿(필수)는 罕車星(한거성)이라고 하는데, 변방을 지키는 군사이며 사냥을 주관한다.[99] 그 大星 옆에 있는 小星은 附耳星(부이성)이다. 부이성이 요동치면 참언하거나 정사를 어지럽히는 신하가 군주 측근에 있다는 뜻이다.[100] 昴宿(묘수)와 畢宿(필수)의 중간이 天街(천가)이다. 天街星의

---

95 원문 奎曰封豨, 爲溝瀆. – 奎宿(규수)는 서방 白虎 7宿의 첫째. 16星으로 구성. 仙女座와 雙魚座에 해당. 封은 크다. 거대하다는 뜻. 豨는 멧돼지 희. 封豨(봉희)는 큰 멧돼지. 溝瀆(구독)은 불 도랑과 하천. 奎婁(규루)는 降婁라 하여 내려온다는 뜻.

96 원문 婁爲聚衆 – 婁는 별이름 루. 3성으로 구성. 사람을 모아 군사를 일으킨다는 뜻.

97 원문 胃爲天倉. 其南衆星曰廥積. – 胃는 밥통 위. 廥는 여물(가축의 사료)을 쌓아두는 창고 괴.

98 원문 昴曰旄頭, 胡星也. 爲白衣會. – 昴은 고개를 들 앙. 7星으로 구성, 속칭 七姉妹星團. 旄는 깃대 장식 모. 旄頭는 천자 출행 시 깃발을 들고 길을 치우는 병사. 胡는 흉노족을 지칭, 때로는 중국 서북방의 이민족을 포괄적으로 지칭. 우리나라에서는 여진족, 만주족을 胡라 칭했다(예, 丙子胡亂). 白衣는 喪服.

99 원문 畢曰罕車, 爲邊兵, 主弋獵. – 畢宿(필수, 마칠 필)는 8星으로 구성. 罕車(한거, 드물 한)는 사냥용 그물을 싣는 수레. 罕은 드물 한, 그물 한. 弋은 주살 익. 獵은 사냥할 렵.

100 其大星旁小星爲附耳. 附耳搖動, 有讒亂臣在側. – 附耳(부이)는 어떤 기물의 손잡이. 搖動(요동)은 흔들리다.

북쪽은 陰國(夷狄의 나라)이고, 그 남쪽은 陽國(中華)이다.[101]

原文

參爲白虎, 三星直者, 是爲衡石. 下有三星, 銳, 曰罰, 爲斬艾事. 其外四星, 左右肩股也. 小三星隅置, 曰觜觽, 爲虎首, 主葆旅事. 其南有四星, 曰天廁. 天廁下一星, 曰天矢. 矢黃則吉, 靑白黑凶. 其西有句曲九星, 三處羅列, 一曰天旗, 二曰天苑, 三曰九斿. 其東有大星曰狼, 狼角變色, 多盜賊. 下有四星曰弧, 直狼. 比地有大星, 曰南極老人. 老人見, 治安, 不見, 兵起. 常以秋分時候之南郊.

〖국역〗

參宿(삼수)는 白虎인데, 3星이 나란한 일직선이라서 衡石星(형석성)이라 한다.[102] 아래 3星은 뾰족한데 罰星(벌성)이며 반란세력을 평정한다. 그 외의 4星은 좌우의 어깨(팔)와 다리이다.[103] 작은 3星이

101 昴,畢間爲天街. 其陰, 陰國, 陽, 陽國 - 天街星은 2星. 陰은 북쪽. 陰國은 북방 이민족의 나라. 陽은 남쪽. 陽國은 中華.

102 원문 參爲白虎, 三星直者, 是爲衡石. - 參宿(삼수)는 7星으로 구성. 獵戶座(엽호좌, 사냥꾼 자리). 白虎는 서방이라서 백호. 直者는 나란히 한 줄이 되다. 衡石은 저울대. 衡은 저울대 형. 여기 石은 용적 단위이다. 용적의 양을 달을 때 저울이 평평하면 무게가 정확하다는 뜻이다. 이런 의미에서 石을 붙여 쓴다. '저울대의 돌' 이나 '저울에 쓰이는 돌' 등으로 해석할 수 없다.

103 下有三星, 銳, 曰罰, 爲斬艾事. 其外四星, 左右肩股也. - 銳는 날카로울

모서리에 자리했는데, 이를 觜觿星(자휴성)라 하며, 호랑이 머리가 되는데 병란 이후 백성의 굶주림을 예고한다.[104] 그 남쪽에 4星은 하늘의 厠間(측간, 변소)이다.[105] 天厠星(천측성) 아래 一星은 天矢星(천시성)이다.[106] 천시성이 黃色이면 吉하고, 靑, 白, 黑色이면 凶하다.[107] 그 서쪽에 구부러진 모양으로 9星이 3곳에 나열하였는데, 그 하나는 天旗星이고 또 天苑星(천원성)과 九斿星(구유성)이다.[108] 그 동쪽에 있는 大星은 狼星(낭성)인데, 낭성의 光芒(광망)이 변색하게 되면 도적이 많아진다.[109] 아래 4星은 弧星(호성)인데, 天狼星을 겨누고 있다.[110] 가까운 곳의 大星은 南極老人星이다. 老人星이 보이면 나라가 안정되고, 보이지 않으면 병란이 일어난다. 늘 秋分 무렵

---

예. 罰은 징벌하다. 斬은 벨 참. 艾는 거둘 예. 다스리다. 낫. 쑥 애, 늙은이 애. 肩은 어깨 견. 股는 넓적다리 고.

104 원문 小三星隅置, 曰觜觿, 爲虎首, 主葆旅事. – 隅는 모퉁이 우. 구석. 觜는 털 뿔 자. 부엉이 머리에 난 뿔 모양의 털. 觿는 뿔송곳 휴. 觜觿(자휴)는 예리하다는 뜻. 觜宿(자수)는 虎首가 된다. 葆는 풀이 더부룩할 보. 뿌리. 채소. 旅는 군사 여. 야생의 벼. 굶주린 백성이 먹는다. 葆旅에 관한 서로 다른 주석이 3가지나 있다.

105 원문 其南有四星, 曰天厠 – 天厠星은 4성으로 구성. 厠은 뒷간 측. 화장실.

106 天矢星(천시성) – 矢는 화살 시, 똥 시. 屎(똥 시)와 同.

107 원문 天厠下一星, 曰天矢 – 矢는 화살 시. 天矢星은 變星(변성)이다.

108 원문 一曰天旗, 二曰天苑, 三曰九斿. – 天旗星은 9星, 天苑星(천원성)은 16星, 九斿星(구유성)은 9星으로 구성. 斿는 깃발 유.

109 원문 其東有大星曰狼, 狼角變色, ~ – 狼은 이리 낭. 늑대. 狼角의 角은 光芒(광망) 뻗치는 빛발.

110 원문 下有四星曰弧, 直狼. – 弧는 활 호. 直狼의 直은 바로 겨누다. 활에 화살을 먹여 천랑성을 겨루는 형상.

에 남쪽 교외에서 볼 수 있다.[111]

**原文**

北宮玄武, 虛,危. 危爲蓋屋, 虛爲哭泣之事. 其南有衆星, 曰羽林天軍. 軍西爲壘, 或曰戉. 旁一大星, 北落. 北落若微亡, 軍星動角益稀, 及五星犯北落, 入軍, 軍起. 火,金,水尤甚. 火入, 軍憂, 水, 水患, 木,土, 軍吉. 危東六星, 兩兩而比, 曰司寇.

**〖국역〗**

北宮(北官) 玄武(현무)에는 虛宿(허수)와 危宿(위수)가 있다.[112] 危宿는 지붕(蓋屋)이고, 虛宿(허수)는 통곡하는 일이다.[113] 그 남쪽의 衆星은 羽林天軍星(우림천군성)이다.[114] 우림천군의 서쪽의 별을 壘

---

111 원문 比地有大星, 日南極老人. – 比地는 近地. 가까운 곳. 南極老人은 星名. 다른 이름은 壽垠星(수은성). 長江 이북에서는 보기 어렵다는 주석이 있다. 候之南郊의 候는 물을 후. 관찰하다. 점치다.

112 원문 北宮玄武, 虛,危. – 玄武(현무)는 북방의 水神으로 뱀과 거북으로 형상화 되었다. 28宿 중 북방 현무에는 斗, 牛, 女, 虛, 危, 室, 壁(벽)의 7宿가 속했다. 이중 虛宿는 2성, 危宿(위수)는 3星으로 구성되었다. 허수와 위수가 가운데 있어 북방 7수 중 먼저 소개한 것 같다.

113 원문 危爲蓋屋, 虛爲哭泣之事. – 蓋는 덮을 개. 屋은 집 옥. 지붕. 蓋屋은 同義復用이다. 虛爲哭泣之事는 지붕 아래에 空虛無人, 곧 殯宮(빈궁)이라서 主人이 곡하는 것이다.

114 원문 其南有衆星, 日羽林天軍. – 羽林軍은 무제 때 신설된 禁衛郡의 명칭. 통상 중앙군을 뜻한다. 羽林天軍星은 45星으로 구성되었다.

壁星(누벽성), 혹은 戉星(월성)이라 한다.[115] 곁에 있는 1개 大星은 北落星(북락성)이다. 北落星이 만약 미약하거나 보이지 않는다면, 羽林天軍星의 움직임과 빛은 더욱 희미해지고, 또는 五星이 北落星 지역을 접근하거나 침입하면 곧 군사를 동원하게 된다.[116] 火星, 金星, 水星이 침범하면 그 폐해가 더욱 심해진다. 火星이 침입하면 軍師가 騷擾(소요)하게 되고, 水星이면 물에 의한 환난을 당하지만, 木星이나 土星이 들어오면 군사에 大吉하다. 危宿 동쪽의 6星은 2星씩 연이었는데, 이를 司寇星(사구성)이라 한다.[117]

原文

營室爲淸廟, 曰離宮,閣道. 漢中四星, 曰天駟. 旁一星, 曰王梁. 王梁策馬, 車騎滿野. 旁有八星, 絶漢, 曰天橫. 天橫旁, 江星. 江星動, 以人涉水.

杵,臼四星, 在危南. 匏瓜, 有靑黑星守之, 魚鹽貴.

〖국역〗

營室宿(영실수)는 (天庭의) 淸廟(청묘)이니, 離宮(이궁) 또는 閣道(각도)라 부른다[118] 銀漢(銀河)의 四星을 天駟星(천사성)라 한다. 곁의

115 원문 軍西爲壘, 或曰戉 – 壘는 堡壘(보루). 或曰戉의 戉은 斧鉞(부월, 도끼). 戉星은 3星.

116 北落은 星名. 뒷날 北落師門星으로 통칭. 北落星은 밝기가 1등성이다. 만약 희미해지면 패군, 喪師를 의미.

117 曰司寇 – 司寇는 적을 감시하다. 보초의 뜻. 寇는 도적 구.

1星은 王梁星(왕량성)이다.[119] 王梁이 말을 몰아가니 수레와 말이 原野에 가득 찬다. 그 곁에 있는 8星이 은하수를 가로지르는데, 이를 天橫星(천횡성)이라 한다. 天橫星 옆에 江星이 있다. 江星이 움직이면 사람은 물을 건너간다.[120]

杵(저)와 臼(구)의 4星은 危宿(위수)의 남쪽에 있다.[121] 匏瓜宿(포과수)에[122] 靑黑의 客星이 들어와 움직이지 않으면 생선이나 소금이 귀해진다.(가격이 올라간다.)

## 原文

南斗爲廟, 其北建星. 建星者, 旗也. 牽牛爲犧牲, 其北河

---

118 원문 營室爲淸廟, 曰離宮,閣道. - 營室은 북방 7宿 중 室宿(실수)로 2星이다. 淸廟(청묘)는 본래 周 왕실에서 종묘에 제사할 때 부르던 악곡으로《詩經 周頌》에 실려 있다. 나중에는 조상을 제사하는 종묘라는 뜻으로 사용된다. 여기서는 종묘의 뜻이다. 離宮은 별궁. 閣道는 天庭으로 통하는 길.

119 원문 漢中四星, 曰天駟. 旁一星, 曰王梁. - 漢中四星의 漢은 河漢. 銀漢. 은하수. 王梁(왕량)은 王良. 춘추시대 晉國에서 수레를 잘 운전했던 사람.

120 원문 旁有八星, 絶漢, 曰天橫. 天橫旁, 江星. 江星動, 以人涉水. - 天橫(천횡)을《史記 天官書》에는 天潢(천황)이라 기록했다. 以人涉水의 以는 쓸데없는 글자. 涉水는 물을 건너가다. 곧 수해를 당한다는 뜻.

121 杵,臼四星, 在危南. - 杵는 공이 저. 臼는 절구 구. 공이와 절구는 한 세트이다. 杵宿은 3星, 臼宿은 4星이다.

122 원문 匏瓜, 有靑黑星守之, 魚鹽貴 - 匏瓜는 星宿 이름. 匏는 박 포. 바가지. 瓜는 오이 과. 참외. 靑黑星은 그 색이 靑黑色인 별. 守는 다른 星宿 영역에 들어와 움직이지 않다.

鼓. 河鼓大星, 上將, 左, 左將, 右, 右將. 婺女, 其北織女. 織女, 天女孫也.

〖국역〗

南斗는 天帝의 廟堂인데, 그 북쪽에 建星(건성)이 있다. 建星은 깃발이다.[123] 牽牛宿(견우수)는 犧牲(희생, 祭物)을 주관하고, 그 북쪽은 河鼓宿(하고수)이다.[124] 河鼓의 大星은 上將이고 左는 左將, 右는 右將이다. 婺女宿(무녀수)의 북쪽은 織女星(직녀성)이다.[125] 織女는 天帝의 女孫이다.[126]

---

123 南斗爲廟, 其北建星. - 南斗는 二十八宿(28수)의 하나인 북방 斗宿(두수)를 지칭. 모두 6星으로 구성. 그 형체가 斗와 같다. 말(斗)은 量을 재는 容器. 동방 7宿의 하나인 箕宿(기수)의 북쪽에 위치. 廟는 廟堂. 조정이란 뜻. 建星(건성)은 斗宿(두수) 북쪽에 있는 星座, 6星으로 구성.

124 원문 牽牛爲犧牲, 其北河鼓. - 牽牛(견우)는 二十八宿(28수)의 하나인 북방 牛宿(두수)를 지칭. 모두 6성으로 구성. 牽은 끌 견. 犧牲(희생)은 제물. 犧는 희생 희. 牲은 희생 생. 河鼓(하고)는 銀河의 북(鼓)은 3星으로 구성. 이 河鼓가 민간에서 말하는 牛郎이다.

125 원문 婺女, 其北織女. 織女, 天女孫也. - 婺는 별이름 무. 婺女는 二十八宿(28수)의 하나인 북방 女宿(여수)를 지칭. 모두 4星으로 구성. 織女宿(직녀수)는 1大2小의 3星으로 구성. 은하의 건너편 河鼓 3星과 마주하고 있다.

126 織女天帝女孫 - 織女는 天帝의 女孫이 귀엽겠지만 그래도 길쌈을 해야 한다는 의미를 포함하고 있다. 本志에 북방 7宿 중 壁宿(벽수)에 대한 설명이 없다. 壁宿는 2星이고, 文章을 주관한다는 주석이 있다. 脫文(탈문)일 것이라는 주석이 있다.

## 3. 五行星

原文

歲星曰東方春木, 於人五常, 仁也, 五事, 貌也. 仁虧貌失, 逆春令, 傷木氣, 罰見歲星. 歲星所在, 國不可伐, 可以伐人. 超舍而前爲贏, 退舍爲縮. 贏, 其國有兵不復, 縮, 其國有憂, 其將死, 國傾敗. 所去, 失地, 所之, 得地. 一曰, 當居不居, 國亡, 所之, 國昌. 已居之, 又東西去之, 國凶, 不可擧事用兵. 安靜中度, 吉. 出入不當其次, 必有天祆見其舍也.

〖국역〗

歲星(세성, 木星)은 東方이며, 계절로는 봄, 五行의 木, 인간 五常의 仁이고, 五事로는 貌(모, 行動擧止)이다.[127] 仁을 행하지 않거나 행동거지가 나쁘면 春令을 어기고 木氣를 손상하기에 그 징벌의 조짐이 歲星에 나타난다.[128] 歲星이 있는 天球에 대응하는 나라는 정벌하여

---

127 원문 歲星曰東方春木, 於人五常, 仁也, 五事, 貌也. - 歲星은 木星. 태양계중 가장 큰 行星, 그 體積이 지구의 1,316배. 밝기로는 9대 행성 중 金星 다음. 火星보다 밝다. 현란한 색채의 빛 고리(光環)가 있다. 공전 주기 11.86년. 古人은 12년으로 계산했다. 이는 12支와 상응한다. 12支로 紀年할 수 있기에 '歲星紀年' 이라 했다. 木星은 東方春木이다. 남방은 夏火, 서방은 秋金, 북방은 冬水, 중앙은 季夏土와 상응한다. 이 오행은 인륜의 五常(仁, 義, 禮, 智, 信), 인간 행동의 五事(貌, 言, 視, 聽, 思)로 확대할 수 있다.

128 원문 仁虧貌失, 逆春令, 傷木氣, 罰見歲星. - 虧는 이지러질 휴. 훼손하

이길 수 없으나 (無道한) 사람은 이길 수 있다.

(운행의) 정상 속도나 순차를 넘어가면, 이를 贏(영)이라 하고, 운행의 속도가 예정보다 느려지는 것을 縮(축)이라 한다.[129] 贏(영)일 경우, 그 해당하는 나라에서 출병하면 돌아오지 못하고(不復, 敗戰), 縮(축)일 경우에는 나라에 우환이 생기거나 그 장수는 戰死하고 나라는 기울게 된다.[130] (歲星이) (天球의 해당하는 나라에서) 떠나면 (그 나라는) 失地하고, (歲星이) 이동해 가는 나라는 得地한다. 또 다른 주장으로(一曰), (歲星이) 當居해야 하나 머물지 않으면(不居) (해당하는) 나라가 멸망하고, (歲星이) 들어가면 나라가 번창한다. (歲星이) 머무는 나라에서 (歲星이) 東이나 西로 이동하면 나라에 흉사가 있어 擧事하거나 用兵할 수 없다. 安靜하여 中度를 지켜야 吉하다. (歲星의) 出入에 그 順次가 不當하면, 틀림없이 하늘(星區)에 妖邪(요사)한 天象이 출현한다.

---

다. 貌失은 威儀(위의)와 擧動이 온당치 않다.

129 원문 超舍而前爲贏, 退舍爲縮. - 超舍는 趨舍이어야 한다는 주석이 있다. 지구가 공전하는 상황과 행성의 공전 상황을 종합하여 관찰할 때, 행성의 운행이 서쪽에서 동쪽으로 가면, 이를 順行이라 하고, 동쪽에서 西로 운행하면 逆行이라 한다. 順逆의 운행이 바뀔 때, 행성은 움직이지 않고 머무는 것처럼 보이는데, 이를 '留' 또는 '守'라고 한다. 이런 복잡한 운행 관계에서 운행 속도가 빨라 예정 위치를 초과할 경우, 이를 贏(영, 이득이 남다. 이기다)이라 하고 그 반대일 경우에는 縮(축, 오므라들다)이라 한다.

130 원문 贏, 其國有兵不復, ~, 國傾敗. - 不復는 돌아오지 못하다. 傾敗는 나라가 기울어지다.

## 原文

歲星贏而東南.《石氏》「見彗星」,《甘氏》「不出三月乃生彗, 本類星, 末類彗, 長二丈.」贏東北,《石氏》「見覺星」,《甘氏》「不出三月乃生天棓, 本類星, 末銳, 長四尺.」縮西南,《石氏》「見槐雲, 如牛」,《甘氏》「不出三月乃生天槍, 左右銳, 長數丈.」縮西北,《石氏》「見槍雲, 如馬」,《甘氏》「不出三月乃生天棓, 本類星, 末銳, 長數丈.」《石氏》「槍,槐,棓,彗異狀, 其殃一也, 必有破國亂君, 伏死其辜, 餘殃不盡, 爲旱,凶,饑,暴疾.」至日行一尺, 出二十餘日乃入,《甘氏》「其國凶, 不可舉事用兵.」出而易,「所當之國, 是受其殃.」又曰「祆星, 不出三年, 其下有軍, 及失地, 若國君喪.」

## 〖국역〗

歲星의 운행이 빨라 東南의 宿道에 출현했다. 石申(석신)의《石氏星經》에서는, 이를「彗星(혜성)이 출현했다.」고 기록했고, 甘德(감덕)의《天文星占》에서는「(歲星이) 석 달간 보이지 않았다가 이에 혜성이 나타났는데, 머리 부분은(本) 보통 별을 닮았으나 끝은 혜성을 닮았으며 길이는 2丈(장)이다.」라고 기록했다.[131] (歲星이) 빨리 운행하여(贏, 영) 동방에 나타나자, 石申(석신)은「天覺星이 나타났다.」

131 원문《石氏》「見彗星」,《甘氏》「不出三月乃生彗, 本類星, 末類彗, 長二丈.」-《石氏》는 戰國時代 魏나라 사람 石申(석신)의《石氏星經》, 原書는 不傳. 唐代에《開元占經》에 대부분 인용되었다.《甘氏》는 전국시대 齊나라 甘德(감덕)의《天文星占》. 이미 逸失되었다.

고 기록하였고, 甘德(감덕)은 「3달을 不出하다가 天棓星(천방성)이 출현하였는데, 머리(本)는 星과 비슷하나 뾰족하지 않고 길이는 4尺이다.」라고 기록하였다.[132] 운행 속도가 늦어져(縮, 축) 서북방에 출현했을 때, 石申(석신)은 「欃雲星(참운성)이 출현하였는데 모습은 소(牛)와 같았다.」고 기록하였고, 甘德(감덕)은 「3개월을 보이지 않다가 天槍星이 출현하였는데, 좌우는 뾰족하고 길이는 여러 丈(장)이었다.」고 기록하였다.[133] 운행이 느려져(縮) 西北方에 출현하자 石申(석신)은 「槍雲星(창운성)이 출현하였는데, 그 모습이 말(馬)과 같았다.」고 하였으나, 甘德(감덕)은 「(歲星이) 3개월을 보이지 않다가 天棓星(천방성)이 출현하였는데, 머리(本)는 星과 비슷하나(類) 끝은(末) 뾰족하고 길이는 여러 길(數丈)이었다.」고 기록했다. 石申(석신)은 「槍(창), 欃(참, 박달나무, 방패) 棓(방, 몽둥이)은 혜성의 색다른 모양이나 그 재앙은 같다. 必히 破國하거나 亂君하여 그런 죄에 걸려 처형되며 나머지 재앙도 그치지 않나니 旱害(한해), 饑饉(기근), 暴疾(폭질, 갑작스런 전염병)이 나타난다.」고 하였다.[134] (혜성이) 하루에 一尺 쯤 운행하여, 20여 일이 지나 사라지자, 甘德(감덕)은 「아마 나

---

132 원문 《石氏》「見覺星」, 《甘氏》「不出三月乃生天棓, ~ 長四尺.」 – 覺星은 天覺星은 혜성의 한 종류. 天棓星(천방성).

133 원문 縮西南, 《石氏》「見欃雲, 如牛」, 《甘氏》「不出三月乃生天槍, ~.」 – 欃雲星(참운성)은 혜성의 한 종류, 欃은 살별 참. 紫宮(자궁)의 왼쪽 3星이 天槍星(천창성), 오른쪽 4星이 天棓星(천방성)이다.

134 원문 《石氏》「槍,欃,棓,彗異狀, 其殃一也, ~ 爲旱,凶,饑,暴疾」 – 其殃一也의 殃은 재앙 앙. 伏死其辜의 辜는 허물 고. '爲旱, 凶, 饑, 暴疾' 에서 凶은 필요 없는 글자라는 주석이 있다. 饑는 굶주릴 기.

라에 흉조가 있으니 擧事나 用兵할 수 없다.」고 하였다.[135] 세성이 출현하여 쉽게(易, 빨리) 운행하면 「해당하는 그 나라는 재앙을 받을 것이다.」 또 「祅星(요성)이 출현하여 3년 동안 그 영역에서 떠나지 않으면 해당하는 나라에 전쟁이 발생하여 영토를 잃거나 아니면 그 國君이 죽을 것이다.」라고 말했다.[136]

**原文**

熒惑曰南方, 夏, 火, 禮也, 視也. 禮虧視失, 逆夏令, 傷火氣, 罰見熒惑. 逆行一舍二舍爲不祥, 居之三月國有殃, 五月受兵, 七月國半亡地, 九月地太半亡. 因與俱出入, 國絶祀.

熒惑爲亂爲賊, 爲疾爲喪, 爲饑爲兵, 所居之宿國受殃. 殃還至者, 雖大當小. 居之久殃乃至者, 當小反大. 已去復還居之, 若居之而角者, 若動者, 繞環之, 及乍前乍後, 乍左乍右, 殃愈甚.

一曰, 熒惑出則有大兵, 入則兵散. 周還止息, 乃爲其死喪. 寇亂在其野者亡地, 以戰不勝. 東行疾則兵聚於東方, 西行疾則兵聚於西方, 其南爲丈夫喪, 北爲女子喪. 熒惑, 天子理也. 故曰雖有明天子, 必視熒惑所在.

---

**135** 원문 至日行一尺, 出二十餘日乃入 – 至日行一尺은 지상에서 볼 때 1尺 정도 움직인다는 뜻.

**136** 祅星, 不出三年 – 祅星(요성, 變異星)이 木星 구역에 출현하여 3년을 不出하다는 뜻.

〖국역〗

熒惑星(형혹성, 火星)은[137] 南方이고,[138] 여름이며, (五行으로는) 火이고, (五常으로는) 禮이며 (五事로는) 視(시)이다.[139] 禮가 무너지면 바른 視(分別)를 잃고, 夏令을 거스르며, 火氣가 손상되어 징벌의 조짐이 熒惑星에 나타난다. 一舍(일사)나 二舍 정도의 역행은 不祥이라 생각했지만,[140] 星座에 화성이 3개월이나 머문다면 나라에 재앙이 일어나고, 5개월이나 머물면 외적의 침입을 받으며, 7개월이나 머물면 나라 영역의 절반을 잃게 되고, 9개월이면 나라 영역이 3분의 2(太半)를 잃게 된다. 9개월이 지난 뒤에도 (화성이) 정황에 따라 출현하거나 숨는다면 그 나라에 제사가 끊기게 된다.

형혹성의 豫示(예시)는 亂國, 盜賊(도적), 疾病(질병), 國喪, 饑饉(기근), 兵亂 등인데, 형혹성이 居留(거류)하는 星區에 해당하는 나라에 이런 재난이 일어나게 된다. 재앙의 조짐이 나타날 경우[141] (나라의)

---

137 熒惑星(형혹성) - 熒熒如火(형형여화, 熒은 등불 형. 밝다)의 熒과, 그 별의 위치와 밝기가 일정하다가도 수시로 변하여 사람을 미혹하게 한다는 뜻. 火星, 빛깔은 火紅色. 자전주기는 24시간 37분. 공전주기는 687일. 화성에는 四季의 변화가 일어나며 대기는 희박하다고 알려졌다. 화성 표면의 둥근 고리 모양의 산은 화산이나 협곡이다.

138 남방의 帝는 祝融(축융)이며, 그 짐승은 朱雀(주작)이고, 그 音은 徵(치)이다.

139 視는 善惡을 明辯한다는 뜻.

140 원문 逆行一舍二舍爲不祥 - 行星의 운행이 서쪽에서 동쪽으로 가면 順行이라 하고, 동쪽에서 西로 운행하면 逆行이라 한다. 舍는 行軍의 하루 里數. 30리 또는 35里. 별이 하루 사이에 이동하는 거리.

141 원문 殃還至者 - 여기 還은 돌 선(旋과 同). 회전하다. 빠르다(疾也), 곧.

세력이 강하다면 재앙은 작게 나타난다. 형혹성이 오래 머물러 재앙이 나타나는데 나라가 작더라도 재앙은 점차 커지게 된다. 형혹성이 떠났다가 다시 돌아와 머물 경우에, 형혹성이 한 구석에서 또는 움직이거나 에워싼다든지, 잠깐 사이에 전후나 좌우로 움직인다면[142] 그 재앙은 더욱 심할 것이다.

또 다른 주장에(一曰), 형혹성이 출현하면 큰 전쟁이 일어나고, 들어와서 숨어버리면 군사가 흩어진다. 형혹성이 따라 돌다가[143] 멈추면 죽거나 잃게 된다. 외적의 침입이 그 분야에 해당되면 땅을 잃거나 싸우더라도 이기지 못한다. 형혹성이 동쪽으로 빨리 운행하면 군사가 동방에 모이게 되고, 빠르게 西行하면 군사가 서방에 모이게 된다. 형혹성이 남쪽으로 치우친다면[144] 丈夫가 죽고, 북쪽으로 치우치면 여인이 죽게 된다. 때문에 형혹성은 천자의 執法官이라 할 수 있다.[145] 그래서 비록 明哲한 천자일지라도 반드시 형혹성의 소재를 살펴야 한다.

**原文**

太白曰西方, 秋, 金, 義也, 言也. 義虧言失, 逆秋令, 傷金

---

142 원문 及乍前乍後, 乍左乍右 – 乍는 잠깐 사.

143 원문 周還止息 – 周環은 周旋(주선)과 同.

144 원문 其南爲丈夫喪 – 여기 南은 남방에 치우치다.

145 원문 天子理也 – 理는 執法하는 高官 理官은 대내적으로는 형벌을, 대외적으로는 정벌을 담당했다. 때문에 형혹성은 작전과 징벌의 神이라고 여겼다.

氣, 罰見太白. 日方南太白居其南, 日方北太白居其北, 爲贏, 侯王不寧, 用兵進吉退凶. 日方南太白居其北, 日方北太白居其南, 爲縮, 侯王有憂, 用兵退吉進凶. 當出不出, 當入不入, 爲失舍, 不有破軍, 必有死王之墓, 有亡國.

一曰, 天下匽兵, 壄有兵者, 所當之國大凶. 當出不出, 未當入而入, 天下偃兵, 兵在外, 入. 未當出而出, 當入而不入, 天下起兵, 有至破國. 未當出而出, 未當入而入, 天下擧兵, 所當之國亡. 當期而出, 其國昌. 出東爲東方, 入爲北方, 出西爲西方, 入爲南方. 所居久, 其國利, 易, 其鄕凶.

入七日復出, 將軍戰死. 入十日復出, 相死之. 入又復出, 人君惡之. 已出三日而復微入, 三日乃復盛出, 是爲耎而伏, 其下國有軍, 其衆敗將北. 已入三日, 又復微出, 三日乃復盛入, 其下國有憂, 帥師雖衆, 敵食其糧, 用其兵, 虜其帥. 出西方, 失其行, 夷狄敗. 出東方, 失其行, 中國敗.

一曰, 出蚤爲月食, 晩爲天祆及彗星, 將發於亡道之國.

〖국역〗

太白星(金星)은[146] 西方을 주관하고 秋季이며, (五行의) 金이고

146 太白星(金星) – 해 뜨기 전에 보여서 啓明星. 저녁 해질 무렵 보이기에 長庚星(장경성)이라고도 부른다. 라틴어로는 Venus(維納斯). 육안으로도 가장 밝게 보이는 별. 공전주기는 224.7日이고, 태양계 9대 행성 중 유일하게 逆向自轉는데, 자전주기는 243±1日로 알려졌다.

(五常의) 義이며 (五事의) 言行이다.[147] 義을 지키지 않아 할 말이 없거나(言失), 秋令을 거스르거나, 金氣를 손상하면 징벌의 징조가 太白星에 나타난다. 태양이 정남에 왔을 때(夏至), 금성은 태양의 남쪽에 있고, 태양이 북쪽에 왔을 때(冬至), 금성은 그 북방에 있게 되는데,[148] 금성의 운행이 빨라 앞서가면(贏) 侯王이 평안치 못하고, 用兵에서는 진공하면 吉하나 退守하면 흉하다. 日이 南에 있을 때 太白이 그 北에 머물고, 日이 北이 있을 때 太白이 그 南에 있으면서 운행이 느리다면(縮), 侯王에 우환이 있고, 用兵에서는 退하면 吉하나 進攻하면 凶하다. 當出해야 하나 不出하고, 當入(隱沒)에 不入하면 운행이 失度하니, 破軍이 아니라면 틀림없이 王이 죽어 묘를 만들거나 망국하게 된다.[149]

一說에는, 天下가 罷軍(파군)하는데 原野에 군사를 주둔시킨다면,[150] (太白星이) 들어가는 구역의 나라는 大凶하다. (태백성이) 출현해야 하나 不出하고, 응당 隱沒(은몰)해서는 안 되는데 숨거나 천하가 모두 파군했는데도 군사가 在外하면 入境한다. 當出해서는 안 되는데 출현하고, 은몰해야 하는데 사라지지 않을 때 천하가 기병한다면 破國에 이르게 된다. 未當出이나 出하고, 未當入이나 入하는

147 서방의 帝는 少昊氏인데, 횃불을 들고 서방을 다스리는데 그 짐승은 白虎이고, 音은 商이다.

148 원문 日方南太白居其南, 日方北太白居其北 – 日方南은 夏至, 日方北은 冬至이다. 方은 向.

149 不有~, 必有~ – 선택형 문장. ~이 없다면, 반드시 ~이 있다.

150 원문 天下匽偃兵, 壄(野)有兵者 – 匽兵(언병)은 偃兵. 匽, 偃은 쓰러질 언. 군대를 해산하다. 壄는 들 야. 野也.

데, 天下가 擧兵한다면, 태백성이 가는 곳에 해당하는 나라는 멸망하게 된다. 때가 되어(當期) 태백성이 출현하면 그 나라는 번창한다. 제때에 출현하여 동방에 있다면 동방이 번창하고, 제때에 은몰하면 북방이 번창하며, 제때에 서방에 출현한다면 西方이 번창하고, 제때에 은몰하면 남방이 번창한다. (태백성이) 다른 星區에 오래 머물면 (거기에 해당하는) 나라가 이롭고, 빨리 통과한다면 그 지역이 凶險(흉험)하다.[151]

(太白星이) 7일간 안 보이다가 다시 출현하면 將軍이 전사한다. 10일간 隱沒(은몰)했다가 다시 출현하면 재상이 죽는다. 태백성의 은몰 뒤에 다시 출현하는 것을 人君은 매우 싫어한다.[152] 이미 출현했다가 다시 미약해져서 은몰하거나, 3일 뒤에 다시 성대하게 출현한다면 연약하기에 엎드린 복종을 뜻하는데, 거기에 해당하는 나라가 군사를 일으킨다면 그 군사는 패망하고 장수는 배반한다.[153] 이미 3일을 몰입한 뒤 다시 미약하게 떠올랐다가 3일 뒤 다시 성대하게 은몰한다면, 거기에 해당하는 나라는 우환이 있고 거느린 군사가 비록 많아도[154] 적이 그 군량을 먹으며 그 군사를 동원하여 장수를

---

151 원문 所居久, 其國利, 易, 其鄉凶 – 所居久는 태백성이 다른 星區이 들어가 오래 머물다. 易(쉬울 이)는 빨리 지나가 머물지 않다. 鄉은 태백성이 통과한 星區에 해당하는 지역.

152 원문 入又復出, 人君惡之 – 人君이 죽게 된다는 완곡한 표현. 惡는 싫어할 오.

153 원문 是爲耎而伏, 其下國有軍, 其衆敗將北 – 耎은 무딜 연, 연약할 연,물러갈 연. 衆은 군사. 將北의 北는 패하여 달아날 배, 배반할 배. 北은 死의 誤字라는 주석도 있다.

154 원문 帥師雖衆 – 帥는 장수 수, 거느릴 수. 춯을 솔. 師는 군사 사. 衆은 무리. 다수.

포로로 잡을 것이다. 태백성이 서쪽에 출현하여 常規대로 운행하지 않으면 夷狄(이적)이 패망한다. 東方에서 출현하여 그 규칙대로 운행하지 않으면 中國이 패망한다.

一說에 의하면, 아침에 일찍 떠올라 달에 의하여 가려지거나 늦게 떠오를 때, 하늘의 妖星(요성)이나 彗星(혜성)이 출현하면 無道한 나라가 일어난다고 하였다.

**原文**

太白出而留桑楡間, 病其下國. 上而疾, 未盡期日過參天, 病其對國. 太白經天, 天下革, 民更王, 是爲亂紀, 人民流亡. 晝見與日爭明, 强國弱, 小國强, 女主昌.

太白, 兵象也. 出而高, 用兵深吉淺凶, 埤, 淺吉深凶. 行疾, 用兵疾吉遲凶, 行遲, 用兵遲吉疾凶. 角, 敢戰吉, 不敢戰凶, 擊角所指吉, 逆之凶. 進退左右, 用兵進退左右吉, 靜凶. 圜以靜, 用兵靜吉趮凶. 出則兵出, 入則兵入. 像太白吉, 反之凶. 赤角, 戰.

太白者, 猶軍也, 而熒惑, 憂也. 故熒惑從太白, 軍憂, 離之, 軍舒. 出太白之陰, 有分軍, 出其陽, 有偏將之戰. 當其行, 太白還之, 破軍殺將.

**〖국역〗**

太白星이 떠서 桑楡(상유) 간에 머물면 (天球의 그 영역에 해당하는 地上의) 나라는 損害(손해)를 당한다.[155] 태백성이 출현이 빠르고, 운행하여 期日 이전에 하늘의 3分의 1을 통과하면 그 분야의 상대가 되는 나라에 손실이 난다.[156] 太白星이 白晝(백주)에 中天을 지나면,[157] 천하에 혁명이 일어나거나 백성이 왕을 갈아치워 기강이 혼란하고 백성이 흩어진다. 태백성이 낮에 보여 해와 광명을 다투면 강국은 약해지고, 소국은 강해지며 女主가 昌盛한다.

太白은 用兵의 형상이다. 나타나 높이 떠오르니, 用兵에 깊이 공격하면 吉하고 그렇지 않으면 凶하다. 낮은 지대에서는 약간 공격해야 吉하고 깊이 진격하면 흉하다.[158] 태백성의 운행이 빠르면 用兵에서도 빠른 공격이 吉하나 느리면 흉하며, 운행이 느려질 때는 용병에서 느린 공격이 吉하고 빠른 공격은 흉하다. 星光이 뚜렷하면(角) 힘껏 싸우는 敢戰(감전)이 吉하고, 不敢戰이면 凶하며, 星光의 芒角(망각, 별의 빛살의 끝)이 가리키는 방향을 공격하면 길하고 반대면 흉하다. 태백성이 左右로 進退한다면 용병에서도 좌우로 진격하거나 퇴각하면 吉하고 靜止(정지)하면 흉하다. (태백성의) 光芒(광망)

155 원문 太白出而留桑楡間, 病其下國. – 留는 守, 이동이 느려지고(行遲) 머물다. 桑楡(상유, 뽕나무 상. 드릅나무 유)에 머문다는 것은 저녁때 늦게 출현하고 낮게 치우쳤다는(偏下) 뜻이다.

156 원문 上而疾, 未盡期日過參天, 病其對國. – 疾(질)은 운행이 예정보다 빠르다. 過는 통과하다. 參天은 하늘의 3분의 1. 參은 三.

157 원문 太白經天 – 태백성은 東天에 떠올랐다고 숨고, 서쪽에 출현했다가 西天에서 지는 것이 정상이다. 태백성이 떠오른 뒤 하늘을 가로지른다면, 이는 비정상이다.

158 用兵 深吉淺凶, 埤, 淺吉深凶 – 적진 깊이 進攻(深)하면 吉하고, 깊이 공격하지 않으면 凶하다. 埤는 卑(낮을 비), 낮은 담 비, 저습한 땅 비.

이 없고(圜) 정지하면 用兵에서도 靜하면 吉하고, 조급하게 서둘면 凶하다.[159] 태백성이 출현하면 출병하고 숨어 안 보이면 군사를 거둬야 한다. 태백성을 따르면 吉하고, 반대면 凶하다. 芒角이 붉다면 싸워야 한다.

太白星은 군사와 같고 熒惑星(형혹성, 火星)은 憂患(우환)이다. 그래서 熒惑星이 太白星을 따르면 용병에 걱정이 많지만 화성이 떠나가면 군사 사기가 올라간다. 火星이 태백성의 북쪽에(陰) 출현하면 分軍해도 되고, 남쪽에 출현하면 일부 장수만이 싸우게 된다. 형혹성이 정상적으로 그 궤도를 운행하나 태백성이 되돌아와 형혹성을 따른다면 破軍하거나 殺將하게 된다.

原文

辰星, 殺伐之氣, 戰鬪之象也. 與太白俱出東方, 皆赤而角, 夷狄敗, 中國勝, 與太白俱出西方, 皆赤而角, 中國敗, 夷狄勝.

五星分天之中, 積于東方, 中國大利, 積于西方, 夷狄用兵者利.

〖국역〗

辰星(진성)은 殺伐(살벌)의 氣이며 戰鬪(전투)의 형상이다.[160] 太白

159 원문 圜以靜, 用兵靜吉趮凶. - 圜以靜(환이정)은 태백성의 光芒(광망)이 없고(圜) 움직이지 않는 상태(靜). 趮는 조급할 조.

160 원문 辰星, 殺伐之氣, 戰鬪之象也 - 辰星(진성)은 水星(Mercury). 육안

(金星)과 함께 東方에 뜨면서 모두 赤色에 芒角(망각)이 있으면 夷狄(이적)이 敗하고, 中國이 勝하지만 太白과 함께 西方에 출현하여 둘 다 적색에 망각이 있으면, 中國이 敗하고 夷狄이 이긴다.

五星이 中天에 분포하나 東方에 모여 출현하면, 중국이 大利하나, 西方에 모여 출현하면 夷狄 中에서 용병하는 자가 利롭다.

原文

辰星不出, 太白爲客, 辰星出, 太白爲主人. 辰星與太白不相從, 雖有軍不戰. 辰星出東方, 太白出西方. 若辰星出西方, 太白出東方, 爲格, 野雖有兵, 不戰. 辰星入太白中, 五日乃出, 及入而上出, 破軍殺將, 客勝, 下出, 客亡地. 辰星來抵, 太白不去, 將死. 正其上出, 破軍殺將, 客勝, 不出, 客亡地. 視其所指, 以名破軍. 辰星繞環太白, 若鬪, 大戰, 客勝, 主人吏死. 辰星過太白, 間可械劍, 小戰, 客勝. 居太白前旬三日, 軍罷. 出太白左, 小戰. 歷太白右, 數萬人戰, 主人吏死, 出太白右, 去三尺, 軍急約戰.

〖국역〗

辰星(진성, 水星)이 출현하지 않으면 太白星이 손님이나(客), 辰星

---

으로 보면 회색으로 보여 五行 이론에 의거(黑), 水星으로 명명. 태양계에서 가장 가까운 행성. 自轉周期는 58.646日. 공전주기는 87.969日. 자전주기가 공전주기의 2/3, 대기가 거의 없는 것으로 알려졌다. 태양에 가깝기에 그 관찰이 쉽지 않았을 것이다.

이 出하면 太白이 主人이 된다. 辰星과 太白은 相從(상종)하지 않으니 군사가 있어도 싸우지 않는다. 辰星이 東方에 출현하면 太白은 西方에 출현한다. 만약 辰星이 서방에 출현하면, 太白은 동방에 출현하여 서로 떨어져 있어(爲格),[161] 原野에 군사가 있어도 전투가 벌어지지 않는다. 辰星이 太白의 光芒(광망)에 가려 5일 만에 출현하거나 가렸다가 위로 떠오르면, 破軍하고 殺將하여 客軍(침입한 자)이 승리하지만, 아래로 출현하면 客軍이 땅을 잃게 된다(亡地). 辰星이 (太白) 아래에서 접근하는데(抵, 부딪치다) 태백이 나가지 않으면 대장이 죽는다. (辰星이) 바로 태백 위에서 떠오르면 破軍하고 殺將하여 客軍이 승리하지만, 떠오르지 않으면 客軍이 땅을 잃는다. 太白의 芒角이 가리키는 星宿(성수)를 보면 破軍殺將하게 되는 곳을 알 수 있다.[162] 辰星이 太白을 에워싸고 싸우게 되면(芒角이 상충하면), 객군이 승리하며 主方의 대장군(主人吏)이 죽게 된다. 辰星이 太白을 통과하며, 그 간격이 칼이 닿을 정도가 되면 작은 전투가 벌어지고 객군이 승리한다.[163] (辰星이) 太白星 앞에 13일(一旬三日)을 머무르면 군사를 해산해야 한다(罷). 太白의 좌측이면 小戰이 일어난다. 太白의 우측을 지나면(歷), 수만의 대군이 싸우게 되어 主將

---

**161** 원문 太白出東方, 爲格 - 格은 隔, 隔은 사이가 뜰 격. 不和. 어울리지 않다. 水生金이라 하여 수성과 금성은 母子이나 母子가 불상종하고 格(隔)而不和하기에 有兵無戰이라 했다.

**162** 원문 視其所指, 以名破軍 - 太白의 芒角이 가리키는 星宿(성수)를 보면, 破軍殺將하는 장소를 판단할 수 있다는 뜻. 축약이 심한 문장이라서 문의 파악이 쉽지 않다.

**163** 원문 間可槭劍, 小戰, 客勝. - 間은 사이, 간격. 槭은 상자 함. 넣다. 용납하다.

(主人吏)이 전사하며, 太白의 우측에 출현하여 3尺 정도 떨어졌다면 군사가 서둘러 도전해야 한다.[164]

原文

凡太白所出所直之辰, 其國爲得位, 得位者戰勝. 所直之辰順其色而角者勝, 其色害者敗. 太白白比狼, 赤比心, 黃比參右肩, 靑比參左肩, 黑比奎大星. 色勝位, 行勝色, 行得盡勝之.

〖국역〗

太白星이 출현하는 正對面의 辰位의 나라에서는 得位할 수 있고, 得位者는 戰勝한다.[165] 대면하는 辰位에 해당하는 星色에 순응하면서 光芒이 있는 자가 승리하고 그 星色을 해치는 자는 敗한다. 太白星은 때로는 狼星(낭성)처럼 백색이고, 어떤 때는 心宿(심수, 동방 7宿의 하나)처럼 붉거나, 또 어떤 때는 參宿(삼수, 서방 七宿의 하나)의 오른쪽 어깨의 별처럼 黃色이거나, 參宿(삼수)의 왼쪽 어깨의 별처럼 靑色이거나, 奎宿(규수, 서방)의 大星처럼 흑색이다. 태백이 본색을 잃지 않으면 得位를 이길 수 있고, 운행의 상황에 따라 본색을 잃지 않

---

164 원문 軍急約戰 – 約戰은 求戰. 여기 約는 약속할 요(要也).

165 원문 凡太白所出所直之辰, 其國爲得位, 得位者戰勝. – 所直之辰은 正對하는 辰位. 得位에 대하여 '歲星은 德으로, 熒惑星(형혹성)은 禮로, 塡星(전성)은 福으로, 태백성은 强兵으로, 辰星은 음양의 조화로 득위할 수 있다.' 는 설명이 있다.

으면[166] 운행하면서도 모두를 이길 수 있다.

**原文**

辰星曰北方,冬水, 知也, 聽也. 知虧聽失, 逆冬令, 傷水氣, 罰見辰星. 出蚤爲月食, 晩爲彗星及天祆. 一時不出, 其時不和, 四時不出, 天下大饑. 失其時而出, 爲當寒反溫, 當溫反寒. 當出不出, 是謂擊卒, 兵大起. 與它星遇而鬭, 天下大亂. 出於房,心間, 地動.

**〖국역〗**

辰星(진성)은 北方을 주관하고, 계절로는 冬, (五行으로는) 水, (五常으로는) 知(智)이며, (五事의) 聽(청)이다. 知가 없으면 제대로 들을 수 없고(聽失), 冬令을 어기거나 水氣를 손상케 하면, 그에 따른 징벌의 조짐이 辰星에 나타난다. 일찍 출현하여 달에게 가리거나[167] 늦으면 彗星(혜성)이나 하늘의 祆星(요성)에게 가려지게 된다. 一時에 不出하면 時節(季節)이 조화롭지 못하고, 4계에 不出하면 천하에 큰 기근이 든다. 바른 시기를 잃고 출현하면 추워야 할 때 온난하고, 온난할 때 반대로 춥게 된다. 당연히 출현해야 할 때 출현하지 않는 것

---

**166** 원문 色勝位, 行勝色 – 참으로 난감한 문장인데, 태백성이 그 본래의 색을 유지하는 것이 득위보다 중요하다는 의미의 주석이 있다.

**167** 원문 出蚤爲月食 – 蚤는 일찍 조(早)와 通. 손톱 조(爪와 通), 벼룩 조. 月食은 달에 가리다.

을 擊卒(격졸)이라 하는데,[168] 큰 兵亂 발생한다. 진성이 다른 별(它星, 예 ; 彗星)과 조우하여 성광이 서로 충돌하면(遇而鬪), 天下에 大亂이 일어난다. 진성이 房宿(방수)와 心宿 사이에 출현하면 지진이 일어난다.

## 原文

塡星曰中央, 季夏土, 信也, 思, 心也. 仁義禮智以信爲主, 貌言視聽以心爲正, 故四星皆失, 塡星乃爲之動. 塡星所居, 國吉. 未當居而居之, 若已去而復還居之, 國得土, 不乃得女子. 當居不居, 旣已居之, 又東西去之, 國失土, 不乃失女, 不, 有土事若女之憂. 居宿久, 國福厚, 易, 福薄. 當居不居, 爲失塡, 其下國可伐, 得者, 不可伐. 其贏, 爲王不寧, 縮, 有軍不復. 一曰, 旣已居之又東西去之, 其國凶, 不可擧事用兵. 失次而上一舍三舍, 有王命不成, 不乃大水, 失次而下二舍, 有后戚, 其歲不復, 不乃天裂若地動.

## 〖국역〗

塡星(전성, 土星)은 (방위로는) 中央, (계절로는) 季夏(계하), (五行의) 土, (五常의) 信也, (五事의) 思이니, 이는 인간의 마음이다(心

168 원문 當出不出, 是謂擊卒 – 當出이나 不出하면, 이를 擊卒이라 한다. 擊은 칠 격. 卒은 갑자기 졸.

也).[169] 仁, 義, 禮, 智 모두에 信이 그 主가 된다. (五事의) 貌, 言, 視, 聽에도 心이 그 첫째가 된다. 그래서 四星이 모두 정도를 잃으면 塡星은 다른 4星 때문에 움직이게 된다.[170] 塡星이 머무르면 그 나라는 吉하다. (塡星이) 머무를 수 없는데, 머무르거나 이미 떠나갔다가 다시 돌아와 머문다면, 그 나라는 땅을 늘리게 되지만 여자를 얻지는 않는다. 마땅히 머물러야 하지만 머무르지 않거나, 이미 머물고 있다가 또다시 東이나 西로 이동하면 그 分野의 나라는 땅을 잃거나 그렇지 않으면 여자를 잃게 되거나, 아니면 나라에 토목공사가 벌어지거나 女主의 우환이 생긴다.[171] (塡星이) 오래 머물면 (그 분야에 해당하는) 나라에는 많은 복이 있지만 바뀌면 薄福(박복, 福薄)해진다.[172] 當居이나 不居하면, 이를 失塡(실전)이라 하는데, 거기에 해당하는 나라를 정벌할 수 있지만 (塡星이) 머문 나라는 정벌할 수 없다. (토성의 출현이) 정상보다 빠르면(贏, 이득이 남을 영), 왕이 된 자가 不寧할 징조이고, 늦으면(縮, 오그라들 축) 원정 중인 군사가

---

169 塡星曰中央, 季夏土, 信也, 思, 心也. - 塡星은 토성. 塡은 메울 전. 채우다. 태양계의 9대 행성 중 木星과 함께 거대 행성. 체적은 지구의 746배. 질량은 지구의 95.18배. 대소나 질량은 목성보다 약간 작다. 공전주기는 29.5년, 적도상에서 자전주기는 10시간 14분으로 쾌속으로 자전한다. 대기가 있고 미려한 광선이 고리가(光環) 있다. 季夏는 늦여름. 음력 6월.

170 원문 故四星皆失, 塡星乃爲之動. - 金木水火의 四星이 失度 이후에 토성이 움직이는데, 곧 토목공사나 女主 때문이다.

171 원문 有土事若女之憂. - 失土失女가 아니면 토목공사나 여인에 유발되는 우환이 생긴다.

172 易, 福薄. - 易는 쉬울 이. 짧게 머물면. 薄은 엷을 박.

돌아오지 못할 징조이다.

一說에는 이미 (토성이) 머물다가 다시 東이나 西로 이동하면, 그 나라에 凶兆(흉조)가 있어 擧事하거나 用兵해서는 안 된다. (塡星의 운행이) 失次하거나 1일이나 3일 정도 일찍 출현하면 王命이 집행되지 않거나 큰 홍수가 나고, 次序를 잃어 2일 정도 늦어진다면 외척의 우환이 있고 그 해에 풍년이 들지 않으며, 그렇지 않으면 지진처럼 하늘에 균열이 생긴다고 하였다.

原文

凡五星, 歲與塡合則爲內亂, 與辰合則爲變謀而更事, 與熒惑合則爲饑, 爲旱, 與太白合則爲白衣之會, 爲水. 太白在南, 歲在北, 名曰牡牡, 年穀大孰. 太白在北, 歲在南, 年或有或亡. 熒惑與太白合則爲喪, 不可擧事用兵, 與塡合則爲憂, 主孽卿, 與辰合則爲北軍, 用兵擧事大敗. 塡與辰合則將有覆軍下師, 與太白合則爲疾, 爲內兵. 辰與太白合則爲變謀, 爲兵憂. 凡歲,熒惑,塡,太白四星與辰鬪, 皆爲戰, 兵不在外, 皆爲內亂.

一曰, 火與水合爲淬, 與金合爲鑠, 不可擧事用兵. 土與金合國亡地, 與木合則國饑, 與水合爲雍沮, 不可擧事用兵. 木與金合鬪, 國有內亂. 同舍爲合, 相陵爲鬪. 二星相近者其殃大, 二星相遠者殃無傷也, 從七寸以內必之.

〖국역〗

五星의 運行에서, 歲星(木星)이 塡星(土星)이 會合하면 內亂의 징조이고, 辰星(水星)과 회합하면 變謀(변모)하여 國政이 바뀔 징조이며, 熒惑星(형혹성, 火星)과 회합하게 되면 기근이나 가뭄(旱害)이 들고, 歲星이 太白星(金星)과 會合하면 白衣(喪服)의 모임이 되어 水害가 난다. 太白星이 在南하고, 歲星이 在北하면, 이를 牡牡(모모)라 하는데 大豊이 든다.[173] 太白星이 在北하고 歲星이 在南하면, 그 해는 풍년 또는 흉년이 든다. 熒惑星과 太白星이 會合하면, 喪事의 징조라서 擧事나 用兵할 수 없으며, 塡星과 會合하면 우환의 징조이니, 庶子가 卿相이 될 징조이고,[174] 辰星과 회합하면 北軍(배군, 패하여 달아날 배)의 형상이니, 用兵이나 擧事하면 大敗한다. 塡星과 辰星이 회합하면 全軍이 覆滅(복멸)할 형상이고,[175] 太白星과 회합하면 질병이 발생하고 內亂(內兵)이 있을 것이다. 辰星과 太白星이 회합하면 變謀(변모)가 이뤄지고 兵憂(叛軍)가 있을 것이다. 무릇 歲星,

---

**173** 원문 太白在南, 歲在北, 名曰牡牡, 年穀大孰 – 牡는 수컷 모. 歲星은 양이고 太白은 陰이니, 북은 得陽하고 南은 得陰하여 陰陽이 相和하여 대풍이 든다는 뜻이다. 牡牡(모모)가 아니라 牝牡〔빈모, 암컷 빈, 雌雄(자웅)〕이어야 한다는 주석도 있다. 年穀은 그해의 곡식. 大孰(대숙)은 大熟(대숙).

**174** 원문 主孽卿 – 孽은 첩의 자식 얼. 천한 몸에서 얻은 자식. 庶孽(서얼)은 서자와 얼자. 庶子는 正妻가 아닌 공식적으로 맞이한 妾의 자식. 孽子는 서자보다 격이 더 떨어진다. 卿은 장관급 고급 관리. 相은 경보다 높은 三公이나 재상의 반열.

**175** 원문 塡與辰合則將有覆軍下師 – 覆軍은 군사가 覆滅(복멸)하다. 下師는 無義, 衍文(연문)이라는 주석이 있다.

熒惑星, 塡星, 太白星의 四星과 辰星의 경쟁은 모두 戰亂이기에, 兵力이 在外하지 않으면 모두 내란이 될 것이다.

一說에는 火와 水의 회합은 담금질이고(淬), 火와 金의 회합은 녹임(鑠)이니 거사나 용병할 수 없다.[176] 土星과 金星이 합한다면 나라는 땅을 잃게 되고, 木星과 合한다면 나라에 흉년이 들고, 水星과 합한다면 나라가 막히게 되니,[177] 擧事나 用兵할 수 없다. 木星과 金星의 회합은 싸움이니(鬪), 나라에는 내란이 일어난다. 두 행성이 운행하여 한 구역에 드는 것이 合이니, 서로 이기려 하기에 싸움이 된다.[178] 二星이 相近할 경우 그 재앙이 가장 크고, 二星이 서로 멀어지면 재앙이라도 상처가 없으나 (관측해서) 七寸 안쪽이라면 틀림없이 상해가 있을 것이다.

原文

凡月食五星, 其國皆亡, 歲以饑, 熒惑以亂, 塡以殺, 太白强國以戰, 辰以女亂. 月食大角, 王者惡之.

凡五星所聚宿, 其國王天下, 從歲以義, 從熒惑以禮, 從塡

176 원문 火與水合爲淬, 與金合爲鑠 – 달궈진 쇠를 물에 넣으면 쉬하고 갑자기 식으면서 쇠는 단단해진다. 淬는 담금질할 쉬, 식힐 쉬. 흐를 줄. 金을 火로 녹이는 것이 鑠(녹일 삭)이다.

177 원문 合爲雍沮 – 雍은 막을 옹(壅也), 누그러질 옹. 화합. 沮는 막을 저. 雍沮(옹저)는 막히다.

178 원문 相陵爲鬪 – 陵은 큰 언덕 릉. 침범하다. 가로막다. 淩과 통. 淩은 능가하다. 깔보다. 鬪는 싸울 투.

以重, 從太白以兵, 從辰以法. 以法者, 以法致天下也. 三星若合, 是謂驚立絶行, 其國外內有兵與喪, 民人乏饑, 改立王公. 四星若合, 是謂大湯, 其國兵喪並起, 君子憂, 小人流. 五星若合, 是謂易行, 有德受慶, 改立王者, 掩有四方, 子孫蕃昌. 亡德受罰, 離其國家, 滅其宗廟, 百姓離去, 被滿四方. 五星皆大, 其事亦大, 皆小, 其事亦小也.

〖국역〗

대체로 달이 五星을 가리는 경우, 그 分野의 나라는 모두 망하는데, 歲星(木星)이 가려지면 흉년이, 熒惑星(火星)이 가려지만 動亂이, 塡星(土星)이 가려지면 殺戮(살육)이 일어나며, 太白星(金星)이 가려지면 强國과 싸워야 하고, 辰星(水星)이 가려지면 后妃에 의한 분란이 생긴다. 달이 大角星을 가리는 것을 王者는 싫어한다.[179]

대체로 五星이 함께 모여 든 星宿에 해당하는 그 나라는 천하의 王者가 되나니, 歲星에 따라 義를 취합하고, 熒惑星에 따라 禮를 실천하며, 塡星에 따라 德을 후하게 베풀고,[180] 太白星에 의거 군사를 동원하며, 辰星에 의거 법치를 확립한다. 법으로 천하를 얻는다는 것은 법에 의한 천하 통치이다. 만약 3星이 모인다면, 이는 '驚立絶行(경립절행)' 이라 할 수 있는데, 그 나라의 안과 밖에 군사가 모여

179 大角星은 동방 7宿의 하나인 角宿(각수). 좌측별은 理官(司法官)이고 우측별은 將軍이다. 大角星은 天王이 있는 帝廷이다. 大角星은 牧夫(牧童) 자리에서 가장 밝은 별이다.

180 원문 從塡以重 - 塡은 土星. 重은 厚의 뜻. 후한 덕을 베풀다. 또는 威儀(위의)를 엄중히 확립한다는 뜻으로 새겨도 된다.

결국 喪亂(상란)으로 백성들이 王公을 바꿔 옹립하게 된다. 4星이 만약 모였다면, 이를 '大湯(대탕)' 이라 하는데,[181] 그 나라에 兵亂과 喪亂이 함께 일어나 君子는 憂患(우환)에 빠지고 小人은 流亡하게 된다. 五星이 만약 모였다면, 이는 이른바 '易行(이행)' 이니 有德者에게는 慶事가 생기고, 王者가 改立하여 사방을 차지하고 자손은 번성하게 된다. 덕행이 없는 자는 징벌을 받아 그 나라를 떠나야 하고 그 종묘를 없애며, 백성도 무덕자를 버리고 떠나 사방을 유랑해야 한다. 五星의 형상은 모두 위대하기에 관련되는 사업 역시 위대하며, 五星의 功能이 모두 작다면 그 성취 역시 작을 것이다.

原文

凡五星色, 皆圜, 白爲喪爲旱, 赤中不平爲兵, 青爲憂爲水, 黑爲疾爲多死, 黃吉, 皆角, 赤犯我城, 黃地之爭, 白哭泣之聲, 青有兵憂, 黑水.

五星同色, 天下偃兵, 百姓安寧, 歌舞以行, 不見災疾, 五穀蕃昌.

〖국역〗

五星의 색은, 둥그런 모양으로 빛날 때(皆圜)와, 白色은 喪事와 旱災(한재, 가뭄)의 조짐이고, 赤色은 중앙에 深淺(심천)이 고르지 않으면 병란의 조짐이며, 青色은 우환에 水害를 상징하고, 黑은 질병

181 원문 是謂大湯 - 湯은 蕩滌(탕척)은 깨끗하게 쓸어버리다.

유행에 많은 죽음의 조짐이며, 황색은 吉하다. 五星이 모두 芒角(망각)을 發(皆角)하면, 赤色은 적국이 我國을 공격할 조짐이며, 黃色은 땅을 둘러싼 분쟁의 조짐이고, 백색은 통곡할 일이 발생할 수 있다는 豫示(예시)이며, 청색은 병란의 우려를, 흑색은 水害의 조짐이다.

五星이 모두 同色이면, 모든 천하가 息兵〔식병, 偃兵(언병)〕하여 백성은 평안하고 가무를 즐기는 承平 시절이며 재해나 질병도 없고 오곡도 풍년이 들 것이다.

**原文**

凡五星, 歲, 緩則不行, 急則過分, 逆則占. 熒惑, 緩則不出, 急則不入, 違道則占. 塡, 緩則不建, 急則過舍, 逆則占. 太白, 緩則不出, 急則不入, 逆則占. 辰, 緩則不出, 急則不入, 非時則占. 五星不失行, 則年穀豐昌.

〔국역〕

五星의 운행에서, 歲星(세성, 목성)의 운행이 느리면(緩, 느릴 완) 도달해야 할 宿度(수도)에 이르지 못하고, 운행이 빠르면(急) 정해진 宿度(수도)를 지나게 되며, (운행이 東에서 西로) 역행한다면 그 길흉을 占쳐야 한다. 熒惑星(형혹성, 火星)도 느리면 정해진 자리에 이르지 못하고, 빠르면 隱沒(은몰)하지 못하며, 정상궤도를 벗어난다면 占을 쳐야 한다. 塡星(전성, 土星)도 운행이 느리면 정해진 宿度(수도)에[182]

182 宿度 - 星宿(성수) 운행의 度數.

이르지 못하고, 빨리 운행한다면 정해진 자리를 지나치게 되며, 역행할 경우 그 길흉을 점쳐야 한다. 太白星의 운행이 늦으면 정해진 시각에 출현하지 못하고, 빨리 운행하면 入沒(입몰)하지 못하며 역행하면 점을 쳐야 한다. 辰星(진성, 水星)도 운행이 느리면 출현하지 못하고 빠르면 입몰하지 못하며, 정해진 시간에 뜨지 않으면 길흉을 占쳐야 한다. 五星이 정상적 운행을 놓치지 않는다면 해마다 풍년이 들고 번창할 것이다.

# 三. 天文과 地上

## 1. 星宿의 分野

原文

凡以宿星通下之變者, 維星散, 句星信, 則地動. 有星守三淵, 天下大水, 地動, 海魚出. 紀星散者山崩, 不卽有喪. 龜,鱉星不居漢中, 川有易者. 辰星入五車, 大水. 熒惑入積水, 水, 兵起, 入積薪, 旱, 兵起, 守之, 亦然. 極後有四星, 名曰句星. 斗杓後有三星, 名曰維星. 散者, 不相從也. 三淵, 蓋五車之三柱也. 天紀屬貫索. 積薪在北戍西北. 積水在北戍東北.

〖국역〗

대체로(凡), 宿星(수성, 星宿)과 연관된 지역의(分野之地) 변란이 연결되었다 하는 것은,[183] 斗杓(두표) 자루의 3星(維星, 유성)이 서로 相從하지 않고(散),[184] 句星(구성)의 사이가 벌어지면[185] 지상에서는

183 원문 凡以宿星通下之變者 - 하늘의 星宿(성수)는 모두 지상의 어느 지역이나 특정한 인물(예 ; 황제, 황후, 재상)과 연관되었으며 그런 연관은 (分野之地) 변할 수 있다고 생각하였다.

184 원문 維星散 - 維星은 북두의 자루 부분 3星이라는 주석이 있다. 散은

지진이 일어나는 것과 같다. 行星이 三淵 星區에 들어가 머물면, 天下에 큰 홍수가 나거나 地殼(지각)이 변동하여 바닷물고기가 땅 위에 나타난다.[186] 紀星(기성, 天紀星)이 흩어지면 산이 무너지거나 머지않아 國喪을 당할 것이다. 龜星(귀성), 鱉星(별성, 鱉은 자라 별)이 은하수에 있지 않으면[187] 강물의 흐름이 바뀐다. 辰星(水星)이 五車星의 星座에 들어가면 큰 홍수가 난다. 熒惑星(火星)이 積水星에 들어가면 홍수에 병란이 발생하고, 積薪星(적신성)에 들어가면 병란이 일어나며, 날이 가물고 또 그대로 머물러도 그러하다.[188] 天極 후면의 4星이 句星이다. 斗杓(두표) 후면의 3星을 維星(유성)이라 한다. '散'은 不相從의 뜻이다. 三淵은 모두 五車星의 三柱星이다. 天紀星은 貫索星(관색성)에 속한다. 積薪星(적신성)은 北戍(북수, 北河)의 서북에 있다. 積水星은 北戍의 동북에 있다.

---

不相從이라는 주석이 있지만 구체적으로 어떤 현상인지 알 수 없다.

185 원문 句星信 – 句星은 房宿(방수)의 북쪽 작은 2星. 一名 鉤鈐, 평소에는 바짝 붙어 있는데, 이 2星의 거리가 벌어지면 땅에 지진이 일어난다고 하였다. 信은 伸(펼 신).

186 원문 有星守三淵, 天下大水, 地動, 海魚出 – 守는 행성이 운행 중 다른 星區에 접근한 뒤 움직이지 않고 머물다. 三淵은 五帝車舍의 三柱星, 馬夫座이 星宿. 海魚出은 해어를 지상에서 볼 수 있다는 뜻.

187 원문 龜,鱉星, 不居漢中 – 龜星(귀성)은 동방 7宿인 尾宿(미수) 남쪽의 星宿. 5星으로 구성. 鱉星(별성)의 鱉은 자라 별. 북방 斗宿(두수)의 남쪽에 있는 11星으로 구성된 星宿. 漢은 銀漢. 은하수.

188 積水와 積薪(적신)은 모두 성좌 이름. 적수성은 西方 胃宿의 一星과 南方 井宿의 一星. 積薪(적신)은 '장작더미' 란 뜻. 南方 井宿에 소속.

原文

角,亢,氐, 沇州. 房,心, 豫州. 尾,箕, 幽州. 斗, 江,湖. 牽牛,婺女, 揚州. 虛,危, 靑州. 營室,東壁, 幷州. 奎,婁,胃, 徐州. 昴,畢, 冀州. 觜觿,參, 益州. 東井,輿鬼, 雍州, 柳,七星,張, 三河. 翼,軫, 荊州.

〖국역〗

(東方) 角宿(각수), 亢宿(항수), 氐宿(저수)의 分野는 沇州(연주, 兗州)이다.[189] 房宿, 心宿(심수)는 豫州(예주)이다.[190] 尾宿(미수)와 箕宿(기수)는 幽州(유주)이다.[191]

(北方) 斗宿(두수)의 분야는 長江과 鄱陽湖(파양호) 일대이다. 牽牛宿(견우수)와 婺女宿(무녀수)의 분야는 揚州(양주) 일대이다.[192] 虛宿(허수)와 危宿(위수)는 靑州 일대이다.[193] 營室宿(영실수)와 東壁宿(동벽수)의 분야는 幷州(병주)이다.[194]

(西方) 奎宿(규수)와 婁宿(루수), 胃宿(위수)의 분야는 徐州 일대이다.[195] 昴宿(묘수)와 畢宿(필수)의 分野는 冀州(기주)이다.[196] 觜觿宿

189 沇州(연주)는 兗州(연주). 兗州는 대략, 今 山東省 서남부와 河南省 동부 지역이었다.

190 豫州(예주)는, 今 河南省 동부 및 安徽省 서북부 지역.

191 幽州(유주)는, 今 遼寧 및 北京市 일대이다.

192 揚州(양주)는, 今 安徽省(안휘성) 남부와 長江 하류 일대.

193 靑州(청주)는, 今 山東省 동북부 일대이다.

194 幷州(병주)는, 今 山西省 일대이다.

195 徐州(서주)는, 今 山東省 서남부와 安徽省, 江蘇省의 북부지역이다.

(자휴수)와 參宿(삼수)의 분야는 益州이다.[197]

(南方) 東井宿(동정수, 井)와 輿鬼宿(여귀수, 鬼)는 雍州(옹주)이고,[198] 柳宿(유수, 柳)와 七星宿(칠성수, 星), 張宿(장수)는 三河 지역이다.[199] 翼宿(기수)와 軫宿(진수)의 분야는 荊州(형주)이다.[200]

※ 이를 도표로 정리하면 아래와 같다.

| 東方 28星宿 | | 角宿 | 亢宿 | 氐宿 | 房宿 | 心宿 | 尾宿 | 箕宿 |
|---|---|---|---|---|---|---|---|---|
| 漢書 | 州名 | 兗州 | | | 豫州 | | 幽州 | |
| | 國名 | 韓地 | | | 宋地 | | 燕地 | |
| 星經 | 州名 | 兗州 | | | 豫州 | | 幽州 | |
| | 國名 | 鄭 | | | 宋 | | 燕 | |

| 北方 二十八星宿 | | 斗宿 | 牛宿 | 女宿 | 虛宿 | 危宿 | 室宿 | 壁宿 |
|---|---|---|---|---|---|---|---|---|
| 漢書 | 州名 | 揚州 | | | 青州 | | 幷州 | |
| | 國名 | 吳 | | 越 | 齊地 | | 衛地 | |
| 星經 | 州名 | 揚州 | | | 青州 | | 幷州 | |
| | 國名 | 吳 | | 越 | 齊地 | | 衛地 | |

| 西方 二十八星宿 | | 奎宿 | 婁宿 | 胃宿 | 昴宿 | 畢宿 | 觜宿 | 參宿 |
|---|---|---|---|---|---|---|---|---|
| 漢書 | 州名 | 徐州 | | | 冀州 | | 益州 | |
| | 國名 | 魯 | | | 趙 | | 魏 | |
| 星經 | 州名 | 徐州 | | 冀州 | | 益州 | | |
| | 國名 | 魯 | | 趙 | | 魏 | | |

---

196 冀州(기주)는, 今 河北省 서남부 일대이다.

197 益州(익주)는, 지금 四川省 서남부 일대이다.

198 雍州(옹주)는, 河水의 서북부, 곧 陝西省 북부와 甘肅省 지역이다.

199 三河는, 전한의 河西郡, 河東郡, 河南郡을 지칭한다.

200 荊州는, 지금 河南省 서남부와 湖北省 湖南省 북부지역을 지칭한다.

| 南方 二十八星宿 | | 井宿 | 鬼宿 | 柳宿 | 星宿 | 張宿 | 翼宿 | 軫宿 |
|---|---|---|---|---|---|---|---|---|
| 漢書 | 州名 | 雍州 | | 三河 | | | 荊州 | |
| | 國名 | 秦 | | 周 | | | 楚 | |
| 星經 | 州名 | 雍州 | | 三河 | | | 荊州 | |
| | 國名 | 秦 | | 周 | | | 楚 | |

**原文**

甲乙, 海外, 日月不占. 丙丁, 江,淮,海,岱. 戊己, 中州河, 濟. 庚辛, 華山以西. 壬癸, 常山以北. 一曰, 甲齊, 乙東夷, 丙楚, 丁南夷, 戊魏, 己韓, 庚秦, 辛西夷, 壬燕,趙, 癸北夷.

子周, 丑翟, 寅趙, 卯鄭, 辰邯鄲, 巳衛, 午秦, 未中山, 申齊, 酉魯, 戌吳,越, 亥燕,代.

**〖국역〗**

(日辰이) 甲이나 乙에는 日月의 변화를 가지고 海外의 길흉을 점치지 않는다.[201] 丙과 丁의 時辰에서는 日月의 이상 현상으로 丙과

201 이 문단은 어느 時辰(시진)에서 日月의 交會 등 그 변화를 가지고 어떤 곳의 길흉에 관하여 占을 칠 수 있는가에 대한 글이다. 甲乙은 時辰이 甲이나 乙. 天干과 地支를 결합한 60갑자로 年月日時를 표기하였다. 갑을은 東方의 방위인데, 時辰의 天干과 方位의 천간이 重合할 경우에 日月의 交食 등 현상으로 그 방위나 지점의 길흉을 점치지 않는다. 본문에서 日月은 일월의 異常 현상이다. 본문 '甲乙, 海外, 日月不占.' 는 '時辰이 甲이나 乙일 때, 日月의 交食 등 이상 현상으로 甲乙 방위인 海外의 吉凶을 점치지 않는다(不占).' 는 뜻이다. 여기 海外는 中華 이외의 지역을 의미한다.

丁 방위(南方)에 해당하는 長江, 淮水, 東海, 岱山(대산, 泰山)의 길흉을 점치지 않는다. 戊와 己의 시진에서는 戊己(무기)의 방향(中央)인 中州(중원)의 河水와 濟水의 길흉을 점치지 않는다. 庚과 辛의 시진에서는 庚申(경신) 방위(西方)인 華山(화산, 五嶽 중 西嶽) 서쪽의 길흉을 점치지 않는다. 壬과 癸의 시진에서는 壬癸(임규)의 방향(北方)인 常山(恒山) 이북의 길흉을 점치지 않는다.

一說에는, (日辰이) 甲이면 日月 交會 등 이상 현상으로 방향 甲에 해당하는 齊의 吉凶을 점치지 않는다.[202] 乙에는 東夷(동이), 丙에는 楚, 丁에는 南夷, 戊(무)에는 魏, 己(기)에는 韓, 庚(경)에는 秦, 辛(신)에는 西夷, 壬(임)에는 燕과 趙, 癸(규)에는 日月의 異常으로 北夷의 길흉에 대하여 점치지 않는다.

(時辰이) 子이면 日月의 交食 등 異常 현상으로 周 지역이 길흉을 점치지 않는다.[203] 丑에는 翟(적),[204] 寅에는 趙(楚),[205] 卯(묘)에는 鄭, 辰(진)에는 邯鄲(한단),[206] 巳(사)에는 衛(위), 午에는 秦(진), 未에는 中

---

202 원문 甲齊 – 甲의 방향, 곧 東方. 中原의 동방인 齊 지역. 今 山東省 一圓.

203 원문 子周 – 이하는 地支에 관하여 서술하였다.

204 원문 丑翟 – 丑은 丑時(축시, 소 축)에는 翟(적)은 춘추시대 西戎(서융)의 나라 이름. 今 甘肅省 남부 지역.

205 원문 寅趙 – 다음에 趙의 首都 邯鄲(한단)이 나온다. 여기서는 楚이어야 한다는 주석이 있다.

206 邯鄲(한단) – 전국시대 趙國의 수도. 北宋시대에는 北京大名府, 《水滸傳》의 무대, 今 河北省 남부 邯鄲市. 黃粱美夢, 邯鄲學步, 圍魏救趙. 完璧歸趙, 刎頸之交(문경지교), 毛遂自薦(모수자천) 등 수많은 고사성어의 고향.

山國(중산국), 申에는 齊, 酉(유)에는 魯, 戌(술)에는 吳와 越, 亥(해)에는 燕과 代(대) 지역의 길흉을 점치지 않는다.

原文

秦之疆, 候太白, 占狼,弧. 吳,楚之疆, 候熒惑, 占鳥衡. 燕,齊之疆, 候辰星, 占虛,危. 宋,鄭之疆, 候歲星, 占房,心. 晉之疆, 亦候辰星, 占參,罰. 及秦併吞三晉,燕,代, 自河,山以南者中國.

中國於四海內則在東南, 爲陽, 陽則日,歲星,熒惑,塡星, 占於街南, 畢主之. 其西北則胡,貉,月氏旃裘引弓之民, 爲陰, 陰則月,太白,辰星, 占於街北, 昴主之.

故中國山川東北流, 其維, 首在隴,蜀, 尾沒於渤海碣石. 是以秦,晉好用兵, 復占太白. 太白主中國, 而胡,貉數侵掠, 獨占辰星, 辰星出入趮疾, 常主夷狄, 其大經也.

〖국역〗

秦의 疆域(강역)에서는 太白星으로 徵驗(징험, 관찰)하고 狼星과 弧星(호성)으로 점을 친다.[207] 吳와 楚 지역에서는 (남방의) 熒惑星(형혹성, 화성), 鳥星(조성)과 衡星(형성)으로 점을 친다. 燕과 齊 땅에서는

207 원문 秦之疆, 候太白, 占狼,弧. - 秦은 中原의 서쪽에 자리했다. 疆은 지경 강, 疆域(강역). 영역. 候는 물을 후. 관찰하다. 占驗. 점치다. 行星인 太白星, 恒星인 狼星(낭성)과 弧星(호성, 활 호)은 모두 서방에 속한 별이다.

(북방의) 辰星(水星)과 虛宿(허수)와 危宿(위수)로 점을 친다. 宋과 鄭의 강역에서는 (동방의) 歲星(木星)과 房宿(방수)와 心宿(심수)로 점을 친다. 晉의 강역에서는 역시 (북방의) 辰星(수성)과 參宿(삼수)와 罰星(벌성)으로 점을 쳤다.

秦이 三晉(韓 魏, 趙)과 燕(연), 代(대)를 병탄한 뒤에는, 河水와 華山 이남을 中國으로 여겼다. 中國은 四海의 내부로 東南이니 陽이고, 陽은 태양(日), 歲星(목성), 熒惑, 塡星(전성, 土星) 등이 해당하며, 天街星의 南面(華夏)을 관측하여 점을 치는데 (서방의) 畢宿(필수)가 주관한다. (중국의) 西北은 곧 胡人, 貉人(맥인, 맥족), 月氏族(월지족) 등인데 모직물(旃)이나 가죽옷(裘)을 입고 활을 지닌 백성인데 陰(음)에 속하며, 陰은 月, 太白, 辰星 등이고 天街星의 북쪽을 살펴 점을 치는데 昴宿(묘수)가 陰을 주관한다.

中國의 山川은 東이나 北으로 흘러내렸기에 그 체계에서 머리는 隴山(농산)과 蜀地이고, 꼬리 부분은 渤海(발해)의 碣石山(갈석산)에서 끝난다.[208] 이 때문에 (서북의) 秦, 晉(진)은 用兵을 잘하고, 太白星으로 점칠 수 있다. 太白星이 中國을 주재하고 胡人이나 貉人(맥인)은 중원을 자주 침략하는데, 이는 辰星(진성)으로 점칠 수 있으니,

208 원문 其維, 首在隴,蜀, 尾沒於渤海碣石. - 維는 굵은 밧줄이다, 수레의 덮개를 잡아당기는 大綱(대강)이다. 중국의 지형은 西高東低(서고동저)이다. 서쪽 고지대의 높은 부분, 곧 머리는 隴山(농산)과 蜀의 山地이다. 隴山(농산)은 六盤山脈인데 寧夏자치구의 남부, 甘肅省, 陝西省의 경계 지역이고, 主峰인 米缸山(미항산)은 寧夏 涇源(경원)에 자리했는데 해발 2,942m이다. 서쪽에서 흘러내린 산줄기는 발해만의 碣石山(갈석산)에서 끝난다. 碣石山(갈석산)은, 今 山東省 북부 濱州市(빈주시) 관할 無棣縣(무체현) 소재.

辰星은 出入이 조급하고 빠르며 이적의 분야를 주관한다. 이는 대략적인 설명이다.

## 2. 星宿와 吉凶

原文

凡五星, 早出爲贏, 贏爲客, 晚出爲縮, 縮爲主人. 五星贏縮, 必有天應見杓.

太歲在寅曰攝提格. 歲星正月晨出東方,《石氏》曰名監德, 在斗,牽牛. 失次, 杓, 早水, 晚旱.《甘氏》在建星,婺女.〈太初曆〉在營室,東壁.

在卯曰單閼. 二月出,《石氏》曰名降人, 在婺女,虛,危.《甘氏》在虛,危. 失次, 杓, 有水災.〈太初〉在奎,婁.

〖국역〗

5行星이 일찍 출현하면 贏(영)인데, 贏은 客人이고, 늦게 출현하면 縮(축)이니, 縮하면 主人이 된다. 五星의 贏과 縮은 틀림없이 天象으로 감응하여 北斗의 杓(표, 자루)에 나타난다.

太歲星이 寅方(인방)에 있을 때를 攝提格(섭제격)이라 한다.[209] 歲

209 원문 太歲在寅曰攝提格 - 太歲는 歲星(木星)의 다른 이름. 목성은 12년에 걸쳐 天空을 일주한다(정확히는 1186년). 古人은 歲星의 經行의 차

星은 正月 새벽(晨, 새벽 신)에 東方에 출현하는데, (石申의) 《石氏星經》에서는 이를 監德(감덕)이라 불렀고, 위치는 斗星과 牽牛星(견우성)에 星區이다. 운행이 정상에서 벗어나면 北斗 자루(杓)의 부근에 나타나는데, 빠르면 水害가, 늦으면 가뭄이 든다. (甘德의) 《天文星占》에서는 建星(건성)과 (北方) 婺女(무녀, 女宿)에 출현한다고 하였다. 〈太初曆〉에서는[210] (북방) 營室宿(영실수, 室宿)와 東壁宿(동벽수, 壁宿)에 있다고 하였다.

(太歲星이) 卯方(묘방)에 있으면 單閼(단알)이라[211] 하였다. 二月에 출현하는데 《石氏星經》에서는 降人(강인)이라 하고, 婺女宿, 虛宿, 危宿에 출현한다고 하였다. (甘氏의) 《天文星占》에서는 虛宿와 危宿에 출현한다고 하였다. 失次하면 斗杓(두표)에 보이는데, 水災가 난다. 〈太初曆〉에서는 奎宿와 婁宿(누수) 사이에 출현한다고 하였다.

---

례에 따라 紀年했는데, 여기서 정확하고 균일한 속도로 운행하는 개념상의 태세성을 상상하여 위치에 따라 이름을 붙였다. 실제로 歲星(목성)은 西에서 동방으로 운행하지만 태세성은 동에서 서로 운행하는 것으로 상정하였다. 태세성이 寅방에 있을 때 실제로 세성은 丑方에 있다. 태세성이 寅方에 있을 때를 攝提格(섭제격)이라 한다. 攝提格(섭제격)은 紀年의 명칭, 歲陰의 3번째 명칭으로 12支 중 寅에 해당. 術士들은 태세성이 있는 위치를 凶方으로 여기며 掘土(굴토)나 건축을 꺼렸다. 太歲는 惡人의 뜻으로도 쓰인다.

210 〈太初歷〉 – 兒寬(倪寬, 예관. ? – 前 103), 司馬遷, 壺遂(호수) 등의 노력으로 제정 시행한 前漢의 역법 무제 前 104년부터 시행. 太初曆은 1년을 365와 385/1539일, 1달을 29와 43/81일로 계산하였다.

211 單閼(단알) – 單은 다하다(盡也). 閼은 가로막을 알. 止의 뜻.

原文

在辰曰執徐. 三月出,《石氏》曰名青章, 在營室,東壁. 失次, 杓, 早旱, 晩水.《甘氏》同.〈太初〉在胃,昴.

在巳曰大荒落. 四月出,《石氏》曰名路踵, 在奎,婁.《甘氏》同.〈太初〉在參,罰.

在午曰敦牂. 五月出.《石氏》曰名啓明, 在胃,昴,畢. 失次, 杓, 早旱, 晩水.《甘氏》同.〈太初〉在東井,輿鬼.

在未曰協洽. 六月出,《石氏》曰名長烈, 在觜觿,參.《甘氏》在參,罰.〈太初〉在注,張,七星.

〖국역〗

(太歲星이) 辰方에 있으면 執徐(집서)이다.[212] 三月에 출현하는데,《石氏星經》에서는 青章(청장)이라 하였고, (북방) 營室宿와 東壁宿(동벽수)에 출현한다고 하였다. 失次하면 斗杓에 나타나는데 일찍 나타나면 가뭄이, 늦으면 수해가 난다. (甘氏의)《天文星占》도 마찬가지이다.〈太初曆〉에서 (西方) 胃宿(위수)와 昴宿(묘수)에 나타난다고 하였다.

(太歲星이) 巳方(사방)에 있으면 大荒落(대황락)이라 한다.[213] 4月에 出하면,《石氏星經》에서는 路踵(노종)이라[214] 하였고, 奎宿와 婁

212 執徐(집서) – 執은 잡을 집. 蟄(숨을 칩)의 뜻. 徐는 천천히 할 서. 舒(펼 서)의 뜻.

213 大荒落(대황락) – 荒은 大也.

214 路踵(노종) – 踵은 발꿈치 종. 따라가다. 추격하다.

宿에 있다 하였다. 《天文星占》도 같다. 〈太初曆〉에서는 (서방의) 參宿(삼수)와 罰星(벌성) 사이에 있다고 하였다

午方에 있으면 敦牂(돈장)이라[215] 하며, 5月에 出한다. 《石氏星經》에서는 啓明(계명)이라 하고 胃宿, 昴宿(묘수), 畢宿(필수)에 나타난다. 失次하면 斗杓에 나타나는데, 이르면 가뭄이 늦으면 수해가 난다. 《天文星占》도 같다. 〈太初曆〉에서는 (남방의) 東井宿와 輿鬼宿(여귀수)에 나타난다고 하였다.

未方에 있으면 協洽(협흡)이라[216] 한다. 6月에 출현하는데 《石氏星經》에서는 長烈(장열)이라 부르고, (西方) 觜觿宿(자휴수)와 參宿(삼수) 사이에 있다. 《天文星占》에서는 參宿와 罰星(벌성) 사이라 하였다. 〈太初曆〉에서는 (남방의) 注宿(柳宿),[217] 張宿, 七星宿(星宿) 사이에 있다고 하였다.

原文

在申曰水涒灘. 七月出. 《石氏》曰名天晉, 在東井,輿鬼. 《甘氏》在弧. 〈太初〉在翼,軫.

在酉曰作詻. 八月出, 《石氏》曰名長壬, 在柳,七星,張. 失次, 杓, 有女喪,民疾. 《甘氏》在注,張. 失次, 杓, 有火. 〈太初〉在角,亢.

---

215 敦牂(돈장) – 敦은 도타울 돈. 牂은 암양 장.

216 協洽(협흡) – 洽은 윤택하게 할 흡.

217 注는 卽 柳也. 注者는 萬物이 始衰하여, 陽氣가 下注하기 때문에 注라 하였다.

在戌曰掩茂. 九月出,《石氏》曰名天睢, 在翼,軫. 失次, 杓, 水.《甘氏》在七星,翼.〈太初〉在氐,房,心.

在亥曰大淵獻. 十月出,《石氏》曰名天皇, 在角,亢.《甘氏》在軫,角,亢.〈太初〉在尾,箕.

〖국역〗

(太歲星이) 申方에 있으면 涒灘(군탄)이라[218] 한다. 7월에 출현한다.《石氏星經》에서는 天晉(천진)이라 이름 붙였는데, (남방의) 東井宿와 輿鬼宿(여귀수, 鬼宿)에 출현한다고 하였다. (甘氏, 甘德의) (甘氏)의《天文星占》에서는 弧星(호성)에 출현한다고 하였다.〈太初曆〉에서는 (남방의) 翼宿(익수)와 軫宿(진수) 星區라 하였다.

酉方에 있으면 作諮(작액)이라[219] 하였다. 8月에 出하는데,《石氏星經》에서는 長壬(장임)이라 하였으며, (남방의) 柳宿, 七星宿, 張宿(장수)에 출현한다고 하였다. 失次하면 斗杓에 나타나는데, 女喪을 당하거나 백성이 질병으로 고생한다.《天文星占》에서는 (남방) 注宿(柳宿), 張宿에 출현한다고 하였다. 失次하면, 斗杓에 나타나고 火災를 당한다고 하였다.〈太初曆〉에는 (동방의) 角宿와 亢宿(항수)에 나타난다고 하였다.

戌方(술방)에 있으면 掩茂(엄무)라[220] 하였다. 9月에 出하는데,《石

218 涒灘(군탄) - 涒은 클 군(大也). 灘은 여울 탄. 修의 뜻. 涒灘(군탄)은 만물이 모두 그 精氣를 修養한다는 뜻.

219 作諮(작액) - 諮은 거친 말로 다툴 액.

220 掩茂(엄무) - 掩은 가릴 엄. 茂는 우거질 무. 掩茂(엄무)는 閹茂(엄무, 내시 엄)으로도 표기.

氏星經》에서는 天睢(천휴)라 했으며, 翼宿와 軫宿에 출현한다. 失次하면 斗杓에 나타나는데, 洪水가 난다. 《天文星占》에서는 七星宿와 翼宿 사이에 출현한다고 했다. 〈太初曆〉에는 (동방의) 氐宿, 房宿, 心宿에 출현한다고 하였다.

亥方(해방)에 있으면 大淵獻(대연헌)이라 했다. 10月에 出하고, 《石氏星經》에서는 天皇(천황)이라 했으며, (동방의) 角宿과 亢宿에 출현한다고 했다. 《天文星占》에서는 (남방의) 軫宿, (동방의) 角宿와 亢宿에 출현한다고 하였다. 〈太初曆〉에서는 (동방의) 尾宿(미수)와 箕宿(기수)라고 하였다.

原文

在子曰困敦. 十一月出, 《石氏》曰名天宗, 在氐,房. 《甘氏》同. 〈太初〉在建星,牽牛.

在丑曰赤奮若. 十二月出, 《石氏》曰名天昊, 在尾,箕. 《甘氏》在心,尾. 〈太初〉在婺女,虛,危.

《甘氏》, 〈太初曆〉所以不同者, 以星贏縮在前, 各錄後所見也. 其四星亦略如此.

〖국역〗

(太歲星이) 子方에 있으면 困敦(곤돈)이라[221] 한다. 11月에 출현하는데 《石氏星經》에서는 天宗(천종)이라 하였고, 氐宿와 房宿에 출현

221 困敦(곤돈)은 混沌(혼돈)의 뜻. 困은 混(섞일 혼). 敦은 沌(어두울 돈)의 뜻.

한다. (甘氏의) 《天文星占》도 같다. 〈太初曆〉에서는 建星과 牽牛星(견우성) 사이라고 하였다.

丑方에서는 赤奮若(적분약)이라[222] 하였다. 12月에 출현하고, 《石氏星經》에서는 天昊(천호)라 하였으며 (동방의) 尾宿와 箕宿(기수) 사이에 출현한다고 하였다. 《天文星占》에서는 心宿와 尾宿라 하였다. 〈太初曆〉에서는 (북방의) 婺女宿, 虛宿, 危宿 사이에 출현한다고 하였다.

《天文星占》과 〈太初曆〉의 서술이 같지 않은 것은 星宿의 贏縮(영축, 운행의 빠름과 느림)은 앞서 운행하나, 각각의 기록은 후방에서 보이는 바를 기록했기 때문이다. 그 밖의 다른 4星(火, 土, 金, 水星) 역시 대략 같다.

**原文**

古曆五星之推, 亡逆行者, 至甘氏,石氏《經》, 以熒惑,太白爲有逆行. 夫曆者, 正行也. 古人有言曰, '天下太平, 五星循度, 亡有逆行. 日不食朔, 月不食望.'

夏氏《日月傳》曰, '日月食盡, 主位也. 不盡, 臣位也.' 《星傳》曰, '日者德也, 月者刑也, 故曰日食修德, 月食修刑.' 然而曆紀推月食, 與二星之逆亡異. 熒惑主內亂, 太白主兵, 月主刑. 自周室衰, 亂臣賊子師旅數起, 刑罰失中. 雖

---

222 赤奮若(적분약) – 赤은 陽의 色. 奮은 떨칠 분. 奮起하다. 若은 같을 약. 順應하다. 陽氣가 만물을 분기케 하다.

其亡亂臣賊子師旅之變, 內臣猶不治, 四夷猶不服, 兵革猶不寢, 刑罰猶不錯, 故二星與月爲之失度, 三變常見. 及有亂臣賊子伏屍流血之兵, 大變乃出, 甘,石氏見其常然, 因以爲紀, 皆非正行也.

《詩》云, 「彼月而食, 則惟其常. 此日而食, 於何不臧?」《詩傳》曰, '月食非常也, 比之日食猶常也, 日食則不臧矣.' 謂之小變, 可也, 謂之正行, 非也. 故熒惑必行十六舍, 去日遠而顓恣. 太白出西方, 進在日前, 氣盛乃逆行. 及月必食於望, 亦誅盛也.

〖국역〗

옛 曆法에 五星의 운행을 추론하였지만 (五星이) 역행하는 사실을 몰랐는데,[223] (齊人) 甘氏(甘德)와 石氏(石申)의《經》에[224] 熒惑星과 太白星이 逆行한다고 하였다.

曆法은 正行이다. 古人은 '天下가 太平하면 五星이 정도를 따르며 逆行하지 않는다. 태양에 초하루의 일식이 없고, 달은 보름(望)에 월식이 없다.' 고 말했다.

夏氏(하씨, 名은 不明)의《日月傳》에서는 '日과 月이 먹히는 것은(食, 蝕) 主君의 지위이고, 먹히지 않는 것은 臣位이다.' 라고 하였다.《星傳》에서는 '日은 德을 상징하고, 月은 형벌을 뜻하니, 그래서

223 漢代 초에야 五星이 모두 역행하는 사실을 알았다는 주석이 있다.

224 여기《經》은《天文星占》과《石氏星經》.

日食을 보고 修德하고, 月食에 刑政을 바로잡는다(修).' 고 하였다.

그러나 역법의 月食 기록을 추론한다면, 월식과 二星(火星과 金星)의 역행은 서로 다르다. 熒惑星(火星)은 內亂을 주관하고 太白星(金星)이 兵事를 주관하며 달은 형벌을 주관한다. 周室의 쇠망 이후, 亂臣賊子(난신적자)의 군사적 봉기가 자주 일어났고, 형벌은 정도를 잃었다. 그런데도 亂臣賊子의 군사 변란과 內臣의 弊政(폐정)은 여전히 다스려지지 않았으며, 四夷는 오히려 不服하고 군사적 변란은 여전히 그치지 않았으며, 화성과 금성, 달 운행의 차질은 늘 볼 수 있었다. 亂臣賊子의 처형이나 유혈 전쟁 등 大變은 항상 있었다. 甘氏와 石氏는 그런 異常을 기록했고, 기록 내용은 모두 正行이 아니었다.

《詩》에서는 「달이 가려지나니 늘 있는 일이다. 이 해도 가려지나니 (모두가 不善하니) 善한 것이 무엇이겠나?」라고 하였다.[225] 《詩傳》에서는, '月食이 正常이 아니라지만, 日食에 비하면 정상이며, 日食(日蝕)은 不善이다.' 라 하였으니,[226] 이를 小變이라면 可하나 正行이라면 틀린 말이다. 그래도 熒惑星(형혹성)은 틀림없이 16舍를 운행하며 日에서 멀리 떨어져 홀로 운행한다. 太白은 西方에서 떠오를 때 태양의 앞에 나타나며, 그 氣가 왕성하여 역행하는 것이다. 달은 꼭 보름(望)에 월식이 일어나니 달을 가리는 기운이 성대하다는 사실을 알 수 있다.

---

225 원문《詩》云, 「彼月而食, 則惟其常. 此日而食, 於何不臧?」 -《詩經 小雅 十月之交》의 구절. 월식, 일식이 일어났는데 그렇다면 모두 不善이니 善한 것이 무엇인가?

226 이는《毛氏傳》에 없다. 齊詩의 傳이라는 주석이 있다.

原文

國皇星, 大而赤, 狀類南極. 所以, 其下起兵. 兵强, 其沖不利.

昭明星, 大而白, 無角, 乍上乍下. 所出國, 起兵多變.

五殘星, 出正東, 東方之星. 其狀類辰, 去地可六丈, 大而黃.

六賊星, 出正南, 南方之星. 去地可六丈, 大而赤, 數動, 有光.

司詭星, 出正西, 西方之星. 去地可六丈, 大而白, 類太白.

咸漢星, 出正北, 北方之星. 去地可六丈, 大而赤, 數動, 察之中青.

此四星所出非其方, 其下有兵, 沖不利.

〖국역〗

國皇星(국황성)은 크고 赤色이며[227] 南極老人星과 비슷하다.[228] 이 별이 출현하면 그 분야의 지상에서는 전쟁이 일어난다. 군사가 강하기에 그 상대방에게 불리하다.[229]

---

227 이하 몇 단의 기록은 내력이 不明한 星辰의 이름과 星占의 징후를 설명했다. 혹자는 五星의 精이 흩어지면서 64개의 變星이 출현했다고 말하였다. 이러한 주장은 근거가 없지만, 고대인의 문화적 심리나 占星에 관한 정황을 볼 수 있다.

228 南極老人 - 星名. 다른 이름은 壽垠星(수은성). 長江 이북에서는 보기 어렵다는 주석이 있다.

昭明星(소명성)은 크고 白色이며 芒角(망각)은 없고 순식간에 오르내린다. 이 별이 뜨는 지역에서는 병란과 변란이 많다.

五殘星(오잔성)은 正東에 뜨는 東方의 星이다. 그 모습은 辰星(水星)과 비슷하고 지상에서 6丈(장)쯤 되는 天空에 출현하는 크고 누런 별이다.

六賊星(육잔성)은 正南에 뜨는 南方의 星이다. 지상에서 6丈 높이에 뜨는데 크고 적색이며 자주 움직이며 光芒(광망)이 있다.

司詭星(사궤성)은[230] 正西에 뜨는 西方의 星이다. 땅에서 6丈 높이에 뜨는데, 크고 흰색이며 태백성과 유사하다.

咸漢星(함한성)은 正北에 뜨는 北方의 星이다. 땅에서 6丈 높이에, 크고 적색이며 자주 번쩍거리는데 그 빛을 살펴보면 중간에 青色이 보인다.

이 4星은[231] 출현한 방향에 응하지는 않지만, 해당 分野의 땅에서 병란이 일어나면 그 상대방에게 불리하다.

**原文**

四塡星, 出四隅, 去地可四丈. 地維臧光, 亦出四隅, 去地可二丈, 若月始出. 所見下, 有亂者亡, 有德者昌.

燭星, 狀如太白, 其出也不行, 見則滅. 所燭, 城邑亂.

如星非星, 如雲非雲, 名曰歸邪. 歸邪出, 必有歸國者.

---

229 원문 其沖不利 - 沖은 한 星辰의 180°에 해당하는 분야. 상대방.

230 司詭星(사궤성, 詭는 속일 궤)은《史記 天官書》에 司危星(사위성).

231 四星은 五殘星, 六賊星, 司詭星, 咸漢星.

〖국역〗

四塡星(사전성)은 네 모퉁이서 빛을 내는데 땅에서 약 4丈 정도이다.[232] 地維星(지유성)도 빛을 발하는데 마찬가지로 4隅(우)에서 빛을 내며 땅에서 약 2장 높이이며, 달이 처음 뜰 때의 빛과 같다. 그 분야의 해당하는 땅에서 有亂者는 亡하고 有德者는 昌盛한다.

燭星(촉성)은 그 형상이 太白星과 같으나 떠올라서는 운행하지 않는데 출현하면서 곧 사라진다. 촉성이 비추는 城邑에서는 動亂이 발생한다.

별과 같으나 별이 아니고(如星非星), 구름 같으나 구름이 아닌(如雲非雲) 彗星(혜성)을 歸邪星(귀사성)이라 부른다. 귀사성이 출현하면 틀림없이 歸國(歸附)하는 자가 있다.

原文

星者, 金之散氣, 其本曰人. 星衆, 國吉, 少則凶. 漢者, 亦金散氣, 其本曰水. 星多, 多水, 少則旱, 其大經也.

天鼓, 有音如雷非雷, 音在地而下及地. 其所住者, 兵發其下.

天狗, 狀如大流星, 有聲, 其下止地, 類狗. 所墜及, 望之如火光炎炎中天, 其下圜如數頃田處, 上銳見則有黃色, 千里破軍殺將.

---

232 원문 出四隅, 去地可四丈 – 四隅는 東南, 西南, 東北, 西北. 可四丈의 可는 約의 뜻.

格澤者, 如炎火之狀, 黃白, 起地而上, 下大上銳. 其見也, 不種而獲. 不有土功, 必有大客.

〖국역〗

星은 (본래, 五行 중) 金의 기운이 흩어진 것이니[233] 그 근본은 인간이라고 말할 수 있다. 별이 많으면 그 분야에 속한 나라가 吉하고, 적으면 凶하다. 銀漢(銀河) 역시 金의 散氣이나 그 근본은 (五行의) 水이다.[234] 별이 많으면 물이 풍족하나, 적으면 가뭄이 드는 것이 그 大略(大經)이다.

天鼓星(천고성)은 천둥 치는 소리가 나지만 천둥은 아니며(如雷非雷), 그 소리는 지상에서 지하까지 이른다. 그 소리가 도달하는 곳까지 兵亂이 일어난다.

天狗星(천구성)은 그 모양이 커다란 流星(유성) 같은데,[235] 소리가 나고 지상까지 낙하하는데 개(狗)의 형상이다. 낙하한 곳에서는 불꽃이 中天에 활활 타오르는 것 같고(火光炎炎), 떨어진 곳은 여러 頃(경)의 둥그런 모양의 경작지와 같다. 그 꼭대기는 뾰쪽하게 보이며

233 원문 金之散氣 - 星은 石이며, 金石은 相生하고 인간과 星氣는 相應한다는 주석이 있다.《史記 天官書》에는 '其本曰火'라 하였다. 火를 星의 外景, 水를 星의 內景이라 설명한 주석도 있다.

234 원문 漢者, 亦金散氣 - 漢은 天漢, 銀漢, 河漢, 銀河 등 여러 이름으로 불린다. 水生金의 相生 원리로 설명하였다.

235 流星은 우주 공간의 流星體〔우주 먼지 입자나 덩어리 등 부피가 있는 물질이 星球나 지구 대기권에 들어오면서 연소할 때 나타나는 빛의 자취(光跡)〕. 單線流星(偶發流星), 火流星, 流星雨의 3종으로 구분할 수 있다.

黃色인데, 千里 밖에서 破軍하고 殺將한다는 징조이다.

格澤星(격택성)은 타오르는 불꽃 모양인데, 黃白色에 땅에서 올라오는데, 아래 부분은 크지만 위쪽은 뾰족하다. 그 별이 보이면 (그 分野에 속하는 지상에서는) 농사를 짓지 않았어도 거둘 수 있다. 토목 공사는 없지만 틀림없이 큰 손님이 찾아온다.

原文

蚩尤之旗, 類彗而後曲, 像旗. 見則王者征伐四方.

旬始, 出於北斗旁, 狀如雄雞. 其怒, 靑黑色, 像伏鱉.

枉矢, 狀類大流星, 蛇行而倉黑, 望如有毛目然.

長庚, 廣如一匹布著天. 此星見, 起兵.

星碜至地, 則石也.

天暒而見景星. 景星者, 德星也, 其狀無常, 常出於有道之國.

〖국역〗

蚩尤之旗(치우의 깃발)는[236] 彗星(혜성)과 같으나 후미가 구부러졌고 깃발 모양이다. 이 별이 나타나면 사방을 정벌하게 된다.

旬始(순시)는 北斗의 곁에 보이는데, 그 형상이 수탉과 같다. 뾰족

236 蚩尤之旗 – 蚩尤(치우)는 黃帝에 반기를 들고 炎帝의 후손을 다시 모아 涿鹿(탁록)에서 싸웠지만 黃帝에게 잡혀 죽었다. 蚩尤之旗는 恒星이나 行星도 아닌, 곧 星이 아니라 星光에 속한다. 성광은 혜성의 일종으로 분류할 수 있다.

한 星光은 청흑색이고 엎드린 꿩 모양이다.[237]

枉矢(왕시)의 형상은 커다란 流星 같은데, 구불구불 기어가는 형상에 푸른 듯 검은색이며,[238] 멀리서 보면 눈(目)처럼 보이는 털이 있다.

長庚(장경)은 넓은 한 필의 천(布)을 하늘에 펼친 모양이다. 이 星光이 나타나면 병란이 일어난다.

별이 땅에 떨어지면, 곧 돌이다.[239]

(비가 그치고) 개는 하늘에 景星(경성/영성)이 보인다.[240] 景星은 德星인데, 일정한 모양이 없지만 늘 有道한 나라에 출현한다.

## 3. 日月 運行의 吉凶

原文

日有中道, 月有九行.

---

237 원문 其怒, 青黑色, 像伏鱉. - 怒(성낼 노)는 芒角(망각)이 뾰족한 모양이라는 주석이 있다. 또 帑(탕)이어야 한다는 주석이 있는데, 帑(금고 탕, 처자 노)에는 새의 꼬리라는 뜻이 있다. 鱉은 금계 별. 꿩과 비슷한 鳥類.

238 원문 蛇行而倉黑 - 蛇行(사행)은 구불구불 기어가다. 倉은 蒼(푸를 창).

239 원문 星碌至地, 則石也. - 碌는 떨어질 대. 墜(떨어질 추)와 同. 石은 隕石(운석, 떨어질 운).

240 원문 天暒而見景星 - 暒은 갤 청(雨止無雲). 精明也. 晴과 同. 景은 볕 경. 그림자 영. 景星(영성)으로 읽는 것이 옳을 것 같다.

中道者, 黃道. 一曰光道. 光道北至東井, 去北極近, 南至牽牛, 去北極遠, 東至角, 西至婁, 去極中. 夏至至於東井, 北近極, 故晷短, 立八尺之表, 而晷景長尺五寸八分. 冬至至於牽牛, 遠極, 故晷長, 立八尺之表, 而晷景長丈三尺一寸四分. 春秋分日至婁,角, 去極中, 而晷中, 立八尺之表, 而晷景長七尺三寸六分.

此日去極遠近之差, 晷景長短之制也. 去極遠近難知, 要以晷景. 晷景者, 所以知日之南北也. 日, 陽也. 陽用事則日進而北, 晝進而長, 陽勝, 故爲溫暑. 陰用事則日退而南, 晝退而短, 陰勝, 故爲涼寒也.

故日進爲暑, 退爲寒. 若日之南北失節, 晷過而長爲常寒, 退而短爲常燠. 此寒燠之表也, 故曰爲寒暑. 一曰, 晷長爲潦, 短爲旱, 奢爲扶. 扶者, 邪臣進而正臣疏, 君子不足, 姦人有餘.

〖국역〗

태양에는 中道가 있고, 달에는 九行이 있다.

中道란 黃道이다. 光道라고도 말한다.[241] 光道(黃道)는 北으로는 東井宿(동정수, 南官의 井宿)에 닿는데 北極星에 가까우며, 南으로는

241 원문 中道者, 黃道. 一曰光道 – 黃道는 지구에서 볼 때 태양이 별자리 사이를 지나간 경로. 이는 태양을 싸고도는 지구의 궤도가 天球에 투영된 길. 一曰光道 – 黃과 光은 古字通.

牽牛星(견우성)에 이르는데 북극성에서는 아주 멀며, 東으로는 角宿, 西로는 婁宿(누수)에 닿는데 북극성에서는 거리로는 중간이다.

夏至에는 東井에 닿아 북으로는 極星에 가깝기에 그림자가 짧은데, 8尺의 표지를 세웠을 때 그림자의 길이는 1尺5寸8분이 된다.[242]

冬至에는 牽牛星에 닿아 북극에서 멀기에 그림자가 길어지는데, 8尺의 표지를 세웠을 때 그림자의 길이는 3尺1寸4분이 된다.[243]

春分과 秋分에는 태양이 婁宿와 角宿에 오는데 極星에서 거리는 중간이고 그림자도 중간 정도여서 8尺의 표지를 세웠을 때 그림자의 길이는 7尺3寸6分이 된다.[244]

이는 태양이 아주 멀리 있거나 가까이 있을 때의 차이이고 晷儀(구의) 그림자의 장단에 따른 결과이다. 極星에서의 원근의 거리를 알기 어렵기에 晷儀(구의)의 그림자가 있어야 한다. 晷儀(구의)의 그림자로 태양의 남북에 있다는 사실을 알 수 있다. 태양은 陽이다. 陽이 작용을 하면(用事, 盛해지면) 태양은 북쪽으로 나아가며 낮은 길어지는데, 陽이 陰을 이기기에(陽勝) 따뜻하고 더워진다. 이어 陰氣가 盛하여 태양은 南으로 물러나면서 낮도 점점 짧아지며 날은 차갑고 추워진다.

그래서 태양이 올라오면 더워지고 물러나면 추워진다. 만약 태양이 남북으로 오가는 절도를 상실하면(日之南北失節), 晷儀(구의, 해

---

**242** 원문 立八尺之表, 而晷景長尺五寸八分 – 漢代 도량형으로 1척 23.1cm. 8척은 184,8cm. 1尺5寸8分 = 23.1 × 1.58 = 36.498cm.

**243** 원문 而晷景長丈三尺一寸四分 – 23.1 × 3.14 = 72.534cm.

**244** 원문 而晷景長七尺三寸六分 – 분명한 서술 착오, 주석대로 2尺2分이면 23.1 × 2.02 = 46.662cm.

시계)의 그림자가 과도하게 길어져 늘 춥게 되거나, 지나치게 물러나 그림자가 짧아지며 늘 덥게 된다.[245] 이것이 춥고 더운 모양새이며, 이를 寒暑(한서)라고 한다. 일설에는 구의의 그림자가 길면 큰 비가 내리고, 짧아지면 가뭄이라고 하는데, 지나치면 이를 기어갈 포(扶)라 한다.[246] 기어간다는(扶) 말은 邪臣(사신)이 높이 오르고 正臣(정신)은 소원해지며, 君子는 쪼들리고(不足), 간사한 자는 여유로운 모양(有餘)이다.

**原文**

月有九行者, 黑道二, 出黃道北, 赤道二, 出黃道南. 白道二, 出黃道西, 青道二, 出黃道東. 立春,春分, 月東從青道, 立秋,秋分, 西從白道. 立冬,冬至, 北從黑道, 立夏,夏至, 南從赤道. 然用之, 一塊房中道. 青赤出陽道, 白黑出陰道. 若月失節度而妄行, 出陽道則旱風, 出陰道則陰雨.

**〖국역〗**

月의 운행에는 9개 궤도가 있는데, 2줄의 黑道는 黃道의 北쪽에 있고, 2줄 赤道는 黃道의 남쪽이다. 2가닥 白道는 黃道의 서쪽에, 2가닥 青道는 黃道의 東쪽에 있다. 立春과 春分에 月은 東쪽 青道를

245 원문 退而短爲常燠 – 燠은 따뜻할 욱.

246 원문 晷長爲潦, 短爲旱, 奢爲扶 – 晷는 그림자 구. 해시계. 潦는 큰 비 료(요). 旱은 가물 한. 奢는 사치할 사. 지나치다. 扶는 도울 부. 기어갈 포. 매우 갑작스런 모양.

따라 운행하고, 立秋와 秋分에는 서쪽의 白道를 따라 운행한다. 立冬과 冬至에는 북쪽의 黑道를 따르고, 立夏와 夏至에는 남쪽의 赤道로 운행한다. 그러나 달 운행 궤도의 판단은 房宿(방수) 中道의 위치에 따르게 된다. 靑道와 赤道는 陽道에서 나왔고, 白道와 黑道는 陰道에서 나왔다. 만약 달이 節度를 잃고 멋대로 운행한다면 陽道에서는 가뭄(旱)의 메마른 바람(旱風)이 불고, 陰道에서는 陰雨(음우)가 내릴 것이다.

**原文**

凡君行急則日行疾, 君行緩則日行遲. 日行不可指而知也, 故以二至二分之星爲候. 日東行, 星西轉, 冬至昏, 奎八度中, 夏至, 氐十三度中. 春分, 柳一度中, 秋分, 牽牛三度七分中. 此其正行也.

日行疾, 則星西轉疾, 事勢然也. 故過中則疾, 君行急之感也, 不及中則遲, 君行緩之象也.

至月行, 則以晦朔決之. 日冬則南, 夏則北. 冬至於牽牛, 夏至於東井. 日之所行爲中道, 月,五星皆隨之也.

〖국역〗

대개 君王의 治政이 엄격하면 태양 운행도 신속하지만, 군주 통치가 완만하면 태양 운행의 속도도 느려진다.[247] 태양의 운행은 단

**247** 원문 君行緩則日行遲 – 緩은 느릴 완. 遲는 늦을 지.

번에 알 수 있는 일이 아니지만, 동지와 하지(二至), 춘분과 추분(二分)에서 星宿의 위치가 관찰의 근거가(候) 된다. 日은 東行하고, 星은 西轉하는데, 冬至日 황혼에 태양은 奎宿(규수) 8度에 있고, 夏至에는 (동방) 氐宿(저수) 13度에 있다. 春分에 (남방) 柳宿(유수) 1度에 있고, 秋分에 (북방) 牽牛宿 3度7分에 있다. 이것이 태양의 正行이다.

日의 운행이 빠르면 星宿의 西轉도 빠른데 이는 必然의 形勢이다. 그래서 中度를 넘어서면 운행이 빨라지는 것은 治政의 嚴急에 대한 感應이며, 中度가 되기 전에 완만한 것은 군왕의 관대한 治政을 상징한다.

月의 운행은 그믐(晦)이나 초하루(朔)에 판단할 수 있다. 태양은 겨울에 남쪽에 있고, 여름에는 북쪽으로 올라간다. 동지에는 견우성에, 여름에는 (남방) 東井宿에 있다. 태양의 운행이 中道를 따르면 月과 五星도 모두 태양을 따라 운행한다.

原文

箕星爲風, 東北之星也. 東北地事, 天位也, 故《易》曰, 「東北喪朋.」

及〈巽〉在東南, 爲風. 風, 陽中之陰, 大臣之象也, 其星, 軫也. 月去中道, 移而東北入箕, 若東南入軫, 則多風.

西方爲雨, 雨, 少陰之位也. 月失中道, 移而西入畢, 則多雨. 故《詩》云「月離於畢, 俾滂沱矣.」言多雨也.

《星傳》曰「月入畢則將相有以家犯罪者,」言陰盛也. 《書》曰「星有好風, 星有好雨, 月之從星, 則以風雨.」言失中道而東西也. 故《星傳》曰,「月南入牽牛南戒, 民間疾疫. 月北入太微, 出坐北, 若犯坐, 則下人謀上.」

〖국역〗

(二十八宿 중 東方) 箕星(기성)은 風을 주관하는 東北의 星이다. 이는 (中國) 東北 지역에 상응하는 天位이기에,《易》에서도「東北에서 또래를 잃는다.」고 하였다.[248]

그리고 〈巽卦〉는 東南方이고 바람(風)이다.[249] 風은 陽에 들어있는 陰이며, 大臣의 모습이다. 이에 해당하는 별은 (남방) 軫宿(진수)이다. 月이 中道를 벗어나 東北으로 이동하여 箕宿에 들어가거나 동남의 軫宿에 들어가면 바람이 많아진다.

西方은 雨이니, 雨는 少陰의 자리이다. 달이 中道를 벗어나 이동하여 서쪽으로 畢宿(필수)에 들어가면 비가 많이 내린다(多雨). 그래서《詩》에서도「月이 畢宿와 만나니 그래서 큰 비가 내린다.」고 하여[250] 큰 비를 읊었다.

《星傳》에서는「月이 畢宿에 들어가니 將相이 家事 때문에 죄를 범한다.」고 하였으니, 이는 陰이 盛大한 것이다.《書經》에서는「星에 好風이, 星에 好雨가 있고, 月이 從星하니, 이 때문에 風雨가 많

248 원문《易》曰,「東北喪朋.」-《易 坤卦》(☷ ☷)의 經文(西南得朋, 東北喪朋. 安貞 吉.) 喪은 잃다. 죽다. 朋은 비슷한 나이의 또래.

249 巽卦(손괘). 巽爲風(☴ ☴).

250 원문 故《詩》云「月離於畢, 俾滂沱矣.」-《詩經 小雅 漸漸之石》의 詩. 離는 만나다. 당하다. 畢은 마칠 필. 星宿 이름. 俾는 하여금 비. 시키다. 滂沱(방타)는 비를 퍼붓다.

다.」고[251] 하여 달이 中道를 잃고 東이나 西로 이동한 것을 말했다. 그래서 《星傳》에서도 「月이 쪽으로 牽牛宿의 남부에 들어가니 민간에서는 전염병이 유행한다.[252] 月이 北으로 太微垣(태미원)에 들어가 五帝座를 지나 북으로 나오는데, 만약 오제좌를 범했다면, 이는 아랫사람이 윗사람을 도모한 것이다.」라고 하였다.

**原文**

一曰, 月爲風雨, 日爲寒溫. 冬至日南極, 晷長, 南不極則溫爲害. 夏至日北極, 晷短, 北不極則寒爲害. 故《書》曰「日月之行, 則有冬有夏.」也. 政治變於下, 日月運於上矣. 月出房北, 爲雨爲陰, 爲亂爲兵, 出房南, 爲旱爲夭喪. 水旱至沖而應, 及五星之變, 必然之效也.

〖국역〗

一說에는, 月은 風雨를 주관하고, 日은 寒溫(한온)을 주관한다고 하였다. 冬至에 태양은 (도달할 수 있는) 南의 끝에 있어 그림자가 길어졌지만(晷長), 南의 끝까지 가지 않으면 따뜻하여 害를 끼친다. 夏至에 태양(日)이 北쪽의 끝까지 가서 그림자가 짧아지지만, 북쪽 끝까지 가지 않으면 추워져서 害를 끼친다. 그래서 《書經》에서는

251 원문 《書》曰「星有好風, 星有好雨, 月之從星, 則以風雨.」-《書經 周書 洪範》의 구절.

252 원문 「月南入牽牛南戒, ~.」- 南戒는 南斗이어야 한다. 南戍의 誤字라는 등 주석이 있다.

「日月이 운행에 따라 겨울과 여름이 있다.」고 하였다.[253]

政治는 아래에서(地上) 변하고, 日月은 위에서(上天) 운행한다. 月은 房宿의 北에서 떠오르고, 雨와 陰을 상징하고, 반란과 兵亂도 주관하나 房宿의 南에서 떠오르면, 날이 가물고 일찍 죽는 일도 주관한다. 수해와 旱害(한해)는 그 분야에 속한 나라에 따른 대응이면서 五星의 변이에 따른 필연의 결과이다.

**原文**

兩軍相當, 日暈等, 力均, 厚長大, 有勝, 薄短小, 亡勝. 重抱大破亡. 抱爲和, 背爲不和, 爲分離相去. 直爲自立, 立兵破軍, 若曰殺將. 抱且戴, 有喜. 圍在中, 中勝, 在外, 外勝. 青外赤中, 以和相去, 赤外青中, 以惡相去. 氣暈先至而後去, 居軍勝. 先至先去, 前有利, 後有病, 後至後去, 前病後利. 後至先去, 前後皆病, 居軍不勝. 見而去, 其發疾, 雖勝亡功. 見半日以上, 功太. 白虹屈短, 上下銳, 有者下大流血. 日暈制勝, 近期三十日, 遠期六十日.

〖국역〗

兩軍이 對峙(대치)할 경우, 해무리(日暈, 日旁之氣, 暈은 무리 훈)와 戰力이 같다 하여도, 해무리가 두텁고 장대한 편이 승리하고, (해

---

253 원문《書》曰 ~」-《書經 周書 洪範》구절.「日月之行, 則有冬有夏. 月之從星, 則以風雨.」

무리가) 엷고 短小하다면 승리는 없다. 해무리가 여러 겹이면(重抱) 적을 대파하여 패망시킨다. 해무리가 태양을 감싼 것은 和合이고, 등진 것은 不和이며 분리하여 서로 멀어질 징조이다. 해무리가 곧게 섰다면(直) 自立이니, 군사로 적을 격파하거나 때로는 적장을 죽일 징조이다. 해무리가 에워싸거나 또는 태양 위에 생기면(抱且戴, 戴 머리 위에 일 대) 기쁜 일이 있을 것이다(有喜). 해무리 내부에 雲氣가 있다면(圍在中), 성 안의 군사가 이기고(中勝), (雲氣가) 해무리 밖을 에워쌌다면 城外의 군사가 승리한다(外勝). 해무리의 밖이 청색이고 안쪽이 적색이라면(青外赤中), 和戰하고 서로 돌아가나, 밖이 적색, 안에 청색의 기운이라면(赤外青中) 서로 증오하며 떠나간다.

해무리 기운이 먼저 나타났다가 나중에 없어지면 수비하는 군사가 승리한다(居軍勝). 앞서 나타났다가 먼저 없어진다면 처음에 유리했다가(前有利) 나중에 불리하며(後有病), 나중에 출현했다가 나중에 사라지면 전반에 불리했다가 후반에 유리해진다(前病後利). 나중에 나타났다가 먼저 사라지면 전후가 모두 불리하며 방어 군사도 이기지 못한다. 해무리가 나타났다가 곧 사라지면, 나중에 원한이 생겨서 승리하더라도 공적이 없다. 半日 이상 출현하면 큰 공을 세운다(功太. 功大).

흰 무지개(白虹, 백홍)의 모양이 짧고(屈短),[254] 上下가 뾰족한 모

254 원문 白虹屈短 – 白虹은 '백색의 무지개(白色之虹)'라는 사전의 설명이 있다. 실제 백색의 무지개를 어떻게 그리겠는가? 아니면 더 상세히 설명할 수 있겠는가? 屈短은 짧다. 屈(굽힐 굴)에 短의 뜻이 있다. 同義複詞이다.

양이라 그 分野의 지상에서는 큰 流血 사태가 발생한다. 해무리의 豫示(예시)가 적을 이기는 상황이라면 가깝게는(近期) 30일, 멀더라도(遠期) 60일이면 징험을 볼 수 있다.

**原文**

其食, 食所不利, 復生, 生所利, 不然, 食盡爲主位. 以其直及日所躔加日時, 用名其國.

凡望雲氣, 仰而望之, 三四百里. 平望, 在桑榆上, 千餘里, 二千里. 登高而望之, 下屬地者居三千里. 雲氣有獸居上者, 勝.

自華以南, 氣下黑上赤. 嵩高,三河之郊, 氣正赤. 常山以北, 氣下黑上青. 勃,碣,海,岱之間, 氣皆黑. 江,淮之間, 氣皆白.

〖국역〗

日食(日蝕)에서 일식이 일어나는 星區에 상응하는 分野에 속한 지역은 불리하나, 다시 살아날 시간에 해당하는 지역은 유리하지만, 아니면 해 전체가 가려진다면 그것은 君主에 해당한다.[255] 일식이 바로 발생한 지방(其直) 및 일식이 발생한 度數와 시간에 해당하는 지역에 대해서는 나라 이름을 적용한다.

---

255 원문 不然, 食盡爲主位 - 食盡은 다 먹히다. 곧 皆旣日蝕(개기일식)을 지칭. 이는 일식을 볼 수 있는 나라의 주군에 해롭다는 의미.

雲氣를 관찰하는 자가[256] 자리에서 고개를 들어 관찰한다면(仰而望之) 3, 4백 리를 볼 수 있다. 平望(平視)하거나, 뽕나무나 느릅나무(桑楡, 상유)에 올라 관찰한다면, 1천 리나 2천 리를 볼 수 있다. 높은 산에 올라(登高) 올려보거나 아래를 굽어보면 3천 리를 볼 수 있다.[257] 雲氣에서는 짐승 형상을 한 구름이 떠 있는 지역이 유리하다.

(西嶽인) 華山(화산) 이남의 雲氣는 아래는 黑色, 위는 赤色이다. (中嶽인) 嵩高山(嵩山, 숭산)과 三河郡 일대의 운기는 正紅色이다. (北嶽인) 常山(恒山) 이북은 운기가 下黑上青이다. 勃海(발해, 渤海), 碣石山(갈석산), 東海, 岱山(泰山) 일대의 雲氣는 舉皆(거개)가 黑色이다. 長江, 淮水(회수) 일대의 운기는 거개가 백색이다.

原文

徒氣白. 土功氣黃. 車氣乍高乍下, 往往而聚. 騎氣卑而布. 卒氣摶. 前卑而後高者, 疾, 前方而後高者, 銳, 後銳而卑者, 銳. 其氣平者其行徐. 前高後卑者, 不止而反. 氣相遇者, 卑勝高, 銳勝方. 氣來卑而循車道者, 不過三四日, 去之五六里見. 氣來高七八尺者, 不過五六日, 去之十餘二十里見. 氣來高丈餘二丈者, 不過三四十日, 去之五六十里見.

256 望氣 – 구름의 형상을 보고 길흉을 예언하는 方術을 望氣(망기)라고 한다.
257 이는 좀 심한 과장이라고 할 수 있다. 사람의 시력은 그렇게 좋지 않다.

〖국역〗

勞役(노역)을 예시하는 雲氣는 白色이다.[258] 土功(토목공사 등)을 예고하는 氣는 黃色이다. 戰車의 雲氣는 잠깐 사이에 오르내리며 가끔 한 곳으로 모인다. 騎馬戰(기마전)을 예고하는 운기는 낮게 널리 깔린다. 步兵戰의 운기는 한 곳에 모여 있다. 앞은 낮고 뒤가 높은 운기는 빨리 진격하고(疾), 앞쪽은 方形에 뒤가 높으면 士氣가 강성하고, 뒤쪽은 예리하나 낮은 운기는 후퇴할 조짐이다. 그 운기가 평탄하면 행군의 속도가 느리다. 앞은 높고 뒤가 낮으면 그치지 않지만 되돌아온다(不止而反). 운기가 서로 만날 경우 낮은 것이 높은 것을 이기고, 예리한 쪽이 平方한 운기를 이긴다. 낮게 도로를 따라 움직이는 운기도 불과 3, 4일에 5, 6리를 떨어진 곳에서 그 징조를 볼 수 있다. 다가올 때 7, 8척 정도의 운기는 불과 5, 6일이면 10리 내지 20리 밖에서 징조를 예견할 수 있다. 다가올 때 1 또는 2丈(장)의 운기는 불과 3, 40일이면 5, 60리 밖에서 그 징조를 예견할 수 있다.

原文

捎雲精白者, 其將悍, 其士怯. 其大根而前絶遠者, 戰. 精白, 其芒低者, 戰勝. 其前赤而卬者, 戰不勝. 陳雲如立垣.

---

258 이 문단도 雲氣에 관한 설명이다. 인간의 모든 행동은 하늘에 반영되고, 그러한 반영의 결과는 구름의 형상이나 색으로 인간에게 길흉을 예고한다는 기본 전제가 있다. 徒는 무리 도. 부역에 동원된 죄수. 學徒(학도), 叛徒(반도)의 경우 무리라는 뜻이다. 아무것도 없는, 다만, 헛되이 등 다양한 뜻. 徒手(도수)는 맨손, 徒步(도보)는 맨몸으로 걷기. 徒勞(도로)는 헛수고이다.

杼雲類杼. 柚雲摶而耑銳. 杓雲如繩者, 居前竟天, 其半半天. 蜺雲者, 類鬪旗故. 銳鉤雲句曲. 諸此雲見, 以五色占. 而澤摶密, 其見動人, 乃有占, 兵必起, 合鬪其直.

〖국역〗

떠가는 青白의 구름은 강하고 사나운 장수에 연약한(겁먹은) 사졸을 뜻한다.[259] 구름 밑부분이 크고 앞에 멀리까지 구름이 없다면 전쟁을 예시한다. 青白 색에 밑부분이 뾰족하면 전투에서 이긴다. 앞부분이 붉고 위로 들린 구름은 敗戰의 징조이다.[260] 담을 친 듯한 구름은 布陣(陳은 陣)의 예시이다.

베틀의 북 구름은 북을 닮았다. 베틀의 바디(柚) 구름은 단단한 듯 모여 있고 양 끝이 뾰족하다.[261] 자루 모양의 구름은 새끼줄(繩승) 같은데, 온 하늘에 걸처 하늘을 절반씩 나눈 것 같다. 무지개 구름은 전투할 때 펄럭이는 깃발 같다. 갈고리 구름은 구부러졌다.[262]

---

259 원문 捎雲精白者, 其將悍, 其士怯 – 捎雲은 높은 구름. 떠다니다 사라지는 구름. 捎는 없앨 소. 높다. 飄蕩(표탕, 떠돌다). 精白은 青白. 精은 青과 通. 悍은 사나울 한. 慓悍(표한). 怯은 겁낼 겁.

260 원문 其前赤而卬者 – 卬은 나 앙. 위를 바라보다. 仰(우러러볼 앙)과 通. 성한 모양.

261 원문 杼雲類杼, 柚雲摶而耑銳 – 杼는 북 저. 베틀에서 가로로 실을 넣어주는 배 모양의 도구. 소리 내는 북(鼓)이 아니니다. 柚은 바디 축. 베틀에서 날실을 꿰는 촘촘한 간격이 있는 사각형 기구. 유자나무 유. 摶은 뭉칠 단. 耑은 시초 단. 물건의 꼭대기.

262 원문 銳鉤雲句曲 – 銳는 날카로울 예. 필요 없는 글자라는 주석이 있다. 鉤는 갈고랑이 구. 句曲은 구부러지다.

이러한 여러 모양의 구름이 출현하면 오색으로 점을 친다. 그중에서도 윤택한 듯 윤기가 나면서 단단한 느낌의 구름은 사람을 감동케 하는데, 점을 쳐보면 틀림없이 병란이 일어나고 그 지역에서 전투가 있다는 예시이다.

**原文**

王朔所候, 決於日旁. 日旁雲氣, 人主象. 皆如其形以占.

故北夷之氣如群畜穹閭, 南夷之氣類舟船幡旗. 大水處, 敗軍場, 破國之虛, 下有積泉, 金寶上, 皆有氣, 不可不察. 海旁蜃氣象樓臺, 廣野氣成宮闕然. 雲氣各象其山川人民所聚積. 故候息耗者, 入國邑, 視封疆田疇之整治, 城郭室屋門戶之潤澤, 次至車服畜產精華. 實息者吉, 虛耗者凶.

〖국역〗

(前漢의) 王朔(왕삭)은 해 주변의 구름으로 점을 쳤다. 해 주변의 雲氣는 主君을 형상한다. 모든 것을 구름 모양으로 점을 쳤다.

그래서 北夷의 기상은 둥근 하늘 아래 가축의 떼와 같고,[263] 南夷의 기운은 배에 펄럭이는 깃발과 같다. 큰물(洪水)이 났던 곳, 많은 병졸이 죽은 戰場, 破國의 폐허, 지하에 많은 옛날 돈이 있는 곳,[264]

---

263 원문 如群畜穹閭 – 穹閭(궁려)는 半球(반구) 모양의 천막(穹廬, 궁려). 穹은 하늘 궁. 弓形. 閭는 마을 여.

264 원문 下有積泉 – 여기 泉은 貨泉(화천), 곧 옛날의 돈. 錢幣(전폐).

金寶가 묻힌 땅 모두에 氣가 있기에 살피지 않을 수 없다.

바닷가에 아지랑이가 피어올라 누대를 만들어내고,[265] 광야의 기운이 궁궐 모양을 지어낸다. 雲氣는 각각 그 산천과 백성들이 모여 이뤄낸 형상을 닮는다. 그래서 부유 또는 가난한 가를 점치려는 자는 그 나라에 들어가 산천과 경작지가 얼마나 잘 정돈되었는가? 성곽과 마을이나 가옥의 윤택한 정도를 살펴보고, 다음으로 수레나 복색, 축산 등의 정기를 관찰한다. 알차고 성장하면 吉하고 텅 비었으면 흉하다.[266]

原文

若煙非煙, 若雲非雲, 鬱鬱紛紛, 蕭索輪囷, 是謂慶雲. 慶雲見, 喜氣也. 若霧非霧, 衣冠不濡, 見則其城被甲而趨.

夫雷電,鰕虹,辟歷,夜明者, 陽氣之動者也, 春夏則發, 秋冬則藏, 故候書者亡不司.

〖국역〗

연기 같으나 연기가 아니고, 구름 같지만 구름이 아닌데, 울창하고 솟구치듯 성긴 듯 높고 큰 기운이라면,[267] 이를 慶雲(경운)이라 한

---

265 원문 海旁蜃氣象樓臺 – 旁은 두루 방. 곁, 옆. 蜃은 이무기 신, 무명조개 신. 대합. 蜃氣樓(신기루). 蜃樓海市(신루해시)는 空中樓閣(공중누각)과 같은 뜻.

266 원문 實息者吉, 虛耗者凶 – 息은 번식. 생장. 耗는 줄어들 모. 虛損(허손).

267 원문 蕭索輪囷 – 蕭索(소색)은 맑고 상쾌함. 輪囷(윤균)은 높고 큰 모양.

다. 慶雲이 출현하면 主君에게 희소식이다. 안개 같으나 안개가 아니고, 의관이 젖지 않는 雲氣가 출현하면 그 城邑은 갑옷을 입고 도망치는 형세가 된다.

대체로 번개(雷電), 붉은 무지개(緞虹, 하홍, 霞虹), 벼락〔辟歷, 霹靂(벽력)〕, 夜明(야명) 같은 기운은 陽氣의 움직임이기에, 春夏에 나타나다가 秋冬에는 숨는데, 이 때문에 점을 치거나 천문을 기록하는 자가 살피지 않을 수 없다.

原文

天開縣物, 地動坼絶. 山崩及陁, 川塞溪坺. 水澹地長, 澤竭見象. 城郭門閭, 潤息槁枯. 宮廟廊第, 人民所次. 謠俗車服, 觀民飮食. 五穀草木, 觀其所屬. 倉府廐庫, 四通之路. 六畜禽獸, 所産去就. 魚鱉鳥鼠, 觀其所處. 鬼哭若謼, 與人逢遻. 訛言, 誠然.

〖국역〗

하늘이 열리고 만물이 보이며, 지진이 나면 땅이 갈라진다.[268] (지진으로) 山이 붕괴되고 낭떠러지가(絶壁, 절벽) 생기며 하천이나 계곡의 흐름이 막힌다.[269] 물이 솟아 분출하고 땅이 불거져 솟아오르

---

또는 구불구불한 모양.

268 원문 天開縣物, 地動坼絶. - 縣은 懸(매달 현). 하늘이 열리고 만물이 모습을 드러내다. 坼은 터질 탁. 갈라지다.

269 원문 山崩及陁, 川塞溪坺. - 崩은 무너질 붕. 陁는 비탈질 타. 낭떠러지.

며[270] 못(澤)도 말라버려 바닥이 드러난다. 성곽이나 마을이 윤택해지거나 메말라 황폐해진다. 궁궐이나 종묘, 성 안의 대저택에 백성이 거주한다.[271] 민요와 풍속, 수레나 복색으로 백성의 음식을 살펴본다. 五穀과 草木으로 그 소속을 알 수 있다. 창고와 마구간 차고로 사통하는 길을 알 수 있다. 六畜과 새나 짐승으로 산업의 교역을 알 수 있다. 물고기나 새나 쥐를 통해 그 거처를 알 수 있다. 귀신이 울부짖듯 통곡하고[272] 사람들이 서로 만난다. 거짓말처럼 들리지만 정말 그러하다.

## 4. 歲時의 吉凶

原文

凡候歲美惡, 謹候歲始. 歲始或冬至日, 産氣始萌. 臘明日, 人衆卒歲, 壹會飮食, 發陽氣, 故曰初歲. 正月旦, 王者歲首, 立春, 四時之始也. 四始者, 候之日.

---

塞은 막을 색. 洑은 보 막을 복. 조그만 하천을 막은 것을 洑(보)라 한다.

270 원문 水澹地長, 澤竭見象. - 澹은 담박할 담. 물이 막혀 출렁거리다. 長은 땅이 불거져 솟아오르다. 澤은 못 택. 竭은 다할 갈. 물이 말라버리다. 이런 현상이 무엇인가 일어날 조짐이라는 뜻.

271 원문 人民所次 - 次는 거주하다. 次는 居所.

272 원문 鬼哭若謼 - 哭은 울 곡. 謼는 부를 호. 부르짖다.

〖국역〗

한 해의 吉凶(美惡)을 점치려면, 삼가 歲始(세시, 元旦)를 살펴야 한다. 歲始 혹은 冬至日은 產氣(生氣)가 싹트기 시작한다. 臘日의[273] 다음날 백성들은 1년을 마감하며 한데 모여 음식을 나누고 양기가 발동하기 시작하기에, 이를 初歲라 한다. 正月 旦日(단일, 초하루)은 王者의 歲首이고, 立春은 四時(四季)의 시작이다. 四始는 점치는 날이다.[274]

原文

而漢魏鮮集臘明正月旦決八風. 風從南, 大旱, 西南, 小旱. 西方, 有兵, 西北, 戎叔爲, 小雨, 趣兵. 北方, 爲中歲, 東北, 爲上歲. 東方, 大水, 東南, 民有疾疫, 歲惡.

故八風各與其沖對, 課多者爲勝. 多勝少, 久勝亟, 疾勝徐. 旦至食, 爲麥, 食至日跌, 爲稷, 跌至晡, 爲黍, 晡至下晡, 爲叔, 下晡至日入, 爲麻. 欲終日有雲, 有風, 有日, 當其時, 深而多實. 亡雲, 有風日, 當其時, 淺而少實. 有雲風, 亡日, 當其時, 深而少實. 有日, 亡雲, 不風, 當其時者稼有敗. 如食頃, 小敗, 孰五斗米頃, 大敗. 風復起, 有雲, 其稼復起. 各以其時用雲色占種所宜. 雨雪, 寒, 歲惡.

273 臘은 선달 납(랍). 臘日은 보통 선달 초 8일.

274 四始 - 歲始(정월 초하루, 元旦), 冬至. 臘日, 立春日.

〖국역〗

그리고 漢의 魏鮮(위선)은 臘日의 다음날(明)과 正月의 旦日(단일, 초하루)에 부는 八風으로 길흉을 판단하였다.

바람이 남에서 불어오면(南風) (그 해에) 큰 가뭄이 들고, 서남풍이면 약간 가문다. 西風이 불면 兵亂이 일어나고, 서북풍이 불면 大豆(콩)가 풍년에[275] 비가 적으며(小雨), 갑작스런 兵亂을 당한다.

北方에서 바람이 불어오면(北風) 보통 수확이고, 동북풍이 불면 대풍이 든다.

東風이 불면 큰물을 당하고(洪水), 동남풍이 불면 백성이 돌림병으로 고생하여 고약한 한 해가 된다(歲惡).

그래서 八風은 8개 상대적인 지방에 대한 것이지만, 비교하여(課) 많은 쪽이 이기게 된다. 많은 것은 작은 것을 이기고, 오래 부는 바람은 잠깐 부는 바람을 이기며,[276] 빠른 바람은 느린 바람을 이긴다.

아침 食前에 보리(麥) 농사를 점치고, 식사 뒤 해가 기울기 시작 전(跌은 넘어질 질. 하오 1시~3시)에 메기장(稷, 직) 농사를 점치고, 申時에 이르러(晡는 申時 포, 오후 4시 전후) 찰기장(黍, 서)을 점치고, 晡時(포시)에서 晡時가 끝나기 전에 콩 농사(叔, 숙)를, 晡時가 지나서 해가 지기 전에 삼(麻, 마)의 풍흉을 점친다.

(정월 초하루에) 구름도 있고, 바람도 불며 해도 나면(有日) 그 일년의 농사는 무성하고 풍년이 들 것이다(深而多實). 구름은 없고 바

**275** 원문 戎叔爲 – 戎叔은 胡豆, 爲는 거두다(收也).

**276** 원문 久勝亟 – 久는 오랠 구. 亟는 자주 기. 빠를 극.

람이 불며 해가 난다면 그 해에는 농사가 잘 안 되고 수확도 부실할 것이다. 구름 끼고 바람이 불으나 해가 나지 않으면 그해에 作況(작황)은 좋아도 결실이 적을 것이다. 해는 났지만 구름도 없고 바람도 불지 않으면 추수할 것이 없을 것이다. 만약(如) 짧은 시간에(食頃) 無雲, 無風이면 약간의 흉년이 들 것이나, 五斗米를 익힐 정도의 시간이라면 큰 흉년이 들 것이다. 바람이 (없다가) 다시 불고 구름도 낀다면 농사가 다시 좋아질 것이다. 이런 모두가 그 시간의 운기나 운색으로 점을 쳐서 적당한 종자를 뿌리고 농사를 지어야 한다.

정월 초하루에 눈이 내리거나(雨雪) 추우면 흉년이 든다.

原文

是日光明, 聽都邑人民之聲. 聲宮, 則歲美, 吉, 商, 有兵, 徵, 旱, 羽, 水, 角, 歲惡.

或從正月旦比數雨. 率日食一升, 至七升而極, 過之, 不占. 數至十二日, 直其月, 占水旱. 爲其環域千里內占, 卽爲天下候, 竟正月. 月所離列宿, 日,風,雲, 占其國. 必然察太歲所在. 金, 穰, 水, 毁, 木, 饑, 火, 旱. 此其大經也.

〖국역〗

이날 날이 밝으며, 都邑 백성들의 목소리를 들을 수 있다. 宮聲(궁성)을 들으면 그 해가 평온하고 대길하며, 商聲이면 병란이, 徵聲(치성)은 가뭄, 羽聲(우성)은 水害, 角聲은 힘든 한 해를 보내게 된다.

或은 정월 초하루부터 비 오는 날을 세기도(數) 한다. 날수에 따라 一升(승)의 곡식을 먹는데 7升이 끝이며, 이를 넘으면 점을 치지 않는다. 數가 12일이 되면, 그 해의 12달(月)로 바꿔 생각하여 수해와 旱害(한해)를 점친다. 이는 주변 1천 리 이내의 占에 해당하는데, 천하의 풍흉을 점치려면 정월 내내 계속해야 한다.

달이 여러 星宿 사이를 지나는 동안 해가 나고, 바람 불고 구름이 끼는 날로 해당하는 나라를 점친다. 그러하려면 필히 太歲星을 살펴야 한다. 金星이면 풍년(穰), 水星이 들면 흉년(毁, 헐 훼), 木星이면 기근, 火星이면 가뭄이 든다. 이는 대략의 원칙이다.

**原文**

正月上甲, 風從東方來, 宜蠶, 從西方來, 若旦有黃雲, 惡.

冬至短極, 縣土炭, 炭動, 麋鹿解角, 蘭根出, 泉出踴, 略以知日至, 要決晷景.

**〖국역〗**

正月의 첫 번째 甲日에 동풍이 불어오면 누에치기에 적합하고 바람이 서쪽에서 불어오거나 아침에 누런 구름이 끼면 불길하다.

冬至는 낮의 길이가 짧은데, (동지 3일 전에) 저울 막대에 흙과 숯을 매달아 (균형을 잡은 뒤) 나중에 숯이 내려앉거나, 사슴의 뿔이 빠지거나, 蘭의 뿌리가 나오거나, 샘물이 솟아난다면 동짓날이 대략 가까웠음을 알 수 있으나, 정확한 것은 해시계의 그림자로 판단해야 한다.

# 四. 天運의 變化

## 1. 古代의 天運

原文

夫天運三十歲一小變, 百年中變, 五百年大變, 三大變一紀, 三紀而大備, 此其大數也.

《春秋》二百四十二年間, 日食三十六, 彗星三見, 夜常星不見, 夜中星隕如雨者各一. 當是時, 禍亂輒應, 周室微弱, 上下交怨, 殺君三十六, 亡國五十二, 諸侯奔走不得保其社稷者不可勝數.

自是之後, 衆暴寡, 大並小. 秦,楚,吳,粵, 夷狄也, 爲彊伯. 田氏簒齊, 三家分晉, 並爲戰國. 爭於攻取, 兵革遞起, 城邑數屠. 因以饑饉疾疫愁苦, 臣主共憂患, 其察禨祥候星氣尤急. 近世十二諸侯七國相王, 言從橫者繼踵. 而占天文者因時務論書傳, 故其占驗鱗雜米鹽, 亡可錄者.

〖국역〗

天運은 30년에 한 번 작게 변하고, 백 년이면 中變하며, 5백 년이면 大變하여, 대변이 3번이면 1紀이고, 3紀를 大備라 하는데, 이는 천운의 大數이다.[277]

《春秋》의 기록인 242년간에[278] 日食이 36회, 彗星(혜성)이 3번 출현했고, 밤에 常星(상성)이 안 보이거나 한밤에 隕石(운석)이 비오듯 한 것이 각 1번씩이었다. 그럴 때마다 禍亂(화란)이 곧 일어났고, 周室은 미약했고, 上下 간에 원한만 쌓여 殺君(시군)이 36회, 亡國이 52번이었고, 諸侯가 도망나가 그 사직을 보존하지 못한 자는 이루 셀 수도 없었다.

이런 뒤로, 많이 가진 자는 적게 가진 자를 무시했고,[279] 큰 나라는 작은 나라를 병합하였다. 秦, 楚, 吳, 粵(월, 越)은 夷狄(이적)의 나라였지만 힘으로 覇者(패자)가 되었다.[280] 田氏가 齊를 簒奪(찬탈)했고,[281] 三家가 晉을 분할하였으며,[282] 이후 모두가 戰國시대에 돌입했다. 서로 간에 다투어 공격하고 차지하며 전쟁이 연이어 일어났고 성읍은 자주 도륙 당했다. 이에 기근과 질병으로 고생하면서 신하나 주군이 우환을 같이 하였기에 길흉의 조짐을 살피고 星氣를 살피는

---

277 大備는 1大變 500년×3 (1紀)×3 (1大備) = 4,500년. 〈三統曆〉에서 1紀는 1,539년이다

278 《春秋》는 魯 隱公 원년 (前 722)부터 哀公 14년(前 481)까지 242년간의 기록이다.

279 원문 衆暴寡 – 暴은 사나울 폭. 포악. 欺侮(속이고 업신여기다).

280 秦의 穆公, 楚의 莊王, 吳의 闔閭(합려), 粵(월, 越)의 句踐(구천) 등이 그러했다.

281 齊는 본래 姜이 國姓이었지만 前 391년에 田和(전화)가 찬탈하였고, 前 386년에 周 天子는 이를 공식적으로 인정하였다. 이후 齊는 田齊라 통칭하였다.

282 三家分晉 – 晉의 3대 가문이던 韓, 趙, 魏가 前 453년에 진의 군정을 분할했고 前 403년에 周 천자는 이들을 제후로 인정하였다. 이후는 공식적인 戰國시대이다.

일이 무엇보다도 긴급하였다. 근세에 (春秋) 12제후와 (戰國) 7國에서[283] 서로 王을 칭하면서 合縱과 連衡(연횡, 連橫)을 말하는 자가 뒤를 이어 출현하였다. 그리고 天文을 점치거나 時務를 논하며, 詩書를 언급하였으나 그 기록에 이것저것이 막 섞여서[284] 기록할 만한 것이 없었다.

原文

周卒爲秦所滅. 始皇之時, 十五年間彗星四見, 久者八十日, 長或竟天. 後秦遂以兵內兼六國, 外攘四夷, 死人如亂麻. 又熒惑守心, 及天市芒角, 色赤如雞血. 始皇旣死, 適庶相殺, 二世卽位, 殘骨肉, 戮將相, 太白再經天. 因以張楚並興, 失相跆籍, 秦遂以亡.

〖국역〗

周室은 마침내 秦에게 멸망했다.[285] 진시황 재위 15년간에[286] 혜

283 十二諸侯는 春秋시대, 魯, 齊, 晉, 秦, 楚, 宋, 衛, 陳, 蔡, 曹, 鄭, 燕이고 전국 7雄으로는 齊, 秦, 楚, 燕, 趙, 韓 魏를 지칭한다.

284 원문 故其占驗鱗雜米鹽 - 魚鱗(어린, 물고기)이나 雜龍, 쌀이나 소금 등 크고 작은 잡동사니라는 뜻.

285 東周 赧王(난왕, 재위 前 314 - 256년, 얼굴 붉힐 난, 동주 마지막 왕)은 富人에게 빌린 戰費를 갚을 수 없어 빚 독촉을 피해 누각에 올라 숨기도 하였다.(債臺高築), 재위 59년에 난왕이 죽자(周王 중 가장 오래 재위) 秦昭襄王은 王畿(洛陽)을 점거하고 천자 권위의 상징인 九鼎(9정)을 咸陽으로 옮겨갔고, 東周는 멸망했다.

성이 4번 출현하였으며, 오래 나타났던 혜성은 80일 간에 머물렀고, 그 길이가 하늘을 가로지른 것 같았다. 秦은 군사력으로 6국을 병합했고 밖으로 四夷를 물리쳤지만, 죽어간 사람은 亂麻(난마)와 같았다. 또 熒惑星(형혹성, 화성)이 (동방) 心宿(심수) 星區에 머물렀고(守), 天市垣(천시원)에서는 芒角(망각)이 나타나기도 하였으며 星色은 닭의 피처럼 붉었다.

진시황이 죽은 뒤에 嫡子와 서자가 서로 죽이면서 2세가 즉위했고 골육이 相殘(상잔)하고 將相을 살육하자[287] 太白星이 다시 하늘을 가로질렀다. 이어 張楚가 흥기하였으나 군사가 서로 짓밟으며[288] 秦은 멸망하였다.

**原文**

項羽救鉅鹿, 枉矢西流. 枉矢所觸, 天下之所伐射, 滅亡象也. 物莫直於矢, 今蛇行不能直而枉者, 執矢者亦不正, 以象項羽執政亂也. 羽遂合從, 坑秦人, 屠咸陽. 凡枉矢之流, 以亂伐亂也.

---

286 始皇帝 – 姓은 嬴(영), 名은 政. 재위 前 246년 즉위 – 221년 칭 황제 – 210년 붕어. 15년간이란 말은 착오.

287 李斯(이사)와 蒙恬(몽념)을 죽인 일.

288 張楚竝興, 失相跆籍 – 張楚(장초)는 陳勝(진승)이 왕이 되면서 내세운 국호. 張大楚國의 뜻. 항우의 楚와 구분하는 명칭. 跆는 밟을 태. 籍은 밟을 적. 藉와 通.

〖국역〗

項羽가 鉅鹿(거록)을 구원하자,[289] 枉矢星(왕시성)은 서쪽으로 들어갔다.[290] 枉矢이 닿는 곳에서 천하를 놓고 정벌이 진행되었으니,[291] 멸망하는 형상이다. 만물 중에 화살보다 더 곧은 것이 없으니, 지금 (枉矢星이) 蛇行(사행)해서는 굽은 것을 바르게 할 수 없으며, 또 화살을 잡은 자 바르지 않을 수 없으니, 항우의 집정은 혼란과 같았다. 항우는 결국 (秦의 장수와) 합종하면서 秦의 병졸을 생매장하고 함양을 도륙하였다. 왕시성이 흘러가는 곳에서는 혼란으로 혼란을 정벌할 뿐이었다.

---

289 원문 項羽救鉅鹿 – 項籍(항적, 前 232 – 202)의 字는 羽, 項羽(항우)라 통칭. 처음 기병할 때 나이는 24살이었다. 前 207년 秦朝 멸망의 결정적 전투인 鉅鹿(거록)의 싸움에서 秦軍을 격파하고 스스로 西楚霸王이 되었다. 楚漢戰爭 중 垓下(해하)의 전투에서 漢王 劉邦에게 패하자 長江의 북쪽 지류인 烏江(오강)에서 자결하였다. 《史記 項羽本紀》 참고. 《漢書 陳勝項籍傳》에 입전. 鉅鹿(거록)은 군명. 치소는 鉅鹿縣, 今 河北省 남부 邢台市 관할의 平鄉縣 서남.

290 枉矢西流 – 枉矢(왕시)의 형상은 커다란 流星 같은데, 구불구불 기어가는 형상에 푸른 듯 검은색이며, 멀리서 보면 눈(目)처럼 보이는 털이 있다.

291 원문 天下之所伐射 – 伐射는 서로 攻伐(공벌)하며 맹렬하게 射擊(사격)하다.

## 2. 漢初의 天文과 吉凶

原文

漢元年十月, 五星聚於東井, 以歷推之, 從歲星也. 此高皇帝受命之符也. 故客謂張耳曰, "東井秦地, 漢王入秦, 五星從歲星聚, 當以義取天下."

秦王子嬰降於枳道, 漢王以屬吏, 寶器婦女亡所取, 閉宮封門, 還軍次於霸上, 以候諸侯. 與秦民約法三章, 民亡不歸必者, 可謂能行義矣, 天之所予也. 五年遂定天下, 卽帝位. 此明歲星之崇義, 東井爲秦之地明效也.

〖국역〗

漢 元年 十月,[292] 五星이 東井宿에 모였는데,[293] 역법으로 추산하면 歲星(木星)을 따라왔다. 이는 高皇帝가 天命을 받았다는 符數이다. 그래서 어떤 사람이 張耳(장이)에게[294] "東井은 秦地인데, 漢王

292 漢元年十月 – 漢 元年은 前 206년(乙未年)으로 통한다. 秦은 10월이 歲首이었기에 前 207년 10월부터 前 206년 9월이 漢 元年이다. 정월을 세수로 개정한 것은 무제 때 太初曆을 채용한 이후이다.

293 五星聚於東井 – 五星은 木, 火, 金, 水, 土의 5개 행성. 東井은 (二十八宿의) 동방 井宿(정수). 실제로는 이런 天象이 없었으나 神格化하였다는 주석이 있다.

294 張耳(? – 前 202) – 西楚霸王 項羽에 常山王에 봉해졌다가 뒤에 高祖에 의해 趙王으로 봉해졌다. 32권, 〈張耳陳餘傳〉에 입전. 《史記》에도 〈張耳陳餘列傳〉이 있다.

이 入秦하자, 五星이 歲星(木星)을 따라 모여들었으니, (漢王은) 정의로써 천하를 차지할 것이요."라고 말했다.

秦王 子嬰(자영)은[295] 枳道(지도)에서[296] 漢王에게 투항하였고, 漢王은 (자영을) 부하에게 넘겼으며, 부장들에게 보물이나 기구, 부녀자를 차지하지 못하게 하였고, 궁문을 봉한 뒤, 군사를 철수하여 霸上(패상)에[297] 주둔하며(次) 다른 제후의 入關을 기다렸다. 한왕은 秦民에게 約法三章을[298] 공포하였으며, 秦의 백성은 모두 한왕에게 귀부하였으니 가히 정의를 실행할 수 있었고, 이는 하늘이 수여한 것이었다. 漢王 5년(前 202)에 천하를 평정하고 제위에 올랐다. 이는 歲星의 崇義가 분명하며, 東井宿을 통한 秦地에 대한 분명한 豫示였다.

**原文**

三年秋, 太白出西方, 有光幾中, 乍北乍南, 過期乃入. 辰星出四孟. 是時, 項羽爲楚王, 而漢已定三秦, 與相距滎陽. 太白出西方, 有光幾中, 是秦地戰將勝, 而漢國將興也. 辰星出四孟, 易主之表也. 後二年, 漢滅楚.

295 子嬰(자영) – 秦의 降王, 재위 46일. 沛公(패공)에게 투항. 項羽에게 피살.

296 枳道(지도) – 咸陽 동쪽 亭의 이름.

297 霸上(패상) – 今 陝西省 西安市 동남방 10km. 灞河(파하)의 白鹿原. 軍 주둔지로 유명.

298 約法三章 – 與父老約法三章耳, 殺人者死, 傷人及盜抵罪. 餘悉除去秦法.

〖국역〗

漢王 3年(前 204) 가을, 太白星이 西方에 출현하였는데 그 星光이 거의 漢王 몸 가까이에 닿았으며 잠깐 사이에 남과 북을 비추다가[299] 얼마 뒤에 사라졌다. 辰星(진성, 水星)이 四孟(사맹)에[300] 출현하였다. 이 무렵, 項羽는 楚王이 되었고, 漢은 이미 三秦을[301] 평정한 뒤에 楚王과 滎陽(형양)에서[302] 대치하였다. 太白星이 西方에 출현하였는데, 그 星光이 거의 漢王에 몸에 이를 정도였는데, 이는 秦地의 전투에서 승리할 조짐이었고, 장차 漢國의 홍기한다는 豫示이었다. 또 辰星이 四孟의 달에 출현한 것도 主君의 교체 표시였다. 그 2년 뒤(前 202년) 漢은 楚를 멸망시켰다.

原文

七年, 月暈, 圍參,畢七重. 占曰, '畢,昴間, 天街也, 街北, 胡也, 街南, 中國也. 昴爲匈奴, 參爲趙, 畢爲邊兵.'

是歲高皇帝自將兵擊匈奴, 至平城, 爲冒頓單于所圍, 七日乃解.

十二年春, 熒惑守心. 四月, 宮車晏駕.

---

299 원문 乍北乍南 – 乍는 잠깐 사.

300 四孟(사맹) – 사계절의 첫째 달. 정월 4월, 7월, 10월.

301 三秦은 지역으로는 關中 일원. 項羽에 의해 왕으로 피봉된 3명의 秦 舊將. 곧 雍王 章邯(장한), 塞王(새왕) 司馬欣(사마흔), 翟王(적왕) 董翳(동예).

302 滎陽(형양) – 秦 三川郡의 현명. 今 河南省의 鄭州市 근처의 滎陽市.

〖국역〗

(고조) 7年(前 200), 달무리(月暈, 월훈)가 생겨 (서방) 參宿(삼수)와 畢宿(필수)를 7겹으로 에워쌌는데, 점괘는 '畢(필)과 昴宿(묘수) 사이는 天街星이고, 천가성의 북쪽은 흉노(胡)이며, 남쪽은 중국이다. 昴宿(묘수)는 흉노이고 參宿(삼수)는 趙이며, 畢宿(필수)는 邊兵이라.' 고 하였다.

이 해에 高皇帝는 직접 군사를 거느리고 匈奴를 공격하다가 平城에 이르러[303] 冒頓單于에게 포위되었다가[304] 7일 만에 풀렸다.

고조 12년(前 195) 봄, 熒惑星이 (동방) 心宿(심수) 星區에 들어가 움직이지 않았다(守). 4월에 황제가 붕어했다.[305]

原文

孝惠二年, 天開東北, 廣十餘丈, 長二十餘丈. 地動, 陰有餘, 天裂, 陽不足, 皆下盛强將害上之變也. 其後有呂氏之亂.

---

303 平城 - 縣名. 今 山西省 북쪽 大同市 동북. 平城의 白登山에서 포위되었다. 포위 7일 만에 陳平의 祕計를 써서 탈출하였다.

304 匈奴 冒頓(묵독, 묵돌, 묵특, ? - 前 174) - 흉노 최고 통치자인 單于(선우)의 이름. 冒頓은 (mò dú 墨毒)이라는 音讀에 의거 우리말은 '묵독' 으로 표기한다. 冒은 선우 이름 묵. 탐할 모. 頓은 흉노왕 이름 돌. 조아릴 돈. 漢 高祖를 白登에서 포위하여 곤경에 빠트렸던 인물. 惠帝 때 국서를 보내 呂后에게 결혼하자는 무례한 요구를 했어도 漢은 이들과 화친해야만 했다.

305 원문 宮車晏駕(궁거안가) - 황제의 죽음. 황제는 일찍 일어나 宮車를 타고 조회에 임한다. 궁거가 늦게(晏, 늦을 안) 나온다는 것은 황제의 질병이나 붕어를 뜻한다. 宮車晚出.

〖국역〗

孝惠帝 2년(前 193),[306] 동북쪽 하늘이 넓이 10여 丈(장), 길이 20여 장으로 크게 열렸다. 땅이 움직였으니 陰氣는 넘쳤고, 하늘이 찢어졌으니 陽氣는 부족했는데,[307] 이 모두는 아래의 강한 무신들이 主上을 가해한다는 변고였다. 그 후 呂氏之亂이 발행했다.[308]

原文

孝文後二年正月壬寅, 天欃夕出西南. 占曰, '爲兵喪亂.'

其六年十一月, 匈奴入上郡,雲中, 漢起三軍以衛京師. 其四月乙巳, 水,木,火三合於東井. 占曰, '外內有兵與喪, 改立王公. 東井, 秦也.' 八月, 天狗下梁壄, 是歲誅反者周殷長安市.

其七年六月, 文帝崩. 其十一月戊戌, 土,水合於危. 占曰,

---

306 孝惠皇帝 – 名은 盈(영), 前 210년생. 前 195년, 16세에 고조가 붕어하자 계위. 惠帝 원년은 前 194년(丁未) – 前 188년 재위. 惠帝부터 시호에 '孝'가 붙는 것은 '효자로 부친의 뜻을 잘 잇다(孝子善繼父志).'라는 뜻. 諡法에 '柔質慈民曰 惠'라 하였다.

307 이는 〈惠帝紀〉에도 기록이 없다. 하늘이 열리고, 찢어진 것이 어떤 현상인지 구체적 기록은 없다.

308 원문 其後有呂氏之亂 – 惠帝 7년(前 188) 정월 초하루 일식이 있었다. 夏 五月에 일식이 있었는데 개기일식이었다. 가을 8월 戊寅, 황제가 미앙궁에서 붕어했다. 呂太后는 臨朝稱制했고, 呂台(여태) 등 呂氏로 왕이 된 4인에 열후가 6명이나 되었다. 이들은 여후가 죽은(前 180년) 뒤에 제거되었다.

'爲雍沮, 所當之國不可擧事用兵, 必受其殃. 一曰將覆軍. 危, 齊也.'

其七月, 火東行, 行畢陽, 環畢東北, 出而西, 逆行至昴, 卽南乃東行. 占曰, '爲喪死寇亂. 畢,昴, 趙也.'

〖국역〗

孝文帝 後元 2年(前 162) 정월 壬寅日(初 3일), 天欃星(천참성)이[309] 저녁에 서남쪽 하늘에 출현했다. 점괘는 '전쟁과 喪亂의 징조' 라 했다.

그 6년 11월(前 158), 匈奴가 上郡과 雲中郡에[310] 침입하자, 漢에서는 三軍을 동원하여 京師를 방어케 했다. 그 4월 乙巳日, 水, 木, 火 三星이 東井宿에 모였다. 占人은 '外內에 전쟁과 喪亂이 있을 것이니 王公이 바뀔 것입니다. 東井은 秦의 땅입니다.' 라고 하였다. 8월에, 天狗星(천구성)이 梁國의 들판에 떨어졌고, 이 해에 반기를 든 周殷(주은)을 長安의 거리에서 주살하였다.

그 後元 7년 6월(前 157년), 文帝가 붕어했다. 그해 11月 戊戌日, 土星과 水星이 (북방) 危宿(위수)에 모였다. 占人은 '이는 하는 일이 막힌다는 징조입니다. (분야에) 해당하는 나라에서 거사용병하면 틀림없이 재앙을 받을 것입니다. 또 다르게는 全軍이 覆滅(복멸)할

309 天欃星(천참성) – 살별의 일종. 欃은 살별 참. 彗星(혜성).

310 上郡,雲中 – 郡名. 上郡 治所는 膚施縣(부시현), 今 陝西省 최북단 楡林市 동남. 雲中郡 치소는 雲中縣, 今 山西省 북부 大同市 서쪽의 內蒙古 托克托市 동북.

것입니다. 危宿(위수)가 관할하는 땅은 齊입니다.' 라 하였다.[311]

그 해 7월, 火星이 동쪽으로 이동하여 畢宿(필수)의 남쪽에 머물다가 필수를 동북으로 감싸고 나가 서쪽으로 운행하여 역행으로 昴宿(묘수)에 이르렀는데, 곧 남에서 동쪽으로 운행하였다. 占人은 '도적이 亂으로 죽을 징조입니다. 畢宿(필수)와 昴宿(묘수)의 분야는 趙입니다.' 라고 하였다.

**原文**

孝景元年正月癸酉, 金,水合於婺女. 占曰, '爲變謀, 爲兵憂. 婺女, 粤也, 又爲齊.' 其七月乙丑, 金,木,水三合於張. 占曰, '外內有兵與喪, 改立王公. 張, 周地, 今之河南也, 又爲楚.'

其二年七月丙子, 火與水晨出東方, 因守斗. 占曰, '其國絶祀.' 至其十二月, 水,火合於斗. 占曰, '爲淬, 不可擧事用兵, 必受其殃.' 一曰, '爲北軍, 用兵擧事大敗. 斗, 吳也, 又爲粤.'

是歲彗星出西南. 其三月, 立六皇子爲王, 王淮陽,汝南,河間,臨江,長沙,廣川.

其三年, 吳,楚,膠西,膠東,淄川,濟南,趙七國反. 吳,楚兵先至攻梁, 膠西,膠東,淄川三國攻圍齊. 漢遣大將軍周亞夫等

---

311 이는 景帝 3년(前 154)에 일어나 吳楚7國의 亂에 대한 예고라고 풀이할 수도 있다.

戍止河南, 以候吳,楚之敝, 遂敗之. 吳王亡走粵, 粵攻而殺之, 平陽侯敗三國之師於齊, 咸伏其辜, 齊王自殺. 漢兵以水攻趙城, 城壞, 王自殺.

六月, 立皇子二人, 楚元王子一人爲王, 王膠西,中山,楚. 徙濟北爲淄川王, 淮陽爲魯王, 汝南爲江都王. 七月, 兵罷. 天狗下, 占爲 '破軍殺將. 狗又守禦類也, 天狗所降, 以戒守禦.' 吳,楚攻梁, 梁堅城守, 遂伏屍流血其下.

〖국역〗

孝景帝 원년(前 156) 정월 癸酉日, 金, 水星이 婺女宿(무녀수)에 모였다. 占人이 말했다. '變謀가 있고 兵難의 조짐입니다. 婺女宿의 관할은 粵(越)이고 또 齊地입니다.'

그 해 7월 乙丑日에, 金, 木, 水 三星이 (남방) 張宿(장수)에 모였다. 占人이 말했다. '안과 밖에 전쟁에 喪事가 있을 것이고, 王公을 다시 봉할 것입니다. 張宿(장수)의 지역은 周地인데, 지금의 河南郡이며 또 楚國입니다.'

景帝 2년 7월 丙子日, 火星과 水星이 새벽에 東方에 출현하였고, 이어 (북방) 斗宿(두수)에 머물렀다. 점괘는 '그 나라에 제사가 끊길 것이라.' 고 하였다. 그해 12월에도 水星과 火星이 斗宿에 머물렀다. 占人은 '불이 물에 들어간 것이니, 거사나 용병할 수 없으며 틀림없이 재앙을 당할 것입니다.' 또 '북방의 군사는 용병하거나 거사해도 대패할 것입니다. 斗宿의 관할은 吳이고 또 粵(월, 越)입니다.' 라고 하였다.

이 해에 彗星이 서남에 출현하였다. 그 3월에, 6명의 皇子를 王位에 冊立하였으니 淮陽國, 汝南, 河間, 臨江, 長沙, 廣川國王이다.

경제 3년(前 154), 吳, 楚, 膠西(교서), 膠東, 淄川(치천), 濟南, 趙 등 7國이 反旗(반기)를 들었다(吳楚七國의 亂). 吳와 楚의 군사가 먼저 梁을 공격하였고, 膠西, 膠東, 淄川 3국이 군사가 齊를 공격하며 포위하였다. 漢에서는 大將軍 周亞夫(주아부)[312] 등을 보내 河南郡을 지키며, 吳와 楚의 피폐를 기다렸다가 결국 패퇴케 하였다. 吳王은[313] 越 땅으로 도주하였지만 越人이 吳王을 공격 살해하였고, 平陽侯(曹奇, 曹參의 후손)는 三國의 군사를 齊에서 막아 모두 죗값을 치르게 했고 齊王은 自殺하였다. 漢兵이 趙城에 水攻을 가하자 성이 무너지며 조왕은 자살하였다.

6월에, 皇子 2인과 楚 元王의 아들 1인을 膠西, 中山, 楚의 王으로 책봉하였다. 濟北王을 淄川王(치천왕)으로, 淮陽王을 魯王에, 汝南王을 江都王으로 옮겼다. 7월에, 진압 군사를 해산하였다.

天狗星이 낙하할 때, 占人은 '破軍하고 殺將입니다. 개(狗)는 방어하는 동물입니다. 천구성이 떨어진 것은 방어하라는 훈계입니다.' 라고 말했다. 吳와 楚의 반군이 梁을 공격했지만 梁은 굳게 성을 지켰으며, 결국 성 아래에 시신이 쌓였고 피가 흘렀다.

---

312 條侯 周亞夫(주아부, ? - 前 143) - 周勃(주발)의 아들. 七國之亂에 漢軍을 거느리고 3개월에 반군을 진압하였다. 景帝의 미움을 받아 옥에서 굶어 죽었다. 40권, 〈張陳王周傳〉에 부전.

313 오초 7국난의 주동 인물은 吳王 劉濞(유비, 前 215 - 154)이다. 유비는 고조 둘째 형의 아들이니, 고조의 조카. 文帝의 사촌, 景帝의 당숙이었다. 35권, 〈荊燕吳傳〉에 立傳. 濞는 물소리 비.

原文

三年, 塡星在婁, 幾入, 還居奎, 奎, 魯也. 占曰, '其國得地爲得塡.' 是歲魯爲國.

四年七月癸未, 火入東井, 行陰, 又以九月己未入輿鬼, 戊寅出. 占曰, '爲誅罰, 又爲火災.' 後二年, 有栗氏事. 其後未央東闕災.

〖국역〗

(경제) 三年(前 154), 塡星(전성, 土星)이 (西方) 婁宿(누수) 星區에서 거의 사라질 무렵에 다시 (서방) 奎宿(규수)에 들어갔는데, 奎宿의 분야는 魯이다. 占人은 '그 나라가 땅을 얻은 것은 塡星(土星)이 들어왔기 때문입니다.' 라고 하였다. 이 해에 魯는 王國이 되었다.

4년 7월 癸未日, 火星이 東井宿에 들어가 黃道의 북쪽으로 운행하였고(行陰), 또 9월 己未日에 (南方) 輿鬼宿(여귀수, 鬼宿)에 들어갔다가 戊寅日에 나왔다. 占人은 '이는 誅罰(주벌)이며 또 火災(화재)의 조짐입니다.' 라고 말했다. 그 뒤 2년 栗氏(율씨) 사건이 있었다.[314] 그 뒤 未央宮 東闕에 화재가 있었다.

314 경제와 栗姬(율희) 소생. 劉榮(유영, ? – 前 147)은 경제의 長子로 보통 栗太子(율태자)로 불렸다. 당시 이복동생(王부인 소생) 劉徹(유철)은 교동왕에 봉해졌다. 그러나 栗姬(율희)에 대한 景帝의 애정이 식어가자 율희는 질투하였고, 결국 그 소생인 태자는 폐위되어(前元 7년, 前 150년) 臨江王에 봉해졌는데, 3년 뒤에 자살했다. 23권, 〈景十三王傳〉에 입전.

原文

中元年, 塡星當在觜觿, 參, 去居東井. 占曰, '亡地, 不乃有女憂.'

其二年正月丁亥, 金,木合於觜觿, 爲白衣之會. 三月丁酉, 彗星夜見西北, 色白, 長丈, 在觜觿, 且去益小, 十五日不見. 占曰, '必有破國亂君, 伏死其辜. 觜觿, 梁也.' 其五月甲午, 金,木俱在東進. 戊戌, 金去木留, 守之二十日. 占曰, '傷成於戉. 木爲諸侯, 誅將行於諸侯也.' 其六月壬戌, 蓬星見西南, 在房南, 去房可二丈, 大如二斗器, 色白. 癸亥, 在心東北, 可長丈所. 甲子, 在尾北, 可六丈. 丁卯, 在箕北, 近漢, 稍小, 且去時, 大如桃. 壬申去, 凡十日. 占曰, '蓬星出, 必有亂臣. 房,心間, 天子宮也.'

是時, 梁王欲爲漢嗣, 使人殺漢爭臣袁盎. 漢按誅梁大臣, 斧戉用. 梁王恐懼, 布車入關, 伏斧戉謝罪, 然後得免.

【국역】

(景帝) 中元 元年(前 149), 塡星(전성, 土星)이 觜觿宿(자휴수)와 參宿(삼수)에 있어야 하는데, 東井宿에 들어가 머물렀다. 이에 占人은 '땅을 잃거나 아니면 여인 때문에 우환이 있을 것입니다.' 라고 말했다.

그 2년 정월 丁亥日에, 金星과 木星이 자휴수에 들어가니, 이는 白衣之會 곧 喪事의 조짐이었다. 3월 丁酉日에, 彗星이 밤에 서북 하늘에 출현하였는데, 白色에 여러 丈이나 되었는데, 觜觿宿(자휴수)

에 있다가 운행하며 점차 작아지다가 15일 만에 사라졌다. 占人은 '틀림없이 破國에 亂君하여 그 죄를 받아 죽을 것입니다. 자휴수는 梁國입니다.' 라고 하였다.

그 해 5월 甲午日, 金星과 木星이 함께 東進하였다. 戊戌日, 金星은 나갔고 木星은 남아 20일을 머물렀다. 占人은 '전쟁용 斧鉞(부월)에 손상할 것입니다. 木星은 諸侯이니 제후 중에 주살당할 사람이 있을 것입니다.' 라고 하였다.

그 해 6월 壬戌日, 蓬星(봉성)이 西南쪽 하늘에 출현하여 (동방) 房宿(방수) 남쪽에 접근했는데, 房宿에서 2丈 정도에 2말(斗)들이 그릇 크기에 백색이었다. 癸亥日에는 心宿(심수)의 동북으로 이동했는데 길이가 1丈정도였다. 甲子日에, (東方) 尾宿의 동북에 길이는 6丈 정도였다. 丁卯日, 箕宿(기수) 북쪽에 있어 銀漢에 접근하여 점점 작아지다가 막 사라질 무렵에 다시 복숭아만큼 커졌다. 壬申日에 사라졌는데, 총 10일이었다. 占人은 '蓬星(봉성)이 출현했으니 틀림없이 亂臣이 나타날 것입니다. 房과 心宿 사이는 天子의 宮입니다.' 라고 말했다.

이 무렵, 梁王은[315] 漢室의 후사가 되려고 사람을 시켜 諍臣(쟁신, 議臣) 袁盎(원앙)을[316] 죽였다. 漢室에서는 사건을 조사하여 梁國 大

---

**315** 梁孝王 - 劉武(前 184 - 144)는 文帝와 竇太后(두태후)의 嫡次子. 代王이었다가 梁王이 되었다. 吳楚 7국의 난 진압에 큰 공을 세웠으나 나중에 황제 자리까지 넘보다가 병사했다. 47권, 〈文三王傳〉에 立傳.

**316** 爰盎(원앙) - 字는 絲, 文帝에게 直諫을 잘했다. 袁盎과 鼂錯(조조)는 不和하여 七國之亂이 일어나자 景帝에게 조조를 죽이라고 건의하였다. 뒷날 梁王 劉武를 儲君(저군, 太子, 儲主라고도 한다. 儲는 副의 뜻.)으로 세

臣을 도끼로 처형하였다. 梁王은 두려워 布車를 타고 入關한 뒤 도끼를 갖고 사죄한 뒤에 죄를 사면 받았다.

**原文**

中三年十一月庚午夕, 金,火合於虛, 相去一寸. 占曰, '爲鑠, 爲喪. 虛, 齊也.'

四年四月丙申, 金,木合於東井. 占曰, '爲白衣之會. 井, 秦也.'

其五年四月乙巳, 水,火合於參. 占曰, '國不吉. 參, 梁也.'

其六年四月, 梁孝王死. 五月, 城陽王,濟陰王死. 六月, 成陽公主死. 出入三月, 天子四衣白, 臨邸第.

後元年五月壬午, 火,金合於輿鬼之東北, 不至柳, 出輿鬼北可五寸. 占曰, '爲鑠, 有喪. 輿鬼, 秦也.' 丙戌, 地大動, 鈴鈴然, 民大疫死, 棺貴, 至秋止.

〖국역〗

(景帝) 中元 3년(前 147) 11월 庚午日 밤, 金星과 火星이 (북방) 虛宿(허수)에서 만났는데 서로 1寸 정도였다. 占人은 '쇠가 녹으니 喪事가 있을 것입니다. 虛宿는 齊國입니다.' 라고 말했다.

4년 4월 丙申日, 金星과 木星이 (남방) 東井宿에서 만났다. 占人은

---

우는 것을 반대하자 梁王이 보낸 자객에 의해 피살되었다. 49권, 〈爰盎鼂錯傳〉에 입전.

'상복을 입고 만날 징조입니다. 井宿는 秦地입니다.' 라고 하였다.

그 5년 4월(前 145) 乙巳日, 水星과 火星이 (서방) 參宿(삼수)에 출현하였다. 占人은 '나라에 不吉한 징조입니다. 參宿는 梁國입니다.' 라고 하였다.

그 6년 4월, 梁 孝王이 죽었다. 5월, 城陽王과 濟陰王이 죽었다. 6월에는, 成陽公主가 죽었다. 3개월 사이에[317] 천자는 4번 상복을 입고 (왕의) 사저(邸第)에 행차하였다.

後元 元年(前 143) 5월 壬午日, 火星과 金星이 (남방) 輿鬼宿(여귀수)의 東北에 모여들었는데, (南方) 柳宿(유수)에 닿기 전에 輿鬼宿 북쪽 五寸 정도에 접근하였다. 占人은 '製鍊하니 喪事가 있을 것입니다. 輿鬼宿는 秦입니다.' 라고 말했다. 丙戌日, 땅이 크게 흔들렸는데 방울 소리가 들리듯 했으며 백성들이 전염병에 많이 죽어 棺(관) 값이 올랐는데, 가을이 되서야 그쳤다.

## 3. 盛世의 天文과 吉凶

原文

孝武建元三年三月, 有星孛於注,張, 歷太微. 干紫宮, 至於天漢.《春秋》「星孛於北斗, 齊,宋,晉之君皆將死亂.」今星孛歷五宿, 其後濟東,膠西,江都王皆坐法削黜自殺, 淮陽,

317 원문 出入三月 – '出入' 은 前後하여.

衡山謀反而誅.

三年四月, 有星孛於天紀, 至織女. 占曰, '織女有女變, 天紀爲地震.' 至四年十月而地動, 其後陳皇后廢.

六年, 熒惑守輿鬼. 占曰, '爲火變, 有喪.' 是歲高園有火災, 竇太后崩.

〖국역〗

孝武帝 建元 3년(前 138) 3월, 어떤 별이 (남방) 注宿(주수, 柳宿)와 張宿(장수)를 가로지르고(孛, 살별 패) 太微垣(태미원)을 지나갔다(歷). 이어 紫微宮(자미궁)을 침범하고 天漢(銀漢)에 이르렀다. 《春秋》에서는 「어떤 星이 北斗를 가로지르자, 齊와 宋, 晉의 군주가 모두 난리 속에 죽었다.」고 하였다. 지금 별이 5개 星宿을 침범 통과하였는데, 그 이후에 濟東, 膠西(교서), 江都王이 모두 법에 걸려 削地(삭지)되거나 黜斥(출척)되어 자살했으며, 淮陽王(회양왕)과 衡山王은 모반으로 주살되었다.

(建元) 3년 4월, 어떤 별이 天紀星을 가로질러 織女星(직녀성)에 이르렀다. 占人은 '織女는 女主 변란을 암시하고, 天紀星은 地震의 징조입니다.' 라 하였다.

(건원) 4년 10월에 지진이 있었고, 그 뒤에 (武帝의) 陳皇后를[318]

318 孝武帝의 첫 번째 황후인 陳皇后는 館陶長公主(관도장공주, 무제의 고모)인 嫖(표)의 딸이다. 무제가 태자에 책봉되었을 때 長公主의 영향력이 있어 장공주의 딸을 태자비로 맞이하였다. 황제로 즉위하자, 황후가 되어 총애를 독점하며 교만하였으나 10여 년이 넘도록 아들이 없었으며 衛子夫(위자부)가 총애를 받자 위자부를 거의 죽일 뻔한 일이 여러 번

폐위했다.

6년, 熒惑星(火星)에 輿鬼宿(여귀수)에 머물렀다. 占人은 '화재가 일어날 조짐이며 喪事가 있을 것입니다.' 라고 말했다.

이 해에 高祖의 능원에 화재가 있었고, 竇太后(두태후, 文帝의 황후, 武帝의 祖母)가 붕어했다.

原文

元光元年六月, 客星見於房. 占曰, '爲兵起.'

其二年十一月, 單于將十萬騎入武州, 漢遣兵三十餘萬以待之.

元光中, 天星盡搖, 上以問候星者. 對曰, "星搖者, 民勞也." 後伐四夷, 百姓勞於兵革.

『국역』

(武帝) 元光 원년(前 134) 6월, 客星이[319] (東方) 房宿에 출현하였다. 占人은 '병란이 일어난 조짐' 이라고 했다.

그 2년 11월, 單于(선우)가[320] 10만 군사를 거느리고 武州에 침입

---

있었다. 무제는 크게 분노하였다. 그 뒤에 陳황후는 환심을 살 수 있다는 미신(저주) 행위를 행하다가 발각되었고 결국 폐위되었다.

319 客星 - 갑자기 나타났다가 홀연히 사라지는 별.

320 單于(선우)는 흉노족의 왕을 부르는 칭호. 선우의 성은 攣鞮氏(연제씨)인데, 그 나라에서는 선우를 "撐犁孤塗單于(탱리고도선우)"라 한다. 흉노는 하늘을 '撐犁(탱리)', 아들을 '孤塗(고도)' 라고 하였는데, 單于(선우)

하였는데, 漢에서는 군사 30만을 동원하여 대기하였다.

元光 연간(前 134 – 129년)에, 天星이 모두 흔들리자 황제가 관측하는 담당 관리에게 물었다. 그러자 "星이 흔들리니 백성이 노역에 고생할 조짐입니다."라고 말했다. 그 뒤로 四夷를 정벌하면서 백성은 전쟁 때문에 고생하였다.

**原文**

元鼎五年, 太白入於天苑. 占曰, '將以馬起兵也.' 一曰, '馬將以軍而死耗.' 其後以天馬故誅大宛, 馬大死於軍.

元鼎中, 熒惑守南斗. 占曰, '熒惑所守, 爲亂賊喪兵. 守之久, 其國絶祀. 南斗, 越分也.' 其後越相呂嘉殺其王及太后, 漢兵誅之, 滅其國.

〖국역〗

元鼎(원정) 5년(前 112), 太白星이 天苑星 자리에 출현하였다. 占人은 '馬 때문에 군사를 일으킬 것입니다.' 말했다. 또 '말이 전쟁 때문에 죽어 없어질 것입니다.' 라고 하였다. 그 뒤에 天馬(천마, 汗血馬)를 얻으려고 (서역의) 大宛國(대원국)을[321] 정벌했고 전쟁 중에 많

---

란 '광대한 모양' 으로 하늘과 같이 광대하다는 뜻. 左, 右賢王과 左, 右谷蠡(우녹려)와 좌우 大將, 좌우 大都尉, 좌우 大當戶, 좌우 骨都侯(골도후)를 두었다.

321 大宛(대원) – 西域의 국명. 宛은 나라 이름 원. 굽을 완. 영어로는 Ferghana. 國都는 貴山城. 汗血馬(한혈마)와 포도 산지. 무제 때 복속,

은 말이 죽었다.

元鼎 연간(前 116－111)에, 熒惑星이 南斗 자리에 머물렀다. 占人은 '熒惑星이 머무르니, 亂賊에 군사를 잃을 것입니다. 오래 머무르면 그 나라는 제사가 끊길 것입니다. 南斗의 分野는 越地입니다.' 라고 하였다.

그 뒤에 越의 國相인 呂嘉(여가)가[322] 그 왕과 태후를 살해했는데(元鼎 5년), 漢兵이 원정하여 그 나라를 없앴다.

原文

元封中, 星孛於河戉, 占曰, '南戉爲越門, 北戉爲胡門.' 其後漢兵擊拔朝鮮, 以爲樂浪,玄菟郡. 朝鮮在海中, 越之象也, 居北方, 胡之域也.

太初中, 星孛於招搖.《星傳》曰,「客星守招搖, 蠻夷有亂, 民死君.」其後漢兵擊大宛, 斬其王. 招搖, 遠夷之分也.

〖국역〗

元封 연간(前 110－105)에, 어떤 星이 河戉星(하월성)을[323] 침범했

---

宣帝 이후 서역도호부에 속했다. 今 중앙아시아의 키르키즈스탄(吉爾吉斯斯坦)에 해당.

322 南越王의 相인 呂嘉(여가)는 왕을 3대에 걸쳐 섬기다가 반역하여 漢의 使者와 그 왕과 왕후를 죽였다.

323 河戉星(하월성)－戉은 戍이어야 한다는 주석이 있다. 河戍은 南河와 北河의 별자리 이름. 戉은 도끼 월.

는데, 占人이 말했다. '南戉은 越門이고, 北戉은 胡門입니다.'

그 뒤에 漢兵이 朝鮮을 공격 점령하고 樂浪(낙랑), 玄菟郡(현도군)을 설치하였다. 朝鮮은 바다에 있어 越의 형상이었고, 北方에 있어 흉노(胡)의 영역이라 했다.

太初 연간(前 104 - 101)에, 어떤 별이 招搖星(초요성)을 침범하였다. 《星傳》에서는 「客星이 招搖星에 머무르니, 蠻夷(만이)의 땅에 民亂이 일어나 백성이 주군을 죽인다.」고 하였다. 그 뒤에 漢兵이 大宛國을 정벌하여 그 국왕을 죽였다. 招搖星의 분야는 遠方 蠻夷의 지역이다.

原文

孝昭始元中, 漢宦者梁成恢及燕王候星者吳莫如見蓬星出西方天市東門, 行過河鼓, 入營室中. 恢曰, "蓬星出六十日, 不出三年, 下有亂臣戮死於市."

後太白出西方, 下行一舍, 復上行二舍而下去. 太白主兵, 上復下, 將有戮死者. 後太白出東方, 入咸池, 東下入東井. 人臣不忠, 有謀上者. 後太白入太微西藩第一星, 北出東藩第一星, 北東下去.

太微者, 天廷也, 太白行其中, 宮門當閉, 大將被甲兵, 邪臣伏誅. 熒惑在婁, 逆行至奎, 法曰 '當有兵.' 後太白入昴.

莫如曰, "蓬星出西方, 當有大臣戮死者. 太白星入東井. 太微廷, 出東門, 漢有死將."

後熒惑出東方, 守太白. 兵當起, 主人不勝. 後流星下燕萬載宮極, 東去, 法曰'國恐, 有誅.' 其後左將軍桀,驃騎將軍安與長公主,燕剌王謀作亂, 咸伏其辜.

兵誅烏桓.

〖국역〗

孝昭帝(재위 前 86-74년)[324] 始元 연간(前 86-81)에, 漢의 宦者(환자, 宦官)인 梁成恢(양성회)와 燕王(연왕)의 별을 관찰하는 관리 吳莫如(오막여)는 蓬星(봉성, 혜성의 일종)이 西方의 天市星 東門에 출현하여, 河鼓星(하고성)을 지나 (북방의) 營室宿(영실수, 室宿)로 이동하는 것을 관찰했다. 이에 양성회가 말했다.

"蓬星(봉성)이 60일간 보이면 이후 3년간은 보이지 않는데, 그 분야의 지역에서는 亂臣이 거리에서 형을 받아 죽게 된다."

그 뒤에 太白星이 西方에 출현하여 남쪽으로 一舍(1사)를 내려갔다가, 다시 2사를 올라간 다음에 운행하였다. 太白星은 軍兵을 주관하는 별인데, 올라갔다 내려갔다 하는 것은 장차 처형 받아 죽을 자가 있다는 조짐이었다. 뒤에 太白星은 東方에 출현하더니 咸池(함지)에 숨었다가[325] 동쪽으로 내려가 東井宿에서 사라졌다. 人臣이

---

324 孝昭皇帝는 武帝의 막내아들이었다. 모친은 趙婕妤(조첩여)로 본래 기이한 행적이 있어 총애를 받았고, 소제를 낳을 때도 기이한 일이 있었다(임신 14개월에 출산). 이는 〈外戚傳〉(上)에 실려 있다. 武帝 말기에 戾太子는 이미 죽었고, 燕王 旦(단)과 廣陵王 胥(서)는 행실이 교만하였는데, 後元 2년 2월에 무제가 병이 들자 나이 8세인 昭帝를 太子로 정했고, 태자가 된 다음 날 무제가 죽자, 바로 즉위하였다.

不忠하면, 윗자리를 도모하려는 자가 있다. 뒷날 太白星은 太微垣(태미원) 서쪽 울타리에 해당하는 첫째 별에 들어갔다가, 北으로 동쪽 울타리의 첫째 별에서 나와 북쪽에서 동쪽으로 운행하였다.

太微垣(태미원)이란 하늘의 조정이고(天廷也), 太白星이 거기를 지나려 한다면 宮門은 응당 닫히고, 대장은 갑옷을 입고 군사를 거느려야 하며, 사악한 신하는 처형되어야 한다. 熒惑星(火星)이 (西方) 婁宿(누수)에 있다가 逆行하여 奎宿(규수)에 들어갔으니, 이를 占法에서는 '응당 전쟁이 일어난다(當有兵).' 고 하였다. 나중에 태백성은 昴宿(묘수) 지역으로 이동했다.

그러자 吳莫如(오막여)가 말했다. "蓬星(봉성)이 西方에 출현하였으니, 응당 大臣으로 처형 받아 죽을 자가 있을 것입니다. 太白星이 東井에 들어갔습니다. 太微(태미)의 朝廷에서 東門으로 나왔으니 漢室에 장수가 죽을 것입니다."

그 뒤에 熒惑星은 東方에 출현했다가 太白星 근처에 머물렀으니, 응당 병란이 일어나고 主人은 이길 수 없었다. 뒤에 流星이 燕의 萬載宮(만재궁) 들마루(極, 屋脊)로 낙하했다가 東쪽으로 사라졌는데, 이럴 경우 占法에서는 '나라가 두려워하며 처형했다.' 라고 하였다.

그 뒤에 左將軍 上官桀(상관걸), 驃騎將軍, 上官安(상관안)과 長公主, 燕의 剌王(척왕, 劉旦)이 作亂을 모의했지만 모두 거리에서(市肆)

---

325 西宮(西官)에는 奎, 婁(루), 胃(위), 昴(묘), 畢(필), 觜(자), 參(삼)의 7개 星宿이 있다. 서방 白虎의 主星은 參宿(삼수)이나 한 편에 치우쳐 있어《史記 天文書》에서는 중앙에 있는 咸池宿을 대표로 설명했고《漢書 天文志》에서도 그대로 계승했다. 咸池는 해가 지는 곳이라는 보통의 뜻으로 알려졌다.

처형되었다.[326]

漢軍은 烏桓(오환)을 원정했다.

原文

元鳳四年九月, 客星在紫宮中斗樞極間. 占曰, '爲兵.'

其五年六月, 發三輔郡國少年詣北軍. 五年四月, 燭星見奎,婁間. 占曰, '有土功, 胡人死, 邊城和.'

其六年正月, 築遼東,玄菟城. 二月, 度遼將軍范明友擊烏桓還.

元平元年正月庚子, 日出時有黑雲, 狀如猋風亂鬊, 轉出西北, 東南行, 轉而西, 有頃亡. 占曰, '有雲如衆風, 是謂風師, 法有大兵.' 其後兵起烏孫, 五將征匈奴.

〖국역〗

(昭帝) 元鳳 4년(前 77) 9월, 客星이 紫微宮(자미궁)의 北斗 天樞星과 北極星 사이에 출현하였다. 占人은 '戰爭' 이라고 말했다.

---

326 昭帝 元鳳 원년(前 80) 9월, 鄂邑長公主(악읍은 무제의 딸. 소제의 이복 누나)와 燕王 旦(단)이 左將軍 上官桀(상관걸), 상관걸의 아들 표기장군 上官安, 어사대부 桑弘羊(상홍양) 등과 함께 반역하여 형벌을 받아 죽었다. 그전에 상관걸과 상관안 부자와 대장군 霍光(곽광)이 권력을 다투었는데, 上官氏 父子가 거짓으로 사람을 시켜 연왕 유단이 곽광의 죄를 상서하게 하였다. 그때 소제는 14세였지만 상서 내용이 거짓임을 알았다. 결국 곽광을 제거하려는 상관씨 일족은 멸족되었다. 이는 〈燕王傳〉과 〈霍光傳〉에 실려 있다.

그 5년 6월, 三輔지역 郡國의 젊은이를 北軍營에 소집하였다. 앞서 5년 4월에, 燭星(촉성)이 奎宿(규수)와 婁宿 사이에 출현하였다. 占人은 '土木 일이 일어나고, 胡人은 죽어 邊城은 평화로울 것이라.' 고 했다.

그 6년 정월, 遼東城과 玄菟城(현도성)을 築城(축성)했다.[327] 2월, 度遼將軍(도료장군)인 范明右(범명우)가 烏桓族(오환족)을 정벌하고 귀환했다.[328]

(昭帝) 元平 원년(前 74) 정월 庚子日, 日出할 무렵에 黑雲이 퍼졌는데 그 형상이 뜨거운 바람에 흐트러진 머리카락 같았는데,[329] 서북쪽으로 흘러가다가 동남쪽으로 이동했고 다시 서쪽으로 방향을 바꾼 뒤, 곧 없어졌다. 占人은 '구름이 큰 바람과 같으니, 이를 風師라 하는데 占法에 큰 싸움이 있다고 하였습니다.' 그 뒤에 烏孫(오손)에서[330] 전쟁이 벌어졌고 漢의 五將이 (오손을 도와) 匈奴를 정벌

---

**327** 玄菟郡(현도군)은 고구려인의 저항으로 치소를 여러 번 옮겨 이때의 정확한 위치 미상.

**328** 范明友(범명우)는 곽광의 사위. 烏桓(오환, 烏丸). 내몽고에서, 今 遼寧省 일대에 걸쳐 활동했던 東胡族의 한 갈래. 烏桓은 흉노에 쫓긴 그들이 이주한 산 이름.

**329** 원문 狀如燚風亂鬊 – 燚은 불꽃 염. 鬊은 헝클어진 머리 모양 순.

**330** 烏孫(오손) – 종족 이름이면서 국명. 西域의 투르크 계열 부족 이름. 祁連山과 敦煌(돈황) 일대에 살다가 서쪽으로 옮겨 지금의 伊犁河(이리하) 지역으로 이주하였다. 新疆維吾爾自治區의 烏魯木齊市 서쪽에서 중앙아시아의 키르키즈스탄(吉爾吉斯斯坦)에 걸쳐 발전했던 나라. 국도는 赤谷城(今 新疆省 阿克蘇市 부근). 국왕의 칭호는 昆莫(곤막) 또는 昆彌(곤미)라 했다. 漢에서 오손 국왕과 결혼시킨 공주를 오손공주라고 불렀다. 烏孫公主는 96권, 〈西域傳〉 참고.

했다.

原文

二月甲申, 晨有大星如月, 有衆星隨而西行. 乙酉, 牂雲如狗, 赤色, 長尾三枚, 夾漢西行. 大星如月, 大臣之象, 衆星隨之, 衆皆隨從也.

天文以東行爲順, 西行爲逆, 此大臣欲行權以安社稷. 占曰, '太白散爲天狗, 爲卒起. 卒起見, 禍無時, 臣運柄. 牂雲爲亂君.' 到其四月, 昌邑王賀行淫辟, 立二十七日, 大將軍霍光白皇太后廢賀.

三月丙戌, 流星出翼,軫東北, 干太微, 入紫宮. 始出小, 且入大, 有光. 入有頃, 聲如雷, 三鳴止. 占曰, '流星入紫宮, 天下大凶.' 其四月癸未, 宮車晏駕.

〖국역〗

(昭帝 元平 원년) 2월 甲申日, 새벽에 달처럼 밝은 大星이 나타났고 많은 별들이 따르면서 서쪽으로 운행하였다. (다음 날) 乙酉日에, 개와 비슷한 모양의 붉고 긴 꼬리를 3개 가진 牂雲(장운, 암양 장)이 銀漢(銀河)을 끼고 서쪽으로 나아갔다. 달처럼 밝은 큰 별은 大臣을 상징하고, 많은 별이 따르는 것은 여러 신하가 수종한다는 뜻이다.

天文에서는 東行은 順(순)이고 西行을 逆(역)이라 하는데, 이는 大臣이 권한을 행사하여 사직을 안정시키려는 뜻이다. 占人은 '太白

星의 정기가 흩어져 天狗(천구)가 되는데 갑자기 홍기하였다. 갑자기 일어나 출현하면 그 禍가 일정치 않으며, 신하가 권력을 잡을 것이다. 牂雲(장운)은 음란한 주군의 형상이라.' 고 말했다.

그 해 4월에, (昭帝가 죽은 뒤) 昌邑王 劉賀(유하)는 淫辟(음벽)하여 옹립 27일 만에, 大將軍 霍光(곽광)이 皇太后에게 아뢰고서 劉賀를 폐위시켰다.[331]

3월 丙戌日, 流星이 翼宿(익수)와 軫宿(진수)의 동북에 출현하여 太微垣(태미원)을 범하고 紫微宮에 들어갔다. (流星이) 처음 출현할 때는 작았지만, 자미궁에 들어갈 무렵에 크고 빛이 났다. 들어간 뒤 얼마 있다가 천둥 같은 소리가 3번 울리다가 그쳤다. 占人이 말했다. '流星이 紫宮에 들었으니 천하의 大凶事입니다.'

그 4월 癸未日에, 昭帝가 붕어했다(宮車晏駕).

## 原文

孝宣本始元年四月壬戌甲夜, 辰星與參出西方. 其二年七月辛亥夕, 辰星與翼出, 皆爲蚤. 占曰, '大臣誅.'

其後熒惑守房之鉤鈐, 鉤鈐, 天子之御也. 占曰, '不太僕,

331 昌邑王－창읍국은 山陽郡을 개명한 封國으로, 치소는 昌邑縣(今 山東省 菏澤市 관할의 鉅野縣). 昌邑 哀王 劉髆(유박)은 武帝와 李夫人의 소생이다. 창읍왕이 죽자, 애왕의 아들 劉賀(유하, 前 92－59)가 5살에 창읍국 왕위를 계승했다. 이 劉賀가 재위 중일 때, 昭帝가 후사 없이 죽자 霍光 등에 의해 옹립되어 황제로 즉위하였으나(19세인 前 74년), 음벽한 행동 때문에 27일 만에 폐위되었고, 곽광 등은 무제의 증손인 宣帝를 옹립했다.

則奉車, 不黜卽死也. 房,心, 天子宮也. 房爲將相, 心爲子屬也. 其地宋, 今楚彭城也.'

四年七月甲辰, 辰星在翼, 月犯之. 占曰, '兵起, 上卿死, 將相也.' 是日, 熒惑入輿鬼天質. 占曰, '大臣有誅者, 名曰天賊在大人之側.'

〖국역〗

孝宣帝 本始 원년(前 73) 4월 壬戌日(임술일) 甲夜(初更)에,[332] 辰星(진성, 水星)이 參宿(삼수)와 함께 西方에 출현하였다.

그 2년 7월 辛亥日 밤에, 辰星(水星)이 (남방의) 翼宿(익수)에 출현하자 모두가 (曆算에 比하여) 이르다고(蚤는 이를 조, 早也) 생각했는데, 占人은 '大臣이 처형될 것' 이라고 하였다.

그 뒤에 熒惑星(형혹성, 火星)이 (동방의) 房宿(방수)의 鉤鈐星(구검성)에 머물렀는데(守), 鉤鈐星은 天帝의 御駕(어가)이다. 占人은 '太僕(태복)이 아니라면 奉車都尉이니, 黜出(파출)되지 않으면 곧 죽을 것이다. 房과 心宿(심수)는 天子宮이다. 房宿는 將相이고, 心宿는 아들과 같다. 그 分野의 땅은 宋인데, 지금 楚의 彭城(팽성)이다.' 라고 말했다.

4년(前 70) 7월 甲辰日, 辰星(水星)이 翼宿(익수)의 星區에 있고 月이 침범하였다. 占人은 '병란이 일어날 것이고, 上卿이 죽으니, 將相이다.' 라고 하였다. 이 날, 형혹성이 輿鬼宿(여귀수)의 天質星의

332 甲夜 - 밤을 初更(초경), 二更, ~, 五更의 5개 시간대로 나눠 구분하는 것처럼, 甲夜, 乙, 丙, 丁, 戊夜로도 표현한다.

구역에 들어갔다. 占人은 '大臣이 주살되니, 명분은 天賊이 大人의 곁에 있기 때문이라.' 고 하였다.

原文

地節元年正月戊午乙夜, 月食熒惑, 熒惑在角,亢. 占曰, '憂在宮中, 非賊而盜也. 有內亂, 讒臣在旁.' 其辛酉, 熒惑入氐中, 氐, 天子之宮, 熒惑入之, 有賊臣.

其六月戊戌甲夜, 客星又居左右角間, 東南指, 長可二尺, 色白. 占曰, '有姦人在宮廷間.' 其丙寅, 又有客星見貫索東北, 南行, 至七月癸酉夜入天市, 芒炎東南指, 其色白. 占曰, '有戮卿.' 一曰, '有戮王. 期皆一年, 遠二年.' 是時, 楚王延壽謀逆自殺.

四年, 故大將軍霍光夫人顯,將軍霍禹,范明友,奉車霍山及諸昆弟賓婚爲侍中,諸曹,九卿,郡守皆謀反, 咸伏其辜.

黃龍元年三月, 客星居王梁東北可九尺, 長丈餘, 西指, 出閣道間, 至紫宮. 其十二月, 宮車晏駕.

〖국역〗

(宣帝) 地節 원년(前 69) 정월 戊午日 乙夜(二更)에, 月이 熒惑星(형혹성, 火星)을 가렸고, 형혹성은 (동방의) 角宿(각수)와 亢宿(항수) 사이에 들어갔다. 占人은 '宮中에 우환이 있을 것이니, 反賊(반적)이 아니면 盜臣(도신)이다. 內亂이 있을 것이니, 讒臣(참신)이 곁에 있기

때문이다.' 그 辛酉日에 형혹성이 氐宿(저수)의 星區에 들어갔는데, 氐宿(저수)는 天子가 宮이고, 형혹성이 들어왔으니 賊臣(적신)이다.

그 6월 戊戌日(무술일) 甲夜(初更)에, 客星이 또 左, 右 角宿(각수) 사이에 머물렀는데, 동남쪽을 가리키며 길이는 2尺 정도에 백색이었다. 占人은 '간악한 자가 궁정 안에 들었다.' 고 말했다.

그 달 丙寅日에 또 다른 客星이 貫索星(관색성) 동북에 나타나 南行하여, 7월 癸酉日(계유일) 밤에 天市垣(천시원)에 들어왔는데, 그 芒炎(망염)은 동남을 가리키고 백색이었다. 이에 占人은 '卿(경)이 처형될 것이다.' 라고 말했다. 또 '王이 처형된다. 기한은 1년 정도 멀게는 2년이다.' 라고 하였다. 이때 楚王인 劉延壽(유연수)가 모역을 모의하다가 자살하였다.

地節 4년(前 66), (앞서 前 68년에) 죽은 大將軍 霍光(곽광)의 夫人 顯(현)과[333] (아들인) 장군 霍禹(곽우, ?-前 66)와 (사위인) 장군 范明友(범명우), 奉車都尉 霍山(곽산) 및 그 집안과 결혼으로 侍中, 諸曹(제조),[334] 九卿, 郡守(太守)가 된 자들이 모두 모반에 가담했다가 모두

333 宣帝가 즉위 전에 결혼한 허황후는 출산 뒤에 곽광의 부인 顯(현)의 魔手(마수)와 使嗾(사주)에 걸려 죽는다. 그러면서 곽광의 딸이 황후가 된다. 곽광은 이런 범죄를 알고 덮었으나, 곽광이 죽은 뒤 사건이 드러나 일족은 滅門之禍를 당한다.

334 加官은 황제가 총애하는 신하에게 본 관직 외에 추가로 다른 업무를 담당할 수 있는 권한을 수여한 직함이다. 侍中, 左右曹(諸曹), 諸吏, 散騎, 中常侍 給事中 등이 모두 加官이다. 列侯, 將軍, 卿大夫, 都尉, 尙書, 太醫, 太官令에서 郎中에 이르는 관직이라면 加官을 받을 수 있었다. 加官은 정원이 없고, 加官은 內朝官에 한했고, 政事의 논의에 참여할 수 있으며 권한도 강대하였다. 侍中과 中常侍는 禁中에 출입할 수 있고, 諸

그 죄에 얽혀 처형되었다.

(宣帝) 黃龍 원년(前 49) 3월, 客星(彗星)이 王梁星 동북 9척 정도에 머물렀는데, 그 길이가 1丈 남짓이었으며 서쪽을 가리키며 閣道星(각도성) 구간을 운행하여 紫微宮(자미궁)에 들어갔다. 그 12월에, 宣帝가 붕어했다.

## 4. 漢末의 天文과 吉凶

原文

元帝初元元年四月, 客星大如瓜, 色青白, 在南斗第二星東可四尺, 占曰, '爲水飢.' 其五月, 勃海水大溢. 六月, 關東大饑, 民多餓死, 琅邪郡人相食.

二年五月, 客星見昴分, 居卷舌東, 可五尺, 青白色, 炎長三寸. 占曰, '天下有妄言者.' 其十二月, 鉅鹿都尉謝君男詐爲神人, 論死, 父免官.

五年四月, 彗星出西北, 赤黃色, 長八尺所, 後數日, 長丈餘, 東北指, 在參分. 後二歲餘, 西羌反.

---

曹는 尙書事를 담당하고, 諸吏는 위법자를 적발 탄핵할 수 있으며, 散騎는 황제의 수레를 호위한다. 給事中도 加官으로 '給事禁中'의 뜻. 將軍, 列卿, 大夫, 博士, 議郎이 이 가관을 받아 황제의 顧問에 應對할 수 있다.

【국역】

元帝 初元 원년(前 48) 4월, 오이(참외, 瓜)만큼 크고 청백생의 客星이 南斗의 第 2星 동쪽 4척 가까이에 머물렀는데, 占人이 말했다. '수해로 굶주릴 것이다.'

그 5월에, 勃海(발해) 바닷물이 크게 넘쳤다(海溢, 해일). 6월에, 關東 지역이 크게 굶주렸고, 굶어죽는(餓死, 아사) 백성이 많았으며, 琅邪郡(낭야군)에서는 사람이 사람을 먹었다.

2년 5월, 客星이 昴宿(묘수) 분야에 나타나 卷舌星(권설성) 동쪽 5자 정도 되는 곳에 머물렀는데, 청백색으로 그 불꽃이 3寸 정도 길이였다. 占人이 말했다. '천하에 妄言을 할 자가 있을 것이다.'

그 12월에, 鉅鹿郡 都尉인 謝君(사군)의 아들이 神人을 사칭하다가 사형 판결을 받았고 父는 면직되었다.

5년 4월, 彗星(혜성)이 서북쪽 하늘에 나타났는데, 적황색에 길이는 8尺 정도였으나 그 며칠 뒤에는 길이가 1丈이 넘었고, (서방) 參宿(삼수) 분야에 머물렀다. 그 2년 뒤에 西羌族(서강족)이[335] 배반하였다.

原文

孝成建始元年九月戊子, 有流星出文昌, 色白, 光燭地, 長可四丈, 大一圍, 動搖如龍蛇形. 有頃, 長可五六丈, 大四圍

335 西羌 – 羌族에 대한 범칭. 중국 서쪽의 강족이라는 의미. 羊을 토템으로 숭배하는 '西戎牧羊人.' 본래 지금의 陝西, 甘肅, 靑海省 일대에 거주했다.

所, 詘折委曲, 貫紫宮西, 在斗西北子亥間, 後詘如環, 北方不合, 留一刻所. 占曰, '文昌爲上將貴相.' 是時, 帝舅王鳳爲大將軍, 其後宣帝舅子王商爲丞相, 皆貴重任政. 鳳妒商, 譖而罷之. 商自殺, 親屬皆廢黜.

〖국역〗

孝成帝 建始 원년(前 32) 9월 戊子日(무자일), 流星이 文昌星에 나타났는데, 백색에 그 빛이 땅에 비추었고, 4丈 정도의 길이에 한 뼘이 넘는 굵기로[336] 용이나 뱀처럼 요동쳤다. 얼마 뒤, 5, 6丈 정도로 길어졌으며, 네 뼘 정도 크기에 구불구불 굽어지며 紫微宮 서쪽을 관통하고, 北斗 서북의 子와 亥方 사이에 머물렀는데, 후미는 고리처럼 동그랗게 되었고, 북방이 폐합하지 않아 1刻 정도 머물렀다. 이에 占人은 '文昌星은 上將이며 貴相이다.' 라고 말했다.

이때, 성제의 외숙인 王鳳은 大將軍이었는데, 이후에 宣帝 외숙의 아들 王商(왕상)이 승상이 되어 모두가 고귀한 자리에서 정사를 도맡았다. 왕봉이 왕상을 질투하여 참소하자 成帝는 왕상을 파면했다. 왕상은 자살했고, 그 親屬은 모두 廢黜(폐출)되었다.

336 원문 大一圍 – 圍는 둘레. 한 바퀴 돈 길이로, 둘러 싸다의 뜻이다. 여기서는 길이의 단위로 한 뼘을 의미한다. 후한 말 조조의 호위대장인 許褚(허저)의 허리(腰)가 10圍라고 했다. 10分이 1寸, 2.31cm. 10寸이 1尺, 23.1cm. 5寸을 1圍(위)라고 한다. 圍는 엄지와 집게손가락을 벌린 길이, 우리말로 집게 뼘. 성인의 경우 15~20cm 내외.

**原文**

四年七月, 熒惑逾歲星, 居其東北半寸所如連李. 時歲星在關星西四尺所, 螢惑初從畢口大星東東北往, 數日至, 往疾去遲. 占曰, '熒惑與歲星鬪, 有病君飢歲.'

至河平元年三月, 旱, 傷麥, 民食楡皮.

二年十二月壬申, 太皇太后避時昆明東觀.

十一月乙卯, 月食塡星, 星不見, 時在輿鬼西北八九尺所. 占曰, '月食塡星, 流民千里.'

河平元年三月, 流民入函谷關.

**〖국역〗**

(成帝 建始) 4년(前 29) 7월, 형혹성이 歲星(木星)을 추월하여, 목성의 동북쪽 반 寸 정도에 가지가 붙은 것처럼 머물렀다.[337] 그때 歲星은 天關星 서쪽 4尺 정도에 있었는데, 형혹성이 처음에는 畢宿(필수) 입구의 大星의 東쪽에서 東北으로 이동하여 여러 날 걸려 이르렀는데 올 때는 빠르게 운행했고 떠나갈 때는 느리게 운행했다. 이에 占人이 말했다. '형혹성과 歲星의 星光이 서로 닿았으니, 主君은 병들고 흉년이 들 것이다.' 고 하였다.

(成帝) 河平 원년(前 28) 3月, 가뭄에 보리농사를 망쳐 백성은 느릅나무 껍질로 연명했다.

2년 12월 壬申日, 太皇太后는 昆明池(곤명지) 東觀으로 잠시 피신

---

**337** 원문 居其東北半寸所如連李 – 所는 ~ 정도, ~쯤. 連李는 連理. 連理枝(연리지).

하였다.

(建始 4년) 11월 乙卯日에, 달이 塡星(전성, 土星)을 가려 토성이 보이지 않았는데, 그때 토성은 輿鬼宿의 서북쪽 8, 9척 정도에 있었다. 占人은 '달이 塡星을 가리니, 千里에 流民이 넘칠 것이다.'

河平 원년 3월, (關東의) 流民이 函谷關(함곡관)으로 흘러 들어갔다.

原文

河平二年十月下旬, 塡星在東井軒轅南耑大星尺餘, 歲星在其西北尺所, 熒惑在其西北二尺所, 皆從西方來. 塡星貫輿鬼, 先到歲星次, 熒惑亦貫輿鬼.

十一月上旬, 歲星,熒惑西去塡星, 皆西北逆行. 占曰, '三星若合, 是謂驚位, 是謂絶行, 外內有兵與喪, 改立王公.'

其十一月丁巳, 夜郎王歆大逆不道, 牂柯太守立捕殺歆.

三年九月甲戌, 東郡莊平男子侯毋辟兄弟五人群黨爲盜, 攻燔官寺, 縛縣長吏, 盜取印綬, 自稱將軍. 三月辛卯, 左將軍千秋卒, 右將軍史丹爲左將軍.

四年四月戊申, 梁王賀薨.

〖국역〗

(成帝) 河平 2년(前 27) 10월 하순, 塡星(전성, 土星)은 東井宿 軒轅星(헌원성)의 남단 大星에서 1척 남짓한 곳에 있었고, 歲星은 그 西北

에 1척 정도 되는 곳에, 형혹성은 그 서북쪽 2척쯤 되는 곳에서 모두 서쪽에서 이동해 왔다. 塡星은 輿鬼宿(여귀수)를 관통해서 歲星(목성) 근처에(次) 먼저 도착했고, 형혹성도 역시 輿鬼宿를 관통하였다.

11월 상순, 歲星(木星)과 熒惑星(火星)은 서쪽으로 塡星(土星)을 지나 모두가 서북으로 역행하였다. 이에 占人은 '3개 星이 만약 한데 모인다면, 이를 驚位(경위)와 絶行이라 말하는데, 내외에 전쟁과 喪事가 있고 王公이 바뀔 것이다.' 라고 하였다.

그 11월 丁巳日에, 夜郎國(야랑국)의[338] 王인 歆(흠)이란 자가 大逆不道하여 牂柯郡(장가군)의 太守 陳立(진립)이 국왕 흠을 잡아 죽였다.

(成帝 河平) 3년 9월 甲戌日, 東郡 莊平縣의 男子(戶主)인 侯毋辟(후모벽)이 兄弟 5인이 떼를 지어 도둑질을 하며 관청 건물을 공격하여 불사르고 현의 長吏를 포박하고 인수를 훔쳐갔고 장군을 자칭하였다. 3월인 辛卯日에, 左將軍 任千秋(임천추)가[339] 죽었고, 右將軍 史丹(사단)은[340] 左將軍이 되었다.

4년(前 25) 4월 戊申日, 梁王인 劉賀가 죽었다.

---

338 夜郎(야랑) – 종족명 겸 국명. 지금의 貴州省 서북부, 雲南省 동북부 일대에 거주. 國都는 夜郎城, 今 貴州省 安順市 관할의 關嶺布依族苗族自治縣 남쪽.

339 任千秋(임천추) – 昭帝 때 丞相徵事(승상징사)로 반역을 한 좌장군 上官桀(상관걸)을 잡아 죽여 제후에 봉해졌고 宣帝 때 고관을 역임했었다.

340 史丹(사단, ? – 前 13) – 선제 祖母의 친정 조카의 아들. 宣帝 진외가의 族屬. 宣帝가 평민일 때는 史氏 집안에 의지해 성장했다. 82권, 〈王商史丹傅喜傳〉에 입전.

原文

陽朔元年七月壬子, 月犯心星. 占曰, '其國有憂, 若有大喪. 房,心爲宋, 今楚地.' 十一月辛未, 楚王友薨.

四年閏月庚午, 飛星大如缶, 出西南, 入斗下. 占曰, '漢使匈奴.'

明年, 鴻嘉元年正月, 匈奴單于雕陶莫皐死. 五月甲午, 遣中郎將楊興使吊.

〖국역〗

(成帝) 陽朔(양삭) 원년(前 24) 7월 壬子日, 달이 心星을 침범했다. 占人은 '그 나라에 우환이 있거나 아니면 大喪이 날 것이다. (동방의) 房宿와 心宿(심수)의 분야는 宋이니, 지금은 楚國의 땅이다.' 라고 말했다.

11월 辛未日에, 楚王 友가 죽었다.

4年 閏月(윤월) 庚午日, 장군(缶)만큼[341] 크게 보이는 飛星(비성)이 西南 하늘에 출현하여 北斗 星區의 아래쪽에 들어갔다. 占人은 '漢에서 匈奴에 사신을 보낼 것이다.' 라고 했다.

다음 해, 鴻嘉(홍가) 원년(前 20) 정월, 匈奴의 單于(선우)인 雕陶莫皐(조도막고)가[342] 죽었다. 5월 甲午日, 中郎將 楊興(양흥)을 조문 사

341 缶는 장군 부. 장군은 생활 도구의 이름. 진흙으로 만든 액체를 담아 나르는 기구. 입구 겸 출구가 하나이다. 농사용 똥오줌을 담아 지게에 얹어 운반한다.

342 王昭君(왕소군)을 데려간 흉노 호한야선우의 뒤를 이은 復株纍若鞮單于(복주루약제선우).

절로 보냈다.

原文

永始二年二月癸未夜, 東方有赤色, 大三四圍, 長二三丈, 索索如樹, 南方有大四五圍, 下行十餘丈, 皆不至地滅. 占曰, '東方客之變氣, 狀如樹木, 以此知四方欲動者.'

明年十二月己卯, 尉氏男子樊並等謀反, 賊殺陳留太守嚴普及吏民, 篡出囚徒, 取庫兵, 劫略令丞, 自稱將軍, 皆誅死.

庚子, 山陽鐵官亡徒蘇令等殺傷吏民, 篡出囚徒, 取庫兵, 聚黨數百人爲大賊, 逾年經歷郡國四十餘. 一日有兩氣同時起, 並見, 而並,令等同月俱發也.

〖국역〗

(成帝) 永始(前 16－13) 2년 2월 癸未日 밤에, 東方에 赤色으로 굵기는 3, 4뼘이나 되고, 길이가 2, 3길(丈)이나 되며, 나뭇잎 바스락거리는 듯한 소리를 내는 隕石(운석)이 남방에서도 크기가 4, 5뼘 크기의 운석이 10여 길이나 떨어졌는데, 모두 땅에 닿기 전에 소멸되었다. 占人은 '東方 客星의 變氣라서 樹木의 형상인데, 이로써 사방에서 동란이 일어날 것을 알 수 있다.' 고 하였다.

明年 12월 己卯日(기묘일), 尉氏縣(울씨현)의 男子인 樊並(번병) 등이 謀反하여 陳留郡[343] 태수 嚴普(엄보)와 관리 및 백성을 죽이고 죄

343 군명. 治所는 陳留縣, 今 河南省 동부의 開封市.

수를 풀어주었으며,[344] 무기고의 병기를 탈취했고 현령이나 현승 등을 협박하며 장군을 자칭하였지만 모두 처형되었다.

庚子日에, 山陽郡의 鐵官 소속[345] 亡徒인 蘇令(소령) 등이 관리와 백성을 살상하고 죄수를 풀어주었으며, 무기고의 兵器를 탈취하고 수백 명이 모여 큰 도적떼가 되었는데 해를 넘겨 가며 40여 郡國을 돌아다녔다.

하루에 양방에서 隕石이 나타난 것은 樊並(번병)과 蘇令(소령) 등의 같은 달에 봉기한 조짐이었다.

**原文**

元延元年四月丁酉餔時, 天曜(晴)晏, 殷殷如雷聲, 有流星頭大如缶, 長十餘丈, 皎然赤白色, 從日下東南去. 四面或大如盂, 或如雞子, 耀耀如雨下, 至昏止. 郡國皆言星隕. 《春秋》星隕如雨爲王者失勢諸侯起伯之異也. 其後王莽遂顓國柄. 王氏之興萌於成帝時, 是以有星隕之變, 後莽遂篡國.

---

344 원문 篡出囚徒 - 篡은 빼앗을 찬. 囚는 가둘 수.

345 山陽 - 國名, 郡名. 치소는 昌邑縣, 今 山東省 서쪽 菏澤市 관할의 鉅野縣(거야현). 鐵官은 철광산을 개발하고 철기를 제작하는 곳. 무제 때 전국에 48개소에 철관을 두었다. 鐵官令과 丞을 두어 縣令처럼 관할 지역을 다스렸다.

〖국역〗

(成帝) 元延(원연, 前 12 - 9년) 元年 4월 丁酉日 餔時(포시, 申時)에,[346] 하늘은 맑았는데(晏은 晴) 은은한 천둥소리가 들리며, 머리가 큰 장군만한(頭大如缶) 流星이,[347] 길이는 10여 길(丈)에 적백색의 밝은 빛을 내면서 태양으로부터 동남쪽으로 쏟아졌다. 사방으로 혹 그 크기가 사발만 하거나(盂, 밥사발 우) 아니면, 계란만한(雞子) 운석이 밝은 빛을 내며 비 오듯 내리다가 황혼 무렵에 그치었다. 여러 郡國에서는 모두 별이 떨어졌다고(星隕) 보고하였다.

《春秋》에서 별이 비 오듯 쏟아졌다는(星隕如雨) 기록은 王者가 失勢하고 諸侯가 일어나 패권을 잡는 이변으로 간주되었다. 나중에 王莽(왕망)은 결국 국권을 장악하였다. 王氏 일족의 흥기는 成帝 때 그 싹이 텄으니, 때문에 隕星(운성)의 변이가 일어났으며, 왕망은 뒷날 결국 나라를 찬탈하였다.

原文

綏和元年正月辛未, 有流星從東南入北斗, 長數十丈, 二刻所息. 占曰, '大臣有繫者.' 其年十一月庚子, 定陵侯淳于長坐執左道下獄死.

---

346 餔時 - 餔는 새참 포. 점심과 저녁 사이에 먹는 간식. 餔時는 申時. 오후 3時 - 5時.

347 장군(缶, 부) - 액체(거름)를 담아 운반할 수 있는 농기구. 병(甁)처럼 주둥이가 하나이지만, 장군은 지게에 얹어 운반하고 가로(橫)로 눕혀 세운다.

二年春, 熒惑守心. 二月乙丑, 丞相翟方進欲塞災異, 自殺. 三月丙戌, 宮車晏駕.

〖국역〗

(成帝) 綏和(수화, 前 8-7년) 원년 정월 辛未日, 流星이 東南方에서 北斗 자리로 들어갔는데, 길이가 수십 丈(장)이었는데 2刻(30분) 쯤 지나 사라졌다. 占人은 '大臣 중에 간힐 자가 있다.' 고 하였다. 그 해 11월 庚子日, 定陵侯인 淳于長(순우장)이 左道(좌도)를 주장하다가 하옥되어 죽었다.[348]

2년(前 7년) 봄, 형혹성이 心宿(심수)에 들어가 움직이지 않았다. 2월 乙丑日, 丞相인 翟方進(적방진)이 災異를 막으려는 뜻에서 自殺하였다.[349] 3월 丙戌日, 성제가 붕어하였다(宮車晏駕).

---

348 淳于長(순우장, 순우는 복성)은 元帝 王皇后 언니의 아들. 곧 成帝의 姨從(이종) 형제. 성제가 총애하는 趙飛燕(조비연)을 황후로 책립하는데 힘써 그 공으로 定陵侯가 되었다. 순우장은 여러 제후나 자사, 태수와 널리 교제하였고 보내주거나 하사받은 재물이 거만금에 이르렀다. 처첩을 많이 거느리고 미색에 빠져 음란하면서 법도를 따르지 않았다. 成帝 綏和 원년(前 8년)에 대역죄로 처형되었다. 93권, 〈佞幸傳(영행전)〉에 입전.

349 翟方進(적방진) - 어사대부와 승상을 역임했다. 熒惑星(형혹성)이 心宿(심수)에 머무는 이변의 책임은 승상에 있다고 주장하는 사람이 있었고, 성제의 문책에 적방진은 자살했다. 적방진이 한 달여 뒤에 성제도 갑자기 죽었다. 왕망이 칭제하자, 적방진의 아들 翟義(적의)가 기병하여 왕망에 대항하였다. 84권, 〈翟方進傳〉에 입전.

原文

哀帝建平元年正月丁未日出時, 有著天白氣, 廣如一匹布, 長十餘丈, 西南行, 讙如雷, 西南行一刻而止, 名曰天狗. 傳曰, '言之不從, 則有犬禍詩妖.'

到其四年正月,二月,三月, 民相驚動, 讙嘩奔走, 傳行詔籌祠西王母, 又曰 '從目人當來.'

十二月, 白氣出西南, 從地上至天, 出參下, 貫天廁, 廣如一匹布, 長十餘丈, 十餘日去. 占曰, '天子有陰病.'

其三年十一月壬子, 太皇太后詔曰,「皇帝寬仁孝順, 奉承聖緒, 靡有解怠, 而久病未瘳. 夙夜惟思, 殆繼體之君不宜改作.《春秋》大復古, 其復甘泉泰畤,汾陰后土如故.」

〖국역〗

哀帝 建平(前 6-前 3) 원년 正月 丁未日 日出할 무렵에, 하늘에 백색 기운(白氣)이 깔렸는데, 폭은(廣) 천 한 匹(필)만 했고 길이는 10여 丈 정도였으며, 서남쪽으로 천둥 같은 시끄러운 소리를 내며 1 刻(각)을 이동하다가 그쳤는데, 이를 天狗(천구)라고 불렀다. 傳에서는 '忠言을 받아들여지지 않으면 天狗가 출현하고 妖言(요언)이 민중을 현혹시킨다.' 고 하였다.

(建平) 4년 正月, 二月, 三月에 걸쳐, 백성들이 서로 놀라 동요하거나 큰소리로 떠들며 몰려다녔는데, 나라에서 조서를 내려 西王母를 제사할 것이라 했고, 또 '눈이(目) 세로로 선(從, 縱) 사람이 온다.' 고 하였다.

12월에, 白氣가 西南方에 출현하여 땅으로부터 하늘로 올라가 (西方) 參宿(삼수) 아래에서 天廁星(천측성)을 관통하였는데, 천 한 필의 폭과(廣) 같고 길이는 10여 丈(장)이나 되었고, 10여 일 뒤에 사라졌다. 占人은 '天子는 陰病이 있다.' 고[350] 하였다.

(建平) 3년 11월 壬子日, 太皇太后(元帝의 王皇后)가 조서를 내렸다.

「皇帝(哀帝)는 寬厚 仁慈 孝順하고, 천자의 지위를 이어받고 조금도 게으르지 않았으나 오랜 병은 아직 낫지 않았도다. 밤낮으로 생각해 보아도 大統의 지위를 계승한 주군은 제도를 바꾸는 것이 좋지 않을 것이다. 《春秋》에서도 크게 復古한다 하였으니, 甘泉(감천)의 泰畤(태치)와 汾陰(분음) 后土祠에 대한 제사를 예전처럼 복구하라.」

原文

二年二月, 彗星出牽牛七十餘日. 傳曰,「彗所以除舊布新也. 牽牛, 日,月,五星所從起, 曆數之元, 三正之始. 彗而出之, 改更之象也. 其出久者, 爲其事大也.」

---

350 원문 '天子有陰病.' - 哀帝는 同性愛를 즐겼는데, 哀帝의 同性愛 파트너는 董賢(동현 前 23 - 前 1)으로 20대 초반에 최고의 관직 大司馬에 이르렀다. 한 번은 동현이 낮잠을 자며 애제의 소매를 베고 잠이 들었는데, 애제가 일어나려 했으나 동현은 아직 자고 있어 동현을 깨우지 않으려고 애제는 자신의 옷소매를 자르고 일어났다.〔斷袖之好(단수지호)〕. 동현에 대한 은총과 사랑이 이 정도였다. 동현 또한 그 천성이 온유하고 비위를 잘 맞추는 성격이라 아첨으로 지위를 공고히 하였다. 애제가 죽은 바로 그 당일에 동현은 자살하였다.

其六月甲子, 夏賀良等建言當改元易號, 增漏刻. 詔書改建平二年爲太初元年, 號曰 '陳聖劉太平皇帝', 刻漏以百二十爲度.

八月丁巳, 悉復蠲除之, 賀良及黨與皆伏誅流放. 其後卒有王莽簒國之禍.

〖국역〗

(哀帝 建平) 2년 2월, 彗星(혜성)이 牽牛星(견우성) 구역에 70여 일이나 출현하였다. 경전에서는,「혜성은 옛것을 제거하고 새것을 널리 펴는 것이다(除舊布新). 牽牛星宿(견우성수)는, 日, 月, 五星 운행의 起點이며, 曆數의 근원이고[351] 三正의 始元이 된다.[352] 혜성의 출현은 개혁의 상징이다. 혜성이 오래 출현한 것은 그 일이 중대하기 때문이다.」

그 해 6월 甲子日에, 夏賀良(하하량)[353] 등은 응당 改元하고 칭호

351 원문 曆數之元 – 고대 曆法에서는 해(日)가 牽牛 성수에 있을 때를 시작으로 삼았기에 이 말이 나왔다. 周曆은 子月(冬至가 있는 달)을 正月로 했고, 殷曆은 丑月을 정월로, 夏曆은 寅月을 正月로 삼았다. 곧 建子, 建丑, 建寅의 3종 曆法이 있다.

352 三正之始 – 天正, 地正, 人正의 三正 歲首의 起點이 된다.

353 夏賀良(하하량) – 待詔(대조)인 夏賀良(하하량) 등은 赤精子(적정자)의 참설을 말하면서 漢왕조가 중간에 쇠퇴할 운수를 만났으니, 다시 천명을 받으려면 응당 改元하고 호칭을 바꿔야 한다고 주장하였다. 애제는 나중에 다시 조서를 내렸다. 8월, 조서를 내려 말했다.「待詔인 夏賀良 등이 改元하고 호칭을 바꾸며, 漏刻(누각)을 늘리면 나라가 오래도록 편안할 것이라고 건의했었다. 짐은 하하량 등의 말을 그대로 믿고 백성들이

를 바꾸며 시각을 늘려야 한다고 주장하였다. 이에 조서를 내려 建平 2年을 太初 元年으로 개원하였고,[354] 황제의 칭호를 '陳聖 劉太平皇帝' 로 하였으며[355] 刻漏(각루)를 120도로 바꾸었다.[356]

8월 丁巳日, 모두를 다 취소하였고,[357] 하하량과 그 당인들은 모두 처형 또는 流放되었다. 그 뒤 결국 王莽(왕망)이 나라를 찬탈하는 재앙이 있었다.

**原文**

元壽元年十一月, 歲星入太微, 逆行干右執法. 占曰, '大臣有憂, 執法者誅, 若有罪.'

二年十月戊寅, 高安侯董賢免大司馬位, 歸第自殺.

---

복 받기를 바랐지만 끝내 상서로운 조짐은 없었다. 그 모두가 경전의 대의에 맞지 않고 古例에 배치되며 시의에 합당하지도 않았다. 6월 갑자일의 조서에서 사면령을 제외한 모두를 취소한다. 하하량 등은 正道에 반하고 衆人을 현혹시켰으니 有司(廷尉)에 보내도록 하라.」 결국 모두 죄에 따라 처형되었다.

354 太初元將 – 최초로 4字 연호를 채용하였으나 當年에 다시 환원하였다.

355 陳聖劉太平皇帝 – 陳聖劉는 '성스러운 劉氏의 덕을 널리 펴다.' 의 뜻.

356 원문 漏刻以百二十爲度 – 종래는 1일은 100刻이었는데, 100刻을 12時(子時 ~亥時)로 나눌 경우 1時가 8.33刻이었다. 1일을 120刻으로 고치면 1時가 10刻이 된다. 왕조에 따라 歲首가 바뀌듯, 왕조에 따라 一刻 길이를 달리해야 한다는 주장은 齊人 甘忠可(감충가)가 주장하였다.

357 원문 悉復蠲除之 – 悉은 다 실. 蠲은 밝을 견. 제거하다. 除는 없애다.

〖국역〗

(哀帝) 元壽 원년(前 2년) 11월, 歲星(木星)이 太微垣(태미원)에 들어가 逆行(역행)하여 右執法星을 침범하였다. 占人은 '大臣에게 우환이 있으니, 執法官이 처형되거나 아니면 벌을 받을 것이다.' 라고 하였다.

(元壽) 2年(前 1년) 10월 戊寅日, (애제가 붕어한 날) 高安侯 董賢(동현)은 大司馬에서 면직되었고, (동현은) 집에 돌아와 자살하였다.[358]

---

358 董賢(동현, 前 23 – 前 1)은 전각 아래에서 시각을 알려주는 일을 했는데, 잘생긴 외모에 얼굴에 늘 웃음기가 있고 그 의표와 외모가 멋진 미남자였다. 애제의 동현에 대한 총애와 출세는 상식 밖이었다. 나이 23세의 국가 최고의 지위인 大司馬가 되었는데, 이를 본다면 哀帝가 정신질환자였을 것이다.

# 오행지
## 五行志

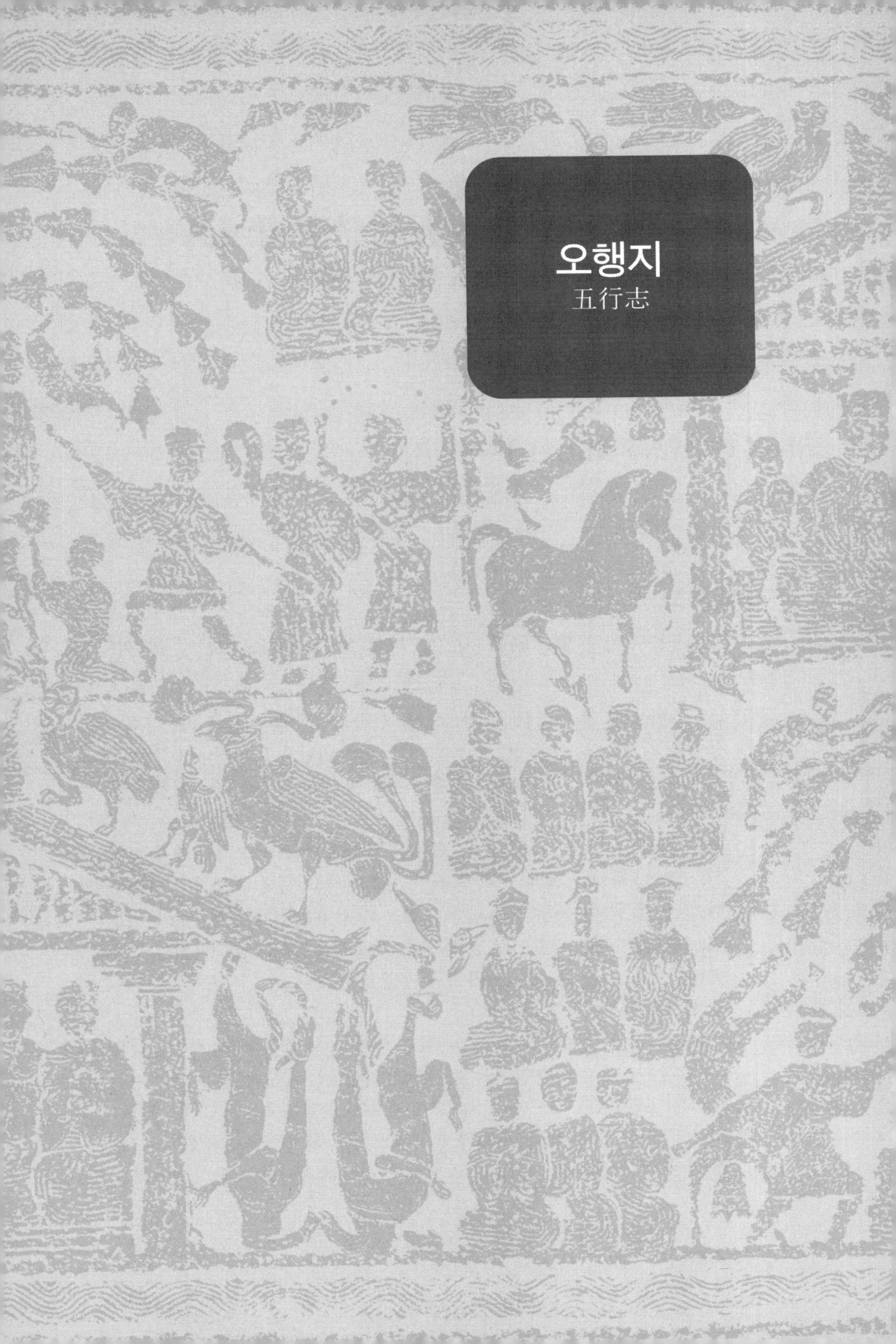

# 卷二十七〈五行志〉第七
## 〔27권 오행지[1] 제7〕

### 【〈五行志〉第七 上】

## 一. 序

原文

《易》曰,「天垂象, 見吉凶, 聖人象之. 河出圖, 雒出書, 聖

1 〈五行志〉 - 金, 木, 水, 火, 土의 五行은 인간의 생활을 이롭게 하는 5가지 물질을 지칭한다. 사람이나 만물은 모두 土를 바탕으로 태어나고 죽는다. 水와 火로 먹을 수 있고, 木과 金을 이용하여 도구를 만들어 생활을 영위한다.

後漢 班固는《漢書 序傳》에서 「〈河圖〉를 통해 伏羲氏(복희씨)에게 命했고, 〈洛書〉를 禹王에게 주니 八卦가 만들어지고 九疇(구주)가 이루어졌다. 三代에서는 이를 보배로 삼았고, 文王과 武王은 이를 크게 적용하였으며, 《春秋》에서는 징험이나 災禍(재화)의 조짐을 열거하였다. 지난 일을 알려주고 앞일을 알 수 있으며 王事의 意表가 된다. 이에 〈五行志〉 第七을 서술하였다.」고 하였다.

〈五行志〉는 인간에게 보여주는 하늘의 여러 가지 조짐(符瑞, 부서), 災異(재이)의 사례를 기록하여 天命의 이론을 선양하는데 주목적이 있다. 여기에는 자연현상인 지진이나 日蝕, 彗星(혜성)의 출현은 큰 사건으로 기록하였다. 그리고 大風, 雷電, 冰雹(빙박, 우박), 水害, 旱害(한해), 冬暖(동난), 霜雪(상설) 등 정상에서 벗어났다고 생각하는 자연 재해를 비교적 상세하게

人則之.」

劉歆以爲虙羲氏繼天而王, 受〈河圖〉, 則而畫之, 八卦是也. 禹治洪水, 賜〈雒書〉, 法而陳之, 〈洪範〉是也. 聖人行其道而寶其眞. 降及於殷, 箕子在父師位而典之. 周旣克殷, 以箕子歸, 武王親虛己而問焉.

故經曰, 「惟十有三祀, 王訪於箕子, 王乃言曰, "烏呼, 箕子! 惟天陰騭下民, 相協厥居, 我不知其彝倫逌敘." 箕子乃言曰, "我聞在昔, 鯀陻洪水, 汨陳其五行, 帝乃震怒, 弗畀洪範九疇, 彝倫逌斁. 鯀則殛死, 禹乃嗣興, 天乃錫禹洪範九疇, 彝倫逌敘."」

此武王問〈雒書〉於箕子, 箕子對禹得〈雒書〉之意也.

〖국역〗

《易經》에서는[2] 「하늘은 징조를 보여 길흉을 예고하는데, 聖人은 이를 본받는다. 河水에서 도판(圖)이 나왔고, 雒水(낙수)에서 圖書가

---

기록하고 있다. 《漢書 五行志》에서는 하나의 재해나 이변을 기록한 뒤에 이와 관련한 사람이나 政事를 기록하였다. 그러나 唐과 宋 이후로는 知識의 확대와 儒學 理論의 轉變에 따라 災變의 기록이 중심이 되고, 상응한 人事는 거의 기록하지 않았다.

《漢書》에서 처음 〈五行志〉를 편찬한 이후로, 후대 모든 正史에 이를 계승 답습하였다. 《漢書 五行志》 이후 《晉書》, 《宋書》, 《南齊書》, 《隋書》, 《舊唐書》, 《新唐書》, 《舊五代史》, 《宋史》, 《金史》, 《元史》, 《新元史》, 《明史》 등에 모두 〈五行志〉가 들어있다.

2 《易》曰 - 《易經 繫辭 上》의 구절.

나오자 성인은 이를 法則으로 삼았다.」고 하였다.[3]

劉歆(유흠)은 생각하였다.[4] 虙羲氏(복희씨, 伏羲)가[5] 하늘의 뜻을 이어받아 왕이 되었고 〈河圖〉를 받아서 (그 뜻을) 그림으로 그리니, 곧 八卦(팔괘)이다.[6] 禹(우)는 洪水를 다스리고 〈雒書(낙서)〉를 받아 法으로 삼아 그 뜻을 진술하니, 그것이 〈洪範(홍범)〉이다.[7] 聖人은 그 道를 실천하고 그 참뜻을 보배로 여긴다(寶其眞). (〈홍범〉은) 殷朝까지 전승되어 왔고, 箕子(기자)는 父師(부사)의[8] 위치에서 〈홍범〉을 準則(준칙)으로 삼았다. 周가 殷을 멸망시키자, 箕子는 歸周하였

3 河圖雒書(하도낙서)는 일종의 地理書라는 주석이 있다.

4 劉歆(유흠) – 劉向의 아들. 劉歆(유흠, 前 50 – 서기 23. 字는 子駿)은 經學者로서 고대 전적을 정리 분류하는데 큰 업적을 남겼다. 그러나 왕망을 섬기며 지조를 잃었고 나중에 왕망을 암살하려던 어설픈 계획이 탄로나 자살하였다. 曆法 방면에 劉歆은 前漢 前期의 太初曆을 개편하여 三統曆을 만들었는데 이는 《漢書 律曆志》에 수록되었다. 音律方面에 劉歆은 《鐘律書》를 저술하여 前漢 말 음률 이론을 집대성 하였는데, 이 내용 또한 《漢書 律曆志》에 수록되었다. 부친 劉向(유향, 前 77 – 前 6)의 原名은 更生(경생). 漢의 宗室, 漢 高祖의 弟인 楚 元王 劉交의 후손. 成帝 때 向으로 改名했다. 以爲는 생각하다. 알다. 여기다.

5 伏羲(복희)의 호칭은 매우 많다. 宓羲(복희), 炮犧(포희), 庖犧(포희), 包犧(포희), 羲皇(희황), 太昊(태호) 등이 보인다. 《史記》에도 伏犧(복희) 또는 虙羲(복희) 등으로 기록했다. 伏羲氏는 백성에게 그물 짜기, 수렵 목축을 가르쳤고, 八卦를 만들었으며, 문자도 창제했다고 전해온다.

6 乾(건, 天, ☰). 兌(태, 澤, ☱). 離(리, 火, ☲). 震(진, 雷, ☳). 巽(손, 風, ☴). 坎(감, 水, ☵). 艮(간, 山, ☶). 坤(곤, 地, ☷)에 각각 팔괘를 겹쳐 《易經》의 육십사괘가 만들어진다.

7 이 洪範의 내용을 뒷날 箕子(기자)가 周 武王에게 '天地之大法' 이라며 설명하였고, 그것이 《尙書 周書 洪範》이다.

8 父師(부사) – 殷의 太師. 三公의 하나.

고, 武王은 친히 자신을 비우고[9] 기자에게 물었다.

그래서 經典(尙書 洪範)에도 말했다.

「(武王 즉위) 13년에,[10] 王은 箕子를 찾아가 말했다.

"오!(烏呼), 箕子이시여! 上天은 묵묵히 천하 백성을 안정시키고[11] 안정된 생활을 지켜주지만, (나는) 天地人의 常道와 그 次序를 아직 모릅니다."」[12]

이에 箕子가 말했다.

"저도 옛날에 들었습니다만, 鯀(곤)이 洪水를 막는다고 五行의 질서를 흐트려 놓자,[13] 上帝는 바로 震怒(진노)하시어 (곤에게) 〈洪範〉 九疇(구주)를 내려 주지 않았고 常理는 무너졌습니다.[14] 鯀(곤)은 바

---

9 虛己 – 虛心.

10 원문 惟十有三祀 – 惟는 발어사. 武王 즉위 13년. 祀(제사 사)는 여기서는 年의 뜻.

11 원문 惟天陰騭下民 – 陰騭(음척)은 덮어 안정시키다. 보호하다. 陰은 덮다(覆也). 騭은 말을 부리다. 수말 즐. 오르다. 안정시키다. 陟(오를 척)과 通. 下民은 백성.

12 원문 我不知其彝倫逌敘 – 彝倫(이륜)은 사람이 지켜야 할 도리. 彝는 떳떳할 이. 倫은 理. 逌敘(유서)는 次序. 逌는 만족할 유, 攸(바 유)와 同. 所와 같은 뜻으로 사용. 助詞.

13 원문 鯀陻洪水, 汨陳其五行 – 鯀(곤, 큰 물고기 이름 곤)은 夏禹의 부친. 陻은 막을 인. 흙으로 막다. 堵塞(도색). 汨은 빠질 골. 흐트려 놓다. 陳은 列. 五行은 인간을 이롭게 하는 5가지 물질. 水, 火, 木, 金, 土. 水와 火로 사람은 식생활을 영위하고, 木과 金으로 인간은 농사를 짓고 물건을 만들며, 土는 만물을 낳고 기르는 바탕이다.

14 弗畀洪範九疇 彝倫逌斁 – 弗畀(불비)는 주지 않다. 弗은 아니 불(不也). 畀는 줄 비(給與). 洪은 大也. 範은 法. 疇는 밭두둑 주. 종류(類也). 九疇는

로 죽었고,[15] 禹(우)는 뒷일을 물려받았으며, (대업을 잘 마치자) 天帝는 禹(우)에게 〈洪範〉 九疇를 내려 주었고(錫은 賜), (五行의) 常理는 질서가 잡혔습니다.”」

이에 武王은 〈雒書〉의 내용을 箕子에게 물었고, 箕子는 禹가 받은 〈雒書〉의 大意로 대답하였다.[16]

## 原文

「初一曰五行, 次二曰羞用五事, 次三曰農用八政, 次四曰叶用五紀, 次五曰建用皇極, 次六曰艾用三德, 次七曰明用稽疑, 次八曰念用庶徵, 次九曰嚮用五福, 畏用六極.」

凡此六十五字, 皆〈雒書〉本文, 所謂天乃錫禹大法九章常事所次者也. 以爲〈河圖〉,〈雒書〉相爲經緯, 八卦,九章相爲表裏. 昔殷道弛, 文王演《周易》, 周道敝, 孔子述《春秋》. 則〈乾〉〈坤〉之陰陽, 效〈洪範〉之咎徵, 天人之道粲然著矣.

## 〖국역〗

《尙書 周書 洪範의 九疇》「처음 첫째는 五行이라 하고,[17] 다음 둘

---

九章. 彝倫(이륜)은 常理. 逌는 바 유(所也). 斁는 깰 두. 무너지다(敗壞也). 싫어할 역.

15 鯀則殛死 – 殛은 죽일 극. 鯀(곤)은 舜에 의해 방출되었고 유배지에서 죽었다.

16 이상은《書經 周書 洪範》에 관련한 글이다.

17 五行 – 여기의 行은 ‘順天行氣’ 의 뜻. 이 五行은 人倫의 五常(仁, 義, 禮,

째는 五事를 삼가 실천하며,[18] 다음 세 번째는 八政에 힘쓰고,[19] 다음 넷째로 五紀에 協和하며,[20] 다음 다섯 번째는 큰 법도의 확립이고,[21] 다음 여섯 번째는 三德으로 다스리기,[22] 다음 일곱 번째는 의심할만한 일을 占으로 확실하게 알기,[23] 다음 여덟 번째는 여러 가지 조짐을 마음속에 생각하기,[24] 그리고 다음 아홉 번째는 오복을

---

智, 信), 인간 행동의 五事(貌, 言, 視, 聽, 思)로 확대할 수 있다. 〈五行志〉는 五行과 五事에 관련한 인간의 길흉화복이 그 주제이다.

18 원문 次二曰羞用五事 - 羞는 바칠 수. 敬의 뜻으로 풀이할 수 있다. 五事는 修身의 다섯 가지 德目. 곧 貌, 言, 視, 聽, 思. 이 다섯가지 덕목을 지키지 않았을 때 어떤 자연재해이 일어날 수 있는가? 또 자연재해를 유발하는 인간, 특히 治者의 행실에 대한 마치 因果應報와 같은 추론과 설명이 본 〈五行志〉의 主된 內容이다.

19 원문 農用八政 - 農은 努力. 또는 힘쓰다(勉也). 厚也의 뜻으로 풀이해야 한다. 八政은 一曰食, 二曰貨, 三曰祀(사, 제사), 四曰司空(사공, 백성 안정), 五曰司徒(사도, 백성 교화), 六曰司寇(사구, 司法), 七曰賓(빈, 손님 접대, 외교), 八曰師(軍事)를 말한다.

20 원문 次四曰叶用五紀 - 叶은 화합할 협. 協의 古字. 和也. 紀는 識也. 알다. 五紀는 歲星, 日, 月, 星辰(성신), 曆數 등 天象을 기록하거나 설명하는 다섯 가지.

21 원문 次五曰建用皇極 - 皇은 大也. 極은 법칙. 中也.

22 원문 次六曰艾用三德 - 艾는 거둘 예. 다스리다(治理). 낫. 쑥 애, 늙은이 애. 三德은 正直. 剛克(강극), 柔克(유극).

23 원문 次七曰明用稽疑 - 明用은 확실하게 하다. 稽疑(계의)는 吉凶이 의심스러운 일을 점을 쳐서 알아내다. 稽는 헤아릴 계. 詳考하다. 묻다. 머무를 계. 머리를 조아리다.

24 원문 次八曰念用庶徵 - 念은 생각하다(思也). 庶는 여러 가지. 衆也. 徵(부를 징)은 나타나는 조짐.

누리고, 여섯 가지 흉사를 두려워하는[25] 것이다.」

이상 총 65字이니, 모두 〈雒書〉의 本文으로 上天이 禹에 내려준 大法 九章의 常事를 설명하는 차례이다. 〈河圖〉와 〈雒書〉는 함께 날줄(經)과 씨줄(緯)이 되고, 八卦와 九章(九疇)은 서로 겉(表)과 안(裏)이 된다. 옛날 殷의 正道가 弛緩(이완)되자,[26] (周) 文王은 (八卦를) 풀어 설명하여 《周易》을 엮었으며,[27] 周의 王道가 疲弊(피폐)하자, 孔子는 《春秋》를 찬술하였다. 곧 〈乾〉과 〈坤〉으로 대표되는 陰과 陽을 법칙으로 삼고, 〈洪範〉의 災禍(재화)의 징조를 본받으니 天人의 正道가 찬란하게 빛났다.

## 原文

漢興, 承秦滅學之後, 景,武之世, 董仲舒治《公羊春秋》, 始推陰陽, 爲儒者宗. 宣,元之後, 劉向治《穀梁春秋》, 數其旤福, 傳以〈洪範〉, 與仲舒錯. 至向子歆治《左氏傳》, 其《春秋》意亦已乖矣, 言〈五行傳〉, 又頗不同.

是以𥸷仲舒, 別向,歆, 傳載眭孟,夏侯勝,京房,谷永,李尋

25 원문 次九曰嚮用五福, 畏用六極. – 嚮用(향용)은 누리다(饗用). 畏用(외용)은 두려워하다. 五福은 壽, 富, 康寧, 攸好德(유호덕, 즐겨 덕을 베풀다), 考終命. 六極은 여섯 가지 흉사. 凶短折, 疾, 憂, 貧, 惡, 弱.

26 弛는 늦출 이. 늘어지다. 弛緩(이완)되다.

27 원문 文王演文王演《周易》– 演은 뜻을 풀어 설명하다. 推廣, 推衍(추연)하다. 《周易》은 《易》의 經과 傳을 포괄한 명칭. 64괘 384爻(효)의 卦辭, 爻辭, 十翼을 포괄한다.

之徒所陳行事, 訖於王莽, 擧十二世, 以傳《春秋》, 著於篇.

〖국역〗

漢의 건국은 秦(진)이 학문을 없앤 뒤끝을 이었지만,[28] 景帝와 武帝 재위 중에, 董仲舒(동중서)는[29]《公羊春秋》를 전공하면서, 陰陽의 이론을 추론하여 漢代 儒者의 宗主가 되었다. 宣帝와 元帝 이후에, 劉向(유향)은《穀梁春秋》를 전공하였는데, 占人이 말하는 禍福에 〈洪範〉의 이론을 부연하였기에[30] 董仲舒의 주장과 달라졌다. 유향의 아들 劉歆(유흠)은《左氏傳 / 春秋左傳》를 전공하였는데, 유흠의《春秋》에 대한 의견도 이미 (동중서와) 차이가 났으며 (유흠의) 〈五行傳〉에서도 더욱 달라졌다.

이에 (班固는) 동중서의 학설을 인용하면서 유향, 유흠과 다른 점을 판별하고, 眭孟(휴맹),[31] 夏侯勝(하후승),[32] 京房(경방),[33] 谷永(곡영),

---

28 원문 承秦滅學之後 – 滅學은 焚書坑儒(분서갱유) 事件을 의미.

29 董仲舒(동중서, 前 179 – 104) – 유학자.《春秋公羊傳》전공. 今文經의 大師, 孔安國과 나란한 명성, 司馬遷의 經學 사상에도 영향을 주었다. 景帝 때 박사가 되었다. 휘장을 치고 책을 읽었고, 제자들은 들어온 순차에 의거 서로를 가르쳤기에 (동중서의) 얼굴을 보지 못한 자도 있었다. 거의 3년 동안 뜰을 바라보지 않을 정도로 정진하였다. 거취와 표정과 행동이 禮가 아니면 행하지 않았기에 學士들이 모두 스승으로 받들었다.《漢書 董仲舒傳》에 단독 입전.《史記 儒林列傳》참고.

30 원문 數其旤福, 傳以〈洪範〉– 數는 셈에 넣다. 헤아리다. 旤福은 禍福, 旤는 禍의 古字. 傳은 傳而說之. 또는 傅로 새기어 附. 數衍(부연)의 뜻.

31 眭孟(휴맹) – 魯人, 眭는 움펑눈 휴, 우러러볼 휴. 睢(휴)와 通. 성씨. 우리 옥편에는 성씨로 쓸 때, 성씨 수, 성씨 계의 音이 있지만 일반적으로 쓰는 휴로 표기하였다. 이름은 弘, 孟은 字.

李尋(이심)과 같은 학자들의 이론을 부연 설명하여[34] 王莽(왕망)에 이

---

班固는 당시 사상의 주류를 형성하고 있던 五行思想을 상세히 소개하고 있는데 〈五行志〉를 독립 서술하였고, 동중서의 〈天人三策〉 전문을 수록하여 天人感應과 五行災異說에 상당한 기록을 할애하였다. 뿐만 아니라 당시의 眭弘(휴홍, 眭孟), 夏侯始昌, 夏侯勝, 京房, 翼奉(익봉), 李尋(이심) 등 五行家를 별도로 입전(75권, 〈眭兩夏侯京翼李傳〉)하였으며, 〈初元王傳〉을 통해 劉向과 劉歆(유흠)의 오행사상을 소개하였고 〈翟方進傳〉, 〈蕭望之傳〉에도 災異之變에 대하여 상세히 서술하였다.

**32** 夏侯勝(하후승, 前 152 – 61년) – 魯國人 夏候始昌은 《五經》에 박통했고 《齊詩》와 《尙書》에 밝았는데, 무제의 인정을 받았고 천수를 누리고 죽었다. 하후시창의 族子인 夏侯勝(하후승) 또한 유생으로 유명하였다. 夏候勝(字는 長公)은 어려 부모를 잃었으나 호학하여 하후시창에게 《尙書》와 《洪範五行傳》의 災異說을 배웠다. 宣帝의 신임을 받으며 출사했다.

**33** 京房(경방, 前 77 – 37) – 字는 君明. 魏郡太守 역임. 《易經》을 전공하여 梁人 焦延壽(초연수)를 사사하였는데, 초연수의 字는 贛(공)이었다. 焦贛(초공)은 빈천하였으나 다행히도 梁王의 신임을 받았다. 초장은 "나의 학문을 배워 몸을 망칠 자는 틀림없이 京房일 것이다."라고 자주 말하였다. 경방은 재이에 대하여 잘 알았기에 신임을 받았으나 환관 石顯(석현)에게 주살당했는데 경방은 기시의 형을 받았다. 경방의 본성은 李氏이었는데 음률을 따져 京氏로 바꿨고 죽을 때 41세였다. 경방은 東海郡 段嘉(단가), 河東郡 姚平(요평), 河南郡 乘弘(승홍)에게 학문을 전수하였고 모두 낭관이나 박사가 되었다. 이때부터 《易》에 京房의 學統이 생겼다. 경방은 75권, 〈眭兩夏侯京翼李傳〉에 입전. 88권, 〈儒林傳〉에는 그의 학문을 소개했다.

**34** 이들에 대한 반고의 論贊은 다음과 같다.
곧 漢이 건국된 이후로 음양을 추론하여 災異를 말한 자로는 무제 때 董仲舒(동중서)와 夏侯始昌(하후시창)이 있었고, 소제와 선제 때는 眭孟(휴맹)과 夏侯勝(하후승)이 있었으며, 원제와 성제 때는 京房(경방), 翼奉(익봉), 劉向, 谷永(곡영)이 있고, 哀帝와 平帝 때에는 李尋(이심)과 田終術(전종술)이 있었다. 이들이 그 주장을 펼 때는 이미 主君에게 이름이 잘 알려졌었다. 그들이 한 말을 보면 일단 비슷한 데가 있다. 경전의 뜻을 빌려

르기까지 (漢) 12世에[35] 있었던 옛일을(行事, 往事)《春秋》에 부연하여 본 〈五行志〉를 저술하였다.

---

의미를 정한 뒤 그와 비슷한 형상에 의탁하였으나 가끔은 '어쩌다가 그 추측이 맞아 떨어진 것' 뿐이었다. 동중서는 옥리에게 불려갔었고, 하후시창은 죄수로 갇혔으며, 휴맹은 처형되었고, 이심은 방출되었으니, 학자들은 이 점을 크게 조심하여야 한다. 京房(경방)은 변변치 못하여 깊고 얕은 것을 헤아리지 못하면서 큰 소리로 비꼬아 강한 신하의 미움을 받아 허물이 잠시도 떠나지 못했는데, 이 역시 철저하지 못하여 몸을 망친 것이니 슬플 뿐이다!

35 漢 12世는 高祖, 惠帝, 高后, 文帝, 景帝, 武帝, 昭帝, 宣帝, 元帝, 成帝, 哀帝, 平帝. 高后를 정식 一代로 포함시켰다.

# 二. 五行

原文

經曰, 「初一曰五行. 五行, 一曰水, 二曰火, 三曰木, 四曰金, 五曰土. 水曰潤下, 火曰炎上, 木曰曲直, 金曰從革, 土爰稼穡.」

〖국역〗

《經》에서는,[36] 「처음에 말한 (洪範의) 첫째는 五行이다. 五行은 첫째 水, 둘째 火, 셋째 木, 넷째 金, 다섯째 土이다. 水는 아래로 스며들고(潤下), 火는 위로 타오르며, 木은 구부리거나 바로잡을 수 있고, 金은 녹여 형체를 바꿀 수 있으며, 土에서는 농사를 지을 수 있다.」[37]

36 《經》- 〈五行志〉에서는 먼저 경문을 인용하여 근거로 삼았다. 여기서는 《書經 周書 洪範》의 문장이다. 그리고 앞서 언급한 京房(경방) 등 여러 학자들의 주장을 인용하여 설명하였다.

37 원문 水曰潤下, 火曰炎上, 木曰曲直, 金曰從革, 土爰稼穡. - 潤下(윤하)와 炎上(염상)은 모두 水, 火의 본성이다. 曲直은 가열하여 약간 구부리거나 굽은 것은 곧게 바로잡을(直) 수 있다는 뜻이다. 從革(종혁)의 革은 바꾸다. 녹여서 모양을 변형시킬 수 있다. 爰은 이에 원(於也). 稼穡(가색)은 농사. 稼는 심을 가. 穡은 거둘 색.

※〈參考〉五行 一覧

| 五行 | 火 | 水 | 木 | 金 | 土 | 비고 |
|---|---|---|---|---|---|---|
| 性向 | 炎上 | 潤下 | 曲直 | 從革 | 稼穡 | |
| 五味 | 作苦 | 作鹹 | 作酸 | 作辛 | 作甘 | |
| 五常 | 禮 | 智 | 仁 | 義 | 信 | |
| 五方 | 南方 | 北方 | 東方 | 西方 | 中央 | |
| 五色 | 赤 | 黑 | 靑 | 白 | 黃 | |
| 五星 | 熒惑 | 辰星 | 歲星 | 太白 | 鎭星 | |
| 五音 | 徵(치) | 羽 | 角 | 商 | 宮 | |
| 相生 | 火生土 | 水生木 | 木生火 | 金生水 | 土生金 | |
| 相剋 | 火剋金 | 水剋火 | 木剋土 | 金剋木 | 土剋水 | |
| 八卦 | 離 | 坎 | 震, 巽 | 兌, 乾 | 坤, 艮 | |

## 1. 木

### 原文

傳曰,「田獵不宿, 飮食不享, 出入不節, 奪民農時, 及有姦謀, 則木不曲直.」

說曰, 木, 東方也. 於《易》, 地上之木爲〈觀〉. 其於王事, 威儀容貌亦可觀者也. 故行步有佩玉之度, 登車有和鸞之節, 田狩有三驅之制, 飮食有享獻之禮, 出入有名, 使民以時, 務在勸農桑, 謀在安百姓. 如此, 則木得其性矣. 若乃田獵馳騁不反宮室, 飮食沈湎不顧法度, 妄興繇役以奪民時, 作爲姦詐以傷民財, 則木失其性矣. 蓋工匠之爲輪矢者多傷敗, 及木爲變怪, 是爲木不曲直.

『국역』

經傳에서는,[38] 「田獵(전렵, 사냥)에 때를 지키지 않고(不宿), 飮食(음사)에 享獻(향헌)의 예를 행하지 않으며, 出入에 절도가 없고, 백성의 농사철을(農時) 빼앗거나 간악한 생각을 갖고 있다면 木을 휘거나(曲) 바로잡을 수(直) 없다.」고 하였다.

다른 해설에서도 말했다.[39] 木은 東方이다. 《易》에서도 땅 위에 있는 나무는 〈觀卦〉이다.[40] 王事에 있어서, 그 威儀(위의)와 容貌(용모)는 볼만해야 한다.

그래서 行步(행보)에 佩玉(패옥, 옥을 차다)하고서 걷는 절도가 있고, 登車(등거)에 수레 방울 소리의 절제가 있어야 하며,[41] 사냥에(田狩) 三驅(삼구)의 禮制를 따라야 하고,[42] 飮食에 享獻(향헌)의 예를 행

---

38 傳曰 – 여기서는 劉向의 저술인 《洪範 五行傳》을 지칭한다. 傳은 經을 보충 설명한 학자들의 말이다. 《洪範 五行傳》은 上古 이래의 災異에 따른 時政의 득실을 附會하여 天人感應說과 讖緯說(참위설)을 널리 강조하였다. 유향의 이 저술은 지금 전하지 않지만, 그 내용은 이 〈五行志〉를 통하여 알 수 있다.

39 說曰 – 위에서 언급한 夏候勝(하후승), 京房, 谷永(곡영) 등의 학설.

40 〈觀卦〉 – '風地觀', 外卦(上卦)는 巽☴. 巽☴은 바람(風), 나무(木)을 의미. 內卦(下卦)는 坤☷(땅). 觀者는 보다(觀看). 볼만하다 뜻.

41 원문 登車有和鸞之節 – 登車는 수레를 타다. 和鸞(화란)은 車鈴(거령). 鸞은 난새 난. 천자 말 고삐에 매다는 방울.

해야 하며, 出入에 명분이 있어야 하고, 백성의 농사철을 지켜 農桑(농상)을 장려해야 하며, 백성 생활안정에 힘써야 한다. 이와 같아야 木의 본성을 얻을 수 있다. 만약 田獵(전렵)에 열중하여 궁궐에 돌아오지 않거나 음식에 빠져 법도를 생각하지 않으며,[43] 함부로 繇役(요역, 徭役)에 동원하여 백성의 농사철을 빼앗거나, 姦詐(간사)한 일을 꾸며 백성의 재물을 탈취한다면 木은 그 본성을 잃을 것이다.[44] 그래서 바퀴(輪)나 화살(矢)을 만드는 工匠(공장)이 많이 다치거나 나무가 이상하게 변할 것이니,[45] 이것이 바로 木을 曲直할 수 없다는 뜻이다.

**原文**

《春秋》成公十六年「正月, 雨, 木冰.」

劉歆以爲上陽施不下通, 下陰施不上達, 故雨, 而木爲之冰, 雺氣寒, 木不曲直也. 劉向以爲冰者陰之盛而水滯者也,

---

42 원문 田狩有三驅之制 – 왕이나 제후는 1년 사계절에 세 가지 목적으로만 사냥을 할 수 있다는 뜻. 三驅(몰 구)는 三田과 同. 三驅之禮는 종묘 제사용 고기를 얻고(乾豆, 木豆에 올리는 乾肉), 빈객을 대접하기 위하여(賓客), 또 주방 食재료 보충을 위해서(充君之庖) 사냥할 수 있다는 뜻. 三驅를 사냥할 때 짐승이 도주할 수 있는 한쪽을 터주고 몰아야 한다는 뜻도(好生之德을 베풂) 있다.

43 원문 飮食沈湎不顧法度 – 沈湎(침면)은 酒食에 耽溺(탐익)하다. 沈은 가라앉을 침. 湎은 빠질 면.

44 원문 則木失其性矣 – 나무를 구부릴 수도, 곧게 바로잡을 수도 없다는 뜻.

45 예를 들면, 대들보에 잎이 핀다든지 나무가 人形으로 바뀌는 등 괴변이 일어날 수 있다.

木者少陽, 貴臣卿大夫之象也. 此人將有害, 則陰氣協木, 木先寒, 故得雨而冰也. 是時叔孫喬如出奔, 公子偃誅死. 一曰, 時晉執季孫行父, 又執公, 此執辱之異. 或曰, 今之長老名木冰爲 '木介.' 介者, 甲. 甲, 兵象也. 是歲晉有鄢陵之戰, 楚王傷目而敗. 屬常雨也.

〖국역〗

《春秋》 魯 成公(재위 前 590 – 573년) 16년(前 575) 「正月에 雨가 내렸는데, 나무가 얼었다.」고 하였다.

劉歆(유흠)은 위의 陽氣가 이완되어 아래로 불통하고,[46] 아래 음기도 위로 올라갈 수 없어 비가 내리는 것이며, 나무가 언 것은 주변 기운이 차갑고 나무가 曲直의 본성을 잃었기 때문이라고 생각하였다.

劉向(유향)은 '얼음이란(冰者), 陰이 盛하여 물이 막힌 것이며(水滯者), 木은 少陽으로 高位의 신하나 卿大夫의 형상이라고 생각하였다. 이런 사람들에게 해로운 일이 일어나려고 陰氣와 木이 協和하여 木이 먼저 차가워졌고, 그래서 비가 내리자 얼음이 되었다.' 고 말했다.

이 무렵, 叔孫喬如(숙손교여)는 (齊로) 망명하고(出奔), 公子 宿孫偃(숙손언)은 주살되었다.[47] 다른 一說에는 그때, 晉나라에서 季孫行父(계손행보)를 사로잡고 또 成公을 잡아 욕을 보이려는 이변의 豫示

46 원문 劉歆以爲上陽施不下通 – 여기 施(베풀 시)는 버릴 이. 늦추다(弛也). 해제하다.

47 叔孫喬如는 魯 宣公의 부인과 간통했다가 齊로 망명했고(出奔, 달아날 분), 叔孫偃(숙손언, 成公의 弟)은 이와 관련되어 처형되었다.

라 하였고, 혹자는 지금의 長老들의 나무의 얼음을 '木介' 라고 말하는데, 介는 甲이고, 갑옷(甲)은 전쟁의 형상이라고 하였다.

이 해에 晉에서는 (楚나라와, 鄭나라의) 鄢陵(언릉)이란 곳에서 전투를 벌였는데, 楚王은 눈(目)에 부상을 입고 패전했다. 이는 평상시에 비와 연관이 있다.

## 2. 火

原文

傳曰,「棄法律, 逐功臣, 殺太子, 以妾爲妻, 則火不炎上.」

說曰, 火, 南方, 揚光煇爲明者也. 其於王者, 南面鄕明而治. 《書》云,「知人則悊, 能官人.」故堯舜擧群賢而命之朝, 遠四佞而放諸野.

孔子曰,「浸潤之譖, 膚受之訴不行焉, 可謂明矣.」

賢佞分別, 官人有序, 帥由舊章, 敬重功勳, 殊別適庶, 如此則火得其性矣. 若乃信道不篤, 或燿虛僞, 讒夫昌, 邪勝正, 則火失其性矣. 自上而降, 及濫炎妄起, 災宗廟, 燒宮館, 雖興師衆, 弗能救也, 是爲火不炎上.

〖국역〗

經傳에서는,「법률을 放棄(방기)하고 功臣을 축출하며, 太子를 죽이고 妾이 正妻가 되는 일 등은 火의 불꽃이 위로 오르지 못하기 때문.」이라고 하였다.

다른 해설에서는, 火는 南方을 대표하고 빛을 내는 것은 밝게 하는 것이다. 이는 王者가 光明을 향해 南面하여 통치하는 것이다. 그래서 《尙書》에서도 「知人하면 明哲하니, 이는 用人에 능한 것이다.」라고 하였다.[48]

그래서 堯와 舜은 많은 현인을 등용하여 조정을 채웠고, 아첨하는 자들을 멀리하여 그런 자들을 草野로 방출했다.[49]

孔子는 「참소하는 말을 듣지 않고 가까운 자의 하소연을 따르지 않는다면 가히 明哲이라 할 수 있다.」고 하였다.[50]

賢人과 아첨하는 자(佞은 아첨할 영)를 分別하면, 官人에 질서가 있고 옛 典章을 따르며,[51] 功臣과 元勳을 존중하고 적서를 구별한다면, 火가 그 본성을 보전할 수 있다.

만약 도덕에 대한 信心이 篤實(독실)하지 않거나 혹은 거짓에 현혹된다면[52] 아첨하는 자가 번창하고 邪術(사술)이 正道를 이기게 되어 火가 그 본성을 잃게 된다. 그리하여 火氣가 위에서 내려오게 되어 狂炎(광염)이 사방에서 일어나서(濫炎妄起), 宗廟에 화재가 발생

---

48 이는《書經 虞書 皐陶謨》의 구절. 悊은 哲.

49 원문 遠四佞而放諸野 – 遠은 멀리하다. 동사로 쓰였다. 四佞(사영)은 四凶. 여기 諸는 之於의 축약.

50《論語 顔淵》의 구절. 浸潤(침윤)은 스며들다. 譖은 참소할 참. 膚受는 피부에 와 닿다.

51 원문 帥由舊章 – 帥은 거느릴 솔. 舊章은 옛 제도.

52 원문 或燿虛僞 – 燿는 빛날 요. 현혹되다. 虛僞(허위)는 거짓.

하거나 궁궐이 불타서, 아무리 많은 군사를 거느려도 이를 구원할 수가 없는데, 바로 이것이 火가 위로 타오르지 못한다는 뜻이다.

### 가. 火災(春秋)

原文

《春秋》桓公十四年「八月壬申, 御廩災.」

董仲舒以爲先是四國共伐魯, 大破之於龍門. 百姓傷者未瘳, 怨咎未復, 而君臣俱惰, 內怠政事, 外侮四鄰, 非能保守宗廟終其天年者也, 故天災御廩以戒之.

劉向以爲御廩, 夫人八妾所舂米之臧以奉宗廟者也, 時夫人有淫行, 挾逆心, 天戒若曰, 夫人不可以奉宗廟. 桓不寤, 與夫人俱會齊, 夫人譖桓公於齊侯, 齊侯殺桓公.

劉歆以爲御廩, 公所親耕籍田以奉粢盛者也, 棄法度亡禮之應也.

〖국역〗

《春秋》에 魯(노) 桓公(환공) 14년(前 698)에, 「8월 壬申日에 나라 창고에 불이 났다.」고 하였다.[53]

---

53 원문 御廩災 – 御는 거느리다. 다스리다. 마부. 임금에 관계되는 사물에 붙이는 경칭. 例. 御駕(어가). 廩은 곳집 름. 창고.

董仲舒(동중서)가 말했다. 그 이전 해에 四國이 함께 魯를 공격하여 (魯는) 龍門에서 대패하였다.[54] 그때 다친 백성들은 아직 치료도 안 끝나 원망이 가라앉지도 않았는데, 君臣이 함께 게을러 안으로 政事에 태만하고, 밖으로 사방에서 모욕을 당하는 상황에서 天年을 지켜가야 할 종묘를 보전할 수도 없기에 하늘이 나라 곳간에 화재를 내려 훈계한 것이다.

劉向(유향)이 말했다.

御廩(어름)은 夫人과 八妾 등이 쌀 방아를 찧어 보관하며 종묘 제사를 받드는 곳인데, 그때 환공의 부인이 淫行(음행)에[55] 逆心(역심)을 품고 있기에 하늘이 '부인은 종묘제사를 받들 수 없다.' 는 훈계를 내린 것이다. 그러나 桓公은 이를 깨닫지 못했고, 부인과 함께 齊나라에 갔으며 환공 부인이 齊侯에게 환공을 참소하자, 제후는 환공을 죽였다.

劉歆(유흠)도 말했다.

御廩(어름)은, 魯公이 籍田(적전)을 親耕(친경)하여 종묘 제사에 곡식을 제물로[56] 바치는 곳인데, 법도를 어기고 예를 따르지 않자 그에 대한 응보였다.

54 桓公(환공) 13년, 齊, 宋, 衛, 燕의 4국이 魯를 침략했고, 魯는 도성의 성문(龍門)의 싸움에서 대패했다.

55 이미 齊侯와 私通하고 있었다는 주석이 있다.

56 粢盛 – 粢는 기장 자. 제기에 담아 제물로 바치는 곡식. 盛은 담다.

原文

嚴公二十年,「夏, 齊大災.」

劉向以爲齊桓好色, 聽女口, 以妾爲妻, 適庶數更, 故致太災. 桓公不寤, 及死, 適庶分爭, 九月不得葬.《公羊傳》曰,「大災, 疫也.」

董仲舒以爲魯夫人淫於齊, 齊桓姊妹不嫁者七人. 國君, 民之父母, 夫婦, 生化之本. 本傷則末夭, 故天災所予也.

〖국역〗

魯 嚴公(엄공)[57] 20년(前 674),「여름, 齊에 大災가 있었다.」

劉向은 齊 桓公(재위 前 685－643년)이 好色하고 여인의 말을 잘 따르며, 妾을 正妻로 삼고 適庶(적서, 嫡庶)를 자주 바꿨기에 큰 화재를 불러왔다고 말했다. 그런데도 齊 桓公은 깨닫지 못했으며, 죽은 뒤에도 적서의 분쟁으로 9개월 동안 장례를 치르지 못했다. 이에《公羊傳》에서는「大災는 질병에 백성이 죽는 것이다.」라고 하였다.[58]

董仲舒가 말했다. 魯公의 夫人이 齊에서 음행을 저질렀고, 齊 桓公의 姊妹(자매)로 출가하지 않은 사람이 7일이었다. 國君은 백성의 부모이고, 부부는 출산과 化育의 근본이다. 근본이 손상되었다면(本傷) 끝가지는 일찍 시들며(末夭, 말요), 그래서 하늘이 재앙을 내리는 것이다.

---

**57** 魯 嚴公(엄공, 본래 莊公) － 桓公의 아들. 재위 前 693－662년.

**58** 疫은 전염병 역.

原文

釐公二十年「五月己酉, 西宮災.」

《穀梁》以爲 '愍公宮也', 以謚言之則若疏, 故謂之西宮.

劉向以爲 '釐立妾母爲夫人以入宗廟, 故天災愍宮.' 若曰, '去其卑而親者, 將害宗廟之正禮.'

董仲舒以爲 '釐娶於楚, 而齊媵之, 脅公使立以爲夫人. 西宮者, 小寢, 夫人之居也.' 若曰, '妾何爲此宮! 誅去之意也. 以天災之, 故大之曰西宮也.'

《左氏》以爲 '西宮者, 公宮也. 言西, 知有東. 東宮, 太子所居. 言宮, 擧區皆災也.'

〖국역〗

魯 釐公(희공, 僖公)[59] 20년(前 640) 「5월 己酉日, 西宮에 불이 났다.」고 하였다

《春秋 穀梁傳》에서는 '愍公(민공, 閔公)의 宮이다.[60] 시호로 기록한 것은 소원하기 때문이며, 그래서 西宮이라.' 고 하였다.

劉向은 '釐公(희공)은 妾의 신분이던 모친을 夫人으로 올려 宗廟에 모셨다. 그래서 하늘이 愍公의 옛 궁궐에 재앙을 내렸다.' 고 하였다. 만약 그렇다면 '비천한 신분을 벗어난 친부모라도 종묘의 正

59 魯 釐公(희공, 僖公) 재위 전 659-627년. 釐는 다스릴 이. 바꾸어 바로잡다. 吉는 할 희, 기쁠 희(僖), 복 희. 과부 리.

60 愍公(閔公, 재위 前 661-660)은 釐公(희공, 僖公)의 동생이다.

禮를 해칠 것이다.' 라고 하였다.

董仲舒가 말했다. '희공은 楚에서 正妻를 맞이했고 齊에서 媵妾(잉첩)을 맞이하였는데,[61] (齊에서) 희공을 협박하여 (잉첩을) 정식 부인으로 맞이하게 하였다. 西宮은 작은 궁궐로 희공의 부인이 거처하는 곳이었다.' 그렇다면 '妾의 신분이 어찌 이 궁에 살 수 있겠나! 이는 誅殺하여 내보내려는 뜻이다. 그러나 天災이기에 그 거처를 높여 西宮이라고 하였다.'

《春秋左氏傳》에서는 '西宮은 國君의 궁궐이다. 西라 한 것은 東을 알기 때문이다. 東宮은 太子의 居宮이다. 宮이라 한 것은 전부가 불탔기 때문이다.' 라 하였다.

原文

宣公 十六年「夏, 成周宣榭火.」

榭者, 所以臧樂器, 宣其名也. 董仲舒,劉向以爲十五年王札子殺召伯,毛伯, 天子不能誅. 天戒若曰, '不能行政令, 何以禮樂爲而臧之?'

《左氏經》曰,「成周宣榭火, 人火也. 人火曰火, 天火曰災.」

榭者, 講武之坐屋.

61 而齊媵之 – 媵은 보낼 잉. 귀부인이 시집올 때 데려오는 婢女를 첩으로 거두면 잉첩이다.

〖국역〗

(《春秋》에) 魯 宣公 16년(前 593)에 기록.「여름에, 成周(洛陽)의 宣榭(선사)에서 불이 났다.」

榭(사)란 樂器를 보관하는 건물(정자)이고, 宣(선)은 그 이름이다.[62] 선공 15년에, (周 왕실의 왕자) 王札子(왕찰자)와 (大夫) 召伯(소백)과 毛伯(모백)을 살해했는데, 天子가 이를 처벌하지 못했다. 그래서 하늘은 '政令을 실행하지도 못하면서 어떻게 예악을 하겠다며 악기를 보관하느냐?'는 뜻으로 재앙을 내렸을 것이라고 동중서와 유향은 생각하였다.

《左氏傳》에서는「成周의 宣榭(선사)가 불탔는데, 人火이다. 人火는 火라 하지만 하늘이 내린 불(天火)은 災(재)라 한다.」고 기록했다.

榭(정자 사)는 講武하는 건물이다.

原文

成公 三年「二月甲子, 新宮災.」

《穀梁》以爲宣宮, 不言謚, 恭也. 劉向以爲時魯三桓子孫始執國政, 宣公欲誅之, 恐不能, 使大夫公孫歸父如晉謀. 未反, 宣公死.

三家譖歸父於成公. 成公父喪未葬, 聽讒而逐其父之臣, 使奔齊, 故天災宣宮, 明不用父命之象也. 一曰, 三家親而

62 榭者 – 榭는 정자 사. 講武에 쓰이는 건물 사. 坐에는 올려놓은, 올려놓다의 뜻이 있는데, 적당한 우리말이 없다.

亡禮, 猶宣公殺子赤而立. 亡禮而親, 天災宣廟, 欲示去三家也.

董仲舒以爲成居喪亡哀戚心, 數興兵戰伐, 故天災其父廟, 示失子道, 不能奉宗廟也. 一曰, 宣殺君而立, 不當列於群祖也.

〖국역〗

魯 成公 3년(前 588), 「2월 甲子日, 새로 지은 宮에서 불이 났다.」 《穀梁傳》에서는 宣公의 묘당이지만, 시호를 말하지 않은 것은 공경의 표시라 하였다. 그때 魯 三桓의[63] 자손들이 처음으로 국정을 장악하고 있었는데, 宣公이 그들을 꺾으려 했지만 성공하지 못할까 걱정하여 大夫인 公孫歸父(공손귀보)를 晉(진)에 보내 모의하게 했다. 그런데 공손귀보가 돌아오기 전에 宣公이 죽었다. 이에 三家는 公孫歸父를 成公에게 참소하였다. 成公은 죽은 부친의 장례를 마치지도 못한 상태에서 참언을 믿고 선친의 신하들을 방축했고 그들은 齊로 달아났는데, 宣公의 묘당에 일어난 天災는 부친의 명을 따르지 않은 (成公의) 형상을 분명히 밝힌 것이라고 劉向은 생각했다.

다른 주장은, 三家가 魯의 가까운 종실이지만 무례했고, 또 宣公은 이복형제 赤(적)을 죽이고 즉위했었다. 무례하며 가까운 친족이기에 하늘이 宣公 묘당에 재해를 내려 三桓(삼환)의 제거를 암시한

---

63 三桓은 환공의 세 아들 孟孫 叔孫 季孫氏 – 이들의 공식 직위는 제후의 신하이다. 이들은 서로 얽히면서 강대한 세력을 형성한 뒤 魯의 국정을 독점하였다.

것이라 하였다.

董仲舒는 成公이 服喪 중에 슬퍼하는 마음도 없이 자주 군사를 일으켜 정벌 전쟁을 일삼았기에, 하늘은 그 先父 묘당의 화재를 통하여 자식의 도리를 다하지 않았으니 종묘를 받들 수 없다는 뜻을 내보인 것이라고 생각했다.

또 다른 주장은 宣公이 주군을 살해하고 즉위하였기에 여러 先祖와 같은 대우를 받을 수 없다는 뜻을 보여준 것이라 하였다.

**原文**

襄公九年「春, 宋災.」

劉向以爲先是宋公聽讒, 逐其大夫華弱, 出奔魯.《左氏傳》曰, 宋災, 樂喜爲司城, 先使火所未至徹小屋, 塗大屋, 陳畚蕢, 具綆缶, 備水器, 畜水潦, 積土塗, 繕守備. 表火道, 儲正徒. 郊保之民, 使奔火所. 又飭衆官, 各愼其職.

晉侯聞之, 問士弱曰, "宋災, 於是乎知有天道, 何故?"

對曰, "古之火正, 或食於心, 或食於咮, 以出入火. 是故咮爲鶉火, 心爲大火. 陶唐氏之火正閼伯, 居商丘, 祀大火, 而火紀時焉. 相土因之, 故商主大火. 商人閱其禍敗之釁必始於火, 是以知有天道." 公曰, "可必乎?" 對曰, "在道. 國亂亡象, 不可知也."

說曰, 古之火正, 謂火官也, 掌祭火星, 行火政. 季春昏, 心星出東方, 而咮,七星,鳥首正在南方, 則用火, 季秋, 星入,則止火, 以順天時, 救民疾. 帝嚳則有祝融, 堯時有閼伯, 民賴其德, 死則以爲火祖, 配祭火星. 故曰 '或食於心, 或食於咮也.' 相土, 商祖契之曾孫, 代閼伯後主火星. 宋, 其後也. 世司其占, 故先知火災. 賢君見變, 能修道以除凶, 亂君亡象, 天不譴告, 故不可必也.

〖국역〗

魯 襄公(양공) 9년(前 564), 「봄, 宋에 화재가 났다.」[64]

劉向이 말했다. 이보다 앞서 宋 平公(재위 前 575 - 532)은 참언에 따라 그 大夫 華弱(화익)을 축출했고, 화익은 魯로 망명했다(奔. 前 567년). 《左氏傳》에서 '宋災' 에 앞서, (宋國의) 樂喜(낙희)는 司空(司城)으로, 먼저 불이 아직 번지지 않은 작은 집을 철거하고, 大屋에 토담을 쌓았으며, (방화 도구인) 삼태기나 수레를 준비하고, 밧줄과 방화수를 갖추었으며,[65] 물을 퍼 올릴 도구나(水器) 물웅덩이를 팠고(水潦), 모래를 쌓아두는(積土塗) 등 여러 예방 조치를 취하였다(繕守備). 또 불이 나기 쉬운 곳을 표시하고(表火道), 화재 시

64 여기 宋은 춘추시대 宋國, 周朝의 諸侯國, 國君은 子姓, 위치는 今 河南 商丘市와 安徽省 淮北市 일대. 처음 봉해진 사람은 商 帝乙의 長子이며, 帝 辛(신)의 庶兄인 微子啓(미자계)이다. 宋國의 위치가 中原의 요충지이기에 富商巨賈가 많았고 宋人은 經商으로 유명했으나 나라는 楚와 齊, 魏, 趙 등 강국 사이에 끼어 발전하지 못했다. 前 286에, 宋國은 齊에게 멸망되었다.

65 원문 陳畚輂, 具綆缶 - 陳은 늘어놓다. 설치하다. 畚은 삼태기 분. 물건을 담아 나르는 도구. 輂은 수레 국. 짐수레. 具는 갖추다. 綆은 두레박 줄 경. 缶는 장군 부. 防火水를 담아놓은 容器.

에 각자의 역할을 미리 지정해 주었다.[66] 그리고 이웃 주민들이(郊保之民) (화재 시에) 현장에서 달아나 대피토록 하였다(使奔火所). 또 여러 관리로 하여금(飭衆官) 자기 직분을 다하게 지시하였다(各愼其職).

그러자 晉侯가 이런 소식을 듣고 (晉의 大夫) 士弱(사익)에게 말했다.

"宋의 화재 이전에 宋에서는 天道를 알고 있었는가? (알았다면) 어떤 이유인가?"

이에 大夫 士弱(사익)이 대답했다.

"옛날의 火正(화정)은[67] 때로는 (동방의) 心宿(심수)에 제사를 지내거나, 아니면 咮星(주성)에 제사를 지내며 火의 사용과 금지를 주관하였습니다.[68] 咮星은 鶉火星(순화성)이고, 心宿(심수)는 大火星입니다. 陶唐氏(도당씨, 堯)의 火正이었던 閼伯(알백)은 商丘(상구)에 살면서 大火星에 제사하였으며, 火星의 출현을 기준으로 때를 기록했습니다. (商의 先祖인) 相土(상토)가 직책을 이었기에(因之), 商(殷)나라에서는 大火星을 제사하였습니다. 商人은 그들이 겪은 재앙이나 패망은 모두 火星에서 기인한다고 믿었기에 (殷의 후손을 봉한 宋

66 원문 儲正徒 – 儲는 쌓을 저. 예비하다. 正徒는 유사시에 일을 해야 할 사람. 여기서는 소방 담당자.

67 원문 古之火正 – 火正은 관직명. 火星에 대한 제사를 주관하고 소방 관련 업무를 담당.

68 원문 或食於心, 或食於味, 以出入火 – 食은 제사 식. 血食의 食. 心은 28宿의 하나. 咮는 새의 입 주. 부리. 별이름 주. 出入火는 出內火(이때 內는 들일 납. 납으로 읽어야 함). 불의 사용이나 금지(火氣嚴禁의 뜻).

國은) 天道를 안다고 말한 것입니다."

그러자 公(晉侯)이 "(天道가) 꼭 豫示되는가?" 라고 물었다.

이에 士弱(사익)이 대답하였다.

"人道에 달렸습니다. 나라 혼란과 멸망의 징조는(象) (인간이) 알 수 없습니다."

해설에서 말했다. 고대의 火正은 火官을 말하며, 火星에 대한 제사와 소방 관련 업무를(火政) 담당하였다. 늦봄(季春) 저녁 무렵에(昏) 心星(心宿)은 東方에 출현하고, 咮星(주성)의 七星과 鳥首가 정남방에 있으면 用火하다가 늦가을(季秋)에 주성이 안 보이면 불을 사용하지 않아야 天時에 따르는 것이고(順), 백성의 질병을 구할 수 있다. 帝嚳(제곡) 시대에는 (火官으로) 祝融(축융)이 있었고, 堯(요) 시대에는 閼伯(알백)이 있어 백성은 그 덕을 입었고, (축융이나 알백이) 죽은 뒤에 (그들이) 火祖가 되었다고 생각하며 火星 제사에 配享(배향)하였다. 그래서 '때로는 心宿에, 또 때로는 咮星에 제사한다.' 고 하였다. 相土(상토)는 商의 시조인 契(설)의 曾孫인데, 閼伯(알백)을 대신하여 뒤에 火星에 대한 제사를 담당했다. 宋國은 (商의) 후손이다. 대대로 화성에 대한 점을 맡았기에 그 화재를 미리 알았다. 賢君은 변화를 예견하고, 능히 修道하여 흉사를 막아야 한다. 亂君과 나라 멸망의 형상은 하늘에서도 경고하지 않기에 알 수 없다는 말은 틀림이 없다.

**原文**

三十年「五月甲午, 宋災.」

董仲舒以爲伯姬如宋五年, 宋恭公卒, 伯姬幽居守節三十餘年, 又憂傷國家之患禍, 積陰生陽, 故火生災也.

劉向以爲先是宋公聽讒而殺太子痤, 應火不炎上之罰也.

〖국역〗

(魯 襄公) 30년(前 543), 「5월 甲午日, 宋나라에 火災가 있었다.」

董仲舒가 말했다. (魯의) 伯姬(백희)가 宋에 시집간 지 5년에[69] 宋의 恭公(공공)이 죽었는데, 伯姬는 幽居(유거)하며 30여 년을 守節(수절)하였고, 또 나라의 환난과 재해를 걱정하였는데 결국 陰이 쌓이고 쌓여(積) 生陽하기에, (宋에서) 화재가 발생한 것이다.

劉向은 '이보다 앞서 宋公이 참소를 믿고, (宋 平公의) 太子인 痤(좌, 뾰루지 좌)를 죽였기에,[70] 응당 火가 위로 타오르지 못한(不炎上) 징벌이라.' 고 하였다.

原文

《左氏傳》昭公六年「六月丙戌, 鄭災.」

是春三月, 鄭人鑄刑書. 士文伯曰, "火見, 鄭其火乎? 火未出而作火以鑄刑器, 臧爭辟焉. 火而象之, 不火何爲?"

說曰, 火星出於周五月, 而鄭以三月作火鑄鼎, 刻刑辟書, 以爲民約, 是爲刑器爭? 故火星出, 與五行之火爭明爲災,

69 원문 伯姬如宋五年 – 伯姬는 魯 宣公의 딸 恭姬. 如는 가다. 시집가다.

70 이는 魯 襄公 26년의 사건이었다.

其象然也. 又棄法律之占也. 不書於經, 時不告魯也.

〖국역〗

《左氏傳》의 기록. 魯 昭公(소공, 재위 前 541-510년) 6년(前 536), 「6월 丙戌日, 鄭나라에서[71] 화재가 있었다.」

이 해 봄 4월에, 鄭에서는 刑書를 주조하였다.[72] (晉 대부인) 士文伯(사문백)이 말했다.

"(동방) 心宿(심수)가 출현하였는데(火見), 鄭나라에 화재가 있겠는가? 火宿(화수)가 출현하지 않았을 때 (鄭에서) 불을 써서 刑書를 청동기에 爭訟(쟁송)의 법을 주조하였다. 이번 화성의 출현이 그 조짐이라면 어찌 불이 나지 않겠는가?"[73]

해설에서 말했다. 火星은 周曆 五月에 출현하는데, 鄭에서는 三月에 불을 피워 刑律을 새긴 鼎을 주조하여 백성과 약속하였으니, 이를 刑器에 爭辟(쟁벽)했다고 하였다. 그리고 火星이 출현하였는데, 五行의 火가 爭明하여 불이 난다는 조짐이라 할 수 있다. 또 이는 법률의 길흉에 관한 점을 포기한 것이다. 이런 사실이 經(《春秋》)

71 鄭國은 春秋戰國 시대의 諸侯國, 國君은 姬姓, 伯爵. 前 806년, 周 厲王(여왕)의 아들로, 周 宣王의 동생인 友(우)를 봉한 나라로 춘추시대에 東周의 동부, 今 河南省 鄭州市 일대가 대략 그 영역이었다. 鄭國은 前 376년에 韓(한)에 병합되어 멸망했다.

72 원문 鄭人鑄刑書 - 刑書를 鼎 같은 청동기에 주조했다는 뜻.

73 원문 火而象之, 不火何爲? - 火는 화성의 출현. 象之는 화재가 날 조짐이라는 뜻. 不火何爲?는 강조어법으로 도치된 문장이다. 何爲不火? 어찌 불이 안 나겠는가?

에 기록되지 않은 것은 그때 魯國에 알리지 않았기 때문이다.

原文

九年「夏四月, 陳火.」

董仲舒以爲陳夏徵舒殺君, 楚嚴王託欲爲陳討賊, 陳國闢門而待之, 至因滅陳. 陳臣子尤毒恨甚, 極陰生陽, 故致火災.

劉向以爲先是陳侯弟招殺陳太子偃師, 皆外事, 不因其宮館者, 略之也. 八年十月壬午, 楚師滅陳,《春秋》不與蠻夷滅中國, 故復書陳火也.

《左氏經》曰「陳災.」

〖국역〗

(昭公) 9년(前 533),「夏 4월, 陳國에 불이 났다.」[74]

董仲舒가 말했다. 陳國의 夏徵舒(하징서)가 주군을 시해했고, 楚莊王(嚴王)은 욕심을 내어 이를 핑계로 陳을 토벌하려 했는데, 陳國은 성문을 열고 楚을 기다렸으니 결국 陳은 멸망에 이르렀다. 陳의 臣子들은 원한이 사무쳤고, 결국 극도의 陰氣(怨恨)가 陽氣를 낳게

74 陳國 – 周의 제후국, 舜의 후손을 봉한 나라. 建都는 宛丘(완구), 今 河南省 중동부 周口市 관할 淮陽市 일대. 25대 560여 년을 지속하다가 前 479년에 楚에 멸망. 陳은 멸망한 뒤 그 후손 陳完(진완)이 齊에서 출세하여 그 후손이 田씨를 칭하며 齊의 姜씨 대신 齊의 왕으로 등장했다(前 386). 이를 田氏代齊라 한다. 이후를 前齊라 하여 이전의 姜齊와 구분한다.

되어 화재가 일어난 것이다.

劉向은 생각했다. 앞서 陳侯의 동생 公子 招(초)가 陳太子 偃師(언사)를 살해했는데, 이는 모두 外事로 궁궐 내의 사건과 관계가 없어 기록에는 생략하였다. (昭公) 8년(前 532) 10월 壬午日, 楚의 군사가 陳國을 멸망시켰는데, 《春秋》에서는 蠻夷(만이, 楚)가 中國(陳)을 멸망시킨 사건에 찬동할 수 없어 陳에 화재가 났다고 다시 기록한 것이다.

《左氏傳》에서는 「陳災」라 기록했다.

**原文**

傳曰. 鄭裨竈曰, '五年, 陳將復封, 封五十二年而遂亡.' 子産問其故, 對曰, "陳, 水屬也. 火, 水妃也, 而楚所相也. 今火出而火陳, 逐楚而建陳也. 妃以五陳, 故曰五年. 歲五及鶉火, 而後陳卒亡, 楚克有之, 天之道也."

說曰, 顓頊以水王, 陳其族也. 今茲歲在星紀, 後五年在大梁. 大梁, 昴也. 金爲水宗, 得其宗而昌, 故曰'五年陳將復封.' 楚之先爲火正, 故曰'楚所相也.'

天以一生水, 地以二生火, 天以三生木, 地以四生金, 天以五生土. 五位皆以五而合, 而陰陽易位, 故曰'妃以五成.' 然則水之大數六, 火七, 木八, 金九, 土十. 故水以天一爲火二牡, 木以天三爲土十牡, 土以天五爲水六牡, 火以天七爲金四牡, 金以天九爲木八牡. 陽奇爲牡, 陰耦爲妃.

故曰‘水, 火之牡也, 火, 水妃也.’ 於《易》, 坎爲水, 爲中男. 離爲火, 爲中女, 蓋取諸此也. 自大梁四歲而及鶉火, 四周四十八歲, 凡五及鶉火, 五十二年而陳卒亡. 火盛水衰, 故曰‘天之道也.’

哀公十七年七月己卯, 楚滅陳.

〖국역〗

經典의 기록에 의하면, 鄭國의 (大夫인) 裨竈(비조)가 ‘5년 뒤, 陳國은 다시 封을 받아 나라를 세울 것이고, 그 52년 뒤에 결국 망할 것이다.’ 라고 말했다.

鄭國의 子産(자산)이[75] 그런 이유를 묻자, 비조가 대답하였다.

“陳은 水에 속한다. 火와 水는 짝이 되니[76] 楚가 도울 수 있다. 지금 火星(心宿)이 출현하였고, 陳國에 화재가 일어났으며, 楚를 축출하고 다시 陳을 건국했다. 음양의 배합은 5로 이루어졌기에(妃以五陳) 5년이라 했다. (歲星, 木星이) 5년이면 (十二次의) 鶉火(순화) 자리에[77] 오기에 나중에 陳이 망하겠지만, 楚가 陳을 멸망시킬 것은 天道이다.”

---

75 鄭나라의 子産(?－前 522年)－姬姓, 名僑, 字는 子産. 春秋 말기 鄭國의 재상. 鄭國 백성의 존경을 받았다. 中國 宰相의 典範으로 추앙받는 사람이다. 공자 또한 子産을 존경했다.

76 원문 火, 水妃也－여기 妃는 配也. 妃를 ‘짝 배’ 로 읽고 配의 뜻으로 해석한다.

77 鶉火는 十二次의 하나, 여기에 속하는 28宿은 柳, 星, 張宿(장수)이다.

해설은 다음과 같다.

顓頊(전욱)은 水官으로 왕이 되었고, 陳은 그 후손의 일족이다.[78] 지금(今茲) 歲星은 (十二次의 하나인) 星紀(성기)에 있으나[79] 5년 후면 大梁(대량)에[80] 있게 된다. 大梁은 (二十八宿 중 西方의) 昴宿(묘수)이다. 金은 水를 本宗으로 삼고, 그 本宗을 얻는다면 번창하기에, '5년에 陳은 다시 封을 받을 것이다.' 라고 하였다. 楚의 祖先(곧 祝融)은 火正이었기에 '楚가 (陳을) 돕는다(相, 治也).' 고 하였다. 天은 用一하여 生水하고, 地는 用二하여 生火하며, 天은 用三하여 生木하고, 地는 用四하고 生金하며, 天은 用五하여 生土한다. 五位(水, 火, 木, 金, 土)는 모두 用五하여 相合하고 또 陰陽이 位次를 바꾸기에(易位, 역위), 그래서 '배합(妃)은 모두 用五로 완성된다(成).' 고 하였다. 그러하기에 水(一)의 大數는 六이고, 火의 大數는 七, 木의 大數는 八, 金의 大數는 九, 土의 大數는 十이다. 그러하기에 水는 天一로 火二의 수컷(牡, 陽)이 되고,[81] 木은 天三으로 土十의 陽(牡)이고, 土는 天五로 水六의 陽(牡), 火는 天七로 金四의 陽(牡), 金은 天九로 木八의 陽(牡)이다. 陽은 奇數(單數, 홀수)로 牡이고, 陰은 耦數(우수, 짝수)로 妃(配)가 된다.

---

78 陳國은 舜의 후손이고, 舜은 본래 전욱의 후손이었다.

79 원문 今茲歲在星紀 - 今茲는 지금. 歲는 歲星. 星紀는 하늘을 12분야로 구분한 十二次 중 하나의 이름. 여기에 속한 28宿는 북방의 斗宿(두수)와 牛宿(우수)이다.

80 大梁(대량) - 星宿 12次의 하나. 나라나 땅 이름이 아니다.

81 원문 故水以天一爲火二牡 - 牡(수컷 모)는 가축의 수컷인데, 陰陽에서 陰의 상대, 곧 陽을 지칭한다.

그래서 '水는 火의 牡(수컷)이고, 火는 水의 妃(配)이라.' 고 한다. 《易》에서는, 坎(감, ☵ 坎中連)은 水이며 中男이다. 離(리, ☲ 離中虛) 는 火이고 中女이니, 모두가 이런 이치를 취한 것이다. (十二次의) 大梁에서 4년이면 (十二次의) 鶉火(순화)에 오게 되고, 四周하면 48년에 (처음 시작인 1차를 더하여) 다섯 번째 되는 鶉火, 곧 52년에 陳은 최종적으로 멸망할 것이다. 火가 盛大하면 水가 衰弱(쇠약)하기에 '天의 道理' 라고 하였다.

魯 哀公 17년(前 478) 7월 己卯日에, 楚는 陳을 멸망시켰다.

原文

昭十八年「五月壬午, 宋,衛,陳,鄭災.」

董仲舒以爲象王室將亂, 天下莫救, 故災四國, 言亡四方也. 又宋,衛,陳,鄭之君皆荒淫於樂, 不恤國政, 與周室同行. 陽失節則火災出, 是以同日災也.

劉向以爲宋,陳, 王者之後, 衛,鄭, 周同姓也. 時周景王老, 劉子,單子事王子猛, 尹氏,召伯,毛伯事王子鼂. 子鼂, 楚之出也. 及宋,衛,陳,鄭亦皆外附於楚, 亡尊周室之心. 後三年, 景王崩, 王室亂, 故天災四國. 天戒若曰, 不救周, 反從楚, 廢世子, 立不正, 以害王室, 明同罪也.

〖국역〗

昭公 18년(前 524), 「5월 壬午日, 宋, 衛, 陳, 鄭나라에서 화재가 났다.」

董仲舒는 생각했다. 周 王室이 혼란에 빠질 징조이나 천하에 이를 구원할 수가 없기에, 4개국 화재라 했지 四方이라 말하지는 않았다. 또 宋, 衛, 陳, 鄭國의 군주가 모두 황음의 쾌락에 빠져 국정을 보살피지 않는 것이 周 왕실과 마찬가지였다. 陽이 失節하면 火災가 발생하기에 같은 날 화재처럼 기록한 것이다.

劉向도 생각했다. 宋, 陳은 각각 王者의 후손이고, 衛와 鄭은 周와 同姓이다. 당시 周 景王은 늙었고(재위 前 544-520), (周 大夫인) 劉子(유자)와 單子(단자)는 (周 景王의) 태자인 猛(맹)을 섬기고, 尹氏와 召伯과 毛伯은 王子 鼂(조, 아침 조, 晁)를 섬기고 있었다. 왕자인 鼂(조)는 楚王의 생질이었다. 宋, 衛, 陳, 鄭 모두가 역시 외척으로 楚에 의지하면서 周室을 존중할 마음도 없었다. 그 3년 뒤에 周 景王이 죽었고, 王室은 혼란에 빠졌기에 하늘은 4개 나라에 화재를 내렸다. 하늘의 징계가 이러하나, 周를 구원하지 않고 반대로 楚를 추종하여 世子를 폐위하고 정통이 아닌 왕자를 세워 周 왕실을 해치자 모두가 동일한 죄임을 분명히 계시하였다.

**原文**

定公二年「五月, 雉門及兩觀災.」

董仲舒,劉向以爲此皆奢僭過度者也. 先是, 季氏逐昭公, 昭公死於外. 定公卽位, 旣不能誅季氏, 又用其邪說, 淫於女樂, 而退孔子. 天戒若曰, 去高顯而奢僭者.

一曰, 門闕, 號令所由出也, 今舍大聖而縱有罪, 亡以出號令矣. 京房《易傳》曰,「君不思道, 厥妖火燒宮.」

〖국역〗

魯 定公 2년(前 508),[82] 「5월, 雉門(치문)과 兩觀(궁궐)에 불이 났다.」[83]

董仲舒와 劉向도 인정했다. 이는 모두 사치가 너무 지나치기 때문이다. 이보다 앞서 (三桓 중) 季氏(계씨, 季孫氏)가 昭公(소공)을 축출했고, 昭公은 외국에서(齊) 죽었다. 定公이 즉위했지만[84] 季氏를 주살하지 못했고, 오히려 그 邪說에 따라 (齊에서 보낸) 女樂에 빠졌고 孔子를 배척하였다.[85] 天戒는 '高顯한 현자가 아니라 사치와 참언에 빠진 者를 제거하라.' 는 뜻이었다.

또 다른 주장에는 대궐의 정문은 (나라의) 號令이 발표되는 곳이나, 지금 (魯에서) 大聖을 버려두고 有罪者의 말을 따르기에 아무런 정령이 나오지 않았다. 京房(경방)의《易傳》에서는 「君이 道를 不思하니, 그 妖火가 궁궐을 불태웠다.」고 하였다.

---

82 前 509년, 季孫氏의 지원 하에 昭公의 이복 庶弟인 定公이 즉위했고, 齊에서 昭公을 운구하여 장례를 치렀다.

83 원문 雉門及兩觀災 - 雉門(치문)은 궁궐 정문. 兩觀(양관)은 나라의 궁궐.

84 魯 定公은 재위 前 509 - 495년, 昭公의 이복동생이었다. 한때 공자를 등용했었다.《論語》에 등장하는 陽貨(陽虎)는 季孫氏의 家宰로 국정을 專橫했다(前 503 - 505).

85 齊에서 보내온 女樂에 빠져 定公이 정사를 소홀히 하고 郊祭 후에 祭肉을 보내주지 않자, 공자는 魯國을 떠나 衛에 도착. 이후 14년간 각국을 周遊했다.《論語 微子》齊人歸女樂 季桓子受之, 三日不朝, 孔子行.

原文

哀公三年「五月辛卯, 桓,釐宮災.」

董仲舒,劉向以爲此二宮不當立, 違禮者也. 哀公又以季氏之故不用孔子. 孔子在陳聞魯災, 曰, "其桓,釐之宮乎!" 以爲桓, 季氏之所出, 釐, 使季氏世卿者也.

〖국역〗

魯 哀公 3년,[86]「五月 辛卯日, 桓公과 釐公(僖公) 묘당이 불탔다.」

董仲舒와 劉向은 생각했다. 이 두 묘당은 不當히 세워졌고 예에 어긋났다. 哀公은 또 季氏 때문에 공자를 등용하지 못했다. 孔子가 陳에 있으면서 魯國의 화재 소식을 듣고 말했다. "아마 환공과 희공의 묘당일 것이다!"[87]

桓公(환공)은 季氏에 의해 옹립되었고, 僖公은 季氏가 대를 이어 卿位를 세습케 인정하였다.

---

86 哀公은 정공의 아들. 前 492년, 공자는 去魯한 뒤 鄭에서 陳國으로 갔고 司城貞子 家에 체류했다. 애공 3년에, 공자는 '六十而順' 이라 하여 順天의 뜻을 확실히 했다. 魯國 宗廟에 화재가 났고, 이 해에 季桓子가 去世했다.

87 孔子가 陳國에 머물 때, 거리를 지나는 사람이 魯의 司鐸(사택, 職名)이 통곡했고 宗廟가 불탔다는 말을 했다. 이에 공자가 말했다. "화재는 틀림없이 桓公(환공)과 釐公(이공, 僖公) 묘당에서 났을 것입니다." 陳侯가 "어떻게 아느냐?" 고 물었고, 공자가 말했다. "《禮》에 '有功한 군주는 祖(조), 有德한 주군은 宗(종)이라 칭하며 그 묘당을 허물지 않는다.' 고 하였습니다. 그런데 환공과 이공은 덕행도 부족한데 그 묘당을 보존하며 魯國에서 헐지 않고 있으니, 이에 하늘이 재앙을 내린 것입니다." 얼마 뒤 魯의 使者가 환공과 이공 묘당이 불탔다고 알려왔다.

原文

四年「六月辛丑, 亳社災.」

董仲舒,劉向以爲亡國之社, 所以爲戒也. 天戒若曰, 國將危亡, 不用戒矣.《春秋》火災, 屢於定,哀之間, 不用聖人而縱驕臣, 將以亡國, 不明甚也.

一曰, 天生孔子, 非爲定,哀也, 蓋失禮不明, 火災應之, 自然象也.

〖국역〗

(哀公) 4년(前 491),「6월 辛丑日, 亳社(박사)가[88] 불탔다.」

董仲舒와 劉向은 생각했다. (亳社는) 亡國의 社廟(사묘)이나 鑑戒(감계)로 삼을 만하다. 天戒로 '나라가 망하려면 訓戒도 통하지 않는다.' 는 뜻이다.《春秋》에 실린 火災가 定公과 哀公 재위 기간에 많았던 까닭은 聖人(孔子)을 등용 못하고, 방종 교만한 신하가 망국에 이르게 할 것이나 (國君은) 이를 너무 모르고 있기 때문일 것이다.

다른 주장은, 하늘이 孔子를 낸 것은 定公이나 哀公 때문이 아니라 아마 禮度를 상실하고도 모르기 때문에 火災로 감응한 것이며, 이는 자연스러운 天意의 형상이라고 했다.

88 亳社(박사) – 亳은 땅이름 박. 殷社(은사). 亡國의 (殷) 廟社. 帝嚳(제곡)과 商湯(상탕)의 都城이 亳(박)이라고 하는데, 그 위치로 確論은 없다. 今 河南省 洛陽市 관할 偃師市(언사시)라 하는 설이 유력하다.

### 나. 火災(漢代)

**原文**

高后元年五月丙申, 趙叢臺災.

劉向以爲是時呂氏女爲趙王后, 嫉妒, 將爲讒口以害趙王. 王不寤焉, 卒見幽殺.

惠帝四年十月乙亥, 未央宮凌室災, 丙子, 織室災.

劉向以爲元年呂太后殺趙王如意, 殘戮其母戚夫人. 是歲十月壬寅, 太后立帝姊魯元公主女爲皇后. 其乙亥, 凌室災. 明日, 織室災. 凌室所以供養飮食, 織室所以奉宗廟衣服, 與春秋御廩同義. 天戒若曰, 皇后亡奉宗廟之德, 將絶祭祀. 其後, 皇后亡子, 後宮美人有男, 太后使皇后名之, 而殺其母. 惠帝崩, 嗣子立, 有怨言, 太后廢之, 更立呂氏子弘爲少帝. 賴大臣共誅諸呂而立文帝, 惠后幽廢.

〖국역〗

高后[89] 元年(前 187년) 5월 丙申日, 趙國의 叢臺(총대)가[90] 불탔다.

---

89 高皇后呂氏 – 名은 雉(치), 字는 娥姁(아후). 諱는 夫를 따라가므로 高皇后라 했다. 惠帝는 즉위하고서 呂后를 太后로 높였다. 태후는 혜제의 누나인 魯元公主의 딸을 皇后로 책립했으나 아들이 없자 후궁 美人 소생의 아들을 혜제의 아들이라 하여 태자로 정했다. 惠帝가 붕어하자, 太子를 세워 황제라 하였으나 나이가 어려 태후가 조회에 임하며 稱制(칭제)하였다.

90 邯鄲(한단) 趙國 왕궁의 여러 누각이 연이어 있어서 叢臺(총대)라 했다.

劉向은 呂氏 집안의 딸이 趙王(劉友)의[91] 왕후가 되었는데, 嫉妒(질투)하여 참언으로 조왕을 해치려 했기 때문이라고 생각했다. 조왕은 이를 알지 못했고 결국 (呂后에 의해) 남모르게 살해되었다.

惠帝 4년(前 191) 10월 乙亥日, 未央宮의 凌室(능실)에서 불이 났고, 丙子日에는 織室(직실)이 불탔다.

劉向은 (惠帝) 元年(前 194)에, 呂太后가 趙王인 如意(여의)를 죽이고 잔인하게 그 모친 戚夫人(척부인)을 도륙했기 때문이라고 생각했다.[92] 이 해 10월 壬寅日, 太后는 혜제 누나인 魯元公主 소생의 딸을 皇后로 책봉했다.[93]

그 달 乙亥日에 凌室(능실)에서 불이 났다. 다음 날에는 織室(직실)이 불탔다. 凌室은 飮食을 供養하고, 織室은 宗廟 제사용 衣服을 제조하는 곳으로《春秋》에 나오는 御廩(어름)과 같은 뜻이다.

이는 '皇后가 宗廟를 받들만한 德이 없어 장차 제사가 끊길 수 있다.' 는 하늘의 경계일(天戒) 것이다. 그 후 (혜제의) 황후에게는 아들이 없었고, 後宮의 美人 중에 낳은 아들을 呂태후는 皇后의 아들

---

戰國시대에 건축.

91 고조의 6子. 생모 미상. 여후의 미움을 받아 굶어 죽었다(前 181). 38권, 〈高五王傳〉에 입전.

92 원문 殘戮其母 – 殘은 해칠 잔. 戮은 죽일 륙(육). 趙隱王如意(前 208 – 194)의 모친 戚夫人(척부인, ? – 前 194)은, 今 山東省 서남부 菏澤市 定陶縣 출생. 漢王 4년부터 漢王을 시종. 高祖 死後에 비참한 최후. 중국 북방 일부 지역에서는 廁神(측신, 화장실의 신)으로 숭배된다.

93 皇后張氏 – 조왕 張敖(장오)는 고조와 呂后의 유일한 딸인 魯元공주와 결혼했으니 呂后의 사위이다. 장오와 노원공주가 낳은 딸을 혜제의 황후로 삼았으니, 황후 장씨의 입장에서는 외삼촌과 결혼했다.

이라 하고 그 생모는 살해하였다. 惠帝가 붕어하자,[94] 嗣子(사자)로 세웠는데, (생모 죽음을 알고) 원망하자 태후가 폐위하였고 다시 呂氏 소생의 아들 弘(홍)을 少帝로 옹립했다.[95] (呂后가 붕어한 뒤) 大臣의 도움을 받아 여럿이 呂氏 일족을 제거하고 文帝를 옹립하였으며, 혜제의 張황후는 幽廢(유폐)되었다.

原文

文帝七年六月癸酉, 未央宮東闕罘罳災.

---

**94** 혜제 7년(前 188) 봄 정월 신축일, 초하루 일식이 있었다. 夏 五月 정묘일에 일식이 있었는데 개기일식이었다. 가을 8월 戊寅日, 황제가 미앙궁에서 붕어했다.

呂太后는 戚夫人(척부인)을 미워했다. 惠帝는 趙王 如意를 감싸주었다. 몇 달 뒤, 혜제가 새벽에 사냥을 나가자 조왕은 일찍 일어나지 못했는데, 태후는 조왕이 홀로 있는 것을 알고 사람을 시켜 독약을 먹였다. 혜제가 돌아왔을 때 조왕은 죽어 있었다. 태후는 마침내 척부인의 수족을 자르고 눈을 파내고 귀를 멀게 하였으며, 약을 먹여 말을 못하게 하고 지하에 살게 하면서 '人彘(사람 돼지)'라고 불렀다. 몇 달 뒤에 혜제를 불러 人彘(인체)를 보게 했다. 혜제가 보고 물어 척부인인 줄 알고서는 통곡했고 병이 나서 1년 이상 일어나지 못했다. 그리고 사자를 보내 태후에게 주청했다. "이는 사람이 할 짓이 아닙니다. 제가 태후의 아들이지만 이제는 다시 나라를 다스리지 못할 것입니다." 이후로는 날마다 술을 마시거나 淫樂(음락)에 빠져 정사를 돌보지 않다가 재위 7년에 죽었다.

**95** 少帝 - 前 少帝(名 恭, ? - 前 184)이다. 여후는 이 少帝를 죽였고, 다시 혜제와 후궁의 소생인 劉弘(? - 前 180, 初名 山, 常山王이 된 후에 改名 義, 즉위 후 改名 弘, 前 184 - 180년 9월 在位)을 황제라 하였는데, 이를 後少帝라 한다. 後少帝 劉弘, 梁王 劉太, 淮陽王 劉武, 恒山王 劉朝 등은 惠帝의 친생자가 아니라 하여 모두 제거되었다.

劉向以爲東闕所以朝諸侯之門也, 罘罳在其外, 諸侯之象也. 漢興, 大封諸侯王, 連城數十. 文帝卽位, 賈誼等以爲違古制度, 必將叛逆. 先是, 濟北,淮南王皆謀反, 其後吳楚七國擧兵而誅.

〖국역〗

文帝 7년(前 173) 6월 癸酉日, 未央宮 東闕의 罘罳(부시)가 불탔다.[96]

劉向은, 東闕은 제후들이 입조하는 문이고, 罘罳(부시)는 그 밖에 있으니 諸侯의 형상이라고 생각했다.

漢이 건국되고 여러 제후에게 큰 땅을 나눠주며 王으로 봉했는데, (왕국의) 이어진 城邑이 수십 개나 되었다. 文帝 즉위 이후 賈誼(가의)[97] 등은 (이러한 大封이) 古制에 어긋나기에 앞으로 틀림없이 반역할 것이라고 말했다. 이보다 앞서 濟北王, 淮南王이 모반했었고,[98] 그 뒤에 (景帝 때, 前 154) 吳, 楚 등 7국이 군사를 들어 반역했

---

96 罘罳(부시)는 안을 들여다 볼 수 있게 나무로 얽어 만든 담. 罘는 그물 부. 罳는 집의 정면에 쌓은 담 시.

97 賈誼(가의, 前 200－168)－賈誼(가의)는 낙양 사람으로, 나이 18세에 詩書에 능통하고 글을 잘 지어 소문이 났고 文帝에 알려져 박사로 등용되었다. 長沙王 太傅, 政論文으로는 〈過秦論〉, 〈論積貯疏〉, 〈論治安策〉이 유명하다. 辭賦로는 〈弔屈原賦〉, 〈鵩鳥賦〉, 〈惜誓〉 등이 잘 알려졌다. 문제 5년(전 175), 淮南王 劉長(고조의 막내아들)이 모반. 賈誼 〈治安策〉을 올려 문제를 제기하였다.

98 劉長(고조의 막내아들. 前 198－174)은 前 196년에 회남왕(시호 厲王)이 되었다. 國都는 壽春(今 安徽省 淮南市 관할의 壽縣). 領地는 九江郡,

으나 모두 주살되었다.

原文

景帝中五年八月己酉, 未央宮東闕災.

先是, 栗太子廢爲臨江王, 以罪徵詣中尉, 自殺. 丞相條侯周亞夫以不合旨稱疾免, 後二年下獄死.

〖국역〗

景帝 中元 5년(前 145) 8월 己酉日, 未央宮 東闕에 불이 났다.

이보다 앞서 栗太子는 폐위되어 臨江王이 되었는데[99] 죄를 지어 中尉에 불려갔다가[100] 자살하였다. 丞相인 條侯(조후) 周亞夫(주아부)는 황제와 뜻이 맞지 않아 병을 핑계로 면직되었는데 그 2년 뒤에 하옥되어 죽었다.[101]

---

衡山郡, 廬江郡(여강군), 豫章郡의 四郡. 反, 회남왕 劉長의 長子가 바로 《淮南子》의 저자인 劉安이다. 모반한 회남왕은 폐위되어 蜀의 嚴道(엄도)로 이송 중, 雍縣(옹현)에서 죽었다. 44권, 〈淮南衡山濟北王傳〉에 입전.

99 栗太子(율태자) – 栗姬(율희) 소생의 景帝의 長子, 劉榮. 太子로 책봉되었다가 뒤에 폐위되어(前 150) 臨江王(國都, 長江 중류 江陵)이 되었다. 前 151년에, 景帝는 無子한 皇后 薄氏를 폐했고, 경제가 태자로 있으면서 맞이한 王氏(武帝의 생모)를 皇后로 책봉했다.

100 中尉는 長安의 치안 유지하는 무관. 당시 중위는 뒷날 무제 때 혹리로 유명한 郅都(질도)란 사람이었다.

101 周亞夫(주아부, ? – 前 143) – 周勃(주발)의 아들. 河內郡 太守. 七國之亂에 漢軍을 지휘하여 3개월 만에 진압하여 경제의 인정을 받았다. 주아부는 승상이 되었고 경제는 주아부를 매우 신임하였다. 경제가 栗太子(율

原文

武帝建元六年六月丁酉, 遼東高廟災. 四月壬子, 高園便殿火.

董仲舒對曰, 「《春秋》之道擧往以明來. 是故天下有物, 視《春秋》所擧與同比者, 精微眇以存其意, 通倫類以貫其理, 天地之變, 國家之事, 粲然皆見, 亡所疑矣. 按《春秋》魯定公,哀公時, 季氏之惡已孰, 而孔子之聖方盛. 夫以盛聖而易孰惡, 季孫雖重, 魯君雖輕, 其勢可成也. 故定公二年五月兩觀災. 兩觀, 僭禮之物, 天災之者, 若曰, 僭禮之臣可以去. 已見罪徵, 而後告可去, 此天意也. 定公不知省. 至哀公三年五月, 桓宮,釐宮災. 二者同事, 所爲一也, 若曰燔貴而去不義云爾. 哀公未能見, 故四年六月亳社災. 兩觀,桓,釐廟, 亳社, 四者皆不當立, 天皆燔其不當立者以示魯, 欲其去亂臣而用聖人也. 季氏亡道久矣, 前是天不見災者, 魯未有賢聖臣, 雖欲去季孫, 其力不能, 昭公是也. 至定,哀乃見之, 其時可也. 不時不見, 天之道也. 今高廟不當居遼東, 高園殿不當居陵旁, 於禮亦不當立, 與魯所災同. 其不當立久矣, 至於陛下時天乃災之者, 殆亦其時可也. 昔秦受亡周之敝,

---

태자)를 폐할 때 주아부는 열심히 간쟁하였지만 뜻을 이루지 못했다. 경제는 이 때문에 주아부와 멀어졌다. 경제와 주아부는 異姓제후 왕을 책립하는 문제 등 의견 충돌이 있었다. 주아부는 옥에 갇혔다가 餓死(아사)하였다. 40권, 〈張陳王周傳〉에 附傳.

而亡以化之, 漢受亡秦之敝, 又亡以化之. 夫繼二敝之後, 承其下流, 兼受其猥, 難治甚矣. 又多兄弟親戚骨肉之連, 驕揚奢侈恣睢者衆, 所謂重難之時者也. 陛下正當大敝之後, 又遭重難之時, 甚可憂也. 故天災若語陛下. '當今之世, 雖敝而重難, 非以太平至公, 不能治也. 視親戚貴屬在諸侯遠正最甚者, 忍而誅之, 如吾燔遼高廟乃可, 視近臣在國中處旁仄及貴而不正者, 忍而誅之, 如吾燔高園殿乃可' 云爾. 在外而不正者, 雖貴如高廟, 猶災燔之, 況諸侯乎! 在內不正者, 雖貴如高園殿, 猶燔災之, 況大臣乎! 此天意也. 罪在外者天災外, 罪在內者天災內, 燔甚罪當重, 燔簡罪當輕, 承天意之道也.」

〖국역〗

武帝 建元 6년(前 135)[102] 6월 丁酉日,[103] 遼東郡의[104] 高祖 廟堂

**102** 前 140년. 무제 즉위 후, 6년을 주기로 하여 一元, 二元 … 五元이라 하였다. 五元 3년에 담당자의 건의를 받아들여 一元을 建元(前 140 - 135), 二元을 元光(前 134 - 129), 三元을 元朔(前 128 - 123), 四元을 元狩(원수, 前 122 - 117)라 하고 五元의 연호는 미정이었다. 五元 4년(前 113)에 寶鼎을 얻자 五元을 元鼎(원정, 前 116 - 111)이라 하였다. 곧 연호를 처음 사용한 것은 元鼎 3년(前 114년)이었다. 이어 元封(前 110 - 105년)까지는 6년 주기였으나 太初(前 104 - 101년) 이후는 일정 주기가 없어졌다. 唐 高祖와 太宗은 재위 기간 하나의 연호를 사용했지만 一世一元의 제도가 제대로 확립된 것은 明代이었다.

**103** 〈武帝紀〉에는 2월로 기록.

에 불이 났다. 4월 壬子日에는, 高祖 陵園(능원)의 便殿(편전)이[105] 불에 탔다.

董仲舒(동중서)가 對策을 올렸다.

「《春秋》의 道理에 지난 일을 가지고 다가올 일을 밝힌다고(擧往以明來) 하였습니다. 이에 천하만사 중《春秋》에 기록된 사례와 유사한 것은(同比者), 그 존재나 처한 상황을 정밀하고 상세하게 관찰하여 그 사물에 존재하는 이치를 꿰뚫어보면, 天地의 변화나 國家之事가 찬연하게 모두 보여(粲然皆見) 의심할 바가 없게 됩니다. 魯定公과 哀公 재위 중의《春秋》기록을 살펴보면(按), 季氏(계씨)의 惡勢는 확실했고, 孔子의 聖德도 正히 한창이었습니다. 대체로 한창 왕성한 聖德으로 무르익은 악덕을 누를 수 있어야 하는데, 당시 季孫氏의 권세가 重하고 魯君의 세력이 경미했지만 그럴 가능성은 있었습니다. 그런데 定公 2년 5월에, (魯宮의) 兩觀에 화재가 있었습니다. 兩觀은 (제후 家臣의) 禮制를 넘어선 건물이었기에 여기에 하늘이 재앙을 내린 것은 마치 '僭禮之臣은 가히 제거해야 한다.' 는 뜻과 같았습니다. 이미 하늘에서 징벌을 내릴 것이니 제거된다는 뜻을 알려주라는 天意였습니다. 그러나 定公은 이를 알아채지 못했습니다. 哀公 3년 5월에, 桓公(환공)의 묘당과 釐公(희공, 僖公) 묘당에

104 遼東 – 군명. 治所는 襄平縣(今 遼寧省 遼陽市). 高廟는 고조에 제사를 지내는 묘당.

105 황제의 무덤. 陵은 봉분. 園은 묘역 전체. 廟는 신주를 보시고 제사를 올리는 건물. 寢殿(침전)은 先帝의 의상과 무기를 보관하는 묘당 뒤의 건물. 便殿은 別殿이니 제사 지내러 행차한 황제의 휴식 건물이다. 이때 무제는 5일간 素服했고, 5월에는 태황태후가 붕어했다.

불이 났습니다. 위의 두 사건은 같은 성격이기에 한가지로 설명할 수 있으며,[106] 마치 權貴와 不義를 태워 없애라는 뜻과 같았습니다. 哀公이 이런 뜻을 깨닫지 못하기에, 4년 6월에 다시 亳社(박사)에 화재가 있었습니다. 兩觀과 桓公, 僖公의 묘당, 그리고 亳社(박사) 등 4개는 모두 세울 수 없는 건물이기에 하늘에서는 모두 태워 버리라는 뜻을 魯에 알리며 亂臣을 제거하고 聖人을 등용하기를 바랐던 것입니다. 季氏의 亡道는 오래 되었는데도, 그 이전에 하늘이 재앙을 보내지 않은 것은, 魯國에 賢人이나 聖人 같은 신하가 없어도 계손씨를 제거할 수 있기에 기다렸던 것이나, 다만 능력이 모자랐으니 昭公이 바로 그러했습니다. 定公과 哀公에 이르러 하늘이 화재로 뜻을 보인 것은 가능한 시기였기 때문입니다. 때가 아니라면 뜻을 나타내지 않는 것이 天道입니다.

지금 고조의 묘당은 不當하게 遼東郡에 세워졌고, 고조 능원의 便殿도 그 곁에 부당하게 건립된 것이며 예법에도 세울 수 없다는 점에서 魯나라의 화재와 같은 성격입니다. 오래 전에 부당하게 건립되었는데, 폐하 재위 중에 하늘이 화재를 내린 것은 거의 때가 되었기 때문입니다. 옛날 秦은 멸망한 周의 폐단을 이어받고도 교화가 없었으며, 漢도 멸망한 秦의 폐단을 이어 받았지만 교화를 베풀지 못했습니다. 두 나라에 폐단의 계승과 下流의 폐습까지 함께 누적되었으며,[107] 또 방자한 악습까지 물려받았기에 그런 폐단을 고치기

---

106 원문 二者同事, 所爲一也 – 定公과 哀公 때의 화재, 같은 성격의 사안이기에 설명한다면 같은 내용이라는 뜻.

107 원문 兼受其猥 – 兼은 겸할 겸. 아울러. 猥는 함부로 외. 뒤섞이다.

또한 어려운 것입니다. 또 여러 兄弟와 親戚과 骨肉이 서로 연결되었고, 교만하고 사치하며 방자하게 노려보는 자 또한 많기에 (지금은) 여러 난관이 겹친 때라 할 수 있습니다. 폐하께서는 바로 이러한 시기에 폐단의 끝에서, 또 많은 난관이 중첩되었기에 우려가 극심하실 것입니다. 그러하기에 天災는 마치 폐하에게 '지금 이 시대에(當今之世), 비록 여러 폐단과 난관이 겹쳤지만 太平과 지대한 公正이 아니라면 다스릴 수 없다. 친척과 貴戚(귀척)으로 제후가 된 자 중에서 正道에 많이 어긋난 자라면 모질다 하겠지만, 주살하는 것이 내가(天帝) 요동 고조 묘당에 화재를 내린 뜻과 같은 것이다. 보기에 조정에 있는 近臣이나 가까운 측근 및 權貴 중에 옳지 못한 자라면, 모질지만 주살하는 것이 내가 고조 묘당 편전에 불을 낸 뜻과 같을 것이다.' 라고 말하는 듯합니다. 在外하며 不正한 자라면, 비록 소중한 고조 묘당도 태워버리는데,[108] 하물며 제후를 그냥 둘 수 있겠습니까! 조정에 있으면서 不正한 자라면 비록 高廟 便殿처럼 소중하더라도 태워버리는데, 大臣이라고 그냥 둘 수 있겠습니까! 이는 天意입니다. 罪가 밖에 있다면 天災도 밖에 있고, 죄악이 안에 있다면 天災도 안에 있으며, 심하게 불탔다면 그 죄를 무겁게 처벌하고, 작은 화재라면 가볍게 징벌하는 것이 天意를 받드는 것입니다.」

原文

先是, 淮南王安入朝, 始與帝舅太尉武安侯田蚡有逆言.

108 원문 猶災燔之 - 猶는 오히려. 災는 화재. 하늘이 내리는 재앙. 燔은 구울 번. 태워버리다.

其後膠西于王,趙敬肅王,常山憲王皆數犯法, 或至夷滅人家, 藥殺二千石, 而淮南,衡山王遂謀反. 膠東,江都王皆知其謀,陰治兵弩,欲以應之.

至元朔六年, 乃發覺而伏辜. 時田蚡已死, 不及誅. 上思仲舒前言, 使仲舒弟子呂步舒持斧鉞治淮南獄, 以《春秋》誼顓斷於外, 不請. 旣還奏事, 上皆是之.

〖국역〗

이에 앞서(建元 6년의 두 차례 이전에), 淮南王 劉安(유안)이[109] 入朝하였는데, (유안은) 황제의 외숙이며, 太尉인 武安侯 田蚡(전분)과[110] 반역의 뜻을 이야기했었다.[111] 그 뒤에 膠西國 于王(우왕, 劉端), 趙의 敬肅王(劉彭祖), 常山國 憲王(헌왕, 劉舜) 등[112] 모두가 법을 자

109 淮南王 劉安(유안, 前 179－122)－淮南 厲王(여왕) 劉長의 아들. 고조의 손자. 문재가 뛰어났고 문객과 함께《淮南子(原名, 鴻烈)》를 저술. 경제 때, 吳楚七國의 난에는 가담하지 않았다. 武帝도 학문을 좋아했기에 유안을 諸父(숙부)로 받들었고, 뛰어난 언변에 박식, 文辭가 뛰어난 유안을 존중하였다. 元狩 元年(前 122), 반란 계획이 드러나자 아들과 함께 자살했다. 그러나 민간에서는 得道하여 신선이 되었다고 믿었다.('一人得道, 雞犬升天' 의 주인공). 두부를 최초로 만들었기에 지금도 두부집에서는 신으로 모신다. 44권, 〈淮南衡山濟北王傳〉에 立傳.

110 武安侯－田蚡(전분, ?－前 131). 전분의 同母異父의 여동생 王氏가 景帝의 2번째 皇后가 되었고, 그 소생인 劉徹이 武帝로 즉위하자 전분은 武安侯에 봉해졌고 太尉를 거쳐 丞相에 올랐다. 대단한 추남에 속했으나 文辭가 뛰어났었다. 52권, 〈竇田灌韓傳〉에 立傳.

111 이 부분은 44권, 〈淮南衡山濟北王傳〉에 상세한 기록이 있다.

112 이들은 모두 景帝의 아들이다.

주 어졌고, 어떤 때는 민가를 없거나 二千石(太守)을[113] 독약으로 죽이기도 하였는데, 淮南王(劉安)과 衡山王 劉賜(유사)는 결국 謀反했다. 膠東王(교동왕)과 江都王도 모두 그 반역 모의를 알고서 은밀히 각종 병기를 주조하여 劉安에 호응하려 했다.

그러다가 元朔 6년(前 123)에 발각되어 모두 법에 의거 처형되었다. 그때 田蚡(전분)은 이미 죽었기에 형을 받지 않았다. 무제는 동중서가 앞서 올린 글을 생각하여 동중서의 제자인 呂步舒(여보서)에게 斧鉞(부월)을 내려 淮南王이 獄案(옥안)을 처리케 하였는데, (여보서는) 《春秋》의 대의에 의거 사건을 단독 처리하였고 조정에 판결 내용의 승낙을 요청하지도 않았다. 나중에 입조하여 결과를 보고하자, 무제는 모두 승인하였다.

原文

太初元年十一月乙酉, 未央宮柏梁臺災. 先是, 大風發其屋, 夏侯始昌先言其災日. 後有江充巫蠱衛太子事.

113 二千石 - 前漢에서는 인구 20만 이상의 郡에 太守와 郡尉(군위, 秩祿 二千石)를 두고 군의 치안과 군사업무를 담당케 했다. 郡의 太守나 제후국 相의 질록(연봉)이 이천석이었다. 중앙의 고급 관원. 中二千石, 二千石, 比二千石의 3등급이 있음. 9卿은 중이천석. 이천석은 태수의 별칭으로 통용되었다. 참고로, 승상의 질록은 1만석이었다. 漢代의 관리 녹봉은 곡식의 石(120斤)으로 정해졌지만 녹봉을 곡식으로 받지 않고 錢으로 받았다.

〖국역〗

太初 원년(前 104) 11월 乙酉日, 未央宮(미앙궁) 柏梁臺(백량대)가[114] 불탔다. 이보다 앞서 大風에 民家가 쓰러졌는데,[115] 夏侯始昌(하후시창)은[116] 먼저 그 災日(재일)을 말했었다. 그 뒤에 江充(강충)이[117] 衛(위)太子의 일을 巫蠱(무고)하였다.[118]

114 柏梁臺(백량대) - 武帝가 元鼎 二年(前 115년), 未央宮 서쪽에 지은 누각. 이때 벼락으로 인한 화재로 소실되었다.

115 원문 大風發其屋 - 여기 發은 廢(폐할 폐, 무너트리다)와 通.

116 夏侯始昌(하후시창, 夏侯는 복성, 생졸년 미상)은 魯國 사람이다. 《五經》에 박통했고 《齊詩》와 《尚書》를 가르쳤다. 董仲舒와 韓嬰(한영)이 죽은 뒤에 무제는 하후시창을 등용해 매우 신임하였다. 하후시창은 음양술에도 밝아 柏梁臺(백량대)에 재해가 발생할 날을 예언했는데, 과연 그날에 화재로 소실되었다. 하후시창은 늙어 천수를 누리고 죽었다. 族子인 夏侯勝(하후승) 또한 유생으로 유명하였다.

117 江充(강충, ? - 前 91)의 본명은 江齊(강제)로, 그의 여동생이 악기를 잘 연주하고 가무에 뛰어나 趙의 태자 劉丹(유단)에게 시집을 갔다. 강제는 趙 敬肅王(劉彭祖)의 신임을 받는 상객이 되었다. 얼마 후 태자는 강제가 자신의 음란한 사생활을 왕에게 밀고한다고 의심하며, 강제와 사이가 나빠졌고 관리를 시켜 체포하게 했으나 잡지 못하자 그의 父兄을 잡아 가두고 조사한 뒤 기시형에 처했다. 강제는 자취를 감추고 도망하여 서쪽으로 關中(관중)으로 가서 이름을 江充으로 바꿨다. 武帝에 의해 신임을 얻고 무고행위를 조사한다고 위태자를 모함하였다. 나중에 무제에 의해 삼족이 멸족 당했다. 45권, 〈蒯伍江息夫傳〉에 입전.

118 巫蠱(무고) - 巫는 무당 무. 蠱는 독 고, 벌레 고. 邪術(사술)로 남에게 위해를 가하는 행위, 그런 행위가 효과가 있다고 믿었다.

原文

征和二年春, 涿郡鐵官鑄鐵, 鐵銷, 皆飛上去, 此火爲變使之然也. 其三月, 涿郡太守劉屈氂爲丞相. 後月, 巫蠱事興, 帝女諸邑公主,陽石公主,丞相公孫賀,子太僕敬聲,平陽侯曹宗等皆下獄死.

七月, 使者江充掘蠱太子宮, 太子與母皇后議, 恐不能自明, 乃殺充, 擧兵與丞相劉屈氂戰, 死者數萬人, 太子敗走, 至湖自殺.

明年, 屈氂復坐祝驗要斬, 妻梟首也.

成帝河平二年正月, 沛郡鐵官鑄鐵, 鐵不下, 隆隆如雷聲, 又如鼓音, 工十三人驚走. 音止, 還視地, 地陷數尺, 鑪分爲十, 一鑪中銷鐵散如流星, 皆上去, 與征和二年同象.

其夏, 帝舅五人封列侯, 號五侯. 元舅王鳳爲大司馬大將軍秉政. 後二年, 丞相王商與鳳有隙, 鳳譖之, 免官, 自殺. 明年, 京兆尹王章訟商忠直, 言鳳顓權, 鳳誣章以大逆罪, 下獄死, 妻子徙合浦.

後許皇后坐巫蠱廢, 而趙飛燕爲皇后, 妹爲昭儀, 賊害皇子, 成帝遂亡嗣. 皇后,昭儀皆伏辜. 一曰, 鐵飛屬金不從革.

〖국역〗

(武帝) 征和(정화) 2년(前 91) 봄, 涿郡(탁군)[119] 鐵官(鐵場)에서 鑄

119 涿郡(탁군, 涿은 들을 탁. 두드리다) – 치소는 涿縣, 今 河北省 중부 保定市

鐵(주철)할 때 鐵이 녹아서 모두 날아올라 흩어졌는데, 이는 火가 변하여 그렇게 된 것이었다.

그 해 3월, 涿郡의 太守인 劉屈氂(유굴리)가[120] 승상이 되었다. 몇 달 뒤에 巫蠱(무고) 사안이 일어났고 무제의 딸인 諸邑公主, 陽石公主, 丞相 公孫賀(공손하)의 아들인 太僕 公孫敬聲, 平陽侯 曹宗(조종) 등이 모두 下獄되었다가 죽었다.

7월, (武帝의) 使者인 江充(강충)이[121] 太子宮에서 巫蠱(무고)의 증거물을 파내자, 衛太子(戾太子)는[122] 모친인 衛皇后와 의논하여 (무죄나 모함을 받았으며) 자신을 해명하기 어려울 것이라 생각하여 강충을 죽이려고 擧兵하였고[123] 丞相 劉屈氂(유굴리)의 군사와 싸웠는데 죽은 자가 수만 명이었으며, 太子는 敗走하여 湖縣에서[124] 自殺하였다.

---

관할의 涿州市.

120 劉屈氂(유굴리, 氂는 다스릴 리. 犛는 꼬리 리) - 劉屈犛(유굴리)는 武帝의 庶兄인 中山靖王의 아들인데, 처음에 어떻게 승진했는가를 알 수 없다. 종친으로 승상을 봉하는 선례가 되었다. 66권, 〈公孫劉田王楊蔡陳鄭傳〉에 입전

121 江充(강충, ? - 前 91) - 키 크고 잘생긴 외모 덕분에 무제의 신임을 얻었다. '巫蠱之禍(무고지화)'를 일으킨 장본인. 본인은 戾太子에게 피살, 武帝에 의해 삼족이 멸족 당했다. 45권, 〈蒯伍江息夫傳〉에 입전.

122 황태자 劉據(유거, 前 128 - 91), 戾太子. 戾는 시호. 前 122년에 태자로 책봉. 巫蠱(무고)의 화를 당해 거병하여 江充을 죽였으나 관군에 패해 자살하였다. 宣帝는 여태자의 손자이다.

123 이때 무제는 甘泉宮에 피서 중이었기에 장안에 不在했다.

124 縣名. 今 河南省 서쪽 끝 靈寶市. 겨우 함곡관을 벗어났었다.

明年에 유굴리는 다른 저주 죄로 허리를 잘려 죽었고,[125] 그 아내는 梟首(효수)되었다.[126]

成帝 河平 2년(前 27) 정월, 沛郡(패군)의[127] 鐵官에서 鑄鐵(주철)하는데 鐵이 녹아내리지 않고, 우루릉, 우르릉 천둥소리나 때로는 북소리가 나자 工匠 13명이 놀라 달아났다. 소리가 그쳐 돌아와 그 장소를 보니, 땅이 여러 자(尺) 깊이로 꺼졌고(陷, 빠질 함), 鐵鑪(철로, 鎔鑛爐)는 10개로 쪼개졌고, 그중 하나에서는 녹았던 쇠가 流星처럼 흩어지며 모두 위로 올라갔는데, (武帝) 征和 2년과 같은 형상이었다.

그 해 여름, 成帝는 외숙 五人을 列侯에 봉했고 (사람들은 그들을) 五侯라 불렀다. 큰 외숙인(元舅) 王鳳(왕봉)은 大司馬인 大將軍으로 정권을 장악했다(秉政, 掌權). 2년 뒤, 丞相인 王商(왕상)과 王鳳(왕봉)은 틈이 벌어졌고,[128] 왕봉이 왕상을 참소하자 왕상은 免官하고 自殺하였다. 明年에 京兆尹(경조윤)인 王章(왕장)이[129] '왕상은

125 要斬 - 要(구할 요)는 腰(허리 요)와 通. 斬은 벨 참.

126 梟首(효수) - 梟는 올빼미 효. 올빼미는 惡鳥. 목을 베어 매달다.

127 沛郡(패군) - 치소는 相縣, 今 安徽省 북단 淮北市 서북.

128 여기 王商(樂昌侯)은 漢 宣帝의 모친 王翁須(왕옹수)의 조카이다. 왕봉의 동생 중 한 사람인 王商(成都侯)은 魏郡 元城縣 사람으로, 漢 成帝의 母 王政君의 兄弟로 王鳳의 동생인데 成帝 때 大司馬 大將軍을 역임했으며 王莽(왕망)의 叔父이다.

129 王章은 아내와 어렵게 살며 학문을 했다. 성제 때 王鳳의 전권을 행사하자, 왕봉의 편에 서지 않았고 비난하여 결국 하옥되어 옥사하였다. 경조윤을 역임한 王尊(왕준, 王遵), 王章, 王駿(왕준)을 三王이라 지칭했다. 76권, 〈趙尹韓張兩王傳〉에 입전.

충직한 사람이었으며, 왕봉이 권력을 마음대로 휘들렀다.' 고 上訴하자, 왕봉은 왕장을 대역죄로 무고했고, 왕장은 하옥되어 죽었으며, 그 처자를 合浦郡으로[130] 이주시켰다.

뒤에 (成帝의) 許皇后가[131] 巫蠱(무고)에 연좌되어 廢位(폐위)되었고, 趙飛燕(조비연)은 황후가 되었고, 여동생도 昭儀(소의)가 되어서[132] 皇子를 해쳤기에 成帝는 결국 후사가 없었다. (나중에) 趙皇后와 趙昭儀 모두 죄에 걸려 죽었다(伏辜).

一說에는, 鐵이 飛上했기에 金에 屬한 氣가 형체를 바꾸지 못했기에 이런 일이 발생했다고 하였다.

**原文**

昭帝元鳳元年, 燕城南門災.

劉向以爲時燕王使邪臣通於漢, 爲讒賊, 謀逆亂. 南門者, 通漢道也. 天戒若曰, '邪臣往來, 爲姦讒於漢, 絶亡之道也.' 燕王不寤, 卒伏其辜.

---

130 合浦郡 - 今 廣西壯族自治區 北海市 관할의 合浦縣. 廣東省과 경계.

131 許皇后 - 孝成許皇后. 97권, 〈外戚傳 下〉에 입전.

132 趙飛燕(조비연, 前45 - 前 1년) - 成帝는 微行(미행)으로 陽阿(양아)公主의 집에 들렀다가 趙飛燕을 보고 좋아하여 궁으로 불러들여 크게 총애하였다. 조비연의 여동생도 이어서 불러 둘 다 첩여가 되었다. 조비연은 能歌善舞하여 소위 掌中舞했다는 설화가 있다. 成帝의 2번째 황후였고, 성제는 日夜로 유락에 빠져 갑자기 죽었다. 哀帝가 즉위하자 皇太后가 되었으나 平帝 즉위 뒤에 서인으로 강등되자 자살했다. 97권, 〈外戚傳〉(下)에 입전.

〖국역〗

昭帝 元鳳 원년(前 80), 燕國 都城 南門이 불탔다.

劉向은, '그때 燕王이[133] 邪臣(사신)을 시켜 漢室과 왕래케 하며 참소나 일삼는 賊臣이 되어 반역을 도모했기 때문이라.' 고 생각했다.

南門이란 漢室과 통할 수 있는 門이다. 天戒는 '邪臣이 왕래하며 漢에 간악한 참소라 하니, 이는 멸망의 길이다.'[134] 라는 뜻이었다. 그러나 燕王은 깨닫지 못했고 끝내 죄에 걸려 죽었다.

原文

元鳳四年五月丁丑, 孝文廟正殿災.

劉向以爲 '孝文, 太宗之君, 與成周宣榭火同義.' 先是, 皇后父車騎將軍上官安,安父左將軍桀謀爲逆, 大將軍霍光誅之. 皇后以光外孫, 年少不知, 居位如故. 光欲後有子, 因上侍疾醫言, 禁內後宮皆不得進, 唯皇后顓寢. 皇后年六歲而立, 十三年而昭帝崩, 遂絶繼嗣. 光執朝政, 猶周公之攝也.

是歲正月, 上加元服, 通《詩》,《尙書》, 有明悊之性. 光亡

133 燕王(燕 剌王 劉旦, ? - 前 80) - 무제의 아들. 剌은 어그러질 날. 刺(찌를 척)이 아님. 元鳳 원년(前 80)에 상관걸과 함께 곽광을 제거, 昭帝를 폐한 뒤에 자립하려는 모반이 누설되어 자살했다. 63권, 〈武五子傳〉에 입전.

134 원문 絶亡之道也 - 絶亡은 滅亡.

周公之德, 秉政九年, 久於周公, 上旣已冠而不歸政, 將爲國害. 故正月加元服, 五月而災見. 古之廟皆在城中, 孝文廟始出居外, 天戒若曰, '去貴而不正者.'

宣帝旣立, 光猶攝政, 驕溢過制, 至妻顯殺許皇后, 光聞而不討, 後遂誅滅.

〖국역〗

(昭帝) 元鳳 4년 5월 丁丑日, 孝文帝 廟堂의 正殿에서 불이 났다.

劉向은 '孝文帝는[135] 廟號가 太宗인데, 成周(西周) 宣王 때 榭亭(사정)의 화재와 같은 의미라.' 고 말했다.

이보다 앞서, (昭帝) 上官皇后의 부친 車騎將軍 上官安(상관안)과 上官安의 부친 左將軍 上官桀(상관걸)은 반역을 꾸몄기에, 大將軍 霍光(곽광)이 이들을 주살하였다.[136] 上官皇后는 곽광의 外孫인데다가[137] 나이가 어려 (반역을) 몰랐기에 황후의 자리를 유지했다. 뒷날 곽광은 (上官황후의) 아들의 출산을 바라면서 소제의 병환을 치료하는 시의에게 궁궐 내 다른 후궁이 침소에 들지 못하게 하여

---

135 고조 劉邦과 薄姬(박희)의 아들. 이름은 劉恒(유항). 前 203年 출생 - 180년 즉위 - 157년 붕어(22년 재위, 46세 붕어). 霸陵(패릉)에 안장. 諡號(시호) 孝文皇帝. 廟號, 太宗.

136 昭帝 元鳳 원년(前 80) 9월, 鄂邑(악읍) 長公主와 燕王 旦(단)이 左將軍 上官桀(상관걸), 상관걸의 아들 표기장군 上官安, 어사대부 桑弘羊(상홍양) 등이 함께 반역하여 형벌을 받아 죽었다.

137 上官桀의 아들 上官安과 곽광의 딸이 결혼했었고, 상관안의 딸이 소제의 황후가 되었다. 곽광의 외손녀.

오직 上官황후만이 專寢(전침)케 하였다. 상관황후는 6살에 황후가 되었는데 13살에 昭帝가 붕어하면서 끝내 후사가 없었다. 곽광은 조정이 정치를 전담하여 마치 (西周) 周公(주공)의 攝政(섭정)과 같았다.

이 해의 정월, 昭帝는 관례를 치렀고,[138] 《詩》와 《尙書》의 大義에도 通하였으며 천성이 명철하였다. 곽광은 周公과 같은 德行도 없이 9년 동안 專權을 행사하여 周公보다도 오래였으며, 소제가 이미 관례를 치렀는데도 정사를 반환하지 않아 결국 나라에 危害가 되었다.

그래서 정월에 관례를 치렀지만, 5월에 화재로 하늘의 뜻을 발현한 것이다. 옛날의 묘당은 모두 城 안에 있었지만 문제의 묘당부터 城外에 설치했었는데, 天戒는 '不正한 貴人을 제거하라.' 는 말과 같았다.

宣帝가 즉위한 뒤에도 곽광은 攝政(섭정)을 계속했고, 禮制를 지나치게 넘어 교만하였고, 결국 (곽광이 처) 顯(현)이 (宣帝의) 許皇后를 독살하였는데, 곽광은 이를 알고서도 懲治(징치)하지 않았으며, (곽광이 죽은 뒤에야) 그 일문은 멸족되었다.[139]

**原文**

宣帝甘露元年四月丙申, 中山太上皇廟災. 甲辰, 孝文廟災. 元帝初元三年四月乙未, 孝武園白鶴館災.

---

138 上加元服 - 元服은 冠(관). 冠禮는, 곧 成人式.

139 이는 68권, 〈霍光金日磾傳〉에 상세히 기록했다.

劉向以爲先是前將軍蕭望之,光祿大夫周堪輔政, 爲佞臣石顯,許章等所譖, 望之自殺, 堪廢黜. 明年, 白鶴館災. 園中五里馳逐走馬之館, 不當在山陵昭穆之地. 天戒若曰, '去貴近逸遊不正之臣, 將害忠良.'

後章坐走馬上林下烽馳逐, 免官.

〖국역〗

宣帝 甘露 원년(前 53) 4월 丙申日에, 中山國의 太上皇(高祖의 先親) 묘당에 불이 났다. 甲辰日, 孝文帝 묘당에 불이 났다. 元帝 初元, 3년(前 46) 4월 乙未日, 孝武帝 능원의 白鶴館(백학관)에 불이 났다.

劉向은 '앞서 前將軍 蕭望之(소망지)와[140] 光祿大夫 周堪(주감)이[141] 輔政(보정)했지만 佞臣(영신)인 石顯(석현)과[142] 許章(허장) 등의 참소로 소망지는 자살하고 주감은 폐출되었기 때문이라.' 고 생각했다.

明年에, 白鶴館에 불이 난 것은 능원에 5리에 걸쳐 말을 달릴 수

---

140 蕭望之〔소망지, ? – 前 46, 字는 長倩(장천)〕 – 元帝의 사부. 經學者로 五經과《齊詩》,《論語》에 박통. 京師의 여러 유생들이 소망지의 학문을 칭송하였다. 78권, 〈蕭望之傳〉에 입전.

141 光祿大夫 周堪 – 光祿大夫는 郞中令의 속관이지만 황제의 최측근 참모. 秩 比二千石. 周堪(주감)은 원제가 태자일 때 太子少傅가 되어 태자의 학문을 교육했다. 88권, 〈儒林傳〉에 입전.

142 石顯(석현, ? – 前 33)의 字는 君房(군방)으로, 젊어 죄를 지어 腐刑(부형)을 받고 中黃門이 되었고 선발되어 중상서가 되었다. 원제 즉위 몇 년 뒤에 석현이 중서령이 되어 정사를 독점했었다. 93권, 〈佞幸傳〉에 立傳.

있는 객관을 山陵 昭穆(소목)의 땅에 부당하게 지었기 때문이다.[143] 天戒가 '측근으로 멋대로 놀며 충량한 신하를 해칠 不正한 고위직의 신하를 제거하라.'는 뜻과도 같았다.

뒷날 許章(허장)은 상림원에서 횃불을 들고 말을 달리며 사냥을 한 죄로 면직되었다.

**原文**

永光四年六月甲戌, 孝宣杜陵園東闕南方災.

劉向以爲先是上復徵用周堪爲光祿勳, 及堪弟子張猛爲太中大夫, 石顯等復譖毁之, 皆出外遷. 是歲, 上復徵堪領尙書, 猛給事中, 石顯等終欲害之. 園陵小於朝廷, 闕在司馬門中, 內臣石顯之象也. 孝宣, 親而貴, 闕, 法令所從出也.

天戒若曰, '去法令, 內臣親而貴者必爲國害.' 後堪希得進見, 因顯言事, 事決顯口. 堪病不能言. 顯誣告張猛, 自殺於公車.

成帝卽位, 顯卒伏辜.

〖국역〗

(元帝) 永光 4년(前 40) 6월 甲戌日, 孝宣帝 杜陵園 東闕의 남방에서 불이 났다.

143 원문 不當在山陵昭穆之地 - 선조의 園陵. 昭穆(소목)은 종묘나 사당에 神位를 모시는 차례.

劉向은 앞서 원제가 (소망지 자결 뒤에) 다시 周堪(주감)을 불러 光祿勳(광록훈)에[144] 임용했고, 주감의 제자인 張猛(장맹)을 太中大夫에 임명하자, 石顯(석현) 등은 다시 이들을 참소하여 모두 외직으로 좌천시켰기 때문이라고 생각하였다. 이 해에 원제는 다시 주감을 불러 尙書 업무를 관장케 하였고, 장맹은 給事中(급사중)이 되었는데 石顯(석현) 등은 끝까지 이들을 해치려 했다. 園陵은 朝廷보다 적고, 闕樓(궐루)는 司馬門 안에 있기에 內臣인 石顯을 뜻한다. 孝宣帝는 (원제에게는) 親하며 貴한 존재이고, 闕은 명령이 발표되는 곳이다.

天戒는 '內臣으로 親하고 貴한 者는 틀림없이 해가 될 것이니 법령으로 제거하라.' 는 뜻이었다. 뒷날 주감은 원제를 거의 알현하지 못했으며, 석현이 정사를 주관하면서 석현의 뜻에 따라 결정되었다. 그러나 주감은 병이 들어 말을 하지 못했다. 석현은 장맹을 모함하였고, 장맹은 公車에서 자살하였다.[145]

成帝가 즉위한 뒤, 석현은 결국 죄를 받아 죽었다.

---

144 光祿勳(광록훈) – 宮殿 경비 담당, 출입자 단속. 武帝 太初 원년 郎中令(낭중령)을 光祿勳으로 개명했다. 질록 中二千石. 屬官으로 大夫, 郎, 謁者를 두었다. 大夫는 정사에 대한 의론을 담당하는데 太中大父, 中大父, 諫大夫가 있는데 정원이 없고 많을 때는 수십 명이나 되었다.

145 公車는 官署 명칭. 衛尉의 속관인 公車司馬令(간칭 公車令)의 근무처. 공거령은 궁궐 外門(司馬門)의 경비를 담당한다. 지방에서 황제에게 上奏할 사람이나 인재로 뽑혀 부름을 받아 장안에 도착한 자는 모두 公車에 가서 신고하고 대기해야 한다. 거기서 관직을 받거나 불려 들어가 알현하거나 상주문을 올렸다.

原文

成帝建始元年正月乙丑, 皇考廟災. 初, 宣帝爲昭帝後而立父廟, 於禮不正. 是時大將軍王鳳顓權擅朝, 甚於田蚡, 將害國家, 故天於元年正月而見象也. 其後寖盛, 五將世權, 遂以亡道.

鴻嘉三年八月乙卯, 孝景廟北闕災. 十一月甲寅, 許皇后廢.

〖국역〗

成帝 建始 원년(前 32) 정월 乙丑日, 皇考의 廟堂에서[146] 불이 났다. 宣帝는 昭帝의 뒤를 이어 즉위했기에 先父의 묘당을 (별도로) 건립한 것은 예법에 맞지 않았다. 이때 大將軍 王鳳(왕봉, 成帝의 큰 외숙)은 조정의 실권을 쥐고 흔들었는데, (武帝 때) 田蚡(전분)보다 심하여 나라에 해를 끼쳤기에 하늘은 (成帝의) 元年 정월에 그 징조를 보여주었다. (五侯의 세력은) 그 뒤로 점점 강성하면서 뒤를 이어 권력을 장악했고, 결국 正道를 잃었다.

(成帝) 鴻嘉(홍가) 3년(前 18), 8월 乙卯日, 孝景帝 廟堂의 北闕에서 불이 났다. 11월 甲寅日, (成帝) 許皇后가 폐위되었다.[147]

---

146 원문 皇考廟災 – 建始는 成帝의 첫 번째 연호. 皇考는 宣帝의 生父. 보통 史皇孫이라 불렀다. 皇考는 元帝의 조부이고, 成帝에게는 曾祖이다. 성제는 宣帝의 長孫이었기에 선제가 무척이나 애지중지했었다.

147 宣帝 許皇后의 친정 사람. 한때 성제의 총애를 받았지만 趙飛燕이 들어오면서 폐위되었다.

**原文**

永始元年正月癸丑, 大官凌室災. 戊午, 戾后園南闕災.

是時, 趙飛燕大幸, 許后旣廢, 上將立之, 故天見象於凌室, 與惠帝四年同應. 戾后, 衛太子妾, 遭巫蠱之禍, 宣帝旣立, 追加尊號, 於禮不正. 又戾后起於微賤, 與趙氏同.

天戒若曰, '微賤亡德之人不可以奉宗廟, 將絶祭祀, 有凶惡之禍至.' 其六月丙寅, 趙皇后遂立, 姊妹驕妒, 賊害皇子, 卒皆受誅.

〚국역〛

(成帝) 永始 원년(前 16) 정월 癸丑日, 大官(太官)의 凌室(능실)에서[148] 불이 났다. 戊午日, 戾后園(여후원) 南闕에서 불이 났다.

이때, 趙飛燕(조비연)을 크게 총애하면서 許皇后가 이미 폐위되었기에, 成帝는 조비연을 황후로 책립하려 했기에 하늘이 豫示를 凌室(능실)에 보여준 것이니, 惠帝 4년이 火災와 상응하였다. 戾后는 본래 衛太子의 妾身이었고 巫蠱(무고)의 禍를 당했으며, 宣帝가 즉위한 뒤에 尊號를 추가하였지만, 예법에는 옳지 않았다. 또 戾后는 미천한 신분 출신이었고 趙氏(趙飛燕)도 이와 같았다.[149]

---

**148** 원문 大官凌室 – 大官은 太官(令). 少府의 속관. 황제의 식사 담당. 질록 1千石. 凌室(능실)은 얼음을 보관하는 창고. 凌은 얼음. 얼음을 보관하는 방. 廚房(주방). 능가할 능. 깔보다.

**149** 趙飛燕은 본래 장안에 사는 노비의 딸이었다. 처음 태어났을 때 부모가 거두지 않았는데 3일이 지나도 죽지 않자 그때서야 거두어 길렀다. 다

天戒는 마치 '微賤하고 덕행이 없는 사람은 종묘를 받들 수 없어 장차 제사가 끊길 것이고 흉악한 화를 불러올 것이다.' 라는 뜻과 같았다.

그 해 6월 丙寅日, 趙皇后는 결국 책립되었고 그 자매는 교만과 질투로 皇子를 해쳤기에 결국 모두 죽어야만 했다.

原文

永始四年四月癸未, 長樂宮臨華殿及未央宮東司馬門災. 六月甲午, 孝文霸陵園東闕南方災.

長樂宮, 成帝母王太后之所居也. 未央宮, 帝所居也. 霸陵, 太宗盛德園也. 是時, 太后三弟相續秉政, 擧宗居位, 充塞朝廷, 兩宮親屬將害國家, 故天象仍見. 明年, 成都侯商薨, 弟曲陽侯根代爲大司馬秉政. 後四年, 根乞骸骨, 薦兄子新都侯莽自代, 遂覆國焉.

〖국역〗

永始 4년(前 13) 4월 癸未日, 長樂宮의 臨華殿(임화전)과 未央宮의 東司馬門에서 불이 났다. 6월 甲午日, 孝文帝 霸陵園(패릉원)의 東闕 남방에서 불이 났다.

---

자라서 陽阿公主의 집에 맡겨져 가무를 배웠는데 飛燕(비연)이라고 불렀다. 성제가 어느 날 미행을 나갔다가 양아공주의 집에 들러 놀았는데, 성제는 비연을 보고 좋아하여 궁으로 불러들여 크게 총애하였다.

長樂宮은 成帝 母인 王太后(名 政君)의 거처이다. 未央宮은 황제의 거처이다. 霸陵(패릉)은 太宗(文帝) 盛德園이다. 이때 王太后의 (친정) 3형제가 서로 이어가며 정권을 잡고 온 집안이 고위직을 조정을 꽉 채웠으며,[150] 兩宮의 親屬이[151] 나라에 해악을 끼치기에 하늘의 징조가 나타난 것이다.

明年에, 成都侯인 王商이 죽자 그 동생인 曲陽侯 王根이 대신하여 大司馬가 되어 권력을 잡았다. 그 4년 뒤, 王根이 은퇴하며[152] 조카인 新都侯 王莽(왕망)을 천거하여 자신의 뒤를 잇게 했고 결국은 나라를 뒤엎었다.

**原文**

哀帝建平三年正月癸卯, 桂宮鴻寧殿災, 帝祖母傅太后之所居也. 時, 傅太后欲與成帝母等號齊尊, 大臣孔光,師丹等執政, 以爲不可, 太后皆免官爵, 遂稱尊號. 後三年, 帝崩, 傅氏誅滅.

---

150 陽平侯 王鳳(왕봉)은 여러 공경을 주살했으며, 成都侯 王商(왕상)이 한창 성할 때는 明光宮을 차지하고 살았다. 曲陽侯 王根(왕근)이 한창 힘을 쓸 때는 참람하게도 집 대문에 붉은 칠을 했었다. 이는 참람한 행위였다. 新都侯 王莽(왕망)은 끝까지 올라(황제가 되어) 난리를 치다가 죽었다.

151 王太后의 一族과 趙皇后의 일족.

152 乞骸骨 - 늙어 관직 은퇴하기를 청원하다. 乞骸. 乞身. 乞은 빌 걸. 요청하다. 骸는 뼈 해.

〖국역〗

哀帝 建平 3년(前 4년) 정월 癸卯日(계묘일), 桂宮(계궁) 鴻寧殿(홍녕전)에서 불이 났는데, (홍녕전은) 애제의 祖母 傅太后(부태후)의 거처였다. 그때, 傅太后는 成帝의 모친과(王太后) 동등한 칭호와 존칭을 받으려 했으나 大臣인 孔光(공광), 師丹(사단) 등이 執政하며 不可하다고 하자, 太后는 그들의 관작을 모두 박탈한 뒤에 결국 尊號를 칭했다. 그 3년 뒤, 애제가 붕어하자, 傅氏(부씨) 일족은 주살 멸족되었다.[153]

原文

平帝元始五年七月己亥, 高皇帝原廟殿門災盡. 高皇帝廟在長安城中, 後以叔孫通譏復道, 故復起原廟於渭北, 非正也. 是時平帝幼, 成帝母王太后臨朝, 委任王莽, 將篡絶漢, 墮高祖宗廟, 故天象見也. 其冬, 平帝崩. 明年, 莽居攝, 因以篡國, 後卒夷滅.

〖국역〗

平帝 元始 5년(서기 5) 7월 己亥日, 高皇帝의 原廟(원묘)의[154] 殿門

153 애제 때 부태후는 미앙궁의 北宮에 거처하며 애제의 정치를 휘둘렀는데, 그 단초는 왕태후가 부태후를 불러들였기 때문이다. 애제가 죽은 뒤 傅氏 일족의 멸망은 물론 부태후의 무덤까지 파헤쳐졌다.

154 原廟(원묘) – 두 번째로 만든 고조의 묘당. 다시 증설한 廟堂. 副廟라 할 수 있다. 이때 原은 重(겹치다), 再(다시)의 뜻이다. 惠帝는 동쪽 長樂宮

이 불타 없어졌다. 高皇帝의 廟堂은 본래 長安城 성 안에 있었는데, 나중에 叔孫通(숙손통)이 고조 묘당 위로 복도를 내어 통행할 수 없다고 하여, (惠帝 때) 渭水(위수) 북쪽에 다시 지은 묘당이었고 正廟가 아니었다.

是時에 平帝는 어렸기에(幼), 成帝 母后 王太后가 臨朝하였지만, 실제 정사는 王莽(왕망)에게 위임했는데, (왕망이) 장차 簒位(찬위)하여 漢의 제사를 끊어버리고 高祖의 종묘도 헐어버릴 것이기에 이러한 天象이 나타난 것이다.

그 해 겨울 平帝가 붕어했다. 明年에, 왕망은 居攝(거섭, 황제 대행)이 되었고, 이를 바탕으로 簒國(찬국)하였으며 결국 漢朝를 없애버렸다(夷滅).

---

에 가서 태후를 뵙거나 다른 행차에 자주 길을 막고 치워 백성을 번잡하게 한다 하여 武庫 남쪽에 複道를 짓고 통행하였는데, 叔孫通(숙손통)이 틈을 보아 혜제에게 물었다. "陛下께서는 고조의 의관이 매달 高廟를 돌아야 하는데 그 寢殿 위로 왜 복도를 만드셨는지요? 자손이 어떻게 종묘의 길 위를 지나다닐 수 있겠습니까?" 이에 혜제가 걱정하며 말했다. "빨리 허물어 버리겠노라." 그러자 숙손통이 말했다. "人主는 실수를 해서는 안 됩니다. 지금 이미 만들었기에 백성들이 다 알고 있습니다. 바라옵건대, 폐하께서는 渭水 북쪽에 종묘를 하나 더 지어 의관을 매달 꺼내어 순행케 하시면 되니, 종묘를 더 짓거나 넓히는 것은 大孝의 근본입니다." 혜제는 有司에게 명을 내려 원묘를 짓게 하였다.

## 3. 土

**原文**

傳曰,「治宮室, 飾臺榭, 內淫亂, 犯親戚, 侮父兄, 則稼穡不成.」

說曰, 土, 中央, 生萬物者也. 其於王者, 爲內事. 宮室,夫婦,親屬, 亦相生者也. 古者天子諸侯, 宮廟大小高卑有制, 后夫人媵妾多少進退有度, 九族親疏長幼有序.

孔子曰,「禮, 與其奢也, 寧儉.」故禹卑宮室, 文王刑於寡妻, 此聖人之所以昭教化也.

如此則土得其性矣. 若乃奢淫驕慢, 則土失其性. 亡水旱之災而草木百穀不孰, 是爲稼穡不成.

〖국역〗

經典에서는,[155] 「宮室을 짓고, 臺榭(대사)를[156] 꾸미며, 안에서는 淫亂하고, 親戚(친척)에게 얼굴을 붉히고, 父兄을 깔본다면, 稼穡(가색, 農事)이 잘 되지 않는다.」고 하였다

---

155 傳曰 - 劉向의 저술인《洪範 五行傳》을 지칭. 傳은 經을 보충 설명한 학자들의 말.《洪範 五行傳》은 上古 이래의 災異에 따른 時政의 득실을 附會하여 天人感應說과 讖緯說(참위설)을 널리 강조. 유향의 이 저술은 不傳. 편의상 '경전에서는' 으로 번역한다.

156 臺榭(대사) - 높고 큰 누각이나 정자. 활쏘기 등 講武하는 정자. 臺는 높고 평평한 곳. 榭는 정자 사. 道場. 講武하는 곳.

그 해설에서 말했다. 土는 (방위로는) 中央이며, 萬物이 태어나는 곳이다. 王者에 대하여 말하자면 宮內의 일이다. 宮室, 夫婦, 親屬 등 모두가 相生 관계이다. 그래서 古者에 天子나 諸侯, 宮廟의 大小나 높낮이(高卑) 모두에 법제가 있으며, 后(후)나 夫人, 그리고 媵妾(잉첩)의[157] 多少나 진퇴에 모두 절도가 있어야 하고, 九族의 親疏(친소)나 長幼(장유)에도 次序(차서)가 있는 것이다.

孔子도 말했다. 「禮가 사치하기보다는 차라리 검소해야 한다.」[158]

그래서 禹(우)는 낮은 집에서 살았고,[159] 文王은 正妻에게 禮를 다하였으니,[160] 이는 聖人이 敎化의 원칙을 실천한 것이다.

이러해야만 土가 본연의 性을 가질 수 있다. 만약 교만하거나 사치와 음란, 교만하다면 土는 그 本性을 잃게 된다. 곧 水害나 旱害(한해) 같은 災害가 없어도 草木과 百穀이 성숙하지 않으니, 이것을 '稼穡(가색)이 不成한 것이라.' 한다.[161]

**原文**

嚴公二十八年「冬, 大(水)亡麥禾.」

---

157 媵妾 – 正妻가 아닌 賤妾(천첩). 媵婢(잉비). 媵은 보낼 잉.

158《論語 八佾》"子曰, ~, 禮與其奢也, 寧儉.~" 與~, 寧~은 ~보다는 차라리 ~ 하다.

159 원문 卑宮室 –《論語 泰伯》子曰, "禹, 吾無間然矣. 菲飮食, 而致孝乎鬼神, 惡衣服, 而致美乎黻冕, 卑宮室, 而盡力乎溝洫. 禹, 吾無間然矣."

160 刑於寡妻 – 刑은 법으로 삼다. 寡妻(과처)는 正妻, 嫡室(적실). 本妻.《詩 大雅 思齊》~, 刑于寡妻, 至于兄弟, 以御于家邦. ~.

161 稼穡(가색)은 농사. 稼는 심을 가. 穡은 거둘 색.

董仲舒以爲夫人哀姜淫亂, 逆陰氣, 故大水也.

劉向以爲水旱當書, 不書水旱而曰 '大亡麥禾' 者, 土氣不養, 稼穡不成者也.

是時, 夫人淫於二叔, 內外亡別, 又因凶飢, 一年而三築臺, 故應是而稼穡不成, 飾臺榭內淫亂之罰云. 遂不改寤, 四年而死, 禍流二世, 奢淫之患也.

〖국역〗

(魯) 嚴公(莊公) 28년,[162] 「겨울, 大水에 보리가 죽어버렸다.」[163]

董仲舒(동중서)는 (莊公의) 부인 哀姜(애강)이[164] 음란하여 陰氣를 거역했기에 홍수가 났다고 생각하였다. 劉向(유향)은 (《春秋》에) 水, 旱害는 응당 기록하는데, 水害나 旱害(한해)라고 기록하지 않고[165] '大亡麥禾' 라고 한 것은, 土氣가 不養하여 稼穡(가색)이 不成한 것이라고 생각하였다.

이때, (莊公의) 夫人은 二叔과[166] 음란하여 內外의 구별이 없었고 이 때문에 흉년이 들었으며, 1년 동안에 樓臺 3개를 지었기에 감응

162 嚴公은 莊公. 28년은 前 666년.

163 원문 大水亡麥禾 - 大水는 洪水. 亡는 無. 麥禾(맥화)는 보리. 보리 맥. 가을에 파종하여 싹이 터서 5, 6cm 자란 상태로 월동한다. 麥은 보리 맥. 禾는 벼 화. 곡식에 대한 총칭이다. 麥禾는 麥苗.

164 莊公 부인은 齊女.

165 원문 冬, 大(水)亡麥禾 - '水' 가 없는 판본이 있다. 水가 없어야 한다는 주석이 있다.

166 莊公의 두 동생. 시동생 2명과 함께 음란했다.

하여 稼穡(가색)이 不成하였으니, 臺榭(대사)를 꾸미고 家門에서 음란 행위에 대한 징벌이라 할 수 있다. 그러나 끝까지 깨달아 고치지 못하고 4년 뒤에(莊公 32년) 죽었으며, 후환이 2世(代)에[167] 걸쳤으니 음란에 따른 환란이었다.

## 4. 金

原文

傳曰,「好戰攻, 輕百姓, 飾城郭, 侵邊境, 則金不從革.」

說曰, 金, 西方, 萬物旣成, 殺氣之始也. 故立秋而鷹隼擊, 秋分而微霜降. 其於王事, 出軍行師, 把旄杖鉞, 誓士衆, 抗威武, 所以征畔逆止暴亂也.

《詩》云,「有虔秉鉞, 如火烈烈.」又曰,「載戢干戈, 載櫜弓矢.」動靜應誼,「說以犯難, 民忘其死.」金得其性矣. 若乃貪欲恣睢, 務立威勝, 不重民命, 則金失其性. 蓋工冶鑄金鐵, 金鐵冰滯涸堅, 不成者衆, 及爲變怪, 是爲金不從革.

〔국역〕

경전에서는,「전쟁을 좋아하고 백성을 경시하며, 성곽을 치장하

167 아들 子般과 다음 閔公.

고 변경을 침범한다면 金이 변혁하지 않는다.」라고 하였다.

그 해설에서 말했다. 金은 (方位로) 西方이니, 萬物이 이미 성숙하였으며 殺氣가 싹튼다.[168] 그래서 立秋에는 매들이 사냥을 하고,[169] 秋分에는 약한 서리가 내린다. 王事에서는 군사를 일으켜 징벌하니 깃발을 내세우며[170] 도끼를 잡고 군사와(士衆) 맹서를 하며 武威(무위)를 크게 떨치나니(抗威武), 이로써 반역자를 징벌하고 포악한 무리를 제지한다.

《詩》에서도[171] 「굳게 도끼를 잡으시니, 타오르는 불꽃과 같도다.」 하였고, 또 「방패와 창을 모아 싣고, 弓矢(궁시)를 활집에 넣으시니라.」고[172] 한 것은 그 動靜과 行止가 時宜(시의)한 것이며, 「危難을 두려워하지 않고, 백성은 죽음도 두려워하지 않는다.」라는 말은[173] 金이 본성을 얻은 것이다. 만약 (반대로) 탐욕이나 방자한 마음으로 위엄을 부리면서 깔보고(威勝) 백성의 목숨을 소중히 여기지 않는다면 金은 그 본성을 상실한다. 이는 아마도 工人이 金鐵을 제련하

---

168 殺氣는 陰氣, 寒氣.

169 원문 而鷹隼擊 – 鷹隼은 매의 총칭. 鷹은 매 응. 송골매. 海東青. 隼은 새매 준. 擊은 칠 격.

170 원문 把旄杖鉞 – 旄는 깃대장식 모. 旗幟(기치). 杖은 지팡이 장. 잡다. 鉞은 大斧(대부). 지휘관 권위의 상징.

171 《詩經 商頌 長發》의 구절. 虔은 정성 건. 견고하다. 秉鉞(병월)은 도끼를 잡다. 이는 殷 湯王의 정벌을 칭송한 구절.

172 원문 載戢干戈, 載櫜弓矢. – 이는 《詩 周頌 時邁(시매)》의 구절. 戢은 거둘 즙. 干戈(간과)는 방패와 창. 載는 싣다. 챙기다. 櫜는 활집 고.

173 원문 說以犯難, 民忘其死 – 이는 《易 兌卦(태괘)》의 彖辭(단사)이다. ☱☱(兌爲澤). 兌는 연못, 기쁨을 뜻한다. 彖辭(단사)에서는 「兌, 說也. 剛

면서(冶鑄, 야주) 金鐵을 차가운 물에 넣어 단단하게 하는 것이니,[174] (이렇게 하지 않으면) 器物이 되지 않는 것이 많고 變怪(변괴)할 것이니, 이는 金이 형체를 바꾸지 않은 것이다.[175]

原文

《春秋左氏傳》曰昭公八年「春, 石言於晉.」

晉平公問於師曠, 對曰, "石不能言, 神或馮焉. 作事不時, 怨讟動於民, 則有非言之物而言. 今宮室崇侈, 民力彫盡, 怨讟並興, 莫信其性, 石之言不宜乎!"

於是晉侯方築虒祁之宮. 叔向曰, "君子之言, 信而有徵."

劉歆以爲金石同類, 是爲金不從革, 失其性也. 劉向以爲石白色爲主, 屬白祥.

〖국역〗

《春秋左氏傳》魯 昭公 8년(前 534), 「봄, 晉에서는 돌이 말을 했다.」

晉의 平公이 師曠(사광)에게[176] 묻자, 대답했다.

"돌은 말을 할 수 없습니다만, 혹 神이 돌에 의지할 수는 있을 것

---

中而柔外, 說以利貞, 是以順乎天, 而應乎人. 說以先民, 民忘其勞. 說以犯難, 民忘其死, 說之大, 民勸矣哉!」라 하였다.

174 원문 金鐵冰滯涸堅 - 冰은 얼음 빙. 滯는 막힐 체. 빠트리다. 涸은 물마를 확. 달군 쇠를 찬물에 넣으면 물이 줄어들 것이다. 堅은 굳을 견.

175 원문 是爲金不從革 - 단단한 쇠이지만 변하는 것이 그 본성이라는 뜻.

176 師曠(사광) - 人名. 춘추시대 晉國의 음악을 관장하던 大夫.

입니다.[177] 어떤 일을 추진하며 時宜(시의)에 맞지 않거나 원한이나 불만이 백성에게 가득하면,[178] 말을 할 수 없는 사물이라도 말을 할 수 있을 것입니다. 지금 궁궐이 화려한 사치를 다하고 민력이 소진되었으며,[179] 백성의 원성이 사방에서 일어나고 백성이 살기가 힘들으니,[180] 돌이 말하는 것이 당연하지 않겠습니까?"

이때 晉侯는 한창 虒祁(사기)란 곳에 궁궐을 짓고 있었다.

이에 叔向(숙향)이[181] 말했다.

"君子(師曠)의 말은 믿을 만한 근거가 있습니다."

劉歆(유흠)은 金石은 同類이니, 이는 金이 革을 따르지 않아 그 본성을 잃은 것이라고 하였다. 劉向(유향)은 돌에 백색이 많으니, 이는 白祥(백상)의[182] 흉조일 것이라고 생각하였다.

原文

成帝鴻嘉三年五月乙亥, 天水冀南山大石鳴, 聲隆隆如雷, 有頃止, 聞平襄二百四十里, 壄雞皆鳴. 石長丈三尺, 廣厚略等, 旁著岸脅, 去地二百餘丈, 民俗名曰石鼓. 石鼓鳴,

177 원문 神或馮焉 – 馮은 탈 빙. 凭(기댈 빙)과 通. 의지하다.

178 원문 怨讟動於民 – 怨讟(원독)은 원망. 讟은 원망할 독. 비방하다.

179 원문 民力彫盡 – 彫는 힘이 다한 모양. 彫盡(조진)은 同義複詞,

180 원문 莫信其性 – 여기 信은 保의 뜻. 性은 生. 곧 생활을 보장할 수 있는 사람이 없다.

181 叔向(숙향) – 晉 大夫 羊舌肹(양설힐).

182 白祥(백상) – 白色 災異(재이).

有兵.

是歲, 廣漢鉗子謀攻牢, 篡死罪囚鄭躬等, 盜庫兵, 劫略吏民, 衣繡衣, 自號曰山君, 黨與漸廣. 明年冬, 乃伏誅, 自歸者三千餘人.

後四年, 尉氏樊並等謀反, 殺陳留太守嚴普, 自稱將軍, 山陽亡徒蘇令等黨與數百人盜取庫兵, 經歷郡國四十餘, 皆踰年乃伏誅.

是時起昌陵, 作者數萬人, 徙郡國吏民五千餘戶以奉陵邑. 作治五年不成, 乃罷昌陵, 還徙家.

石鳴, 與晉石言同應, 師曠所謂 '民力彫盡', 傳云「輕百姓」者也. 虒祁離宮去絳都四十里, 昌陵亦在郊壄, 皆與城郭同占. 城郭屬金, 宮室屬土, 外內之別云.

〖국역〗

成帝 鴻嘉(홍가) 3년(前 18) 5월 乙亥日, 天水郡 冀縣(기현) 南山의 大石이 울었는데(鳴), 웅웅하는 소리가 천둥소리와 같았고 얼마 뒤에 그쳤는데 240리 떨어진 平襄縣(평양현)에서도[183] 들렸으며 들꿩도 모두 울었다.[184] 돌의 길이는 1丈3尺에, 폭이나 두께도 대략 비슷하였으며, (돌의) 한 편은 산 절벽 중간에 걸쳤고 평지에서 2백여 丈

---

183 天水郡 – 군명. 치소는 平襄縣, 今 甘肅省 남부 定西市 관할 通渭縣. 冀縣은, 今 甘肅省 남부 天水市.

184 원문 壄雞皆鳴 – 壄는 野. 壄雞(야계)는 꿩.

높이에 있었으며, 마을에서는 石鼓(석고)라 불렀는데 석고가 울면 전쟁이 일어난다고 하였다.

이 해에, 廣漢郡(광한군)의 鉗子(겸자, 죄수)들이[185] 모의하고 감옥을 공격하여(謀攻牢), 사형수(死罪囚) 鄭躬(정궁) 등을 빼내고, 武庫의 兵器를 훔쳐 관리와 백성을 겁박 노략질하였는데, (鄭躬은) 비단옷을 입고 山君(산군)이라 자칭하였으며 그 무리는 점점 늘어났다. 다음 해 겨울에 잡혀 처형되었고 자수한 자가 3천여 명이나 되었다.

그 4년 뒤, 尉氏縣(위씨현)의[186] 樊並(번병) 등이[187] 謀反하여, 陳留郡(진류군)[188] 太守 嚴普(엄보)를 죽이고 將軍을 자칭하였는데, 山陽郡의[189] 亡徒인 蘇令(소령) 등 그 무리(黨與) 수백 명이 무기고의 병기를 훔쳐서 40여 郡國을 쓸고 다니다가[190] 다음 해에 모두 잡혀 처형되었다.

이 무렵에 昌陵(창릉) 공사를 시작하였는데, 인부 수만 명과 이주시킨 각 군국의 백성 5천여 명이 공사에 종사하였다.[191] 그러나 공사는 5년이 되어도 완성되지 못했고, 결국 공사를 중단하고 이주한

---

185 원문 廣漢鉗子 – 廣漢은 郡名. 치소는, 今 四川省 綿陽市 관할의 梓潼縣. 鉗子(겸자)는 목에 칼을(刑具) 찬 죄수. 鉗(겸)은 칼 겸. 鉗刑.

186 尉氏縣(위씨현) – 今 河南省 開封市 관할 尉氏縣(위씨현).

187 樊竝(번병) – 人名. 古文을 배운 학자로 알려졌다.

188 陳留 – 군, 현명. 今 河南省 開封市 동남.

189 山陽 – 군, 국명. 治所는 昌邑縣(今 山東省 菏澤市 鉅野縣 남쪽).

190 〈成帝紀〉에는 19개 군국에 횡행했다.

191 漢 역대의 황제는 재위 중에 자신의 陵을 조성하였다. 成帝는 자신의 능을 昌陵이라 명명하고, 新豐縣 戱鄕(희향)을 昌陵縣으로 고치고 백성을 이주시켰었다.

백성들도 돌려보냈다.[192]

大石이 울었다는 것은 晉나라에서 돌이 말을 한 것과 같은 感應이니, 師曠(사광)이 말한 '民力을 消盡' 한 것이며, 경전에서 말한 「百姓을 경시」한 것이다. 虒祁(사기)에 離宮(이궁)은 絳都(강도)에서 40리 떨어졌고, 昌陵(창릉) 역시 교외에서 떨어졌지만 占卜에서는 모두가 성곽과 마찬가지였다. 城郭은 金에 속하고, 宮室은 土에 속하니 내외의 구분일 뿐이다.

## 5. 水

**原文**

傳曰,「簡宗廟, 不禱祠, 廢祭祀, 逆天時, 則水不潤下.」

說曰, 水, 北方, 終臧萬物者也. 其於人道, 命終而形臧, 精神放越, 聖人爲之宗廟以收魂氣, 春秋祭祀, 以終孝道.

王者卽位, 必郊祀天地, 禱祈神祇, 望秩山川, 懷柔百神, 亡不宗事. 愼其齊戒, 致其嚴敬, 鬼神歆饗, 多獲福助. 此聖王所以順事陰氣, 和神人也. 至發號施令, 亦奉天時.

十二月咸得其氣, 則陰陽調而終始成. 如此則水得其性

192 昌陵 – 鴻嘉 원년(前 20)에 공사를 시작했지만 저지대라서 많은 흙을 운반해야 했고, 공사비용이 크게 늘어 永始 원년(前 16)에 재정 부족으로 중지하였다. 成帝는 죽은 뒤에 延陵(연릉)에 묻혔다.

矣. 若乃不敬鬼神, 致令逆時, 則水失其性. 霧水暴出, 百川逆溢, 壞鄕邑, 溺人民, 及淫雨傷稼穡, 是爲水不潤下.

京房《易傳》曰, 「顓事有知, 誅罰絶理, 厥災水, 其水也, 雨殺人以隕霜, 大風天黃. 飢而不損玆謂泰, 厥災水, 水殺人. 辟遏有德玆謂狂, 厥災水, 水流殺人, 已水則地生蟲. 歸獄不解, 玆謂追非, 厥水寒, 殺人. 追誅不解, 玆謂不理, 厥水五穀不收. 大敗不解, 玆謂皆陰. 解, 舍也, 王者於大敗, 誅首惡, 赦其衆, 不則皆函陰氣, 厥水流入國邑, 隕霜殺穀.」

〖국역〗

경전에서 말했다. 「宗廟의 祭禮를 소홀히 하고,[193] 神祠에 기도하지 않거나, 祭祀를 廢(폐)하며 天時를 거스르면 물이 아래로 흐르지 않는다.」

그 해설에서 말했다. 水는 北方이며, 만물의 마지막 저장이다. 人道로 말하자면 수명을 다하면서 형체를 감추고, 정신이 흩어지는 것이니,[194] 聖人은 종묘를 만들어 魂氣(혼기)를 모아 春秋로 祭祀하게 하여 효도를 다한다.

王者가 즉위하면, 필히 天地에 郊祀(교사)를 지내고 그 神祇(신지)에 기도를 드리며 山川의 등급에 따라 望祭(망제)를 올리고 百神을 懷柔(회유)하며[195] 宗事를 소홀히 하지 않는다.[196] 齊戒(재계)로 근신

193 원문 簡宗廟 – 簡은 輕視, 忽待(홀대), 怠慢(태만)하다.

194 원문 精神放越 – 放越(방월)은 離散(이산)하다.

195 원문 懷柔百神 – 懷는 품을 회. 불러오다(招來). 柔는 부드러울 유. 편안

하고 엄숙 공경을 다하여 鬼神이 歆饗(흠향)케 하여 내려주는 복과 神助를 크게 받는다. 이렇게 하여 聖王은 陰氣를 順事하며 신과 인간을 화합케 한다. 國君이 명령을 내릴 때도 역시 天時를 받든다.

1년 12개월 내내 절기에 따르면 음양이 조화를 이루고 시작과 끝이 모두 다 좋게 된다. 이렇게 되면 水도 그 본성에 따를 수 있다.

만약 귀신을 받들지 않거나 명령에 시기를 거스른다면, 水는 그 본성을 잃게 된다. 霧水(黑水)가 갑자기 분출하거나 百川이 역류하고 넘치며, 성읍을 붕괴시키고 백성을 익사케 하며 장맛비에 농사를 망치게 되니, 이 모두가 물이 아래로 흐르지 못하기 때문이다.

京房(경방)은 《易傳》에서 말했다.

「전권을 행사하면서 무리한 형벌은 수재를 유발하는데 그런 水는 大雨로 殺人하고 서리를 내리며 大風이 불며 天色이 컴컴해진다. 흉년인데도 음식을 절약하지 않는다면, 이는 사치인데(泰) 水災를 불러와 사람을 죽게 한다. 천자가 유덕자를 짓누르고 등용하지 않는 것은 무지한 오만인데(狂), 그에 따른 水害는 水流로 殺人하니 大水가 지난 다음에 땅에는 벌레만 가득하다. 大獄事를 불러와 종결하지 않는다면 미혹에 빠진 것이니 그런 수재는 차가운 물로 살인한다. 계속 사람을 죽이며 그치지 않는 것을 不理라 하는데, 그런 수재에는 오곡을 거두지 못한다. 크게 실패한 일을 그만두지 않는다면, 이를 皆陰(개음, 全陰)이라 한다. 解는 그만둔다는 뜻이다. 王者는 큰 실패에 대하여 惡의 우두머리만을 죽이고 그 무리들은 용서해야 하는

---

하게 하다.

**196** 원문 亡不宗事 - 받들지 않는 경우가 없다. 宗은 尊也.

데, 그렇지 않으면 陰氣가 모이게 되고, 그런 음기가 나라에 흘러들어오면 서리를 일찍 내려 곡식을 죽게 한다.」

原文

桓公元年「秋, 大水.」

董仲舒,劉向以爲桓弑兄隱公, 民臣痛隱而賤桓. 後宋督弑其君, 諸侯會, 將討之, 桓受宋賂而歸, 又背宋. 諸侯由是伐魯, 仍交兵結讎, 伏屍流血, 百姓愈怨, 故十三年夏復大水.

一曰, 夫人驕淫, 將弑君, 陰氣盛, 桓不寤, 卒弑死. 劉歆以爲桓易許田, 不祀周公, 廢祭祀之罰也.

〖국역〗

魯 桓公(환공, 재위 前 711 - 694년) 元年, 「가을, 大水.」

董仲舒와 劉向은 환공이 兄 隱公(은공)을 시해했기에 백성과 신하들은 은공을 가슴 아파하며 환공을 천시했기 때문이라고 생각했다. 뒷날 宋나라의 華父督(화보독)이 그 주군을 시해했는데 제후들이 모여 화보독을 토벌하려 하자, 환공은 송나라의 뇌물을 받고 (회합에 불참하고) 귀국하였으나 (나중에) 또 宋을 배신하였다. 제후들은 이 때문에 魯를 정벌하자, 환공은 그들과 교전하며 원수가 되었고 죽은 시신에 流血로 백성은 더욱 환공을 원망하였기에, (환공) 13년 여름에 또 홍수가 났다.

一說에는, '(환공의) 夫人이 교만하고 음란하여 장차 弑君(시군)

할 정도로 陰氣가 성한데도 환공은 깨닫지 못했고 결국 시해 당한 것이다.' 라고 하였다.

劉歆(유흠)은 환공이 (周公의 묘당이 있는 땅) 許田(허전)을 鄭國에 넘겨주고 周公을 제사하지 않았으니, 이는 제사를 폐지한 징벌이라고 하였다.

原文

嚴公七年「秋, 大水, 亡麥苗.」

董仲舒,劉向以爲嚴母文姜與兄齊襄公淫, 共殺威公, 嚴釋父讎, 復取齊女, 未入, 先與之淫, 一年再出, 會於道逆亂, 臣下賤之之應也.

〖국역〗

魯 嚴公(莊公) 7년(前 687), 「가을, 大水, 麥苗(맥묘)가 다 죽었다.」

董仲舒와 劉向은 장공의 모친 文姜(문강)이 오빠인 齊의 襄公(양공)과 음행을 저질렀고, 함께 桓公(환공)을 살해했기[197] 때문이라고 생각했다. 장공은 부친을(桓公) 죽인 원수를 풀어주었으며 다시 齊의 여인을 맞이하는데, 齊女가 魯에 들어오기도 전에 음란한 짓을 했고, 일 년 뒤 다시 시집올 때, 길에서 만나 예를 어겨가며 음란한 짓을 저질렀기에 신하들은 장공을 천시했는데, 수해는 그에 따른 감응이었다.

197 원문은 威公이나 桓公이어야 한다는 주석에 따랐다.

原文

十一年「秋, 宋大水.」

董仲舒以爲時魯,宋比年爲乘丘,鄑之戰, 百姓愁怨, 陰氣盛, 故二國俱水.

劉向以爲時宋愍公驕慢, 睹災不改, 明年與其臣宋萬博戲, 婦人在側, 矜而罵萬, 萬殺公之應.

〖국역〗

(魯 莊公) 11년(前 683),「가을, 宋에 홍수가 났다(大水).」

董仲舒는 그때 魯와 宋은 해마다(比年) 乘丘(승구)와 鄑(자, 地名)에서[198] 전쟁을 치렀는데 백성들의 원망으로 陰氣가 盛大해져서 두 나라가 모두 수해를 당했다고 생각했다.

劉向은 그때 宋의 愍公(민공)은 교만하여 수해를 겪고서도 고치지 않았으며, 그 다음 해 신하인 宋萬(송만)과 박희(博戲, 노름)를 하면서, 婦人을 옆에 두고 우쭐대며 송만을 모욕하자, 송만이 민공을 살해한 사건에 대한 감응이라고 했다.

原文

二十四年,「大水.」

董仲舒以爲夫人哀姜淫亂不婦, 陰氣盛也.

劉向以爲哀姜初入, 公使大夫宗婦見, 用幣, 又淫於二叔,

198 乘丘(승구)와 鄑(자)는 모두 魯의 지명.

公弗能禁. 臣下賤之, 故是歲,明年仍大水.

劉歆以爲先是嚴飾宗廟, 刻桷丹楹, 以夸夫人, 簡宗廟之罰也.

〖국역〗

(魯 莊公) 24년(前 670), 「大水.」

董仲舒는 (莊公의) 夫人 哀姜(애강)이 음란하고 婦道를 지키지 않아(不婦), 陰氣가 성대했기 때문이라고 했다.

劉向은 哀姜이 (齊에서) 처음 입국할 때, 장공은 종실 大夫의 宗婦를 시켜 상견케 하면서 예물을 주었으며, 또 (애강이 장공의) 두 동생과(二叔) 음란했는데도 장공이 禁하지 못했기 때문이라고 했다. 신하들은 장공을 천시했기에 이 해와, 그리고 다음 해에 연이어 수해를 당했다.

劉歆은 앞서 嚴公(莊公)이 종묘를 장식하면서 석가래에 조각하고 기둥을 붉게 칠했으며, 이를 부인에게 자랑하는 등[199] 종묘를 공경치 않은 징벌이라고 생각하였다.

**原文**

宣公十年「秋大水, 飢.」

董仲舒以爲時比伐邾取邑, 亦見報復, 兵讎連結, 百姓愁

---

199 원문 刻桷丹楹, 以夸夫人 – 刻은 새길 각. 桷은 서까래 각. 丹은 붉은 단. 붉게 칠하다. 楹은 기둥 영. 夸는 자랑할 과.

怨.

劉向以爲宣公殺子赤而立, 子赤, 齊出也, 故懼, 以濟西田賂齊. 邾子貜且亦齊出也, 而宣比與邾交兵. 臣下懼齊之威, 創邾之禍, 皆賤公行而非其正也.

〖국역〗

魯 宣公 10년(前 599), 「가을에 홍수, 흉년들다(飢)」

董仲舒는 이때 연속으로 魯가 邾國(주국)을 정벌하고 성읍을 탈취하였지만 마찬가지로 보복을 당했고, 兵禍(병화)가 연속되며 백성의 근심, 원한 때문이라고 말했다.

劉向은 宣公이 子赤(자적)을 죽이고 즉위했는데, 子赤은 齊女의 출생이라서 이를 두려워하여 濟水 서쪽의 땅을 齊에 뇌물로 주었기 때문이라고 생각했다. 邾(주)의 子爵 貜且(확차) 역시 齊女 出生이었는데, 선공은 해마다 邾國과 交兵하였다. 신하들은 齊의 武威(무위)를 두려워하며 (魯가) 邾를 공격한데 대한 齊의 징벌이 있을까 걱정하여, 모두가 선공의 행동이 바르지 않다며 천시하였다.

原文

成公五年「秋, 大水.」

董仲舒,劉向以爲時成幼弱, 政在大夫, 前此一年再用師, 明年復城鄆以彊私家, 仲孫蔑, 叔孫僑如顓會宋,晉, 陰勝陽.

〖국역〗

魯 成公 5년(前 586),「秋, 大水.」

董仲舒와 劉向은 그때 成公이 幼弱(유약)하여 政事는 大夫에게 있었는데, 앞서 일 년 동안에 2번이나 군사를 동원하였고, 그 다음 해에도 다시 鄆(운)에 城을 쌓아 私家의 세력을 강성케 하였으며, 仲孫蔑(중손멸)이나 叔孫僑如(숙손교여)는 宋과 晉에 멋대로 會盟을 하는 등 陰(臣)이 陽(主君)을 눌러 이기기 때문이라고 생각했다.

原文

襄公二十四年「秋, 大水.」

董仲舒以爲先是一年齊伐晉, 襄使大夫帥師救晉, 後又侵齊, 國小兵弱, 數敵彊大, 百姓愁怨, 陰氣盛.

劉向以爲先是襄慢鄰國, 是以邾伐其南, 齊伐其北, 莒伐其東, 百姓騷動, 後又仍犯彊齊也. 大水, 饑, 穀不成, 其災甚也.

〖국역〗

魯 襄公(양공) 24년(前 549),「秋, 大水.」

이보다 1년 전 齊가 晉을 공격할 때, 襄公은 大夫를 시켜 군사를 거느리고 晉을 구원케 하였고, 뒤에 다시 齊國을 침략했는데, 작은 나라, 약한 군사로 여러 번 강대국과 맞서자 백성들의 걱정과 원망으로 음기가 강성했기 때문이라고 董仲舒는 생각했다.

劉向은 이보다 앞서 양공이 이웃 나라를 무시하였기에, 邾國(주국)은 魯의 남쪽을 공격했고, 齊는 魯가 북쪽을, 莒(거)는 魯의 동쪽을 공격하여 백성이 소동을 일으켰어도, 양공은 뒤에 또 강한 齊나라를 공격했기 때문이라고 생각했다. 홍수와 굶주림, 곡물이 여물지 않는 등 그 재해가 아주 심했다.

原文

高后三年夏, 漢中,南郡大水, 水出流四千餘家. 四年秋, 河南大水, 伊,雒流千六百餘家, 汝水流八百餘家. 八年夏, 漢中,南郡水復出, 流六千餘家. 南陽沔水流萬餘家. 是時女主獨治, 諸呂相王.

〖국역〗

高后 3년(前 185) 여름, 漢中郡과 南郡에 홍수가 나서, 4천여 民家가 유실되었다. 4년 가을, 河南郡 大水로 伊水와 雒水(낙수)에 1천 6백여 민가가 유실되었으며, 汝水(여수)에 8백여 민가가 유실되었다. 8년 여름에, 漢中郡과 南郡에 다시 수해가 나서 6천여 民家가 유실되었다. 南陽郡 沔水(면수)가 넘쳐 1만여 민가가 유실되었다. 이때는 女主 홀로 통치했고 여러 呂氏가 왕에 봉해졌다.

原文

文帝後三年秋, 大雨, 晝夜不絶三十五日. 藍田山水出, 流九百餘家. 燕, 壞民室八千餘所, 殺三百餘人. 先是, 趙人新垣平以望氣得幸, 爲上立渭陽五帝廟, 欲出周鼎, 以夏四月, 郊見上帝. 歲餘懼誅, 謀爲逆, 發覺, 要斬, 夷三族.

是時, 比再遣公主配單于, 賂遺甚厚, 匈奴愈驕, 侵犯北邊, 殺略多至萬餘人, 漢連發軍征討戍邊.

〖국역〗

文帝 後元 3年(前 161) 가을, 大雨, 주야로 35일간 쉬지 않고 내렸다. 藍田縣(남전현)에서는 山水가 湧出(용출)하여, 9백여 민가가 유실되었다. 燕國에서는 민가 8천여 호가 붕괴되었고 3백여 명이 죽었다.

이보다 앞서 趙人 新垣平(신원평)이 望氣(망기)를[200] 잘한다고 총애를 받았는데, 渭水 북쪽에 五帝廟 설립을 건의하고, 周鼎(주정)을 얻을 수 있다면서 여름 4월에 교제를 지내 上帝를 알현해야 한다고 말했다. 1년 뒤에 역모를 꾀했고 발각되어 허리를 잘라 죽였으며 삼족을 멸했다.

이때 연이어 公主를 흉노 單于(선우)에 출가시키면서 보내는 재물이 아주 많았는데, 흉노는 더욱 교만해져 북쪽 변경을 자주 침략하였으며 살인과 노략질로 많을 때는 1만여 명에 달하자, 漢에서도 해마다 군사를 동원하여 토벌하며 변방을 방어했다.

200 望氣(망기)는 方術의 한 종류. 구름 모양, 색깔, 변화하는 모양 등을 보아 운수나 길흉을 예언하는 행위.

原文

元帝永光五年夏及秋, 大水. 潁川,汝南,淮陽,廬江雨, 壞鄕聚民舍, 及水流殺人. 先是一年有司奏罷郡國廟, 是歲又定迭毁, 罷太上皇,孝惠帝寢廟, 皆無復修, 通儒以爲違古制. 刑臣石顯用事.

〔국역〕

元帝 永光 5年(前 39), 여름에서 가을에 걸쳐 홍수가 났다. 潁川郡(영천군), 汝南郡(여남군), 淮陽郡(회양군), 廬江郡(여강군) 일대에 비가 내려 鄕과 聚落(취락)의 민가가 붕괴되었고 급류에 사람이 죽었다.

이보다 1년 전에 有司(담당 관리)가 각 郡國에 있는 廟堂(묘당) 혁파를 상주했었고, 또 연이어 毁撤(훼철)하였는데 太上皇 묘당과 孝惠帝의 寢廟(침묘)가 철거된 뒤로 다시 복구하지 않았으나, 유학에 박통한 유생들은 그것이 古制에 어긋난다고 생각하였다. 환관인 石顯(석현)이 권력을 장악했다.[201]

原文

成帝建始三年夏, 大水, 三輔霖雨三十餘日, 郡國十九雨, 山谷水出, 凡殺四千餘人, 壞官寺民舍八萬三千餘所. 元年,

201 원문 刑臣石顯用事 - 刑臣은 환관. 石顯(석현)은 환관 이름. 用事은 권력을 쥐다.

有司奏徙甘泉泰畤,河東后土於長安南北郊. 二年, 又罷雍五畤,郡國諸舊祀, 凡六所.

〖국역〗

成帝 建始 3년(前 30) 여름 홍수가 났는데, 三輔[202] 일대에는 장맛비가 30여 일이나 내렸고 다른 군현에서는 19일이나 비가 내렸는데, 산 계곡수가 용출하여 총 4천여 명이나 죽었고, 官寺(관시, 관청 건물)와 민가 등 8만 3천여 건물이 붕괴되었다. 앞서 建始 元年에 有司가 甘泉의 泰畤(태치)와 河東郡의 后土祠(후토사)를 長安 南北 郊外로 옮겨야 한다고 건의했었다. 建始 2년에는, 또 雍縣(옹현)의 五畤(오치)와 郡國의 모든 옛 제사 사당 6개소의 혁파를 건의했었다.

202 三輔(삼보) – 京師와 주변 지역의 행정관이면서 그 관할 지역을 지칭한다. 京兆尹(경조윤), 右扶風(우부풍), 左馮翊(좌풍익). 행정구역 級으로는 太守와 동급이지만, 질록도 많고(中二千石) 직위가 높아 9卿의 반열에 들었다.

## 【〈五行志〉 第七 中之上】

# 三. 五事

原文

《經》曰,「羞用五事. 五事, 一曰貌, 二曰言, 三曰視, 四曰聽, 五曰思. 貌曰恭, 言曰從, 視曰明, 聽曰聰, 思曰睿. 恭作肅, 從作艾, 明作悊, 聰作謀, 睿作聖.」

休徵, 曰肅, 時雨若, 艾, 時陽若, 悊, 時奧若, 謀, 時寒若, 聖, 時風若.

咎徵, 曰狂, 恒雨若, 僭, 恒陽若, 舒, 恒奧若, 急, 恒寒若, 霿, 恒風若.

〖국역〗

《書經 洪範》에서 말했다.

「五事를 恭勤하게 실천하라.[203] 五事는 첫째 겉모습(外貌), 둘째 말하기(言辭), 셋째 보기(視覺),[204] 넷째 듣기(聽覺), 다섯째 생각하

---

203 원문 羞用五事 – 羞는 바칠 수. '어른에게 물건을 드리듯 공손하게' 라는 뜻으로 풀이할 수도 있다. 羞는 敬의 訛(그릇될 와)라는 주석이 있다. 일을 공경한 마음과 근엄하게 하라는 뜻이다.

204 원문 三曰視 – 사람의 외적 행동에서 사람과 사물을 바라보는 視線에는

기(思慮)이다.

태도는 공경스러워야 하고(貌曰恭), 말하기는 조용해야 하며(言曰從),[205] 보기는 명철해야 하고(視曰明), 듣기는 총명해야 하며(聽曰聰), 생각은 깊어야 한다(思曰睿).

공경하면 엄숙하고(恭作肅), 조용하면 일을 잘하고(從作艾),[206] 밝게 보면 명철하고(明作悊),[207] 잘 들으면 지모가 있고(聽作謀), 深思하면 聖明하다(睿作聖).」

좋은 결과를 부르는 징조로(休徵), 엄숙하면 때맞춰 오는 비와 같고(時雨若),[208] 일을 잘하면 적절한 볕과 같으며(時陽若), 명철하다면 적당히 따뜻한 것이고(時奧若),[209] 智謀가 뛰어나면 적절히 추운 것이며(時寒若), 聖明하다면 때 적절히 부는 바람과 같다(時風若).

허물을 초래하는 징조로(咎徵), 태도가 거칠면(狂) 그치지 않는 비와 같고(恒雨若), 분수를 모르면(僭) 쨍쨍한 햇빛이며(恒陽若), 일이 느리면(舒) 늘 무더운 날과 같고(恒奧若), 조급한 성질은(急) 늘 추운 날과 같으며(恒寒若), 흐리멍덩하면(霧) 그치지 않는 바람과

---

속마음이나 의지가 표출된다.

205 원문 言曰從 – 언사가 순종적이어야 한다는 뜻으로 새길 수 있다. 그러나 언사는 침착하고 조용해야 한다. 우리말 '조용히' 는 '從容' 에서 왔다.

206 원문 從作艾 – 艾는 쑥 애, 늙은이 애. 乂(벨 예)와 通. 다스릴 예, 거둘 예(收也). 艾安(예안)의 뜻. 세상이 잘 다스려져 편안하다. '主君의 언사가 조용하면 臣下는 직분을 다한다.' 는 뜻의 주석은 文理가 부자연스럽다.

207 원문 明作悊 – 悊은 哲. 알다. 밝다. 지혜롭다.

208 원문 時雨若 – 時는 좋은 시(善也), 맞을 시(中也)의 뜻. 時雨는 때맞춰 오는 비. 《水滸傳》에서 주인공 宋江의 별호가 '及時雨' 이다.

209 원문 時奧若 – 時奧는 속 오, 아랫목 오. 따스할 욱. 燠(더울 욱)과 通.

같다(恒風若).[210]

※ 참고 : 五事를 도표로 요약하면 아래와 같다.

| 五事 | 指向 | 結果 | 休徵 | 病弊 | 咎徵 | 極點 |
|---|---|---|---|---|---|---|
| 貌(容貌) | 恭(恭敬) | 肅(嚴肅) | 時雨 | 狂(狂暴) | 恒雨 | 惡 |
| 言(言辭) | 從(從容) | 艾(艾安) | 時陽 | 僭(僭濫) | 恒陽 | 憂 |
| 視(視事) | 明(明視) | 哲(賢哲) | 時奧 | 舒(徐緩) | 恒奧 | 疾 |
| 聽(聽覺) | 聰(聰明) | 謀(智謀) | 時寒 | 急(急迫) | 恒寒 | 貧 |
| 思(思慮) | 睿(叡智) | 睿(叡聖) | 時風 | 霿(蒙昧) | 恒風 | 短折 |

| 五事 | 따르거나 지키지 않을 경우의 災異 |
|---|---|
| 貌(용모) | 服妖, 龜孽, 雞禍, 下體生上之痾, 青眚青祥, 金沴木. |
| 言(언사) | 介蟲孽, 犬禍, 口舌之痾, 白眚白祥. 木沴金 |
| 視(시사) | 草妖, 蠃蟲之孽, 羊禍, 目痾, 赤眚赤祥. 水沴火. |
| 聽(청각) | 鼓妖, 魚孽, 豕禍, 耳痾, 黑眚黑祥. 火沴水. |
| 思(사려) | 脂夜妖, 華孽, 牛禍, 心腹痾, 黃眚黃祥, 金木水火沴土. |

## 1. 貌不恭(모불공)

**原文**

傳曰,「貌之不恭, 是謂不肅, 厥咎狂, 厥罰恒雨, 厥極惡. 時則有服妖, 時則有龜孽, 時則有雞禍, 時則有下體生上之痾, 時則有青眚青祥. 唯金沴木.」

210 원문 霿, 恒風若 – 霿은 안개 자욱할 몽. 안개 무, 인색할 무, 어리석을 무.

〖국역〗

경전에서 말했다.

「外貌(외모)가 不恭하다면, 이는 엄숙하지 않은 것이며 그 허물은 狂妄(광망)이고,[211] 그 징벌은 그치지 않는 비이며(雨), 그 끝(極)은 惡行이다. 때로는 요상한 모습이거나(服妖) 혹간은 龜孽(귀얼)로, 때로는 雞禍(계화)로,[212] 또 때로는 하체가 상체에 달라붙는 병이 나거나,[213] 그것도 아니면 青眚(청생)이나 青祥(청상)의 괴물이 나타난다.[214] 오직 金만이 木을 이긴다.[215]」

原文

說曰, 凡草物之類謂之妖. 妖猶夭胎, 言尙微. 蟲豸之類謂之孽. 孽則牙孽矣. 及六畜, 謂之禍, 言其著也. 及人, 謂之痾. 痾, 病貌, 言寖深也. 甚則異物生, 謂之眚, 自外來, 謂

211 원문 厥咎狂 – 厥은 그 궐. 이에. 어조사. 咎는 허물 구. 狂은 狂妄(광망), 방자하게 제멋대로 행동하다.

212 원문 時則有龜孽, 時則有雞禍 – 龜孽(귀얼)은 새끼 거북이 떼를 지어 출현한 뒤에 일어나는 홍수 같은 재해. 雞禍(계해)는 天干(十干) 중 癸(계)해에 닭(鷄)에게 나타나는 돌림병.

213 원문 時則有下體生上之痾 – 痾는 오래된 병 아(宿病). 질병, 하체의 부분이 상체에 붙다. 곧 기형으로 태어나다.

214 원문 時則有青眚青祥 – 青眚(청생)은 장차 일어난 불길한 일의 조짐으로 푸른 물체에 생기한 괴이한 현상. 眚은 허물 생, 눈에 백태가 낄 생. 青祥(청상)도 같은 의미. 祥은 길흉을 예고하는 좋은 조짐.

215 원문 唯金沴木 – 沴는 해칠 려(害也). 어지럽힐 전. 水는 木이어야 한다는 주석에 따랐다.(金克木).

之祥. 祥猶禎也.

氣相傷, 謂之沴. 沴猶臨莅, 不和意也. 每一事云「時則」以絶之, 言非必俱至, 或有或亡, 或在前或在後也.

【국역】

이를 설명하자면, 모든 초목의 종류에 나타나는 이상한 현상을 妖(요)라 한다. 妖(요)는 夭胎(요태)와 같으며, 아주 미세하여 나타나지 않은 것 같다. 벌레 종류에 나타나는 이상 현상은 孽(얼)이라 한다. 孽(얼)은 牙孽(아얼, 妖孼)이다.[216] 六畜(家畜)에 나타나는 이상 현상은 禍(화)라 하는데, 이미 외부로 나타났다는 의미이다. 사람에게는, 이를 痾(아, 宿病)라 한다. 痾(병들 아)는 병든 모습이며, 점점 깊어진 모양이다. (이상 현상이) 심하면 異物(이물)이 태어나며, 이를 眚(생)이라 하는데, 자신이 아닌 다른 외물에서 옮겨온 것이라면 祥이다(조짐, 吉凶之兆). 이는 禎(상서 정)과 같다.[217]

氣가 相對를 해치는 것을 沴(려, 해칠 려)라고 한다. 沴(려)는 臨沴(임리)이니, 不和한다는 뜻이다.[218] 한 가지 일을 언급할 때마다 '時

---

216 원문 蟲豸之類謂之孽. 孽則牙孽矣. – 蟲은 발(足)이 있는 벌레. 豸(치)는 발 없는 벌레 치. 牙孽(아얼)의 牙는 어리다(幼少)는 뜻.

217 원문 自外來, 謂之祥. 祥猶禎也. – 본래 있었던 것이 이번에 새로운 모양으로 나타나는 것이 禎(상서 정)이다. 예를 들면, 본래 雀(작)이 있었다. 그런데 이번에 붉은(赤, 朱) 雀이 나타났다면 禎이다. 본래 그곳에 鳳(봉)이 없었다. 그런데 이번에 鳳이 출현했다. 이런 경우는 祥(상서로운 상)이다.

218 원문 沴猶臨莅, 不和意也 – 沴는 해칠 려, 妖氣(요기), 惡氣. 어지럽힐 전. 臨莅(임리)는 자리에 나타나다. 莅는 임할 리. 다스리다.

則(때로는)' 이라 한 것은 상황을 끊어 말한 것이니 꼭 함께 나타난다는 말은 아니며, 혹 있거나(有) 없고(無), 때로는 앞에 또는 나중에(뒤에) 나타난다는 뜻이다.

原文

孝武時, 夏侯始昌通《五經》, 善推《五行傳》, 以傳族子夏侯勝, 下及許商, 皆以教所賢弟子. 其傳與劉向同, 唯劉歆傳獨異.

貌之不恭, 是謂不肅. 肅, 敬也. 內曰恭, 外曰敬. 人君行己, 體貌不恭, 怠慢驕蹇, 則不能敬萬事, 失在狂易, 故其咎狂也. 上嫚下暴, 則陰氣勝, 故其罰常雨也.

水傷百穀, 衣食不足, 則姦軌並作, 故其極惡也. 一曰, 民多被刑, 或形貌醜惡, 亦是也. 風俗狂慢, 變節易度, 則爲剽輕奇怪之服, 故有服妖. 水類動, 故有龜孽. 於《易》, 〈巽〉爲雞, 雞有冠距文武之貌. 不爲威儀, 貌氣毀, 故有雞禍. 一曰, 水歲雞多死及爲怪, 亦是也. 上失威儀, 則下有彊臣害君上者, 故有下體生於上之痾. 木色青, 故有青眚青祥. 凡貌傷者病木氣, 木氣病則金沴之, 衝氣相通也.

於《易》, 〈震〉在東方, 爲春爲木也, 〈兌〉在西方, 爲秋爲金也, 〈離〉在南方, 爲夏爲火也, 〈坎〉在北方, 爲冬爲水也. 春與秋, 日夜分, 寒暑平, 是以金木之氣易以相變, 故貌傷則致秋陰常雨, 言傷則致春陽常旱也. 至於冬夏, 日夜相反,寒暑殊絶, 水火之氣不得相併, 故視傷常奥, 聽傷常寒者, 其氣然也. 逆之, 其極曰惡, 順之, 其福曰攸好德.

劉歆〈貌傳〉曰有鱗蟲之孽, 羊禍, 鼻痾. 說以爲於天文東方辰爲龍星, 故爲鱗蟲, 於《易》〈兌〉爲羊, 木爲金所病, 故致羊禍, 與常雨同應. 此說非是. 春與秋, 氣陰陽相敵, 木病金盛, 故能相幷, 唯此一事耳. 禍與妖痾祥眚同類, 不得獨異.

〖국역〗

孝武帝 때, 夏侯始昌(하후시창, 생졸년 미상)은《五經》에 두루 박통하였고,《洪範 五行傳》을 저술하였는데, 이를 族子인 夏侯勝(하후승)에게 전수하였으며, 아래로 許商(허상)에 이르기까지 모두 현명한 제자를 골라 교육하였다. 그들이 전승한 요체는 劉向(유향)과 같았지만, 劉歆(유흠)의 주장은 그들이 전승한 바와 홀로 달랐다.

외모가 공손치 않은 것은 不肅(불숙)이다. 肅(숙)은 공경이다. 마음의 엄숙은 恭(공)이고, 외부로 발현한 것이 敬(경)이다. 人君의 立身이나 行事에서 모습이 不恭하다면, 곧 태만하거나 교만하다면, 나라의 모든 일을 진실하게 처리할 수 없어 방자하거나 이상한 실수를 저지르게 되니, 그 허물은 狂(광, 미치광이)이다. 위에서 오만하고 아래에서 포악한 것은 陰氣가 勝한 것이고 그 징벌은 그치지 않고 내리는 비이다. 水는 百穀을 손상시키니 衣食이 부족하게 되고, 奸惡과 불법이 함께 일어나기에 極惡(극악)이다.

다른 말로 하면(一曰), 많은 백성이 형벌을 받게 되니 추악한 외모가 그 하나이다. 백성의 풍속이 사납고 경박하며(狂慢), 變節(변절)하고 법도를 어기게 되어 이상하고 경박 기괴한 형상의 옷을 좋아하게 되니, 이를 服妖(복요)라고 한다. 물에 사는 종류가 움직이게 되어 거북 새끼들이 떼 지어 이동한다.

《易》에서 〈巽卦(손괘)〉는[219] 雞(닭 계)를 뜻하고, 닭은 벼슬(冠)과 큰 발톱(距, 며느리발톱 거)이 있어 文武를 겸비한 모습이다. 위엄있는 행동을 하지 않으면 외모의 氣가 허물어지는데, 이를 雞禍(계화)라고 한다.[220]

또 다른 말로 하면, 水歲에 닭이 많이 죽거나 괴이하게 되는데, 이것도 역시 그러한 예이다. 위에서(上) 威儀(위의)를 잃었다면 아래의(下) 彊臣(강신, 强臣)이 위에 있는 主君을 해치게 되므로 하체가 상체에 붙는 병이 나게 된다. 木色은 靑이기에 靑眚(청생)과 靑祥(청상)의 異常이 나타나게 된다. 외모가 정상이 아니라면 木氣가 병든 것이고, 木氣가 병들었다면 金氣가 해친 것이니, 곧 衝氣(충기)는 相通한다.

《易》에서 〈震卦(진괘)〉는[221] 東方이고 계절로는 봄이며 나무이고(爲春爲木), 〈兌卦(태괘)〉는[222] 西方, 계절로는 가을(秋)이고 五行의 金이며, 〈離卦(이괘)〉는[223] 南方에 여름(夏)이고 오행의 火이며, 〈坎卦(감괘)〉는[224] 北方이고 겨울에(冬) 오행의 水이다. 春과 秋는 밤낮

---

219 巽(손, 拼音, xùn) ☴☴, 巽爲風. 64괘 중 57번째 卦. 巽者는 入也. 그러나 無孔이면 不入.

220 병에 걸린 닭은 그 벼슬이 쪼그려 들거나 목이나 꽁지의 깃털이 빠지는 흉측한 모습을 볼 수 있다. 동물이나 사람에게 외모도 아주 중요하다.

221 震(진, 拼音, zhèn) ☳☳, 震爲雷. 震者는 動也.

222 兌(태, 拼音, duì) ☱☱, 兌爲澤. 沼澤. 兌者는 悅也. 喜悅(희열).

223 離(리, 병음, lí) ☲☲, 離爲火, 火. 麗.

이 균분하고(日夜分), 寒暑(한서)와 平均하기에 金과 木의 氣는 서로 바뀌고 또 변할 수 있다. 그래서 외모가 손상되면 秋陰에 늘 비가 내리며, 언사가 손상되면 봄날 가뭄을 불러온다.[225] 겨울과 여름은 주야가 서로 상반되며 寒暑(한서)가 아주 다르기에 水火의 氣가 서로 相合할 수 없으며, 視傷하면 늘 무덥고, 聽傷하면 늘 한랭한 것은 그 氣가 그러하기 때문이다. 그 기를 거스를 경우 그 끝은 最惡이고, 氣에 순응하면 그 福은 (五福의 하나인) 攸好德(유호덕)이다.

劉歆은 그의 〈貌傳〉에서 비늘이 있는 벌레의 재앙은 羊禍(양화)이며 鼻痾(비아)라고 하였다. 유흠의 설명에 의하면, 天文에서 東方의 星辰(성신)은 龍星(용성)이기에 비늘이(鱗) 있는 벌레이며, 《易》에서 〈兌卦(태괘)〉는 羊을 의미하기에, 木氣가 金氣에 의하여 害를 당하면 羊禍(양화)를[226] 불러오는데, 이는 그치지 않는 비(常雨)와 같은 감응이라 할 수 있다. 그러나 이 주장은 옳은 것이 아니다.

春과 秋는 氣의 陰陽이 서로 맞서기에 木이 病들면 金이 盛하는 등 서로 나란하다지만, 사실 이는 서로 다른 하나이다. 禍(화)와 요상함(妖), 병(痾), 청생(青祥眚)은 同類라서 특별한 하나만으로 다르다고 말할 수는 없다.

---

224 坎(감, 병음, kǎn) ☵☵, 坎爲水, 물웅덩이(水窪), 함정. 빠지다.

225 이는 가을장마와 봄 가뭄에 대한 설명이다.

226 羊禍(양화) – 羊이 기형의 새끼를 출산하거나 병이 들면 재앙의 징조로 여겼다. 그렇다면 소나 돼지나 닭을 수천수만 마리씩 殺처분 하는데, 이러했는데도 재앙이 들지 않겠는가?

## 가. 服妖(복요)

原文

史記成公十六年, 公會諸侯于周, 單襄公見晉厲公視遠步高, 告公曰, "晉將有亂." 魯侯曰, "敢問天道也? 抑人故也?"

對曰, "吾非瞽史, 焉知天道? 吾見晉君之容, 殆必禍者也. 夫君子目以定體, 足以從之, 是以觀其容而知其心矣. 目以處誼, 足以步目. 晉侯視遠而足高, 目不在體, 而足不步目, 其心必異矣. 目體不相從, 何以能久? 夫合諸侯, 民之大事也, 於是虖觀存亡. 故國將無咎, 其君在會, 步言視聽必皆無讁, 則可以知德矣. 視遠, 曰絶其誼, 足高, 曰棄其德, 言爽, 曰反其信, 聽淫, 曰離其名. 夫目以處誼, 足以踐德, 口以庇信, 耳以聽名者也, 故不可不愼. 偏喪有咎, 旣喪, 則國從之. 晉侯爽二, 吾是以云."

後二年, 晉人殺厲公. 凡此屬, 皆貌不恭之咎云.

〖국역〗

史記(《國語》)에 의하면,[227] 魯 成公(재위 前 590－573) 16년, 成公

227 史記－대부분 司馬遷의《史記》를 지칭한다. 그러나 다른 역사 기록을 지칭하기도 하는데, 여기서는 西周와 春秋시대 國別 史書인《國語》의 기록이다. 때로는 班固 이전의 모든 역사 기록을 지칭할 때도 있다.

은 周 왕실에서 여러 제후와 會合했는데, 單襄公(單子朝)이 晉 厲公(여공)이 멀리 바라보며 발을 높이 들어 걷는 것을[228] 보고 成公에게 말했다.

"晉나라에 곧 난리가 있을 것입니다."

이에 魯 성공이 물었다.

"묻겠는데, 天道입니까? 아니면 사람 때문이겠습니까?"[229]

그가 대답하였다.

"제가 점을 치는 장님 악사나 太史도 아닌데, 어찌 천도를 알겠습니까?[230] 제가 晉君(厲公)의 儀容(의용)을 볼 때, 거의 틀림없이 禍가 있을 것입니다. 대체로 君子는 目(視線)으로 定體하고, 足은 目을 따라가는 것이기에, 그 의용으로 그 마음을 알 수 있습니다. 시선이 가는 곳이 적절한 것이면 발걸음도 시선에 맞춰 걷습니다. 晉侯는 멀리 보고(視遠) 다리를 높이 들어 걸으니, 눈은 신체에 있지 않고 발은 시선에 따라 걷지 않으니 그 마음이 틀림없이 目과 다른 것입니다. 目과 신체가 相從(상종)하지 않는데, 어찌 오래(久)갈 수 있겠습니까? 대체로, 제후들의 회합은 백성에게 큰일이니, 이를 통하여 그 存亡을 볼 수 있습니다.[231] 그러하기에 나라에 장차 허물이나 재앙

---

228 원문 視遠步高 – 시선은 멀리 걸음은 높이 걷다. 步高는 足高.

229 원문 抑人故也? – 抑은 누를 억. 連詞, 선택을 의미. 아니면. 人故는 사람의 행위, 所爲.

230 원문 吾非瞽史, 焉知天道 – 瞽는 소경 고. 장님의 악사. 史는 太史. 나라의 큰 행사 전에 점을 치는 것은 모두 太史의 소관이었다. 焉은 어찌 언. 의문사. 종결어미.

231 원문 於是虖觀存亡 – 於是虖는 於是乎는 이제야. 이에 있어서. 存亡은 존속과 멸망.

이 없을 것이라면 그 主君은 제후의 회합에서 步行, 言辭, 視線, 聽言에 지적 받을 것이 있어서는 안 되며,[232] 이로써 그 心德도 알 수 있습니다. 視遠은 適宜(적의)하지 않고, 足高는 그 心德을 버린 것이며, 말이 앞뒤가 안 맞으면[233] 信義에 反하는 것이며, 지나친 말을 듣고(聽淫) 그대로 따른다면 그 명분에서 떨어진 것입니다.[234] 대체로 目으로 있어야할 곳을 알고(處誼), 足으로 덕행만을 실천하며(踐德),[235] 입으로(言語) 信義를 감싸 지키고(庇信),[236] 耳로써 명성이나 명예를 듣는 것이니(聽名) 신중하지 않을 수 없는 것입니다. 치우치거나 喪失(상실)하면 허물이 있고, 이미 (바른 용모를) 잃어버렸다면 나라가 그렇게 따라올 것입니다. 晉侯는 두 가지를 잃었기에, 제가 그렇게 말한 것입니다."[237]

그 2년 뒤, 晉人은 厲公을 살해했다. 이런 모든 것 모두가 외모가 공손하지 않은 허물이라고 말할 수 있다.

---

232 원문 必皆無謫 – 謫(귀양 갈 적)은 꾸지람, 견책. 責望. 無謫은 의리를 지켜 책망 받을 허물이 없다.

233 원문 言爽(언상) – 爽은 상쾌할 상. 분명하다. 어긋나다. 여기서는 差異 또는 失手의 의미.

234 원문 聽淫, 曰離其名 – 淫은 邪說(사설). 離는 떠나가다. 距離(거리).

235 원문 足以踐德 – 踐은 밟을 천. 실행하다(履也).

236 원문 口以庇信 – 庇는 덮을 비. 언행이 하나가 되어야 신의를 얻을 수 있다.

237 晉侯爽二, 吾是以云 – 爽二(상이)는 두 가지가 잘못되다. 곧 視遠과 步高. 云은 말하다.

原文

《左氏傳》桓公十三年, 楚屈瑕伐羅, 鬪伯比送之, 還謂其馭曰, "莫囂必敗, 擧止高, 心不固矣." 遽見楚子以告. 楚子使賴人追之, 弗及. 莫囂行, 遂無次, 且不設備. 及羅, 羅人軍之, 大敗. 莫囂縊死.

〖국역〗

《左氏傳》에 의하면, (魯) 桓公 13년(前 699), 楚나라 屈瑕(굴하)는 (諸侯國인) 羅國을[238] 정벌했는데, (楚의 大夫인) 鬪伯比(투백비)가 굴하를 전송하고 돌아오면서 수레를 운전하는 사람에게 말했다.

"莫囂(막효, 楚國 관직명)는 必敗할 것이니, 발을 높이 들어 걷고 마음은 굳지 못하다."[239] 고 하였다. 그리고 (투백비는) 서둘러(遽) 楚子(楚君, 작위 子爵)에게 알렸다. 楚子는 賴(뇌, 地名)人을 굴하에게 보냈지만 따라가지 못했다. 莫囂(막효, 굴하)는 행군하면서 아무런 질서나 또 준비도 없었다. 羅國에 이르렀고, 羅人은 막효와 싸워 크게 이겼다. 莫囂(막효, 屈瑕)는 목을 매 죽었다.[240]

原文

釐公十一年, 周使內史過賜晉惠公命, 受玉, 惰. 過歸告

238 羅國 – 長江 중류 漢代 南郡(치소는 江陵縣, 今 湖北省 荊州市 荊州區) 일대에 있던 小國.

239 擧止高 – 발을 높이 들어 걷다. 여기 止(그칠 지)는 足. 趾(발 지)와 同.

240 縊死 – 縊은 목맬 액. 絞縊(교액). 목을 졸라 죽이다.

王曰, "晉侯其無後乎! 王賜之命, 而惰於受瑞, 先自棄也已, 其何繼之有! 禮, 國之幹也, 敬, 禮之輿也. 不敬則禮不行, 禮不行則上下昏, 何以長世!"

二十一年, 晉惠公卒, 子懷公立, 晉人殺之, 更立文公.

〖국역〗

魯 釐公(희공, 僖公) 11년, 周에서는 內史인 過(과)를 보내 晉 惠公(혜공, 재위 前 651 - 637)을 封하는 명령을 전했는데, (혜공은 예물인) 玉을 받으면서 태도가 不敬스러웠다.[241] 過(과)가 귀국하여 周王에게 보고하였다.

"晉侯는 아마 작위를 계속 누릴 수 없을 것입니다! 王께서 賜命하시는데 瑞玉을 받으면서 불경스러웠으니, 이는 먼저 스스로 포기한 것이니 어찌 이어 누릴 수 있겠습니까! 禮는 나라의 根幹(근간)이고, 敬은 禮의 바탕입니다.[242] 不敬하면 禮를 不行하고, 禮가 不行하면 上下가 멍청할 것이니(昏), 어찌 오래 누릴 수 있겠습니까!"

(노 희공) 21년, 晉 惠公이 죽고 아들 懷公(회공)이 즉위했으나(前 637) 晉人이 회공을 죽이고, 곧 文公(重耳, 前 637 - 628, 春秋五霸의 한 사람)을 옹립했다.

241 원문 受玉, 惰 - 제후로 즉위하였기에 瑞의 징표로 玉(封圭)을 보냈다. 惰는 게으를 타. 不敬.

242 원문 敬, 禮之輿也 - 輿는 수레 여. 싣다. 땅, 大地. 시작.

原文

成公十三年, 晉侯使郤錡乞師于魯, 將事不敬. 孟獻子曰, "郤氏其亡乎! 禮, 身之幹也, 敬, 身之基也. 郤子無基. 且先君之嗣卿也, 受命以求師, 將社稷是衛, 而惰棄君命也, 不亡何爲!"

十七年, 郤氏亡.

〔국역〕

魯 成公 13년(前 578), 晉侯가 郤錡(극기)를 보내 魯에 군대 파견을 요청하였는데(乞師), (郤錡의) 처신이 不敬하였다.[243] 孟獻子〔仲孫蔑(중손멸)〕가 말했다.

"郤氏(극씨)는 아마 망할 것이다! 禮는 處身의 근간이고, 敬은 持身(지신)의 바탕이다. 郤子는 바탕이 없다. 게다가 그는 先君의 제사를 담당하는 卿(경)이면서, 君命을 받아 求師(乞師)한 것은 社稷(사직)을 지키려는 뜻인데도, 君命 수행에 나태하니 어찌 망하지 않겠는가!"

成公 17년에, 郤氏(극씨)는 멸망하였다.

原文

成公十三年, 諸侯朝王, 遂從劉康公伐秦. 成肅公受脤于社, 不敬. 劉子曰, "吾聞之曰, 民受天地之中以生, 所謂命

243 원문 將事不敬 - 將事는 行事. 處身.

也. 是以有禮義動作威儀之則, 以定命也. 能者養以之福, 不能者敗以取旤(禍), 是故君子勤禮, 小人盡力. 勤禮莫如致敬, 盡力莫如惇篤. 敬在養神, 篤在守業. 國之大事, 在祀與戎. 祀有執膰, 戎有受脤, 神之大節也. 今成子惰, 棄其命矣, 其不反虖!"

五月, 成肅公卒.

〖국역〗

魯 成公 13년(前 578), 諸侯들이 周王에게 入朝하였고, 이어 (周室 大夫) 劉康公(유강공)을 따라 秦國을 원정하였다. (周 大夫) 成肅公(성숙공)은 사당에서 祭肉을 받으면서 不敬스러웠다.[244] 이에 劉子(유강공)이 말했다.

"내가 알기로, 사람은 天地 中和의 氣를 받아 태어나기에 生命이라 한다. 때문에 禮義에 맞는 動作과 威儀(위의)를 법칙으로 삼아 命이 결정된다(定命). 법을 잘 따르는 자(能者)는 명을 지켜 福을 받고, 따르지 못하면(不能者) 몸을 망치는 화를 당하기에,[245] 君子는 마음을 다하여 禮를 실천하고(勤禮), 小人은 성심으로 出力하는 것이다. 勤禮(근례)는 致敬(치경, 敬을 다함)보다 더 중요한 것이 없고, (小人의) 盡力에는 惇篤(돈독)보다 더한 것이 없다.[246] 敬은 養神에

---

244 원문 受脤于社 – 脤은 구휼할 진. 祭肉, 祭器 蜃(신)에 담아 올리기에 脤이라 한다는 주석이 있다. 社는 토지신의 사당.

245 원문 敗以取旤 – 旤는 禍. 재앙 화.

246 원문 盡力莫如惇篤 – 盡力에는 惇篤(돈독, 敦篤)이 가장 중요하다는 뜻.

있고, 篤(독)은 자신의 직분을 다하는 것이다(守業). 一國의 大事는 제사와 軍事이다. 제사에는 祭肉을 받들어 올리고(執膰, 집번), 전쟁에 출정할 때는 제육을 받는 것이(受脤, 수진) 敬神의 大節이다. 지금 成子(成肅公)가 不敬하여 그 생명을 버렸으니 아마 돌아오지 못하리라."[247]

5월에, 成肅公이 죽었다.

## 原文

成公十四年, 衛定公享苦成叔, 甯惠子相. 苦成叔敖, 甯子曰, "苦成家其亡虖! 古之爲享食也, 以觀威儀省禍福也. 故《詩》曰, 「兕觥其觩, 旨酒思柔, 匪儌匪傲, 萬福來求.」 今夫子傲, 取禍之道也."

後三年, 苦成家亡.

## 〖국역〗

魯 成公 14년, 衛(위)나라 定公(정공)이[248] (晉 大夫) 苦成叔(고성숙)

---

惇篤은 인정이 후하고 독실하다. 惇은 도타울 돈. 篤은 도타울 독. 독실하다. 성실하다.

247 원문 其不反虖 - 其는 아마도. 假定의 뜻. 反은 돌아오다. 虖는 울부짖을 호. 乎와 同.

248 衛國은 周朝 제후국으로 姬姓. 周 武王의 아우 康叔(강숙)을 봉한 나라. 도읍은 朝歌, 楚丘, 帝丘, 野王 등. 영역은, 今 河南省 북부 및 河北省 남부 일대.

을 잔치에 초청하였는데,[249] (衛 大夫) 甯惠子(영혜자)가 執禮(집례)하였다(相). 苦成叔의 행실이 오만하자(敖), 영혜자가 말했다.

"苦成의 가문은 아마 망할 것이다! 옛날에 접대를 받으면 그 威儀(위의)를 보아, 그 화복을 살필 수 있었다(省禍福也). 그래서《詩 小雅 桑扈(상호)》에서도,「뿔잔은 구부정하고 좋은 술 가득하다. (서로 交際에) 속이거나 교만하지 않나니 만복이 모여드네.」라고 하였다.[250] 지금 晉 대부가 오만하니 재앙을 불러들일 것이다."

그 3년 뒤, 苦成家는 망했다.

**原文**

襄公七年, 衛孫文子聘于魯, 君登亦登. 叔孫穆子相, 趨進曰, "諸侯之會, 寡君未嘗後衛君, 今吾子不後寡君, 寡君未知所過, 吾子其少安!"

孫子亡辭, 亦亡悛容. 穆子曰, "孫子必亡. 爲臣而君, 過而不悛, 亡之本也."

十四年, 孫子逐其君而外叛.

---

249 원문 衛定公享苦成叔 - 享은 누릴 향. 饗(잔치할 향)과 通. 苦成叔은 晉나라 大夫의 이름.

250 원문 兕觥其觩, 旨酒思柔, 匪儌匪傲, 萬福來求 - 兕觥(시광)은 뿔 술잔. 觩는 뿔 굽을 구. 旨酒는 맛있는 술. 思는 어조사. 柔는 술이 순하다. 匪는 非. 儌는 속일 교. 傲는 거만할 오.

〖국역〗

魯 襄公 7년(前 566), 衛의 (大夫) 孫文子가 魯나라에 交聘(교빙)차 왔는데, 魯君이 층계를 딛자 (孫文子도) 같이 올랐다.[251] (魯 大夫) 叔孫穆子(숙손목자)가 執禮하다가 쫓아가서 말했다.

"諸侯의 회합에서도 寡君(魯君)은 衛君을 뒤에 따르게 하지 않으셨습니다.[252] 지금 우리 손님께서(孫文子) 저의 주군보다 뒤에 오르지 않는데, 저의 주군께서 (손님의) 잘못을 모르지만, 손님은 마음이 편치 않을 것입니다!"[253]

孫文子는 말이 없었고 또 뉘우치는 표정도 없었다.[254] 이에 숙손목자가 말했다.

"孫文子는 必亡할 것이다. 臣下인데 主君처럼 놀았고, 과오를 저지르고 고치지 않으니, 이는 멸망하는 바탕이다."

襄公 14년, 孫文子는 衛君을 축출하면서 지방에서 반역했다.

原文

襄公二十八年, 蔡景侯歸自晉, 入于鄭. 鄭伯享之, 不敬. 子産曰, "蔡君其不免虖! 日其過此也, 君使子展往勞于東

251 원문 君登亦登 – 禮法에 층계를 오를 때 신하는 주군보다 한 계단 뒤에 올라가야 한다.

252 원문 寡君未嘗後衛君 – 衛와 魯君이 같은 제후 반열이기에 평등하게 대했다는 뜻.

253 원문 吾子其少安! – (孫文子는 손님이기에) 한 계단 늦게 올라가야 하는데, 그런 예를 모른다고 당신 마음이 편하겠느냐? 반문의 뜻.

254 원문 亦亡悛容 – 亡는 無. 悛은 고칠 전. 잘못을 고치다. 容은 용모. 모습.

門, 而敖. 吾曰, '猶將更之.' 今還, 受享而惰, 乃其心也. 君小國, 事大國, 而惰敖以爲己心, 將得死虖? 君若不免, 必由其子. 淫而不父, 如是者必有子禍."

三十年, 爲世子般所殺.

〔국역〕

魯 襄公 28년, 蔡國 景侯(경후)가 晉(진)에서 귀국하면서 鄭國을 방문하였다. 鄭國 伯爵이 蔡侯를 접대하는데 (蔡侯가) 不敬하였다. 鄭國 子産(자산)이[255] 말했다.

"蔡君은 아마 禍를 면치 못할 것이다! 日前에 그가 여기를 지나갈 때, 주군은 子展(자전)을 보내 東門에서 위로할 때도 오만했다. 그때 나는 '앞으로는 고칠 것입니다.' 라고 말했었다. 오늘, 돌아가는 길에 접대를 받으면서도 불경스러우니, 이는 그 본심이다. 小國의 主君은 大國을 섬겨야 하는데, 그 본심이 不敬하고 오만하다면 앞으로 제대로 죽을 수 있겠는가? 鄭君이 화를 면치 못한다면 틀림없이 그 아들 때문일 것이다. 蔡侯는 음란하고 父親답지도 못하니, 이런 사람은 틀림없이 아들로부터 화를 당할 것이다."

襄公 30년, 채후는 世子 般(반)에게 살해당했다.

255 鄭나라의 子産(? – 前 522年) – 姬姓, 名僑, 字는 子産. 春秋 말기 鄭國의 재상. 鄭國 백성의 존경을 받았다. 中國 宰相의 典範으로 추앙받는 사람이다. 공자 또한 子産을 존경했다.

原文

襄公三十一年, 公薨. 季武子將立公子裯, 穆叔曰, "是人也, 居喪而不哀, 在慼而有嘉容, 是謂不度. 不度之人, 鮮不爲患, 若果立, 必爲季氏憂."

武子弗聽, 卒立之. 比及葬, 三易衰, 衰衽如故衰. 是爲昭公. 立二十五年, 聽讒攻季氏. 兵敗, 出奔, 死于外.

〖국역〗

魯 襄公 31년(前 542), 양공이 죽었다. 季武子는 公子인 裯(주)를 옹립하려 했는데, 穆叔(목숙, 叔孫穆子)이 말했다.

"이 사람은 居喪(거상)하면서도 애통하지 않았고, 부모의 喪中에 기쁜 표정까지 지었으니, 이는 불효입니다.[256] 불효하는 사람은 거의 걱정거리가 될 사람이며,[257] 만약 옹립한다면 틀림없이 季氏의 걱정거리가 될 것입니다."

季武子는 따르지 않았고 결국 公子 裯(주)를 옹립하였다. 장례를 치루면서 3번 상복을 갈아입어야 하는데, 방금 갈아입은 상복을 더럽혀 오래 입은 상복 같았다.[258] 이가 昭公이었다. 재위 25년(전 542-510)에, 참언을 믿고 季氏를 공격했다. 패전하자 외국으로 망명했

---

256 원문 在慼而有嘉容, 是謂不度. - 慼은 근심할 척. 부모의 喪中. 嘉容은 기쁜 표정. 不度은 不遵禮度, 예법을 따르지 않다. 不孝.

257 원문 鮮不爲患 - 患難(환난, 걱정되는 일)이 되지 않을(不爲) 일이 드물다(鮮). 틀림없이 환난을 일으킬 사람이다.

258 원문 三易衰, 衰衽如故衰. - 三易의 易(역)은 바꿔 입다. 衰는 쇠할 쇠, 상복 최. 衽은 옷깃 임. 故衰(고최)는 오래 입어 해진 상복.

고, 외국에서(齊) 죽었다.

**原文**

襄公三十一年, 衛北宮文子見楚令尹圍之儀, 言於衛侯曰, "令尹似君矣, 將有它志, 雖獲其志, 弗能終也."

公曰, "子何以知之?" 對曰, "《詩》云「敬愼威儀, 惟民之則.」令尹無威儀, 民無則焉. 民所不則, 以在民上, 不可以終."

〖국역〗

魯 襄公 31년, 衛(위)의 (大夫인) 北宮文子(북궁문자)가 楚의 令尹(영윤, 首相) 圍(위)의 儀表(의표)를 보고, 衛侯에게 말했다.

"令尹이 主君과 비슷하니 앞으로 다른 뜻을 품을 것이고, 비록 그 뜻을 성취하더라도 끝까지 누릴 수 없을 것입니다."

衛公이 "그대는 어떻게 알았는가?" 라고 묻자, 북궁문자가 대답하였다.

"《詩》에서도 「공경과 근신의 위엄을 백성이 본받는다.」고 하였으니,[259] 영윤이 위의가 없다면 백성은 본받지 않을 것입니다. 백성이 본받지 않는다면 백성의 위에 있어도 끝까지 지킬 수 없을 것입니다."

---

**259** 원문 《詩》云「敬愼威儀, 惟民之則.」-《詩 大雅 抑(억)》. 則은 본받다.

**原文**

昭公十一年夏, 周單子會於戚, 視下言徐. 晉叔向曰, "單子其死虖! 朝有著定, 會有表, 衣有襘, 帶有結. 會朝之言必聞于表著之位, 所以昭事序也, 視不過結襘之中, 所以道容貌也. 言以命之, 容貌以明之, 失則有闕. 今單子爲王官伯, 而命事於會, 視不登帶, 言不過步, 貌不道容而言不昭矣. 不道不恭, 不昭不從, 無守氣矣."

十二月, 單成公卒.

〖국역〗

魯 昭公 11년(前 531) 여름, 周 (大夫) 單子(單成公)는 (衛地) 戚(척)에서 회합하는데 땅을 쳐다보며 작은 목소리로 말했다(視下言徐). 이에 晉의 (大夫) 叔向(숙향, 羊舌肸)이 말했다.

"單子는 아마 죽을 것 같다! 조정에는 설 자리가 있고(朝有著定), 야외 회합이라도 설 자리를 표시하며(會有表), 옷에도 옷깃 여미는 자리가 있고(衣有襘),[260] 관대에도 매듭이 있다(帶有結). 조회할 때의 말소리는 모두가 들을 수 있어야 하는데, 이는 事理를 분명히 하려는 뜻이며,[261] 옷깃 교차하는 곳과 관대 사이에 시선을 두게 한 것은 용모를 관리하려는 까닭이다(所以道容貌也). 語言으로 뜻을 表하고, 容貌로 心思를 말하는 만큼 말과 용모가 잘못 되어서는 안 된

260 원문 衣有襘 – 襘는 띠 매듭 괴. 衣領 交叉處. 옷고름 매는 자리.

261 원문 所以昭事序也 – 昭는 明也. 분명히 하다. 事序는 事理. 序는 緖也. 條理.

다(失則有闕). 지금 單子는 周王의 관리 대표로(官伯) 회합에서 왕명을 전달해야 하는데, 目光이 冠帶 위에 있지도 않고, 聲音이 몇 보에서도 들을 수 없으며(言不過步), 그 외모도 자신이 없고 언사도 분명치 않다. 태도가 불분명하면 사람이 공경할 수 없고, 언어가 분명치 않으면 명령을 따를 수 없다. 그는 守身의 氣運도 없다."[262]

12월에, 單成公이 죽었다.

**原文**

昭公二十一年三月, 葬蔡平公, 蔡太子朱失位, 位在卑. 魯大夫送葬者歸告昭子. 昭子歎曰, "蔡其亡虖! 若不亡, 是君也必不終. 《詩》曰「不解於位, 民之攸墍.」今始卽位而適卑, 身將從之."

十月, 蔡侯朱出奔楚.

**〖국역〗**

魯 昭公 21년(前 521) 3월, 蔡國(채국) 平公의 장례에, 蔡 太子 朱(주)는 제자리를 못 찾고 낮은 신분이 서야 할 자리에 있었다. 魯 大夫로 장례에 갔던 자가 돌아와 昭子(소자)에게 말했다. 昭子가 탄식하였다.

"蔡나라는 아마 멸망할 것이다. 만약 망하지 않는다면, 그 주군은 끝까지 살 수도 없으리라. 《詩》에서도 「윗사람이 게으르지 않으니

---

**262** 원문 無守氣矣 - 곧 죽을 것이다. 守氣는 保持生氣.

백성이 安息하도다.」라고 하였다.[263] 이제 막 즉위하면서 낮은 자리에 머무르니 몸이 따라 갈 것이다."

10월, 蔡侯 朱(주)는 楚나라로 出奔(출분, 망명)하였다.

原文

晉魏舒合諸侯之大夫于翟泉, 將以城成周. 魏子蒞政, 衛彪傒曰, "將建天子, 而易位以令, 非誼也. 大事奸誼, 必有大咎. 晉不失諸侯, 魏子其不免虖!"

是行也, 魏獻子屬役於韓簡子, 而田於大陸, 焚焉而死.

〖국역〗

晉(진) (大夫) 魏舒(위서)가 諸侯國의 大夫를 翟泉(탁천, 水名)에 모아(會) 成周(東周)를 위해 築城(축성)하려 했다. (大夫인) 魏子(魏舒)가 (周室의) 정사를 대리하자(蒞政), 衛國의 (大夫) 彪傒(표혜)가 말했다.

"천자의 城을 축성하고 (자신의) 지위를 높여서 호령하려 하는데(易位以令), 예에 합당한 일이 아니요. 大事에 예의를 범한다면 틀림없이 큰 허물이 있을 것이요. 晉이 諸侯 자리를 잃지 않는다면, 魏子는 재앙을 면치 못하리라!"

이런 과정에서 魏獻子(魏舒)가 (築城하는) 工役을 韓簡子(한간자)

263 원문 《詩》曰「不解於位, 民之攸墍.」-《詩 大雅 假樂》의 구절. 解는 懈也. 位는 在位, 上位. 攸는 ~ 바. 墍는 쉴 기. 벽에 흙칠하다.

에 위임하고, 大陸에서 사냥하다가[264] (동물을 몰아대는) 불길에 타서 죽었다.[265]

原文

定公十五年, 邾隱公朝於魯, 執玉高, 其容仰. 公受玉卑, 其容俯. 子贛觀焉, 曰, "以禮觀之, 二君者皆有死亡焉. 夫禮, 死生存亡之體也. 將左右周旋, 進退俯仰, 於是虖取之, 朝祀喪戎, 於是虖觀之. 今正月相朝, 而皆不度, 心已亡矣. 嘉事不體, 何以能久? 高仰, 驕也, 卑俯, 替也. 驕近亂, 替近疾. 君爲主, 其先亡虖!"

〔국역〕

魯 定公 15년(前 495), 邾(주) 隱公(은공)이 魯에 入朝하면서, 玉을 높이 들어 올려 하늘을 보는듯했다. 定公은 옥은 낮게 받으며 굽어보는 얼굴이었다. 이를 子贛(자공, 子貢)이[266] 보고 말했다.

---

264 원문 田於大陸 – 田은 田獵(전렵). 사냥. 大陸은 높고 평평한 들판. 地名으로, 鉅鹿(거록)의 북쪽 늪지대라는 주석이 있다.

265 원문 焚焉而死 – 불에 탔다(焚焉), 그리고(而) 죽었다(死). 焉은 종결어미.

266 子貢(자공) – 공자의 수제자. 본명은 端木賜(단목사). 賜(사)로도 표기. 子貢(子贛)은 그의 자(字), 孔門十哲 중 言語에 뛰어났다. 그래서 자공이 한번 움직여 魯를 안정시키고(存魯), 齊를 혼란에 빠트렸고(亂齊), 吳가 격파되었으며(破吳), 晉을 강성하게 했고(彊晉), 越은 霸者가 되었다(霸越). 자공이 한번 사자로 나가 서로의 세력을 격파케 하였으니, 10년 동안에 5나라에 변화가 있었다. 자공의 이러한 외교적 성과는 《史記

"禮法에서 보자면, 二君은 모두 死亡할 징조입니다. 禮는 死生과 存亡의 실체(근본)입니다. 사람이 左右로 돌거나(周旋, 주선), 進退와 俯仰(부앙, 굽어보거나 올려다 봄)에 禮가 바탕이 되어야 하며, 入朝나 제사, 治喪(치상)과 鍊武(戎, 무기 융)도 禮를 근거로 보아야 합니다. 지금 正月에 상호 입조하는 것 모두가 禮度에 맞지 않으며, (합치 여부에 대한) 생각도 하지 않았습니다. 이처럼 중요한 행사가 禮에 맞지 않는다면 어찌 능히 오래갈 수 있겠습니까? 높이 우러르는 것은(高仰) 교만이고(驕也), 낮게 내려 보는 것은(卑俯) 頹廢(퇴폐, 替)입니다. 교만은 반란에 가깝고(驕近亂), 퇴폐는 疾病을 불러올 징조입니다. 主君(定公)께서 주인이시니 아마 먼저 죽을 것입니다!"[267]

原文

庶徵之恒雨, 劉歆以爲《春秋》大雨也, 劉向以爲大水.

隱公九年「三月癸酉, 大雨, 震電, 庚辰, 大雨雪.」

大雨, 雨水也, 震, 雷也. 劉歆以爲三月癸酉, 於曆數春分後一日, 始震電之時也, 當雨, 而不當大雨. 大雨, 常雨之罰也. 於始震電八日之間而大雨雪, 常寒之罰也.

---

仲尼弟子列傳》에 상세히 기록되었다. 子貢은 재화의 매입과 시세에 따른 전매를 잘했다. 자공은 처음에 가난했다가 나중에는 큰 부자가 되어 공자의 재정적 후원자 역할을 다했다. 자공은 공자를 지성으로 섬기었고, 공자 사후에 6년간이나 복상했다. 자공의 스승에 대한 존경은 끝까지 변함이 없었다. 자공은 魯와 衛나라의 재상을 역임했고, 나중에 齊나라에서 죽었다.

**267** 이 해 5월에, 魯 定公이 죽었다.

劉向以爲周三月, 今正月也, 當雨水, 雪雜雨, 雷電未可以發也. 旣已發也, 則雪不當復降. 皆失節, 故謂之異.

於《易》, 雷以二月出, 其卦曰〈豫〉, 言萬物隨雷出地, 皆逸豫也. 以八月入, 其卦曰〈歸妹〉, 言雷復歸. 入地則孕毓根核, 保藏蟄蟲, 避盛陰之害, 出地則養長華實, 發揚隱伏, 宣盛陽之德. 入能除害, 出能興利, 人君之象也.

是時, 隱以弟桓幼, 代而攝立. 公子翬見隱居位已久, 勸之遂立. 隱旣不許, 翬懼而易其辭, 遂與桓共殺隱. 天見其將然, 故正月大雨水而雷電. 是陽不閉陰, 出涉危難而害萬物. 天戒若曰, '爲君失時, 賊弟佞臣將作亂矣.' 後八日大雨雪, 陰見間隙而勝陽, 簒殺之禍將成也. 公不寤, 後二年而殺.

〖국역〗

(吉凶에 관한) 여러 징조에서 그치지 않고 내리는 비를(恒雨), 劉歆(유흠)은《春秋》의 大雨라 했고, 劉向은 洪水(大水)라고 생각했다.

魯 隱公(은공) 9년(前 714),「3월 癸酉日, 큰 비가 왔고 벼락에 번개가 쳤으며(震電), (7일 뒤) 庚辰日에 큰 눈이 내렸다.」

大雨는 비가 내린 것이고(雨水也), 震(벼락)은 우뢰(雷)이다.

劉歆(유흠)은, 3월 계유일은 역법으로 계산하면 春分 다음 날이니, 벼락에 번개가 칠 시기이고 당연히 비도 내릴 때이나 大雨가 내릴 때는 아니라고 생각했다. 大雨는 비가 그치지 않고 내리는 징벌이다(常雨之罰也). 벼락과 번개 칠 때까지는 8일 간인데, 그때 큰 눈이 내린 것은 추위가 이어지는 징벌이다(常寒之罰也).

劉向(유향)은, 周曆 3月은 지금의 正月이라서 雨水 절기에 해당하니, 눈이나 비도 내릴 수 있지만 벼락과 번개가 칠 때는 아니라고 생각했다. 그러나 이미 벼락과 번개가 친 다음이라면 다시 눈이 내리는 것은 아니다. 이 모두가 절기에 맞지 않기에 이변이라 하였다.

《易》에서는 우레는 2월에 치는데, 그 괘는 〈豫卦〉인데[268] 萬物이 천둥소리에 놀라 땅에서 싹트고 깨어 나오니 모두에게 기쁨이다.[269] 8월이 되는 우레는 땅속으로 들어가는데, 그 괘는 〈歸妹(귀매)〉이며,[270] 우레가 다시 돌아간다는 뜻이다(言雷復歸). 땅속에 들어가서는 뿌리와 씨를 잉태하거나 기르고[271] 숨어든 벌레들도 지켜주어[272] 왕성한 음기의 폐해를 피하게 했다가, 땅에서 나오게 되면 낳고 길러 꽃피고 열매를 맺게 하니, 곧 숨어 지내면서 덕을 發揚(발양)하고 나와서는 陽氣의 盛德을 宣揚(선양)한다. (땅속에) 들어가서 害를 없애고 나와서는 크게 이롭게 하는, 이것은 바로 人君의 형상이다.

이때, 隱公은 아우 桓公이 어리다 하여 대신 攝位(섭위)하여 즉위하였다. 公子인 翬(휘, 훨훨 날 휘)는 隱公이 너무 오랫동안 재위했다 하여 (은공에게) 환공의 옹립을 권하였다. 그러나 은공이 불허하자, 휘는 두려워하며 말을 바꿔 은공을 헐뜯으며 환공과 함께 모의하여 은공을 살해하려 했다. 하늘은 장차 그러할 것을 알았기에 정월에

268 〈豫卦〉 – ☳☷. 雷地豫. 豫는 喜悅(희열).

269 원문 皆逸豫也 – 逸豫(일예)는 歡樂(환락).

270 〈歸妹卦〉 – ☳☱ 雷澤歸妹. 歸妹는 女子의 出嫁.

271 원문 入地則孕毓根核 – 孕은 아이 밸 잉. 毓은 기를 육. 核은 씨 핵.

272 원문 保藏蟄蟲 – 保藏(보장)은 숨겨 지켜주다. 蟄은 숨을 칩. 蟲은 벌레 충.

큰 비를 내리게 했고 천둥과 번개를 치게 하였다. 이는 陽이 陰을 閉塞(폐색)하지 못한 것이며, (음기는) 그 막힌 것을 뚫고 나와 위난과 함께 만물을 해친 것이다. 그러니 天戒는 마치 '國君이 되어 失時하니, 사악한 아우와(賊弟) 奸臣(佞臣, 영신)이 장차 난을 일으킬 것이다.' 라고 말하는 것 같았다. 그 8일 뒤에 큰 눈이 내린 것은 陰氣가 틈(間隙, 간극)을 보아 陽氣를 이긴 것이니, 簒位(찬위)와 弑害(시해) 재앙이 성공한다는 징조였다. 그러나 은공은 이를 깨닫지 못했고 2년 뒤에(前 712) 살해되었다.

原文

昭帝始元元年七月, 大水雨, 自七月至十月. 成帝建始三年秋, 大雨三十餘日, 四年九月, 大雨十餘日.

〖국역〗

昭帝 始元 원년(前 86) 7월, 7월에서 10월까지 큰비가 내렸다. 成帝 建始 3년(前 30) 가을 30여 일간 큰비가 내렸다. 4년 9월, 10여 일간 큰비가 왔다.

原文

《左氏傳》愍公二年, 晉獻公使太子申生帥師, 公衣之偏衣, 佩之金玦. 狐突歎曰, "時, 事之徵也, 衣, 身之章也, 佩, 衷之旗也. 故敬其事, 則命以始, 服其身, 則衣之純, 用其衷,則佩之度. 今命以時卒, 閟其事也, 衣以尨服, 遠其躬也, 佩以金玦, 棄其衷也. 服以遠之, 時以閟之, 尨涼冬殺, 金寒玦離, 胡可恃也!"

梁餘子養曰, "帥師者, 受命于廟, 受脤於社, 有常服矣. 弗獲而尨, 命可知也. 死而不孝, 不如逃之."

罕夷曰, "尨奇無常, 金玦不復, 君有心矣."

後四年, 申生以讒自殺. 近服妖也.

〖국역〗

《春秋左氏傳》에 魯 愍公(閔公, 湣公, 재위 前 661－660) 2年, 晉 獻公(헌공)은 太子 申生(신생)을 시켜 군사를 통솔케 했는데, 獻公은 태자에게 偏衣(편의)를 입고 金玦(금결)을 패용케 했다.[273] 이에 (大夫) 狐突(호돌)이 탄식하며 말했다.

"時는 大事 성패의 徵驗(징험)이고, 衣는 一身의 문채이며(明章), 佩物(패물)은 속마음(衷心, 충심)의 표시이다(旗, 깃발). (太子의) 출정을 중요시한다면, 연초에 준비를 명해야 하고, 중임을 맡아 수행케 하려면, 순수한(한 가지 색) 관복을 착용토록 하고(則衣之純), 衷心을 표시하려면 정상의 패물을 차야 한다.[274] 지금 출정 명령은 일

---

**273** 원문 公衣之偏衣, 佩之金玦 – 偏衣(편의)는 좌우의 색이 틀린 옷. 佩는 찰 패. 金玦은 靑銅의 玦, 玦은 패옥 결. 둥근 모양이나 한쪽이 이지러진 패물. 곧 반달 모양.

**274** 원문 則佩之度 – 常道의 패물. 金玦(금결) 같이 한쪽이 불완전한 패물을 패용해서는 안 된다는 뜻. 黃金이라 표기하지 않은, 일반적인 金은 靑銅이다.

년의 끝이라(今命以時卒), 大事의 성공이 어렵고[275] 잡색의 옷을 입게 하였으니, 이는 疎遠(소원)하다는 뜻이며,[276] 청동의 이지러진 玦(결)을 패용케 한 것은 그 衷心을 버리겠다는 뜻이다. 의복으로 멀리하고 未成의 시기에(時以閟之), 잡색 옷의 한랭과 겨울철의 殺生(尨涼冬殺), 청동의 寒氣에, 玦(결)의 別離에서 무엇을 의지할 수 있으랴!"[277]

(晉 大夫) 梁餘子養(양여자양)이 말했다.

"군사를 통솔할 자는 종묘에서 명을 받고 토지신 社에서 祭肉을 받으며(受脤於社) 정상 복색이어야 한다. 정색도 아닌 잡색 옷을 착용케 한 뜻을 알 수 있다. 죽거나 불효하느니 도망가는 것만 못하다."

(晉 大夫) 罕夷(한이)가 말했다. "잡색 옷은 기이하고 無常하며, 金玦(금결)은 복원할 수 없으니, 主君의 뜻이 들어있다."

그 4년 뒤, 태자 申生은 참소를 받고 자살하였다. 이는 服妖(복요)에 가까운 사례이다.

---

275 원문 閟其事也 – 閟는 문 닫을 비. 閉也. 갑작스런 출정 명령에 연말이라 성공이 어렵다는 뜻.

276 원문 衣以尨服, 遠其躬也 – 衣는 입다. 尨服(방복)은 雜色 의복. 위에 말한 偏衣. 遠은 疎遠(소원). 躬은 몸 궁. 태자를 지칭.

277 원문 胡可恃也! – 胡는 어찌. 曷(어찌 갈)과 同. 可恃는 믿을 수 있다. 믿다.

## 나. 妖邪(요사)

原文

《左氏傳》曰, 鄭子臧好聚鷸冠, 鄭文公惡之, 使盜殺之.

劉向以爲近服妖者也. 一曰, 非獨爲子臧之身, 亦文公之戒也. 初, 文公不禮晉文, 又犯天子命而伐滑, 不尊尊敬上. 其後晉文伐鄭, 幾亡國.

〖국역〗

《左氏傳》에 의하면, (鄭 文公의 아들) 鄭 子臧(자장)은 도요새 깃털로 만든 冠을 즐겨 착용했는데(鷸冠, 도요새 휼), 鄭 文公은 아들을 미워하여 도적을 시켜 몰래 죽여버렸다.

劉向은 이를 기이한 복장에 따른 妖邪(요사)라고 생각하였다.

一說에는, 이는 유독 子臧(자장)만이 아니라 (鄭) 文公에게도 警戒(경계)가 될 일이다. 그전에 文公은 晉 文公(즉위 이전, 王子로 망명 중이던 重耳)을 예우하지 않았고, 또 (周) 天子의 命을 어기며 滑(활, 國名)을 정복하였으니, (鄭 文公은) 尊敬해야 할 윗사람을 받들지 않았다. 그 후에 晉 文公이 鄭國을 정벌하니, 鄭은 거의(幾) 망할 뻔했다.

原文

昭帝時, 昌邑王賀遣中大夫之長安, 多治仄注冠, 以賜大臣, 又以冠奴.

劉向以爲近服妖也. 時王賀狂悖, 聞天子不豫, 弋獵馳騁如故, 與騶奴宰人游居娛戲, 驕嫚不敬. 冠者尊服, 奴者賤人, 賀無故好作非常之冠, 暴尊象也. 以冠奴者, 當自至尊墜至賤也.

其後帝崩, 無子, 漢大臣徵賀爲嗣. 卽位, 狂亂無道, 縛戮諫者夏侯勝等. 於是大臣白皇太后, 廢賀爲庶人. 賀爲王時, 又見大白狗冠方山冠而無尾, 此服妖, 亦犬禍也. 賀以問郎中令龔遂, 遂曰, "此天戒, 言在仄者盡冠狗也. 去之則存, 不去則亡矣."

賀旣廢數年, 宣帝封之爲列侯, 復有罪, 死不得置後. 又犬禍無尾之效也.

京房《易傳》曰, 「行不順, 厥咎人奴冠, 天下亂, 辟無適, 妾子拜.」 又曰, 「君不正, 臣欲簒, 厥妖狗冠出朝門.」

〖국역〗

昭帝 재위 중에, 昌邑王 劉賀(유하)는[278] 中大夫를 長安에 보내 仄注冠(측주관)을[279] 많이 구입해서 大臣에게 하사하였고, 또 노비들도

---

**278** 昌邑 哀王 劉髆(유박, ? - 前 87)은 武帝 五子로 李夫人 소생이었다. 天漢 4年(前 97)에 昌邑王에 책립. 창읍국은 山陽郡을 개명한 것으로, 치소는 昌邑縣(今 山東省 菏澤市 관할의 鉅野縣). 그 아들 劉賀(유하, 前 92 - 59)는 5살에 창읍왕이 되었고, 19세인 前 74년, 霍光(곽광) 등에 의해 황제에 옹립되어 27일간 재위했다. 곽광 등에 의거 축출. 前 63년 宣帝에 의해 海昏侯에 피봉 되었다.

**279** 仄注冠(측주관) - 一名 高山冠. 仄(기울 측)은 側.

착용케 하였다.

劉向은 이를 服妖(복요)에 가깝다고 생각하였다. 그때 창읍왕 賀(하)는 제멋대로 행동하였는데(狂悖, 광패) 天子가 病中이라는 소식을 듣고도[280] 이전처럼 사냥을 하고 말을 달렸으며, 騶奴(추노, 마부)나 宰人(재인, 火夫, 廚人)들과 어울려 놀며 유희를 즐기었고 교만하며 불경스러웠다. 본래 冠이란 尊貴한 者의 복장이며, 奴者는 賤人인데, 창읍왕은 아무 까닭도 없이 비상식적인 관을 만들어 착용하였으니, 이는 尊者의 상징을 비천한 지위로 폭락시킨 것이었다. 또 노비에게 관을 착용시킨 것도 至尊의 사물을 至賤(지천)으로 만든 것이었다.

그 뒤 昭帝가 붕어했으나 無子하여 漢 大臣들은 창읍왕 賀(하)를 데려다 후사를 잇게 하였다. 창읍왕이 즉위하였으나 창읍왕은 狂亂에 無道하였으며, 諫言(간언)을 올린 夏侯勝(하후승) 등을 束縛(속박)하거나 죽였다. 이에 大臣은 皇太后에게 아뢰어 창읍왕 賀를 (27일 만에) 폐위하여 庶人으로 만들었다.

(이전에) 賀가 창읍왕으로 재위할 때, 大白狗가 方山冠을 썼으나 꼬리가 없는 모습을 보았다고 하였는데, 이 역시 服妖(복요)이며 犬禍(견화)이다. 창읍왕이 이를 郎中令인 龔遂(공수)에게[281] 묻자, 공수가 말했다.

---

280 不豫 – 有疾. 이때 豫는 기쁠 예.

281 龔遂(공수) – 89권, 〈循吏傳〉에 입전. 龔遂(공수)가 창읍왕을 섬긴 기록은 63권, 〈武五子傳〉 참고. 창읍왕이 제위에서 방출된 뒤에, 창읍왕을 잘못 보필한 죄로 사형에서 감형 받아 변방에서 축성하는 노역에 종사했었다.

"이는 하늘이 내리는 징계이며, 왕의 측근들이 모두 예를 모르니 이 역시 관을 쓴 개와 마찬가지입니다. 그들을 모두 제거하면 왕국이 안정되지만, 제거하지 못하면 망할 것입니다."

劉賀가 폐위된 몇 년 뒤에 宣帝는 유하를 列侯에 봉했으나 다시 죄를 지었기에 창읍왕이 죽은 뒤라도 후사를 봉할 수도 없었다. 이는 꼬리 없는 개를 보았다는 犬禍의 징험이었다. 京房(경방)이《易傳》에서 말했다.

「行實이 不順한 것은(逆亂), 그 노비들에게 관을 착용케 한 죗값이고, 천하가 혼란한 것은 군왕의 嫡子(적자)가 없어[282] 妾子를 大位에 앉힌 허물이다.」

또 말했다.「君王이 不正하면, 臣은 簒位(찬위)를 노리니, 그 요사한 징험은 개가 관을 쓰고 조정의 문을 나온다.」

原文

成帝鴻嘉,永始之間, 好爲微行出游, 選從期門郞有材力者, 及私奴客, 多至十餘, 少五六人, 皆白衣袒幘, 帶持刀劍. 或乘小車, 御者在茵上, 或皆騎, 出入市里郊壄, 遠至旁縣. 時, 大臣車騎將軍王音及劉向等數以切諫.

谷永曰, "《易》稱 '得臣無家', 言王者臣天下, 無私家也. 今陛下棄萬乘之至貴, 樂家人之賤事, 厭高美之尊稱, 好匹夫之卑字, 崇聚票輕無誼之人, 以爲私客. 置私田於民間,

282 원문 辟無適 - 辟은 임금 벽. 君王. 適은 嫡.

畜私奴車馬於北宮, 數去南面之尊, 離深宮之固. 挺身獨與小人晨夜相隨, 烏集醉飽吏民之家, 亂服共坐, 溷肴亡別, 閔勉遯樂, 晝夜在路. 典門戶奉宿衛之臣執干戈守空宮, 公卿百寮不知陛下所在, 積數年矣. 昔虢公爲無道, 有神降曰, '賜爾土田', 言將以庶人受土田也. 諸侯夢得土田, 爲失國祥, 而況王者畜私田財物, 爲庶人之事乎!"

〖국역〗

成帝의 鴻嘉(前 20－17)와 永始(前 16－13) 연간에, 微行(미행)으로 遊樂(유락)하기를 좋아하였는데, 隨從(수종)할 期門郎과 힘을 쓰는 자를 선발하고,[283] 개인 노비 등을 포함하여 많게는 10여 명, 적게는 5, 6명이, 모두 흰옷에 袒幘(단책, 낮은 모자)을 쓰고 刀劍을 찼었다. 때로는 작은 수레를 탔는데, 수레를 모는 자는 자리에 앉아 몰았

283 원문 選從期門郎有材力者－微行의 微는 隱行. 밤에 平服으로 期門郎이나 私奴 몇 명만 데리고 외출하다. 材力(재력, 힘)이 좋은 병사. 강궁을 쏠 수 있는 사졸을 材官이라 하였다. 무제는 建元 3년, 처음으로 微行(미행)을 하여 사냥을 했고 유람을 다녔다. 미행을 할 때는 侍中, 常侍, 武騎常侍 및 待詔(대조), 그리고 隴西郡(농서군)과 北地郡의 良家子弟로 騎射에 능한 자들과 늘 궁전의 문에서 만나기로 약속했는데, 이때부터 '期門(천자의 호위군사)' 이라는 말이 생겼다. 成帝의 미행은 그 정도가 심했다. 성제는 미행으로 陽阿(양아) 公主의 집에 들렀다가 趙飛燕을 보고 좋아하여 궁으로 불러들여 크게 총애하였다. 成帝의 微行에 자주 동행한 사람은 張放(장방, 張安世의 玄孫)인데 성제의 비호 하에 방자한 생활을 했다. 성제가 죽자 슬피 울다가 죽었다. 期門은 郎官에 준하는 황제 호위병으로 정원이 없었다. 전한 말에 虎賁郎으로 개명했다.

고, 혹 모두가 말을 타고서 시장 마을이나 교외에 출입하였는데, 멀리 나갈 때는 근처의 縣(현)까지 놀러 다녔다. 그때 大臣 중에 車騎將軍 王音(왕음)이나[284] 劉向 등이 자주 절절한 간언을 올렸다.

谷永(곡영)이 말했다.

"《易》에서 '得臣하나 無家라.' 하였는데,[285] 이는 王者는 天下를 臣下로 거느리지만 私家가 있을 수 없다는 뜻입니다. 지금 폐하께서는 萬乘의 至貴한 자리를 버리고(棄), 家人의 賤事를 즐기시며(樂), 高美한 尊稱에 싫어하고(厭), 匹夫의 천한 이름을 좋아하시며(好), 경박하고 無誼(무의)한 자들을 끌어 모아 그런 자들을 客人으로 생각하고 있습니다. 민간에 私田을 두고, 北宮에 私奴와 車馬를 따로 두고서는, 자주 南面의 尊位를 떠나고 深宮의 安固한 자리를 벗어나십니다. 홀로 몸을 소인과 함께 어울려 밤낮으로 어울려 돌아다니시며, 일반 백성의 집에서 까마귀 떼처럼 모이고 흩어지며, 취하고 포식하며, 난잡한 옷을 입고 함께 어울려 놀고 뒤섞여 구별도 없이 타락한 쾌락을 추구하며[286] 주야로 길에서 돌아다니고 있습니다. 궁궐의 門戶를 지키거나 宿衛(숙위)하는 신하들은 병기를 들고 빈 궁궐을 지키고, 公卿과 百官의 臣僚(신료)는 폐하의 所在를 모른 지 몇 년

284 王音(왕음, ? - 前 15) - 王鳳과 王政君의 사촌동생. 王鳳이 특히 신임하였다. 前 22년에, 大司馬로 車騎將軍이 되었다.

285 《易》 '得臣無家' - 損卦는 ☶☱ 山澤損. 損은 '減損' 의 뜻. 損卦 上九 爻辭에 '得臣하나 의지할 집이 없다.' 고 하였다.

286 원문 溷肴亡別, 閔勉遯樂 - 溷肴는 마구 뒤섞이다. 溷은 어지러울 혼. 섞이다. 肴는 안주 효. 殽(섞일 효)와 通. 亡別은 無別. 閔勉(민면)은 黽勉(민면). 쉬지 않고 힘쓰다. 遯樂(둔락)은 逸樂을 은밀히 즐기다.

이나 되었습니다. 옛날에 (춘추시대) 虢公(괵공)이 無道하자 천신이 강림하여, '너에게 土田을 내려주겠다.' 하였으니, 이는 서인으로 만들어 土田을 주겠다는 뜻이었습니다. 제후가 꿈에 土田을 얻었다면 그것은 失國의 조짐이었으니, 하물며 (천하를 차지한) 王者가 私田과 財物을 비축하는 그런 서민의 일을 할 수 있겠습니까!"

### 다. 鷄禍(계화)

**原文**

《左氏傳》曰, 周景王時大夫賓起見雄雞自斷其尾.

劉向以爲近雞禍也. 是時, 王有愛子子鼂, 王與賓起陰謀欲立之. 田于北山, 將因兵衆殺適子之黨, 未及而崩. 三子爭國, 王室大亂. 其後, 賓起誅死, 子鼂奔楚而敗. 京房《易傳》曰,「有始無終, 厥妖雄雞自齧斷其尾.」

〖국역〗

《左氏傳》에는, '周 景王 재위 중에 大夫인 賓起(빈기)는 수탉(雄雞)이 그 꼬리를 스스로 끊어버리는 것을 보았다.' 고 하였다.

劉向은 雞禍(계화)에 近似(근사)하다고 생각했다. 이때, 景王에게 愛子 子鼂(자조, 鼂는 아침 조)가 있었는데, 王은 賓起(빈기)와 함께 자조를 왕으로 세우려 음모하고 있었다. 北山에서 사냥할 때, 군사를 동원하여 適子(嫡子)의 黨與(당여)를 죽이려 했지만, 실행하기 전에

경왕이 붕어했다.

결국 三子가 爭國하며 王室은 大亂에 빠졌다. 그 뒤에 賓起(빈기)는 주살되었고, 子鼂(자조)는 楚로 달아났으나 敗亡하였다.[287] 京房(경방)은 그의《易傳》에서「有始하나 無終하니, (그 징조는) 요망한 雄雞가 스스로 그 꼬리를 잘라버린 것이라.」고 하였다.

原文

宣帝黃龍元年, 未央殿輅軨中雌雞化爲雄, 毛衣變化而不鳴, 不將, 無距.

元帝初元中, 丞相府史家雌雞伏子, 漸化爲雄, 冠距鳴將. 永光中, 有獻雄雞生角者.

京房《易傳》曰,「雞知時, 知時者當死.」房以爲己知時, 恐當之.

劉向以爲房失雞占. 雞者小畜, 主司時, 起居人, 小臣執事爲政之象也. 言小臣將秉君威, 以害正事, 猶石顯也. 竟寧元年, 石顯伏辜, 此其效也.

一曰, 石顯何足以當此? 昔武王伐殷, 至于牧野, 誓師曰, "古人有言曰 '牝雞無晨, 牝雞之晨, 惟家之索.' 今殷王紂惟婦言用." 繇是論之, 黃龍,初元,永光雞變, 乃國家之占, 妃后象也. 孝元王皇后以甘露二年生男, 立爲太子. 妃, 王

287 子鼂(자조)는 魯 昭公 26년에 楚로 망명했다가 魯 定公 5년에 피살되었다.

禁女也. 黃龍元年, 宣帝崩, 太子立, 是爲元帝. 王妃將爲皇后, 故是歲未央殿中雌雞爲雄, 明其占在正宮也. 不鳴不將無距, 貴始萌而尊未成也. 至元帝初元元年, 將立王皇后, 先以爲婕妤.

三月癸卯制書曰, 「其封婕妤父丞相少史王禁爲陽平侯, 位特進.」丙午, 立王婕妤爲皇后. 明年正月, 立皇后子爲太子. 故應是, 丞相府史家雌雞爲雄, 其占卽丞相少史之女也. 伏子者, 明已有子也. 冠距鳴將者, 尊已成也. 永光二年, 陽平頃侯禁薨, 子鳳嗣侯, 爲侍中衛尉.

元帝崩, 皇太子立, 是爲成帝. 尊皇后爲皇太后, 以后弟鳳爲大司馬大將軍, 領尙書事, 上委政, 無所與. 王氏之權自鳳起, 故於鳳始受爵位時, 雄雞有角, 明視作威顓君害上危國者, 從此人始也. 其後群弟世權, 以至於莽, 遂篡天下. 卽位五年, 王太后乃崩, 此其效也.

京房《易傳》曰, 「賢者居明夷之世, 知時而傷, 或衆在位, 厥妖雞生角. 雞生角, 時主獨.」又曰, 「婦人顓政, 國不靜, 牝雞雄鳴, 主不榮.」故房以爲己亦在占中矣.

〖국역〗

宣帝 黃龍 元年(前 49),[288] 未央殿(미앙전, 미앙궁) 輅軨(노령, 마구간)

288 黃龍元年 – 宣帝의 마지막 연호. 前 49년. 선제는 그 12월에 미앙궁에서 붕어했다.

의 암탉(雌雞, 자계)이 수컷으로 변했는데, 깃털은 바뀌었으나 울지는 못했고, 무리를 거느리지도 않았으며, 며느리발톱도 없었다(無距).[289]

元帝 初元 연간에(前 48 – 44), 丞相府 小吏의 집 암탉이 알을 품는데(伏子), 조금씩 변하여 수탉이 되었는데, 닭 볏에 뒷발톱 울고, 대장 노릇도(將) 하였다. 永光 연간에는(前 43 – 39), 뿔이 난 수탉을 헌상하는 자가 있었다.

京房(경방)은 《易傳》에서 「닭은 시각을 알리는데, 시각을 아는 자는 응당 죽어야 한다.」고 하여, 자신의 천시를 안다면 아마 나쁜 징조일 것이라 생각했다.

劉向은 경방이 雞占을 모른다고 하였다. 닭은 小畜이며 시간을 알려 사람의 起居(기거)를 주관하는데, 이는 小臣이 업무를 통해 爲政하는 형상이다. 말하자면, 小臣이 장차 主君의 권위를 행사하며 바른 일을 해치니, 마치 (元帝 때) 石顯(석현)과 같은 자이다. 석현은 (元帝) 竟寧(경녕) 원년(前 33)에 처형되었는데, 이는 바로 그 징조라고 하였다.

또 다른 해설도 있다.

石顯(석현)이 어찌 여기에 해당하겠는가? 옛날 (周) 武王이 殷(은)을 정벌하며 牧野(목야)에 이르러 군사와 맹서하면서 말했다. "古人은 '암탉(牝雞, 빈계)은 새벽에 울지 못하니, 암탉이 울어 새벽을 알린다면 집안이 기울 것이다.' 라고[290] 하였다. 지금 殷王 紂(주)는 오

289 無距 – 距는 수탉의 뒷발톱. 며느리발톱 거. 이는 수탉의 무기이다. 그리고 닭의 무리는 강한 수탉이 암수를 모두 거느린다(將).

290 이는《書經 周書 牧誓》의 구절이다. 晨(새벽 신)은 晨時에 울다. 索은 盡也(다하다). 집안이 기울고 破綻(파탄)하다. 婦人爲政은 喪家之道라는 뜻.

직 婦女의 말만 따른다."

이를 근거로 논한다면(繇是論之), 黃龍, 初元, 永光 연간에 닭이 모습을 바꾼 것은 나라에 관한 점으로 보면 后妃의 형상이다. 孝元王皇后(元帝의 황후. 名 王政君, 宣帝에게는 며느리)는 (宣帝) 甘露 2년(前 52)에 生男하였고, (출생한 남아는 元帝의) 太子가 되었다. 妃(孝元王皇后)는 王禁(왕금)의 딸이다. (宣帝) 黃龍 元年에 宣帝가 붕어했고 太子가 즉위하니, 이가 元帝이다(재위 前 48－33). 太子妃 王氏는 皇后가 될 것이고, 그래서 그 해 未央殿의 마구간 암탉이 수탉이 되었으니, 이는 분명히 正宮에 해당하는 조짐이다. 분명히 이때는 不鳴하고, 不將하며 며느리발톱도 없었다 하였으니, 이는 貴한 자리에 처음 올라(始萌, 시맹) 아직은 그 존엄이 다 이뤄지지 않은 것이다. 元帝 初元 元年에, 王皇后로 책립되기 전에 우선 婕妤(첩여)가[291] 되었다.

(元帝 初元 원년) 3월 癸卯日에 制書를[292] 내렸다.「婕妤의 父인 丞相少史 王禁(왕금)을 陽平侯에, 地位는 特進에[293] 封하라.」(그 3일 후) 丙午日에, 王婕妤를 皇后에 책립하였다. 明年 正月에, 皇后의 아들을 太子로 삼았다(뒷날 成帝). 그래서 이에 부응하여 丞相府史의

---

**291** 婕妤(첩여) － 倢伃(첩여).《漢書》내에서도 혼용. 황후 이외의 비빈 14등급 중 2등급. 外朝의 上卿에 해당, 작위로는 列侯에 해당하는 女官.

**292** 制書 － 天子의 명령은 制書와 詔書가 있는데 制書는 제도에 관계되는 명령이며, 詔書는 황제의 일반 명령이다. 황태후는 제서를 내릴 수 없기에 제서에 상응한다는 뜻으로 稱制라 하였다.

**293** 特進 － 관직명. 공적이 많은 원로 신하를 임명. 三公의 바로 아래 지위에 해당.

집 암탉이 수탉으로 변했는데, 그 조짐은 (王황후가) 丞相少史의 딸이었기 때문이다. 암탉이 알을 품는 것은(伏子, 복자) 이미 아들이 있다는 분명한 뜻이다. (암탉에서 변한 수탉이) 닭 볏(冠)을, 며느리 발톱(距), 울고(鳴), 다른 닭을 거느린다는(將) 것은 존엄이 이미 다 이뤄졌다는 뜻이다. (元帝) 永光 2년(前 42), 陽平 頃侯(경후) 王禁(왕금, 元帝의 장인)이 죽자, 아들 王鳳(왕봉)이 제후의 지위를 계승했고, (王鳳은) 侍中이며 衛尉(위위)가 되었다.[294]

元帝가 붕어하여 皇太子가 즉위하니, 이가 成帝이다. 皇后를 높여 皇太后라 하였고, 황태후의 남동생인 王鳳은 大司馬, 大將軍으로 領尙書事이었으며,[295] 성제는 委政하였고 주지 않은 것이 없었다. 王氏의 권력은 王鳳에서 시작하였는데, 그래서 王鳳이 처음 작위를

---

294 侍中衛尉 - 侍中은 加官의 직위이다. 加官은 황제가 총애하는 신하에게 본 관직 외에 추가로 다른 업무를 담당할 수 있는 권한을 수여한 직함이다. 侍中, 左右曹(諸曹), 諸吏, 散騎, 中常侍 給事中 등이 모두 加官이다. 列侯, 將軍, 卿大夫, 都尉, 尙書, 太醫, 太官令에서 郎中에 이르는 관직이라면 加官을 받을 수 있었다. 加官은 정원이 없고, 加官은 內朝官에 한했고, 政事의 논의에 참여할 수 있으며 권한도 강대하였다. 侍中과 中常侍는 禁中에 출입할 수 있고, 諸曹는 尙書事를 담당하고, 諸吏는 위법자를 적발 탄핵할 수 있으며, 散騎는 황제의 수레를 호위한다. 給事中도 加官으로 '給事禁中'의 뜻. 將軍, 列卿, 大夫, 博士, 議郎이 이 가관을 받아 황제의 顧問에 應對할 수 있다. 衛尉(위위)는 궁궐을 수비하는 군사 지휘관이다. 질록 中二千石. 속관으로 公車司馬, 衛士, 旅賁을 두었다. 長樂宮, 建章宮, 甘泉宮의 衛尉는 해당 궁궐 수비를 담당하나 상설직은 아니었다.

295 領尙書事 - 尙書는 어전에서 문서나 명령 전달하는 하급 관원. 少府에 소속. 尙은 主의 뜻. 領尙書事의 領은 상위 직급자가 하위 업무를 겸임하는 것. 그 업무를 감독하는 뜻이지, 직책을 직접 수행하는 것은 아니다.

이어받을 때 수탉(雄雞)이 뿔이 난 것이니(有角), 이는 위세를 부리고(作威) 주군을 마음대로 휘둘러(顓君, 專君) 나라에 해악을 끼치는 일이, 바로 이 사람에서 시작된다는 것을 분명히 보여주었다. 그 이후 여러 동생들이 차례로 권력을 이어받았고, 결국 王莽(왕망)에 이르러 천하를 簒奪(찬탈)하였다. 왕망이 즉위한 지 5년에 王太后가 붕어하였으니, 이 모두가 그러한 징험이었다.

京房(경방)은《易傳》에서 말했다.

「賢者가 明夷(명이, 昏暗)의 시대에 살면서,[296] 天時를 알면 상해를 입으며, 대중을 현혹시키는 간악한 자가 제위에 오를 수 있다.[297] 그러면 닭에 뿔이 나는 요상한 징조가 있다. 닭에 뿔이 날 때, 그 주군은 외롭게 혼자이다(時主獨).」

또 「婦人이 마음대로 국정을 휘두르면 나라가 조용하지 않고, 암탉이 수탉처럼 울게 되면 주군에게 영광은 없다(主不榮).」고 하였다. 그래서 경방은 자신이 그런 占의 징험 속에 자리했다고 생각하였다.

296 원문 賢者居明夷之世 - 居는 살다. 處하다. 明夷之世는 昏君이 在上하여 賢人이 遭難(조난)하거나 得志할 수 없는 시대. 明夷는 64卦의 하나. ☷☲ 地火明夷. 夷는 傷也. 光明이 損傷을 입으니 黑暗의 形象. 夷는 빛깔이 없다. 無色의 뜻도 있다.

297 원문 或衆在位 - 或은 惑. 현혹하다. 衆은 衆人.

## 라. 牛禍(우화)

**原文**

成公七年「正月, 鼷鼠食郊牛角, 改卜牛, 又食其角.」

劉向以爲近靑祥, 亦牛旤也, 不敬而傋霿之所致也.

昔周公制禮樂, 成周道, 故成王命魯郊祀天地, 以尊周公. 至成公時, 三家始顓政, 魯將從此衰. 天愍周公之德, 痛其將有敗亡之旤, 故於郊祭而見戒云. 鼠, 小蟲, 性盜竊, 鼷又其小者也. 牛, 大畜, 祭天尊物也. 角, 兵象, 在上, 君威也. 小小鼷鼠, 食至尊之牛角, 象季氏乃陪臣盜竊之人, 將執國命以傷君威而害周公之祀也. 改卜牛, 鼷鼠又食其角, 天重語之也. 成公怠慢昏亂, 遂君臣更執于晉. 至于襄公, 晉爲溴梁之會, 天下大夫皆奪君政. 其後三家逐昭公, 卒死于外, 幾絶周公之祀.

董仲舒以爲鼷鼠食郊牛, 皆養牲不謹也.

京房《易傳》曰, 「祭天不愼, 厥妖鼷鼠齧郊牛角.」

〖국역〗

魯 成公 7년(前 584) 「正月, 생쥐가 교제를 지낼 희생 소의 뿔을 갉아 먹었기에, 점을 칠 소로 바꿨는데 또 그 뿔을 갉아먹었다.」[298]

---

298 원문 鼷鼠食郊牛角, 改卜牛 – 鼷鼠는 생쥐, 鼷는 생쥐 혜. 쥐 서. 食은 갉아먹다.(啃食, 습식). 卜牛(복우)는 점치려고 준비한 소.

劉向은 靑祥(청상)과 비슷하며, 이 또한 牛旤(우화, 禍)이니 不敬하고 또 無知의 所致(소치)라 생각하였다.[299]

옛날 周公이 禮樂(예악)을 제정하여 周의 법도를 완성하였기에, 成王은 魯의 天地 神明에 대한 郊祀에는 周 천자의 예악을 쓸 수 있게 허락하여 周公을 존중하였다. 魯 成公 시기에 이르러 三家가 국정을 專擔(전담)하기 시작했고, 魯는 이로부터 쇠약하였다. 하늘은 周公의 德을 걱정하고 앞으로 패망의 禍를 애통히 여겨 郊祭에 天戒를 보여준 것이다. 鼠(쥐 서)는 小蟲이고 훔쳐 먹는 성질인데, 그중에서도 생쥐는 더 작은 것이다. 牛는 大畜이고 하늘을 제사하는 소중한 동물이다. 뿔(角)은 兵器의 형상이며 머리 위에 있으니 主君의 권위이다. 작디작은 생쥐가 지존의 牛角을 갉아먹은 것은 季氏(계씨)가 陪臣(배신)으로 竊盜(절도)하는 자이기에[300] 장차 국권을 쥐고 주군의 권위를 손상케 하고 周公에 대한 제사를 해칠 것이라는 豫示이었다. 卜牛로 바꿨는데도, 또 그 뿔을 갉아먹은 것은 하늘이 거듭 말해준 것이다.[301] 그러나 成公은 怠慢(태만)하고 昏亂(혼란)한 사람으로 결국 君臣이 晉(진)에 인질로 잡힌 적도 있었다. 襄公(양공)에 이르러 晉은 溴梁(추량)에서 會盟을 주도했는데,[302] 이 무렵 天下의

299 원문 傋霿之所致也 – 傋는 어리석을 구. 霿은 하늘에 안개 자욱할 몽, 어리석을 몽. 所致(소치)는 결과. 원인이 있어 생긴 일.

300 원문 季氏乃陪臣盜竊之人 – 陪臣(배신)은 제후의 신하. 盜竊(도절)은 竊盜. 훔칠 절.

301 원문 天重語之也 – 重은 거듭.

302 원문 溴梁之會 – 溴梁(추량)은 지명. 溴水(추수)의 제방(둑, 梁)이라는 뜻. 襄公 16년의 일.

大夫들이 대부분 그 나라의 君政을 탈취할 정도였다. 그 뒤 (魯의) 三家(三桓)는 昭公을 축출했고, (昭公은) 외국(齊)에서 죽었으니 周公에 대한 제사가 거의 끊어질 뻔했다.

董仲舒는 생쥐가 교제 희생 소를 갉아먹은 것은 희생을 기를 때 조심하지 않은 탓이라고 생각했다.

京房(경방)은 《易傳》에서 「祭天에 신중하지 않았기에 그 요사한 생쥐가 郊牛의 角을 갉아먹었다.」고[303] 말했다.

原文

定公十五年「正月, 鼷鼠食郊牛, 牛死.」

劉向以爲定公知季氏逐昭公, 罪惡如彼, 親用孔子爲夾谷之會, 齊人來歸鄆,讙,龜陰之田, 聖德如此, 反用季桓子, 淫於女樂, 而退孔子, 無道甚矣.

《詩》曰, 「人而亡儀, 不死何爲!」 是歲五月, 定公薨, 牛死之應也. 京房《易傳》曰, 「子不子, 鼠食其郊牛.」

〖국역〗

魯 定公 15년, 「正月, 생쥐가 교제에 바칠 소를 뜯어먹어 소가 죽었다.」

劉向은 생각했다. 定公은 季孫氏가 昭公을 축출한 죄악을 알고 있으며, 친히 孔子를 등용하여 夾谷(협곡)의 魯齊 會合을 성공적으

303 원문 厥妖鼷鼠齧郊牛角 – 齧은 깨물 설. 물어뜯다, 갉아먹다.

로 마쳤기에 齊人이 鄆(운), 讙(환), 龜陰(구음)의 땅을 돌려주는 등[304] 공자의 聖德이 이와 같은데도 도리어 季桓子(계환자)를[305] 등용하고 (齊에서 보낸) 女樂에 빠져 孔子를 물리치는 등[306] 그 無道가 극심했다.

《詩》에서는[307] 「사람으로 威儀(위의, 禮儀)가 없으니 죽지 않으면 무엇을 하리오!」라고 하였다. 이 해 5월에 定公이 죽었으니 郊祭牛가 죽은 感應이었다.

京房은 《易傳》에서 「사람이 사람 노릇을 못하기에[308] 쥐가 교제에 쓸 소를 갉아먹은 것이다.」라고 말했다.

---

**304** 원문 親用孔子爲夾谷之會, 齊人來歸鄆,讙,龜陰之田 – 51세(서기 前 501년)에, 魯國의 中都宰(중도재, 今 山東省 濟寧市 관할 汶上縣. 지방관)를 역임하였다. 중도재로 1년을 재직하고, 다음 해(前 500년, 52세)에 小司空(소사공)을 역임했다가, 곧 司寇(사구)로 승진하였는데, 이는 나라의 司法과 刑獄(형옥)을 담당하는 大夫의 직급이었다. 공자는 재임 중 定公을 도와 夾谷(협곡)에서 齊 景公과의 회담에서 크게 활약했고, 齊에서는 빼앗았던 魯國의 땅을 반환하였다. 공자는 53세(서기 499년, 定公 11년)에 司寇의 직책에서 魯의 국정을 담당하는 최고 행정관으로 季康子를 도와 국정을 운영하였는데, 이를 攝相事(섭상사)라 하는데 《論語》에는 기록이 없다.(《史記 孔子世家》 참고).

**305** 季桓子(계환자) – 季平子의 아들 季孫斯(계손사).

**306** 정공 13년(前 497) 봄, 齊는 魯國에 불안을 느껴 女樂와 好馬를 보냈고 계환자 접수, 魯君은 정사에 태만했다. 郊祭 후에 祭肉을 보내주지 않자, 공자는 魯國을 떠나 衛에 도착. 이후 14년간 각국을 周遊했다.

**307** 《詩 鄘風 相鼠》의 구절.

**308** 원문 子不子 – 여기 子는 사람.

原文

哀公元年「正月, 鼷鼠食郊牛.」

劉向以爲天意汲汲於用聖人, 逐三家, 故復見戒也. 哀公年少, 不親見昭公之事, 故見敗亡之異. 已而哀不寤, 身奔於粵, 此其效也.

〖국역〗

魯 哀公 원년(前 494), 「정월, 생쥐가 郊祭에 쓸 소를 갉아 먹었다.」

劉向은 '天意는 聖人을 등용하여 三家 권신이 축출을 간절히 바라고 있어 다시 훈계를 보여준 것이다.' 라고[309] 생각했다. 哀公은 年少했고 昭公이 겪은 일을 알지 못했기에 (하늘은) 패망의 조짐을 뜻하는 災異를 다시 보여주었다. 그래도 애공은 깨닫지 못했고 결국 粵(월, 越)에 망명했으니, 이는 그런 조짐이었다.

原文

昭帝元鳳元年九月, 燕有黃鼠銜其尾舞王宮端門中, 王往

---

309 원문 汲汲於用聖人 - 汲汲(급급)은 어떤 일에만 마음을 쓰다. 汲은 물 길을 급. 분주하다. 가지다. 聖人은 孔子. 공자는 魯 定公 13년(前 497년, 공자 55세)에, 노를 떠나 衛를 찾아갔고 이어 여러 나라를 14년간 정처 없이 돌아다녔다. 애공 원년에, 공자는 각국을 주유하고 있었다. 공자의 각국 周遊(주유)는 그야말로 고난의 연속이었다. 공자가 다시 魯에 돌아온 것은 哀公 11년(前 484), 공자 68세 때였다. 공자는 귀국 이후 제자를 교육하며 六經을 바로잡았다.

視之, 鼠舞如故. 王使吏以酒脯祠, 鼠舞不休, 一日一夜死. 近黃祥, 時燕剌王旦謀反將死之象也. 其月, 發覺伏辜. 京房《易傳》曰,「誅不原情, 厥妖鼠舞門.」

〖국역〗

昭帝 元鳳 원년(前 80), 燕國에서 다람쥐들이(黃鼠) 그 꼬리를 물고 왕궁의 端門(단문, 南門)에서 춤을 추었는데, 연왕이 나가서 보아도 다람쥐들은 똑같이 춤을 추었다. 연왕이 관리를 시켜 술과 육포를 주었지만, 춤을 멈추지 않다가 하루 낮과 밤이 지나자 죽어버렸다. 이는 黃祥(황상)에 근사한 일인데, 그때 燕 剌王(날왕) 旦(단)은[310] 모반을 꾸몄으니 장차 죽을 징조였다. 그 달에 발각되어 법에 의거 처형되었다. 京房은 《易傳》에서 말했다.「본래 정의를 살피지 않고 처형해야 한다면 그 재앙의 징조는 쥐들이 궐문에서 춤을 춘다.」[311]

原文

成帝建始四年九月, 長安城南有鼠銜黃蒿,柏葉, 上民冢柏及楡樹上爲巢, 桐柏尤多. 巢中無子, 皆有乾鼠矢數十. 時議臣以爲恐有水災. 鼠, 盜竊小蟲, 夜出晝匿, 今晝去穴而登木, 象賤人將居顯貴之位也. 桐柏, 衛思后園所在也.

---

310 燕剌王은 劉旦(유단). 剌은 어그러질 날(là). 刺(찌를 자)가 아님.

311 원문 誅不原情, 厥妖鼠舞門 - 誅는 誅殺. 不原情은 그 본래의 情誼(정의)를 고려하지 않다.(不得其本情).

其後, 趙皇后自微賤登至尊, 與衛后同類. 趙后終無子而爲害.

明年, 有鳶焚巢, 殺子之異也. 天象仍見, 甚可畏也. 一曰, 皆王莽竊位之象云. 京房《易傳》曰, 「臣私祿罔辟, 厥妖鼠巢.」

〖국역〗

成帝 建始 4년(前 29) 9월, 長安城 남쪽에서 쥐(鼠)들이 누런 쑥(黃蒿)과 측백나무 잎을 물고 백성 무덤의 측백이나 느릅나무에 올라가 둥지를 지었는데, 桐柏亭(동백정) 부근에 유독 많았다.[312] 둥지 안에는(巢中) 새끼가 없고(無子), 둥지마다 마른 쥐똥이 수십 개씩 있었다.[313] 그때 議臣들은 水災가 있을 것이라며 두려워했다. 쥐는 훔쳐 먹는 작은 동물로 밤에 다니고 낮에 숨어 지내는데, 이번에는 낮에 쥐구멍을 버리고 나무에 올라갔으니, 천한 자가 아주 고귀한 지위에 오른 형상이었다. 桐柏(동백)은 衛思后(위사후)의 陵園이 있는 곳이다. 그 뒤에 趙皇后(趙飛燕)은 미천한 지위에서 지존의 자리에 올랐으니 (武帝의) 衛后와 同類이었다. 趙后는 끝내 아들을 낳지

312 上民冢柏及楡樹上爲巢, 桐柏尤多 – 上은 올라가다. 民冢은 백성의 무덤. 冢은 무덤 총. 柏은 측백. 잣나무를 의미할 때도 있지만, 西安 일대에는 측백나무가 많다. 楡는 느릅나무 유. 옛 중국에서는 봉분 위에 나무를 심어 표시했다. 巢는 둥지 소. 날짐승의 집. 桐柏(동백)은 亭의 이름. 지명. 무제 衛皇后, 巫蠱(무고)의 禍에 폐위되었다. 尤는 더욱 우.

313 원문 皆有乾鼠矢數十 – 乾은 마를 건. 鼠矢(서시)는 쥐똥. 矢는 屎(똥 시)와 同.

못했고 해만 끼쳤다.

그 다음 해, 솔개(鳶, 연)가 둥지를 태우고 새끼를 죽이는 이변이 있었다. 이는 天象이 그대로 나타난 것으로 심히 두려웠다. 一說에는, 모두가 王莽(왕망)이 제위를 훔칠 징조라 하였다. 京房(경방)의 《易傳》에서는 「신하가 사적으로 봉록을 내리고 주군을 무시하니,[314] 쥐가 나무 위에 둥지를 짓는 요상한 변이 있었다.」고 말했다.

### 마. 金沴木(금려목)

**原文**

文公十三年, 「大室屋壞.」

近金沴木, 木動也. 先是, 冬, 釐公薨, 十六月乃作主. 後六月, 又吉禘於太廟而致釐公, 《春秋》譏之. 經曰, 「大事於太廟, 躋僖公.」《左氏》說曰, 「太廟, 周公之廟, 饗有禮義者也. 祀, 國之大事也.」

惡其亂國之大事於太廟, 故言大事也. 躋, 登也, 登釐公於愍公上, 逆祀也. 釐雖愍之庶兄, 嘗爲愍臣, 臣子一例, 不得在愍上. 又未三年而吉禘, 前後亂賢父聖祖之大禮, 內爲貌不恭而狂, 外爲言不從而僭. 故是歲自十二月不雨, 至于

314 원문 私祿罔辟, 厥妖鼠巢 - 私祿은 私的으로 봉록을 내리다. 罔辟은 欺君. 주군을 무시하다. 欺는 속일 기. 업신여기다.

秋七月. 後年, 若是者三, 而太室屋壞矣. 前堂曰太廟, 中央曰太室, 屋, 其上重屋尊高者也, 象魯自是陵夷, 將墮周公之祀也.

《穀梁》,《公羊》經曰, '世室, 魯公伯禽之廟也.' 周公稱太廟, 魯公稱世室. 大事者, 祫祭也. 躋釐公者, 先禰後祖也.

〖국역〗

魯 文公 13년(前 614), 「魯 太室이 무너졌다.」[315]

이는 金이 木을 해친 것에(金沴木) 가까우니(近) 木氣가 움직인 것이다. 이보다 앞서 겨울에, 釐公(희공, 僖公)이 죽은 지 16개월이 지나 神主를 만들었다.[316] 그 6개월 뒤 또 太廟의 (下葬 후의) 吉禘(길제)에 釐公(희공)의 신주가 제사를 받는 자리에 올렸는데,《春秋》에서는 이를 나쁘게 평했다.[317]《春秋》에서는 「太廟의 大事에, 釐公을 올렸다(躋).」고 하였다.[318]《左氏傳》에서는, 「太廟는 周公의 廟堂으로 예의를 실천한 先祖를 모시는 곳이다. 제사는 나라의 大事라고 하였다.」

이는 太廟에서 나라의 大事를 어지럽히는 것을 싫어했기에 大事라고 말했다. 躋(오를 제)는 (제사 자리에) 올리는 것이니(登也), 釐公

---

315 원문 大室屋壞 - 大室은 太室. 大의 音은 태. 屋은 집 옥. 지붕. 壞는 무너질 괴.

316《春秋》文公 二年 二月에 기록되었다. 沴는 해칠 여(려), 요기스러울 여, 물이 잘 흐르지 않을 여(려).

317 이를 逆祀(역사)라고 기록했다.

318 원문 經曰, 「大事於太廟, 躋釐公.」 -《春秋》文公 二年 八月 丁卯日의 기사.

(희공)을 愍公(민공, 閔公) 위에(上) 올렸기에 逆祀(역사)이다. 희공이 비록 민공의 庶兄(서형)이지만 그전에 민공의 신하였으니, 臣은 子와 같은 예이기에[319] 민공보다 윗자리에 있을 수 없는 것이다. 또 3년, 喪期를 다 채우지 않고 吉禘(길체)를 지내는 것은, 賢父나 聖祖 大禮의 先後를 혼란케 하는 것으로, 안으로는(思想) 그 태도가 不恭하고 狂悖(광패)한 짓이며, 밖으로는(行事) 언사가 不順하고 僭越(참월)한 짓이었다. 그래서 그 해 12월부터 가을 7월까지 비가 내리지 않았다.[320] 이후로 이렇게 오랫동안 비가 내리지 않은 일이 3번이나 있었고 (文公 13년에) 太室의 屋이 붕괴된 것이다. 종묘의 前堂을 太廟라 하고, 그 中央을 太室이라 하며, 屋(옥, 지붕)은 건물을 이중으로 덮은 높은 것인데, (이것이 무너진 것은) 魯가 이로부터 쇠퇴할 것이며,[321] 앞으로 周公에 대한 제사도 단절될 것이라는 암시와 같았다.

《穀梁傳》와 《公羊傳》에서는, '世室은 魯公인 伯禽(백금)의 묘당이다.'[322] 하였으니, 周公의 묘당은 太廟(태묘), 魯公(伯禽)의 묘당은 世室이라 불렀다. 大事란 것은 祫祭(협제)이다.[323] 釐公(희공)을 올렸다는 것은(躋者), 선친을 먼저 제사 지내고 선조를 나중에 제사했다는 뜻이다.[324]

---

319 원문 臣子一例 – 여기 臣子는 신하와 아들이란 뜻.

320 원문 自十二月不雨, 至于秋七月 –《春秋》文公 二年의 기사.

321 원문 自是陵夷 – 陵夷(능이)는 衰敗(쇠패). 衰落(쇠락)하고 敗頹(패퇴)하다.

322 伯禽(백금) – 周公의 아들. 주공은 魯에 부임 통치하지 못하고 큰아들 백금을 보내 魯를 통치케 하였다.

323 祫祭(협제) – 여러 선대의 조상을 시조의 묘당에 한데 모시고 올리는 제사. 祫은 합사할 협.

原文

景帝三年十二月, 吳二城門自傾, 大船自覆.

劉向以爲近金沴木, 木動也. 先是, 吳王濞以太子死於漢, 稱疾不朝, 陰與楚王戊謀爲逆亂. 城猶國也, 其一門名曰楚門, 一門曰魚門. 吳地以船爲家, 以魚爲食.

天戒若曰, 與楚所謀, 傾國覆家. 吳王不寤, 正月, 與楚俱起兵, 身死國亡.

京房《易傳》曰, 「上下咸誖, 厥妖城門壞.」

〖국역〗

景帝 3年(前 154) 12月,[325] 吳國의 2개 城門이 저절로 기울었고 큰 배가 저절로 엎어졌다.

劉向은, 이는 金이 木을 해친 것과 비슷하고, 木氣가 움직인 것이라 생각했다. 이보다 앞서 吳王 濞(비)는 太子가 漢宮에서 (사고로) 죽은 이후 병을 핑계로 入朝하지 않았으며,[326] 은밀히 楚王 戊(무)

---

324 원문 先禰後祖 – 先은 먼저 하다. 앞에 제사 지내다. 禰(녜, 이)는 부친의 신주, 神位.

325 3年 12月 – 이때는 歲首가 10월이었다. 경제 3年이면 정확히는 前 155년 12월 – 154년 9월이다.

326 吳王 劉濞(유비)는 고조의 둘째 형의 아들이다. 고조의 조카이고 文帝의 사촌 형이었다. 고조는 영포의 반란을 진압한 이후 沛侯 유비를 세워 吳王으로 삼아 3郡 53城의 왕이 되게 하였다. 유비의 반골 상을 보고 후회했다는 기록이 있다. 孝文帝 재위 중에, 吳太子가 장안에 와서 황제를 알현하였고 황태자(景帝)와 함께 술을 마시며 쌍륙놀이를 하였다. 吳태자가 쌍륙에서 길을 다투면서 공손하지 못하자, 황태자가 쌍륙판을

와[327] 逆亂(역란)을 모의했다. 城은 國과 같은 의미이고, 그 一門을 楚門, 다른 문을 魚門(어문)이라 불렀다. 吳地에서는 배(船)가, 곧 집이고, 물고기를(魚) 많이 먹었다.

天戒는 '楚와 모의한다면 나라가 覆滅(복멸)할 것이다' 라는 뜻과 같았다. 그러나 吳王은 깨닫지 못했고 正月에 楚와 함께 起兵했지만 身死하고 國亡했다.

京房의 《易傳》에서는 「上下가 모두 어긋났기에 그 나쁜 징조로 성문이 붕괴되었다.」라고 하였다.

## 原文

宣帝時, 大司馬霍禹所居第門自壞. 時禹內不順, 外不敬, 見戒不改, 卒受滅亡之誅.

哀帝時, 大司馬董賢第門自壞. 時賢以私愛居大位, 賞賜無度, 驕嫚不敬, 大失臣道, 見戒不改. 後賢夫妻自殺, 家徙合浦.

## 〖국역〗

宣帝 재위 중에, 大司馬인 霍禹(곽우)가[328] 사는 집 대문이 저절로

---

吳태자에게 던져 태자를 죽였다. 이후 오왕은 漢朝에 입조하지 않았다. 吳楚七國의 亂은《漢書》35권, 〈荊燕吳傳〉 참고.

327 楚王戊(초왕 무) - 楚王 劉交의 손자. 吳王 劉濞(유비)와 함께 七國亂에 가담. 패전 후에 자살했다.

328 곽광의 아들 곽우는 부친의 작위를 계승하였고, 그 형제 사위 일족이 요

무너졌다. 그때 곽우는 마음속으로 순종하지 않았고 그 태도는 不敬하였는데, 하늘의 훈계가 나타났어도 고치지 않다가 처형 받고 멸족되었다.

哀帝 때, 大司馬 董賢(동현)의 저택 대문이 저절로 붕괴되었다. 그때 동현은 (哀帝의) 편애를 받아 大位에 올랐고, 賞賜가 정도를 넘었으며, 교만하고 不敬하여 臣道를 크게 벗어났는데, 하늘의 경계가 있어도 행실을 고치지 않았다. 뒷날 동현 부부는 자살했고 그 가족은 合浦郡(합포군)으로 강제 이주되었다.

## 2. 言不從(언부종)

**原文**

傳曰,

「言之不從, 是謂不艾, 厥咎僭, 厥罰恒陽, 厥極憂. 時則有詩妖, 時則有介蟲之孽, 時則有犬禍, 時則有口舌之痾, 時則有白眚白祥. 惟木沴金.」

「言之不從」, 從, 順也. 「是謂不乂」, 乂, 治也. 孔子曰, "君子居其室, 出其言不善, 則千里之外違之, 況其邇者虖!"

---

직을 차지하였다. 곽우의 모반이 드러난 뒤에 곽우는 허리를 잘려 죽었고 (곽광의) 부인 顯(현)과 여러 딸 형제들은 모두 棄市(기시)되었다. 곽황후만은 폐출되어 昭臺宮에 거처했다. 곽씨와 연좌되어 죽은 자가 수천 명이었다. 곽우의 행적은 68권, 〈霍光金日磾傳〉에 附傳.

《詩》云,「如蜩如螗, 如沸如羹.」言上號令不順民心, 虛譁憒亂, 則不能治海內, 失在過差, 故其咎僭. 僭, 差也.

刑罰妄加, 群陰不附, 則陽氣勝, 故其罰常陽也. 旱傷百穀, 則有寇難, 上下俱憂, 故其極憂也. 君炕陽而暴虐, 臣畏刑而柑口, 則怨謗之氣發於歌謠, 故有詩妖. 介蟲孽者, 謂小蟲有甲飛揚之類, 陽氣所生也, 於《春秋》爲螽, 今謂之蝗, 皆其類也. 於《易》,〈兌〉爲口, 犬以吠守, 而不可信, 言氣毁故有犬禍.

一曰, 旱歲犬多狂死及爲怪, 亦是也. 及人, 則多病口喉欬者, 故有口舌痾. 金色白, 故有白眚白祥. 凡言傷者, 病金氣, 金氣病, 則木沴之. 其極憂者, 順之, 其福曰康寧.

劉歆言傳曰時有毛蟲之孽. 說以爲於天文西方參爲虎星, 故爲毛蟲.

〖국역〗

경전에서 말했다.

「말을 해도 따르지 않는다면, 이는 다스려지지 않는 것이고, 그 허물은(罪) 僭越(참월)이며, 그 징벌은 오랜 가뭄으로 큰 憂患(우환)이다. 때로는 詩妖(시요)로[329] 나타나며, 때로는 딱딱한 껍질을(甲) 가진 벌레들이 떼 지어 나타나거나, 때로는 기형의 개가 나타나며

329 詩妖(시요)는 원망의 氣가 詩歌에 나타나다. 里巷에서 부르는 노래가 뒷날 어떤 재앙이나 禍亂의 징조가 되다.

(犬禍), 때로는 口舌(구설, 입이나 혀)에 오랜 병이 생기거나, 때로는 白眚(백생)이나 白祥(백상)이 나타난다. 이는 木氣가 金氣를 해친 것이다.」

「言之不從」의 從(종)이란 순종이다. 「是謂不乂」의 乂(예)는 다스린다는 뜻이다. 孔子가 말했다.

"君子가 집에 거처하면서 하는 말이 不善하다면 천리 밖에 있는 사람이라도 반대할 것인데 가까이 있는 사람이야 더 말할 수 있겠나!"[330]

《詩》에서는, 「매미처럼 울어대고 뜨거운 국물처럼 끓는다.」고 하였다.[331] 이는 위에서 내리는 명령이 민심과 맞지 않는다는 말이며, 쓸데없는 헛소리에 민심만 혼란하다는 뜻이니,[332] 나라를 다스릴 수도 없고 너무 큰 失政을 저질렀으며, 그 허물은 분수를 모르는 것이다. 僭(어긋날 참)은 틀리다는(差也)는 말이다.

刑罰(형벌)을 멋대로 집행하면 많은 陰鬼가 따르지 않고, 그러면 陽氣가 勝하기에 그 징벌은 오래 지속되는 가뭄이다.[333] 가뭄은 百穀을 손상시키기에 도적떼의 환난이 생기고, 上下(朝野)가 모두 걱정하기에 그 끝은 우환이다. 主君이 조급하고 포악하면 신하는 형벌

330 원문 ~ 況其邇者虖! – 이는《易 繫辭 上》의 구절이다. 況은 하물며 황. 더군다나. 邇는 가까울 이.

331 《詩》云, 「如蜩如螗, 如沸如羹.」 –《詩 大雅 湯》의 구절. 蜩는 매미 조. 螗은 매미 당. 沸는 끓을 비. 羹은 국 갱. 蜩螗沸羹(조당비갱)은 매미울음과 국이 끓는 소리. 매우 시끄러운 소리. 蜩沸.

332 원문 虛譁憒亂 – 譁는 시끄러울 화. 憒는 심란할 궤.

333 이는 常陽에 少陰이라 할 수 있다.

이 두려워 입을 다물게 되니,[334] 원망과 비방의(怨謗) 기운이 (백성의) 노래 속에 나타나게 되니, 이것이 詩妖(시요)이다. 껍질을 가진 벌레들의 요상한 징조란 甲이 있는 조그만 벌레들이 떼를 지어 날아오르는 것이고 이는 陽氣 때문에 생기는 현상인데, 이를《春秋》에서는 螽(누리 종), 지금은 蝗(누리 황)이라 하는 종류이다.[335]《易》에서, 〈兌卦〉는 입(口)이며,[336] 개는(犬) 짖어서 지킨다지만 믿을 수 없으며, 이는 氣의 훼손이기에 犬禍(견화)가 일어난다고 하였다.

一說에는, 가뭄이 심한 해에는 개가 많이 미친병으로 죽는(狂死) 변괴가 있는데, 이를 두고 한 말이다. 이것이 사람에게는 입이나 목구멍 기침의 병이 되기에[337] 口舌痾(구설아)라 한다. 金은 서방의 白色이기에 白眚(백생)이며 白祥(백상)이라 한다. 모두에 傷病이라 한 것은 金氣의 害이며, 金氣의 病은, 곧 木氣가 金氣를 해친 것이다. 그 끝이 우환이지만, 이에 순응하면 그 복은 康寧(강녕, 건강)이다.

劉歆은 이와 관련하여 毛蟲의 妖孽(요얼)이라 하였다. 그 해설에서 天文에서 西方의 參宿(삼수)가 虎星이기에 털을 가진 짐승이라고(毛蟲) 하였다.

---

334 원문 君炕陽而暴虐, 臣畏刑而柑口 – 君은 主君. 炕陽(항양)은 매우 건조하다. 躁急(조급)하다. 아랫사람에게 베푸는 시혜가 없다. 炕은 말릴 항. 건조시키다. 暴虐(포학)은 사납고 잔인하게 학대하다. 畏는 두려워할 외. 柑口(겸구)는 입에 재갈을 물리다. 柑은 재갈 물릴 겸.

335 원문《春秋》爲螽, 今謂之蝗 – 螽(종)이나 蝗(황)은 메뚜기 종류의 곤충이다. 우리나라에서는 메뚜기 떼의 피해를 모르지만, 중국에서는 흉년에 겹쳐 자주 나타나는 蟲害이다.

336 兌卦 – 兌(태, ☱ ☱)는 兌爲澤. 兌者는 悅也. 喜悅(희열)을 의미.

337 원문 則多病口喉欬者 – 喉는 목구멍 후. 欬는 기침 해.

## 가. 不順(불순)

原文

史記周單襄公與晉郤錡,郤犨,郤至,齊國佐語, 告魯成公曰, "晉將有亂, 三郤其當之虖! 夫郤氏, 晉之寵人也, 二卿而五大夫, 可以戒懼矣. 高位實疾顚, 厚味實腊毒. 今郤伯之語犯, 叔迂, 季伐. 犯則陵人, 迂則誣人, 伐則掩人. 有是寵也, 而益之以三怨, 其誰能忍之! 雖齊國子亦將與焉. 立於淫亂之國, 而好盡言以招人過, 怨之本也. 唯善人能受盡言, 齊其有虖?"

十七年, 晉殺三郤. 十八年, 齊殺國佐. 凡此屬, 皆言不從之咎云.

〖국역〗

역사 기록에 의하면, 周의 大夫 單襄公(단양공)이 晉(진)의 大夫 郤錡(극기), 郤犨(극주, 犨는 소 헐떡거릴 주), 郤至(극지), 그리고 齊의 大夫 國佐(국좌)와 환담한 뒤에 (單襄公이) 魯 成公에게 말했다.

"晉이 앞으로 혼란해지면 三郤(삼극)이 아마 그 화를 당할 것입니다. 지금 그들은 晉의 寵人(총인)으로 卿이 2인, 大夫가 5인이지만 응당 조심해야 할 것입니다. 높은 자리는 사실 급작스레 추락하고, 아무리 좋은 맛도 오래되면 毒이 됩니다.[338] 지금 郤伯(극씨의 맏이,

338 원문 厚味實腊毒 – 厚味(후미)는 아주 좋은 맛. 腊은 乾魚 석. 오래되다.

郤錡)은 말을 함부로 하고, 둘째는(叔, 郤犨) 우활하고(迂, 황당하다), 막내는(季) 함부로 떠벌립니다(伐, 자랑하다). 말을 함부로 하면 사람을 무시하고(陵人), 황당하면 사람이나 헐뜯고(誣人), 떠벌리는 사람은 남의 공을 빼앗게 됩니다(掩人, 엄인). 지금이야 총애를 받고 있지만 거기에 3가지 원망이 보태지게 된다면,[339] 그 누가 이를 견딜 수 있겠습니까! 齊의 國子(國佐) 역시 그러할 것입니다. 그 사람들이 淫亂한 나라에서 출세하였다지만 말을 함부로 하여 남의 원망을 불러온다면, 이는 원한의 바탕이 될 것입니다. 오직 善人만이 함부로 하는 말을 참는다지만[340] 아마 齊에 그런 사람이 있겠습니까?"

(成公) 17년에, 晉에서는 三郤을 주살하였다. 18년, 齊에서는 國佐(국좌)를 처형했다. 이런 모두가 말이 순리를 따르지 않은 허물이라 할 수 있다.

**原文**

晉穆侯以條之役生太子, 名之曰仇, 其弟以千畝之戰生, 名之曰成師.

師服曰, "異哉, 君之名子也! 夫名以制誼, 誼以出禮, 禮以體政, 政以正民, 是以政成而民聽, 易則生亂. 嘉耦曰妃, 怨耦曰仇, 古之命也. 今君名太子曰仇, 弟曰成師, 始兆亂矣, 兄其替虖!"

---

339 원문 益之以三怨 - 益은 보태지다. 三怨은 陵人, 誣人, 掩人(엄인)의 원한.

340 원문 唯善人能受盡言 - 盡言(진언)은 極言.

及仇嗣立, 是爲文侯. 文侯卒, 子昭侯立, 封成師于曲沃, 號桓叔. 後晉人殺昭侯而納桓叔, 不克. 復立昭侯子孝侯, 桓叔子嚴伯殺之. 晉人立其弟鄂侯. 鄂侯生哀侯, 嚴伯子武公復殺哀侯及其弟, 滅之, 而代有晉國.

〖국역〗

晉 穆侯(목후, 前 821-785)는 條(조)에서의 전쟁 중에[341] 太子를 낳자, 이름을 仇(구)라 지었고,[342] 그 동생은 千畝(천무, 地名)의 전쟁 중에 태어났기에, 이름을 成師(성사)라 지었다.

(晉 大夫) 師服(사복)이 말했다.

"이상하도다. 主君의 아들 作名이! 대개 이름이란 올바른 뜻이 있어야 하고(制誼), 適宜(적의)한 것은 禮에서 나오며, 예로 나라를 다스리고(禮以體政), 政治로 백성을 바로 이끌 수 있어, 정치가 이루어지면 백성이 따라오게 되며, 그 반대가 되면 분란이 일어날 것이다. 좋은 짝(嘉耦, 가우)은 妃(비)라 하고, 원한이 있는 짝은 仇(원수 구)라 하는 것이 예부터의 뜻이다. 지금 태자 이름이 仇(구), 동생은 成師(성사)이니, 이는 혼란의 징조가 시작된 것이며, 아마 형은 폐위될 것이다!"[343]

仇(구)가 (나중에) 이어 즉위하니, 이가 (晉) 文侯(재위 前 781-

---

341 원문 以條之役 - 條는 地名. 役은 戰役. 소규모의 전쟁.

342 원문 名之曰仇 - 仇는 원수, 분한 마음(忿)을 갚아주다.

343 원문 兄其替虖! - 其는 아마도. 替(쇠퇴할 체, 바꿀 체)는 廢(폐할 폐). 虖는 乎.

746)이다. 文侯가 죽자, 아들 昭侯(소후)가 즉위하여, 成師를 曲沃(곡옥)에 봉하고 桓叔(환숙)이라 불렀다. 뒷날 晉人이 昭侯를 죽이고 桓叔을 불러들였지만 뜻대로 되지 않았다. 다시 昭侯의 아들 孝侯(효후)가 즉위했는데, 桓叔의 아들 嚴伯(엄백)이 효후를 죽여버렸다. 晉人은 효후의 동생 鄂侯(낙후)를 옹립했다. 鄂侯는 哀侯(애후)를 낳았고, 嚴伯(엄백)의 아들 武公(무공)이 다시 哀侯와 그 동생을 죽여 버리고서 대신 晉을 차지하였다.[344]

原文

宣公六年, 鄭公子曼滿與王子伯廖語, 欲爲卿. 伯廖告人曰, "無德而貪, 其在《周易》〈豐〉之〈離〉, 弗過之矣."

間一歲, 鄭人殺之.

〖국역〗

魯 宣公 6년(前 603), 鄭國 公子 (大夫) 曼滿(만만)과 (大夫) 王子伯廖(왕자백료)가 이야기를 나눈 뒤, 卿이 되고자 했다. 伯廖(백료)가 다른 사람에게 말했다. "無德하면서 지위를 탐하는 것은 《周易》의 〈豐卦〉가 변한 〈離卦〉이니,[345] 그냥 지나가지 못할 것이다."

1년이 지난 뒤에(間一歲), 鄭人이 曼滿(만만)을 죽여버렸다.

---

344 이는 魯 桓公 3년(前 709)의 일이다.

345 원문 其在《周易》〈豐〉之〈離〉 - 豐卦는 ☳☲ (雷火豐). 풍성의 의미. 豊卦의 上六이 변하면 離卦(☲☲, 離爲火)가 되는데, 이는 (풍요의) 모든 것이 불타 없어진다는 뜻으로 풀이했다.

原文

襄公二十九年, 齊高子容與宋司徒見晉知伯, 汝齊相禮. 賓出, 汝齊語知伯曰, "二子皆將不免! 子容專, 司徒侈, 皆亡家之主也. 專則速及, 侈將以其力斃, 專則人實斃之, 將及矣."

九月, 高子出奔燕.

〖국역〗

襄公 29년(前 544), 齊의 (大夫) 高子容(高止)과 宋의 司徒(사도, 名은 華定)가 晉의 知伯(지백, 晉 大夫 荀盈)을 알현할 때, (晉 大夫) 汝齊(여제, 司馬侯)가 (賓主간의) 禮를 담당하였다. 손님들이 나가자, 汝齊가 知伯에게 말했다.

"두 사람(高止와 華定) 모두 장차 화를 면하지 못할 것입니다! 子容(高止)은 멋대로 행동하고, 司徒(華定)는 사치하니 모두 亡家의 主입니다. 마음대로 한다면 빨리 망하고, 사치하면 힘을 믿어 피폐하며 전횡하면 다른 사람이 패퇴시킬 것이니 곧 화가 닥칠 것입니다."

9월에, 高子는 燕으로 出奔(출분, 망명)했다.

原文

襄公三十一年正月, 魯穆叔會晉歸, 告孟孝伯曰, "趙孟將死矣! 其語偸, 不似民主, 且年未盈五十, 而諄諄焉如八九十者, 弗能久矣. 若趙孟死, 爲政者其韓子虖? 吾子盍與季孫言之? 可以樹善, 君子也."

孝伯曰, “民生幾何, 誰能毋偸! 朝不及夕, 將焉用樹!”

穆叔告人曰, “孟孫將死矣! 吾語諸趙孟之偸也, 而又甚焉.”

九月, 孟孝伯卒.

〖국역〗

魯 襄公 31년(전 542) 정월, 魯의 穆叔(목숙, 叔孫穆子)이 마침 晉에서 (회합하고) 돌아와 (魯 大夫) 孟孝伯(맹효백)에게 말했다.

“(晉의 卿인) 趙孟(조맹, 趙文子)이 곧 죽을 것 같습니다! 그 언사가 구차하여(偸, 훔칠 투), 백성을 이끌지 못할 것 같고, 또 나이 50도 안 되었는데(且年未盈五十), 언사가 나이 8, 90세인 듯 지둔하고 혼란스러워[346] 오래 가지 못할 것입니다. 만약 趙孟(조맹)이 죽으면, 爲政者는 아마 韓子(韓宣子, 趙起)일까요? 당신께서 季孫子와 말씀을 나눠보지 않으시겠습니까?[347] (韓子와) 좋은 관계를 이룰 수 있다면 아마 君子일 것입니다.”

그러나 孟孝伯(맹효백)이 말했다.

“人生(民生)이 얼마나 살겠으며, 누군들 구차히 살려 하지 않겠는가? 아침 아니면 저녁에 죽을 지도 모르는데, 장차 먼 계획을 언제 세우겠는가!”

---

346 원문 而諄諄焉如八九十者 - 諄諄焉(순순언)은 遲鈍(지둔)하고 혼란스러운 모양. 諄은 타이를 순, 둔할 순. 삼가다.

347 원문 吾子盍與季孫言之 - 盍은 덮을 합. 의문사. 반어의 뜻. 어찌 ~ 하지 않는가?(何不~)

穆叔이 다른 사람에게 말했다.

"孟孫(孟孝伯)이 곧 죽을 것이다! 나는 (晉의) 趙孟(조맹)이 오래 가지 못할 것이라 말했는데, 맹손은 더 심했다."

9월에, 孟孝伯이 죽었다.

原文

昭公元年, 周使劉定公勞晉趙孟, 因曰, "子弁冕以臨諸侯, 盍亦遠績禹功, 而大庇民乎?" 對曰, "老夫罪戾是懼, 焉能恤遠? 吾儕偸食, 朝不謀夕, 何其長也?"

劉子歸, 以語王曰, "諺所謂老將知而耄及之者, 其趙孟之謂虖! 爲晉正卿以主諸侯, 而儕于隸人, 朝不謀夕, 棄神人矣. 神怒民畔, 何以能久? 趙孟不復年矣!"

是歲, 秦景公弟后子奔晉, 趙孟問, "秦君何如?" 對曰, "無道." 趙孟曰, "亡虖?" 對曰, "何爲? 一世無道, 國未艾也. 國于天地, 有與立焉, 不數世淫, 弗能敝也."

趙孟曰, "天虖?" 對曰, "有焉." 趙孟曰, "其幾何?" 對曰, "鍼聞國無道而年穀和孰, 天贊之也, 鮮不五稔." 趙孟視蔭, 曰, "朝夕不相及, 誰能待五?" 后子出而告人曰, "趙孟將死矣! 主民玩歲而愒日, 其與幾何?"

冬, 趙孟卒. 昭五年, 秦景公卒.

〖국역〗

昭公 원년(前 541), 周 景王(경왕)은 (卿인) 劉定公을 보내 晉의 (卿인) 趙孟(조맹)을 위로하면서 말했다.

"당신은 冠冕(관면)을 쓰고 諸侯와 會合하면서, 어찌 멀리 禹王과 같은 공적을 성취하여 백성을 잘 살게 만들지 않으십니까?"

그러자 조맹이 말했다.

"나는 老夫로 어떤 죄를 지을지 걱정인데, 어찌 먼 뒷날의 일까지 생각할 수 있겠습니까?[348] 나 같은 사람은 겨우 밥이나 축내며[349] 아침에는 저녁의 일을 모르는데, 어찌 길게 앞을 내다보겠습니까?"

유정공이 돌아와 경왕에게 말했다.

"俗諺(속언)에 말하길, 사람이 늙으면 생각은 많아지나 몸은 늙어간다는 말이 아마 趙孟 같은 사람을 두고 한 말일 것입니다. 晉의 正卿으로 諸侯의 회합을 주도하면서도, 자신을 비천한 사람처럼 낮추면서 아침에 저녁 일을 모른다고 하니, 자신의 神靈과 백성을 스스로 버리는 것입니다. 天神이 노하고 백성이 들고 일어난다면, 어찌 오래 갈 수 있겠습니까? 조맹은 1년을 살기 어려울 것입니다!"

이 해에, 秦 景公의 동생인 后子〔후자, 名은 鍼(침)〕가 晉에 망명하였다. 이에 趙孟이 물었다.

"秦君은 어떤 사람입니까?"

后子는 "無道합니다."라고 말했다.

---

**348** 원문 焉能恤遠? - 焉은 어찌 언. 恤은 구휼할 휼. 걱정하다, 돌보다. 遠은 먼 뒷날.

**349** 원문 吾儕偸食 - 吾儕는 나 같은 무리, 나 같은 사람. 儕는 무리 제. 同輩. 偸食(투식)은 구차히 살아가다. 偸生.

趙孟이 "망할 것 같습니까?" 라고 물었다.

"어찌 그렇겠습니까? 一世가 無道하더라도 나라가 안 다스려지는 것은 아닙니다. 天地 간에 나라가 세워졌으니, 여러 대에 걸쳐 지나치지 않는다면 나라가 망하지는 않을 것입니다."

趙孟이 물었다. "하늘 뜻에 달렸다는 말입니까?"

"그렇습니다."

趙孟이 "그것이 얼마나 되겠습니까?"

"鍼(침, 后子의 이름)이 알기로는, 나라가 무도하더라도 풍년이 든다면 그것은 하늘이 돕는 것이기에 적어도 5년은 버틸 것입니다."[350]

趙孟은 해 그림자를 바라보며 말했다.

"아침이면 저녁 일을 모르는데, 어느 누가 5년을 기다리겠는가?"

后子가 나와서 다른 사람에게 말했다.

"趙孟은 곧 죽을 것이다! 백성을 주재하는 자리에서 세월을 허송하며 욕심만 남았으니 얼마나 가겠는가?[351]

겨울에, 趙孟이 죽었다. 昭公 5년에 秦 景公도 죽었다.

**原文**

昭公元年, 楚公子圍會盟, 設服離衛.

---

350 원문 鮮不五稔 – 鮮은 드물다. 적어도. 다하다. 五稔은 5년. 稔은 곡식 익을 임. 곡식이 한번 익으면 1년.

351 원문 主民玩歲而愒, 其與幾何 – 主民은 백성을 다스리다. 백성을 이끌다. 玩歲而愒(완세이게)는 安逸을 탐하다. 세월을 허송하다. 愒는 탐낼 게, 쉴 게. 其與幾何(기여기하)는 함께 할 날이 얼마이겠는가? 幾何(기하)는 얼마.

魯叔孫穆子曰, "楚公子美矣君哉!" 伯州犁曰, "此行也, 辭而假之寡君."

鄭行人子羽曰, "假不反矣." 伯州犁曰, "子姑憂子晳之欲背誕也."

子羽曰, "假而不反, 子其無憂虖?" 齊國子曰, "吾代二子閔矣."

陳公子招曰, "不憂何成? 二子樂矣!" 衛齊子曰, "苟或知之, 雖憂不害."

退會, 子羽告人曰, "齊,衛,陳大夫其不免乎! 國子代人憂, 子招樂憂, 齊子雖憂弗害. 夫弗及而憂, 與可憂而樂, 與憂而弗害, 皆取憂之道也. 太誓曰, '民之所欲, 天必從之.' 三大夫兆憂矣, 能無至乎! 言以知物, 其是之謂矣."

〖국역〗

昭公 원년, 楚 公子 圍(위)가 會盟하며,[352] 人君의 복장을 착용하고 衛士(위사)를 앞에 세웠다.

魯의 叔孫穆子(숙손목자)가 말했다.

"楚公子는 멋진 외모에 人君 같도다!"

그러자 (楚國 太宰인) 伯州犁(백주리)가 말했다.

"이번 행차는, 출발하며 國君의 복색을 착용하였습니다."

---

352 楚 公子 圍(위)는 楚 恭王의 아들. 당시 楚 令尹(영윤, 재상)으로 齊, 衛, 陳, 鄭 등과 虢(괵)에서 會盟하였다.

鄭의 行人(행인, 관직명)인 子羽(자우)가 말했다.

"빌렸으면 반환하지 않습니다."

백주리가 말했다.

"당신은 아직도 (鄭나라) 子皙(자석)의 배반과 作亂을 걱정하고 있군요."

(鄭의) 子羽가 말했다.

"빌려주었는데 반환하지 않는다면 당신은 걱정하지 않습니까?"

齊의 (大夫) 國子(國弱)가 말했다.

"나는 당신 두 분을 대신해서 걱정하고 있습니다."

陳 公子(哀公의 동생)인 招(초)가 말했다.

"(사람이) 걱정하지 않는다면 무엇을 이루겠습니까? 내가 볼 때 저 두 분은 즐거워 보입니다!"

이에 衛의 (大夫인) 齊子가 말했다.

"만약 먼저 알았다면, (대비가 있을 것이니) 걱정해도 무방할 것입니다."

회합을 마친 뒤, 子羽(자우)가 다른 사람에게 말했다.

"齊, 衛, 陳의 大夫들은 아마 화를 면치 못할 것이다! (齊) 國子는 다른 사람을 걱정하고, (陳의) 招(초)는 걱정이 있어도 쾌락하며, 齊國子는 걱정하지만 아무 害가 없을 것이다. 대체로 무관한 일이라도 걱정해주고, 함께 걱정해야 하나 도리어 즐기려 한다면, 같이 걱정하면서 害를 끼치지 않아야 모두가 걱정하는 도리일 것이다. 그래서 《周書, 太誓》에서도 '백성이 원하는 것이라면 하늘도 틀림없이 따라 준다.' 고 하였다. 저 3명이 大夫가 모두 앞으로 올 징조를 걱정했다 하여 우환이 오지 않겠는가? 말로써 그 禍福을 알 수 있다는 말은 바로 이런 것이다."

**原文**

昭公十五年, 晉籍談如周葬穆后, 旣除喪而燕, 王曰, "諸侯皆有以塡撫王室, 晉獨無有, 何也?" 籍談對曰, "諸侯之封也, 皆受明器於王室, 故能薦彝器. 晉居深山, 戎翟之與鄰, 拜戎不暇, 其何以獻器?"

王曰, "叔氏其忘諸乎! 叔父唐叔, 成王之母弟, 其反亡分乎? 昔而高祖司晉之典籍, 以爲大正, 故曰籍氏. 女, 司典之後也, 何故忘之?"

籍談不能對. 賓出, 王曰, "籍父其無後乎! 數典而忘其祖."

籍談歸, 以語叔嚮. 叔嚮曰, "王其不終乎! 吾聞所樂必卒焉. 今王樂憂, 若卒以憂, 不可謂終. 王一歲而有三年之喪二焉, 於是乎以喪賓燕, 又求彝器, 樂憂甚矣. 三年之喪, 雖貴遂服, 禮也. 王雖弗遂, 燕樂已早. 禮, 王之大經也, 一動而失二禮, 無大經矣. 言以考典, 典以志經. 忘經而多言擧典, 將安用之!"

〖국역〗

昭公 15년(前 527), 晉의 (大夫) 籍談(적담)이 周 穆后(목후)의 장례식에 갔고,[353] 喪服을 벗고 잔치하면서[354] 周王이 말했다.

"諸侯는 모두 왕실에 器物을 헌상하지만,[355] 晉은 홀로 헌상하지 않는데 왜 그러한가?"

이에 籍談(적담)이 대답했다.

"諸侯를 봉할 때, 모두가 王室에서 明器를 받았기에 제후국에서는 왕실 종묘에 쓰는 彝器(이기)를 헌상하였습니다.[356] 晉은 나라에 큰 산이 많고, 戎翟(융적)과 이웃하고 있어[357] 왕실을 敬拜하며, 戎狄(융적)과 싸워야만 했으니 禮器를 헌상할 겨를이 없었습니다."

王이 말했다.

"叔氏가 어찌 그런 것을 잊었겠는가![358] 叔父는 唐의 叔父이고 成王의 同母 兄弟이니, 어찌 禮器를 분담하지 않을 수 있겠는가?[359] 옛날에 당신의 高祖가[360] 晉이 典籍에 관한 일을 맡았고, 그 직분이 큰

---

353 원문 如周葬穆后 – 如는 ~에 가다. 往也. 葬은 장례, 매장. 穆后(목후)는 周 景王의 왕후.

354 원문 旣除喪而燕 – 除는 상례복을 벗다. 燕은 잔치. 宴也.

355 원문 皆有以塡撫王室 – 왕실에 헌상하다. 塡은 메울 전. 撫는 어루만질 무.

356 원문 皆受明器於王室, 故能薦彝器 – 明器은 장례, 殉葬用 器物. 薦은 헌상하다. 彝器는 종묘에서 常用하는 鐘이나 鼎 같은 禮器. 彝는 떳떳할 이. 종묘 祭器 중 술병. 法. 彛는 俗字.

357 원문 戎翟之與鄰 – 戎翟(융적)은 戎狄, 중국 서북방 이민족의 총칭. 좁은 의미로는 흉노족. 與鄰(여린)은 이웃하다. 鄰은 隣. 이웃. 隣이 俗字.

358 원문 叔氏其忘諸乎! – 叔氏는 籍談의 字, 다른 일설에는 叔父의 使. 姬姓에 伯叔으로 칭했다는 뜻.

359 원문 其反亡分乎? – 其는 어찌, 豈. 反은 도리어. 亡는 無. 分은 분담. 乎는 의문 종결어미.

360 원문 昔而高祖司晉之典籍 – 昔은 옛날 석. 而高祖의 而는 너. 2人稱代詞. 司는 담당하다. 맡다.

일(大正, 大政)이기에 籍氏(적씨)라 하였소. 당신은(女, 汝) 司典하는 그 후손이거늘 어찌 잊을 수 있겠는가?"

籍談(적담)은 대답하질 못했다. 빈객이 나가자 王이 말했다. "적담의 父는 후손이 없을 것이다! 典籍을 다루면서[361] 그 조상을 잊고 있다."

籍談이 귀국하여 있었던 일을 叔嚮(숙향, 羊說肹의 字)에게 이야기하자, 숙향이 말했다.

"王이 아마 끝이 좋지 않을 것이요! 내가 알기로, 좋아하는 것이 있다면 꼭 그 때문에 죽는다고 하였습니다.[362] 지금 周王은 우환 중에도 잔치를 즐기었는데, 만약 우환으로 죽는다면 善終이라 할 수 없을 것이요.[363] 왕은 1년에 삼년상을 2번이나 치루면서 喪中에 손님과 잔치를 하였고, 또 제후에게 彝器(이기)를 바라고 있으니 우환 중인데도 즐기는 정도가 심한 것입니다. 그리고 三年喪은 고귀한 사람이라도(天子) 다 마치는 것이 禮입니다. 周王은 상을 마치지도 않았거니와 잔치를 즐긴 것이 너무 빠릅니다. 禮는 王에게도 大經(大法)인데, 一動에 二禮를 잃었으니 大經이 없는 것입니다. 언행은 전고를 따라야 하고, 전고는 綱常(강상)의 기록입니다. 經常의 大禮를 잊고 전고를 언급하였으니, 무슨 쓸모가 있겠습니까!"

361 원문 數典而忘其祖 - 數典은 擧典.

362 원문 吾聞所樂必卒焉 - 聞은 듣다. 알다(知). 所樂은 좋아하는 일. 必은 꼭. 그 일 때문에. 卒은 죽다.

363 원문 不可謂終 - 終은 善終.

原文

哀公十六年, 孔丘卒, 公誄之曰, "旻天不弔, 不憖遺一老, 俾屛予一人."

子贛曰, "君其不歿於魯乎? 夫子之言曰, '禮失則昏, 名失則愆.' 失志爲昏, 失所謂愆. 生弗能用, 死而誄之, 非禮也, 稱 '予一人', 非名也. 君兩失之."

二十七年, 公孫于邾, 遂死於越.

〖국역〗

魯 哀公 16년(前 479), 孔丘(孔子)가 죽자, 哀公이 애도하며 말했다.

"하늘이 나를 어여삐 여기지 않아, 이 노인이(孔子) 나를 지켜주도록 남겨주지 않았다."[364]

子贛(자공, 子貢)이 말했다.

---

364 원문 公誄之曰, "旻天不弔, 不憖遺一老, 俾屛予一人." – 誄는 뇌사 뇌. 死者의 행적을 서술하고 죽음을 애도하는 글. 之는 孔子. 旻天(호천)은 하늘. 上天. 旻는 하늘 호. 不弔는 不善, 不憖遺는 남겨놓지 않다. 憖은 억지로 은. 바라다. 근심하다. 一老는 공자, 俾는 ~로 하여금. 使也. 屛 가릴 병. 지키다. 予一人은 애공 자신. 予는 나 여. 공자의 출생 연월일에 관해서는 상당한 논쟁을 거쳐 1952년 臺灣(대만) 中華民國(중화민국) 교육부에서 정한 '魯 襄公 22년 8월 27일(서기 前 551년 9월 28일)' 이 일반적으로 통용되고 있다. 공자는 魯나라 23대 襄公(양공, 재위 前 572 – 542년) – 昭公(소공) – 定公(정공)을 거쳐 哀公(애공, 재위 前 494 – 468년) 16년, 서기 前 479년에 73세로 죽었다.

"主君은 아마도 魯에서 죽지 못할 것이다? 夫子가 말씀하시길,[365] '禮를 잃었다면 어리석고, 명분을 잃었다면 허물을 지은 것이다.' 라고 하셨다. 의지를 상실하면 우매하고, 제자리를(所) 모르는 것도 잘못이다. 살아서 등용하지 못하고 죽은 다음에야 슬퍼하는 것은 禮가 아니다. 그리고 '予一人' 이라 한 것은 바른 호칭이 아니다. 애공은 두 가지를 잘못했다."

애공 27년(재위 前 494-468년)에 邾(주)에서 아들에게 양위한 뒤, 뒤에 越땅에서 죽었다.[366]

### 나. 大旱(春秋)

原文

庶徵之恒陽, 劉向以爲《春秋》大旱也. 其夏旱雩祀, 謂之

365 원문 夫子之言曰 -《論語》에는 제자들이 보통 스승 공자를 '子' 라고 통칭했다. 이때 子는 성인 남자에 대한 통칭이었지만 점차 스승이나 유덕한 사람을 지칭했다. 夫子(부자)는 大夫에 대한 경칭인데, 나중엔 공자 제자들이 스승 공자에 대한 호칭이 되었다. 孔子를 Confucius라고 번역하는데, 이는 孔夫子(공부자)의 음역이다. 儒家思想은 Confucianism이라 한다.

366 원문 公孫于邾 - 孫은 遜位(손위). 자리를 넘겨주다. 邾는 國名. 魯 哀公在位時에 魯國의 大權은 '政在大夫', 곧 三桓이 장악하고 있었다. 애공은 군주권을 장악하려고 삼환과 싸워 패전하고서 애공 27년에 邾國(주국)을 거쳐 越國에 가서 그 해에 죽었다.

大雩. 不傷二穀, 謂之不雨.

京房《易傳》曰, 「欲德不用玆謂張, 厥災荒. 荒, 旱也, 其旱陰雲不雨, 變而赤, 因而除. 師出過時玆謂廣, 其旱不生. 上下皆蔽玆謂隔, 其旱天赤三月, 時有雹殺飛禽. 上緣求妃玆謂僭, 其旱三月大溫亡雲. 居高臺府, 玆謂犯陰侵陽, 其旱萬物根死, 數有火災. 庶位踰節玆謂僭, 其旱澤物枯, 爲火所傷.」

〖국역〗

(吉凶에 관련한) 여러 징조(庶徵)에서 그치지 않는 陽氣(恒陽)를 劉向은《春秋》에 기록된 큰 가뭄(大旱)이라고 생각했다. 어느 해, 여름에 가물어 기우제를 지내면, 이를 大雩(대우)라 하였다.[367] 날이 가물지만 봄과 가을의 농사를 다치지 않게 한다면, 그것은 '不雨' 라고 하였다.[368]

京房은 그의《易傳》에 말했다.

「賢人을 등용한다면서 등용하지 않는 것을 張이라 하는데, 그 재앙은 흉년이다.[369] 荒(황)은 가뭄이다. 검은 구름이 모여도 비가 내

---

367 원문 謂之大雩 – 雩는 기우제 우. 기우제를 지내다.

368 원문 不傷二穀, 謂之不雨. – 二穀은 봄과 가을에 거두는 곡물. 大旱은 1년의 농사를 망칠 정도의 가뭄. 不雨는 비가 많이 오는 여름에 비가 오지 않는 것. 상황에 따라 용어를 달리했다.

369 원문 欲德不用玆謂張 – 德을 베풀다. 곧 인재를 등용하다. 말만 그러하고 실제로 등용하지 못하는 것을 張이라 한다. 張에는 늘어놓다. '자랑만 하다' 의 뜻이 있다.

리지 않고 (구름이) 붉은색으로 변했다가는 없어진다. 大軍이 출동하여 예정 기간을 넘기는 경우를 '廣' 이라 하는데,[370] 그런 가뭄에는 싹이 트거나 자라질 않는다. 上下가 모두 다 덮인 것을 '隔(가릴 격, 隔膜不通)' 이라 하는데, 그런 가뭄은 3개월이나 구름이 없고, 때로는 우박이 날아가는 새를 죽이기도 한다.[371] 윗사람과의 인연으로 짝을 구하려는 것을 '僭(참람할 참)' 이라 하는데, 그런 가뭄은 3개월간 고온에 구름도 끼지 않는다. 높은 곳에 큰 집을 짓고 살아 음양을 침범하여 발생하는 가뭄에는 만물의 뿌리가 죽으며 화재가 자주 발생한다. 낮은 지위에서 절도를 넘어선 것도 僭(참)인데, 그 가뭄은 연못의 생물이 말라죽고 화재로 손상을 입게 된다.」

原文

釐公二十一年「夏, 大旱.」

董仲舒,劉向以爲齊桓旣死, 諸侯從楚, 釐尤得楚心. 楚來獻捷, 釋宋之執. 外倚彊楚, 炕陽失衆, 又作南門, 勞民興役. 諸雩旱不雨, 略皆同說.

〖국역〗

釐公(희공, 僖公) 21년(前 640)「여름, 큰 가뭄이 들었다.」

董仲舒와 劉向은 齊 桓公이 죽은 뒤에, 諸侯들은 楚를 추종했고

370 이때 廣은 曠(빌 광, 밝을 광)과 通한다.

371 원문 其旱天赤三月, 時有雹殺飛禽 - 3개월간 구름이 없다.(赤三月). 雹은 우박 박. 飛禽(비금)은 날아가는 새.

(魯) 희공은 더욱 楚에 기울었다. 楚에서 사자를 보내 승전을 알리며 억류 중이던 宋公을 석방했다. (魯는) 밖으로 강한 楚에 의지하면서, (대내적으로) 지속적 폭압으로(炕陽, 항양) 민심을 잃었으며(失衆), 또 南門을 건축하면서 백성을 노역에 동원하였다. 여러 기우제에도 비가 내리지 않았는데, 이하 여러 내용은 민심을 잃어 가뭄이 든 사례이다(略皆同說).

**原文**

宣公七年「秋, 大旱.」是夏, 宣與齊侯伐萊.

襄公五年「秋, 大雩.」先是宋魚石犇楚, 楚伐宋, 取彭城以封魚石. 鄭畔于中國而附楚, 襄與諸侯共圍彭城, 城鄭虎牢以禦楚. 是歲鄭伯使公子發來聘, 使大夫會吳于善道. 外結二國, 內得鄭聘, 有炕陽動衆之應.

八年「九月, 大雩.」時作三軍, 季氏盛.

二十八年「八月, 大雩.」先是, 比年晉使荀吳,齊使慶封來聘, 是夏邾子來朝. 襄有炕陽自大之應.

〖국역〗

宣公 7년(전 603), 「가을, 큰 가뭄.」

이 여름에, 宣公과 齊侯가 萊國을[372] 정벌했다.

---

**372** 萊國 – 萊子國, 東夷人의 諸侯國. 지금 山東省 維坊市와 煙臺市 중간 지역에 있던 나라.

襄公 5년(前 569), 「가을, 기우제를 크게 지냈다.」

이보다 앞서 宋의 (左師인) 魚石(어석)이 楚에 망명하자,[373] 楚는 宋을 정벌한 뒤 彭城(팽성)을 차지하고서 魚石을 봉했다. 鄭이 中原의 나라를 배반하고 楚에 귀부하였는데,[374] 襄公과 諸侯들이 함께 彭城을 포위했고, 鄭의 虎牢(호뢰)에 성을 쌓고 楚를 막아내었다. 이 해에 鄭伯이 公子 發(발)을 보내 교빙했는데, (魯國에서는) 大夫를 보내 吳의 善道(선도)에서 회담하였다. 魯는 밖으로 二國과 연결되었고, 안으로 鄭의 내빙이 있어 이에 백성을 억압하여 유발된 가뭄이었다.

(襄公) 8년(前 566), 「9월, 기우제를 크게 지냈다.」

이때는 三軍을 동원하였고, 季氏 세력이 융성했었다.

(襄公) 28년(前 546), 「8월, 기우제를 크게 지냈다.」

이에 앞서 해마다(比年) 晉에서 荀吳(순오)을 파견했고, 齊使 慶封(경봉)이 교빙 차 입국했으며 그 해 여름에 邾子(주자)가 입조하였다. 襄公 시기의 가뭄은 아랫사람에게 베풀지 않고(炕陽) 自大하다는 오만에 대한 하늘의 감응이었다.

**原文**

昭公三年「八月, 大雩.」

---

373 원문 魚石犇楚 – 魚石은 인명. 犇은 달아날 분. 奔과 同.

374 원문 鄭畔于中國而附楚 – 畔은 배방하다. 中國은 中原의 나라. 중원의 여러 나라만이 中華이고 그 외 지역은 蠻夷로 대별했다. 춘추시대만 해도 楚는 蠻夷로 분류되었다.

劉歆以爲昭公卽位年十九矣, 猶有童心, 居喪不哀, 炕陽失衆.

六年「九月, 大雩.」

先是莒牟夷以二邑來奔, 莒怒伐魯, 叔弓帥師, 距而敗之, 昭得入晉. 外和大國, 內獲二邑, 取勝鄰國, 有炕陽動衆之應.

十六年「九月, 大雩.」

先是昭公母夫人歸氏薨, 昭不慼, 又大蒐于比蒲. 晉叔嚮曰, "魯有大喪而不廢蒐. 國不恤喪, 不忌君也, 君亡慼容, 不顧親也. 殆其失國." 與三年同占.

二十四年「八月, 大雩.」

劉歆以爲《左氏傳》二十三年邾師城翼, 還經魯地, 魯襲取邾師, 獲其三大夫. 邾人愬于晉, 晉人執我行人叔孫婼, 是春乃歸之.

二十五年「七月上辛大雩, 季辛又雩.」旱甚也.

劉歆以爲時后氏與季氏有隙. 又季氏之族有淫妻爲讒, 使季平子與族人相惡, 皆共譖平子. 子家駒諫曰, "讒人以君徼幸, 不可." 昭公遂伐季氏, 爲所敗, 出奔齊.

〖국역〗

昭公 3년(前 540), 「8월, 기우제를 크게 지냈다.」

劉歆(유흠)은 생각했다. 昭公은 나이 19세에 즉위했는데 그때까지도 어린 마음이 있어 居喪에 不哀하면서 베풀 줄을 몰라 민심을 잃었기 때문이다.

(昭公) 6년, 「9월, 기우제를 크게 지냈다.」

이보다 앞서 莒(거)나라의 (대부) 牟夷(모이)가 2邑을 거느리고 (魯에) 망명하자, 莒에서는 화가 나서 魯를 공격했는데, 叔弓(숙궁)이 군사를 거느리고 막아 패퇴시켰으며, 昭公은 晉에 들어가 화친하였다. 외국과 화해도 하고 안으로는 2읍을 획득했으며 이웃나라에 승리를 했지만 백성에 베푼 것이 없고 군사를 동원한데 대한 감응이었다.

(昭公) 16년(前 527), 「9월, 기우제를 크게 지냈다.」

이보다 앞서 昭公의 母夫人인 歸氏(귀씨)가 죽었을 때, 昭公은 슬퍼하지 않았으며(不慼, 슬플 척), 또 比蒲(비포)에서 크게 사냥을 했었다. 晉의 叔嚮〔숙향, 羊舌肸(양설힐)〕이 말했다.

"魯에 大喪이 났어도 사냥을 멈추지도 않았다. 백성은 國喪에 슬퍼하지도 않았고 主君을 어려워하지 않았으며, 주군은 슬픈 감정도 없었으니, 이는 양친을 돌보지 않은 것이다. 아마 나라를 잃게 될 것이다."

이는 소공 3년(前 540)의 징조와 같았다.

(昭公) 24년, 「8월, 기우제를 크게 지냈다.」

劉歆은 생각했다. 《左氏傳》에 소공 23년, 邾(주)의 군사가 翼(익)에 축성하고 魯의 땅을 경유하여 돌아올 때, 魯에서는 邾의 군사를 공격하여 大夫 3인을 사로잡았다. 邾人이 晉에 하소연하자, 晉人은 노국의 行人(행인, 관직명) 叔孫婼(숙손야)을 억류시켰다가 그해 봄에 풀어줘 귀국케 하였다.

(昭公) 25년, 「七月 첫째 辛日에 크게 기우제를 지내고, 마지막 辛

日에 또 기우제를 지냈다.」한발이 심한 것이다.

劉歆은 생각했다. 그때 后氏와 季氏는 사이가 벌어졌었다. 또 季氏의 일족에 음란한 아내가 참소를 하여 季平子로 하여금 族人을 서로 증오하게 하였고, 따라서 모두가 계평자를 미워하였다.

子家駒(자가구)가 간언하였다.

"(계평자를) 참소했던 사람들이 主君에게 요행수를 바라고 일을 벌이게 해서는 안 됩니다."

그러나 昭公은 季氏를 정벌했으나, 결국 계씨에 패배하여 齊로 망명하였다.

**原文**

定公七年「九月, 大雩.」

先是定公自將侵鄭, 歸而城中城. 二大夫帥師圍鄆.

嚴公三十一年「冬, 不雨.」

是歲, 一年而三築臺, 奢侈不恤民.

釐公二年「冬十月不雨」, 三年「春正月不雨, 夏四月不雨」,「六月雨.」

先是者, 嚴公夫人與公子慶父淫, 而殺二君. 國人攻之, 夫人遜于邾, 慶父奔莒. 釐公卽位, 南敗邾, 東敗莒, 獲其大夫. 有炕陽之應.

**〖국역〗**

定公 7년(前 504),「9월, 기우제를 크게 지냈다.」

이보다 앞서 定公은 직접 군사를 거느리고 鄭을 공격하였고 귀국해서는 城 안에 城을 축성하였다, 그리고 大夫 2사람은 군사를 거느리고 鄆邑(운읍)을 공격했다.

嚴公(엄공, 莊公) 31년, 「겨울, 비가 내리지 않았다.」

이 해, 1년에 3번 樓臺(누대)를 신축하였고, 사치하며 백성을 긍휼히 여기지 않았다.

釐公(희공) 2년(前 659), 「겨울인 10월 비가 내리지 않았다.」 3년, 「春 正月 不雨, 여름 4월 不雨」, 「6월 비가 내렸다.」

이에 앞서, 嚴公의 夫人과 公子 慶父(경보)가[375] 음행을 저질렀고 二君을[376] 살해하였다. 國人이 공격하자 夫人은 邾(주)로 피난했고, 慶父는 莒(거)로 망명하였다. 釐公(희공)이 즉위했는데 남쪽에서는 邾(주)를 패퇴시키고, 동쪽에서는 莒(거)에 이기면서 그 大夫를 사로잡았다. 그래서 비가 내리지 않는 감응이 있었다.

**原文**

文公二年, 「自十有二月不雨, 至于秋七月.」

文公卽位, 天子使叔服會葬, 毛伯賜命. 又會晉侯于戚. 公子遂如齊納幣. 又與諸侯盟. 上得天子, 外得諸侯, 沛然自大. 躋釐公主. 大夫始顓事.

十年, 「自正月不雨, 至于秋七月.」

375 公子 慶父(경보)는 桓公의 아들, 莊公의 동생.

376 二君은 莊公의 아들 子般과 閔公.

先是公子遂會四國而救鄭. 楚使越椒來聘. 秦人歸襚. 有炕陽之應.

十三年,「自正月不雨, 至于秋七月.」

先是曹伯,杞伯,滕子來朝, 郕伯來奔, 秦伯使遂來聘, 季孫行父城諸及鄆. 二年之間, 五國趨之, 內城二邑. 炕陽失衆.

一曰, 不雨而五穀皆孰, 異也. 文公時, 大夫始顓盟會, 公孫敖會晉侯, 又會諸侯盟于垂隴. 故不雨而生者, 陰不出氣而私自行, 以象施不由上出, 臣下作福而私自成.

一曰, 不雨近常陰之罰, 君弱也.

〖국역〗

魯 文公 2년(前, 625),「12월부터 가을 7월까지 비가 오지 않았다.」

文公이 즉위하면서, 天子는 (周의 內史인) 叔服(숙복)을 보내 (僖公의) 장례에 참례케 했고, 毛伯(모백)을 보내 (문공을 封하는) 命圭를 하사하였다. 또 (文公은) 晉侯와 戚(척)에서 會談하였다. 公子 遂(수)는 齊에 가서 納幣(납폐)하였다.[377] 또 諸侯와 會盟하였다. 그리하여 文公은 上으로는 天子의 封을 받고, 밖으로는 제후의 지지를

377 納幣(납폐) – 결혼 6禮의 하나. '三書' 는 '六禮' 의 과정 중 필요한 서식인데, 聘書(빙서), 禮書(예서), 迎書(영서)를 말한다. 六禮는 결혼의 전체 과정인데, 納采(납채), 問名(문명), 納吉(납길), 納幣(납폐, 納徵), 請期(청기), 親迎(迎親)을 말한다.

얻으면서 沛然(패연)히 自大하였다.[378] 釐公(희공)의 神主를 종묘에 올렸다. 처음으로 大夫들이 전권을 행사하였다.

10년(前 617), 「正月부터 가을 7월까지 비가 내리지 않았다.」

앞서 公子 遂(수)는 四國(晉, 宋, 衛, 許)의 군사를 모아 鄭을 구원하였다. 楚의 使者인 越椒(월초)가 來聘(내빙)하였다. 秦人이 襚(수)를 보내왔다.[379] 이런 과정에서 날이 가무는 감응이 나타났다.

13년, 「正月부터 가을 7월까지 비가 내리지 않았다.」

이에 앞서 曹伯, 杞伯(기백), 滕子(등자)가 入朝하였고, 郕伯(성백)이[380] 망명으로 입국했으며, 秦伯이 遂(수)를 보내 交聘(교빙)하였고, 季孫行父는 諸(제) 및 鄆(운)에 축성했다. 2년 사이에, 5나라가 왕래하였고 2개의 읍에서 축성하였다. 민심을 얻지 못하여 날이 가물었다.

一說에는, 不雨하나 五穀이 모두 익은 것은 이변이라고 했다. 文公 연간에 大夫들이 처음으로 회맹을 주관하였으니, 公孫敖(공손오)는 晉侯와 회담한 뒤에, 또 제후를 모아 垂隴(수롱)에서 맹약하였다. 그래서 不雨나 만물이 살아난 것은 陰이 (약하여) 그 음기를 발산하지는 못하고 은밀하게 行事(作用)하였으니, 베풀지만 위로 분출하지 않은 형상이라면서, 臣下가 福祿 수여를 행사하지는 않고 홀로 자신의 氣를 성숙했기 때문이라 하였다.

다른 一說에서는 비가 내리지 않은 것은 常陰少陽으로 弱君에 대

---

378 沛然自大 - 沛然(패연)은 성대한 모양, 매우 감동하는 모양, 제멋대로 하는 모양. 自大는 자신을 뽐내다.

379 원문 秦人歸襚 - 歸는 (선물이나, 예물을) 보내오다. 襚는 수의 수.

380 원문 曹伯,杞伯,滕子來朝, 郕伯來奔 - 曹, 杞(기), 滕(등), 郕(성)은 국명이고, 伯, 子는 그 나라 國君의 작위이다.

한 징벌이라고 했다.

### 다. 大旱(漢代)

**原文**

惠帝五年夏, 大旱, 江河水少, 谿谷絶. 先是發民男女十四萬六千人城長安, 是歲城乃成.

文帝三年秋, 天下旱. 是歲夏, 匈奴右賢王寇侵上郡, 詔丞相灌嬰發車騎士八萬五千人詣高奴, 擊右賢王走出塞. 其秋, 濟北王興居反, 使大將軍討之, 皆伏誅.

後六年春, 天下大旱. 先是發車騎材官屯廣昌, 是歲二月復發材官屯隴西. 後匈奴大入上郡,雲中, 烽火通長安, 三將軍屯邊, 又三將軍屯京師.

〖국역〗

惠帝[381] 5年(前 190) 여름, 큰 가뭄에 長江과 黃河의 물이 줄어들었고 계곡의 흐름이 끊겼다. 이보다 앞서 남녀 백성 14만 6천 명을

---

381 孝惠皇帝 – 名은 盈(영), 前 210년생. 前 195년, 16세에 고조가 붕어하자 계위. 혜제 원년은 前 194년(丁未) – 前 188년 재위. 惠帝부터 시호에 '孝'가 붙는 것은 '효자로 부친의 뜻을 잘 잇다(孝子善繼父志).'라는 뜻. 謚法에 '柔質慈民曰 惠'라 하였다.

동원하여 長安에 축성하였는데, 이 해에 완성되었다.[382]

文帝 3년 가을, 온 나라에 가뭄이 들었다. 이 해 여름, 匈奴의 右賢王이 上郡을 노략질하자 조서로 丞相 灌嬰(관영)에게[383] 車騎士 8만 5천 명을 동원하여 高奴縣에 진격했고,[384] 우현왕을 공격하여 국경 밖으로 몰아내었다. 그해 가을 濟北王 劉興居(유흥거)가 반역하자[385] 大將軍을 시켜 토벌케 하여 모두 법에 따라 처형하였다.

(文帝) 後元 6년 春, 天下에 큰 가뭄이 들었다. 이보다 앞서 車騎와 材官을 동원하여 廣昌縣에 주둔하였는데, 이 해 2월에 다시 材官을 동원하여 隴西郡 일대에 주둔케 하였다. 뒷날 匈奴가 上郡, 雲中郡에 대거 침입하자 烽火가 長安까지 이르렀고, 3 장군은 변방에 주둔하였고 또 다른 3 장군은 京師에 주둔케 하였다.[386]

---

382 長安城은 높이 12m, 하부의 넓이 12–16m, 남북이 긴 장방형으로 주위 둘레가 총 25,700m라고 하며 斗城이라는 별칭도 보인다.

383 潁陰侯(영음후) 灌嬰(관영, ? – 前 176) – 비단장사 출신. 漢朝 開國功臣, 太尉, 丞相 역임. 41권, 〈樊酈滕灌傅靳周傳〉에 입전.

384 高奴 – 현명. 今 陝西省 북부 延安市.

385 濟北王 劉興居는 文帝가 代에 가서 흉노를 원정한다는 사실을 알고 반역하여 군사를 일으켜 滎陽(형양)을 공격하려고 했다. 이에 조서를 내려 승상의 군사를 해산하고, 棘蒲侯(극포후) 柴武(시무)를 대장군으로 삼아 4명의 장군과 10만 군사를 거느리고 토벌케 하였다.

386 匈奴의 3만 기병이 上郡에 침입했고 다른 3만 기병은 雲中郡에 침입했다. 中大夫인 令免(영면)을 車騎將軍에 임명하여 飛狐(비호)에 주둔케 하였고, 蘇意(소의)를 將軍에 임명하여 句注山에 주둔하게 했고, 장군 張武는 北地郡에 주둔하게 했다. 河內太守인 周亞夫를 장군에 임명하여 長安 細柳(세류)에 주둔하고, 宗正인 劉禮를 將軍으로 삼아 霸上(패상)에, 祝茲侯인 徐厲(서려) 장군을 棘門(극문)에 주둔하여 흉노에 대비

**原文**

景帝中三年秋, 大旱.

武帝元光六年夏, 大旱. 是歲, 四將軍征匈奴.

元朔五年春, 大旱. 是歲, 六將軍衆十餘萬征匈奴.

元狩三年夏, 大旱. 是歲發天下故吏伐棘上林, 穿昆明池.

天漢元年夏, 大旱, 其三年夏, 大旱. 先是貳師將軍征大宛還. 天漢元年, 發適民. 二年夏, 三將軍征匈奴, 李陵沒不還.

征和元年夏, 大旱. 是歲發三輔騎士閉長安城門, 大搜, 始治巫蠱. 明年, 衛皇后,太子敗.

〖국역〗

景帝 中元 3년(前 147) 가을, 큰 가뭄.

武帝 元光 6년(前 129) 여름, 큰 가뭄. 이 해에 4명 장군이 흉노를 원정했다.[387]

元朔(원삭) 5년(前 124) 봄, 큰 가뭄. 이 해에 6명 장군이 10여만

---

케 하였다. 細柳(세류)는, 今 陝西省 咸陽市 서남쪽, 渭水 북쪽. 細柳營에서 文帝는 周亞夫의 軍紀에 감동했다. 40권, 〈張陳王周傳〉에 입전.

387 匈奴가 上谷郡에 침입하여 吏民을 살육하고 약탈하였다. 車騎將軍 衛靑(위청)을 파견하여 上谷郡에서 출동케 하였고, 騎將軍 公孫敖(공손오)는 代郡에서, 輕車將軍 公孫賀(공손하)는 雲中郡에서, 驍騎將軍 李廣(이광)은 雁門郡(안문군)에서 출동케 하였다. 위청은 龍城에 진격하여 7백 명을 참수하거나 생포하였다. 李廣과 공손오는 부대를 상실하고 귀환하였다.

군사를 거느리고 흉노를 원정했다.

元狩 3년(前 120) 여름, 큰 가뭄. 이 해에 천하 옛 관리들을 동원하여 上林苑(상림원)의 가시나무를 제거케 하고, 昆明池(곤명지)를 굴착하였다.[388]

天漢 원년(前 100) 여름, 큰 가뭄. 天漢 3년 여름, 큰 가뭄. 이보다 앞서 貳師將軍이 大宛(대원)을 정벌하고 귀환하였다.[389] 天漢 원년, 適民(적민, 죄수)을 동원하였다. 2년 여름, 3 將軍이 匈奴를 원정했고, 李陵(이릉)은 패전하여 귀환하지 못했다.[390]

征和(정화) 원년(前 92) 여름, 큰 가뭄. 이 해에 三輔의 騎士를 동원하고 長安城門을 폐쇄하고 크게 수색하였으며 巫蠱(무고)의 죄를 다스렸다. 다음 해 衛皇后(위황후)와 太子(戾太子, 뒷날 宣帝의 조부)

---

388 본문의 故吏는 謫吏(적리). 죄를 지어 노역에 종사하는 관리. 昆明池는 水軍 조련을 위한, 今 西安市 서남쪽의 호수.

389 貳師는 서역 大宛國의 城 이름. 貳師將軍은 李廣利(이광리, ? - 前 88) - 武帝 寵姬 李夫人의 오빠. 貳師城(이사성)에 가서 좋은 말(汗血馬, 한혈마)을 구해온다고 기약했기에 '이사장군' 이라 불렸다. 前 104년 貳師장군이 되어 大宛(대원) 원정에 실패. 太初 3년 재원정하여 겨우 성공. 海西侯에 피봉. 李부인이 죽은 뒤에 흉노에 투항했다가 거기서 피살. 汗血馬(한혈마)는 大宛國에서 나오는 天馬. 하루에 천리를 갈 수 있으며 돌을 밟으면 발자국이 남으며 앞발 어깻죽지에서 피처럼 붉은 땀을 흘린다고 하였다. 61권, 〈張騫李廣利傳〉에 입전.

390 李陵(이릉) - 李廣의 손자. 李廣도 불운하여 뜻을 펴지 못하고 자살했으며, 손자인 李陵(이릉)도 勇戰했으나 패전하여 투항했다. 일족의 불명예와 滅門은 물론 武帝 분노의 불똥은 司馬遷에게 튀어 宮刑의 치욕을 겪어야 했다. 이광의 不運은 武運에 家運까지 극성했던 衛靑(위청)과 비교되었다. 24권, 〈李廣蘇建傳〉에 附傳.

가 패망하였다.

原文

昭帝始元六年, 大旱. 先是大鴻臚田廣明征益州, 暴師連年.

宣帝本始三年夏, 大旱, 東西數千里. 先是五將軍衆二十萬征匈奴.

神爵元年秋, 大旱. 是歲, 後將軍趙充國征西羌.

成帝永始三年, 四年夏, 大旱.

〖국역〗

昭帝 始元 6년(前 81), 큰 가뭄. 앞서 大鴻臚인 田廣明(전광명)이 益州를 원정하였는데,[391] 해마다 군사를 크게 동원하였다.

宣帝 本始 3년(前 71) 여름, 동서 수천 리에 걸쳐 큰 가뭄. 이보다 앞서 5명 將軍이 20만 대군을 거느리고 흉노를 원정했다.

宣帝 神爵(신작) 원년(前 61) 가을, 큰 가뭄. 이 해에 後將軍인 趙充國(조충국)이[392] 西羌族(서강족)을 원정했다.[393]

---

391 田廣明 – 昭帝 때 전광명은 군사를 이끌고 益州을 토벌하고 돌아와 관내후의 작위를 받았고 衛尉(위위)로 전직하였다. 뒤에 좌풍익이 되었는데, 통치에 유능하다는 명성이 있었다. 선제 옹립 결정에 참여하여 昌水侯(창수후)에 봉해졌었다. 90권, 〈酷吏傳〉에 입전.

392 趙充國 – 사람이 침착, 용기가 있고 지략이 우수, 四夷의 사정에 두루 밝았으며 서강족에 대해서는 장기적인 둔병으로 진압하였다. 69권, 〈趙充

成帝 永始 3, 4년, 여름 큰 가뭄이 들었다.

## 라. 詩妖(시요)

**原文**

《左氏傳》晉獻公時童謠曰,「丙之晨, 龍尾伏辰, 袀服振振, 取虢之旂. 鶉之賁賁, 天策焞焞, 火中成軍, 虢公其奔.」

是時虢爲小國, 介夏陽之阸, 怙虞國之助, 亢衡于晉, 有炕陽之節, 失臣下之心.

晉獻伐之, 問於卜偃曰, "吾其濟乎?" 偃以童謠對曰, "克之. 十月朔丙子旦, 日在尾, 月在策, 鶉火中, 必此時也."

冬十二月丙子朔, 晉師滅虢, 虢公醜奔周. 周十二月, 夏十月也. 言天者以夏正.

〖국역〗

《左氏傳》에 晉 獻公(헌공, 前 677-651) 때 童謠(동요)가[394] 있다.

「丙子日 새벽, 龍尾星(尾宿)은 日光에 가렸는데,

---

國辛慶忌傳〉에 입전.

393 西羌 - 羌族에 대한 범칭. 중국 서쪽의 강족이라는 의미. 羊을 토템으로 숭배하는 '西戎牧羊人' 본래 지금의 陝西, 甘肅, 靑海省 일대에 거주.

394 악기의 반주 없이 부르는 노래를 謠(노래 요)라 한다.

軍服의 威容을 떨치며 虢國(괵국)의 깃발을 빼앗았네.[395]

鶉火星은 메추라기 한 쌍, 天策星은 희미해지는데,[396]

순화성이 군진을 갖추면 虢公(괵공)은 도망가리라.」

이때 괵국은 소국이었지만 夏陽(하양)의 험지가 있고,[397] 虞國(우국)의 도움에 의지하여[398] (강한) 晉國에 대항하며 강성한 기질이 있어, (晉에) 臣服할 마음이 없었다.

晉 獻公이 괵국을 정벌하려고 (晉의) 占卜 담당 大夫인 偃(언)에게 "내가 뜻을 이룰 수 있겠는가?" 라고 물었다. 그러자 偃(언)은 동요로 대답하였다.

"할 수 있습니다. 10월 초하루 丙子日 새벽, 태양은 龍尾星에, 月은 天策星과 鶉火星 사이에 있을 것이니 꼭 그 시간입니다."

겨울인 12월 丙子 초하루, 晉의 군사는 虢國을 정벌했고, 虢公인 醜(추)는 周나라로 망명했다. 周曆 12월은, 夏曆 10월이다. 이는 天文이 모두 夏正을 기준으로 한다는 뜻이다.

395 원문 袀服振振, 取虢之旂. – 袀服은 흑색의 군복. 袀은 군복 균. 振은 떨친 진. 振振은 盛한 모습. 虢은 나라 이름 괵. 범 발톱자국. 旂는 용을 그린 깃발 기.

396 원문 鶉之賁賁, 天策焞焞 – 鶉은 鶉火星, 二十八宿 중 남방 柳宿(유수). 賁賁(분분)은 별의 모양새. 天策은 星名, 焞焞(돈돈)은 광채가 약해지는 모양.

397 원문 介夏陽之阸 – 介는 끼일 개. 끼여 있다. 夏陽(하양)은 지명. 阸는 좁을 애.

398 원문 怙虞國之助 – 怙는 믿을 호. 의지하다. 虞(헤아릴 우)는 國名.

原文

史記晉惠公時童謠曰,「恭太子更葬兮, 後十四年, 晉亦不昌, 昌乃在其兄.」

是時, 惠公賴秦力得立, 立而背秦, 內殺二大夫, 國人不說. 及更葬其兄恭太子申生而不敬, 故詩妖作也. 後與秦戰, 爲秦所獲, 立十四年而死. 晉人絶之, 更立其兄重耳, 是爲文公, 遂伯諸侯.

〖국역〗

역사 기록에 晉 惠公 때 동요가 불렀다.[399]

「恭太子를 다시 장례하고, 그 14년 뒤에,

晉 역시 번창하지 못하니, 그 형 때에 번창하리라.」

이때, 晉 惠公(혜공, 前 651 – 637)은 秦의 도움으로 즉위했지만, 즉위 뒤에는 秦을 배신하고 내부의 大夫 2명을 죽이자 國人이 좋아하지 않았다(不說). 혜공은 그 형인 恭太子 申生(신생)을 改葬하면서 不敬했기에 詩妖(시요, 諷刺)가 생긴 것이다. 뒤에 秦과 싸웠고, (혜공은) 秦에게 포획되어 즉위 14년에 죽었다. 晉人이 그 후사를 거절하였고, 다시 그 兄인 重耳(중이)를 옹립하니, 이가 晉 文公(재위 前 636 – 628년)으로 나중에 제후의 覇者(패자)가 되었다.

399 원문 史記晉惠公時童謠 – 여기 史記는《史記 晉世家》와《國語 晉語》.

原文

《左氏傳》文,成之世童謠曰, 「鴝之鵒之, 公出辱之. 鴝鵒之羽, 公在外野, 往饋之馬. 鴝鵒跦跦, 公在乾侯, 徵褰與襦. 鴝鵒之巢, 遠哉搖搖, 禂父喪勞, 宋父以驕. 鴝鵒鴝鵒, 往歌來哭.」

至昭公時, 有鴝鵒來巢. 公攻季氏, 敗, 出奔齊, 居外野, 次乾侯. 八年, 死于外, 歸葬魯. 昭公名禂. 公子宋立, 是爲定公.

〖국역〗

《左氏傳》에 文公과 成公 시대의 동요가 실려 있다.

「九官鳥가 우는데, 國君은 出國하며 辱보네.
구관조 깃털처럼 國君은 外野에 있어, 말을 보내 주었네.
구관조 뛰어가나,[400] 國君은 乾侯에서 옷을 달라 하네.[401]
구관조의 둥지는 멀리서 흔들흔들,
昭公은 고생하고 定公은 교만하네.[402]
구관조 꾸욱꾸욱, 갈 때 노래하고, 올 때 통곡하네.」[403]

---

400 원문 鴝鵒跦跦 – 鴝鵒(구욕)은 九官鳥. 속칭 八哥(팔가 bāgē). 跦跦는 뛰어가는 모양. 跦는 깡충깡충 뛰어가다. 멈칫거릴 주.

401 원문 君在乾侯, 徵褰與襦. – 乾侯(건후)는 晉의 지명. 徵은 부를 징. 요구하다. 褰은 바지 건. 襦는 저고리 유. 속옷.

402 원문 禂父喪勞, 宋父以驕 – 禂(홑이불 주)는 昭公의 이름. 父(보)는 男子에 대한 美稱. 喪勞는 喪身하고 疲勞(피로)하다. 宋은 定公의 이름.

403 원문 往歌來哭 – 소공은 齊로 망명했고, 齊에서 죽어, 魯로 운구하여 상

昭公 시기에 구관조가 모여들어 둥지를 지었다. 昭公이 季氏를 공격하였으나 패하여 齊로 出奔(출분)하여 外野에 있다가 乾侯(건후)에 머물렀다. (망명) 8년에, 외국(齊)에서 죽어 운구하여 魯에서 장례했다. 昭公의 이름은 裯(주)이다. 公子 宋(송)이 즉위하니, 이가 定公이다(재위 前 510－495).

原文

元帝時童謠曰,「井水溢, 滅灶煙, 灌玉堂, 流金門.」

至成帝建始二年三月戊子, 北宮中井泉稍上, 溢出南流, 象春秋時先有鴝鵒之謠, 而後有來巢之驗. 井水, 陰也, 灶煙, 陽也, 玉堂,金門, 至尊之居. 象陰盛而滅陽, 竊有宮室之應也.

王莽生於元帝初元四年, 至成帝封侯, 爲三公輔政, 因以簒位.

〖국역〗

元帝 때 童謠(동요),

「샘물이 넘치니 아궁이 불이 꺼졌고,

玉堂에 흘러들고, 金門으로 흘러나가네.」[404]

成帝 建始 2년(前 32) 3월 戊子日, 北宮 안의 샘이 점차 차올라 넘쳐서 남쪽으로 흘러내렸는데, 春秋 時代 앞의 구관조의 노래에서 구

---

을 치렀다.

404 원문 井水溢, 滅灶煙, 灌玉堂, 流金門. － 井水溢은 넘칠 일. 灶煙은 아궁이의 불길, 연기. 灌은 물댈 관.

관조가 집을 짓는 징험과 같았다. 井水는 陰이고, 아궁이 불(灶煙)은 陽이고, 玉堂과 金門은 至尊한 황제의 居所이다. 陰盛하여 滅陽하듯이, 궁실에서 똑같은 감응이 있었다.

王莽(왕망)은 元帝 初元 4년에(前 48) 출생하여, 成帝 재위 중에 제후에 봉해졌으며 三公의 지위에서 輔政(보정)하다가 그 바탕으로 제위를 찬탈하였다.

原文

成帝時童謠曰,

「燕燕尾涏涏, 張公子, 時相見. 木門倉琅根, 燕飛來, 啄皇孫, 皇孫死, 燕啄矢.」

其後帝爲微行出遊, 常與富平侯張放俱稱富平侯家人, 過河陽主作樂, 見舞者趙飛燕而幸之, 故曰 '燕燕尾涏涏', 美好貌也. 張公子謂富平侯也. '木門倉琅根.' 謂宮門銅鍰, 言將尊貴也. 後遂立爲皇后. 弟昭儀賊害後宮皇子, 卒皆伏辜, 所謂 '燕飛來, 啄皇孫, 皇孫死, 燕啄矢.' 者也.

〖국역〗

成帝 時 童謠(동요),

「반질반질 제비 꼬리, 張公子와 자주 相見하네.[405]

---

405 원문 燕燕尾涏涏, 張公子, 時相見. – 涏涏(정정)은 반질거리는 모양(光澤貌). 涏은 물길이 곧게 뻗을 정. 반질거리는 모양. 張公子는 成帝의 微

宮門의 청동 문고리에, 제비가 날아들더니,[406]

황손을 쪼아 황손이 죽자, 제비는 화살을 쪼네.」[407]

이후로 成帝는 微行(미행)으로 出遊하면서 늘 富平侯 張放(장방)과 함께 하면서 둘 다 富平侯의 家人이라 칭했고, 河陽公主의 집에 들려 즐겼는데, 춤을 잘 추는 趙飛燕(조비연)을 보고 총애하였다. 그래서 이를 '제비꼬리가 반질반질' 이라 하였으니, 외모의 아름다움이다. (동요의) 張公子는 富平侯이다. '木門倉琅根' 은 宮門의 청동 고리(銅鍰, 동환)인데, 이는 앞으로 존귀할 것이라는 뜻이다. 곧 조비연은 황후로 책립되었다. 그 동생도 昭儀(소의)로 後宮의 皇子를 해쳤고, 결국 모두 법에 의거 처형되었으니 이것이 이른바 '燕이 飛來하여 皇孫을 啄(탁)하고, 皇孫이 死하자, 燕이 啄矢라.' 고 한 그대로이다.

**原文**

成帝時歌謠又曰,

「邪徑敗良田, 讒口亂善人. 桂樹華不實, 黃爵巢其顚. 故

---

行(미행) 파트너였던 張放. 武帝 때 張湯(장탕)의 후손, 張湯(장탕, ? – 前115)은 武帝 때 '天下事皆決湯' 이란 말이 유행할 정도로 武帝의 신임을 받았다. 《史記》에는 〈酷吏列傳〉에 실렸다. 그 아들이 유명한 張安世. 59권, 〈張湯傳〉에 父子 입전. 張安世의 玄孫이 장방이다. 장방은 성제가 죽자 슬피 울다가 죽었다.

406 원문 倉琅根, 燕飛來 – 倉은 蒼. 青銅이 녹슬면 푸른색이다. 琅根은 문고리, 손잡이. 燕飛來는 趙飛燕 자매의 入宮.

407 원문 啄皇孫, 皇孫死, 燕啄矢 – 啄은 새가 부리로 쪼을 탁. 조비연 자매는 그들 몸에서 출산이 없었고 다른 후궁의 몸에서 출산한 皇子를 해쳤다.

爲人所羨, 今爲人所憐.」

桂, 赤色, 漢家象. 華不實, 無繼嗣也. 王莽自謂黃象, 黃爵巢其顚也.

〖국역〗

成帝 때의 노래가 있다.

「샛길이 생겨나 良田을 망치고, 참언이 善人을 혼란케 한다.

계수는 꽃 폈으나 열매가 없고 꾀꼬리는 둥지를 뒤엎었네.

옛사람을 우러러 보나 지금 사람은 가련하도다.」

계수는 赤色이니, 漢家를 뜻한다. 꽃 피고 열매는 없다니 이어갈 후사가 없다는 뜻이다. 王莽(왕망)은 스스로 황색을 天象이라 했으니 黃爵(黃雀)이 둥지를 틀자 나무가 쓰러진 것이다.

## 마. 犬妖(견요)

原文

嚴公十七年「冬, 多麋.」

劉歆以爲毛蟲之孽爲災. 劉向以爲麋色靑, 近靑祥也. 麋之爲言迷也, 蓋牝獸之淫者也. 是時, 嚴公將取齊之淫女, 其象先見, 天戒若曰, 勿取齊女, 淫而迷國. 嚴不寤, 遂取之. 夫人旣入, 淫於二叔, 終皆誅死, 幾亡社稷.

董仲舒指略同. 京房《易傳》曰,「廢正作淫, 大不明, 國多麋.」又曰,「震遂泥, 厥咎國多麋.」

〚국역〛

魯 嚴公(莊公) 17년(前 677), 「겨울, 사슴이 많이 나타났다.」[408]

劉歆(유흠)은 毛蟲(모충, 털 짐승)의 많아진 것은 재앙의 상징이라고 생각했다. 劉向(유향)은 사슴의 털색은 靑이니 靑祥에 가깝다고 하였다. 麋(사슴 미)는 그 말(言)이 '혼미' 하다는 뜻이니, 암컷의 음란을 뜻한다. 이때 嚴公(莊公)은 齊의 淫女와 결혼할 예정이었으니 그 징조가 미리 나타난 것으로, 天戒는 마치 '齊女를 데려오지 말라, 음란하여 나라를 혼미하게 할 것이다.' 라고 말하는 것 같았다. 그러나 장공은 깨닫지 못했고 결국 결혼하였다. 그 여인이 들어와 두 시동생과 음행을 저질렀고 끝내 모두 처형하였지만 사직이 거의 망할 지경이었다.

董仲舒의 뜻도 대략 비슷하였다. 京房(경방)은 《易傳》에서 말했다.

「正道를 황폐케 하였고, 음행은 커다란 어둠이기에 나라에 사슴이 많이 나타난 것이다.」 또 「〈震卦〉에 진흙 속에 추락한다 하였으니, 그 허물로 나라에 사슴이 많아졌다.」고 하였다.[409]

---

408 원문 多麋 - 麋는 큰 사슴 미.

409 원문 震遂泥, 厥咎國多麋. - 〈震卦 ☳☳, 震爲雷〉 九四의 爻辭. 震은 動의 뜻. 遂는 墜. 추락하다. 천둥소리에 놀라 사람이 진흙 속에 추락하다.

原文

昭帝時, 昌邑王賀聞人聲曰 '熊', 視而見大熊. 左右莫見, 以問郎中令龔遂, 遂曰, "熊, 山野之獸, 而來入宮室, 王獨見之, 此天戒大王, 恐宮室將空, 危亡象也." 賀不改寤, 後卒失國.

〖국역〗

昭帝 때, 昌邑王 劉賀(유하)는 '곰이다' 라는 사람 목소리를 듣고 바라보니 큰 곰이 보였다. 그러나 좌우에는 보았다는 사람이 없어 郎中令인 龔遂(공수)에게 물었고, 공수가 말했다.

"곰은 산이나 들판의 짐승인데 궁궐에 들어왔고 王 혼자서만 보았다니, 이는 하늘에 대왕께 내린 훈계이니 아마 궁궐이 장차 텅 비거나 위기에 망할 형상입니다."

그러나 유하는 깨닫지 못했고 나중에 갑자기 나라를 잃었다.[410]

原文

《左氏傳》襄公十七年十一月甲午, 宋國人逐猘狗, 猘狗入於華臣氏, 國人從之. 臣懼, 遂奔陳.

先是臣兄閱爲宋卿, 閱卒, 臣使賊殺閱家宰, 遂就其妻. 宋平公聞之, 曰, "臣不唯其宗室是暴, 大亂宋國之政."

410 昭帝가 붕어한 뒤, 소제의 후사로 즉위했으나 27일 만에 폐위되어 封國마저 잃었다.

欲逐之. 左師向戌曰, “大臣不順, 國之恥也, 不如蓋之.” 公乃止. 華臣炕暴失義, 內不自安, 故犬禍至, 以奔亡也.

〖국역〗

《左氏傳》 襄公 17년(전 556) 11월 甲午日, 宋 國人이 미친개를 쫓아버렸는데,[411] 미친개가 華臣氏(화신씨)의 집으로 도망갔고 사람들이 따라 들어왔다. 화신씨는 두려워 나중에 陳으로 망명하였다.

이보다 앞서 화신의 형인 華閱(화열)은 宋나라의 卿이었는데, 화열이 죽자 화신은 도적을 시켜 화열의 家宰(가재, 執事)를 죽이고, 형의 아내를 탈취하였다. 이런 사실을 宋 平公이 알고서 말했다.

“華臣은 그 宗家에 폭행을 했을 뿐만 아니라 宋國의 정치를 혼란케 하였다.”

그리고 화신을 축출하려 하자, 左師인 向戌(향술)이 말했다.

“大臣이 不順하면 나라의 치욕입니다. 그냥 덮어버리는 것이 좋을 것입니다.”

宋公은 그만두었다. 華臣은 사납고 大義를 상실하였기에 內心 불안하였는데, 이런 犬禍가 닥치자 결국 망명하였다.

原文

高后八年三月, 祓霸上, 還過枳道, 見物如倉狗, 撠高后掖, 忽而不見. 卜之, 趙王如意爲崇. 遂病掖傷而崩. 先是高

411 원문 逐猘狗 – 逐은 쫓을 축. 猘는 미친 개 제.

后鴆殺如意, 支斷其母戚夫人手足, 搉其服以爲人彘.

〖국역〗

高后 8년(前 180년) 3월, 霸上(패상)에서 祓祭(불제)를 지내고 枳道(지도, 亭名)를 거쳐 돌아오는데, 마치 파란색의 개 같은 것이 高后의 겨드랑이를 깨물고서는 홀연히 보이지 않았다.

점을 치게 하였더니 趙王 如意(여의)가 빌미(요괴)가 되었다고 하였다.[412] 결국 어깨 상처가 병이 되어 붕어했다. 이보다 앞서 高后는 如意(여의)를 鴆毒(짐독)으로 살해하였고,[413] 그 생모 戚夫人의 手足을 자르고 옷을 벗겨 놓고 人彘(인체, 돼지 체)라고 하였다.

原文

文帝後五年六月, 齊雍城門外有狗生角. 先是帝兄齊悼惠王亡後, 帝分齊地, 立其庶子七人皆爲王. 兄弟並彊, 有炕陽心, 故犬禍見也. 犬守御, 角兵象, 在前而上鄉者也. 犬不當生角, 猶諸侯不當擧兵鄉京師也. 天之戒人蚤矣, 諸侯不寤.

後六年, 吳,楚畔, 濟南,膠西,膠東三國應之, 擧兵至齊. 齊王猶與城守, 三國圍之. 會漢破吳,楚, 因誅四王. 故天狗下

412 원문 趙王如意爲祟 - 趙王如意는 고조와 戚부인의 소생, 고조가 무척이나 귀여워했고 제위를 물려주려 했다. 祟는 빌미 수. 妖怪한 일을 일으키는 원혼이나 물건.

413 鴆은 짐 새 짐. 중국 남방에 사는 올빼미 비슷한 毒鳥로 살무사(蝮)를 잡아먹는 새. 짐새의 깃털을 술에 넣고 저으면 毒酒가 된다.

梁而吳,楚攻梁, 狗生角於齊而三國圍齊. 漢卒破吳,楚於梁, 誅四王於齊.

京房《易傳》曰,「執政失, 下將害之, 厥妖狗生角. 君子苟免, 小人陷之, 厥妖狗生角.」

〖국역〗

文帝 後元 5년(前 159) 6월, 齊의 雍城(옹성) 성문 밖에서 개가 뿔이 났다. 이에 앞서 文帝의 兄(庶兄) 齊 悼惠王(도혜왕)이 죽은 뒤에, 문제는 그 齊의 영역을 나눠 그의 庶子 7인을 모두 王으로 봉했다. 그 兄弟들은 모두 강대하였고 대항하려는 야심이 있었기에 犬禍가 나타난 것이다.

개(犬)가 집을 지키지만, 뿔(角)은 전쟁을 의미하며 앞에 있으면서 위를 향한다. 개에게 뿔이란 부당한 것이니, 제후가 거병하여 京師를 향한다면 부당한 것이다. 하늘이 일찍 사람에게 경계를 내린 것이나 제후들은 이를 깨닫지 못했다.

그 6년 뒤(前 154, 景帝 즉위 3년), 吳와 楚의 반역에, 濟南, 膠西(교서), 膠東(교동)의 3國이 반역에 호응하며 거병하여 齊에 이르렀다. 齊王은 여전히 (도읍인 臨淄) 城을 수비하였고 3國이 포위하였다. 이때 漢은 吳와 楚를 격파하였고, 이어 4명의 왕이 죽었다. 이는 天狗星이 梁에 하강한 것이니, 吳와 楚는 (제후국) 梁을 공격하였으며, 齊에서 개가 뿔이 났기에 3국이 齊를 포위 공격한 것이다. 漢은 결국 梁國에서 吳와 楚를 격파하였고, 齊(齊에서 分國한)의 4왕을 주살하였다.

京房은 《易傳》에서 말했다. 「執政하더라도 잘못했다면 그 해악은 아래에 미친다. 그 요사한 징조로 개가 뿔이 난다. 군자는 구차히 화를 면하지만 소인은 화를 당하는데, 그 요사한 징조는 개에게 뿔이 난다.」

原文

景帝三年二月, 邯鄲狗與彘交. 悖亂之氣, 近犬豕之禍也. 是時趙王遂悖亂, 與吳,楚謀爲逆, 遣使匈奴求助兵, 卒伏其辜. 犬, 兵革失衆之占, 豕, 北方匈奴之象. 逆言失聽, 交於異類, 以生害也.

京房《易傳》曰, 「夫婦不嚴, 厥妖狗與豕交. 茲謂反德, 國有兵革.」

〖국역〗

景帝 3년(前 154) 2월, (趙 도성) 邯鄲(한단)에서 개(狗)와 돼지(彘)가 교미했다. 悖亂(패란)의 反常이니, 犬豕(견시, 豕는 돼지 시)의 禍에 가깝다.

이때 趙王 劉遂(유수)는 悖亂(패란)하여, 吳, 楚와 함께 역모하면서 흉노에 使者를 보내 군사 원조를 요청했는데, 결국 죄에 따른 벌을 받았다. 犬은 전쟁으로 민심을 잃었다는 조짐이며, 돼지(豕)는 북방 匈奴의 형상이다. 귀에 거슬리는 逆言(역언)을 듣지 않는다면, 異類와 교접하게 되고 이로 인해 해악이 생긴다.

京房은 《易傳》에서 말했다. 「夫婦가 不嚴하면 그 요망은 개와 돼지의 교합이다. 이는 反德이며 나라에 전쟁이 일어난다.」

原文

成帝河平元年, 長安男子石良,劉音相與同居, 有如人狀在其室中, 擊之, 爲狗, 走出. 去後有數人被甲持兵弩至良家, 良等格擊, 或死或傷, 皆狗也. 自二月至六月乃止.

鴻嘉中, 狗與彘交.

〖국역〗

成帝 河平 원년(前 28), 長安의 男子인 石良(석량)과 劉音(유음)이 함께 同居하였는데, 사람과 같은 형상이 그 방안에 있는 것 같아 때렸더니 개가 되어 달아났다. 달아난 뒤에 여러 사람이 갑옷을 입고 병기를 가지고 석량의 집에 가서 석량 등을 공격하여 죽이거나 다치게 했는데 모두가 개였다. 2월에 시작하여 6월에 가서 그쳤다.

(成帝) 鴻嘉(홍가) 연간에(전 20 – 17), 개와 돼지가 교미했다.

### 바. 木沴金(목려금)

原文

《左氏》昭公二十四年十月癸酉, 王子鼂以成周之寶圭湛于河, 幾以獲神助. 甲戌, 津人得之河上, 陰不佞取將賣之, 則爲石.

是時王子鼂篡天子位, 萬民不鄉, 號令不從, 故有玉變, 近白祥也. 癸酉入而甲戌出, 神不享之驗云. 玉化爲石, 貴將爲賤也. 後二年, 子鼂奔楚而死.

〖국역〗

《春秋左氏傳》昭公 24년(前 518) 10월 癸酉日, 王子 鼂(조)는 成周(東周)의 寶圭를 河水에 가라앉혀[414] 河神의 神助를 빌었다. 甲戌日, 뱃사공(津人)이 그 보옥을 건져내었는데, 陰不佞(음불영)이란 자가 이를 팔려 했더니(賣) 바로 돌이 되었다.

이때 王子 鼂(조)는 天子의 왕위를 탈취했지만 백성들이 지지하지 않았고 호령도 따르지 않았기에 이런 玉變(옥변)이 일어난 것이며, 이는 白祥(백상)에 근사하였다.

癸酉日에 물에 던져 (다음 날인) 甲戌日에 건져냈으니, 河神이 흠향하지 않았다는 증거이다. 玉이 돌로 변하는 것은 貴가 賤하게 되는 것이다. 그 2년 뒤 鼂(조)는 楚로 망명했다가 죽었다.

原文

史記, 秦始皇帝三十六年, 鄭客從關東來, 至華陰, 望見素車白馬從華山上下, 知其非人, 道住止而待之. 遂至, 持璧與客曰, "爲我遺鎬池君." 因言 "今年祖龍死." 忽不見. 鄭客奉璧, 卽始皇二十八年過江所湛璧也. 與周子鼂同應.

是歲, 石隕于東郡, 民或刻其石曰, '始皇死而地分.' 此皆白祥, 炕陽暴虐, 號令不從, 孤陽獨治, 群陰不附之所致也.

414 河水의 강물에 던져 河神에 제사했다. 湛은 빠질 침. 沈과 同.

一曰, 石, 陰類也, 陰持高節, 臣將危君, 趙高,李斯之象也. 始皇不畏戒自省, 反夷滅其旁民, 而燔燒其石. 是歲始皇死, 後三年而秦滅.

〖국역〗

역사 기록에 의하면, 秦 始皇帝 36년(前 211) 鄭 땅에서 온 客人이 關東에서 華陰縣(화음현)에 도착했는데, 멀리서 素車에 白馬가 華山(화산)을 오르내리는 것을 보았는데,[415] 인간이 아닌 것을 알고 길가에 머물러 기다렸다. 그 흰 수레가 다가오자, 수레에 탄 사람이 가지고 있던 璧玉(벽옥)을 내주면서 객인에게 말했다.

"저를 위해 이를 鎬池君에게 올려주십시오."[416] 그러면서 또 "今年에 祖龍(조룡)이 죽을 것입니다."[417]

그리고서는 홀연히 사라졌다. 鄭客이 그 璧玉을 받아보니 始皇 28년에 長江을 건너면서 강에 제사한 벽옥이었다. 이는 周의 子鼂(자조)와 같은 감응이었다.

이 해에 隕石(운석, 덜어질 운)이 東郡에[418] 떨어졌는데, 어떤 백성이 거기에다가 글을 새겨 넣었다. '始皇이 죽고 땅은 분열된다.'

이러면 모두는 白祥(백상)이니 베푸는 것도 없이 포악하여 호령에도 따르지 않으니, 곧 孤陽이 獨治하나 群陰이 따르지 않기 때문이다.

---

415 素車白馬는 喪葬禮에 사용. 華山은 오악 중 서악인 華山.

416 鎬池君은 鎬京 鎬池의 神靈.

417 祖龍은 秦始皇帝를 의미. 祖는 始.

418 東郡 治所는 濮陽縣, 今 河南省 동북부 濮陽市(복양시).

一說에는 石은 陰類이나 陰이 高節을 지녔다 하여도 臣이 장차 君을 위기에 처하게 할 것이니, 趙高(조고)나 李斯(이사) 같은 형상이다. 始皇은 天戒를 두려워하여 自省하지 않았고 도리어 그 주변 백성을 죽여 없앴으며 그 운석을 불태웠다. 그 해에 시황제는 죽었고, 그 3년 뒤에 秦은 멸망했다.

原文

孝昭元鳳三年正月, 泰山萊蕪山南匈匈有數千人聲. 民視之, 有大石自立, 高丈五尺, 大四十八圍, 入地深八尺, 三石爲足. 石立處, 有白烏數千集其旁. 眭孟以爲石陰類, 下民象, 泰山岱宗之嶽, 王者易姓告代之處, 當有庶人爲天子者. 孟坐伏誅.

京房《易傳》曰, 「復, 崩來無咎. 自上下者爲崩, 厥應泰山之石顚而下, 聖人受命人君虜.」 又曰, 「石立如人, 庶士爲天下雄. 立於山, 同姓, 平地, 異姓. 立於水, 聖人, 於澤, 小人.」

〖국역〗

孝昭帝 元鳳 3年(前 78) 正月, 泰山의 萊蕪山(내무산) 남쪽에서 匈匈(흉흉)하면서 수천 명의 사람이 내는 소리 들렸다. 사람들이 가서 보니 大石이 自立했는데 높이가 1丈5尺, 둘레가 48뼘(圍)에 땅속으로 8尺이나 들어갔는데, 3石이 발(足)처럼 받치고 있었다. 돌이 자립한 곳에 하얀 까마귀(白烏) 수천 마리가 그 옆에 모여 있었다.

眭孟(휴맹)은 石은 陰類이고 下民의 형상이며, 또 泰山은 岱宗의 山嶽(산악)으로 王者가 易姓(역성)하면 그 왕조 交代를 하늘에 알리는 곳이니, 어떤 庶人(서인)이 天子가 될 것이라고 말했다. 휴맹은 이완 연좌하여 처형되었다.

京房은《易傳》에서 말했다.

「〈復卦〉에, 崩來(붕래)하나 無咎(무구)라 하였다. 위에서 아래로 내려온 것이 崩(무너질 중)이니, 이 泰山의 大石이 굴러내려 온 것은 聖人이 천명을 받으나 人君에게 포로가 된다는 감응이다.」

또 말하길「石이 사람처럼 일어섰으니 士庶人의 천하의 영웅이 된 것이다. 山에 자립하였으니 同姓이고, 平地에 자립했다면 異姓이다. 水에 자립하면 聖人이나 연못에서 자립했다면 小人이다.」

**原文**

天漢元年三月, 天雨白毛, 三年八月, 天雨白氂.

京房《易傳》曰,「前樂後憂, 厥妖天雨羽.」又曰,「邪人進, 賢人逃, 天雨毛.」

**〖국역〗**

(武帝) 天漢 元年(前 100) 3월, 하늘에서 白毛가 내렸다. (天漢) 3년 8월, 하늘에서 하얀 털(白氂, 백리)이 내렸다.[419]

---

419 원문 天雨白氂 – 아무리 특별한 災異를 기록한 내용이라지만 정말 이해하기 어려운 記述이다. 白氂에 대한 좀 더 상세한 묘사가 왜 없을까? 氂는 검은 소의 꼬리 리. 긴 털, 바짝 꼬부라진 털. 雜毛는 이런 사전적 설

京房이 《易傳》에서 말했다. 「먼저 즐겁다가 나중에 걱정하니, 그 요상한 징조는 하늘에서 깃털이 내리는 것이다.」

또 말했다. 「사악한 자가 등용되고 賢人이 도망하면, 하늘에서 털(毛)이 쏟아진다.」

原文

史記, 周威烈王二十三年, 九鼎震. 金震, 木動之也. 是時周室衰微, 刑重而虐, 號令不從, 以亂金氣. 鼎者, 宗廟之寶器也. 宗廟將廢, 寶鼎將遷, 故震動也.

是歲晉三卿韓,魏,趙簒晉君而分其地, 威烈王命以爲諸侯. 天子不恤同姓, 而爵其賊臣, 天下不附矣. 後三世, 周致德祚於秦. 其後秦遂滅周, 而取九鼎. 九鼎之震, 木沴金, 失衆甚.

〖국역〗

역사 기록에 의하면, 周 威烈王(위열왕, 재위 前 425-402年) 23년(前 403), 九鼎(9정)이 진동했다. 金氣의 진동은 木氣가 金氣를 움직이게 했기 때문이다. 이때 周室은 衰微(쇠미)한데다가, 형벌은 무겁고 잔혹했으며, 號令에 백성들은 다르지 않았기에 金氣가 혼란하였다. 鼎(정)은 宗廟의 寶器이다. 宗廟가 없어지고, 寶鼎이 옮겨갈 것이라서 鼎이 진동했다.

---

명으로 하늘에서 내리는 白氂(백리)를 어떻게 추정하겠는가?

이 해에(前 403) 晉의 三卿인 韓, 魏, 趙가 晉君의 자리를 찬위한 뒤에 그 땅을 분할하였는데, 위열왕은 그들을 제후로 인정하였다.[420]

天子는 同姓을 긍휼히 여기지 못하고 賊臣(적신)에게 작위를 수여하니 천하 민심은 따라오지 않았다. 그 뒤로 3代가 지나며 周室은 秦에 땅을 잘라 은덕을 베풀었다.[421] 그 후에 秦은 周를 멸망시키고 九鼎을 가져갔다.[422] 九鼎의 진동은 木이 金을 해친 것으로, 민심의 상실이 극심하였다.

**原文**

成帝元延元年正月, 長安章城門門牡自亡, 函谷關次門牡亦自亡.

京房《易傳》曰,「飢而不損茲謂泰, 厥災水, 厥咎牡亡.」妖辭曰, '關動牡飛, 辟爲亡道臣爲非, 厥咎亂臣謀篡.' 故谷永對曰, "章城門通路寢之路, 函谷關距山東之險, 城門關守

---

**420** 원문 威烈王命以爲諸侯 – 晉國의 大夫인 韓虔(한건), 趙籍(조적), 魏斯(위사)를 韓侯, 趙侯, 魏侯로 봉했는데, 이것이 역사상 유명한 '三家分晉'이다. 이로써 春秋 시대는 종결되고 戰國시대가 시작되었다. 司馬光의 《資治通鑑》은 여기서부터 시작한다. 東周 위열왕은 그 다음 해(前 402년)에 병사한다.

**421** 원문 後三世, 周致德祚於秦 – 위열왕 이후 3대가 지나 周 顯聖王(현성왕 재위 前 368 – 321年) 때, 周王은 秦 獻公을 霸者로 인정하였다.

**422** 赧王(난왕, 재위 前 314 – 256년)이 죽었고, 周 王室 秦에게 멸망한다.

國之固, 固將去焉, 故牡飛也."

〖국역〗

成帝 元延(원연) 원년(前 12) 정월, 長安의 章城門의 門牡(문모)가 저절로 부서졌고,[423] 函谷關(함곡관) 次門의 문모도 마찬가지로 저절로 망가졌다.

京房은《易傳》에서 말했다.

「굶주리는 흉년에 節儉하지 않는다면, 그것을 泰(태, 사치)라 하는데, 그 재앙은 水害이며 그 재앙의 징조는 문빗장이 부서진다.」

그 妖辭(요사)에서는 '관문이 흔들리거나 문빗장이 없어지며 왕(辟)은 멸망의 道를 따르고 신하는 비리를 저지르는데, 그 죗값은 亂臣이 찬탈을 모의한다.

또 이에 대하여 谷永(곡영)이 말했다.

"章城門은 천자의 정궁에 갈 수 있는 통로이고, 函谷關(함곡관)은 山東 세력을 막아낼 수 있는 험지이며, 城門이나 關은 守國의 견고한 방어시설인데, 그런 방어가 없어질 것이라서 관문 빗장이 사라진 것이다."

---

423 門牡(문모)는 문빗장. 門閂(문산)과 同. 閂은 문빗장 산.

## 【〈五行志〉 第七 中之下】

### 3. 視不明(시불명)

原文

傳曰, 「視之不明, 是謂不悊, 厥咎舒, 厥罰恒奧, 厥極疾. 時則有草妖, 時則有蠃蟲之孽, 時則有羊禍, 時則有目痾, 時則有赤眚赤祥. 惟水沴火.」

〖국역〗

경전에 기록되었다.「보고 나서도 不明하다면 이는 不哲이고,[424] 그 과오는 일처리가 늦고(厥咎舒), 그 징벌은 늘 무더우며(厥罰恒奧),[425] 아주 심하면 병이 된다(厥極疾). 때로는 草妖(초요)가 생기거나, 때로는 벌레 새끼들이 떼로 나타나는 이변이 있거나,[426] 때로는 羊禍가, 또 때로는 눈병(目痾, 숙병 아), 또 때로는 赤眚(적생)이나 赤祥(적상)이 나타난다.[427] 오직 水만이 火를 이길 수 있다.[428]

---

424 원문 是謂不悊 - 悊은 哲의 古字. 밝을 철. 알다. 깨닫다. 喆과 同.

425 원문 厥罰恒奧 - 奧은 따스할 욱. 燠(따뜻할 욱)과 同. 속 오, 아랫목 오.

426 원문 時則有蠃蟲之孽 - 蠃는 나나니벌 나, 고동 나(조개 종류). 蟲은 毛, 羽, 鱗, 介를 가진 벌레들의 총칭. 더울 충. 孽은 첩의 자식 얼, 요물 얼. 치장하다. 孼(얼)의 俗字.

427 원문 時則有赤眚赤祥 - 赤眚(적생)은 불과 관련된 재앙. 眚은 눈에 백태

原文

「視之不明, 是謂不悊,」 悊, 知也. 《詩》云, 「爾德不明, 以亡陪亡卿, 不明爾德, 以亡背亡仄.」

言上不明, 暗昧蔽惑, 則不能知善惡, 親近習, 長同類, 亡功者受賞, 有罪者不殺, 百官廢亂, 失在舒緩, 故其咎舒也.

盛夏日長, 暑以養物, 政弛緩, 故其罰常奧也. 奧則冬溫, 春夏不和, 傷病民人, 故極疾也. 誅不行則霜不殺草, 繇臣下則殺不以時, 故有草妖.

凡妖, 貌則以服, 言則以詩, 聽則以聲. 視則以色者, 五色物之大分也, 在於眚祥, 故聖人以爲草妖, 失秉之明者也. 溫奧生蟲, 故有蠃蟲之孽, 謂螟螣之類當死不死, 未當生而生, 或多於故而爲災也.

〖국역〗

「보았어도 不明하다면, 이는 不哲이다.」고 하였는데, 哲은 아는 것이다(知也). 《詩 大雅 湯》에서는 「너의 德이 不明하니 陪臣(輔臣)도 卿相도 없고, 크고 밝은 당신 德에 背信과 나쁜 신하가 없다.」고[429]

---

길 생, 허물 생, 재앙 생, 어질병 생. 赤祥(적상)은 불과 관련된 祥瑞(상서).

428 원문 惟水沴火 - 水克火. 沴는 물이 잘 흐르지 않을 려, 해칠 려(氣不和而致害 / 氣相傷謂之沴). 妖氣(요기). 惡氣.

429 원문 《詩》云, 「爾德不明, 以亡陪亡卿, 不明爾德, 以亡背亡仄.」 - 《詩 大雅 湯》. 亡陪亡卿의 亡는 없을 무. 잃을 망, 없을 망. 망하다. 陪는 보탤 배. 제후의 신하. 陪臣. 卿은 卿相. 不明爾德의 不는 丕(클 비)와 通. 背는 背信. 仄은 기울 측. 側과 同. 傾斜, 邪에 기울다.

하였다.

이는 上이 不明하면 우매하고 현혹되어 善惡을 가려 알지 못하고, 가깝거나 만만한 사람만 친하며 비슷한 부류만 잘 대우하거나,[430] 無功者가 受賞하며, 有罪者라도 不殺하니, 百官이 廢亂(폐란)하게 되는데, 그 과오는 일 처리가 느리고 늘어지며(解弛, 해이), 그런 허물은 舒(더딜 서)이다.

한여름에 日長하여, 더위가 養物하나 政事는 弛緩(이완)하게 되니 그 징벌은 늘 무더운 날이다. (여름이) 크게 더우면 겨울에 따뜻하고, 春夏가 不和하여 백성을 다치게 하는데 그 극단은 질병의 유행이다. (죽일 자를) 誅殺(주살)하지 않으면 서리에도(霜) 풀이 죽지 않으며, 이 때문에 臣下가 살생을 주관하게 되어 아무 때나 살인하기에 草妖(초요)가 일어난다.

모든 妖〔요, 怪異(괴이)〕는 외모로는 服飾(복식), 언어에서는 詩로, 청각에서는 소리로(聲) 나타난다. 視는 色에 의한 구분이니, 五色은 사물에 대한 大分이고, 재앙과 吉祥의 소재이기에 草妖는 사물을 밝게 보는 능력을 잃은 것이라고[431] 聖人은 생각하였다. 날이 따뜻하면 벌레가 생겨서 벌레 재앙이(蠃蟲之孼) 일어나는데, 이는 당연히 죽어야 할 마디충 같은 벌레가 죽지 않고,[432] 생겨서는 안될 때 생기고, 혹은 지나치게 많기 때문에 재앙이 된다.

---

430 원문 長同類 – 長은 善也, 優也. 우대하다. 同類는 類類相從.

431 원문 失秉之明者也 – 秉은 잡을 병. 柄(자루 병)과 同. 權柄. 權能.

432 원문 螟螣之類當死不死 – 螟은 마디충 명. 螣은 벌레 이름 등.

原文

劉歆以爲屬思心不容. 於《易》, 剛而包柔爲〈離〉, 〈離〉爲火爲目. 羊上角下號, 剛而包柔, 羊大目而不精明, 視氣毁故有羊禍.

一曰, 暑歲羊多疫死, 及爲怪, 亦是也. 及人, 則多病目者, 故有目痾. 火色赤, 故有赤眚赤祥. 凡視傷者病火氣, 火氣傷則水沴之. 其極疾者, 順之, 其福曰壽.

劉歆〈視傳〉曰 '有羽蟲之孼, 雞禍.' 說以爲於天文南方喙爲鳥星, 故爲羽蟲, 禍亦從羽, 故爲雞, 雞於《易》自在〈巽〉. 說非是. 庶徵之恒奧,

劉向以爲《春秋》亡冰也. 小奧不書, 無冰然後書, 擧其大者也.

京房《易傳》曰, 「祿不遂行玆謂欺, 厥咎奧, 雨雪四至而溫. 臣安祿樂逸玆謂亂, 奧而生蟲. 知罪不誅玆謂舒, 其奧, 夏則暑殺人, 冬則物華實. 重過不誅, 玆謂亡徵, 其咎當寒而奧六日也.」

〖국역〗

劉歆(유흠)은, 이를(視之不明) 생각이 서로 같아도 포용될 수 없을 때 일어나는 재앙이라고 생각하였다. 《易》에서는 剛(강, 强)하면서도 부드러움을 포함한 것이 〈離卦〉인데, 〈離〉는 火이고, 또 目에 해당한다.[433] 羊은 위에 뿔이 있고, 아래에도 큰 발톱이 있어[434] 剛하면서도 柔(유)하며, 羊은 큰 눈이 있지만 정확하고 밝게 보지 못하여, 곧 視氣가 나쁘기에 羊禍(양화)가 일어난다.

一說에서는, 날이 더운 해에는 병에 걸려 죽는 양이 많아 괴변이라 하였으니, 이도 맞는 말이다. 사람에 있어서는 눈병이 생긴 자가 많으면, 이를 目痾(목아)라 한다. 火의 色은 赤이기에 赤眚(적생)과 赤祥(적상)이 일어난다. 시력을 상한 자는, 곧 火氣의 病이니 火氣가 손상되는 것은 水氣의 침해이다. 심하면 疾患(질환)이고, 火氣에 순응한 福은 壽이다.

劉歆의 〈視傳〉에서는 '羽蟲(우충, 날개 있는 동물)의 재앙은 雞禍(계화)' 라 하였다. 그 설명에 天文에서 남방의 喙星(훼성, 부리 훼)은 鳥星이고,[435] 羽蟲의 禍는 날개에서 오기에 雞禍라 한다. 雞는 《易》에서 〈巽卦(손괘)〉이다. 그러나 이런 설명은 옳지 않다. 재앙의 징조는 계속되는 무더위이다.

劉向은 《春秋》에서는 (겨울에) 얼음이 얼지 않는 것이라고 하였다. 약간 더운 것은 기록하지 않았고, 無冰(무빙)을 나중에 기록한 것은 중대한 경우만 기록했기 때문이다.

京房은, 《易傳》에서 말했다. 「爵祿(작록)을 제대로 수행하지 않는 것을 '欺(기)' 라 하는데, 그 허물은 무더위이며, 사방에 눈이 내려야 할 때 온난한 것이라고 하였다. 臣이 祿位에 안주하고 安逸(안일)만을 즐기는 것을 '亂(란)' 이라 하는데, 더운 날에 벌레가 생기는 것과

433 離卦 - 《周易》 64괘 중 30번째. 상하 同 ☲☲. 통칭 離爲火. '麗' 를 의미.

434 원문 上角下號 - 號는 蹏(굽 제)의 착오. 羊은 강한 뿔과 발굽이 있다.

435 喙(부리 훼)는 啄(쪼을 탁)이어야 한다는 주석이 있다.

같다. 죄악을 알고서도 죽이지 않는 것을 '舒(서)' 라 하는데, 그 징벌은 무더위이니 여름이라면 더위에 사람이 죽는 것이고, 겨울이라면 식물이 꽃 피거나 열매를 맺는 것이다. 그 죄가 중하면서도 죽이지 않는 것을 '亡徵(무징)' 이라 하는데, 그 징조는 추워야 할 때 6일이나 따뜻한 것이다.」

### 가. 恒奧(항오)와 無冰(무빙)

**原文**

桓公十五年,「春, 亡冰.」

劉向以爲周春, 今冬也. 先是連兵鄰國, 三戰而再敗也, 內失百姓, 外失諸侯, 不敢行誅罰, 鄭伯突簒兄而立, 公與相親, 長養同類, 不明善惡之罰也.

董仲舒以爲象夫人不正, 陰失節也.

**〖국역〗**

魯 桓公 15년(前 697),「봄, 얼음이 얼지 않았다.」[436]

劉向은, 周의 봄은 지금의 겨울이라고 했다. 이에 앞서 魯는 이웃나라와 군사적 연합하여 3번 싸워 2번을 패하여 안으로는 백성을 잃었고, 밖으로는 제후의 신뢰를 잃었는데도 관련자를 처벌하지도

436《左傳》,《公羊》,《穀梁》傳에 모두 14年의 기사로 수록되었다.

못했으며, 또 鄭伯인 突(돌)이 형의 자리를 찬탈하고 자립하였는데(厲公), 환공은 그와 친하면서 同類를 우대하는[437] 등 선악을 분명히 하지 못한 징벌이라고 하였다.

董仲舒는 夫人이 不正한 형상이니, 陰이 失節한 것이라 생각하였다.

**原文**

成公元年, 「二月, 無冰.」

董仲舒以爲方有宣公之喪, 君臣無悲哀之心, 而炕陽, 作丘甲.

劉向以爲時公幼弱, 政舒緩也.

〖국역〗

成公 元年(前 590), 「2월, 얼음이 얼지 않았다.」

董仲舒는 막 宣公의 장례를 치렀는데, 君臣이 悲哀之心이 없고, 張皇自大(장황자대)하며 丘甲(구갑)의 세법을 시행했기[438] 때문이라고 생각하였다.

---

**437** 원문 長養同類 – 助長同類. 助長은 바람직하지 않은 일을 부추기다. 억지로 생장을 꾀하다. 《孟子》에 나오는 揠苗助長(알묘조장).

**438** 作丘甲 – 4井을 邑(읍), 4邑을 丘(구)라 한다. 丘는 16井이다. (1丘, 이론상 128戶)에 戎馬(융마, 군마) 1匹(필) 소 3마리를 부담한다. 그런데 丘에서도 甲兵을 부담케 하는 법을 시행했다. – 백성에게 무리한 부담을 주었다는 뜻.

劉向은 그때 成公이 幼弱(유약)하여 그 정사가 해이했기 때문이라고 생각했다.

原文

襄公二十八年「春, 無冰.」

劉向以爲先是公作三軍, 有侵陵用武之意. 於是鄰國不和, 伐其三鄙, 被兵十有餘年, 因之以饑饉, 百姓怨望, 臣下心離, 公懼而弛緩, 不敢行誅罰. 楚有夷狄行, 公有從楚心, 不明善惡之應.

董仲舒指略同. 一曰, 水旱之災, 寒暑之變, 天下皆同, 故曰'無冰', 天下異也. 桓公殺兄弒君, 外成宋亂, 與鄭易邑, 背畔周室. 成公時, 楚橫行中國, 王札子殺召伯,毛伯, 晉敗天子之師于貿戎, 天子皆不能討.

襄公時, 天下諸侯之大夫皆執國權, 君不能制. 漸將日甚, 善惡不明, 誅罰不行. 周失之舒, 秦失之急, 故周衰亡寒歲, 秦滅亡奧年.

〖국역〗

魯 襄公 28년(前 545),「봄, 얼음이 얼지 않았다.」

劉向은 이보다 앞서 襄公(양공)이 三軍을 편성하고 남을 침략하고 用武할 뜻이 있었기 때문이라고 생각하였다. 양공은 鄰國과 不和했고 주변 3方의 변방을 정벌하며,[439] 10여 년간 兵禍로 인해 기근이 이어졌고, 백성이 원망하며 신하도 離心했었기에 양공은 이 모두가 두려워 정사가 해이해졌으며 처형이나 형벌도 법대로 행할 수 없었다. 거기에 楚가 夷狄(이적)의 행태를 저질러도 양공은 楚에 의지하려는 마음이 있어 선악에 不明한 감응이었다.

董仲舒의 뜻도 대략 같았다.

一說에는 수해나 가뭄의 재앙이나 寒暑(한서)의 변이는 天下가 대략 비슷하나 '無冰'은 천하가 곳에 따라 달랐다. 桓公은 兄인 主君을 시해하였고, 대외적으로는 宋의 변란을 진압하고[440] 鄭과는 땅을 교역했으며(易邑), 周室을 背畔(배반)했었다. 成公 때에는 楚가 中原을 橫行(횡행)하고, 王札子(왕찰자, 王子捷)가 (周室 大夫) 召伯과 毛伯(모백)을 살해했으며, 晉은 天子의 군사를 貿戎(무융)에서 패퇴시켜도, 天子는 그런 자를 토벌할 수도 없었다.

襄公 때, 천하 諸侯의 大夫들이 모두 (자기 나라에서) 國權을 장악해도 主君은 대부들을 제압할 수가 없었다. 이렇게 점점 심해지면서 善惡이 不明하고, 誅罰(주벌)이 실행되지 못했다. 周室은 너무 위축되어 무능했고, 秦은 급박하고 포악하였으니, 周室이 쇠약한 시기에 추운 겨울이 없었고, 秦의 멸망하는 시기에 무더운 해가 없었다.

---

439 원문 伐其三鄙 – 鄙는 邊方, 邊境. 鄙는 마을 비. 京師에서 멀리 떨어진 곳.

440 원문 外成宋亂 – 外는 對外. 成은 진압하다. 宋亂은 宋 華父(화보)가 그 주군 殤公(상공)을 시해한 정변.

原文

武帝元狩六年冬, 亡冰.

先是, 比年遣大將軍衛靑,霍去病攻祁連, 絶大幕, 窮追單于, 斬首十餘萬級, 還, 大行慶賞. 乃閔海內勤勞, 是歲遣博士褚大等六人持節巡行天下, 存賜鰥寡, 假與乏困, 擧遺逸獨行君子詣行在所. 郡國有以爲便宜者, 上丞相,御史以聞. 天下咸喜.

昭帝始元二年冬, 亡冰.

是時上年九歲, 大將軍霍光秉政, 始行寬緩, 欲以說下.

〖국역〗

武帝 元狩(원수) 6년(前 117) 겨울, 얼음이 얼지 않았다.

이보다 앞서, 해마다 大將軍 衛靑(위청), 霍去病(곽거병) 등을 파견하여 (흉노 땅의) 祁連山(기련산)을 공격하고, 큰 사막을 가로질렀으며,[441] 선우를 막다른 곳에 몰아붙이며 10여만 級을 참수하고 환국해서는 크게 치하하며 시상하였다. 그러면서 무제는 海內 백성의 勤勞를 가엽게 여겨, 그 해에 博士 褚大(저대) 등 6인에게[442] 부절을 주

441 원문 攻祁連, 絶大幕 – 祁連(기련)은 山名. 絶은 絶斷하다. 大幕은 大漠(대막). 漠은 사막 막. 祁連山은 張掖郡(장액군)과 酒泉郡의 남쪽의 산맥. 기련은 흉노의 말로 '하늘'을 의미. 보통 天山山脈이라 부르며, 靑藏高原 북쪽에서 甘肅省과 靑海省의 경계를 이룬다.

442 梁의 승상인 褚大(저대)는《五經》에 박통하여 博士가 되었는데, 그때 兒寬(예관)은 그의 제자였다. 어사대부가 결원이라서 褚大를 徵召(징소)하였는데, 저대는 스스로 어사대부가 될 수 있다고 생각하였다. 낙양현에

어 천하를 순행하며, 홀아비나 과부를 구휼케 하고 궁핍한 백성에 식량을 대여해 주며,[443] 隱逸(은일)이나 獨行 君子를 천거하여 行在所에 보내게 하였다. 郡國에서 나라의 업무를 개선할 뜻을 가진 자가 있으면 승상이나 어사대부에게 알리게 하니 천하가 모두 기뻐하였다.

昭帝 始元 2년(前 85) 겨울, 얼음이 얼지 않았다.

이 해에 소제는 9살이었고, 大將軍 霍光(곽광)이 정권을 행사하며 관용을 베풀어 백성이 기뻐하였다.

### 나. 草妖(초요)

**原文**

僖公三十三年,「十二月, 隕霜不殺草.」

劉歆以爲草妖也. 劉向以爲今十月, 周十二月. 於《易》, 五爲天位, 爲君位, 九月陰氣至, 五通於天位, 其卦爲〈剝〉, 剝落萬物, 始大殺矣, 明陰從陽命, 臣受君令而後殺也. 今

---

이르러 예관이 어사대부가 되었다는 소식을 듣고 褚大는 웃었다. 장안에 이르러 무제 앞에서 예관과 封禪에 대한 의논에서 褚大는 따라가질 못했는데, 물러나 탄복하며 말했다. "皇上은 정말 사람을 잘 보신다."

443 원문 存賜鰥寡, 假與乏困 - 存賜(존사)는 救恤(구휼), 救濟하다. 鰥은 홀아비 환. 寡는 과부 과(老而無夫). 假與(가여)는 대여해 주다. 乏困(핍곤)은 困乏(곤핍).

十月隕霜而不能殺草, 此君誅不行, 舒緩之應也. 是時公子遂顓權, 三桓始世官, 天戒若曰, 自此之後, 將皆爲亂矣. 文公不寤, 其後遂殺子赤, 三家逐昭公.

董仲舒指略同. 京房《易傳》曰, 「臣有緩玆謂不順, 厥異霜不殺也.」

〖국역〗

僖公(희공) 33년(前 627), 「12월, 서리가 내렸지만 풀은 죽지 않았다.」

劉歆은 草妖(초요)라고 생각했다. 劉向은, 지금의 10월은 周曆 12월이다. 《易》에서 五爻는 天位이고 君位이며, 九月은 陰氣가 到來하고, 五爻는 天位에 통하기에 그 卦는 〈剝卦(박괘)〉이고,[444] 만물이 剝落(박락)하며 모두 시들거나 죽게 되니, 이는 陰이 陽命을 따라 움직이는 것이 분명하고, 臣은 君命를 따라 사형을 집행할 수 있는 것이다. 지금 10월에 서리가 내렸어도 풀이 죽지 않았다면, 이는 主君의 처형이 실행되지 않았으며 君命이 해이하다는 감응이다. 이 시기에 公子 遂(수)가 전권을 행사하고, 三桓(삼환)이 관직을 세습하기 시작하였으니, 天戒는 '自此之後로 모든 것이 혼란해질 것이다.' 라고 말하는 듯하였다. 그러나 文公은 깨닫지 못했으며, 그 뒤에 公子 遂(수)는 公子 赤(적)을 죽였고, 三家(三桓)는 昭公을 방축하였다.

董仲舒의 指意도 대략 같았다. 京房은《易傳》에서 말했다.

---

444 〈剝卦〉 - 《周易》 64괘 중 23번째 卦. ☶☷. '山地剝' 剝은 벗길 박. 剝落(박락).

「臣의 해이한 직무수행은 不順이고, 그 이변은 서리가 (풀을) 죽이지 못한다.」

**原文**

《書序》曰, 「伊涉相太戊, 亳有祥, 桑穀共生.」

傳曰, 「俱生乎朝, 七日而大拱. 伊陟戒以修德, 而木枯.」

劉向以爲殷道旣衰, 高宗承敝而起, 盡涼陰之哀, 天下應之. 旣獲顯榮, 怠於政事, 國將危亡, 故桑穀之異見. 桑猶喪也, 穀猶生也, 殺生之秉失而在下, 近草妖也.

一曰, 野木生朝而暴長, 小人將暴在大臣之位, 危亡國家, 象朝將爲虛之應也.

**〔국역〕**

《書序》에 기록되었다.[445]

「(伊尹의 아들) 伊涉(이척)이 (殷王) 太戊(태무)의 정사를 도울 때, (도읍인) 亳(박)에 祥瑞(상서)가 있어, 뽕나무(桑)와 구나무(穀)가 共生하였다.」[446]

경전에서 말했다. 「두 그루가 조정에서 자랐는데, 7일에 함께 拱手(공수)하는 모양이 되었다. 伊陟(이척)이 (태무에게) 修德하라고 간

445 《書序》 - 《商書 咸乂》 - 失傳된 책.

446 원문 桑穀共生 - 桑은 뽕나무. 穀은 곡식 곡. 여기서는 나무 이름. 音은 穀(구). 닥나무라는 풀이도 있다.

언하자, 나무가(穀) 말라 죽었다.」

劉向은, 殷道가 이미 쇠퇴한 뒤에, 高宗은 弊政(폐정)을 이어받았지만 부흥하였고, 國君의 居喪에 애통하였으며,[447] 天下 백성이 (殷) 高宗의 정치에 호응하였다. (그러나) 번영을 이룩한 뒤에 정사에 태만하여 나라가 다시 위태로워지자 뽕나무와 곡식이 함께 자라는 이변이 일어났었다. 뽕나무(桑)는 죽음을, 穀은 生과 같으니, 殺生의 권한을 상실하여 아래 신하에 있었기 때문에 발생한 草妖에 가까웠다.

일설에는, 野木이 조정에서 자라나 갑자기 컸으니, 이는 小人이 갑자기 擡頭(대두)하여 대신의 지위에 올라 나라가 장차 위태롭고 조정이 폐허가 될 감응이라고 하였다.

原文

《書序》又曰,「高宗祭成湯, 有蜚雉登鼎耳而雊.」

祖己曰, "惟先假王, 正厥事."

劉向以爲雉雊鳴者雄也, 以赤色爲主. 於《易》,〈離〉爲雉, 雉, 南方, 近赤祥也. 劉歆以爲羽蟲之孽.《易》有〈鼎〉卦, 鼎, 宗廟之器, 主器奉宗廟者長子也. 野鳥自外來, 入爲宗廟器主, 是繼嗣將易也.

一曰, 鼎三足, 三公象, 而以耳行. 野鳥居鼎耳, 小人將居公位, 敗宗廟之祀. 野木生朝, 野鳥入廟, 敗亡之異也. 武丁恐駭, 謀於忠賢, 修德而正事. 內舉傅說, 授以國政, 外伐鬼

447 원문 盡涼陰之哀 - 涼陰(양음)은 國君의 居喪.

方, 以安諸夏. 故能攘木鳥之妖, 致百年之壽, 所謂 '六沴作見, 若是共御, 五福乃降, 用章于下' 者也. 一曰, 金沴木曰木不曲直.

〖국역〗

《書序》의 다른 기록에 있다.[448] 「(商의) 高宗이 成湯(성탕)을 제사하는데, 날아온 꿩이 鼎(정)의 손잡이(耳)에 앉아 울었다.」[449]

(商의 賢臣) 祖己(조기)가 말했다. "先代의 大王처럼 국정을 바로 잡으십시오"라고 말했다.[450]

劉向은 꿩이 울었다면 그것은 수꿩이고, (꿩의) 붉은색은 主君을 상징한다고 생각하였다. 《易》에서 〈離卦 ☲☲〉는 (동물로는) 꿩(雉)이고 꿩은 南方이니, 이는 赤祥(적상)에 가깝다고 하였다.

劉歆은 羽蟲(우충, 날짐승)의 災異라 생각하였다. 《易》의 〈鼎卦 ☲☴〉에 해당하며,[451] 鼎은 宗廟의 祭器이고, 종묘제사를 받드는 主器이며 長子를 의미한다. 野鳥가 밖에서 날라 들어와서 종묘의 主器를 차지하였으니, 이는 장차 後嗣(후사)가 바뀔 징조라고 생각하였다.

---

448 여기서는 《商書 高宗肜日(고종융일)》 – 현행 《尙書, 商書 高宗肜日》과는 다르다.

449 원문 有蜚雉登鼎耳而雊 – 有는 우리말로 어떤 ~으로 해석한다. 有人은 어떤 사람. 蜚는 나를 비(飛와 通), 빈대 비, 벼메뚜기 비. 雉는 꿩 치. 鼎耳는 鼎의 손잡이. 雊는 장끼가 울 구.

450 원문 惟先假王, 正厥事 – 假는 大의 뜻이라는 주석이 있다. 바른 정치를 하면 災異는 사라진다는 확신을 가지라는 뜻.

451 鼎卦 – ☲☴. 火風鼎. 鼎은 새로운 것을 받아들이다, '鼎新' 의 뜻.

一說에 의하면, 鼎은 三足이니, 三公을 상징하며, 정의 손잡이에 의거 이동시킬 수 있다. 野鳥가 鼎耳에 앉았다면, 小人이 삼공의 자리에 차지하고 宗廟의 제사를 망칠 것이다. 野木이 조정에서 자라나고 野鳥가 종묘에 들어온다면, 이는 패망의 變異이다. 武丁(高宗)이 두려워하며 놀라 忠賢에 물었고 (賢臣은 王에게) 修德과 正事를 건의했다. (高宗은) 內政에서는 傅說(부열)을 등용하여 국정을 맡겼고, 밖으로 鬼方(귀방)을[452] 정벌하여 中華를 安定시켰다. 그래서 능히 나무와 새의 妖氣를 물리치고(攘) '百年의 壽'를 누렸으니, 이른바 '6가지 災害가 출현하더라도 바른 몸가짐으로 다스리면 五福을 받아 천하에 널리 선양할 수 있다.' 고 말할 수 있다. 다른 一說에는 金克木하면 木은 曲直의 본성을 잃게 된다고 하였다.

**原文**

僖公三十三年,「十二月, 李梅實.」

劉向以爲周十二月, 今十月也, 李梅當剝落, 今反華實, 近草妖也. 先華而後實, 不書華, 擧重者也. 陰成陽事, 象臣顓君作威福.

一曰, 冬當殺, 反生, 象驕臣當誅, 不行其罰也. 故冬華華者, 象臣邪謀有端而不成, 至於實, 則成矣. 是時僖公死, 公子遂顓權, 文公不寤, 後有子赤之變.

一曰, 君舒緩甚, 奧氣不臧, 則華實復生.

---

452 鬼方(귀방)은 絶遠之地, 또는 이민족의 國名.

董仲舒以爲李梅實, 臣下彊也.

記曰,「不當華而華, 易大夫, 不當實而實, 易相室.」

冬, 水王, 木相, 故象大臣. 劉歆以爲庶徵皆以蟲爲孽, 思心贏蟲孽也. 李梅實, 屬草妖.

『국역』

僖公(희공) 33년(前 627),「12월, 자두와 매실이 열렸다.」[453]

劉向은 周曆 12월은 지금의 10월이니, 桃李와 매실은 응당 떨어졌어야 하지만, 지금 도리어 꽃이 피고(華) 열매를 맺었으니(實), 이는 草妖(초요)와 비슷하다. 먼저 꽃이 피고 뒤에 열매 맺는데, 꽃을 기록하지 않은 것은 중요한 쪽을 거론한 것이다. 陰氣가 갖춰져야 陽氣도 成事할 수 있으니, 이는 君이 수행할 威福(위복)을 신하가 전담하고 있다는 뜻이다.[454]

一說에서는 겨울은 만물을 죽여야 하지만, 반대로 살아난 것은 당연히 죽여야 할 신하에게 그 징벌을 실행하지 않은 것과 같다. 그리하여 겨울에 꽃을 피운 것은 신하가 사악한 모의를 했으나 성공하지 못한 것이고, 열매를 맺었다면 성공한 것과 같다. 그때 僖公이 죽었고, 公子 遂(수)가 專權을 행사하였지만, 文公은 이를 깨닫지 못했기에 뒷날 子赤(자적)의 변란이 있었다.

一說에는 主君의 政事 처리가 너무 지연되었기에 奧氣(욱기, 더운

---

453 원문 李梅實 – 李는 오얏 리. 오얏나무는 자두이다. 지금은 품종개량으로 복숭아(桃)와 별 차이가 없지만 분명 다른 과일이다. 보통 桃李로 통칭한다. 梅는 매실. 實은 열매를 맺다. 동사로 쓰였다.

454 원문 象臣顓君作威福 – 顓은 오로지 전(專과 同). 마음대로 행사하다.

기운)가 숨겨 보존될 수가 없어 꽃이 피고 열매 맺은 것이라 하였다.

董仲舒는 李梅가 열매 맺은 것은 臣下의 권력이 강한 것이라고 생각하였다.

(劉向《五行傳》의) 기록에 의하면,「꽃 필 수 없을 때 꽃이 핀 것은 大夫의 교체이고, 열매를 맺을 수 없을 때 열매가 맺힌 것은 相國을 교체한 것이다.」

冬에 水는 王이고, 木은 相國이니 大臣을 상징한다.

劉歆은 이 모든 재해가 벌레에 의한 재앙을 상징한다고 하였으며, 마음속에 일어날 수 있는 재앙이라고 하였다. 桃李와 매실의 열매는 草妖(초요)에 속한다.

### 原文

惠帝五年十月, 桃李華, 棗實. 昭帝時, 上林苑中大柳樹斷仆地, 一朝起立, 生枝葉, 有蟲食其葉, 成文字, 曰「公孫病已立.」又昌邑王國社有枯樹復生枝葉. 眭孟以爲木陰類, 下民象, 當有故廢之家公孫氏從民間受命爲天子者.

昭帝富於春秋, 霍光秉政, 以孟妖言, 誅之. 後昭帝崩, 無子, 徵昌邑王賀嗣位, 狂亂失道, 光廢之, 更立昭帝兄衛太子之孫, 是爲宣帝. 帝本名病已.

京房《易傳》曰,「枯楊生稊, 枯木復生, 人君亡子.」

### 〖국역〗

惠帝 5년(전 190) 10월, 복숭아꽃이 피었고 대추열매가 열렸다.

昭帝 재위 중에는 上林苑의 큰 버드나무가 부러져 땅에 넘어졌는데, 어느 날 아침 일어섰고 가지와 잎이 피었고, 어떤 벌레가 잎을 파먹어 「公孫 病已(병이)가 즉위한다.」는 글자가 되었다. 또 昌邑王 國社가 말라 죽은 나무가 다시 가지와 잎이 살아났다. 眭孟(휴맹)은 나무는 陰類이고 下民의 형상인데, 어떤 사유에 의해 廢家(폐가)된 公孫氏가 민간에 살다가 천명을 받아 천자가 된다고 생각하였다.

昭帝는 나이가 어려[455] 霍光(곽광)이 국정을 주도하였는데, 휴맹의 말을 妖言(요언)이라 하여 휴맹을 주살하였다. 뒷날 昭帝가 붕어하고 無子하여 昌邑王 劉賀(유하)를 불러 제위를 계승케 하였으나 창읍왕이 狂亂하고 失道하여 곽광이 폐지하였다. 다시 昭帝의 兄의 항렬인 (작고한) 衛太子의 孫子를 옹립하니, 이가 宣帝이다. 선제의 본명은 病已(병이)였다.[456]

京房은 그의 《易傳》에서 말했다. 「죽은 버들에서 가지가 나오고,[457] 고목이 다시 살아났으니, 人君은 아들이 없었다.」

**原文**

元帝初元四年, 皇后曾祖父濟南東平陵王伯墓門梓柱卒

---

455 원문 富於春秋 – 나이가(春秋) 많이 있다. 젊다. 어리다. 昭帝는 武帝의 막내아들로 8살에 즉위하여 21살에 죽었다.

456 病已(병이) – 글자 그대로 풀이하면 '병이 나았다' 는 뜻. 無病을 바라는 뜻이다. 무제 때 대장군 霍去病(곽거병, 霍光의 異腹 兄)의 '去病' 도 같은 뜻이다.

457 원문 枯楊生稊 – 枯는 마를 고. 초목이 말라 죽다. 楊은 버들. 稊는 버들개지 제, 피 제〔논에 자라는, 벼와 유사한 풀(稗, 패)〕.

生枝葉, 上出屋.

劉向以爲王氏貴盛將代漢家之象也. 後王莽簒位, 自說之曰, "初元四年, 莽生之歲也, 當漢九世火德之厄, 而有此祥興於高祖考之門. 門爲開通, 梓猶子也, 言王氏當有賢子開通祖統, 起於柱石大臣之位, 受命而王之符也."

〖국역〗

元帝 初元 4년(前 45), 皇后(名은 王政君)의 曾祖父인 濟南 東平陵縣의 王伯(왕백) 墓의 門 가래나무 기둥에(梓柱) 갑자기(卒) 가지와 잎이 자라나 지붕 위까지 솟아나왔다.

劉向은 王氏가 貴盛하여 장차 漢家를 대신할 형상이라고 생각하였다. 뒷날 王莽(왕망)이 簒位(찬위)하자 직접 설명하였다.

"初元 4년은 왕망이 출생한 해인데, 漢이 九世 火德 厄運(액운)을 당하여, 이런 길상이 (왕망) 高祖의 墓門에서 일어났다. 門은 開通이고, 梓(가래나무 재)는 아들과 같으니,[458] 王氏에 틀림없이 賢子가 있어 조상의 전통을 이어 柱石大臣의 지위에 올랐다가 천명을 받아 왕이 될 징조였다."[459]

原文

458 원문 梓猶子也 – 梓는 가래나무 재로, 나무 이름. 梓의 원음은 자. 곧 梓는 子.

459 劉向은 漢의 宗室이지만 왕망의 찬탈을 측면에서 거들면서 왕망의 신임을 얻었다. 劉氏 입장에서 보면 유쾌한 인물은 아니었다.

建昭五年, 兗州刺史浩賞禁民私所自立社. 山陽槖茅鄉社有大槐樹, 吏伐斷之, 其夜樹復立其故處.

成帝永始元年二月, 河南街郵樗樹生支如人頭, 眉目須皆具, 亡髮耳.

哀帝建平三年十月, 汝南西平遂陽鄉柱仆地, 生支如人形, 身靑黃色, 面白, 頭有頿髮, 稍長大, 凡長六寸一分.

京房《易傳》曰, 「王德衰, 下人將起, 則有木生爲人狀.」

〖국역〗

(元帝) 建昭 5년(前 34), 兗州刺史(연주자사)인[460] 浩賞(호상)은 백성의 私的인 사당 건립을 금지시켰다. 山陽郡 槖縣(탁현) 茅鄉(모향) 鄉社에 큰 홰나무(槐樹)를 관리가 베어버렸는데, 그날 밤에 홰나무가 이전에 있던 자리에 살아났다.

---

460 武帝는 전국 郡國을 나누어(京師 부근 7郡 제외) 冀州, 幽州, 幷州, 朔方, 凉州, 交趾(교지), 益州, 荊州, 揚州, 豫州, 兗州(연주), 徐州, 靑州의 13주로 나누고 각각 刺史 1인을 파견하였다. 13州는 監察하는 지역 구분이지 행정단위가 아니다. 무제 征和 4년(前 89)에, 경사 부근 7개 군에 司隸校尉를 설치하여 보통 14자사부로 통칭. 다시 成帝 綏和 원년(前 8)에 州에 牧(刺史를 개칭)을 두어 州는 정식 행정구역이 되었다. 자사는 매년 8월에 관할 군현을 순찰하며 6개 조항에 대하여 관리에 대한 조사와 치적을 확인하고 지역 호족을 감찰하고 연말에 어사대부의 속관인 御史中丞에게 그 내용을 보고하였다. 질록은 6백석으로 太守의 질록 二千石보다 훨씬 낮았으나 직분이 監督이기에 그 권한이 강대하였다. 兗州자사 관할은 泰山郡 등 4군과 城陽國 등 4國으로 대략 지금의 山東省 서남부와 河南省 동부지역이었다.

成帝 永始 원년(前 16) 2월, 河南郡 길가 郵驛(우역)의 가죽나무(樗樹, 저수)에 사람 머리 모양의 가지가 자랐는데, 눈썹과 눈, 수염 등이 다 있었지만 머리카락과 귀는 없었다.

哀帝 建平 3년(前 4) 10월, 汝南郡 西平縣 遂陽鄕에서 기둥이 땅에 쓰러졌고, 거기서 사람 형상의 가지가 자랐는데, 몸뚱이는 青黃色에 흰 얼굴, 머리에는 코밑수염(頿, 자), 머리카락이 있었으며 점점 커져서 총 길이가 6寸1分이나 되었다.

京房의 《易傳》에서는 "王德이 쇠퇴하며, 하층민이 일어나려 하기에 사람 모양의 나뭇가지가 자란다."고 하였다.

原文

哀帝建平三年, 零陵有樹僵地, 圍丈六尺, 長十丈七尺. 民斷其本, 長九尺餘, 皆枯. 三月, 樹卒自立故處.

京房《易傳》曰, 「棄正作淫, 厥妖木斷自屬. 妃后有顓, 木仆反立, 斷枯復生. 天辟惡之.」

〖국역〗

哀帝 建平 3년, 零陵郡(영릉군)의[461] 어떤 나무가 쓰러졌는데 둘레가 1丈6尺, 길이가 10丈7尺이나 되었다. 백성이 그 본 줄기를 길이 9尺 남짓 잘랐는데 모두 말라버렸다. 3개월 뒤 그 나무가 갑자기 예

461 零陵(영릉) - 군, 현명. 今 廣西省 桂林市 관할의 全州縣. 廣西省 동북, 湖南省과 접경.

전 있던 자리에 다시 살아났다.

京房이 《易傳》에서 말했다. 「정도를 버리고 황음하면 나무를 잘라도 다시 이어지는 요상한 일이 일어난다. 后妃가 정사를 독단하면 쓰러진 나무가 다시 일어서며, 잘리고 말라버린 나무가 다시 살아난다. 天帝의 증오이다.」[462]

**原文**

元帝永光二年八月, 天雨草, 而葉相摎結, 大如彈丸.

平帝元始三年正月, 天雨草, 狀如永光時.

京房《易傳》曰, "君吝於祿, 信衰賢去, 厥妖天雨草."

〖국역〗

元帝 永光 2년(前 42) 8월, 하늘에서 풀잎이 내렸는데 그 잎이 서로 뭉쳤는데[463] 크기가 彈丸(탄환)만 했다.

平帝 元始 3년(서기 3) 정월, 하늘에서 풀잎이 비처럼 내렸는데 모양이 (元帝) 永光 연간과 같았다.

京房의 《易傳》에 말했다. "主君이 작록에 인색하고 신뢰가 쇠퇴하면 賢士가 떠나가는데 그 요사함은 하늘에서 풀잎이 내린다."

---

**462** 원문 天辟惡之 - 天辟(천벽)은 天帝. 천제는 荒淫이나 후비의 독단을 증오한다는 뜻.

**463** 원문 葉相摎結 - 摎는 맬 규. 휘감다, 엉키다.

## 다. 蟲妖(충요) 外

原文

昭公二十五年「夏, 有鴝鵒來巢.」

劉歆以爲羽蟲之孽, 其色黑, 又黑祥也, 視不明聽不聰之罰也.

劉向以爲有蜚有蟲不言來者, 氣所生, 所謂眚也, 鴝鵒言來者, 氣所致, 所謂祥也. 鴝鵒, 夷狄穴藏之禽, 來至中國, 不穴而巢, 陰居陽位, 象季氏將逐昭公, 去宮室而居外野也. 鴝鵒白羽, 旱之祥也, 穴居而好水, 黑色, 爲主急之應也. 天戒若曰, '旣失衆, 不可急暴, 急暴, 陰將持節陽以逐爾, 去宮室而居外野矣.'

昭不寤, 而擧兵圍季氏, 爲季氏所敗, 出奔于齊, 遂死于外野. 董仲舒指略同.

〖국역〗

昭公 25년(前 517),「여름, 구관조(鴝鵒, 구욕)가 날아와 둥지를 틀었다.」

劉歆은 羽蟲(우충)의 妖孼(요얼)인데, 그 색은 黑이고 黑祥(흑상)이라서, 보아도 不明하고 들어도 不聰(불총)한 징벌이라고 생각했다.

劉向은 생각했다. 날개가 있는 새 종류가 저절로 찾아온 것은 그 氣가 살아난 것이니 災異(眚也)이며, 구관조가 날아왔다는 것도 그

氣가 불러온 것이니, 하나의 조짐이라 할 수 있다. 구관조는 夷狄(이적)의 땅굴 속에 새는 날짐승인데, 中原까지 날아와 굴을 찾아들지 않고 둥지를 지은 것은 陰이 陽位에 머물려는 것이니, 季氏가 昭公을 축출하여, (소공은) 宮室을 떠나 야외에 머물 것을 예고한 것이었다. 구관조는 흰 깃이니, 가뭄의 징조이다. 穴居(혈거)하며 물을 좋아하고, 물은 흑색이니 주군이 위급하다는 예시이다. 天戒는 마치 '이미 민심을 잃었으니, 서두르고 포악할 수 없으며, 포악하다면 陰이 持節(지절)을 받아 陽을 축출할 것이라서 궁궐을 떠나 야외에 머물 것이라.' 고 말하는 것 같았다.

昭公은 깨닫지 못했고, 군사를 동원하여 季氏를 포위 공격했지만, 季氏에게 패배하여 齊로 망명했으며 결국 외국에서 죽었다. 董仲舒의 뜻도 대략 같았다.

## 原文

景帝三年十一月, 有白頸烏與黑烏群鬪楚國呂縣, 白頸不勝, 墮泗水中, 死者數千.

劉向以爲近白黑祥也. 時楚王戊暴逆無道, 刑辱申公, 與吳王謀反. 烏群鬪者, 師戰之象也. 白頸者小, 明小者敗也. 墮於水者, 將死水地. 王戊不寤, 遂擧兵應吳, 與漢大戰, 兵敗而走, 至於丹徒, 爲越人所斬, 墮死於水之效也.

京房《易傳》曰,「逆親親, 厥妖白黑烏鬪於國.」

〖국역〗

景帝 三年(前 154) 11月, 하얀 목털의 까마귀와 검은 까마귀들이 떼를 지어 楚國의 呂縣(여현)에서 싸웠는데, 白頸(백경)의 까마귀가 이기지 못하여 泗水(사수)에 떨어져 수천 마리나 죽었다.

劉向은, 이를 白黑祥(백흑상)에 가깝다고 생각하였다. 그때 楚王 劉戊(유무)는[464] 포악하고 무도하였으며 申公을 가둬 욕을 보였고,[465] 吳王과 함께 모반하였다.(吳楚七國의 亂).[466] 까마귀 떼가 싸운 것은 군대 전쟁의 형상이다. 하얀 목의 까마귀가 적었고, 적은 쪽이 분명히 패하였다. 물에 떨어진 것은 水地에서 죽는다는 뜻이다. 초왕 劉戊는 깨닫지 못하고 거병하여 吳에 호응하며 漢室과 크게 싸웠고, 패전, 도주하여 丹徒縣(단도현)에[467] 이르러 越人들에게 참수 당했으니 물에 떨어져 죽었던 징조 그대로였다.

京房은《易傳》에서 말했다.「친해야 할 血親을 거역하면 그 요얼은 나라에서 흑백 까마귀가 싸운다.」

---

**464** 楚王 劉戊(유무, 재위 前 174 - 153) - 高祖의 막냇동생. 楚 元王 劉交의 손자. 吳王 劉濞(유비)와 吳楚七國亂의 주동자. 兵敗하여 自殺. 35권, 〈荊燕吳傳〉 참고.

**465** 楚王 劉戊(유무)는 점점 음란하고 포악해졌는데, 재위 20년에 薄太后(박태후) 복상 기간에 私奸을 하여 東海郡과 薛郡(설군)을 삭지를 당하자, 곧 吳王과 모의하였다. 申公(名은 培, 魯詩를 전공한 儒生)과 白生이 충간하였으나 듣지 않고 함께 묶어 적갈색 옷을 입히고 거리에서 절굿공이로 절구질을 하게 하였다.

**466** 이 반란에 吳王 劉濞(유비), 膠西王(교서왕) 劉卬(유앙), 楚王 劉戊(유무), 趙王 劉遂(유수), 濟南王 劉辟光, 菑川王(치천왕) 劉賢, 膠東王 劉雄渠(유웅거) 등이 거병, 반역했다.

**467** 丹徒(단도) - 縣名. 今 江蘇省 남부 鎭江市. 長江 남쪽.

原文

昭帝元鳳元年, 有烏與鵲鬪燕王宮中池上, 烏墮池死, 近黑祥也.

時燕王旦謀爲亂, 遂不改寤, 伏辜而死. 楚,燕皆骨肉藩臣, 以驕怨而謀逆, 俱有烏鵲鬪死之祥, 行同而占合, 此天人之明表也. 燕一烏鵲鬪於宮中而黑者死, 楚以萬數鬪於野外而白者死. 象燕陰謀未發, 獨王自殺於宮, 故一烏水色者死. 楚炕陽擧兵, 軍師大敗於野, 故衆烏金色者死, 天道精微之效也.

京房《易傳》曰, 「專征劫殺, 厥妖烏鵲鬪.」

〖국역〗

昭帝 元鳳 원년(前 80), 어떤 까마귀(有烏)와 까치(鵲)가 燕王 궁 안의 연못에서 싸웠는데 까마귀가 물에 떨어져 죽으니 黑祥에 가까웠다.

그때 (武帝의 아들) 燕王 劉旦(유단)은 반란을 모의하였는데, 끝까지 깨닫지 못하다가 법에 의거 처형되었다.

楚와 燕王은 모두 황제와 골육을 같이 한 藩臣(번신)이었으나, 교만하며 원한을 품고 逆亂을 모의하였는데, 모두 까마귀와 까치가 싸움으로 그 징조가 나타났으니, 행태와 占이 모두 같은 天과 人의 명백한 징표였다.

燕나라에서 까마귀와 까치의 일대일 싸움에서 검은 까마귀가 죽었고, 楚에서 수많은 까마귀가 들판에서 싸워, 흰 목털의 까마귀가 죽었다. 까마귀 한 마리가 물에 떨어져 죽은 것은 연왕의 음모가 실천에 옮기지 못했고 왕이 혼자서 자살할 징조였다. 楚王은 포악하였고 거병하여 그 군사가 야외에서 대패하였기에 검정색의 많은 까마귀가 죽은 것이니, 天道는 이처럼 상세한 징험으로 나타났다.

京房이 《易傳》에서 말했다. 「정벌에 살인을 좋아하면 그 요망의 징험은 까마귀와 까치의 싸움이다.」

**原文**

昭帝時有鵜鶘或曰禿鶖, 集昌邑王殿下, 王使人射殺之.

劉向以爲水鳥色青, 青祥也. 時王馳騁無度, 慢侮大臣, 不敬至尊, 有服妖之象, 故青祥見也. 野鳥入處, 宮室將空. 王不寤, 卒以亡.

京房《易傳》曰, 「辟退有德, 厥咎狂, 厥妖水鳥集于國中.」

**〔국역〕**

昭帝 재위 연간에 사다새 아니면 무수리라고 불리는 새들이[468] 昌邑王의 궁궐에 모여들자, 왕을 사람을 시켜 쏘아 죽였다.

劉向은 水鳥는 청색이니, 青祥(청상)이라고 생각했다. 그때 창읍왕은 無度에 치닫고, 大臣을 무시하였으며 至尊인 황제에게도 不敬하였으니 服妖(복요)의 형상이라서 青祥이 나타났다고 하였다. 들

---

468 鵜鶘(제호)는 사다새, 펠리컨, 또는 伽藍鳥(가람조). 禿鶖(독추)는 무수리. 대머리.

새(野鳥)가 사람 사는 곳에 들어왔으니 장차 궁실이 비게 될 것이다. 창읍왕은 이를 깨닫지 못했고 결국 멸망하였다.

京房이 《易傳》에서 말했다. 「王(辟)이 有德者를 물리치니 그 허물은 狂(광)이고, 그 요망의 징조로 물새가 궁궐에 모여든다.」

## 原文

成帝河平元年二月庚子, 泰山山桑谷有鳶焚其巢. 男子孫通等聞山中群鳥鳶鵲聲, 往視, 見巢爇, 盡墮地中, 有三鳶鷇燒死. 樹大四圍, 巢去地五丈五尺. 太守平以聞. 鳶色黑, 近黑祥, 貪虐之類也.

《易》曰, 「鳥焚其巢, 旅人先笑後號咷.」 泰山, 岱宗, 五嶽之長, 王者易姓告代之處也. 天戒若曰, '勿近貪虐之人, 聽其賊謀, 將生焚巢自害其子絶世易姓之禍.'

其後趙蜚燕得幸, 立爲皇后, 弟爲昭儀, 姊妹專寵, 聞後宮許美人,曹偉能生皇子也, 昭儀大怒, 令上奪取而殺之, 皆并殺其母.

成帝崩, 昭儀自殺, 事乃發覺, 趙后坐誅. 此焚巢殺子後號咷之應也.

一曰, 王莽貪虐而任社稷之重, 卒成易姓之禍云.

京房《易傳》曰, 「人君暴虐, 鳥焚其舍.」

## 〖국역〗

成帝 河平 원년(前 28) 2월 庚子日, 泰山의 山桑谷(산상곡, 골짜기 이름)에 어떤 솔개(鳶, 솔개 원)가 그 둥지를 불태웠다. 男子(戶主) 孫通(손통) 등이 산속의 많은 새들과 솔개, 까치의 소리를 듣고 가서 보니, 둥지가 불에 타 땅에 떨어졌는데 솔개 새끼 3마리도 타 죽었다. 나무 둘레는 4뼘쯤 되고 둥지는 땅에서 5丈5尺 높이에 있었다. 태산군 太守 平(평)이 이를 (조정에) 보고하였다. 솔개의 색은 검은색이니 黑祥(흑상)에 가까웠으며 탐욕에 잔혹한 종류였다.

《易》에서는 「새가 그 둥지를 불사르니, 지나가는 행인이 처음엔 웃다가 나중에는 통곡한다.」고 하였다.[469] 泰山은 岱宗(대종)으로 五嶽의 으뜸이니, 王者가 易姓(역성)하여 천하를 차지하면 하늘에 알리는 곳이다. 天戒는 '탐욕에 잔혹한 사람을 가까이하지 말지니, 그 도적 모의를 듣고 따르면 장차 둥지를 사르고 자식도 해치며 세대가 끊어지고 易姓하는 화를 당할 것이다.' 라고 말하는 것 같았다.

그 뒤에 趙蜚燕(조비연, 趙飛燕)이 총애를 받으며 황후에 책립되었고 여동생도 昭儀(소의)가 되어 자매가 총애를 독차지하였는데, 후궁 중 許美人(허미인)과 曹偉能(조위능)이 皇子를 출산하였다는 말을 듣고, 趙昭儀가 大怒하며 탈취해다가 황자를 살해하고 그 생모도 모두 죽여버렸다.[470]

---

469 원문 鳥焚其巢, 旅人先笑後號咷 - 號咷(호도)는 통곡하다. 咷는 울 도. 《易 旅卦》 周易 64괘 중 56번 째 괘. ☲☶ 火山旅. 探索(탐색)의 뜻. 본문은 〈旅卦〉 上九의 爻辭. 「鳥焚其巢, 旅人先笑后號啕. 喪牛于易, 凶.」

470 昭儀(소의)는 황후 다음 지위. 천자 아래 丞相이 최고위직이니 소의와 승상이 동급. 趙昭儀가 後宮이 낳은 皇子를 해친 일은 97권, 〈外戚傳〉(下)

成帝가 붕어한 뒤에 조소의는 자살했고, 사실이 발각되자 황후 조비연도 이와 연관되어 주살되었다. 이는 둥지를 불 지르고 자식도 죽인 뒤에 통곡한다는 應驗(응험)과 같았다.

일설에서는, 王莽(왕망)이 탐학한데도 社稷(사직)의 중임을 맡았다가 易姓(역성)에 성공했으나 결국 재앙을 당한 것이라고 하였다.

京房은《易傳》에서 말했다.「人君이 暴虐(포학)하니, 鳥가 그 둥지를 태운다.」

原文

鴻嘉二年三月, 博士行大射禮, 有飛雉集于庭, 歷階登堂而雊. 後雉又集太常,宗正,丞相,御史大夫,大司馬車騎將軍之府, 又集未央宮承明殿屋上.

時大司馬車騎將軍王音,待詔寵等上言,

「天地之氣, 以類相應, 譴告人君, 甚微而著. 雉者聽察, 先聞雷聲, 故〈月令〉以紀氣. 經載高宗雊雉之異, 以明轉禍爲福之驗. 今雉以博士行禮之日大衆聚會, 飛集於庭, 歷階登堂, 萬衆睢睢, 驚怪連日. 徑歷三公之府, 太常宗正典宗廟骨肉之官, 然後入宮. 其宿留告曉人, 具備深切, 雖人道相戒, 何以過是!」

後帝使中常侍鼂閎詔音曰,「聞捕得雉, 毛羽頗摧折, 類拘

의 孝成趙皇后傳에 상세한 기록이 있다.

執者, 得無人爲之?」

音復對曰, 「陛下安得亡國之語? 不知誰主爲佞諂之計, 誣亂聖德如此者! 左右阿諛甚衆, 不待臣音復諂而足. 公卿以下, 保位自守, 莫有正言. 如令陛下覺寤, 懼大禍且至身, 深責臣下, 繩以聖法, 臣音當先受誅, 豈有以自解哉! 今卽位十五年, 繼嗣不立, 日日駕車而出, 泆行流聞, 海內傳之, 甚於京師. 外有微行之害, 內有疾病之憂, 皇天數見災異, 欲人變更, 終已不改. 天尙不能感動陛下, 臣子何望? 獨有極言待死, 命在朝暮而已. 如有不然, 老母安得處所, 尙何皇太后之有! 高祖天下當以誰屬乎! 宜謀於賢知, 克己復禮, 以求天意, 繼嗣可立, 災變尙可銷也.」

〖국역〗

(成帝) 鴻嘉(홍가) 2년(前 19) 3월, 博士들이 大射禮 행사를[471] 집행하는데, 꿩들이 뜨락에 모여들었고 계단을 밟고 대청마루까지 올라와 울어대었다. 그 뒤에 꿩은 다시 太常,[472] 宗正,[473] 丞相, 御史大

---

471 博士 – 太常의 속관, 掌通古今, 질록 比 6백석, 정원 무. 많을 때는 수십 명에 달했다. 武帝 建元 5년에, 처음으로《五經》博士 설치. 弟子員(太學生)에게 교육 실시. 박사 1인이, 곧 교육기관이었다. 大射禮는 종묘대제 같은 큰 제사의 의례를 도울 사람을(助祭者) 선발하기 위한 활쏘기 儀式 競演으로 賓射, 燕射, 鄕射 등으로 대별한다.

472 泰常(태상). 宗廟祭禮 관장. 景帝 中元 6년 奉常(봉상)을 태상으로 개칭. 銀印青綬. 질록 中二千石. 직속 속관인 太常丞은 질록 1천석. 太樂, 太祝, 太宰, 太史, 太卜, 太醫 등 6令, 均官長, 都水長의 속관. 교육을 담당

夫, 大司馬車騎將軍의 官府와 또 未央宮 承明殿의 屋上(옥상)에 모여 있었다.

그때 大司馬 車騎將軍인 王音(왕음)과 待詔인[474] 寵(총) 등이 상서하였다.

「天地의 氣는 종류에 따라 감응하여 人君에게 天意를 譴告(견고)하기에, 그 징표는 아주 미미하나 뜻은 분명합니다(甚微而著). 꿩의 울음을 듣거나 살펴보면, 먼저 우레와 같은 소리를 내기에 〈月令〉에서도[475] 꿩이 節氣를 알린다고 하였습니다. 經書에도 (殷의) 高宗에게 꿩이 鼎에 앉아 우는 이변이 있었지만, 이는 轉禍爲福(전화위복)의 명확한 징험이 되었습니다. 지금 博士가 行禮하는 날 많은 사람이 모였는데도, 꿩이 王廷에 날아와 모였고 계단을 거쳐 당상에 올랐으며 많은 사람들이 바라보았으니[476] 연일 놀랍고 괴이한 일이

하는 博士의 선발과 管理도 주요 업무. 皇陵이 있는 陵縣은 모두 太常에 속했다.

473 宗正(종정) – 황족의 親屬을 관리, 질록 中二千石. 平帝 元始 4년 宗伯으로 개칭. 屬官으로 都司空令과 丞, 內官長과 丞이 있었다. 公主家令, 門尉 또한 종정의 속관이었다. 內官(宦官)은 초기에는 少府 소속이었으나 나중에는 宗正 소속이었다.

474 待詔(대조) – 待詔는 漢代의 특수 관직명. 詔는 황제의 명령을 기록한 문서. 황제의 부름을 받아 대기하다가 조서를 받고 그에 따른 임무를 수행 또는 자문에 응한다. 待詔의 장소로는 북쪽의 金馬門 이외에 待詔殿中, 待詔保宮, 待詔公車, 待詔黃門, 待詔丞相府 등등이 있다. 특수한 분야의 전문가인 경우 예를 들어 太史, 治曆, 音律, 本草의 경우에는 ○○待詔라고 불렀다.

475 〈月令〉 – 《禮記》의 편명, 1년 12달의 할 일이나 행사를 기록했다. 일종의 월중행사표.

일어났습니다. 꿩들은 三公의 관부에도 곧장 모여들었고, 太常과 宗正 등 宗廟와 황족을 관할하는 관부에 모였다가 이어 궁궐에 들어왔습니다. 이 꿩이 모이고 머무르면서 사람들에게 알리려는 뜻이 모두 다 갖춰졌고 또 적절하니, 비록 사람들이 서로 경계한다 하여도 이보다 더 하지는 못할 것입니다!」[477]

이후 成帝는 中常侍인 鼂閎(조굉)을 보내 王音에게 조서를 내렸다.

「듣기로는, 그 꿩을 잡아보니 그 깃털이 많이 부러졌다는데, 그 꿩을 잡아두었던 자가 사람이 없는 틈을 타서 풀어놓은 것이 아닌가?」

왕음이 다시 상서하였다.

「폐하께서는 어찌 亡國의 말을 들으려 하십니까? 그런 아첨하는 말을 지어내는 사람이 누구이고, 盛德을 해치려 이렇듯 무고하는 이유를 모르겠습니다! 좌우에 아첨하려는 자들이 많으니 저 王音의 아첨이 없어도 충분할 것입니다. 公卿 이하 모두가 자신의 자리를 지키려 못하는 말이 없으니, 正言을 올릴 사람이 없는 것입니다. 만약 두려움 속에 大禍가 폐하 가까이 이르렀다는 사실을 깨달아, 신하를 심히 질책하시며 聖法으로 묶어 처리하시려 한다면, 臣 音(음)이 응당 먼저 벌을 받을 것이오니 어찌 제가 벗어나려 변명을 하겠습니까! 폐하께서는 지금 즉위 15년에 후사를 세우지 못하였는데도, 날마다 수레로 외출하시며, 방탕한 행차가 소문을 타고 海內에 알려졌

---

**476** 원문 萬衆睢睢 - 萬衆은 많은 사람들. 睢睢는 올려다보다. 睢는 눈 부릅떠볼 휴.

**477** 원문 何以過是! - 무엇이 이보다 더 하겠는가! 이 꿩이 우리에게 크고 간절한 뜻을 전하는 것 같다. 이보다 더 절실한 것은 없을 것이다.

는데, 특히 京師에 소문이 심합니다. (폐하께) 밖으로는 微行(미행)의 해악이 있고, 안으로는 병이 날 우려가 많으며, 皇天도 재이를 자주 내려 폐하께서 바뀌기를 바라고 있지만 여태껏 고쳐지지 않았습니다. 하늘도 오히려 폐하에게 감동을 주지 못한다면 臣子는 무얼 바랄 수 있겠습니까? 오로지 極言을 올리고 죽기를 기다리니, 저의 목숨이 아침저녁에 달려있습니다. 만약 폐하께서 고치시지 않는다면 저의 老母는 어디에도 안거할 수 없으니, 하물며 황태후인들(成帝 母后) 어찌 편안하시겠습니까! 高祖의 天下를 지금 누구에게 맡길 수 있겠습니까! 의당 현인과 함께 논의하시고 克己復禮(극기복례)하시여 天意을 따르신다면 후사를 세울 수 있으며 재해나 이변조차도 이겨낼 수 있을 것입니다.」

原文

成帝 綏和二年三月, 天水平襄有燕生爵, 哺食至大, 俱飛去.

京房《易傳》曰, 「賊臣在國, 厥咎燕生爵, 諸侯銷.」

一曰, 生非其類, 子不嗣世.

〖국역〗

成帝 綏和 2년(前 7) 3월, 天水郡 平襄縣에서[478] 제비가 참새를 낳고 벌레를 잡아 먹여 다 크자[479] 함께 날아가 버렸다.

---

478 天水郡의 치소는 平襄縣, 今 甘肅省 남부 天水市).

479 원문 哺食至大 - 哺는 먹을 포. 먹이다.

京房의 《易傳》에서 말했다. 「賊臣이 在國하면 그 허물은 제비가 참새를 낳게 되며, 諸侯는 없어진다.(銷는 녹을 소)」

一說에 의하면, 같은 부류가 아닌 것을 낳으면 아들이 세대를 이어가지 못한다고 하였다.

### 라. 羊禍(양화) 外

原文

史記魯定公時, 季桓子穿井, 得土缶, 中得蟲若羊, 近羊禍也. 羊者, 地上之物, 幽於土中, 象定公不用孔子而聽季氏, 暗昧不明之應也.

一曰, 羊去野外而拘土缶者, 象魯君失其所而拘於季氏, 季氏亦將拘於家臣也. 是歲季氏家臣陽虎囚季桓子. 後三年, 陽虎劫公伐孟氏, 兵敗, 竊寶玉大弓而出亡.

〔국역〕

역사 기록에 의하면, 魯 定公 때 季桓子(계환자)가 우물을 파다가 土缶(토부)를 캐냈는데,[480] 그 안에 羊과 같은 짐승이 들어 있었으니

480 魯의 季桓子(계환자)가 우물을 파다가 땅속에서 돌처럼 단단한 괴물을 파내었는데 짐승 비슷한 모양이었다. 사람을 보내 공자에게 묻자, 공자가 말했다. "모든 사물에 괴이한 물건이 있으니 땅의 괴물을 墳羊(분양)이라 하는데, 이는 분양입니다."

이는 羊禍라 할 수 있다. 羊은 땅 위에 살아야 하는데, 땅속에 갇혔다면, 이는 정공이 孔子를 등용하지 못하고 季氏의 말만 들으니 우매하고 不明한데 따른 감응이라 할 수 있다.

일설에는, 羊은 野外로 나가야 하나 土缶(토부) 안에 갇힌 것은 魯君이 있어야 할 곳을 잃고 季氏에 구금되었으며, 季氏 또한 그 가신에게 구속당한 것을 상징한다고 하였다. 그 해에 季孫氏 家臣 陽虎(양호)는[481] 季桓子를 잡아가두었다. 그 3년 뒤, 陽虎는 定公을 겁박하여 孟孫氏를 공격케 하였지만 싸움에 패하자 (陽虎는) 魯의 寶玉

---

이는《孔子家語 辯物》의 첫 머리에, 또《史記 孔子世家》에 실려 있다. 《공자세가》에는 定公 五年(前 505년, 공자 47세)의 사건이며, 墳羊(분양)이라 기록되었다. 이는 공자의 博識(박식)을 강조하기 위한 기록일 것이다. 缶는 장군 부. 장군은 생활 도구의 이름. 진흙으로 만든 액체를 담아 나르는 기구. 입구 겸 출구가 하나이다. 농사용 똥오줌을 담아 지게에 얹어 운반한다.

481 陽虎 – 陽虎(양호)가 본명이고 貨(화)는 그의 字이니, 陽貨(양화)는 人名이며《論語》의 편명이다. 陽虎(陽貨)는 魯國 季氏의 家臣이었다. 계씨가 魯의 권력을 장악했을 때, 陽貨는 계씨 家內의 권력을 쥐고 있었다. 양화가 공자를 불러 만나려 했지만, 공자는 양화의 평소 야망을 알기에 찾아가지 않았다. 그러자 양화는 공자가 없을 때를 틈타서 삶은 돼지를 예물로 보냈다. 공자는 예물을 받았기에 답례하지 않을 수 없었다. 공자도 양화가 집에 없는 틈을 타서 찾아가 禮를 표시하고 돌아오다가 하필 귀가 중인 양화와 만났다. 그러자 양호가 말했다. “가까이 오시오. 할 말이 있소!” 그리고 이어 말했다. “몸에 寶玉(才能)을 지니고서도 나라를 위해 일하지 않는다면 仁이라 할 수 있습니까?” 공자는 양화의 출사 권유에 끝까지 응하지 않았다. 뒷날 공자가 각국을 주유할 때 匡(광)이란 곳에서 외모가 陽貨(陽虎)와 비슷하다 하여 匡人들에게 포위되어 곤욕을 치룬 적도 있었다. 양화는 나중에 三桓(삼환)을 제거하려다가 실패하고 晉(진)으로 망명했다.

과 大弓을 훔쳐 (晉으로) 망명하였다.

原文

《左氏傳》魯襄公時, 宋有生女子赤而毛, 棄之隄下, 宋平公母共姬之御者見而收之, 因名曰棄. 長而美好, 納之平公, 生子曰佐. 後宋臣伊戾讒太子痤而殺之.

先是, 大夫華元出奔晉, 華弱奔魯, 華臣奔陳, 華合比奔衛.

劉向以爲時則火災赤眚之明應也.

京房《易傳》曰,「尊卑不別, 厥妖女生赤毛.」

〖국역〗

《左氏傳》에 의하면, 魯 襄公 時에, 宋나라에 어떤 여인이 몸뚱이가 붉고 털이 있는 여자아이를 출산하여, 다리(교량, 隄) 아래에 버렸는데, 宋 平公의 母 共姬(공희)의 御者가 보고서 거두어 기르면서 이름을 棄(버릴 기)라 하였다. 여자아이는 미인으로 자랐고, 平公의 姬妾이 되어 아들을 낳아 이름을 佐(좌)라 하였다. 뒷날 宋臣 伊戾(이려)가 太子 痤(뾰루지 좌)를 모함하여 죽이게 했다. 이에 앞서, 大夫 華元(화원)은 晉으로 망명하였고, 華弱(화약)은 魯나라로, 華臣(화신)은 陳으로, 華合比(화합비)는 衛로 망명하였다.

劉向은, 그 당시 화재는 赤眚(적생)의 명확한 감응이라고 하였다.

京房은,《易傳》에서 말했다.「尊卑를 不別하면 그 재앙으로 赤毛의 妖女가 출생한다.」

原文

惠帝二年, 天雨血於宜陽, 一頃所, 劉向以爲赤眚也.

時又冬雷, 桃李華, 常奧之罰也. 是時政舒緩, 諸呂用事, 讒口妄行, 殺三皇子, 建立非嗣, 及不當立之王, 退王陵,趙堯,周昌.

呂太后崩, 大臣共誅滅諸呂, 僵尸流血.

京房《易傳》曰, 「歸獄不解, 玆謂追非, 厥咎天雨血, 玆謂不親, 民有怨心, 不出三年, 無其宗人.」又曰, 「佞人祿, 功臣僇, 天雨血.」

〖국역〗

惠帝 2년(前 193), 하늘에서 핏물 비가[482] 宜陽縣에[483] 1頃(경) 정도 내렸는데, 劉向은 이를 赤眚(적생)이라 했다.

그때 또 겨울에 천둥이 치고, 복숭아꽃이 피었는데, 이는 겨울에 따뜻한 날이 계속되는 징벌이었다. 그때 政事 기강이 해이해졌고 呂氏들이 권력을 장악했으며 참언과 妄行에 3명의 황자가 살해되었고[484] 후사가 아닌 자를 옹립하였으며, 책립할 수 없는 자가 王이 되었으며 王陵(왕릉), 趙堯(조요), 周昌(주창)[485] 같은 공신이 배척되었

---

482 원문 天雨血 - 雨는 내리다. 血은 붉은색 비.

483 宜陽(의양)은 弘農郡 宜陽縣, 今 河南省 洛陽市 관할의 宜陽縣.

484 원문 殺三皇子 - 趙 隱王 劉如意, 趙 幽王 劉友. 趙 恭王 劉恢.

485 周昌(주창, ? - 前 192) - 정직, 강직한 성품. 고조의 부탁으로 趙王 如意를 보호했지만 조왕은 결국 여태후에게 독살된다. 42권, 〈張周趙任申

다. 呂太后가 붕어하자, 大臣들은 함께 여씨 일족을 주살하였는데 시체가 쌓이고 피가 흘렀다.[486]

京房은《易傳》에서 말했다.「이어진 죄를 중단하지 못하는 것을 追非(추비)라 하는데,[487] 그 재앙은 하늘에서 내리는 핏물 비이다. 이를 不親이라고도 하는데, 백성이 원망을 품고 3년이 지나도록 분출하지 못하면 그 일족이 없을 것이다.」 또「아첨하는 자가 국록을 받고, 功臣이 욕을 당하게 되면[488] 하늘에서 핏물 비가 내린다.」

原文

哀帝建平四年四月, 山陽湖陵雨血, 廣三尺, 長五尺, 大者如錢, 小者如麻子. 後二年, 帝崩, 王莽擅朝, 誅貴戚丁,傅, 大臣董賢等皆放徙遠方, 與諸呂同衆. 誅死者少, 雨血亦少.

〖국역〗

哀帝 建平 4년(前 3) 4월, 山陽郡 湖陵縣에 핏물 비가 내렸는데, 넓이가 3尺, 길이 5尺이었으며 (핏물 비) 큰 것은 錢만큼 컸으며 작은 것은 삼 씨앗(麻子)과 같았다 그 2년 뒤 哀帝가 붕어하자, 王莽이

---

屠傳〉 입전.

486 원문 僵尸流血 - 僵은 쓰러질 강. 뻣뻣하다. 尸는 주검 시.

487 원문 歸獄不解, 玆謂追非 - 歸獄은 전부터 이어진 잘못. 罪行. 不解의 解는 그치다. 그만두다(止也). 玆는 이것 자, 발어사 자. (玄部 5획). 追非(추비)는 잘못을 습관적으로 뒤따르다.

488 원문 佞人祿, 功臣僇 - 佞은 아첨할 영. 祿은 祿位. 僇은 욕보일 육.

조정의 전권을 쥐고 애제의 貴戚인 丁氏(애제의 外家)와 傅氏(부씨, 애제의 陳外家) 일족과 大臣 董賢(동현) 등을 모두 먼 변방을 이주시켰으니 (高后의) 呂氏 일족과 같았다. 처형되는 자가 적으면 血雨도 역시 적었다.

## 4. 聽不聽(청불총)

原文

傳曰, 「聽之不聽, 是謂不謀, 厥咎急, 厥罰恒寒, 厥極貧. 時則有鼓妖, 時則有魚孽, 時則有豕禍, 時則有耳痾, 時則有黑眚黑祥. 惟火沴水.」

「聽之不聽, 是謂不謀.」 言上偏聽不聰, 下情隔塞, 則不能謀慮利害, 失在嚴急, 故其咎急也. 盛冬日短, 寒以殺物, 政促迫, 故其罰常寒也. 寒則不生百穀, 上下俱貧, 故其極貧也. 君嚴猛而閉下, 臣戰栗而塞耳, 則妄聞之氣發於音聲, 故有鼓妖. 寒氣動, 故有魚孽. 雨以龜爲孽, 龜能陸處, 非極陰也, 魚去水而死, 極陰之孽也. 於《易》〈坎〉爲豕, 豕大耳而不聰察, 聽氣毁, 故有豕禍也.

一曰, 寒歲豕多死, 及爲怪, 亦是也. 及人, 則多病耳者, 故有耳痾. 水色黑, 故有黑眚黑祥. 凡聽傷者病水氣, 水氣病則火沴之. 其極貧者, 順之, 其福曰富.

〖국역〗

경전에서 말했다. 「듣지만(聽) 확실히 알지 못한다면(不聰), 이는 헤아리지 못하는 것이며(不謀), 그 허물은 急迫(급박)이고 그 징벌은 계속되는 추위이며(恒寒), 극심하면 가난해진다. 때로는 鼓妖(고요)가 생기며, 때로는 魚孽(어얼)로, 때로는 豕禍(시화)로, 또 때로는 귓병이 나거나(耳痾), 또는 黑眚(흑생)이나 黑祥(흑상)으로 나타난다. 오직 火만이 水를 이긴다.

「듣고도 확실하게 모른다면, 이는 헤아리지 못하는 것이다.」 이는 윗사람이 듣고도 이해를 못한다면 아랫사람의 감정을 알 수 없게 되니(下情隔塞), 곧 利害를 헤아리지 못하고 그 실수는 엄하게 재촉하는 것이며, 그 허물은 急迫(급박)이다. 한겨울에(盛冬) 해도 짧아(日短) 추위에 만물이 죽고 정사는 촉박해지니 그 징벌은 계속되는 추위이다. 추우면 백곡이 자랄 수 없어 상하가 모두 가난해지고, 그래서 極貧이 된다. 君이 엄격하고 사나우면 아래와 막히게 되고, 臣은 두려워 떨며(戰栗, 전율) 귀를 막게 되니, 멋대로 듣고 생각하려는 慾氣가 음성에 나타나는데, 이를 鼓妖(고요)라고 한다.[489] 寒氣가 發動하기에 물고기 떼의 요물이(魚孽) 나타나며 비가 오면 거북이 떼를 짓는데, 거북은 뭍에서도 살 수가 있으니 極陰은 아니며, 魚類는 물을 떠나면 곧 죽으니 極陰의 요물이다. 《易經》의 〈坎卦(감괘)〉는[490]

---

489 鼓妖(고요) - 어디서 치는지 북을 볼 수는 없어도 북소리는 확실하게 들을 수 있다. 소리가 나는 곳을 알 수 없거나 귀에 들리는 幻聽(환청)과 같은 괴이한 일.

490 〈坎卦〉 - 64괘 중 29번째 괘. ☵☵ 坎爲水. 坎은 구덩이 감. 함정을 뜻한다.

돼지(豕)이고, 돼지의 귀는 크지만 총명하게 들을 수 없어 聽氣가 훼손되니, 이를 豕禍(시화)라고 한다.

一說에는, 추운 해에는 돼지가 많이 죽어 요괴가 된다고 하였는데, 이도 맞는 말이다. 사람에 있어서는 귓병 앓는 사람이 많게 되니 耳痾(이아)이다. 水의 色은 黑이기에 黑眚(흑생)과 黑祥(흑상)이 있다. 모든 聽氣의 손상은 水氣의 병이고, 水氣의 병은 火氣로 이길 수 있다. 水氣에 순응하면 그 福은 富이다.

**原文**

劉歆〈聽傳〉曰有介蟲孽也, 庶徵之恒寒. 劉向以爲春秋시대無其應, 周之末世舒緩微弱, 政在臣下, 奧煖而已, 故籍秦以爲驗. 秦始皇帝卽位尙幼, 委政太后, 太后淫於呂不韋及嫪毐, 封毐爲長信侯, 以太原郡爲毐國, 宮室苑囿自恣, 政事斷焉. 故天冬雷, 以見陽不禁閉, 以涉危害, 舒奧迫近之變也. 始皇旣冠, 毐懼誅作亂, 始皇誅之, 斬首數百級, 大臣二十人, 皆車裂以徇, 夷滅其宗, 遷四千餘家於房陵. 是歲四月, 寒, 民有凍死者. 數年之間, 緩急如此, 寒奧輒應, 此其效也.

劉歆以爲大雨雪, 及未當雨雪而雨雪, 及大雨雹, 隕霜殺叔草, 皆常寒之罰也.

劉向以爲常雨屬貌不恭.

京房《易傳》曰, 「有德遭險, 玆謂逆命, 厥異寒. 誅過深,當奧而寒, 盡六日, 亦爲雹. 害正不誅, 玆謂養賊, 寒七十二日, 殺蜚禽. 道人始去玆謂傷, 其寒物無霜而死, 涌水出. 戰不量敵, 玆謂辱命, 其寒雖雨物不茂. 聞善不予, 厥咎聾.」

〖국역〗

劉歆은 〈聽傳〉에서 介蟲(개충, 甲蟲)의 요얼(孽)이 있다고 하였는데, 흔히 볼 수 있는 징조는 계속되는 추위(恒寒)이다. 劉向은, 春秋시대에는 그 감응이 없었다고 하였는데, 周의 末世에 왕권이 해이하고 미약하여 정권은 신하에 있었기에 내내 溫暖(온난)하다가 秦代에 그 징험이 나타났다.

秦始皇帝가 처음에 (王으로) 즉위할 때에는 아직도 어렸기에 政事를 太后에게 위임하였다. 태후는 呂不韋(여불위)[491] 및 嫪毐(노애)와[492] 음란한 관계에서, 노애를 長信侯에 봉하고 太原郡을 노애의 封國으로 주었는데, 노애는 제멋대로 궁실과 苑囿(원유)를 지었으며 정사를 독단하였다. 그래서 겨울에 천둥이 쳤는데, 이는 陽이 엄폐되지 않아 危害를 나타낸 것이며, 해이한 기강과 온난의 변화가 시작될 조짐이었다. 始皇帝가 성인이 된 뒤에 노애는 처형이 두려워 반

491 呂不韋(여불위, 前 292－235)－처음에 大商人, 13년간 秦國의 相 역임. 門客을 모아《呂氏春秋》를 편찬. 先秦 雜家의 대표적 인물. 뒷날 嫪毐(노애) 집단의 견제를 받아 相國에서 물러나 河南에 거처하다가 蜀으로 유배되자 三川郡(今 洛陽)에서 자살했다.

492 嫪毐(노애, ?－前 238년)－嫪는 시기할 노. 毐는 음란할 애. 戰國 末年 秦國의 假宦官, 秦始皇 母親 趙姬의 노리개 미남(面首). 趙姬와 통간하여 아들을 낳자, 秦王 嬴政(영정)을 제거하려다가 실패, 처형되었다.

란을 일으키자 시황제는 노애를 주살하였고 수백 명을 참수하였으며 대신 20여 명을 모두 車裂刑에 처했고 그들 일족을 주살했으며 4천여 家戶를 房陵縣(방릉현)으로[493] 유배시켰다. 그러자 그 해 4월에 추위가 닥쳐 凍死(동사)하는 백성이 나왔다. 數年 동안에 정사의 緩急(완급)에 따라 寒暖의 변화도 즉시 출현하였으니 그 징험이 이와 같았다.

劉歆은 큰 눈이 내리거나 눈이 올 때가 아닌데도 눈이 오거나[494] 우박이 크게 쏟아지거나 서리가 내려 농작물이나 풀을 죽게 하는 것을[495] 모두 常寒의 징벌이라 생각하였다.

劉向은, 常雨는 貌不恭의 징벌이라 생각하였다.

京房이 《易傳》에서 말했다. 「有德者가 험난한 지경에 봉착한다면 이를 逆命(역명)이라 하는데 그 異常은 추위이다. 형벌이 너무 지나치게 되면 당연히 따뜻해야 하나 추워져서 6일을 지나거나 아니면 우박이 내린다. 正人正事를 해쳤는데도 죽이지 않는다면, 이를 養賊(양적)이라 하는데 72일간 계속되는 추위에 날짐승이 죽게 된다. 有道한 인재가 폄직 퇴출되는 것을 傷(상)이라 하는데, 天寒이 수시로 나타나 서리가 내리지 않아도 식물이 시들거나 갑자기 땅에서 물이 湧出(용출)한다. 전쟁에서 상대방을 헤아리지 못하는 것을

---

493 房陵縣 – 今 湖北省 서북부, 南河 上源, 十堰市(십언시) 관할 房縣 – 漢代에는 황족의 유배지로 유명했다.

494 원문 及未當雨雪而雨雪 – 여기 雨는 '비' 라는 명사가 아니라 비나 눈이 '내리다', 즉 동사로 쓰였다.

495 원문 隕霜殺叔草 – 隕霜은 서리가 내리다. 隕은 떨어질 운. 叔은 菽, 콩 숙. 농작물.

辱命(욕명)이라 하는데, 그 추위에는 비가 내려도 만물이 무성하지 않다. 善行을 알고도 따르지 않는다면 그 허물은 귀를 먹게 된다(聾은 귀머거리 농).」

### 가. 恒寒(항한), 大雪(대설)

**原文**

桓公八年「十月, 雨雪.」

周十月, 今八月也, 未可以雪. 劉向以爲時夫人有淫齊之行, 而桓有妒媚之心, 夫人將殺, 其象見也. 桓不覺寤, 後與夫人俱如齊而殺死. 凡雨, 陰也, 雪又雨之陰也, 出非其時, 迫近象也.

董仲舒以爲象夫人專恣, 陰氣盛也.

〖국역〗

魯 桓公 8년(前 704),「10월, 눈이 내렸다.」

周의 10월은, 지금의 8월이니 눈이 내릴 수 없다. 劉向은 그때 환공의 부인이 齊公과 음행이 있었고, 환공은 원한과 미움이 품고 있어, 부인이 환공을 죽이려 했기에 그런 天象이 나타났다고 생각하였다. 그러나 桓은 이를 깨닫지 못했고, 뒷날 夫人과 함께 齊에 갔다가 죽게 된다. 모든 비(雨)는 陰이고, 눈(雪) 또한 비(雨)의 陰인 때가 아닌 때에 내리는 것은 급박한 天象이다.

董仲舒는 夫人의 전횡과 방자에 따른 陰氣의 극성이라고 생각하였다.

原文

釐公十年,「冬, 大雨雪.」

劉向以爲先是釐公立妾爲夫人, 陰居陽位, 陰氣盛也.《公羊》經曰「大雨雹.」

董仲舒以爲公脅於齊桓公, 立妾爲夫人, 不敢進群妾, 故專壹之象見諸雹, 皆爲有所漸脅也, 行專壹之政云.

〖국역〗

釐公(희공) 10년(前 650),「겨울, 큰 눈이 내렸다.」

劉向은 이보다 앞서 희공이 妾을 夫人으로 삼았으니, 陰이 陽位에 오른 것이며, 음기가 강성한 것이라 생각하였다.《公羊傳》에서는「우박이 많이 내렸다.」고 하였다.

董仲舒는 희공이 齊 桓公(환공)의 협박을 받아 첩을 부인으로 삼았기에 다른 妾을 가까이 없게 되었고, 오로지 독점하는 현상이 우박으로 나타났으며 점차 협박이 늘어나며 멋대로 정사를 전횡하는 징험이라고 생각했다.

原文

昭公四年「正月, 大雨雪.」

劉向以爲昭取於吳而爲同姓, 謂之吳孟子. 君行於上, 臣非於下. 又三家已彊, 皆賤公行, 慢侮之心生.

董仲舒以爲季孫宿任政, 陰氣盛也.

〖국역〗

昭公 4년(前 538),「정월, 큰 눈이 내렸다.」

劉向은 昭公이 吳에서 同姓(姬姓)의 부인을 맞이하고 吳孟子(오맹자)라 했기 때문이라 생각했다. 君은 위에서, 臣은 아래에서 非禮를 저질렀다. 또 三家(三桓)이 이미 강성하여 모두가 公의 행실을 천하게 여기며 멸시하는 마음이 생겼다.

董仲舒는 季孫氏가 오랫동안 정사를 도맡아 음기가 성대한 것이라 생각했다.

原文

文帝四年六月, 大雨雪. 後三歲, 淮南王長謀反, 發覺, 遷, 道死.

京房《易傳》曰,「夏雨雪, 戒臣爲亂.」

景帝中六年三月, 雨雪. 其六月, 匈奴入上郡取苑馬, 吏卒戰死者二千餘人. 明年, 條侯周亞夫下獄死.

武帝元狩元年十二月, 大雨雪, 民多凍死. 是歲淮南,衡山王謀反, 發覺, 皆自殺. 使者行郡國, 治黨與, 坐死者數萬人.

元鼎二年三月, 雪, 平地厚五尺. 是歲御史大夫張湯有罪自殺, 丞相嚴青翟坐與三長史謀陷湯, 青翟自殺, 三長史皆棄市.

元鼎三年三月水冰, 四月雨雪, 關東十餘郡人相食. 是歲, 民不占緡錢有告者, 以半畀之.

〖국역〗

文帝 4년(前 176) 6월, 큰 눈이 내렸다. 그 3년 뒤, 淮南王 劉長의[496] 모반이 발각되어 강제 이주하는 도중에 죽었다.

京房은《易傳》에서 말했다.「여름에 내린 눈은 신하의 逆亂을 경계한 것이다.」

景帝 中元 6년(前 144) 3월, 눈이 내렸다. 그 6월, 匈奴가 上郡에 침입하여 苑馬를 노략질하였는데, 전사한 吏卒이 2천여 명이었다. 다음 해 條侯 周亞夫(주아부)가 下獄되었다가 죽었다.[497]

---

**496** 淮南國의 厲王(여왕) 劉長(前 198 – 174)은 고조의 막내아들이었다. 효문제가 즉위하자, 회남왕은 스스로 가장 가까운 형제라 생각하며 교만하고 법을 자주 어겼다. 이에 대하여 문제는 너그럽게 회남왕을 용서하였다. 44권,〈淮南衡山濟北王傳〉에 입전.

**497** 絳侯 周勃(주발)의 아들 周亞夫가 河內郡 태수로 있을 때 許負(허부)가 관상을 보고서는 "당신은 3년 뒤에는 제후가 되고, 다시 8년 뒤에는 將相으로 국정을 장악할 것이니 지위가 높기로는 신하 중 최고일 것입니다. 그리고 다시 9년 뒤에 굶어 죽을 것입니다."라고 말했다. 그러자 주아부가 웃으며 말했다. "나의 형이 아버지의 뒤를 이어 제후가 되었으니 설령 죽더라도 아들이 뒤를 이을 것인데, 왜 내가 제후가 된다는 말을 하는가? 그러나 정말 노파 말대로 귀한 사람이라면 또 왜 굶어죽겠다고 하는가?" 주아부는 오초7국의 난을 진압하는 등 큰 공을 세웠지만 景帝의 미움을 받아 하옥된 뒤에 음식을 주지 않아 결국 굶어 죽었다.

武帝 元狩 원년(前 122) 12월, 큰 눈이 내려 많은 백성이 凍死했다. 이 해에 淮南王과 衡山王의 모반이 발각되어 모두 自殺하였다. 使者가 각 郡國을 돌며 그 黨與를 문죄했는데 연관되어 죽은 자가 수만 명이었다.

(武帝) 元鼎 2년(前 115) 3월, 눈이 내려 평지에도 5자 정도로 쌓였다. 이 해에 御史大夫 張湯(장탕)이 죄에 몰려 自殺하였는데, 丞相 嚴靑翟(엄청적)과 3명의 長史가[498] 장탕을 모함했었고, 엄청적은 자살했으며 장사 3인은 모두 棄市(기시)되었다.

元鼎 3년 3월, 물이 얼었다. 4월 눈이 내렸으며, 關東[499] 10여 郡에서는 사람이 사람을 먹었다. 이 해에 백성 중 緡錢(민전)을 신고하지 않았다고 밀고한 자에게는 압수한 재산의 절반을 주었다.[500]

---

40권, 〈張陳王周傳〉에 附傳.

498 長史(장사) – 掌史, 三公, 將軍府에 長史를 두었다. 장사는 해당 부서 속관의 우두머리. 곧 수석 참모. 대개의 경우 질록 1천석. 丞相府長史의 권한이 막강했다. 邊郡의 長史는 군사를 지휘했는데 질록은 6백석이었다.

499 崤山(효산)의 函谷關(함곡관)은 關中에 들어가는 관문이며 요새지이다. 효산의 동쪽을 山東, 함곡관의 동쪽을 關東이라 지칭했다. 函谷關은, 今 河南省 三門峽市 관할의 靈寶市 동북방.

500 緡錢(민전)은 상인의 재산, 수익. 緡은 돈꿰미 민. 1貫(1천 전)을 1緡이라 했다. 算緡錢(산민전)은 상인, 수공업자, 고리대금업자, 선박 소유자의 재산에 대한 과세. 武帝 元狩 4년(前 119)에 과세하여 무제 말년까지 시행되었다. 재산을 숨겨(匿은 숨을 닉) 신고하지 않거나 전부를 신고하지 않으면, 1년간 변방에서 防戍(방수)하고 민전은 몰수했으며, 은익재산을 신고하는 자에게는 (압수한 재산의) 절반을 보상해주었다. 占은 보고하다. 신고하다. 畀는 줄 비(與也). 수여하다. 신고포상금으로 주다.

原文

元帝建昭二年十一月, 齊楚地大雪, 深五尺. 是歲魏郡太守京房爲石顯所告, 坐與妻父淮陽王舅張博,博弟光勸視淮陽王以不義, 博要斬, 光,房棄市, 御史大夫鄭弘坐免爲庶人. 成帝卽位, 顯伏辜, 淮陽王上書冤博, 辭語增加, 家屬徙者復得還.

〖국역〗

元帝 建昭 2년(前 37) 11월, 齊와 楚 지역에 큰 눈이 내렸는데 깊이 5척이었다. 이 해에 魏郡太守인 京房(경방)은 (원제의 寵臣) 石顯(석현)에게 고발당했는데, 妻父인 淮陽王의 외숙인 張博(장박), 장박의 동생 張光(장광) 등이 淮陽王의 不義(謀反)를 권장했다 하여 張博은 허리가 잘려 죽였고, 張光과 경방은 棄市(기시)되었으며, 御史大夫 鄭弘(정홍)은 이에 연좌되어 免官하고 庶人이 되었다. 成帝가 卽位한 뒤에 석현이 법에 의거 처형되자, 淮陽王은 상서하여 張博의 억울함을 신원하면서 석현이 없는 말을 지어내었다고 하자, 강제 이주되었던 경방의 가속은 돌아올 수 있었다.

原文

建昭四年三月, 雨雪, 燕多死. 谷永對曰, 「皇后桑蠶以治祭服, 共事天地宗廟, 正以是日疾風自西北, 大寒雨雪, 壞敗其功, 以章不鄉. 宜齊戒辟寢, 以深自責, 請皇后就宮, 鬲閉門戶, 毋得擅上. 且令衆妾人人更進, 以時博施. 皇天說喜,庶幾可以得賢明之嗣. 卽不行臣言, 災異愈甚, 天變成形, 臣雖欲復捐身關策, 不及事已.」

其後許后坐祝詛廢.

陽朔四年四月, 雨雪, 燕雀死. 後十六年, 許皇后自殺.

〖국역〗

(成帝) 建始 4년(前 29)[501] 3월에, 눈이 내려 제비가 많이 죽었다. 이에 谷永(곡영)이 대책을 올렸다.

「皇后는 길쌈을 하여 제복을 만들어 天地와 종묘를 공경으로 섬기지만,[502] 바로 며칠 전에 서북풍이 크게 불고, 큰 추위 속에 눈이 내려 황후의 공적을 훼방하였는데, 이는 황후가 天帝의 뜻에 부합하지 않는다면 분명한 뜻입니다.[503] 그러니 의당 齊戒(재계)하고 避寢(피침, 辟寢)하며 깊이 自責해야 할 일입니다. 그러니 황후를 본궁으로 돌려보내더라도, 門戶 통행을 막아[504] 황후가 황제의 총애를 독점하지 못하게 할 것을 주청합니다. 또 여러 후궁으로 하여금 제각각 침소에 들게 하여 때에 따라 널리 총애를 베풀어야 합니다. 그러면 皇天도 喜悅하여 가히 현명한 후사를 얻을 수 있을 것입니다. 臣의 이러한 건의를 따르지 않으면 災異는 더욱 심할 것이며, 天變이

501 원문 建昭四年三月 – 이는 成帝 建始 4년의 착오라는 상세한 주석이 있어, 국역에서 그대로 따른다.

502 원문 共事天地宗廟 – 共事는 恭事. 共은 恭과 通. 天地宗廟.

503 원문 以章不鄉 – 鄉은 饗. 不鄉은 上帝가 황후의 祭享을 歆饗(흠향)하지 않다.

504 원문 鬲閉門戶 – 鬲閉(격폐)는 隔閉(격폐).

형체를 드러낼 것이니, 臣이 비록 그때서 목숨을 버리며 대책을 올려도 어쩔 수 없을 것입니다.」

그 뒤에 許황후는 咀呪(저주)에 연관되어 폐위되었다.[505]

(成帝) 陽朔 4년(前 21) 4월, 눈이 내려 제비나 참새가 죽었다. 그 16년 뒤 許황후는 자살했다.

## 나. 早霜(조상), 下雹(하박)

**原文**

定公元年,「十月, 隕霜殺菽.」

劉向以爲周十月, 今八月也, 消卦爲〈觀〉, 陰氣未至君位而殺, 誅罰不由君出, 在臣下之象也. 是時季氏逐昭公, 公死于外, 定公得立, 故天見災以視公也.

505 원문 後許后坐祝詛廢 - 成帝의 許皇后는 총명하고 지혜로우며 隷書(예서)로 쓴 문서에도 밝았는데 태자비에서 황후로 있는 동안 성제의 총애를 받았고, 다른 후궁들은 좀처럼 성제를 뵐 수 없었다. 황태후(元帝의 王皇后)나 여러 외숙들은 성제의 후사가 없으며 그 무렵 자주 재해가 발생하는 것을 걱정하였는데, 劉向(유향)과 谷永(곡영) 등은 모두 그 허물을 후궁 탓이라 생각하였다. 성제도 그러하다고 생각하면서 황후의 궁궐과 후궁 처소인 掖庭(액정)의 지출을 절약하고 줄였다. 그 뒤에 연속 3년 일식이 있었고 谷永(곡영) 등은 나중에 허황후의 탓이라 하였으며 황후에 대한 총애는 날로 쇠퇴하였고 여러 후궁들이 새로 총애를 받았다. 허황후의 언니가 王鳳 등을 저주했다는 죄상이 발각되었다. 허황후는 이와 연좌되어 책립된 지 14년 만에 폐위되었다.

釐公二年「十月, 隕霜不殺草.」爲嗣君微, 失秉事之象也. 其後卒在臣下, 則災爲之生矣. 異故言草, 災故言菽, 重殺穀.

一曰菽, 草之難殺者也, 言殺菽, 知草皆死也, 言不殺草, 知菽亦不死也.

董仲舒以爲菽, 草之彊者, 天戒若曰, '加誅於彊臣.' 言菽, 以微見季氏之罰也.

〖국역〗

魯 定公 원년(前 509),「10월에, 서리가 내려 콩(菽, 大豆)이 죽었다.」

劉向이 말했다. 周曆 10월은 지금의 8월이며, 消卦(소괘)의 〈觀卦〉인데,[506] 陰氣가 君位에 오르지 않았는데도 만물을 죽이니,[507] 이는 誅罰의 권한이 主君에서 나오지 않고 臣下에게 있다는 형상이다. 이때 季氏(계씨)는 昭公을 축출했고 소공은 외국(齊)에서 죽었으며, 定公이 옹립되었기에 하늘은 재이를 내려 정공에게 보여준 것이다.

釐公(희공) 2년(前 659),「10월, 서리가 내렸지만 초목이 죽지 않았다.」

---

**506** 원문 消卦爲〈觀〉－《易》의 乾(—)은 陽氣를 주관하고, 陰(- -)은 陰氣를 주관한다. 양기가 성장하면 만물이 번식하나니, 이를 息卦(식괘, 번식의 뜻)라 하고, 陰이 자라면 만물이 消滅하기에, 이는 消卦이다. 〈觀卦〉는 64괘 중 20번째. 속칭 '風地觀' ☴☷. 觀은 보다. 觀看의 뜻.

**507** 원문 陰氣가 未至君位而殺－〈觀卦〉에서 陰爻는 밑에 자리하고 九五에 있지 않다는 뜻.

이는 후사 主君의 힘이 미약하여 권한을 잃은 형상이다. 그 뒷일은 신하에게 권한이 있기에 재해가 일어난 것이다. 이변에는 草를, 재해에는 콩(菽)을 언급한 것을 곡식을 죽인 것을 중하게 인식했기 때문이다.

一說에 의하면, 콩(菽)은 풀 중에서도 쉽게 죽지 않는데, 殺菽이라 했으니 다른 잡초는 다 죽었음을 알 수 있고, 不殺草라 했으니 콩은 죽지 않았음을 알 수 있다.

董仲舒는 菽은 草의 강자이니, 天戒가 '彊臣(强臣)을 죽이라.' 고 말한 것이며, 季氏가 징벌을 받을 것이라고 은밀하게 말한 것이라고 생각하였다.

原文

武帝元光四年四月, 隕霜殺草木.

先是二年, 遣五將軍三十萬衆伏馬邑下, 欲襲單于, 單于覺之而去. 自是始征伐四夷, 師出三十餘年, 天下戶口減半.

京房《易傳》曰, 「興兵妄誅, 茲謂亡法, 厥災霜, 夏殺五穀, 冬殺麥. 誅不原情, 茲謂不仁, 其霜, 夏先大雷風, 冬先雨, 乃隕霜, 有芒角. 賢聖遭害, 其霜附木不下地. 佞人依刑, 茲謂私賊, 其霜在草根土隙間. 不敎而誅茲謂虐, 其霜反在草下.」

〖국역〗

武帝 元光 4년(前 131) 4월, 서리가 내려 초목이 죽었다.

앞서 元光 2년, 5명의 장군에 30만 대군이 馬邑(마읍)에[508] 잠복했다가 單于(선우)를 습격하려 했지만, 선우가 눈치 채고 돌아가 버렸다. 이로부터 사방의 이민족에 대한 정벌이 시작되었고, 군대 동원 30여 년에 천하의 호구가 반감하였다.

京房의 《易傳》에 있다「興兵하고 함부로 죽이는 것을 亡法(무법)이라 하고 그 재해는 서리인데, 여름에도 (서리가 내려) 5곡을 죽이고 겨울에도 보리 싹을 죽인다. 誅殺(주살)에 사건의 원인과 전말을 살피지 않는 것을[509] 不仁이라 하고 그 경우에 서리가 내리는데, 여름이면 서리 전에 큰 천둥이 치거나 바람이 불고, 겨울이면 먼저 비가 내린 다음에 서리가 내리고, 별빛에 芒角(망각)이 생긴다. 賢士나 성인이 해악을 당하면 서리가 나무 끝에 맺히고 땅에 내리지 않는다.[510] 佞人(영인)이 형벌을 관장한다면, 이를 私賊(사적)이라 하는데, 그때 서리는 풀뿌리나 토양(흙) 틈새에 맺힌다. 교화하지 않고 죽이는 것을 暴虐(포학)이라 하는데, 그때 서리는 풀잎 뒤쪽에 맺힌다.」

---

508 馬邑 – 雁門郡(안문군)의 치소는 善無縣, 今 山西省 朔州市 右玉縣 남쪽. 雁門郡 馬邑縣은, 今 山西省 서북부 朔州市. 흉노 單于를 유인하고 또 공격 여부에 대한 논의 과정은 52권, 〈竇田灌韓傳〉의 韓安國傳 참고.

509 원문 誅不原情 – 근본적 원인이나 사건의 顚末(전말).

510 원문 其霜附木不下地 – 이슬이나 서리는 공기 중의 수증기가 어떤 물체나 땅 위에 맺히는 현상이다. 때문에 안개나 비는 내리는 현상을 눈에 볼 수 있지만, 이슬과 서리는 맺힌 다음에야 눈에 보이게 된다. 이 원문의 묘사는 자연 현상을 잘 관찰했다. 분명 나뭇가지 끝에 서리가 내렸지만 땅 위에 맺히지 않은 경우가 있다.

原文

元帝永光元年三月, 隕霜殺桑, 九月二日, 隕霜殺稼, 天下大飢. 是時中書令石顯用事專權, 與《春秋》定公時隕霜同應. 成帝卽位, 顯坐作威福誅.

〖국역〗

元帝 永光 원년(前 43) 3월, 서리가 내려 뽕잎이 얼어 시들었고, 9월 2일, 서리가 내려 농작물이 죽어 천하가 크게 굶주렸다. 이때 中書令인 石顯(석현)이 집정하며 專權하였는데,《春秋》에 기록된 定公 때의 서리 내림과 같은 감응이었다. 成帝가 즉위했고, 석현은 위세를 부리고 함부로 작록을 베푼 죄로 처형되었다.

原文

釐公二十九年「秋, 大雨雹.」

劉向以爲盛陽雨水, 溫煖而湯熱, 陰氣脅之不相入, 則轉而爲雹. 盛陰雨雪, 凝滯而冰寒, 陽氣薄之不相入, 則散而爲霰. 故沸湯之在閉器, 而湛於寒泉, 則爲冰, 及雪之銷, 亦冰解而散, 此其驗也. 故雹者陰脅陽也, 霰者陽脅陰也,《春秋》不書霰者, 猶月食也. 釐公末年信用公子遂, 遂專權自恣, 將至於殺君, 故陰脅陽之象見. 釐公不寤, 遂終專權, 後二年殺子赤, 立宣公.《左氏傳》曰,「聖人在上無雹, 雖有不爲災.」

一說曰, 凡物不爲災不書, 書大, 言爲災也. 凡雹, 皆冬之愆陽, 夏之伏陰也.

昭公三年, 「大雨雹.」是時季氏專權, 脅君之象見. 昭公不寤, 後季氏卒逐昭公.

〖국역〗

釐公(희공) 29년(前 631), 「가을, 우박이 많이 쏟아졌다.」

劉向은 陽氣가 盛하여 비가 내리고, 온난하나 삶듯이 뜨거워 陰氣가 끼어 들어갈 틈이 없으면 빗물이 변하여 우박이 되며, 陰氣가 盛하여 눈이 내리는데, 음기가 뭉쳐서 얼음처럼 차가워 陽氣가 얇아도 들어갈 틈이 없으면 흩어져 싸락눈이 된다고 생각하였다. 막힌 용기 안에 있는 끓는 물이라도 차가운 샘물 속에 들어가 있으면 얼음이 되고, 눈이 녹거나 얼음이 풀려 흩어지는 것도 그런 징험이다. 그래서 우박이란 陰이 陽에 끼어들어간 것이고, 싸락눈은 陽이 陰사이에 끼어든 것이다. 《春秋》에 싸락눈이 기록되지 않은 것은 月食을 기록 않은 이유와 같다.

희곡은 末年에 公子 遂(수)를 신임하였는데, 遂(수)는 專權을 행사하며 방자하였고 나중에는 殺君에 이르게 되니, 이에 陰이 陽을 협박하는 현상이 나타난 것이다. 그런데도 희공은 깨닫지 못했으며, 遂(수)는 끝까지 전권을 행사하여 그 2년 뒤 公子 赤(적)을 죽이고 宣公을 옹립한다. 《左氏傳》에서는 「聖人이 군주로 재위하면 우박이 쏟아지지 않고 설령 내리더라도 災異라 할 수 없다.」고 하였다.

一說에서는, 만물이 재해가 되지 않는다면 기록하지 않았으며 엄중한 것만을 기록하여 재해라 하였다. 모든 우박은 겨울에 양기가 지나치게 성하여 따뜻해진 것이고, 여름에는 감춰진 음기가 寒氣를 만나 생성된 것이다.

昭公 3년,「크게 우박이 내렸다.」

이때 季氏가 專權하면서 주군을 협박하기에 이런 현상이 나타났다. 昭公은 깨닫지 못했는데, 뒷날 계씨는 결국 소공을 축출하였다.

**原文**

元封三年十二月, 雷雨雹, 大如馬頭.

宣帝地節四年五月, 山陽濟陰雨雹如雞子, 深二尺五寸, 殺二十人, 蜚鳥皆死. 其十月, 大司馬霍禹宗族謀反, 誅, 霍皇后廢.

成帝河平二年四月, 楚國雨雹, 大如斧, 蜚鳥死.

〖국역〗

(武帝) 元封 3년(前 108) 12월, 천둥 치며 우박이 쏟아졌는데 크기가 말머리(방울 鈴)만 했다.[511]

宣帝 地節 4년(前 66년) 5월, 山陽郡과 濟陰郡에 계란만한(雞子) 우박이 쏟아졌는데, 2尺5寸 깊이로 땅이 파였으며 20여 명이 죽었으며, 날아가던 새들이 모두 죽었다.[512] 그 10월에, 大司馬 霍禹(곽

511 원문 大如馬頭 - 우박이 馬頭만 하다. 누가 이를 믿겠는가? 그런 우박이 어디에 몇 개나 떨어졌는지 기록이 부실하니 더욱 믿을 수 없다. 말머리의 방울만 하다고 기록했으면 의심이 가더라도 전적으로 부정할 수는 없을 것이다.

우)의 일족이 모반하여 주살하였고 霍皇后는 폐위되었다.

成帝 河平 2년 4월, 楚國에 우박이 쏟아졌는데 크기가 도끼(斧)만 했고 나는 새(飛鳥)가 죽었다.

### 다. 鼓妖(고요)

**原文**

《左傳》曰釐公三十二年十二月己卯, 晉文公卒, 庚辰, 將殯于曲沃, 出絳, 柩有聲如牛.

劉向以爲近鼓妖也. 喪, 凶事, 聲如牛, 怒象也. 將有急怒之謀, 以生兵革之禍. 是時, 秦穆公遣兵襲鄭而不假道, 還, 晉大夫先軫謂襄公曰, 秦師過不假塗, 請擊之. 遂要崤阸, 以敗秦師, 匹馬觭輪無反者, 操之急矣. 晉不惟舊, 而聽虐謀, 結怨彊國, 四被秦寇, 禍流數世, 凶惡之效也.

〖국역〗

《春秋左氏傳》曰, 釐公(희공, 僖公) 32년(前 628) 12월 己卯日, 晉文公이 죽었는데(재위 前 637–628) 庚辰日에 曲沃(곡옥)에서 장례하려고 絳邑(강읍)을 출발했는데, 靈柩(영구, 棺)에서 소 울음소리가 들렸다.

---

**512** 원문 蜚鳥皆死 – 蜚鳥는 飛鳥. 蜚는 날 비, 바퀴벌레 비.

劉向은 鼓妖(고요)와 비슷한 것이라고 생각하였다. 喪은 凶事이고, 소 울음소리는 분노의 형상이다. 앞으로 急怒할 큰 일이 있고 전쟁의 禍亂이 발생할 것이다. 이때, 秦 穆公(목공)은 군사를 보내 鄭國을 공격하려 했다가 (晉에서) 지나갈 길을 빌려주지(假道) 않아 돌아가려는데(還), 晉의 大夫 先軫(선진)이 襄公(양공)에게 말했다. "秦의 군사가 지나갈 길을 빌리지 못해 환국하려는데 공격해야 합니다." (晉은) 이에 崤山(효산)의 험요한 곳을 막고 그 군사를 격파하여 말 한 필 수레바퀴 하나도[513] 돌아가지 못하게 하였으니 너무 급박한 처사였다. 晉은 옛 우호관계를 생각하지 않았고 너무 포악한 방책을 따랐기에 彊國(强國)과 원수가 되었으며, 4번이나 秦의 침입을 받으면서 몇 대에 걸쳐 화를 겪었으니 흉악한 공격의 결과였다.

原文

哀帝建平二年四月乙亥朔, 御史大夫朱博爲丞相, 少府趙玄爲御史大夫, 臨延登受策, 有大聲如鍾鳴, 殿中郎吏陛者皆聞焉.

上以問黃門侍郎揚雄,李尋, 尋對曰, "洪範所謂鼓妖者也. 師法以爲人君不聽, 爲衆所惑, 空名得進, 則有聲無形, 不知所從生. 其傳曰歲月日之中, 則正卿受之. 今以四月日加辰巳有異, 是爲中焉. 正卿謂執政大臣也. 宜退丞相,御史, 以

513 원문 匹馬觭輪 – 匹은 짐승의 수를 세는 단위. 짝 필. 觭는 외짝 기. 다른 하나는 불구가 된 것. 天地角 기. 제각각 하늘과 땅으로 향한 소의 뿔.

應天變. 然雖不退, 不出期年, 其人自蒙其咎.” 揚雄亦以爲鼓妖, 聽失之象也. 朱博爲人彊毅多權謀, 宜將不宜相, 恐有凶惡亟疾之怒. 八月, 博,玄坐爲姦謀, 博自殺, 玄減死論.

京房《易傳》曰, 「令不修本, 下不安, 金毋故自動, 若有音.」

〖국역〗

哀帝 建平 2년(前 5) 4월 乙亥日 초하루, 御史大夫 朱博(주박)이 승상으로 승진했고, 少府 趙玄(조현)이 御史大夫가 되어 안내를 받아 전각에 올라 策書을 받으려 할 때,[514] 어디선가 종소리 같은 큰 소리가 들렸는데, 전각에 있던 낭관이나 관리, 계단에 있던 모두가 들었다.

애제가 黃門侍郎인 揚雄(양웅)과[515] 李尋(이심)에게 묻자, 이심이

---

514 원문 臨延登受策 – 延은 延入(연입) 맞이해 들어오게 한다. 登은 登殿. 策은 策書. 임명장.

515 揚雄(양웅, 前 53 – 서기 18) – 사람됨이 소략하면서도 초탈하였고 말을 더듬어 언사가 유창하지 못했기에 말없이 깊이 생각에 잠겼으며, 淸靜無爲하면서 욕심이 없고 부귀에 급급하지 않았으며, 빈천을 서글피 여기지도 않으면서 행실을 닦고 교제하여 당세에 이름을 얻으려 하지도 않았다. 가산이라야 十金이 되지 않았지만 또 부족하여 비축한 것이 없어도 마음이 편했다. 스스로 생각해서 성인의 글이 아니라면 좋아하지 않았고 내키지 않으면 부귀한 사람일지라도 섬기려 하지 않았다. 양웅의 학문은 깊고도 넓었다! 그 바탕은 儒學으로 다져졌다. 초기에는 司馬相如를 본떠 궁중에 賦(부)를 지어 올렸다. 문장을 짓고 深思하여《法言》과《太玄》을 지었고,《六經》의 대의를 짐작케 하였으니《易》과《論語》를 모방하였다. 저술에 깊이 침잠하여 자신을 드러내었도다. 87권,

대답하였다. "洪範에 所謂 鼓妖(고요)란 말이 있습니다. 師法에[516] 人君이 不聽하여 衆言에 미혹되거나, (관리가) 空名으로 得進할 경우에 소리는 나지만 어디서 나는 소리인지 알 수가 없습니다. 그것을 설명한 傳에서는 해(歲) 달(월) 일(日)에 맞춰 (자격을 갖춘) 正卿이 직함을 받아야 한다고 했습니다. 지금 四月의 日과 시각에 맞지 않아 이상이 있는 것 같아오니, 지금 4월은 연초가 아니라 중간에 속합니다. 正卿이란 執政 大臣을 말합니다. 丞相과 御史를 퇴임케 하여 天變에 호응해야 합니다. 만약 퇴임하지 않는다면 1년을 넘기지 못하고 그들이 스스로 그 허물을 당할 것입니다."

揚雄(양웅) 역시 鼓妖(고요)이며 잘못 들은 것처럼 생각되는 실상이라 하였다. 朱博(주박)은[517] 사람됨이 너무 억세고(彊毅) 權謀가 많아 장군으로서는 적합하였지만 國相으로는 부적합했으며, 흉악하거나 아니면 포악한 분노가 자주 드러날까 걱정되었다. 8월에, 주박과 趙玄은 간악한 모의에 연좌되어 주박은 자살하였고, 조현은 사형에서 1등급 감하는 판결을 받았다.

京房은《易傳》에서 말했다.

「政令이 근본을 추구하지 않으면 백성이 불안하니 쇠로 만든 容器가 까닭도 없이 움직이며 마치 소리를 내는 것 같다.」

---

〈揚雄傳(상, 하)〉에 立傳.

516 師法 – 스승으로부터 배운 바.

517 揚鄕侯 朱博(주박)은 무예와 책략도 있어 政事에 유능하였지만 도덕심이 적고 능력에 비해 자리가 높아 그 지위를 끝까지 유지할 수 없었다. 주박의 헛 명성은 마치 어디선가 요상한 종소리가 먼저 들려오는 것과 같았다. 53권, 〈薛宣朱博傳〉에 立傳.

原文

史記秦二世元年, 天無雲而雷.

劉向以爲雷當託於雲, 猶君託於臣, 陰陽之合也. 二世不恤天下, 萬民有怨畔之心. 是歲陳勝起, 天下畔, 趙高作亂, 秦遂以亡.

一曰,《易》〈震〉爲雷, 爲貌不恭也.

〖국역〗

역사 기록에 의하면 秦 二世[518] 원년(前 209), 하늘에 구름이 없는데도 천둥이 쳤다.

劉向은 우레는 구름에 가탁한 것이니, 마치 주군이 신하에게 위탁하는 것과 같은 음양의 합작이다. 2세는 천하 백성을 가엽게 여기지 않았고, 백성은 원한과 배반할 마음을 갖고 있었다. 이 해에 陳勝(진승, 陳涉)이[519] 기병하자 천하가 들고 일어났으며, 趙高(조고)의 作

518 秦二世 – 名은 胡亥(호해) 재위 기간 前 210년 9월 – 207년 10월. 指鹿爲馬(지록위마)에서 趙高나 二世, 그리고 사슴 앞에서 벙어리인 양 눈알만 굴리고 서 있던 신하들 – 그러고서도 나라가 망하지 않는다면 하늘과 땅이 뒤집어질 것이다.

519 陳勝(진승, ? – 前 208, 陳涉) – 陳勝(진승)의 字는 涉으로 陽城縣 사람이었고, 吳廣(오광)의 字는 叔으로 陽夏縣 사람이었다. 진승이 젊었을 적에 다른 사람과 함께 품팔이 농사일을 하다가 두둑에 앉아 쉬면서 크게 한숨을 쉬며 말했다. "만약 부귀해지더라도 서로 잊지는 말자!(苟富貴, 無相忘!)" 일꾼들이 웃으며 말했다. "너는 품팔이나 하면서 어떻게 부귀를 누리겠는가?" 진승이 크게 탄식하며 말했다. "아! 제비나 참새가 어찌 큰 기러기나 고니의 뜻을 알겠는가!(嗟乎, 燕雀安知鴻鵠之志哉!)"

亂에 秦은 결국 이 때문에 망했다.

一曰,《易經》에서 〈震卦〉는[520] 우레(천둥)이니, 이는 外貌가 不恭한 것이다.

### 라. 魚孽(어얼)

**原文**

史記秦始皇八年, 河魚大上.

劉向以爲近魚孽也. 是歲, 始皇弟長安君將兵擊趙, 反, 死屯留, 軍吏皆斬, 遷其民於臨洮. 明年有嫪毒之誅. 魚陰類, 民之象, 逆流而上者, 民將不從君令爲逆行也. 其在天文, 魚星中河而處, 車騎滿野. 至于二世, 暴虐愈甚, 終用急亡.

京房《易傳》曰,「衆逆同志, 厥妖河魚逆流上.」

〖국역〗

역사 기록에 의하면, 秦始皇 8년(前 239), 河水의 물고기가 큰 무리로 강을 따라 올라왔다.

---

이는 참으로 절실한 말이었다. 秦末에 陳勝과 吳廣은 갑작스레 봉기했고, 項梁과 項籍(項羽)은 불에 부채질을 했다.《史記》에서는 陳勝의 사적을 〈陳涉世家〉로 기록했으며,《漢書》는 31권, 〈陳勝項籍傳〉에 입전했다.

**520** 〈震卦〉 – 64괘 중 51번째 괘. ☳☳ 震爲雷. 震者는 動也.

劉向은 魚孽(어얼)에 가깝다고 생각했다. 이 해에 始皇의 동생 長安君이 군사를 거느리고 趙를 공격했는데 반란이 일어나 屯留縣(둔류현)에서 죽자, 軍吏들을 모두 皆斬(참수)하고 그곳 백성을 臨洮(임조)로[521] 강제 이주시켰다. 明年에 (진시황의 생모, 趙황후의 情夫) 嫪毐(노애)를 주살했다. 물고기는 陰類이니 백성의 형상이고 역류하여 올라오는 것은 백성이 장차 君命을 따르지 않고 역행하는 것이다. 天文에서 魚星은 銀河 가운데 있으니, 車騎가 滿野한 형상이다. 二世에 이르러 暴虐(포학)은 더욱 심해졌고, 결국은 급속하게 멸망했다.

京房이《易傳》에 말했다.「民衆이 한 뜻으로 반역하면 그 징조는 河水의 魚類가 逆流하여 올라온다.」

**原文**

武帝元鼎五年秋, 蛙與蝦蟆群鬪. 是歲, 四將軍衆十萬征南越, 開九郡.

成帝鴻嘉四年秋, 雨魚于信都, 長五寸以下.

成帝永始元年春, 北海出大魚, 長六丈, 高一丈, 四枚.

哀帝建平三年, 東萊平度出大魚, 長八丈, 高丈一尺, 七枚, 皆死.

京房《易傳》曰,「海數見巨魚, 邪人進, 賢人疏.」

---

521 臨洮(임조) – 현명. 今 甘肅省 定西市 관할의 岷縣(민현).

〖국역〗

武帝 元鼎 5년(前 112) 가을, 개구리(蛙)와 두꺼비(蝦蟆)가 떼를 지어 싸웠다. 이 해에 4명의 장군이 10만 군사를 거느리고 南越을 정벌하고 9郡을 개설하였다.[522]

成帝 鴻嘉 4년(前 17) 가을, 信都國에[523] 비가 올 때 하늘에서 물고기가 떨어졌는데 모두 5寸 이하였다. 成帝 永始 원년(前 16) 봄, 北海에 大魚가 나타났는데, 길이 6丈, 높이 1丈에 4마리였다.

哀帝 建平 3년(前 4), 東萊郡[524] 平度縣에 大魚가 나타났는데, 길이 8丈, 높이 1丈1尺, 7마리인데 모두 죽었다.

京房의《易傳》에서 말했다.

「바다에서 巨魚가 자주 나타나는데, 邪人(사인)이 진출하며, 賢人이 밀려난다.」

---

522 越人들의 지역이 평정되자, 그곳에 南海, 蒼梧, 鬱林(울림), 合浦, 交阯(교지), 九眞, 日南, 珠崖(주애), 儋耳郡(담이군)을 설치하였다. 서남이를 평정한 지역에는 武都, 牂柯(장가), 越嶲(준수), 沈黎(침려), 文山郡을 설치하였다.

523 信都國 治所는 信都縣, 今 河北省 남부 衡水市 관할의 冀州市. 관할 지역은 河北省 남부와 山東省 일부.

524 東萊郡 – 군명. 치소는 掖縣(액현), 今 山東省 煙臺市 관할의 萊州市.

### 마. 介蟲之孽(개충지얼)

**原文**

桓公五年「秋, 螽.」

劉歆以爲貪虐取民則螽, 介蟲之孽也, 與魚同占. 劉向以爲介蟲之孽屬言不從. 是歲, 公獲二國之聘, 取鼎易邑, 興役起城. 諸螽略皆從董仲舒說云.

〖국역〗

魯 桓公 5년,「秋, 蝗蟲(螽, 누리 종).」

劉歆은 욕심으로 포악하게 백성을 갈취하는 것이 메뚜기 떼이니, 介蟲(개충, 甲蟲)의 재해로 그 징조는 물고기 떼와 같다고 하였다. 유향은 곤충(介蟲) 재해는 말이 인간의 情理를 따르지 않는데 따른 재해라 하였다. 이 해에 (환공) 두 나라(宋, 鄭)의 조빙이 있었으며, (宋의 뇌물인) 鼎(정)을 받았고, 鄭國과 땅을(邑) 교환하였으며, 요역을 일으켜 축성하였다. 곤충에 대한 재해는 董仲舒(동중서)의 說과 대략 같다.

**原文**

嚴公二十九年,「有蜚.」

劉歆以爲負蠜也, 性不食穀, 食穀爲災, 介蟲之孽. 劉向以爲蜚色青, 近青眚也, 非中國所有. 南越盛暑, 男女同川澤, 泙風所生, 爲蟲臭惡. 是時嚴公取齊淫女爲夫人, 旣入, 淫於兩叔, 故蜚至. 天戒若曰, '今誅絶之尙及, 不將生臭惡, 聞於四方.' 嚴不寤, 其後夫人與兩叔作亂, 二嗣以殺, 卒皆被辜. 董仲舒指略同.

〖국역〗

嚴公(莊公) 29년(前 665), 「베짱이(蜚, 비) 피해가 났다.」

劉歆은 (蜚는) 負蠜(부번)인데,[525] 본래 곡식을 먹지 않으나 곡식을 먹게 되면 재해이며, 곤충에 의한 재앙이라고 생각했다. 劉向은 베짱이(蜚)는 靑色이니, 靑眚(청생)에 가까우며 본래 중국의(中原) 곤충이 아니라고 말했다. 南越에서는 盛暑에 남녀가 같은 냇물이나 연못에서 목욕하는데, 淫風이 일어나며 벌레가 악취를 풍긴다. 이때 장공은 齊에서 淫女를 夫人으로 맞이하였는데 魯에 온 뒤로 (莊公의) 두 동생과 음란했기에 베짱이 재해가 닥친 것이다. 天戒는 마치 '지금 여태껏 닥친 것으로 모두를 주살하라, 아니면 악취가 나서 사방에 퍼질 것이다.' 라고 말하는 것 같았다. 그러나 장공은 깨닫지 못했고, 그 뒤에 부인과 두 동생이 作亂하여 2명의 後嗣를 살해하였고[526] 끝내 모두 처형되었다. 동중서의 요지도 대략 비슷했다.

525 負蠜(부번) - 負盤. 飛蠊(비렴), 蟑螂(장랑) - 中韓辭典에는 모두 바퀴벌레라고 하였다. 중국 長江을 기준으로 바퀴벌레도 크기가 크게 차이난다고 하였다. 그러니 이름과 지칭하는 곤충이 충분히 다를 것이다.

526 원문 二嗣以殺 - 公子 般(반)과 閔公.

原文

釐公十五年「八月, 螽.」

劉向以爲先是釐有鹹之會, 後城緣陵, 是歲復以兵車爲牡丘會, 使公孫敖帥師, 及諸侯大夫救徐, 兵比三年在外.

〖국역〗

釐公(희공) 15년(前 645), 「8월, 황충 재해.」

劉向은 생각했다. 이보다 앞서 (衛나라의) 鹹(함, 地名)에서 (齊侯, 宋公 등) 회합이 있었고, 뒤에 緣陵(연릉)에 築城(축성)했으며, 이 해에 다시 兵車를 타고 牡丘(두구)에서 회맹하였으며, 公孫敖(공손오)에게 군사를 거느리고, 여러 제후의 대부들과 함께 徐(國名)를 구원케 하였는데 연 3년간 군사가 출동했기 때문이다.

原文

文公三年, 「秋, 雨螽于宋.」

劉向以爲先是宋殺大夫而無罪, 有暴虐賦斂之應. 《穀梁傳》「曰上下皆合」, 言甚.

董仲舒以爲宋三世內取, 大夫專恣, 殺生不中, 故螽先死而至.

劉歆以爲螽爲穀災, 卒遇賊陰, 墜而死也.

八年「十月, 螽.」時公伐邾取須朐, 城郚.

宣公六年「八月, 螽.」

劉向以爲先是時宣伐莒向, 後比再如齊, 謀伐萊.

十三年「秋, 螽.」公孫歸父會齊伐莒.

十五年「秋, 螽.」宣亡熟歲, 數有軍旅.

〖국역〗

文公 3년(前 624), 「가을, 宋國에 하늘에서 메뚜기 떼가 떨어졌다.」

劉向은 이보다 앞서 宋에서는 죄도 없는 大夫를 죽였고 포악하게 세금을 징수했기 때문이라고 생각했다. 《穀梁傳》에서 「메뚜기 떼가) 上下 모두」라고 언급한 것은 피해가 심했다는 뜻이다.

董仲舒는 宋에서 三世에 걸쳐 大夫의 딸과 결혼하여[527] 大夫들이 전횡 방자했으며, 殺生이 부당하여 메뚜기 떼가 (하늘에서) 죽은 뒤(先死) 떨어졌다고(而至) 생각하였다. 劉歆은 메뚜기 떼는 곡식에 대한 재해인데 갑자기 陰氣에 봉착해 떨어져 죽었다고 생각하였다.

8년, 「10월, 메뚜기 피해.」 그때 文公은 邾(주)를 정벌하고 須朐(수구)를 탈취한 뒤, 郚(오)에 축성했다.

宣公 6년(前 603) 「8월, 메뚜기 재해.」

劉向은 이보다 앞서 宣公이 莒國(거국) 向邑(향읍)을 정벌했고, 뒤에는 연속 齊에 가서 萊國 정벌을 모의했기 때문이라고 생각했다.

13년, 「가을, 메뚜기 재해.」 公孫歸父(공손귀보)는 齊에 가서 莒國(거국)을 정벌했다.

---

**527** 원문 三世內取 – 宋의 襄公, 成公, 昭公이 모두 그 나라 大夫의 딸과 결혼했다.

15년, 「가을, 메뚜기 재해.」 선공 때 풍년 든 적이 없었지만, 군대를 자주 동원했다.

**原文**

襄公七年, 「八月, 螽.」

劉向以爲先是襄興師救陳, 滕子, 郯子, 小邾子皆來朝. 夏, 城費.

哀公十二年, 「十二月, 螽.」 是時哀用田賦. 劉向以爲春用田賦, 冬而螽.

十三年, 「九月, 螽, 十二月, 螽.」 比三螽, 虐取於民之效也.

劉歆以爲周十二月, 夏十月也, 火星旣伏, 蟄蟲皆畢, 天之見變, 因物類之宜, 不得以螽, 是歲再失閏矣. 周九月, 夏七月, 故《左傳》, 「火猶西流, 司曆過也.」

宣公十五年, 「冬, 蝝生.」

劉歆以爲蝝, 鐵䗺之有翼者, 食穀爲災, 黑眚也. 董仲舒, 劉向以爲蝝, 螟始生也, 一曰,螟始生. 是時民患上力役, 解於公田. 宣是時初稅畝. 稅畝, 就民田畝擇美者稅其什一, 亂先王制而爲貪利, 故應是而蝝生, 屬蠃蟲之孽.

〚국역〛

襄公 7년(前 566), 「8월, 메뚜기 재해.」

劉向은 이보다 앞서 襄公이 군사를 동원하여 陳, 滕子(등자), 郯子

(염자), 小邾子(소주자) 등을 모두 입조케 했기 때문이라고 생각했다. 여름에, 費(비)에 축성했다.

哀公 12년(前 483), 「12월, 메뚜기 재해.」 이때 애공은 새로운 세법을 시행하였다. 劉向은 봄부터 새 세법을 적용할 것이라서 겨울인데도 충해가 나타났다고 생각했다.

13년, 「9월, 메뚜기 재해, 12월, 메뚜기 재해.」 연달아 3번 메뚜기 재해를 당한 것은 백성을 잔혹하게 착취했기 때문이다.

劉歆은 생각했다. 周曆 12월은 夏曆 10월이니, 火星은 이미 안보이고(旣伏), 곤충은 모두 休眠(휴면)해야 하는데, 하늘이 재해를 내린 것은 적합한 物類로 예시를 하려면 메뚜기 재해를 보일 수 없으나, 이 해에 또 閏月(윤월)을 계산해 넣지 않았기 때문이다. 周曆 9月은 夏曆 7월이니, 그래서 《左傳》에서는 「火星은 아직 서쪽 하늘에 보이니, 이는 曆法 담당자의 過誤이다.」라고 하였다.

宣公 15년(前 594), 「겨울, 개미 새끼가 나왔다.」[528]

劉歆은, 蝝(연)은 날개가 있는 鐵䙬(철영)인데[529] 곡식을 먹어치우기에 재해이며, 이는 黑眚(흑생)이다. 董仲舒와 劉向은 '蝝(연)은 금방 알에서 깬 螟(마디충 명)' 이라고 생각했고, 다른 말로 어린 마디충이라고 한다.

이때 백성은 宣公이 요역을 동원할까 걱정하며 公田의 농사를 게을리했다.(解는 懈). 선공은 이때 처음으로 농지에 田租(전조)를 부과했다. 田租(稅畝, 세무)는 民田 중에서 가장 좋은 上田의 경우 수

528 원문 蝝生 – 蝝(yuán)은 누리 새끼 연. 아직 날개가 나지 않은 메뚜기 새끼. 왕개미 새끼 연. 장구벌레.

529 鐵䙬(철영)은 날개가 있는 蚍蜉(비부, 왕개미).

확의 10분의 1을 징수하는 것으로 先王의 제도를 어지럽히고 이득을 탐낸 것이니, 이런 조치에 감응하여 개미 새끼들이 떼 지어 나온 것이며, 이는 蠃蟲(나충, 곤충) 재해의 일종이다.

原文

景帝中三年秋, 蝗. 先是匈奴寇邊, 中尉不害將車騎材官士屯代高柳.

武帝元光五年秋, 螟, 六年夏, 蝗. 先是, 五將軍衆三十萬伏馬邑, 欲襲單于也. 是歲, 四將軍征匈奴.

元鼎五年秋, 蝗. 是歲, 四將軍征南越及西南夷, 開十餘郡.

元封六年秋, 蝗. 先是, 兩將軍征朝鮮, 開三郡.

太初元年夏, 蝗從東方蜚至敦煌, 三年秋, 復蝗. 元年貳師將軍征大宛, 天下奉其役連年.

征和三年秋, 蝗, 四年夏, 蝗. 先是一年, 三將軍衆十餘萬征匈奴. 征和三年, 貳師七萬人沒不還.

平帝元始二年秋, 蝗, 遍天下. 是時王莽秉政.

〖국역〗

景帝 中元 3년(前 147) 가을, 메뚜기 재해. 이에 앞서 匈奴가 변경을 침입하자, 中尉인 申不害(신불해)가[530] 車騎兵과 材官 軍士를 거느

530 中尉不害 – 中尉는 京師의 치안 담당 무관. 9卿의 하나. 질록은 中二千

리고 代郡 高柳縣에 주둔하였다.

武帝 元光 5년(前 130) 가을, 메뚜기 재해. 6년(前 129) 여름, 메뚜기 재해. 이보다 앞서 (衛青 등) 5명 장군이 군사 30만을 거느리고 (代郡) 馬邑(마읍)에 잠복하여 흉노 선우를 기습하려 했다. 이 해에 4명의 장군이 흉노를 원정했다.

元鼎 5년(前 112) 가을, 메뚜기 재해. 이 해에 (伏波將軍 博德 등) 4명의 장군이 南越 및 西南夷를 정벌하고 10여 郡을 개설하였다.

元封 6년(前 105) 가을, 메뚜기 재해. 이에 앞서(前 108), 2명의 장군이 朝鮮을 정벌하고 3개 군을 개설하였다.[531]

太初 원년(前 104) 여름, 메뚜기 떼가 東方으로부터 날아와 敦煌郡(돈황군)에 이르렀다. 3년 가을 다시 메뚜기 재해. (天漢) 원년(前 100) 貳師(이사) 장군(李廣利)은 大宛을 원정했는데 온 천하가 해마다 그 전쟁 비용을 부담하였다.

征和 3년(前 90) 가을, 메뚜기 재해. 4년 여름, 메뚜기 재해. 이보다 1년 전, (李廣利 등 3명 將軍이 군사 10여만을 거느리고 匈奴를 원정하였다. 貳師將軍의 군사 7만 명은 패전하여 귀환하지 못했다.

---

石. 무제 때 執金吾(집금오)로 개명. 不害는 인명. 성명 미상.

531 원문 兩將軍征朝鮮, 開三郡 – 朝鮮(조선)은 燕과 이웃한 나라 이름으로 기록. 위만 조선과 구분하여 古朝鮮으로 통칭. 조선의 마지막 왕 準王(준왕)은 漢의 流移民 세력의 대표자 격인 衛滿(위만)에게 나라를 빼앗겼다. 漢將 荀彘(순체)는 前 108년 衛滿朝鮮 右渠王(우거왕)을 공격하여 멸망시킨 漢의 장수. 이때 楊僕도 樓船장군으로 水軍을 이끌고 조선을 공격했다. 元封 3년(前 108)에 樂浪, 玄菟, 眞番, 臨屯郡 설치. 玄菟郡은 고구려인의 저항으로, 곧 요동군 근처로 축출되었기에 3郡으로 기록한 것 같다. 95권, 〈西南夷兩粵朝鮮傳〉에 참고.

平帝 元始 2년(서기 2) 가을, 메뚜기 재해가 온 천하에 걸쳤다. 이때 왕망이 정권을 장악하고 있었다.

### 바. 豕禍(시화)

**原文**

《左氏傳》曰, 嚴公八年, 齊襄公田于貝丘, 見豕. 從者曰, "公子彭生也." 公怒曰, "射之!" 豕人立而啼, 公懼, 墜車, 傷足喪屨.

劉向以爲近豕禍也. 先是, 齊襄淫於妹魯桓公夫人, 使公子彭生殺桓公, 又殺彭生以謝魯. 公孫無知有寵於先君, 襄公絀之, 無知帥怨恨之徒攻襄於田所, 襄匿其戶間, 足見於戶下, 遂殺之. 傷足喪屨, 卒死於足, 虐急之效也.

**〖국역〗**

《左氏傳》에 의하면, 嚴公(莊公) 8년(前 686), 齊 襄公(재위 前 698 - 686)은 貝丘(패구)란 곳에서 사냥을 하면서 돼지를 보았다. 從者가 말했다. "公子 彭生(팽상)입니다." 그러자 양공은 화를 내면서 "쏴라!"고 소리쳤다. 돼지로 보인 사람은 서서 울고 있었는데, 양공은 두려워 수레에서 떨어지며 다리를 다쳤고 신발을 잃어버렸다.[532]

532 원문 傷足喪屨 - 喪은 잃어버리다. 죽을 상. 屨는 신발 구.

劉向은 이를 豕禍(시화)에 가깝다고 생각했다. 이보다 앞서, 齊 襄公은 남매인 魯 桓公의 夫人과 음란했고, 公子 彭生(팽생)을 시켜 (魯) 桓公(환공)을 죽인 다음에 다시 彭生을 죽여 魯國에 사과했다. (魯의) 莊公 손자인 無知(무지)는 先君(魯 僖公)의 총애를 받고 있었지만, (齊) 襄公에 의해 축출되었는데, 無知(무지)는 원한을 품은 무리를 이끌고 사냥터에서 襄公을 공격했고, 襄公은 쪽문 사이에 숨었지만,[533] 쪽문 아래로 발이 보여 결국 살해되었다. 다리를 다치고 신발을 잃었다가 결국 발(足) 때문에 죽었으니 잔혹하게 남을 겁박한 결과였다.

原文

昭帝元鳳元年, 燕王宮永巷中豕出圂, 壞都灶, 銜其釜六七枚置殿前.

劉向以爲近豕禍也. 時燕王旦與長公主,左將軍謀爲大逆, 誅殺諫者, 暴急無道. 灶者, 生養之本, 豕而敗灶, 陳釜於庭, 釜灶將不用, 宮室將廢辱也. 燕王不改, 卒伏其辜.

京房《易傳》曰,「衆心不安君政, 厥妖豕入居室.」

〖국역〗

昭帝 元鳳 원년(前 80) 燕나라 王宮 永巷(영항)에서[534] 기르던 돼

533 원문 匿其戶間 - 匿은 숨을 익. 숨기다. 戶는 한쪽으로만 열리는 하나의 문. 門은 양쪽으로 열리는 문.

534 永巷(영항, 永巷) - 後宮의 건물. 궁중의 긴 골마루(長巷). 죄 지은 궁녀를

지가 우리(圂, 돼지우리 혼)를 나와 큰 부엌을 파헤치고 그곳 솥 6, 7개를 물어다가 大殿 앞에 놓았다.

劉向은, 이를 豕禍(시화)와 비슷하다고 생각하였다. 그때 燕王 劉旦(유단, 武帝의 아들)은 長公主(鄂邑蓋長公主, 무제의 공주), 그리고 左將軍(上官桀, 상관걸)과 함께 (昭帝를 폐위할) 大逆을 모의했는데, 忠諫(충간)하는 자를 죽여 가며 잔혹하게 반역을 꾸몄다. 부엌(灶, 부엌 조. 竈의 俗字)은 生養의 기본인데, 돼지가 부엌을 허물고 솥을 뜰에다 늘어놓았다면 부엌과 솥을 다시 쓰지 못하는 것이니 장차 궁궐이 없어진다는 뜻이었다. 그런데도 연왕은 고치지 않았고 결국 죄에 따라 처형되었다.

京房의 《易傳》에서 말했다. 「君政에 백성 마음이 불안하면 돼지가 거실에 들어오는 요상한 일이 일어난다.」

### 사. 火沴水(화려수)

**原文**

史記曰, 魯襄公二十三年, 穀,洛水鬪, 將毁王宮.

劉向以爲近火沴水也. 周靈王將擁之, 有司諫曰, "不可. 長民者不崇藪, 不墮山, 不防川, 不竇澤. 今吾執政毋乃有所辟, 而滑夫二川之神, 使至于爭明, 以防王宮室, 王而飾

---

가두는 곳.

之, 毋乃不可乎! 懼及子孫, 王室愈卑."

王卒擁之. 以傳推之, 以四瀆比諸侯, 穀,洛其次, 卿大夫之象也, 爲卿大夫將分爭以危亂王室也. 是時世卿專權, 儋括將有簒殺之謀, 如靈王覺寤, 匡其失政, 懼以承戒, 則災禍除矣. 不聽諫謀, 簡嫚大異, 任其私心, 塞埤擁下, 以逆水勢而害鬼神.

後數年有黑如日者五. 是歲蚤霜, 靈王崩. 景王立二年, 儋括欲殺王, 而立王弟佞夫. 佞夫不知, 景王幷誅佞夫. 及景王死, 五大夫爭權, 或立子猛, 或立子朝, 王室大亂.

京房《易傳》曰,「天子弱, 諸侯力政, 厥異水鬪.」

〖국역〗

역사 기록에 의하면, 魯 襄公 23년(前 550) 穀水(곡수)와 洛水(雒水)가[535] 서로 크게 뒤섞이며 (東周의) 왕궁을 무너트릴 것 같았다.

劉向은, 이를 火克水에 근사하다고 생각하였다. 周 靈王(영왕, 前 572-545)이 강물을 막으려 하자 담당 관리가 충언을 올렸다.

"不可합니다. 백성의 어른이 된 자는 늪지를 돋우지 않고(不崇藪), 산을 허물지도 않으며(不墮山), 하천의 흐름을 막지도 않고(不

535 洛水(雒水) - 洛河는 黃河의 지류, 本은 '雒水'. 陝西省 華山의 서남부에서 발원, 東流하여 河南省으로 흘러 河南省 鞏義市에서 黃河에 합류하는 全長 420km의 강. 낙하를 낀 큰 도시로는 宜陽, 洛陽, 偃師(언사) 鞏義市가 있고 曹植의 名篇 〈洛神賦〉는 洛水神女를 읊은 가작이다. 穀河(곡수, 谷河) 淮水의 지류,

防川), 연못을 물을 빼내지도 않습니다(不竇澤, 竇는 구멍 두). 지금 우리의 政事가 혹시 부당한 것이 있다면 두 河神에게 영향을 주어 서로 능력을 발휘해 물길을 열게 해야지, 제방을 높게 쌓아 물길을 막으면 안 될 것입니다. 아마 자손 대에 가면 왕궁은 강물에 비하여 점점 낮아질 것입니다."

周 靈王은 결국 강물을 막아버렸다. 그리고 역사의 전적을 살펴 (濟, 河, 淮, 江을) 四瀆(사독, 瀆은 도랑 독)이라 하여 諸侯에 견주었고, 穀水와 洛水는 그 다음으로 卿大夫의 형상으로 생각하였는데, 이 卿大夫들의 분쟁으로 왕실이 혼란할 것이라 하였다. 이 시기에 代를 이어온 卿들이 專權을 행사하였고, 儋括(담괄)은 周 王을 시해하여 簒位(찬위)할 謀略도 갖고 있었는데, 만약 靈王이 이를 알았더라면 그 失政을 바로잡고, 하늘의 훈계를 두려워하며 받들었다면 재해를 예방할 수도 있었다. 그러나 영왕은 忠諫을 따르지 않고 큰 재이를 무시하면서 私心이 내키는 대로 산천을 막거나 파내어 水勢의 흐름을 거슬리며 河神을 방해하였다.

그 몇 년 뒤 하늘에 태양만큼 크면서 검은 물체 5개가 떠 있었다. 그 해에 서리가 일찍 내렸고, 靈王이 붕어했다. 다음 景王(재위 前 545 – 520)이 즉위하고 2년에, 儋括(담괄)은 왕을 죽이고 王弟인 佞夫(영부)를 옹립하려 했다. 佞夫(영부)는 그런 일을 몰랐지만 景王(경왕)은 영부도 죽여버렸다. 나중에 景王이 죽은 뒤, 5명의 大夫가 爭權하면서 어떤 자는 왕자 猛(맹)을, 또 어떤 자는 왕자 朝(조)를 옹립하면서 왕실이 大亂에 빠졌다.

京房은《易傳》에서 말했다.「天子가 弱하면, 諸侯는 온 힘을 다해 征伐(정벌)에 나서는데,[536] 그 이변은 강물의 물길 다툼이다.」

原文

史記曰, 秦武王三年渭水赤者三日, 昭王三十四年渭水又赤三日.

劉向以爲近火沴水也. 秦連相坐之法, 棄灰於道者黥, 罔密而刑虐. 加以武伐橫出, 殘賊鄰國, 至於變亂五行, 氣色謬亂. 天戒若曰, '勿爲刻急, 將致敗亡.' 秦遂不改, 至始皇滅六國, 二世而亡.

昔三代居三河, 河洛出圖書, 秦居渭陽, 而渭水數赤, 瑞異應德之效也.

京房《易傳》曰, 「君湎于酒, 淫于色, 賢人潛, 國家危, 厥異流水赤也.」

〖국역〗

역사 기록에 의하면, 秦 武王 3년(前 308)에 渭水(위수)가[537] 3일간 붉었고, 昭王 34년(前 273)에도 渭水가 또 3일간 붉었다.

劉向은, 이를 火克水에 가깝다고 생각하였다. 秦은 1인의 죄수에 연관된 사람을 처벌하는 連坐法을 시행하였고, 길에다 재(灰)를 버리는 자는 黥(경, 墨刑)에 처하였는데, 법망(罔, 網)은 稠密(조밀)하고 형벌은 잔혹하였다. 그리고 군사를 동원하여 제멋대로 정벌했고 이

536 원문 諸侯力政 - 力은 致力. 政은 征이라는 주석에 따른다.

537 渭水(위수)는 전장 800km가 넘는 황하의 대 지류로, 강을 따라 天水市, 寶鷄市, 咸陽市, 西安市, 渭南市 등이 발달하였다.

웃나라에 잔인하게 가해하였으며, 심지어 五行조차 변란케 하여 그 氣色이 어긋나고 뒤섞였다. 그래서 天戒도 '각박하게 서둘지 말라, 곧 패망에 이를 것이다.' 라고 말하는 것 같았다. 秦은 끝내 고치지 않았고, 始皇帝에 이르러 6國을 멸하였으나 二世에 멸망하였다.

옛날 三代는 三河에 터를 잡으면서[538] 黃河와 洛水에서는 圖書가 나왔으며, 秦은 渭水의 북쪽(陽)에 자리 잡았고, 渭水가 자주 붉게 하는데, 嘉瑞(가서)나 이변은 (그 나라의) 德에 감응하여 나타났다.

京房은《易傳》에서 말했다.「主君이 술에 빠지고 女色에 음란하면,[539] 賢人은 숨고 나라는 위기에 빠지는데, 그 이변은 강물이 붉게 변한다.」

538 원문 昔三代居三河 - 夏는 (漢代의) 河東郡에, 殷은 河內郡에, 周는 河南 洛陽에 도읍했다.

539 원문 湎于酒, 淫于色 - 湎은 빠질 면. 耽溺(탐익)하다. 淫은 너무 지나치다, 과하다. 심하다는 뜻이 있다.

## 저자 약력

陶硯 진기환陳起煥

서울 대동세무고등학교 교장을 역임하였다.

주요 저서로는《正史 三國志》全 6권 (2019년),《완역 後漢書》全 10권 (2018-2019년),《완역 漢書》全 10권 (2016-2017년),《十八史略》5권 중 3권 (2013-2014년),《史記人物評》(1994년),《史記講讀》(1992년)

《唐詩大觀》全 7권 (2020년),《三國演義》원문 읽기 (2020년),《新譯 王維》(2016년),《唐詩絶句》(2015년),《唐詩逸話》(2015년),《唐詩三百首 (上·中·下)》(2014년. 공역),《金甁梅 評說》(2012년),《上洞八仙傳》(2012년),《三國志 人物 評論》(2010년),《水滸傳 評說》(2010년),《中國人의 俗談》(2008년),《儒林外史》(抄譯) 1권 (2008년),《三國志 故事名言 三百選》1권 (2001년),《三國志 故事成語 辭典》1권 (2001년),《東遊記》(2000년),《聊齋誌異(요재지이)》(1994년),《神人》(1994년),《儒林外史》(1990년)

《孔子聖蹟圖》(2020년),《論語名言三百選》(2018년),《論述로 읽는 論語》(2012년),《중국의 神仙 이야기》(2011년),《아들을 아들로 키우기/가정교육론》(2011년),《三國志의 지혜》(2009년),《三國志에서 배우는 인생의 지혜》(1999년),《中國人의 土俗神과 그 神話》(1996년)

E-mail : jin47dd@hanmail.net



原文 註釋 國譯

漢書(十三) {郊祀志·天文志·五行志}
한 서

초판 인쇄 2021년 4월 12일
초판 발행 2021년 4월 20일

역 주 | 진기환
발행자 | 김동구
디자인 | 이명숙·양철민
발행처 | 명문당(1923. 10. 1 창립)
주 소 | 서울시 종로구 윤보선길 61(안국동)
우체국 010579-01-000682
전 화 | 02)733-3039, 734-4798(영), 733-4748(편)
팩 스 | 02)734-9209
Homepage | www.myungmundang.net
E-mail | mmdbook1@hanmail.net
등 록 | 1977. 11. 19. 제1~148호

ISBN 979-11-90155-78-6 (04910)
ISBN 979-11-85704-78-4 (세트)
30,000원